NGO와 글로벌 거버넌스

박 재 영 저

法 文 社

머 리 말

저자는 지금으로부터 약 15년 전인 2003년에 「국제관계와 NGO」라는 제목의 책을 세상에 내보낸 적이 있다. 이 책을 발간하게 된 동기는 NGO들의 폭발적인 성장과 더불어 「전 지구적 결사체의 혁명의 시대」라고 불렸던 1990년대를 직접 경험하면서 이러한 혁명적 변화를 독자들과 함께 이해하고 싶었기 때문이다.

이러한 큰 변화는 냉전의 종식과 세계화의 심화로 인해 일국의 노력만으로 해결할 수 없는 많은 문제들이 야기되면서 본격화되었는데 이러한 문제들의 대거 등장은 문제해결 방식으로서 개개 국가 차원의 독립적이고 분권적인 대처의 한계를 인식시키는 중요한 계기가 되었다. 그 결과 국제사회는 이제까지 활용해 온 국제기구와 국제회의를 통한 문제해결 방식인 「국제 거버넌스(international governance)」에 더욱 더 의존하면서 동시에 이러한 문제해결 방식의 본질적인 한계를 보완하기 위한 처방을 내릴 필요에 직면하게 되었다.

구체적으로 전통적인 국제 거버넌스의 가장 큰 한계로서 지적되어 온 민주적 정당성(democratic legitimacy)의 결여를 보완하기 위해 NGO의 참여를 수용해야 했으며 전통적인 국제 거버넌스의 또 다른 한계인 이해당사자들의 포괄성(inclusiveness of stakeholders)의 결여를 보완하기 위해 민간부문의 기업과 같은 행위자들의 참여 역시 수용해야 했다.

이렇게 전통적인 국제 거버넌스의 한계를 보완하고자 시도된 것이 「주권적 권위가 부재한 가운데 국경을 넘어 전통적인 행위자들(정부와 국제기구)과 비전통적인 행위자들(NGO와 기업 등)이 다양한 이해관계를 조정하면서 국제적인 문제들을 다루어 나가는 협력적인 방식 혹은 과정」으로 정의되는 「글로벌 거버넌스(global governance)」이다. 2003년에 발간된 「국제관계와 NGO」라는 책은 바로 이러한 글로벌 거버넌스를 NGO에 중점을 두고 살펴보고자 한 시도였다.

글로벌 거버넌스의 중요한 행위자의 하나인 NGO의 영향력이 커지면서 1990년대 하반기부터 이러한 NGO에 대한 비판이 점점 거세져 갔다. 과거 NGO가 전통적인 국제사회의 행위자인 정부와 국제기구를 향해 민주적 정당성의 부재를 비판했는데 이제는 거꾸로 이러한 비판이 NGO를 행해 가해지고 있었던 것이다. 이러한 비판에 직면하여 국제적으로 잘 알려진 대표적인 NGO들이 중심이 되어 민주성·책임성·투명성을 높여 민주적 정당성을 제고하기 위한 자정의 노력이 행해지고 동시에 효과성과 효율성을 증대시키기 위한 구조조정의 노력이 행해지는 등 재정비가 이루어져 오고 있다.

2000년대 들어서 NGO를 둘러싼 이러한 환경의 변화와 NGO 자체의 변화를 독자들과 함께 이해하기 위해 「NGO와 글로벌 거버넌스」라는 제목의 이 책을 쓰게 되었다. 2000년대 이전의 NGO에 관한 내용은 많은 부분 과거의 책인 「국제관계와 NGO」에 바탕을 두고 있지만 2000년대의 NGO에 관한 내용은 새롭게 씌여졌다. 2000년대 이후의 새로운 부분들을 쓰면서 다음과 같은 점에 주목을 했다.

첫째, 탁상공론적인 논의에서 벗어나 가능한 한 경험적인 사실들을 담고자 노력했다. 아프리카의 케냐·우간다·르완다를 방문하여 현지의 NGO는 물론 외국의 NGO와 인터뷰하고 관찰한 것과 영국·프랑스·독일·네덜란드·덴마크·노르웨이·스웨덴·핀란드 등의 유럽 국가들과 일본의 대표적인 NGO들을 방문하여 인터뷰하고 관찰한 것을 책의 내용에 담고자 노력했다.

둘째, 2000년대에 들어서서 NGO의 연구와 관련하여 눈에 띄는 특징 가운데 하나는 단순한 서술을 넘어서 이론화를 위한 노력들이 다양하게 전개되고 있다는 점이다. 따라서 이 책에서는 이러한 시도들을 되도록 많이 소개하고자 했다. 아직 구체적인 이론의 제시에 이르지는 않았더라도 이론화를 위한 전 단계라고 볼 수 있는 유형화(taxonomization)의 노력 등도 더불어 소개하고자 했다.

셋째, 독자들의 이해를 돕기 위해 어떤 주장에 대한 증거로서 실제의 사례들을 제시하는 데 많은 노력을 기울였다. 사례도 하나에 그치지 않고 가능한 한 다수의 다양한 사례를 들기 위해 최선의 노력을 했다. 또한 특정 분야의 사례에 그치지 않고 다양한 분야의 사례를 고루 포함시키고자 했다.

넷째, 국제기구와 NGO의 관계를 살펴봄에 있어서 다양한 국제기구들을 포함시키고자 노력했다. 이러한 기구에는 유엔의 주요기관들과 보조기관들은 물론 전문기구들·세계무역기구(WTO)·지역기구들이 포함되어 있다. 이렇게 다양한 국제기구들을 포함한 이유는 여러 가지가 있다. 그 중 하나는 이들 국제기구들이 NGO와 다양한 형태와 수준의 관계를 맺고 있는데 과연 무슨 요인이 이러한 관계의 변이에 영향을 미치는가를 알기 위한 것이다. 또 다른 이유는 다수의 한국 NGO들이 유엔 경제사회이사회(ECOSOC)의 협의지위를 획득하는 데에 집착하고 있는데 이제 관심 대상의 지평을 넓혀 전문기구를 비롯한 다른 국제기구들과의 협의지위에도 관심을 좀 가질 필요가 있다는 메시지를 전하고 싶었기 때문이다.

다섯째, 국제기구와 국제회의에 실질적인 영향을 미치는 데 관심을 가지고 있는 한국의 NGO들을 위해 이들이 활용할 수 있는 다양한 참여의 통로에 대한 자세한 안내를 하고자 했다. 한국의 NGO 가운데 북한의 인권문제를 국제적인 이슈로 만드는 데 크게 기여한 북한인권시민연합의 경우 이러한 통로에 대한 이해가 많은 뒷받침이 되었다.

그간 국내에서 발간된 NGO 관련 저술들은 국내 활동을 하는 NGO에 관한 것이 대부분이었다. 그러나 국력의 신장과 더불어 국제적으로 활동하는 한국의 NGO의 수가 증가하면서 국경을 넘는 NGO들의 활동에 관한 책의 필요성이 강하게 요구되어 왔다. 특히 한국 내 많은 NGO들이 국외에서 개최되는 정부 간 회의 혹은 NGO 포럼에 참가하고 국경을 넘어 타국 NGO와 국제연대를 빈번하게 구축하면서 이러한 책의 필요성이 배가되어 왔다. 이 책이 이러한 필요를 충족시켜 주는 지침이 되기를 기대한다.

이 책을 쓰기 위해 많은 시간을 연구실에서 고군분투해야 했기에 아내에게 저자의 건강과 관련하여 많은 걱정을 하도록 하고 혼자서 대부분의 시간을 보내도록 한 것에 대해 미안함과 고마움을 전하고 싶다. 또한 이 책의 발간을 적극 지원해 주신 법문사 영업부 장지훈 부장님과 권혁기 대리님 그리고 친절함과 성실함으로 편집에 최선을 다해 주신 편집부 김진영 님께 깊은 감사의 말을 전하고자 한다.

2017년 12월
저자 **박 재 영**

차 례

제3부 NGO의 이론과 연구방법

제11부　NGO의 법적 지위　　　　　　　　　　(461~480)

제 **1** 부
NGO의 정의와 분류

제1장
NGO의 정의

1. 포괄적 의미의 NGO와 협의적 의미의 NGO

본 저서에서 자발적인 민간단체(private groups)나 개인(individuals)을 그 회원으로 하는 기구로서 지방이나 국가 혹은 국제 수준에서 공익을 위해 활동하는 시민 주도의 국내 혹은 국제 조직에 관심을 가지고 살펴보고자 한다. 그런데 이와 관련하여 당장 직면하는 문제는 이러한 조직을 무엇이라고 칭해야 할 것인가의 문제이다. 우선 가장 널리 통용되고 있는 「비정부기구(NGO)」라는 용어의 적합성을 살펴보도록 하자.

NGO라는 말은 영어의 「non-governmental organization」의 약어로서 유엔헌장 제71조에 처음으로 등장한 이래 지금까지 널리 쓰이고 있는 용어인데 우리말로 「비정부기구」라고 직역할 수 있다. 그러나 유엔헌장 제71조는 유엔 경제사회이사회(ECOSOC)가 그 권한 내에 있는 사항과 관련이 있는 「비정부기구」와의 협의를 위해 적절한 약정을 체결할 수 있다는 것을 언급하고 있을 뿐 비정부기구의 구체적인 의미를 밝히지 않고 있다.

따라서 NGO라는 용어를 말 그대로 해석할 경우 국제정치학 용어로서 많이 쓰이고 있는 「비국가적 행위자(non-state actor)」와 동일한 말로서 영리를 추구하는 기업·권력을 추구하는 정당을 위시한 정치단체·종교적 서비스나 종교교육을 제공하는 종교단체·인류의 보편적인 이익이 아닌 구성원들의 제한된 이익을 추구하는 압력단체(pressure groups)와 같은 조직까지도 포함한 정부 이외의 조직 모두를 지칭하게 된다.[1]

---

[1] 「비국가적 행위자(non-state actor)」라는 말은 「비정부적 행위자(non-governmental actor)」 혹은 「초국가적 행위자(transnational actor)」라는 말과 같은 의미로 쓰이는 경우가 많다.

따라서 이러한 포괄적인 의미의 NGO라는 용어는 우리가 살펴보고자 하는 조직을 지칭하는 말로서는 적합하지 않다. 그러나 NGO라는 용어를 도입한 유엔이 헌장에 구체적인 정의를 명시하고 있지는 않지만 유엔이 실제에 있어 이 용어를 어떻게 사용하고 있는가를 면밀히 관찰해 보면 NGO라는 용어는 다음에서 보듯이 우리가 우려하고 있는 정도로까지 포괄적인 의미로는 사용되고 있지 않다.

유엔 경제사회이사회(ECOSOC)는 유엔헌장 제71조의 원론적인 규정을 구체화하기 위해 1950년에 결의문을 통과시켰고 1968년과 1996년에는 이 결의문을 보완하는 또 다른 결의문들을 통과시켜 이들에 기초하여 NGO와 실제적인 관계를 맺어 왔다. 이러한 ECOSOC의 결의문들과 더불어 NGO의 협의지위의 신청과 지위변경 신청에 대한 심사 등 NGO와 관련한 문제를 다루기 위해 ECOSOC의 산하에 설치되어 있는 NGO위원회(Committee on Non-Governmental Organizations)가 NGO라는 말을 사용하고 있는 용례를 살펴보면 실제로 유엔의 주요 기관 가운데 하나인 ECOSOC이 생각하고 있는 NGO의 의미를 유추할 수 있다.

이들의 용례에 따르면 NGO란 용어를 일정한 정도 제한적인 의미로 사용하여 포괄적인 NGO의 정의에서 영리를 추구하는 조직·학교·대학·정당·폭력사용을 옹호하는 조직·인권에 대한 관심이 보편적이지 못하고 특정 공동체 그룹(communal group)이나 국적 혹은 국가에 한정하고 있는 조직이 배제된다. 이러한 용례 가운데 특이하여 주목할 점은 기업이나 정당이 국제적인 연맹체(international federation)를 형성할 경우 이러한 연맹체에게는 NGO의 지위를 부여한다는 점이다.

그러나 이러한 제한적인 의미의 NGO라는 말도 종교단체를 포함하는 등 우리가 살펴보고자 하는 조직의 범주를 넘어선다. NGO라는 용어가 이처럼 우리가 살펴보고자 하는 조직을 지칭하는 용어로서 부적절하게 보이지만 사용이 전혀 불가능한 것은 아니며 다음과 같은 두 가지 방안을 통해 사용이 가능하다.

우선 NGO의 정의가 명확하게 내려져 있지 않은 상황에서 정부라는 조직 이외의 모든 조직이라는 의미를 피하면서 현재 지배적으로 통용되고 있는 NGO라는 용어를 계속해서 사용하기를 원하는 경우 NGO의 의미를 협의로 새롭게 정의하여 사용할 수 있다. 즉 NGO를 포괄적인 의미의 비정부기구라는 조직에서 기업과 같은 영리추구 단체·정당과 같은 권력을 추구하는 단체·특정 종교의 교리전파를 주된 목적으로 하는 종교단체를 제외한 모든 민간조직을 지칭하는 것으로 이해하는 경우이다. 다시 말해 비정부기구라는 포괄적인 말의 의미에서 공익을 추구하지 않는 비정부기구를 제외한 의미의 비정부기구 즉 협의의 비정부기구를 의미하는 용어로 사용하는 것이다.

두 번째 방안은 NGO라는 용어가 지배적으로 통용되고 있는 용어라는 사실을 수용하여 이 용어를 그대로 쓰면서 이를 우리말로 번역하는 데 있어서 정부 이외의 모든 조직을 떠올릴 수 있는 「비정부기구」라는 말로 직역하지 않고 이를 「시민단체」나 「시민사회단체」 혹은 「비영리민간단체」 등으로 의역하여 사용하고자 하는 경우이다.

이러한 두 입장은 차이가 있음에도 불구하고 NGO라는 영어 용어를 그대로 사용하고자 하는 데에 있어서 공통적이라고 볼 수 있다. 그러나 NGO라는 용어가 「정부기구(Governmental Organization, GO)」가 아닌 기구라는 의미로서 정부기구가 무엇인가에 따라 타율적으로 의미가 주어지는 정부 중심주의 성격의 용어이기 때문에 아예 이 용어의 사용 자체를 피하고 스스로를 적극적으로 규정하는 용어를 사용하고자 하는 움직임이 있어 왔다.[2] 다음에서 이러한 시도들을 살펴보고자 한다.

2. NGO 이외의 대안적 용어

수동적인 의미의 NGO라는 말 대신 능동적인 의미를 지닌 용어로서 비영리조직(non-profit organization, NPO)·자발적 민간조직(private voluntary organization, PVO)·공동체기반조직(community-based organization, CBO)·시민운동조직(civil movement organization, CMO)·민중조직(people's organization, PO)이라는 용어들이 사용되고 있다. 이들 용어들은 이따금 위에서 언급한 협의의 NGO라는 용어의 대체어로 사용되기도 하나 이들 용어들은 나름의 역사성을 지니고 있으면서 좀 더 한정된 의미의 시민조직들을 지칭한다. 이들의 의미를 구별해 보면 다음과 같다.

NPO란 미국과 더불어 일본에서 광범위하게 사용되는 용어로서 NGO가 기업 등의 영리를 추구하는 조직까지를 포함하는 넓은 의미로 사용될 수 있음에 주목하고 비영리성과 공익성을 강조한 개념이다.[3] 말 그대로 해석할 때 NGO란 정부

---

2) 여기에서 「정부기구」라는 말을 사용하고 있지만 이는 「정부」를 지칭하는 말로서 「비정부기구」라는 말과 대비하기 위해 사용하고 있는 말이다.

(governmental organization, GO)에 대응되는 개념인데 반해 NPO란 기업(profit organization, PO)에 대응되는 개념이다.4)

한국은 2000년 1월에 「비영리민간단체지원법」을 제정한 바 있는데 법의 명칭에서 보듯이 다른 여러 대안적 용어들을 제치고 「비영리민간단체」라는 용어를 사용하고 있다. 비영리민간단체의 주무 부서인 행정안전부가 비영리민간단체라는 말의 영어 번역어를 공식적으로 제시하고 있지 않지만 통상 「NPO」가 아닌 「NGO」라는 말을 쓴다.

PVO는 일반적으로 개발원조(development assistance) 활동을 하는 선진국의 시민조직을 지칭한다. CBO는 지역을 기반으로 하여 공익적 활동을 하는 민간조직으로서 지역주민들이 자신들의 지역의 문제들을 다루기 위해 자체적으로 조직하여 활동하는 지역적으로 한정된 조직을 의미한다. CMO는 시민조직의 운동(movement)이라는 측면을 강조한 용어이다.

PO는 통상 개도국의 농촌과 도시 등지에서 생활이 곤란한 사람들이 자체적으로 조직하여 운영하는 조직을 일컫는다. 구체적으로 PO는 자발적인 풀뿌리 조직으로서 구성원들의 경제적·사회적 복지를 진전시키는 것을 목적으로 한다. 몇몇 국가에서 PO와 CBO가 같은 의미로 사용되기도 하나 CBO가 특정의 지역적인 위치(a particular geographic location)와 관련한 관심사를 다루는 조직으로서의 성격이 강한 데 반해 PO는 특정 부문(a particular sector)과 관련한 관심사를 다루는 조직의 성격이 더 강하다는 차이를 가진다.5)

---

3) 일본에서 NGO는 일반적으로 인권이나 개발 등과 같은 전 지구적 규모의 문제를 다루는 민간조직을 의미하고 NPO는 이러한 활동 분야뿐 아니라 교육·문화·예술 등을 비롯한 다양한 활동 분야에서 활동하는 비영리 민간조직을 의미한다. 즉 NPO라는 용어를 NGO를 포함하는 보다 더 포괄적인 의미를 갖는 개념으로 사용한다 (이면우, '일본 NGO, NPO,' 이면우 편, 『일본의 NGO활동 연구』 (서울: 세종연구소, 1998), 4-5). 일부에서는 NGO를 국외 활동을 하는 민간조직이고 NPO는 국내 활동을 하는 민간조직으로 구분하여 사용하려는 경향도 있으나 일본의 민간조직에 관한 법인 「특정비영리활동촉진법(일명 NPO법)」의 명칭에서 알 수 있듯이 NGO와 대비하여 NPO를 좀 더 포괄적인 개념으로 본다.
4) 흔히 정부를 「제1섹터」라고 칭하고 기업을 「제2섹터」라고 부르며 NGO를 「제3섹터」라고 부른다. NGO라는 말은 제1섹터인 정부에 대응하는 개념이고 NPO는 제2섹터인 기업에 대응하는 개념이다. NGO와 기업은 민간 부문이라는 점에서 공통적이고 NGO와 정부는 비영리와 공익적 성격을 띤다는 점에서 공통적이다. 시민단체를 「제3섹터」라고 부르는 한편 「제5부」라고도 부르는데 이는 입법부·사법부·행정부라는 3부와 언론(제4부)에 이어 중요한 조직임을 의미하는 용어이다.
5) Asian Development Bank, *Civil Society Organization Sourcebook: A Staff Guide to Cooperation with Civil Society Organization* (Manila, Philippines: ADB, 2009), 3.

이러한 구별 없이 좀 더 포괄적인 의미로서 NGO라는 용어의 대체용어로서 쓸 수 있는 용어로서 「시민사회조직(civil society organization, CSO)」이라는 용어가 있는데 이는 세계시민사회연합회(CIVICUS)가 사용을 권고하고 있는 용어이기도 하다.6) 1999년 한국에서 개최된 「서울 NGO 세계대회(Seoul International Conference of NGOs)」에서 용어의 문제가 대두된 바 있는데 이때 CSO라는 용어의 적합성이 강조된 바 있다.

NGO라는 용어 대신 CSO라는 용어를 사용하는 것은 시민사회조직을 좀 더 능동적으로 표현하는 것이기에 바람직한 측면을 가지고 있는 것이 사실이나 실제적이고 구체적으로 어떤 조직을 지칭하는가를 둘러싸고는 NGO라는 용어와 동일한 문제를 안고 있다. 즉 일부 사람들은 CSO를 협의의 개념으로서의 NGO에 더하여 종교단체와 노동조합을 포함한 이익단체 등과 같은 조직까지도 포함하는 개념으로 사용하고자 하는 반면 일부 사람들은 포괄적인 공익을 추구하지 않는 이러한 조직들을 제외한 개념으로 사용하고 있기 때문이다.

경제협력개발기구의 개발원조위원회(OECD/DAC)는 CSO를 「사람들이 공적 부문에서 공유된 이익을 추구하기 위해 스스로 조직한 모든 비시장적·비국가적 조직(non-market and non-state organization)」이라고 정의하고 이러한 정의에 부합하는 조직의 예로서 공동체기반조직과 마을협회(community-based organization and village association)·환경그룹·여성권리 그룹·농민협회(farmers' associations)·신념에 기초한 조직(faith-based organizations)·노동조합·협동조합(co-operatives)·상공회의소(chambers of commerce)·전문가협회(professional associations)·독립적 연구기관(independent research institutes)·비영리 언론기관(not-for-profit media)을 들고 있다.7)

OECD/DAC은 NGO라는 용어가 간혹 CSO와 뚜렷한 구분 없이 같은 의미로 사용되기도 하나 NGO는 CSO의 하위 개념으로 간주되어야 함을 강조한다. 이와 더불어 노동조합이나 전문가협회와 같은 구성원에 기반을 두고 있는 조직

---

6) 때때로 「시민 참여를 위한 세계 동맹(World Alliance for Citizen Participation)」이라고도 불리는 「시비쿠스(CIVICUS)」는 일반적으로 「세계시민사회연합회」로 알려져 있다. 전 세계에 걸쳐 시민행동과 시민사회를 강화하기 위한 활동을 하는 개개 국가 NGO들의 국제적인 동맹체(international alliance)이다.
7) 이들 가운데 「신념에 기초한 조직(faith-based organizations)」이란 종교에 기초한 조직을 의미한다.

(constituency-based organizations) 즉 회원들의 이익을 대변하는 조직은 NGO로 서의 정체성을 가지고 있지 않아 CSO로 종종 간주된다.8)

유엔기구의 하나인 유엔개발계획(UNDP) 역시 CSO에 대해 OECD/DAC과 유사한 정의를 수용하고 있다. 구체적으로 UNDP는 CSO를 「이익을 추구하거나 지배적 권력(governing power)을 추구하는 것을 목적으로 하지 않는 비국가적 행위자로서 사람들을 단합시켜 공유된 목표와 이익을 진전시키는 조직」으로 정의하고 있다.9) 이러한 정의를 수용하고 있는 아시아개발은행(Asian Development Bank, ADB)은 여기에 속하는 조직의 예로서 OECD/DAC이 언급한 조직 이외에 재단 (foundation)과 사회운동 조직(social movements)을 포함시키고 있다.10)

학자들 사이에서도 CSO를 NGO 보다는 좀 더 포괄적인 개념으로서 노동조합이나 종교단체 등과 같은 조직까지를 포함하는 개념으로 사용하고 NGO를 이러한 조직을 제외한 좀 더 한정적인 개념으로 구별하여 사용하고자 하는 성향을 보이고 있다. 또한 CSO라는 용어를 그대로 사용하면서 시민사회의 조직 모두가 아닌 시민운동을 하는 단체라는 의미의 「시민운동단체」를 지칭하는 것으로 한정하여 사용할 것을 주장하기도 한다.

3. NGO 정의의 문제점

이처럼 우리가 살펴보고자 하는 조직인 「자발적인 민간단체나 개인을 회원으로 하여 지방이나 국가 혹은 국제 수준에서 공익의 활동을 하는 시민주도의 국내 혹은 국제 조직」을 시민사회조직(CSO)과 같이 비교적 새로운 용어로서 부를 수도 있고 전통적인 비정부기구(NGO)라는 용어를 그대로 사용하면서 협의의 의미로서 사용할 수도 있는데 본 저서는 NGO라는 용어가 이미 널리 유포되어 사용되고 있다는 현실을 감안하여 충분히 만족스럽지는 않으나 후자의 경우를 따르고자 한다.

이처럼 NGO라는 용어를 따르고자 할 경우 「공익의 활동」이라는 말과 관련하

---

8) OECD/DAC, "How DAC Members Work with CSOs in Development Cooperation," https://www.oecd.org/dac/peer-reviews/48784967.pdf (접속일: 2017년 7월 15일).

9) UNDP, *UNDP and Civil Society Organizations: A Toolkit for Strengthening Partnerships* (New York, NY: UNDP, 2006), 3.

10) Asian Development Bank, *Civil Society Organization Sourcebook: A Staff Guide to Cooperation with Civil Society Organization* (Manila, Philippines: Asian Development Bank, 2009), 1.

여 문제가 발생한다. 예컨대 종교단체들이 순수한 종교 관련 활동과 더불어 자선활동·구호 활동·개발원조 활동 등을 하는 경우가 많은데 이러한 비종교적인 활동을 하는 종교단체를 NGO로 분류할 수 있는가의 문제가 있다.

종교단체의 비종교적인 활동이 종교적 이념의 전파라는 비교적 제한된 부문의 이익을 추구하기 위한 수단으로서 행해졌는지 아니면 순수한 공익을 위한 것인지를 가린다는 것이 현실적으로 어려운 것이 사실이다.[11]

이 때문에 유엔의 경제사회이사회(ECOSOC)는 종교단체 역시 NGO로 인정하고 협의지위(consultative status)를 부여하고 있다. NGO의 활성화와 더불어 좀 더 자유롭게 대중들에게 다가서기 위한 방편의 하나로서 종교단체들이 NGO 성격을 띤 종교의 조직을 강화하고 있는 것도 이러한 맥락에서 이해할 수 있을 것이다.[12]

이러한 논란은 노동조합에서도 볼 수 있다. 2000년 10월 한국에서 개최된 아시아·유럽정상회의(ASEM)에 많은 NGO들이 참가하여 「ASEM 2000 민간포럼 (ASEM 2000 People's Forum)」을 개최한 바 있는데 여기에서 주도적인 역할을 한 노동조합(trade union)이 NGO에 포함되기도 하고 때에 따라 NGO에서 배제되기도 했다.

이는 노동자들의 집단적인 행동을 이들만의 사익을 추구하기 위한 것으로도 볼 수도 있고 일부 사람들이 주장하듯이 특정 노동자가 아닌 사회적 약자로서의 노동자 전체의 권익을 향상시키기 위한 노력이라고도 볼 수 있기 때문이다. 후자의 관점은 노동조합을 NGO의 범주에 포함시켜야 한다고 주장한다. 이 저서에서는 일반적인 NGO의 정의에 따라 노동조합과 종교단체를 NGO의 정의에서 배제하고자 한다.

4. 특수한 형태의 NGO

NGO를 위와 같이 정의할 때 이러한 정의에서 벗어난 다음과 같은 세 가지

---

11) 한국의 대표적인 개발 NGO의 하나로 국제적으로 인정을 받아 유엔 ECOSOC으로부터 가장 높은 협의지위를 부여받은 굿네이버스(Good Neighbors)가 공익을 추구하는 NGO가 아니라 선교를 목적으로 하는 종교단체라는 논란이 일어나자 해외의 사업을 효과적으로 수행하기 위해 해외 현지의 선교사들과 협력관계를 유지해 오기는 했지만 굿네이버스 사업장에서 굿네이버스 이름으로 선교활동은 전혀 하지 못하도록 되어 있다고 반박을 한 바 있다.

12) 경향신문(인터넷), 1999년 8월 13일.

특수한 형태의 NGO가 존재한다.13)

첫째 형태는 관제 NGO(government-organized non-governmental organization, GONGO)이다.14) 냉전기에 주로 소련 진영 내의 공산주의 정부와 제3세계의 권위주의적 정부에 의해 창출되고 또한 재정적으로 이러한 정부에 전적으로 의존하였던 NGO를 일컫는다.15)

이러한 GONGO는 특히 인권 분야에서 많이 발견된다. 2006년에 현재의 유엔 총회 산하의 인권이사회(Human Rights Council, HRC)로 개편되기 전에 존재했던 유엔 경제사회이사회 산하의 인권위원회(Commission on Human Rights, CHR)와 인권위원회의 산하의 인권소위원회(Sub-Commission on the Promotion and Protection of Human Rights)에서 중국이나 쿠바와 같이 인권유린으로 자주 국제사회의 비난의 대상이 된 국가들이 종종 이러한 GONGO를 조직하여 자국의 입장을 옹호하는 로비를 하도록 한 바 있다.

둘째 형태는 유사 NGO(quasi-non-governmental organization, QUANGO)이다. 이에 해당하는 대표적인 NGO에는 스칸디나비아 국가들과 캐나다의 NGO들·몇몇 미국 NGO들·국제적십자위원회(International Committee of the Red Cross, ICRC) 등이 존재한다.16)

---

13) Leon Gordenker and Thomas G. Weiss, "Pluralizing Global Governance: Analytical Approaches and Dimensions," in Thomas G. Weiss and Leon Gordenker, eds., *NGOs, the UN, and Global Governance* (Boulder and London: Lynne Rienner Publishers, 1996), 20-21.

14) 「government-organized non-governmental organization(GONGO)」이라는 용어와 더불어 「government-operated non-governmental organization(GONGO)」라는 말을 쓰기도 한다. 또한 이러한 NGO를 때때로 「governmental non-governmental organization(GNGO)」라고도 칭한다.

15) 참고로 NGO가 정부에 의해 설립되거나 정부에 의해 설립되지는 않았으나 정부의 재정적인 지원을 받는 등의 이유로 NGO가 정부와 친밀한 관계를 가지고 있다는 것을 빗대어서 NGO를 「near-governmental organization」의 약어라고 부르기도 한다. NGO가 본연의 기능인 정부 비판보다는 정부가 주도하는 각종 위원회 등에 참여하여 정부의 정책 등에 동조하면서 민주적 정당성(democratic legitimacy)을 부여한다는 의미로 「near-governmental organization」의 약어라고 불리기도 한다. 또한 일부 NGO의 지도자가 NGO를 관료사회의 진출을 위한 발판으로 이용하기도 한다는 사실을 빗대어 NGO가 「next governmental official」의 약어라고 부르는 사람들도 있다. 때때로 NGO가 질서가 부재한 조직이라는 의미로 「never good order」의 약어라고 칭하기도 한다. 이러한 것들은 모두 NGO의 부정적인 측면을 부각시키고 있는데 이와는 대조적으로 긍정적인 측면을 부각시키고 있는 표현도 있다. 즉 NGO가 정부 및 국제기구 등과 더불어 글로벌 거버넌스(global governance)에 필요한 중요한 행위자라는 것을 강조하여 「necessary-to-governance organization」의 약어라는 말을 쓰기도 한다.

16) 국제적십자위원회(International Committee of the Red Cross, ICRC)는 1864년에 스위스에서

이들은 재정적 자원의 상당한 부분을 정부의 공적 기금(public fund)에 의존한다. 그러나 이들의 기금이 공적 기금이기는 하지만 이들 NGO들은 국제적으로 인정된 목표를 달성하기 위해 정부의 활동과는 구별되는 활동을 전개하는 것을 특징으로 한다. 출처가 정부인 공적 기금에 대한 NGO의 의존이 커지면서 NGO의 독립성과 자율성이 점차적으로 중요한 문제로 부각되고 있다.

셋째 형태는 원조 제공자가 조직한 NGO(donor-organized non-governmental organization, DONGO)이다. 이는 원조 제공자들이 그들의 필요를 충족시키기 위해 직접 설립하는 NGO이다. 구체적으로 원조의 제공자로서 정부뿐 아니라 유엔체제(UN system)를 구성하고 있는 기구들이 특별한 활동과 목표를 위해 그들 자신의 NGO를 설립하는데 유엔체제를 구성하고 있는 기구의 대표적인 경우로 유엔개발계획(UNDP)을 들 수 있다.17)

유엔 자체도 갈등 이후의 평화구축 활동(post-conflict peace-building operations)을 위해 NGO를 설립해 왔다. 예컨대 유엔은 평화유지활동의 일환으로 캄보디아에서 선거를 관리하고 감독한 바 있는데 이때 선거를 위한 대중의 동원에 도움을 줄 수 있는 NGO를 설립한 바 있다. 또한 아프가니스탄에서는 지뢰 제거를 도울 NGO를 설립하기도 했다.

위에서 살펴본 특별한 형태의 NGO 중에서 QUANGO와 DONGO는 비록 공적인 기금에 의존하고 있으나 국제적으로 인정된 목표를 실행하고자 하며 사적인 지위(private status)를 지니고 있다는 점과 이들이 제공하는 서비스가 NGO 활동의 일반적인 범주 내에 명백히 속한다는 점에서 여기서 다루고자 하는 NGO의 범위 내에 포함시키고자 한다.

설립되어 스위스 민법의 적용을 받고 있는 기구를 말한다. 이와는 대조적으로 국제적십자사연맹(International Federation of Red Cross and Red Crescent Societies, IFRC)은 각 국가의 적십자사들이 모여 이룬 연맹체이다. 후자가 주로 평시에 자연재해의 피해복구나 저개발국을 위해 활동하는 것과는 대조적으로 전자는 주로 전쟁과 관련된 지역(즉 무력충돌 지역)에서 활동하는 것이 특징이다. 한국전쟁 당시의 포로 교환 등에 국제적십자위원회가 관련한 것에서도 이러한 특징을 잘 알 수 있다. 국제적십자위원회의 경우 지역 대표부를 두고 있으며 동아시아 대표부는 태국의 수도 방콕에 위치해 있다. 이들 지역 대표부에는 ICRC 대표단이 파견 나와 있다.

17) 유엔체제(UN system)에 속하는 기구란 유엔기구(United Nations Organizations, UNOs)뿐 아니라 유엔과 특별한 협정을 통해 특별한 관계를 이어가고 있는 17개의 전문기구(specialized agencies)들이 포함된다. 여기에서 유엔기구(UNO)란 유엔의 주요기관인 총회·안보리·경제사회이사회·신탁통치이사회·사무국과 더불어 유엔개발계획(UNDP)과 같은 보조기관(subsidiary organ)을 통칭하는 용어이다.

제2장
NGO의 분류

과학적인 학문은 연구대상에 내재해 있는 반복되는 패턴(underlying repeating pattern)을 찾아내는 것을 목표로 하며 이러한 목표는 무질서하게 존재하는 듯 보이는 연구대상에 대한 체계적인 분류로부터 시작된다. 이는 NGO의 연구에 있어서도 예외가 아니다. 이러한 분류가 중요하다는 것을 보여주는 한 예를 소개하면 다음과 같다.

NGO가 정부로부터 지원금을 받는 것에 대해 많은 사람들은 정부의 지원을 받는 NGO의 자율성 훼손을 크게 우려하며 지원금을 받는 것을 범죄시하기까지 한다. 그러나 우리가 NGO를 서비스를 제공하는 운용활동(operational activity)을 하는 NGO와 비판과 제언활동을 하는 NGO로 크게 나누어 볼 때 이러한 일반화는 잘못된 것임을 쉽게 알 수 있다. 즉 전자의 경우는 정부의 재정적인 지원과 협력을 필요로 하며 후자의 경우처럼 정부에 대한 비판과 제언을 주로 하는 NGO의 경우 정부로부터의 지원금의 수령이 문제가 될 수 있기 때문이다.

이러한 분류를 하는 데 있어서 중요한 것은 의미 있는 분류를 가능하게 하는 기준을 설정하는 일이다. 이러한 기준은 하나의 변수(variable)가 되어 또 다른 변수를 설명하는 독립변수(independent variable)가 되기도 하고 인과적인 설명을 요하는 종속변수(dependent variable)가 되기도 한다. 다음은 일반적으로 사용되는 분류의 몇 예이다.

1. 단순한 분류의 예

여기에서는 NGO를 수행하는 기능·활동 분야·활동 지역·활동 대상·대변하는 이익·재원·조직 구성의 국제성·구성요소 등의 기준을 가지고 분류해 보고자 한다.

1) 수행하는 기능에 따른 분류

NGO를 이들이 수행하는 기능에 따라 분류하면 수혜자를 직접 대상으로 하여 물자와 서비스를 제공하는 운용활동 기능(operational function)을 하는 NGO · 일반 대중을 대상으로 여론 등을 형성하기 위해 교육 기능을 하는 NGO · 정부나 국제기구 등의 정책을 비판하고 대안을 제시하는 기능(advocacy function)을 하는 NGO · 자료나 견해를 수집하고 분석하여 교환하고 전파하는 정보 기능을 하는 NGO · 규범의 실시와 준수를 감시하는 기능을 하는 NGO 등으로 분류할 수 있다.[1]

개발 분야에서 활동하는 NGO의 경우 수행하는 기능에 따라 운용활동을 하는 NGO와 정책비판과 제언 활동을 하는 NGO로 구분하는 것이 중요한 의미를 가진다. 이는 아시아개발은행(Asian Development Bank, ADB)과 상호작용을 하는 개발 NGO들이 이러한 기능 가운데 어느 기능에 집중하고 있는가에 따라 ADB와의 상호작용의 성격이 달라지기 때문이다. 운용활동을 하는 NGO의 경우는 ADB 프로젝트의 집행자가 되며 정책비판과 제언 활동을 하는 NGO의 경우는 ADB의 정책대화(policy dialogue)의 상대가 된다.[2]

2) 활동 분야에 따른 분류

NGO들은 활동하는 분야에 따라서도 분류될 수 있는데 활동 분야가 다양해서 이들 모두를 언급하는 것은 쉽지 않다. 가장 일반적인 활동 분야를 중심으로 분류할 때 안보 · 평화 · 군축 분야에서 활동하는 NGO, 개발 분야에서 활동하는 NGO, 환경 분야에서 활동하는 NGO, 인권 분야에서 활동하는 NGO, 인도적 구호 분야에서 활동하는 NGO, 여성 · 아동 · 노인 · 성 소수자 등 사회적 약자의 문제 분야에서 활동하는 NGO, 민주주의 촉진을 위한 분야에서 활동하는 NGO, 인간거주 분야에서 활동하는 NGO 등으로 분류가 가능하다. 비교적 최근에는 점차적으로 많은 수의 NGO들이 갈등의 예방과 해결(conflict prevention and

---

1) NGO가 수행하는 기능은 여러 가지로 분류되나 간단하게 운용활동 기능(operational function)과 정책비판 및 제언 기능(advocacy function)의 두 가지로 분류하는 경우도 있다.

2) ADB, *Civil Society Organization Sourcebook: A Staff Guide to Cooperation with Civil Society Organization* (Manila, Philippines: ADB, 2009), 1-5.

resolution) 분야에서도 활발하게 활동을 전개하기 시작했다.

활동 분야가 다양해지는 한편 활동 분야의 구분이 점차적으로 흐려지는 현상에도 주목해야 한다. 이러한 현상을 전형적으로 보여주는 예로서 「인권의 주류화(human rights mainstreaming)」 혹은 「인권에 기반을 둔 접근(human rights-based approach)」이라는 개념을 들 수 있는데 이는 모든 이슈를 다루는 데 있어서 인권이라는 측면에서 접근해야 한다는 것을 일컫는다. 또 다른 예로서 「성의 주류화(gender mainstreaming)」라는 개념을 들 수 있는데 이는 모든 문제를 성 인지적 관점에서 바라봄으로써 궁극적으로 양성평등(gender equality)을 실현하고자 하는 전략을 일컫는다. 최근에는 빈곤(poverty)의 문제가 국제사회가 직면하고 있는 모든 문제의 근본적인 원인이라는 인식하에 개도국의 각종 문제에 관심을 가지고 활동하는 NGO들이 자신들이 다루는 문제들을 빈곤의 문제와 연결 지어 해결책을 모색하고자 하는 경향을 보이고 있다.

3) 활동 지역에 따른 분류

NGO들이 활동하는 공간적인 범주를 기준으로 NGO를 분류할 경우 우선 활동지역이 한 국가 내에 한정되어 있는 NGO와 국경을 넘어 활동이 이루어지고 있는 NGO로의 구분이 가능하다. 전자를 「국내 NGO(national NGO, NNGO)」라고 부르고 후자를 「국제 NGO(international NGO, INGO)」라고 칭할 수 있다.

한 국가의 국경을 넘어 활동을 전개하고 있는 국제 NGO는 또 다시 세계 전 지역을 활동 대상 지역으로 하고 있는 전 지구적 NGO(global NGO)와 아시아나 아프리카처럼 일부 지역을 단위로 활동을 전개하고 있는 지역 NGO(regional NGO)로 분류될 수 있다.3)

국내 NGO도 좀 더 세분하여 특정 공동체를 단위로 하여 활동하는 NGO(community NGO)·일부 지방을 단위로 하는 NGO(local NGO)·전국적인 범위에서 활동하는 NGO(national NGO) 등으로 구분이 가능하다.

---

3) 전 지구적 NGO(global NGO)에는 옥스팜(Oxfam)·그린피스(Greenpeace)·어린이구호회(Save the Children)·국경없는 의사회(MSF) 등이 있다.

4) 활동 대상에 따른 분류

NGO는 활동 대상에 따라서도 분류할 수 있다. 이러한 기준에 의거할 경우 일반대중을 대상으로 활동하는 NGO·정부를 대상으로 하는 NGO·국제기구를 대상으로 하는 NGO·기업과 같은 민간 부문(private sector)을 대상으로 하는 NGO·다른 NGO를 대상으로 하는 NGO 등으로의 분류가 가능하다.[4]

5) 대변하는 이익에 따른 분류

대변하는 이익에 따라 일반대중들의 이익을 대변하는 NGO·회원들의 이익을 대변하는 NGO·현재 대표되지 않고 있는 미래세대 등의 이익을 대변하는 NGO로의 구분이 가능하다.[5]

6) 재원에 따른 분류

NGO들은 다양한 재원을 가지고 있으며 일반적으로 어느 한 재원에만 의존하고 있는 경우는 드물다. 일반적으로 재원은 회비·기부금·후원 회원이나 후원 행사를 통한 후원금·정부 지원금(무상 지원금 혹은 공모사업 등을 통한 지원금)·공공재단으로부터의 공공기금·국제기구의 지원금·정부나 공공재단 혹은 국제기구 등과의 계약에 의한 프로젝트의 수행비·수익사업의 소득 등으로의 구분이 가능하다.

7) 조직 구성의 국제성에 따른 분류

NGO가 한 국가 내의 지방과 국가에 한정되어 조직되어 있을 경우 이들을 「국내 NGO(national NGO, NNGO)」라고 하고 한 국가 내에 한정되지 않고 국경을 초월하여 조직된 NGO를 「국제 NGO(international NGO, INGO)」라고 부른다.

국제 NGO는 국경을 넘어 국적으로 달리하는 여러 국가의 개인으로 조직된 국제 NGO와 개인이 아닌 여러 국가의 NGO들로서 조직된 국제 NGO(즉 국내

---

4) 특정 정당이나 정파를 위한 로비를 주요 임무로 하는 NGO들이 생겨나자 이러한 NGO들을 감시하기 위한 NGO들 역시 등장하고 있다.

5) 현재 대표되지 않고 있는 미래세대 등의 이익을 대변하는 NGO에는 지속 가능한 개발을 위해 활동하는 환경 NGO를 예로 들 수 있다.

NGO들이 국제적으로 연계되어 조직되어 있는 국제 NGO)로 또 다시 분류될 수 있다. 후자의 전형적인 예로서 그린피스(Greenpeace International)를 들 수 있는데 이 국제 NGO는 개별 국가의 지부의 느슨한 형태의 연맹체로서 주로 연례총회 때 함께 모여 함께 적용할 우선적인 과제와 전략을 논의하고 수립한다.

8) 조직의 구성요소에 따른 분류

조직의 구성요소의 종류에 따라 개인을 구성원으로 하는 NGO・단체를 구성원으로 하는 NGO・이 두 종류의 구성요소(개인과 단체)를 모두 포함하는 NGO로의 구분이 가능하다.

국제자연보전연맹(IUCN)과 같은 NGO는 국가(states)・정부기관(government agencies)・정치 및/혹은 경제 통합기구(political and/or economic integration organizations)・국내 NGO와 국제 NGO(national NGOs and international NGOs)・원주민 기구(indigenous peoples' organizations)・제휴기관(affiliates)인 과학 및 학술기관과 기업협회(scientific and academic institutions and business associations)와 같은 다양한 행위자로 구성되어 있다.6)

---

6) 국제자연보전연맹(IUCN)은 국가와 정부기관과 더불어 다양한 비국가적 행위자들로 구성되어 있어 「혼합형 NGO(hybrid NGO)」라고 불리는 흥미로운 기구이기 때문에 여기에서 좀 더 상세히 살펴보고자 한다. 이 NGO는 1948년 건립되면서 「국제자연보호연맹(International Union for the Protection of Nature, IUPN)」이라는 이름을 가졌다. 1956년에 「국제 자연 및 천연자원 보전연맹(International Union for Conservation of Nature and Natural Resources, IUCN)」으로 개명을 했고 1990년에는 「IUCN」이라는 이름에 「World Conservation Union」이라는 명칭을 덧붙여 「IUCN-World Conservation Union」이라고 부르기 시작했다. 그러나 2008년부터 「World Conservation Union」이라는 말을 더 이상 붙이지 않고 단순히 「IUCN」이라고 부르고 있다. IUCN은 유엔총회로부터 옵서버 자격을 영구적으로 부여받은 유일한 환경단체이자 자연보전 분야의 세계최대 환경단체이다. IUCN 회원은 4개 부류(categories)로 구성되어 있다. 부류 A (Category A)에는 국가와 정부기관 그리고 유럽연합(EU)과 같은 정치 및/혹은 경제 통합기구가 속해 있고 부류 B(Category B)에는 국내 NGO와 국제 NGO가 속해 있다. 부류 C(Category C)에는 특이하게도 원주민 기구가 속해 있고 부류 D(Category D)에는 다양한 제휴기관이 속해 있다. 최고의 의사결정 기관인 회원총회(Members' Assembly)에서 부류 A・B・C 모두 표결권과 더불어 발언권을 가지나 부류 D의 경우는 표결권 없이 발언권만을 가진다. 개개 국가 회원은 표결권 3개를 가지는데 만약에 국가 회원 이외에 정부기관들이 회원으로 있을 경우 이 가운데 표 하나는 정부기관들에 의해 집단적으로 행사된다. IUCN의 국가 회원이 아닌 국가의 정부기관 회원들은 표결권 하나를 집단적으로 행사한다. 정치 및/혹은 경제 통합기구의 하나 이상의 회원국과 통합기구 자체가 IUCN의 회원일 경우에는 통합기구와 통합기구의 회원국들은 통합기구에 속해 있는 IUCN의 국가 회원들의 표결권 전체를 초과하지 않는 범위 내에서 표결권을 행사할 방식에 대해 결정을 해야 한다. 국내 NGO와 국제 NGO는 각각 1개의 표결권 2개의 표결권을 행사한다. 원주민 기구는 하나의 표결권을 가진다. 제휴기관의 경우는 발언권만을 가질 뿐

NGO에 따라서는 소수의 회원만을 가지고 있거나 전혀 가지고 있지 않은 NGO들도 있는데 이를 「싱크탱크(think tank)형 NGO」라고 부른다. 싱크탱크형 NGO는 기술과 법률 지식 그리고 연구와 출판사업 등을 통해 영향력을 행사하는데 대표적인 예로서 워싱턴 DC에 소재하고 있는 세계자원연구소(World Resources Institute, WRI)와 월드워치 연구소(Worldwatch Institute) 그리고 런던과 부에노스 아이레스에 있는 국제환경개발연구소(International Institute for Environment and Development)를 들 수 있다.[7]

2017년 한국 정부의 원전폐지 정책에 반대하는 입장을 제시하여 주목을 끈 바 있는 미국의 환경 NGO인 「환경진보(Environmental Progress, EP)」도 인류 모두를 위한 자연과 번영을 이루기 위해 깨끗한 에너지를 위한 연구를 하고 정책을 제안하는 싱크탱크형 NGO 가운데 하나이다.

표결권은 가지지 않는다. 부류 A의 회원 가운데 국가 회원과 정부기관 회원의 경우는 유엔 회원국들이 부담하는 정규예산 분담비율을 기본으로 하면서 이를 간접적으로 적용하여 산출한 회비를 분담하게 된다. 구체적으로 국가 회원들은 11개 등급으로 차등화해 분담금을 부담하며 정부기관들은 국가가 IUCN의 회원인 경우와 회원이 아닌 경우로 구분하여 각각 11개 등급으로 차등화해 분담한다. 부류 A의 회원 가운데 정치 및/혹은 경제 통합기구의 경우는 당해 통합기구의 회원국의 분담금을 모두 더한 다음 회원국의 수로 나누어 산정된 평균치를 분담한다. 부류 B와 C에 속하는 회원의 경우 9개의 등급으로 나누어져 차등적으로 회비를 내게 되는데 개개 조직의 운용비용(operating expenditure)이 기준이 된다. 부류 D에 속하는 회원은 동일한 액수의 회비를 내는데 2017-2020년의 경우 2,678 스위스 프랑을 내게 된다. 한국은 2006년 9월에 82번째로 국가 회원으로 가입했다. 한국이 국가 회원이 되기 전에는 환경부만이 정부기관 회원으로 1985년에 가입하여 활동했으며 NGO 회원으로서 자연보전협회·야생동물보호협회·국립공원협회·자연보호중앙협의회 등 4개 민간단체가 가입돼 있었다. 기존 정부기관 회원에서 국가 회원으로 격상됨으로써 정부기관 회원으로 보유했던 1개의 표결권이 3개의 표결권으로 늘어나 매 4년마다 개최되는 총회인 세계자연보전총회(World Conservation Congress, WCC)에서 회원국에 대한 권고사항 제시와 임원 선출 등에 참여하여 한국의 입지를 강화할 수 있게 되었으며 환경부 이외의 다른 중앙 행정기관도 직접 국가대표로 관련 총회에 참가할 수 있게 되었다. 정부기관 회원도 많이 늘어나 환경부 이외에 문화재청·산림청·해양환경관리공단·제주특별자치도·국립공원관리공단 등 다수의 기관이 가입되어 있다. 대부분의 개도국들은 국가회원 자격이 아닌 정부기관 회원 자격만을 보유하고 있다. 2012년 세계자연보전총회가 한국의 제주도 서귀포에서 개최된 바 있고 2016년 총회는 미국의 하와이에서 개최되었다. 총회는 무분별한 개발을 막고 환경을 보전하기 위한 주요 이슈와 정책 방향을 결정하는 환경 분야의 유엔과 같은 역할을 한다.

7) Gareth Porter and Janet Welsh Brown, *Global Environmental Politics* (Boulder, San Francisco, and Oxford: Westview Press, 1991), 56-58.

9) 기타 기준에 따른 분류

NGO들은 크게 북반구의 선진국 NGO(Northern NGO)와 남반구의 개도국 NGO(Southern NGO)로도 분류가 가능하다.

2. 복합적인 기준에 따른 NGO 분류의 예

여기에서는 기준을 2개 가지고 NGO를 분류하는 예를 하나 들러보고자 한다. 대변하는 이익이라는 기준에 따라 일반대중들의 이익을 대변하는 NGO와 회원들의 이익을 대변하는 NGO로 구분하고 수행하는 기능이라는 기준에 의거하여 물적 혹은 인적 자원의 제공을 주로 하는 NGO와 비판과 제언을 주로 하는 NGO로 구분을 할 경우 NGO들은 다음과 같은 4가지 유형으로 분류가 될 수 있다.[8]
첫째 유형은 회원들의 이익을 대변하면서 주로 인적 혹은 물적 자원을 제공하는 NGO인데 여기에는 「익명의 알코올 중독자들(Alcoholics Anonymous)」과 같은 NGO가 포함된다. 둘째 유형은 일반대중의 이익을 대변하면서 인적 혹은 물적 자원을 제공하는 기능을 주로 하는 NGO인데 이러한 NGO에는 국경없는 의사회(MSF) 등이 있다. 셋째 유형은 회원들의 이익을 대변하면서 비판과 제언을 주요 기능으로 하는 NGO인데 인도네시아 섬들에 거주하는 원주민들이 스스로 결성한 군도 원주민 연합(Alliance of the Indigenous Peoples of the Archipelago)과 같은 NGO를 들 수 있다. 마지막 유형은 일반대중들의 이익을 대변하면서 비판과 제언을 주요 기능으로 하는 NGO인데 이러한 NGO에는 그린피스(Greenpeace) 등이 속한다.

3. 분류의 다원성과 국제 NGO의 정의

위에서 살펴본 분류의 기준을 적용했을 때 조직이 국내에 한정되어 구성되어

---

8) Nicco F. G. Graf and Franz Rothlauf, "The Why and How of Firm-NGO Collaborations," Working Paper 04/2011 (Mainz, Germany: Johannes Gutenberg-University Mainz, 2011), 5-6. 이 글에서는 회원들의 이익을 대변하면서 비판과 제언을 주요 기능으로 하는 NGO로서 노동조합(Labour Unions)과 무역협회(Trade Associations)를 예로 들었으나 본 저서에서는 이들을 협의의 NGO 개념에서 배제했기 때문에 다른 예로 대체했다.

있으나 국경을 넘어 활동을 하고 있는 NGO의 경우 어떤 NGO로 분류되어야 할 것인가의 문제가 제기될 수 있다. 왜냐하면 위에서 살펴본 활동 지역을 기준으로 할 경우 이러한 NGO는 국제 NGO로 분류되어야 하나 조직 구성의 국제성이라는 기준에 의거하여 분류할 경우 국내 NGO가 되기 때문이다.

이러한 종류의 NGO들이 다수 생기면서 조직이 국내적으로 한정되어 있더라도 활동영역이 국가의 경계를 넘어서는 경우 활동 영역에 중점을 두어 이들을 일반적으로 국제 NGO라고 부르는 경향이 있다. 그러나 다른 한편 국제 NGO를 규정할 때 이러한 문제를 피하기 위해 아예 국제 NGO를 시민에 의한 민간 단체로서 그 조직과 활동 모두가 국제적이어야 한다는 기준을 적용하는 경우도 있다.

국제기구를 연구자에게 중요한 참고가 되고 있는 「국제기구연보(Yearbook of International Organization)」를 발행하고 있는 국제협회연합(Union of International Association, UIA)은 국제 NGO의 기준으로서 다음과 같은 다섯 가지를 제시하고 있다: ⅰ) 최소한 3개 국가에서 활동하며 국제적인 목표를 가지고 있어야 한다. ⅱ) 회원 국가가 최소한 3개 국가에 걸쳐 있어야 한다. ⅲ) 본부와 더불어 공식적인 조직의 구조를 지니고 있어야 하며 임원은 선출되고 바뀌어야 한다. ⅳ) 재정적 자원은 최소한 3개 국가로부터 나와야 한다. ⅴ) 비영리 기구이어야 한다.

제2부
NGO의 역사와 성장요인

제3장
NGO의 역사

NGO들이 어떻게 등장했고 어떻게 발전하여 왔는가를 역사적으로 살펴보는 일은 중요하다. 이러한 역사적인 관찰을 통해 NGO의 발전에 있어서 일정한 반복적인 정형(pattern)이나 발전의 경향(tendency)이 존재하는가를 경험적으로 탐구해 볼 수 있기 때문이다.

1. NGO의 역사

NGO의 역사를 살펴봄에 있어서 시대 구분을 1960년대 이전으로부터 시작하여 1960년대 · 1970년대 · 1980년대 · 1990년대를 거쳐 2000년대의 현재까지를 10년을 단위로 구분하여 살펴보고자 한다.[1]

1) 1960년대 이전

NGO에 대한 국제적인 인식과 활동의 전통은 1838년 설립된 영국반노예사회(British Anti-Slavery Society)라는 단체와 더불어 시작되었으며 이러한 전통은 1863년 상병자 구호를 위한 국제위원회(International Committee for the Relief of the Wounded)의 설립과 더불어 시작된 적십자운동에 의해 계승되었다.[2] 이러한 적십자운동이 옹호한 중립 · 독립 · 소속에 관계없이 도움을 준다는 원칙은 20세기 초의 NGO들에 의해 수용되었으며 인도적 지원(humanitarian assistance)이 이들 NGO에 의해 확대되었다.

국제연맹(League of Nations, LN)은 NGO의 참여를 위한 공식적인 규칙을 제

---

1) Shirin Sinnar, "Mixed Blessing: The Growing Influence of NGOs," *Harvard International Review*. Vol. 18, No. 1 (Winter 1995/96), 54-55의 일부를 참조.

2) 상병자 구호를 위한 국제위원회(International Committee for the Relief of the Wounded)는 나중에 국제적십자위원회(International Committee of the Red Cross)로 명칭이 바뀌었다.

정하지 않았고 NGO에게 거의 발언권을 주지 않았지만 NGO들이 국제연맹 회의에 참여하고 대표단에게 로비를 하는 것을 막지 않았으며 새로운 국제기구를 설립하는 데 있어서 잠재적인 동맹자로 간주했다. 국제연맹이 점차적으로 국제문제 해결에 있어서 무능력을 노정하면서 NGO의 참여도 점차적으로 감소했다. 제2차 세계대전이 발발하기 전인 1939년까지 약 700개의 국제 NGO가 존립했다.

제2차 세계대전이 발발하자 전쟁으로 인해 고통 받는 사람들을 도울 목적으로 영국의 구호기관인 옥스팜(Oxfam)3)과 미국의 식량구호 단체인 케어(CARE)4)를 포함한 다수의 NGO들이 설립되었다. 그러나 이들의 활동은 여전히 인도적 지원에 국한되었다. 이처럼 1950년대의 국제 NGO들은 대체적으로 자선구호 단체들로서 빈자들에게 재화나 용역을 제공하는 것을 주된 임무로 했으며 자연재해 등으로 인한 급박한 필요를 충족시키는 데 중점을 두었다.

유엔헌장의 초안을 작성하기 위해 모인 샌프란시스코 회의에서 NGO들은 유엔에서 영향력을 행사하기 위한 방편으로 유엔의 의사결정 과정에 참여하기 위한 로비를 적극적으로 전개했다. 그 결과 일정한 자격을 갖출 경우 유엔 경제사회이사회(ECOSOC)로부터 협의지위(consultative status)를 얻어 표결권은 아니나 일정한 정도의 발언권을 지니게 되었다.5)

NGO들은 세계전쟁의 원인이 인권에 대한 존중의 부재에 기인한다는 인식을 가지고 샌프란시스코 회의에서 유엔헌장이 인권을 강조할 것을 촉구했으며 이것이 수용됨으로써 국제인권법의 발전에 있어서 NGO의 지도적인 역할의 전통을 남겼다.

이처럼 NGO가 유엔 ECOSOC으로부터 협의지위를 획득한 것은 NGO의 역사에 있어 커다란 발전이었다. 그러나 NGO는 ECOSOC 이외에 유엔총회와 안전보장이사회(이하 안보리)를 비롯한 유엔기구(United Nations Organization, UNO)에서 이러한 지위를 획득하지 못하는 등 이러한 발전에는 본질적인 한계가 있었다.

---

3) 옥스팜(Oxfam)은 나치 점령과 동맹국들의 봉쇄로 인해 그리스에 거주하는 사람들이 기아에 허덕이고 있다는 소식을 듣고 1942년 영국의 옥스퍼드(Oxford)에서 설립되었다. 「Oxfam」이라는 이름은 「Oxford Committee for Famine Relief」라는 말에서 온 것이다.

4) 영어의 「CARE」는 「Cooperative American Relief Everywhere」의 약어이다.

5) 앞서 언급했듯이 유엔헌장 제71조는 유엔 경제사회이사회(ECOSOC)가 그 권한 내에 있는 사항과 관련이 있는 NGO와의 협의를 위해 적절한 약정을 체결할 수 있다고 규정하고 있다.

2) 1960년대

우선 1960년대에 아시아와 아프리카에서 많은 국가들이 식민 상태로부터 독립하여 국제사회에 대거 등장하면서 이들 개도국들은 국제사회의 도움을 절실히 필요로 했으며 이러한 필요를 충족시키기 위한 NGO의 활동이 1960년대 전반에 걸쳐 요구되었다. 그 결과 제2차 세계대전 후 유럽의 재건에 치중하던 선진국 NGO의 활동이 아시아·아프리카·중남미 등 개도국들에서 전개되기 시작했다.

또한 1960년대부터 NGO의 중점사업이 인도적 지원 이외의 여러 분야로 확장되기 시작했다. 예컨대 국제 앰네스티(Amnesty International, AI)[6]는 정치범과 인권을 위한 캠페인을 시작했으며 세계자연기금(World Wide Fund for Nature, WWF)[7]은 20년 후에 본격화된 환경운동을 이때부터 시작했다.

인도적 지원을 하는 NGO들도 이때부터 정책의 강조점을 긴급구호(emergency relief)로부터 장기적인 개발전략으로 바꾸어 나가기 시작했다. 즉 1950년대의 국제 NGO들이 직접적인 행동을 통해 급박한 구호원조에 초점을 둔 반면 1960년대 국제 NGO들은 현지 NGO들의 점진적 참여 등을 통한 현지의 지속 가능성(sustainability)을 중요하게 여기기 시작했다. 이러한 지속 가능성을 강조하는 경향은 1970년대에 본격화되었다.

---

6) 「Amnesty International」을 통상적으로 우리말로 「국제사면위원회」로 불러왔으나 국제 앰네스티 한국 지부는 「국제 앰네스티」로 불러줄 것을 강력하게 요구하고 있다. 그 이유 가운데 하나는 Amnesty를 번역한 사면이라는 용어가 죄를 지은 사람의 죄를 면해준다는 시혜적인 의미를 떠올리기 때문이다. 이러한 시혜적 성격의 사면은 Amnesty International이 인권의 오용을 방지하고 종식시키며 인권이 훼손된 사람을 위한 정의를 요구하기 위해 연구를 수행하고 행동을 불러일으키는 것을 주된 활동의 목적으로 삼고 있는 것과 전혀 다르기 때문이다. 즉 죄를 자은 자의 죄를 면해주기 위한 활동이 목적이 아니라 죄가 없다고 생각되는 양심수의 인권을 보호하는 것을 주된 활동의 목적으로 하고 있기 때문이다. 또한 「국제사면위원회」로 번역할 경우 예컨대 과거 유엔 경제사회이사회 산하의 인권위원회와 같은 조직이나 인권 관련 조약의 관리를 위해 설립한 각종 위원회(예컨대 여성차별철폐위원회)와 같은 조직을 떠올릴 수 있기 때문이다. 이러한 종류의 위원회는 독립적인 민간 전문가로 구성되어 있는 조직으로서의 특징을 지니는데 Amnesty International의 경우는 일반인들을 구성원으로 하는 NGO이기 때문이다.

7) 1961년 9월 세계야생생물기금(World Wildlife Fund, WWF)이 설립되었다. 1986년 창설 25주년을 기해 이 명칭이 기관의 활동 범위를 모두 반영하지 못한다고 판단하여 조직의 명칭을 세계자연기금(World Wide Fund for Nature)으로 바꾸었다. 그러나 약어는 여전히 「WWF」를 사용하고 있다.

3) 1970년대

이 시기의 특징 가운데 하나는 종래의 인도적 지원을 하는 NGO들과는 구별되어 「국경없는 의사회(Médecins Sans Frontières, MSF)」와 같은 천재지변과 인재 그리고 전염병으로부터 개도국을 돕기 위한 인도적인 국제 NGO들이 설립되었다는 것이다.[8]

개발 NGO들은 이 시기에 지원이 끝난 후에도 개발이 지속될 수 있도록 하는데 중점을 두고 지역공동체의 자조(self-help)를 가능하게 하는 프로그램이나 프로젝트들을 실시하는 데 지속적인 관심을 두었다.

또한 1970년대에 발생한 아프리카의 대기근과 1975년부터 수년간에 걸쳐 자행된 캄보디아의 대학살을 계기로 이 시기에 국제 NGO들이 연계망(network)을 통한 국제연대 활동을 전개하기 시작했다.[9]

이러한 특징들을 뒤로 하고 가장 주목하여야 할 1970년대의 특징은 NGO들(특히 국제 NGO들)이 양적인 면과 질적인 면 모두에서 비약적으로 발전한 시기라는 점이다. 이러한 연유로 NGO의 생성과 활성화를 가져오는 요인과 관련하여 이론적인 관심이 집중되는 시기이기도 하다. 1970년대에 이처럼 NGO의 양적·질적 성장에 영향을 미쳤다고 흔히 언급되는 요인들을 살펴보면 다음과 같다.

우선 1970년대는 냉전으로 치열하게 대립하던 미국과 소련 사이에 화해와 협력을 의미하는 데탕트가 이루어지던 시기로서 이러한 국제사회의 긴장완화에 따라 냉전시대의 안보 우선주의에 의해 중요성에도 불구하고 제대로 관심을 끌지 못했던 환경이나 인권을 위시한 다양한 비안보적 이슈들(non-security issues)에 대해 관심이 모아졌다. 이러한 문제들의 해결 필요성이 새로운 NGO들의 대거 등장과 기존 NGO들의 활성화를 가져왔다.

둘째, 1970년대에 있었던 두 차례의 오일쇼크(석유파동) 역시 1970년대의 NGO의 등장과 성장에 크게 기여했다.[10] 오일쇼크를 통해 국제경제가 장기 불황

---

8) 국경없는 의사회의 영어 명칭은 「Doctors without Borders」이다. 본부는 벨기에에 위치하고 있으며 45개국 출신의 2,000명 자원봉사자들이 80여개 국가에서 활동 중이다.

9) 김혜경, '개발NGO의 현황과 발전방향,' 경제정의실천시민연합 편, 『세계화와 한국 NGO의 발전방안 (경실련 연구보고서 97-10)』 (서울: 경제정의실천시민연합, 1997), 104.

10) 1973년 10월 제4차 중동전쟁을 계기로 아랍 산유국들이 석유를 무기화하여 대량 감산과 가격인상을 하자 세계경제가 큰 충격을 받아 주요 선진국들이 심각한 불황과 인플레이션을 겪어야

에 빠지면서 선진국과 개도국 모두 극도의 경제적 어려움에 직면하게 되었다.11)
이러한 이유로 개도국은 국제적인 개발원조를 절실하게 필요로 하게 되었다. 다른
한편 선진국은 선진국대로 침체된 경제 속에서 정부차원의 공적개발원조(ODA)를
개도국에게 제공하는 것이 어려워졌다. 이 때문에 해외 개발원조 활동을 하는 선
진국들의 국제 NGO들이 급증하게 되었다. 아프리카 원조를 위한 아프리케어
(Africare)가 이러한 국제 NGO의 하나이다.

셋째, 1960년대에 선진국들이 누렸던 고도의 경제성장의 부정적인 결과가
1960년대 후반부터 시작하여 1970년대에 이르러 환경문제를 중심으로 본격적으로
드러나기 시작했다. 무제한적인 경제발전이 초래할 수 있는 문제들에 대한 우려
속에서 로마클럽(Rome Club)이라는 현인단체가 1972년에 작성하여 발표한 「성장
의 한계(The Limits to Growth)」라는 보고서가 국제사회에 큰 충격을 주었다.12)

보고서는 전 세계가 현재의 인구증가·경제성장·공업화의 속도를 지속해 간
다면 100년 이내에 결정적인 파국을 가져올 것이라는 것을 지적하고 전 세계가
공동으로 해결해야 하는 문제로서 환경오염과 지구자원의 고갈 등을 거론함으로
써 환경문제에 대한 깊은 관심과 우려를 불러일으켰다. 환경문제에 대한 이러한
관심과 우려는 환경과 관련한 NGO들의 대거 등장과 성장을 가져왔다

환경에 대한 관심과 우려는 환경 NGO들의 노력에 힘입어 유엔 밖에서의 최초
의 대규모 회의인 1972년 유엔인간환경회의(United Nations Conference on Human
Environment, UNCHE)의 개최로 이어졌다. 이 회의에 미증유의 수적으로 많은 환
경 NGO들이 여러 형태로 참여하여 적극적인 활동을 전개하기 시작하면서 환경

했다. 이를 두고 「제1차 오일쇼크」라고 칭한다. 이 당시 1973년 10월 배럴당 3.2달러였던 원유
가격이 1974년 1월에는 11.6달러로 급등했다. 제2차 오일쇼크는 1979년 2월에 이슬람교 시아파
의 종교 지도자인 호메이니가 미국의 지원을 받으면서 막대한 석유 이윤을 바탕으로 탄압정치
를 하던 팔레비 왕조를 붕괴시키고 이슬람 원리주의에 입각한 이란 이슬람공화국을 건립하면서
미국과 단교하고 원유 수출을 전면 중단하면서 시작되었다. 여기에 중동 산유국들이 원유 가격
을 올리고 감산에 동참하자 제1차 오일쇼크를 경험한 각국이 경쟁적으로 석유를 비축하면서 석
유 수급 상황이 걷잡을 수 없이 악화됐다. 그 결과 배럴당 13달러대였던 유가는 20달러를 돌파
했다. 거기에다가 1980년 9월에 이란과 이라크 사이에 국경 문제로 전쟁이 벌어지면서 중동의
정세가 불안해지면서 유가는 더욱 크게 상승하여 30달러 선을 넘었고 사우디아라비아가 석유무
기화를 천명한 1981년 1월에는 39달러에 이르렀다.

11) 이러한 경제적 어려움을 극복하기 위한 방편의 하나로서 신자유주의(neoliberalism) 이념이
1970년대 말부터 등장하게 되고 1980년대를 지배하게 된다.

12) Donella H. Meadows et al., *The Limits to Growth: A Report for the Club of Rome's
Project on the Predicament of Mankind* (New York: Universe Books, 1972).

분야에 있어서의 NGO의 역할이 급성장을 시작했다.

1970년부터 UNCHE의 준비위원회 회의(Preparatory Committee Meeting)에 237개 NGO들이 참여했으며 세계적인 환경 NGO인 국제자연보전연맹(IUCN)은 회의 공식문서의 초안을 작성하기 위한 정부 간 실무자회의에 참석하여 유엔 문건의 실무초안에 접근하여 이를 검토하고 중요 관료와 대표단에게 논평을 건네기도 했으며 특정 구절을 지지 또는 거부하기까지 했다.[13]

이들 NGO들은 UNCHE의 정부대표들 간의 회의와는 별도로 「환경포럼(Environmental Forum)」과 「시민포럼(People's Forum)」 등의 병행회의(parallel conference)를 개최하여 정부대표들과의 의견을 교환했다. 많은 NGO들은 항의(protest)나 환경의식의 고취를 위한 활동 등 회의와 관련된 비공식적인 활동도 전개했다.

UNCHE는 NGO의 성장에 적지 않은 영향 미쳤다. 우선 이 회의를 시작으로 향후 개최되는 전 지구적 회의(global conference)에 NGO들의 회의인 대규모 병행회의가 수반되도록 하는 전통을 수립하게 되었다.

둘째, UNCHE에는 유엔 ECOSOC의 협의지위를 보유하고 있지 않은 NGO와 명부(roster)에 등재되어 있지 않은 NGO들의 참여 역시 허용되면서 유엔과 NGO들의 상호작용이 현저하게 강화되기 시작하는 중요한 계기가 되었다.

셋째, NGO들이 처음으로 전 지구적 회의인 UNCHE에 적극적으로 참여하여 국제문제에 있어서의 중요한 행위자로 등장하는 계기가 되었다. 이를 계기로 NGO들은 전 지구적 회의를 비롯하여 좀 더 규모가 작은 국제회의와 지속개발위원회(CSD)와 같은 각종 국제기구와 회의에 영향력을 행사하기 위해 로비를 행했다. NGO들은 국내적인 압력과 초국가적인 연대 등을 통해 국제기구의 회원국 정부들의 입장에 영향을 미치고자 했다.

넷째, UNCHE 이후 NGO들은 UNCHE의 결과로서 등장한 유엔환경계획(UNEP)뿐만 아니라 세계은행(World Bank)을 위시한 전문기구 등과의 공식적인 관계정립을 시도했다. 그 결과 다른 국제기구와의 관계정립은 별 성과가 없었지만 UNEP와는 협력관계를 수립하여 NGO는 UNEP로부터 보조금을 받아 연구와 조사를 행하고 UNEP와 공동으로 국제회의를 개최하는 등 협력관계를 이어갔다.

---

13) Karen A. Mingst and Margaret P. Karns, *The United Nations in the Post-Cold War Era* (Boulder, Colorado: Westview Press, 1995), 131.

4) 1980년대

1980년대는 NGO의 성장에 기회의 시기인 동시에 제약이 가해진 시기이기도 했다. 이러한 기회와 제약은 선진국들이 1950년대와 1960년대의 경제호황이 끝나고 1970년대에 들어서 경기가 침체하고 설상가상으로 두 차례에 걸친 오일쇼크(석유위기)로 장기 불황이라는 경제위기가 도래하자 이를 해결하기 위해 1970년대 말부터 등장하여 1980년대에 본격화된 신자유주의(neoliberalism)와 그에 수반된 구조조정 프로그램과 밀접한 관련이 있다. 또한 1980년대 초부터 나타나기 시작한 제3세계의 외채위기도 NGO에 중요한 영향을 미쳤다.

신자유주의는 국가의 사회복지 역할을 최소화했고 선진국 정부와 국제기구로 하여금 개도국 정부를 대상으로 한 원조의 제공을 꺼리게 만들었다.[14] 국가의 사회복지 역할의 축소로 인한 사회복지의 필요를 충족시키기 위해 다수의 NGO들이 등장하고 활성화가 이루어졌다.

다른 한편 신자유주의는 NGO들에게 재원의 부족을 가져다줌으로써 제약을 가했다. 이로 인해 NGO들은 소규모 프로그램만 관여할 수밖에 없었고 그 결과 정부로 하여금 큰 규모의 프로그램을 수행하도록 하는 등 정부에 대해 로비를 하는 주체가 되었다.

이러한 재원의 부족은 NGO들 사이의 재원을 둘러싼 경합도 불러일으켰을 뿐 아니라 외부 재원에의 의존을 가져왔다. 그 결과 NGO들은 정부와 국제기구의 협력 파트너에서 이들의 프로그램이나 프로젝트를 대신하여 집행하는 계약자로 지위가 전락하게 되었다. 이로써 NGO들은 신자유주의를 이끌어나가는 수단의 하나가 되었다.

이러한 기회와 제약 속에서도 1980년대에 국제 NGO의 수가 꾸준히 증가하여 1989년에 848개의 NGO가 유엔 ECOSOC으로부터 협의지위를 획득했고 수천 개의 NGO가 지구의 구석구석에서 활동하게 되었다. 이와 더불어 NGO들이 다루는 프로그램의 영역도 더욱 더 확장되었다. NGO들은 특히 인권 · 환경 보전 · 지속 가능한 개발 · 여성의 권리 · 원주민의 권리 · 군축 · 국제평화와 안전 등과 같은 다양한 쟁역(issue area)에서 활발한 활동을 전개했다.

---

14) 신자유주의는 복지제도의 축소를 비롯하여 규제의 완화 · 자유화와 개방화 · 공기업의 민영화 · 노동시장의 유연화 등을 핵심 내용으로 한다.

1980년대에 있어서 NGO 수의 증가와 활동 영역의 확장에는 앞서 언급한 신자유주의가 제공한 긍정적인 기회의 요인이 주된 역할을 했지만 전 세계적으로 잘 알려진 1984-85년의 에티오피아의 기근에 대한 관심과 이에 따른 기금의 유입과 1970년대에 이어 점증하는 환경에 대한 관심이 부분적인 역할을 했다고 평가된다.

1980년대 NGO의 활동에 있어서의 두드러진 특징 가운데 하나는 국제연대를 통한 비판과 제언 활동이 본격화되었다는 점이다. 즉 1980년대부터 국제 NGO들은 특정한 방식으로 정치적 활동을 본격적으로 전개하기 시작했다. 구체적으로 국제 NGO들은 국가들이 주변적인 이슈로서 제대로 다루지 않는 이슈들에 대해 전 지구적 차원에서 여론을 동원하여 국가의 기존 채널 밖에서 현지 공동체를 대신하여 정치적인 활동을 본격화했다. NGO들의 이러한 활동은 국제적인 비판과 제언 활동으로서 국제적인 연계망(international network)의 형성을 통해 이루어졌다.

1960년대와 1970년대에 걸쳐 지속 가능한 개발을 강조해온 개발 NGO의 경우도 특정 지역에 국한된 고립된 노력만으로는 자생적인 개발을 위한 노력이 지속되기 어렵다는 판단하에 외부 행위자들과의 광범위한 연대를 통해 좀 더 폭 넓은 지원체제에 연결되기 위한 노력을 경주했다. 즉 개발 NGO들은 개발지원 활동과 더불어 이러한 연대를 바탕으로 한 비판과 제언을 통해 개발 문제에 보다 근본적으로 접근하려는 자세를 보였다.

1980년대 NGO 활동의 또 다른 특징은 이 시기에(특히 1980년대 중반 이후에) 선진국 정부나 국제기구가 제공하는 개발원조와 긴급구호의 상당한 부분을 NGO가 떠맡게 되었다는 점이다. 이러한 변화는 선진국 정부나 국제기구가 개도국 정부에게 직접적으로 제공하던 개발원조의 상당부분을 NGO를 통해 전달하고자 했기 때문이다.15)

---

15) 이러한 경향은 문제를 야기하기도 했는데 특히 선진국 정부가 NGO를 통해 개발원조를 제공함으로써 NGO의 선진국 정부에 대한 재정적 의존이 심화되었고 그 결과 NGO들이 수혜집단이나 자신들의 지지기반에 대한 대표성과 책임성보다는 기금의 제공자에 대한 대표성과 책임성에 민감해지는 현상을 가져오기도 했다: Roger Charlton, "Sustaining an Impact? Development NGOs in the 1990s," *Third World Quarterly*, Vol. 16, No. 3 (1995), 570; Michael Edwards and David Hulme, "Introduction: NGO Performance and Accountability," in Michael Edwards and David Hulme, eds., *Beyond the Magic Bullet: NGO Performance and Accountability in the Post-Cold War World* (West Hartford, Connecticut: Kumarian Press, 1996), 12-14.

이처럼 선진국 정부와 국제기구가 이제까지의 원조제공 채널을 바꾸어 NGO (특히 개도국 NGO)를 통해 기금을 제공하게 된 이유를 살펴볼 필요가 있다. 이러한 이유를 개도국 정부·국제기구·개발원조 제공국의 관점에서 살펴보고자 한다.16)

우선 개도국 정부의 경우 1980년대 중반 이후 심각한 예산위기에 직면하게 되었다. 따라서 이를 극복하기 위해 구조조정(structural adjustment)과 부문조정 (sectoral adjustment)을 하게 되었으며 그 결과 공공 부문의 예산삭감이 불가피해졌다. 이로 인한 국가가 제공하는 서비스의 위축이 NGO 등장과 성장의 토양을 제공했다.

NGO에 부정적인 태도로 일관해 온 개도국 정부들은 이러한 상황에 직면하자 NGO를 여전히 엄격한 통제하에 두는 한편 서비스를 제공하는 NGO의 역할을 촉진하는 데에 적극적이 되었다. 이러한 경향은 정부와 시장이 신자유주의 노선을 택하면서 더욱 심화되었다. 즉 개도국의 재정적 어려움이 서비스 제공의 역할을 하는 개도국 NGO의 성장을 촉진했고 이로써 선진국 정부나 국제기구로부터의 원조를 집행할 수 있는 국내적 기반이 어느 정도 구축될 수 있었다.

국제기구가 NGO를 원조제공 채널로 선호하게 된 이유 역시 당시의 재정적 어려움과 이를 극복하기 위한 신자유주의적 정책과 밀접하게 연관되어 있다. 구체적으로 유엔을 비롯한 국제기구 역시 1980년대 중반에 재정적인 위기를 경험하게 되었다.

이로 인해 기금의 출처의 하나가 될 수 있으면서 보다 적은 비용으로 정부나 국제기구의 프로그램이나 프로젝트를 실시할 수 있고 지역공동체에 바탕을 둠으로써 현지의 필요를 잘 고려할 수 있다는 장점을 가진 존재로서의 NGO를 국제기구의 중요한 협력 파트너로 간주되게 되었다.17)

개발원조 공여국의 경우도 1980년대에 있어 장기적인 불황을 경험하고 신자유

---

16) Thomas G. Weiss, "International NGOs, Global Governance, and Social Policy in the UN System," GASPP Occasional Papers No. 3/1999 (Helsinki: Stakes, 1999) 참조.

17) 국제기구가 NGO를 협력관계의 대상으로서 적극적으로 수용하고자 하는 것에 대해 개도국들은 탐탁하게 생각하지 않고 NGO의 참여를 최소화시키고자 했다. 왜냐하면 개도국 정부들은 국제기구와 협력관계를 가지고 있는 자국의 NGO들을 통제하는 것이 어렵고 NGO들이 개도국 내의 반대세력을 지원할지 모른다는 우려를 가지고 있었기 때문이다. 또한 국제기구가 채널을 바꿔 과거 자신들의 정부가 집행하던 프로그램이나 프로젝트를 NGO를 통해 실행함으로써 자신들에게 올 재정적 자원이 NGO로 이전되는 것에 불만을 가지고 있었기 때문이다.

주의적인 자유시장적 처방을 강조하게 되면서 국제기구들이 NGO를 원조제공 채널로서 NGO를 선호하게 된 이유와 동일한 이유 때문에 이제까지 개발과 구호를 위한 프로그램과 프로젝트의 실행을 위해 주로 사용해 온 정부 대 정부의 쌍무적 채널과 국제기구와 같은 다자적 채널보다 NGO라는 채널에 관심을 두게 되었다.

위에서 NGO를 통한 개발원조가 증가하게 된 이유를 살펴보았는데 이때 이러한 NGO가 선진국의 NGO인지 개도국의 NGO인지를 구분하지 않았다. 그러나 선진국 정부는 원조제공의 채널로서 자국의 NGO를 이용할 수도 있고 개도국의 NGO를 이용할 수도 있으며 어느 쪽 채널을 이용하느냐에 따라 원조의 결과에 미치는 영향이 다르기 때문에 구분하여 살펴볼 필요가 있다.[18]

이 당시 NGO를 통한 개발원조의 증가를 좀 더 세밀하게 살펴보면 선진국 정부와 국제기구가 선진국 NGO나 국제 NGO라는 중간 매개체가 아닌 개도국 NGO에게 직접적으로 전달하는 개발원조의 비율이 점차적으로 상승하고 있다는 것이 발견된다.[19]

과거 선진국 정부는 원조의 제공을 위한 NGO 채널 가운데 주로 자국의 NGO를 통해 개발원조를 제공했고 국제기구는 주로 국제 NGO를 통해 개발원조를 제공했다. 개발원조를 위한 재정적 지원을 받은 선진국 NGO와 국제 NGO는 프로그램이나 프로젝트를 개도국에서 직접 집행하거나 개도국 NGO에게 하청을 주어 대신 집행하도록 했다. 1980년대도 이러한 방식으로 제공되는 개발원조가 전체 개발원조에서 차지하는 비중은 개도국의 NGO를 통해 제공되는 개발원조에 비해 훨씬 높은 비율을 차지하고 있는 것에는 변함이 없다. 그러나 주목할 것은 개도국의 NGO를 통해 지원되는 개발원조의 비율이 점차 상승하고 있다는 사실이다.

이와 같은 개도국 NGO을 대상으로 한 선진국 정부와 국제기구의 직접적인 개발원조의 제공은 과거 선진국 정부로부터 직접 원조를 받아오던 것에 익숙한 개도국 정부와 개도국 NGO의 관계를 기금을 둘러싼 경쟁적인 관계로 변화시켰

---

18) 실제에 있어서 선진국의 경우 3가지 다른 NGO 채널을 가지고 있다. 이들에는 위에서 언급한 자국의 NGO와 수혜국인 개도국의 NGO 이외에 제3의 채널로서 자국의 NGO도 수혜국인 개도국의 NGO도 아닌 국제 NGO라는 채널이 있다.

19) Ann M. Florini, "Lesson Learned," in Ann M. Florini, ed., *The Third Force: The Rise of Transnational Civil Society* (Washington, D.C.: Carnegie Endowment for International Peace, 2000), 228-229.

다. 이러한 원조 채널의 변경은 나아가 선진국 NGO와 개도국 NGO 사이의 전통적인 관계에도 다음과 같은 큰 변화를 일으켰다.

선진국 NGO와 개도국 NGO 사이의 전통적 관계란 개도국 NGO들이 선진국 NGO들로부터 재정적인 지원을 받아 자체의 프로젝트나 프로그램을 운영하거나 아니면 선진국 NGO의 하청자의 지위로서 선진국 NGO의 프로젝트나 프로그램을 집행하는 관계였다.

그런데 비교적 규모가 큰 개도국 NGO들이 직접적으로 선진국 정부나 국제기구와 관계를 형성함으로써 선진국 NGO의 지배를 특징으로 하던 위계적인 선진국 NGO와 개도국 NGO 사이의 관계가 크게 변화하게 되었다. 또한 이들 개도국의 비교적 규모가 큰 NGO는 과거 선진국 NGO들이 개도국의 NGO를 협력 파트너를 둔 것과 마찬가지로 그들 국가 내에 작은 협력 파트너를 두기에 이르렀다.

이러한 상황에서 과거에 개도국에서 자신들의 프로젝트를 직접 집행하기 위해 기금을 조성하였던 선진국 NGO들도 이제는 자신의 프로젝트를 직접 수행하는 경우를 많이 줄이고 대신에 개도국의 협력 파트너 NGO를 지원하기 위해 기금을 조성하는 경우를 늘렸다. 즉 선진국 NGO들이 활동가(activists)로서라기보다는 관리자(manager)로서의 성격을 더욱 많이 지니게 되었다.

이러한 개도국 NGO를 통한 원조의 증가는 국제기구와 NGO의 관계에도 변화를 가져왔다. 유럽연합(EU)의 경우를 예로 들자면 EU는 오랜 기간에 걸쳐 자신들의 NGO를 통해 개도국의 NGO들을 지원해 왔다. 그런데 개도국에 있어서의 강력한 시민사회의 성장이야말로 개도국의 개발과 민주주의 실현에 중요하다는 인식의 변화를 통해 개도국 NGO들의 역량을 증대시키기 위한 수단의 일환으로 이들을 직접 지원하는 데 많은 관심을 두고 이를 실행에 옮기기 시작했다. 그 결과 과거 오랜 기간에 걸쳐 유럽연합의 재정적 지원을 받아 프로그램이나 프로젝트를 집행해 온 NGO들은 자신들의 전통적인 역할을 재고하지 않을 수 없게 되었다.

5) 1990년대

1990년대에 들어서 NGO의 수가 대폭적으로 증가했고 이와 더불어 영향력 역시 크게 증대되었다. 이러한 일련의 변화를 통해 NGO들은 국제정치에 있어서 중요한 행위자로 등장하게 되었다. 특히 냉전이 끝난 후 대규모의 정부간회의가 유엔 안과 밖에서 유엔 특별총회 혹은 전 지구적 회의(global conference)의 형식으로 빈번하게 개최되면서 국제사회의 의사결정에 NGO의 영향력이 현저하게 증대되었다.

　구체적으로 NGO들은 이러한 국제회의의 정회의(main conference)와 정회의 이전의 준비과정(preparatory process)에 참여하여 국제회의에 영향을 미치기 위한 노력을 본격적으로 전개하였으며 이들 회의와 병행하여 개최되는 NGO 포럼에도 참여하여 정부대표들에게 로비를 행하고 NGO간에 연대를 구축하는 적극적인 행위자가 되었다.20)

　특히 1992년에 브라질의 리우 데 자네이루에서 개최된 유엔환경개발회의(UNCED)에 NGO들이 대거 참여한 이래 NGO들은 환경문제뿐 아니라 인권문제 · 여성문제 · 아동문제 · 인구문제 등과 같은 전 지구적 문제들을 다루는 전 지구적 회의가 빈번하게 개최되었으며 이러한 회의에서 의제와 회의 결과에 중요한 영향을 미치는 행위자가 되었으며 이러한 문제를 다루는 유엔의 중요한 협력 파트너로 간주되었다.

　이러한 1990년대의 NGO의 수적 증가와 영향력의 증가는 거꾸로 NGO에 대한 비판을 불러오는 마중물이 되었다. 이에 따라 NGO의 정당성(legitimacy)의 결여 문제가 민주성(내부의 민주적 과정과 대표성)의 결여 · 책임성의 결여 · 투명성의 결여 등을 중심으로 제기되기 시작했다. 이러한 비판은 2000년대로 이어져 더욱 본격화되었다.21)

　이러한 일련의 변화들은 NGO의 활동이 활성화되고 영향력이 증가했음을 보여주는 것이다. 따라서 NGO의 급격한 등장과 성장을 특징으로 하던 1970년대에 이어 1990년대가 NGO의 등장과 성장을 가져온 요인에 대한 이론적인 연구의 중요한 시기가 되고 있다. 본격적인 이론적 논의는 제2부 제4장 NGO의 성장요인 부분에서 언급하고 있어 이곳에서는 1990년대에 국한하여 이러한 NGO의 등장에 성장에 영향을 미쳤다고 사후적으로 추론되는 요인들을 열거해 보고자 한다. 앞으

---

20) 일반적으로 정부간회의는 정회의와 이를 위한 준비회의로 구성된다. 여기서 정회의(main con-ference)란 준비회의(preparatory conference)와 대조되는 말로서 본격적인 회의를 지칭한다. 예컨대 1995년 9월 북경에서 개최된 제4차 여성회의는 여기에서 말하는 정회의에 해당하고 이를 위해 사전에 열렸던 회의들은 준비회의에 해당한다.

21) NGO에 대한 이러한 비판은 2000년대 NGO 특징의 하나로서 자세히 논하고 있으니 그 부분을 참조하시오.

로 살펴볼 여러 요인들 자체에 본질적으로 영향을 미친 근본적인 요인은 근 반세기 동안 지속되었던 냉전의 종식이라고 볼 수 있다.

첫째, 정보통신기술(ICT)의 발전이 1990년대 NGO의 성장과 영향력의 확대에 중요한 역할을 했다. 새로운 기술의 발전으로 인해 NGO의 활동에 적대적인 국가에 있어서 마저도 인터넷 등을 통한 정보의 흐름과 상호작용이 통제되기 힘들어졌으며 정부가 정보를 독점하는 것이 더 이상 불가능하게 되었다.

또한 과거 전화나 우편으로 서로 연락을 주고받던 시대에 NGO들이 정보를 주고받고 나아가 이들 간에 연계망(network)을 구축하고 이를 유지한다는 것은 상당한 비용을 수반했다. 그러나 인터넷을 중심으로 한 새로운 정보통신기술은 이러한 비용을 크게 떨어뜨림으로써 정보를 신속하고 광범위하게 전파할 수 있게 되었고 나아가 NGO들로 하여금 다른 NGO 및 다른 연계망과 정보 공유를 통해 연대를 형성하도록 함으로써 국가적·지역적·전 지구적으로 여러 수준에 걸쳐 사건에 영향을 미칠 수 있는 능력을 향상시켰다.[22]

둘째, 냉전의 종식으로 일국의 힘과 국가들만으로는 다룰 수 없는 이슈들이 대거 국제사회에 등장하게 된 것이 NGO의 등장과 성장에 영향을 미쳤다. 즉 냉전시대 안보논리에 의해 억제되었던 민족과 종교 등의 차이로 인한 갈등이 냉전의 종식과 더불어 수면 위로 고개를 내밀면서 대량의 난민을 발생시키는 내전으로 분출되었다. 냉전시대 중요한 문제임에도 불구하고 안보논리로 억제되었던 환경·인권·성 평등과 같은 비안보적 이슈들(non-security issues) 역시 중요한 문제로 부각되면서 국제사회는 해결해야 할 문제들로 인해 큰 도전에 직면하게 되었다.

그런데 이러한 문제들은 전 지구적인 지리적 범주라는 특징과 다면적인 복잡성이라는 특징을 지닌 이슈들이기 때문에 그 해결을 위해서는 정부에 비해 경험·전문성·대중의 신뢰(public credibility)라는 면에서 큰 비교우위를 가지고 있는 NGO의 조력을 필요로 하게 되었다. 그 결과 정부와 국제기구들은 NGO들과의 협력관계의 구축의 필요성을 더욱 강하게 가지게 되었다.[23]

---

22) 이처럼 전자통신(electronic communication)이 전 지구적 차원에서 짧은 시간 내에 빠른 속도로 정치세력들을 동원하는 것을 가능하게 한 것이 사실이지만 이러한 현상이 전 지구적으로 보편화되어 있는 것은 아니라는 사실에도 주목할 필요가 있다. 개도국(특히 아프리카 소재의 개도국)의 경우 이러한 전자통신의 활용이란 기간시설 구축의 미비나 과도한 비용으로 인해 몇몇 국제화된 NGO에 국한된 현상이다.

셋째, 냉전의 종식으로 미소 양 진영의 경쟁이 종식되자 과거 냉전시대에 경쟁적으로 개도국에게 제공되던 경제원조와 군사원조가 대폭적인으로 감소하면서 개도국들을 더욱 더 어려운 상황에 처하게 되었다. 이러한 변화를 단적으로 보여주는 것이 경제협력개발기구(OECD) 국가들이 정부 차원에서 개도국에게 공식적으로 제공하는 개발원조인 공적개발원조(Official Development Assistance, ODA)의 대폭적인 감소였다. 이 때문에 NGO의 등장과 성장이 촉발되었다.

넷째, 정부와 국제기구의 재정적인 어려움이 정부와 국제기구로 하여금 NGO와의 협력관계를 강화하도록 했다. 1990년대에도 정부와 국제기구의 재정적인 위기는 지속되었고 이 때문에 대안적인 재정적 자원의 공급처로서 혹은 효율적인 재정의 집행자로서 NGO와의 협력이 강조되었다. 냉전의 종식으로 NGO를 통해 원조를 제공하는 것이 보다 효율적이라는 인식을 더욱 강하게 갖게 되었던 것이다.

1995년 코펜하겐에서 개최된 사회개발세계정상회의(World Summit for Social Development, WSSD)에서 미국의 앨 고어(Albert A.Gore) 부통령이 미국의 경우 그 당시 약 25%의 개발원조를 NGO를 통해 제공하고 있으나 20세기 말까지 50%로 증가시킬 것이라고 말한 것에서 이러한 인식의 변화가 잘 드러난다.

이러한 인식의 변화는 국제기구에 있어서도 예외가 아니었는데 이는 국제 NGO가 1973-1988년 사이에 전체 국제기구 프로젝트의 6%에 참여하는데 그쳤으나 1993년의 경우 프로젝트의 약 33%에 참여했다는 사실에서 감지할 수 있다.[24] 이처럼 국제기구 역시 공공 부문의 빈약한 성과에 대한 인식을 바탕으로 재화나 서비스의 제공에 있어서 좀 더 효율적인 조직의 형태로서 NGO를 중요시하게 되었던 것이다.

다섯째, 냉전의 종식과 더불어 권위주의 체제가 설 땅을 읽고 민주주의가 확산되면서 NGO들이 성장할 수 있는 기본 토양이 구축되었다. 특히 동유럽의 국가들과 같은 전환기 국가들(countries in transition)에 있어 새롭게 들어선 정부는 권위주의 국가의 유산을 청산하는 과정에 있어서 NGO와의 협력이 긴요했기 때문

---

23) 냉전의 종식 후에 전문성을 지닌 다수의 사람들이 국제사회에서 중요한 역할을 하는 NGO들에 진입함으로써 이들에게 줄곧 제기되어 오던 전문성의 부재를 잠재울 수 있었다는 점이 지적되기도 한다. 이들 NGO들은 특히 연구·비판과 제언·기금조성·연대구축 등의 방면에서 전문성이 신장된 것으로 본다.

24) World Bank, *A Global Partnership for Development: Working with NGOs, Mimeo, 50th Anniversary Folder* (Washington, D.C.: The World Bank, 1994).

에 이들의 성장이 더욱 더 촉진되었다.

여섯째, 냉전의 종식된 후 1993년 말에 우루과이라운드 다자간무역협정이 체결되고 이어 1995년 1월에 새로운 국제무역기구인 세계무역기구(WTO)가 창설되면서 세계화(globalization)가 가속화되어 모든 국가의 경제정책이 금융 자유화와 무역 자유화를 비롯한 자유화를 지향하도록 했다. 이러한 1990년대의 세계화의 가속화는 여러 측면에서 NGO의 외적인 성장과 활동의 내용에 큰 영향을 미쳤다.

우선 세계화가 본격화되면서 국제사회는 경제전쟁의 시대로 돌입하였으며 그 결과 일국 내의 계층 사이에 뿐만 아니라 국가 간에 부익부 빈익빈을 심화시키면서 빈곤의 문제가 국제사회의 주된 이슈가 되었다. 따라서 NGO들이 이러한 빈곤의 문제에 뛰어들지 않을 수 없게 되었다.

세계화의 본격화는 또한 「세계화의 첨병」이라는 수식어를 달고 다니는 국제통화기금(IMF)·세계은행(World Bank)·세계무역기구(WTO)와 같은 국제경제기구들의 힘을 강화시킴으로써 주권 국가와 유엔의 상대적인 힘의 약화를 가져왔다.[25] 이러한 상대적인 힘의 변화가 NGO의 성장을 위한 토양을 제공했다. 구체적으로 주권 국가와 유엔의 상대적 힘의 약화가 어떻게 발생했는가를 살피고 이것이 NGO에 미친 영향을 살펴보고자 한다.

우선 주권 국가의 상대적 힘의 약화를 살펴보면 신자유주의 이념을 장착한 세계화의 진전은 주권 국가들로 하여금 자신들의 통상정책과 화폐금융정책 등 많은 부문의 국내정책을 수립함에 있어서 세계무역기구(WTO)·국제통화기금(IMF)·세계은행(World Bank)과 같은 국제경제기구의 결정에 크게 영향을 받도록 했다. 이로 인해 개별 국가가 결정할 수 있는 정책의 범위와 수준이 계속 협소해졌다.

이처럼 세계화와 더불어 일국의 정치권력이 국외로 이동함으로써 세계화는 권력의 구조와 민주주의 원리 자체를 근본적으로 변화시켰으며 이러한 현상은 흔히 「민주주의(혹은 민주성)의 결여(democratic deficit)」로 표현되고 있다. 예컨대 세계화의 진전으로 세계무역기구(WTO)의 규범이 지배하면서 국가는 보조금 등의 제공을 통한 서민들의 보호자가 더 이상 되기 어렵게 되었다. 또한 세계화의 규범은 국가 규제의 폐지와 자유화 조치의 채택을 촉구함으로써 자연스럽게 정부 역

---

25) 이러한 국제경제기구들의 힘이 강화되자 경제 부문에서 「세계정부(world government)가 들어섰다」는 표현을 사용하기에 이르렀다. 세계화의 본격적인 추진으로 이러한 국제경제기구뿐만 아니라 전 지구적 자본이 다국적기업에 집중됨으로써 다국적기업(MNC)의 힘이 강력해졌다.

할의 점차적인 축소를 가져왔다.[26]

유엔의 상대적 힘의 약화를 살펴보면 이러한 상대적 힘의 약화는 세계화의 당연한 결과였다. 왜냐하면 국가들의 통상정책과 금융정책 등 중요한 경제정책에 영향을 미치는 구속력 있는 결정들이 유엔 밖에서 세계화를 이끌고 있는 세계무역기구·국제통화기금·세계은행에서 일어나기 때문이다. 이들 국제경제기구들 중특히 국제통화기금과 세계은행은 의사결정 방식으로서 일국일표제를 택하고 있는유엔과는 달리 출자금에 비례하여 표결권을 인정해 주는 가중표결제(weighted voting system)를 택하고 있어 출자금의 비율이 높은 미국을 위시한 선진 경제 강국들이 지배하고 있다. 세계무역기구도 미국과 같은 경제 기국의 지배하에 있다고해도 과언이 아닌 국제기구이다. 유엔의 재정적인 어려움으로 야기된 유엔의 권위와 능력의 쇠퇴도 유엔의 상대적인 힘의 약화를 촉진했다.

이러한 주권 국가와 유엔의 상대적인 힘의 약화와 국제경제기구의 상대적 힘의 강화는 국가 수준에서 뿐만 아니라 국제 수준에서도 민주주의에 위협을 가했다. 세계화와 민주주의의 관계를 긍정적으로 보는 세계화 추진세력과는 달리 세계화를 민주주의의 적으로 돌리게 된 NGO들에게 있어서 전 지구적 자본의 집중과위에서 언급한 국제경제기구의 힘으로부터 민주주의를 지키는 일이 중요한 과제로 등장했다.

따라서 NGO들은 세계화가 가져온 문제인 다국적 기업의 자본집중과 국제경제기구로의 힘의 쏠림에 저항함으로써 글로벌 거버넌스(global governance)를 민주화하는 일을 떠맡게 되었다. 구체적으로 NGO들은 글로벌 거버넌스의 민주화라는 기치 아래 1990년대에 국제통화기금·세계은행·세계무역기구의 폐쇄성과 비민주성을 집중 공격했다.

다른 한편 NGO들은 상대적으로 힘이 약화된 유엔과는 협력관계를 통해 유엔을 강화하기 위한 노력을 했다. NGO들은 유엔을 대체하려는 것이 아니라 이를통해 활동하려는 것으로서 이들이 활동하고자 하는 유엔의 힘이 강화되는 것을원했다. 구체적으로 NGO들은 전 지구적 이슈들을 해결하기 위한 유엔회의를 요청하고 이에 적극적으로 참가하고자 했다. 이러한 과정을 통해 NGO들은 국가 혼

---

26) 세계화 시대에 있어서 국가들이 직면하고 있는 많은 문제들이 전 지구적인 원인을 가지고 있어
 일국의 노력만으로는 해결되기 힘든 성격을 가지고 있음으로써 이러한 문제를 다루는 데 있어
 서의 국가의 무능력도 국가권위의 쇠퇴를 도왔다.

자만의 힘으로 해결할 수 없는 문제를 유엔과 같은 정부간회의에 의제화하는 일을 하고 제한적이기는 하나 정부대표들의 협상과정에 영향을 미치고자 했으며 나아가 정부대표들의 논의의 결과물에 대한 이행을 감시하고자 했다.

유엔은 좀 더 강하고 좀 더 효과적이며 좀 더 정당성의 지닌 조직을 만들기 위해 NGO와의 관계를 강화하고 심화시킬 필요가 있었다. 따라서 유엔은 NGO를 글로벌 거버넌스의 정당한 기여자로서 인정하고 제한적이기는 하지만 이들의 참여를 고무했다. 국제경제기구에 비해 상대적으로 권위의 쇠락을 경험하게 된 유엔은 동맹자를 필요로 하게 되었고 NGO가 이러한 동맹자가 될 수 있었다. 유엔이 유엔회의와 더불어 NGO 포럼을 거의 제도화시킨 것에서도 이러한 유엔의 의지를 읽을 수 있다. NGO의 유엔 참여는 구체적으로 다음과 같은 면에서 유엔에 힘이 되었다.

우선 NGO의 유엔 참여는 유엔에 있어서의 의사결정을 보다 용이하게 하였다. 냉전의 종식으로 일국이 노력만으로는 해결할 수 없는 많은 이슈들이 유엔과 같은 국제기구에 대거 맡겨졌으나 이러한 기구 내에서 주권 국가들은 국제사회 전체의 공익이 아닌 국익의 관점에서 문제를 바라 볼 뿐 아니라 이들 간에 존재하는 정치적·경제적·사회적 이질성으로 인한 커다란 견해 차이로 문제해결에 대한 합의를 이끌어 내는 것이 쉽지 않은 한계를 가졌다.

이러한 한계 속에서 NGO의 참여는 의사결정 과정에 있어서의 국가 간의 차이를 극복하는 데 중요한 가교의 역할을 할 수 있었다. 이러한 역할이 가능한 것은 인권 분야를 예로 들자면 선진국 정부와 개도국 정부 사이의 견해 차이와는 달리 선진국 NGO와 개도국 NGO는 모두 인권문제와 관련해서는 동일하거나 거의 유사한 견해를 지니고 있기 때문이다.

NGO의 참여는 이처럼 의사결정을 보다 용이하게 할 뿐 아니라 의사결정의 투명성과 정치적 정당성(political legitimacy)을 제공하는 데 중요한 역할을 할 수 있었다. 나아가 NGO들은 국제기구에서 국가들이 결정한 바의 것을 국내적으로 효율적으로 이행하도록 돕는 역할도 수행함으로써 궁극적으로 유엔의 힘을 일정한 정도 강화시킬 수 있었다.[27]

---

27) 유엔은 의사결정 과정에 있어서의 국가 간 차이를 극복하고 국가들이 결정 사항이 국내적으로 잘 이행될 수 있도록 하기 위해 NGO뿐만 아니라 국가정상들의 참여 역시 촉진했다. 냉전시대의 국제회의는 실무자들이 중심이 된 회의였으나 냉전 종식 후 다수의 국제회의의 경우는 국가정상들이 대거 참여 속에 개최되었다. 이는 국가 간에 견해 차이가 큰 문제를 논의하는 데 있어서 정치적인 재량권을 가지고 있는 정상들의 참여가 필요했고 국가정상들로 하여금 이러한 문

이러한 유엔의 NGO 참여정책으로 1990년대 인권·환경·인구·여성·아동 문제와 같은 중요 사회경제적 이슈들에 있어서 대규모 정부간회의가 개최되고 여기에 NGO들이 대거 참여하여 영향력을 행사할 수 있는 기회를 현저하게 증대시켰다. 그 결과 NGO 다자주의(NGO multilateralism)를 정규화하는 효과를 가져왔다.[28] 유엔과 NGO의 이러한 협력은 정부와 유엔의 역할을 크게 변화시켰다. 인도주의적 구호 분야를 예로 들자면 정부와 국제기구는 점차적으로 NGO를 통해 인도적 지원을 제공하게 되었으며 유엔은 이제 NGO의 도움 없이는 평화유지활동(PKO)을 하는 것이 불가능하게까지 되었다.[29]

6) 2000년대

1990년대부터 2000년대에 걸쳐 지속적으로 글로벌 거버넌스에 참여해 온 NGO의 수가 꾸준히 증가했고 활동 분야가 다양한 부문으로 확산되었으며 국경을 넘어 국제적 수준에서 미증유의 영향력을 행사하게 되었다. 이러한 경향과 더불어 2000년대에 접어들어 NGO의 정당성(legitimacy)의 결여라는 문제가 본격적으로 거론되었다.

NGO의 정당성 문제를 살펴보기에 앞서 「정당성」의 정의를 알아야 하는데 다양하게 존재하는 정의 가운데 서크맨(Mark C. Suchman)의 정의를 차용하여 「어떤 실체(entity)의 행동이 사회적으로 구성된 규범·가치·믿음·정의(definition)의 체계 내에서 바람직하고 적절하다는 일반화된 인식이나 가정」을 일컫는 의미로 이해하고자 한다.[30]

이러한 정당성은 상호 연관성을 지닌 여러 요소들로부터 유래된다. 이러한 요소들에 대한 다양한 견해 중에서 레어-레나르트(Rana Lehr-Lehnardt)의 견해를 빌려 민주성(democracy)·책임성(accountability)·투명성(transparency)을 정당성을

제를 직접 논하여 결과물을 도출하도록 함으로써 이러한 문제의 해결에 지속적인 관심을 두도록 할 필요성이 있었기 때문이라고 볼 수 있다.

28) Terence O'Brien, "UN Politics: Structure and Politics," in Sung-Joo Han ed., *The United Nations: The Next Fifty Years* (Seoul, Korea: Korea University, 1996), 55-56.

29) Riva Krut, "Globalization and Civil Society: NGO Influence in International Decision-Making," Discussion Paper No. 83 (Geneva: United Nations Research Institute for Social Development, 1997) 참조.

30) Mark C. Suchman, "Managing Legitimacy: Strategic and Institutional Approaches," *The Academy of Management Review*, Vol. 20, No. 3 (July, 1995), 574.

가져다주는 핵심적인 요소로 보고자 한다. 레어-레나르트는 민주성을 내부의 민주적 과정(internal democratic process)이라는 요소와 대표성(representative nature)이라는 두 가지 요소가 포함된 개념으로 보고자 하는데 이 역시 수용하고자 한다.31)

2000년대에 들어와 NGO들은 민주성(내부의 민주적 과정과 대표성)의 결여·책임성의 결여·투명성의 결여를 구체적인 요소로 하는 정당성의 위기에 직면했다.32) 과거에 NGO들은 정부·국제기구·기업을 향해 민주성·책임성·투명성을 요구하는 한편 이러한 문제의 해결책의 일환으로 이들에게 NGO의 참여를 통한 협력적 관계를 지속적으로 요구해 왔다.

그 결과 다수의 정부·국제기구·기업들이 NGO와 협력적 관계의 필요성을 인식하고 실천에 옮겼으며 NGO들은 이들과의 관계에 있어서 대결적인 관계로부터 협력적 관계로 점차적으로 전환하여 자신들의 독립성과 타협을 하는 것은 아닌가 하는 우려를 자아낼 정도에 이르렀다.

이러한 관계 속에서도 정부·국제기구·기업이 점차적으로 NGO에게 비판적이 되었고 나아가 이들은 거꾸로 NGO의 정당성에 의문을 제기하기 시작했다. 2000년대에 들어서서 NGO가 이러한 비판에 본격적으로 직면하게 된 배경을 살펴볼 필요가 있다. 한 마디로 NGO의 영향력 증가가 가져온 결과라고 볼 수 있다. 이러한 영향력이 어떻게 유래되었고 NGO에 대한 비판으로 이어졌는지를 살펴보면 다음과 같다.

우선 정부의 역할이 축소되면서 공공재와 공공 서비스를 공급하는 책임의 많은 부분이 정부로부터 NGO로 이전되고 이를 바탕으로 NGO의 영향력이 신장되면서 이에 비례하여 NGO들이 자신들에게 맡겨진 자원을 효율적이고 투명하며 책임성 있게 사용하고 있는가에 대한 관심이 높아졌기 때문이다.

또 다른 한편 NGO들은 자신들이 취해온 활동에 있어서의 한계를 극복하기

---

31) Rana Lehr-Lehnardt, "NGO Legitimacy: Reassessing Democracy, Accountability and Transparency," Cornell Law School Inter-University Graduate Student Conference Papers. 6. (New York: Cornell Law School, 2005). 이러한 견해와는 달리 민주성과 대표성을 다른 개념으로 볼뿐 아니라 이러한 개념과 더불어 투명성과 책임성 등을 정당성에 포함된 개념이 아니라 정당성과 대등한 독립적인 개념으로 간주하는 경우도 적지 않다. 이러한 개념들 이외에 효과성(effectiveness)과 효율성(efficiency)을 추가하기도 한다.

32) NGO와 관련한 민주성의 결여·책임성의 결여·투명성의 결여에 대한 보다 상세한 설명은 NGO의 단점 부분에서 하고 있다.

위해 방편의 하나로서 정부·국제기구·기업 등에 좀 더 충격이 가해질 수 있는 새로운 전략으로 이동할 필요성을 인식하게 되었다. 이것을 구체화하기 위해 취한 전략이 정책비판과 제언 활동에 보다 집중하는 것이었다. NGO들의 이러한 전략은 동태적인 정치적 변화를 가져왔지만 NGO의 적극적인 정치적인 성격의 역할은 반발을 가져와 스스로를 비판과 도전의 대상이 되도록 했다.33)

이러한 비판과 도전에 직면하여 일부 유력한 NGO들을 중심으로 자정의 노력이 경주되어 오고 있는 것도 2000년대에 있어서 NGO와 관련한 특징 가운데 하나이다. 즉 일부 NGO들이 정당성을 지닌 행위자가 되기 위해 자신들의 행동에 대한 책임성과 투명성을 강화할 수 있는 자기 규제적인 기제를 만들어 적용하고자 적극적으로 노력해 오고 있다. 이러한 기제의 일부에는 행동강령(code of conduct)의 제정·NGO의 활동과 정책결정에 대한 정보의 공개·NGO 운영과 평가에 지역사회 대표(들)의 참여·고충처리제도 또는 옴부즈맨(ombudsman) 유형의 제도의 도입 등이 포함된다.34)

NGO와 관련한 2000년대의 특징 가운데 또 다른 하나는 2000년대 초반에 개발과 인권 부문의 NGO를 중심으로 하여 NGO의 분권화(decentralization)와 국제화(internationalization)에 대한 논의가 활발하게 전개되었을 뿐 아니라 일부 유력한 국제 NGO들은 이러한 논의를 구조조정(restructuring)으로 실천하기 시작했다는 점이다. 이러한 분권화와 국제화란 북반구에 소재한 국제 NGO가 본부나 사무소를 남반구 국가로 이전함으로써 남반구 국가로의 진출을 늘릴 뿐 아니라 남반구 국가 현지에서의 의사결정을 늘리겠다는 것을 주요한 내용으로 한다. 즉 본부의 규모를 줄이고 세계의 이곳저곳에 거점(hub)을 개발하겠다는 것으로 요약될 수 있다.35)

분권화와 국제화를 위한 구조조정은 여러 행태로 행해졌는데 조직의 구조에 있어서의 변화뿐 아니라 조직의 프로그램의 변화도 가져왔다. 이러한 구조조정은

---

33) Pau Vidal, Imma Guixé, and Maria Sureda, "How Is Legitimacy Generated in NGOs? A Case Study of Catalonia," OTS Research Papers Collection 5 (Barcelona: Observatorio del Tercer Sector, 2006).

34) Peter van Tuiji, "NGOs and Human Rights: Sources of Justice and Democracy," *Journal of International Affairs*, Vol. 52, No. 2 (Spring 1999), 506-507. 구체적으로 NGO들이 어떠한 자정 노력을 하고 있는가에 대한 자세한 설명은 NGO의 단점 부분에서 볼 수 있다.

35) Adriano Campolina, "Facilitating more than leading," https://www.dandc.eu/en/article/why-actionaid-had-move-its-headquarters-britain-south-africa (접속일: 2017년 12월 18일).

여러 가지 복합적인 요인들에 의해 추동되었지만 선진국 정부들의 재정규모의 축소와 NGO들 간의 경쟁의 심화가 가져온 재정난이 가장 중요한 요인 가운데 하나였다고 볼 수 있다. 기술의 발전으로 선진국에 소재한 NGO의 본부의 역할이 더 이상 과거만큼 필요하지 않게 되었다는 것도 일부 NGO가 언급한 구조조정의 이유들 가운데 하나이다.

세계에서 가장 큰 NGO의 하나인 옥스팜(Oxfam)은 2013년에 영국 내 본부를 제외하고 영국 내의 지역 사무소들을 폐쇄하기로 결정했다.36) 이러한 결정은 자원 가운데 좀 더 많은 부분을 옥스팜 일의 대부분이 실제로 행해지고 있는 소수의 더 빈곤한 개도국들에게 집중하겠다는 전략의 일부이기도 했다.

구체적으로 옥스팜은 영국 내 지역 사무소 폐쇄로 절약되는 예산을 빈곤퇴치를 위한 국제 프로그램에 추가적으로 투입하겠다는 전략을 세웠다. 그리고 이를 구체화하기 위해 옥스팜의 본부가 개도국 현지의 프로그램에 깊이 관여하지 않고 개도국에 소재해 있는 옥스팜과 긴밀하게 협력하여 프로그램을 실시하기로 했던 것이다. 이러한 방향 전환을 통해 지식과 경험을 공유하고 개도국 정부와 제도에 영향을 미칠 수 있는 능력에 집중하고자 했다.

국제 앰네스티는 「전 지구적 전환 프로그램(Global Transition Program)」이라는 이름하에 국제 앰네스티가 런던 본부에서 다루던 아프리카 프로그램 전체를 2013년에 아프리카로 옮기는 것을 필두로 구조조정을 시작했다.37) 이러한 구조조정은 직원과 자원을 런던의 본부로부터 개도국의 거점(hubs)으로 이전시킴으로써 런던 중심의 중앙 집중화로부터 분권화(decentralization)로 전환하는 것을 목적으로 했다.

비록 재정난에 대한 직접적인 언급은 없었지만 이러한 구조조정과 관련하여

---

36) 옥스팜의 구조조정에 관한 내용은 다음 글을 참고했다: Civil Society, "Oxfam to cut 125 jobs as part of major restructure," https://www.civilsociety.co.uk/news/oxfam-to-cut-125-jobs-as-part-of-major-restructure.html (접속일: 2017년 11월 25일); The Guardian, "Shifting sands: the changing landscape for international NGOs," https://www.theguardian.com/global-development-professionals-network/2014/mar/28/internaitonal-ngos-funding-network (접속일: 2017년 11월 25일).

37) 국제 앰네스티의 구조조정에 관한 내용은 다음 글을 참고했다: NGO MONITOR, "Amnesty International: Founding, Structure, and Lost Vision," https://www.ngo-monitor.org/reports/23/ (접속일: 2017년 11월 25일); The Guardian, "Shifting sands: the changing landscape for international NGOs," https://www.theguardian.com/global-development-professionals-network/2014/mar/28/internaitonal-ngos-funding-network (접속일: 2017년 11월 25일).

국제 앰네스티의 수뇌부에 의해 여러 이유들이 언급된 바 있다. 인권의 훼손되고 있는 현장 가까운 곳에서 인권문제를 다루어야 할 필요성이 이유 중 하나였다. 이제 개도국 사람들이 전 지구적 인권운동의 일부분이 되고 있는 변화에 직면하여 개도국에서 인권과 관련한 활동을 하는 것이야말로 국제 앰네스티의 인권운동을 진정한 전 지구적인 운동으로 전환시킬 수 있다는 것도 이유 가운데 하나였다.

일부 유력 NGO는 본부를 개도국으로 옮기는 방식의 구조조정을 하기도 했다.[38] 선진국으로부터 개도국으로 본부 이전을 최초로 한 유력한 NGO는 국제 인터액션(InterAction International)이었다. 구체적으로 국제 인터액션은 2004년에 본부를 영국의 런던으로부터 남아프리카공화국의 요하네스버그로 이전했다.

평소 빈곤 및 불평등과의 싸움은 풀뿌리 수준에서 시작되어야 하며 이러한 빈곤과 불평등을 겪고 있는 사람들과 공동체가 의사결정에 참여해야 궁극적인 변화가 가능하다는 믿음을 강하게 가지고 있는 NGO로서 국제 인터액션은 분권화와 국제화를 위한 구조조정의 일환으로서 본부 내의 국가 담당 직원의 역할을 늘리고 본부 사무국이 수행하던 몇몇 기능들을 연맹체에 속해 있는 개개 국가의 회원조직에 이전했다. 이로써 액션에이드-라이베리아(ActionAid Liberia)가 「여성을 위한 안전한 도시 캠페인」을 액션에이드 연맹체의 캠페인으로서 주도해나가는 것처럼 국가 회원조직들이 특정한 이슈에 있어서 자신들의 경험과 전문성을 이용하여 액션에이드 연맹체를 이끌어나가도록 했다. 이러한 구조조정의 핵심은 본부가 주도하는 역할을 줄이고 대신에 회원조직들 간의 국경을 넘은 협력적인 활동을 촉진하는 역할을 늘리는 데 두는 것이었다.

옥스팜도 본부를 이전하는 대열에 합류하여 영국에서 케냐의 나이로비로의 이

---

38) NGO의 본부 이전에 관한 글은 다음 글을 참조했다: Adriano Campolina, "Facilitating more than leading," https://www.dandc.eu/en/article/why-actionaid-had-move-its-headquarters-britain-south-africa (접속일: 2017년 12월 18일): The Guardian, "Big NGOs prepare to move south, but will it make a difference?" https://www.theguardian.com/global-development-professionals-network/2015/nov/16/big-ngos-africa-amnesty-oxfam-actionaid (접속일: 2017년 12월 18일); The Guardian, "Shifting sands: the changing landscape for international NGOs," https://www.theguardian.com/global-development-professionals-network/2014/mar/28/international-ngos-funding-network (접속일: 2017년 11월 25일); Citiscope, "Oxfam moves HQ to Nairobi amid NGO backlash," http://citiscope.org/ citisignals/2016/oxfam-moves-hq-nairobi-amid-ngo-backlash (접속일: 2017년 11월 25일); Scotland's International Development Alliance, "Oxfam International begin move of headquarters from Oxford to Nairobi," https://www.intdevalliance.scot/news/oxfam-international-begin-move-headquarters-oxford-nairobi (접속일: 2017년 11월 25일).

전을 위해 케냐 정부와 2017년 6월에 협정을 체결한 바 있다. 실제의 이전은 이로부터 2년 정도의 시간이 소요될 것으로 본다. 이전을 하는 이유와 관련하여 옥스팜은 봉사의 대상에 좀 더 가까이 다가갈 필요성과 지도력(leadership)의 구심점을 바꾸고 의사결정에 개도국의 목소리를 강화할 필요성을 언급한 바 있다.

이렇게 개도국으로 본부 자체를 옮기거나 본부의 기능의 일부를 옮기는 등의 구조조정에 대한 반대 의견도 존재하나 이러한 이전이 갖는 장점으로서 현지의 현실에 맞는 정책을 수립하여 적용할 수 있다는 것과 현지인을 고용하여 역량을 구축함으로써 사회변화에 주도적인 역할을 하도록 할 수 있다는 것 등이 주로 언급된다. 이러한 구조조정이 성공하려면 권력(power)과 자원(resources)도 함께 이전되어야 한다는 점이 강조된다.

어린이구호회(Save the Children)는 활동의 중첩을 줄이는 등 효율성을 높이기 위해 기존의 조직들을 통폐합하는 형태의 구조조정을 했다.[39] 전통적으로 어린이구호회는 국가별 회원조직들의 느슨한 연맹체 형식으로 운영되어 왔다. 따라서 국가별 회원조직들은 독립적으로 활동을 했으며 서로 간에 동일한 목표나 전략적 우선순위를 항상 공유한 것은 아니었다. 그 결과 에티오피아의 경우 각기 다른 국가별 회원조직에 의해 운영되는 7개의 별도의 국가 사무소(country office)가 한 국가에 소재하는 상황에까지 이르렀다.

이러한 상황은 어린이구호회의 일치된 하나의 목소리를 내고 다른 NGO와 정부 및 다른 협력 파트너와 효과적으로 일을 할 수 있는 능력을 약화시켰다. 무엇보다도 이러한 상황은 어린이구호회에게 가장 중요하다고 할 수 있는 일체성(alignment)의 결여라는 문제를 가져왔다.

이러한 문제를 개선하기 위한 핵심적인 조치로서 「국제 어린이구호회(Save the Children International)」라고 하는 새로운 조직체를 만들어 모든 국제 프로그램을 단일 노선의 경영구조(single line management structure)로 불러들였다.[40] 이는 독

---

39) 어린이구호회의 구조조정 내용은 다음 글을 참조했다: The Guardian, "Shifting sands: the changing landscape for international NGOs," https://www.theguardian.com/global-development-professionals-network/2014/mar/28/international-ngos-funding-network (접속일: 2017년 11월 25일); Craig Baker, François Chirumberro, and Lydia Green, "Managing Change at Save the Children," https://www.bcg.com/publications/2013/change-management-organization-design-managing-change-at-save-the-children.aspx (접속일: 2017년 11월 25일).

40) 이전에는 단순히 「Save the Children」이었던 것이 「Save the Children International」으로 바

립적으로 운영되는 국별 회원조직의 국제 프로그램들이 20개 이상의 지역 사무소(regional office)에 의해 관리되었던 과거와 크게 다른 것이다. 이러한 국제 어린이구호회 체제하에서 과거 20개가 넘는 지역 사무소가 7개로 줄었고 앞서 에티오피아의 예를 통해 언급했듯이 한 국가 내에 복수의 국가 사무소가 있었던 것을 한 국가 내에 하나의 국가 사무소만 두도록 했다.

이러한 조직체제는 공유된 비전과 가치 및 목표를 통한 개선된일체성·전 지구적으로 조정된 목소리·자원과 전문성의 좀 더 나은 동원·좀 더 효과적이고 효율적인 운영활동이라는 4가지 목표의 달성에 기여할 것으로 보았다.

또 하나 NGO의 구조조정과 관련하여 주목하여야 하는 현상 가운데 하나는 연계된 NGO(networked NGO)의 등장이다.[41] 연계된 NGO란 「특정 부문에 있어서의 공동의 목적과 목표를 달성하기 위해 더불어 일하는 협력 파트너들의 역동적인 연계망(network)을 가지고 있는 NGO」를 일컫는다.

이러한 협력 파트너들에는 프로그램이나 프로젝트 등의 활동이 전개되고 있는 국가 내에 소재하거나 지리적 경계를 뛰어넘어 소재하는 NGO·토착 공동체·정부의 부서·국제기구·공동체기반조직(community-based organization, CBO)·언론 등 다양한 이해관계자(stakeholders)가 포함된다. 이렇게 다양한 행위자들이 포함되기 때문에 이들 사이의 조정의 문제가 점차적으로 중요해지고 있다.

이렇게 연계망에 연결되어 있는 NGO인 연계된 NGO가 연계망 내에서 하는 주된 역할은 프로젝트나 프로그램을 계획하고 집행하는 것보다는 협력 파트너들의 역량의 구축과 협력 파트너들 사이의 지식의 공유를 지원하는 일 등이다.

이러한 NGO의 대표적인 예로서 에브리차일드(EveryChild)를 들 수 있다.[42] 이 NGO는 과거에는 다른 국제 NGO들과 마찬가지로 계서적인 조직 구조를 가

꿨었다.

41) 연계된 NGO에 관한 내용은 다음 글을 참조했다: The Guardian, "Shifting sands: the changing landscape for international NGOs," https://www.theguardian.com/global-development-professionals-network/2014/mar/28/international-ngos-funding-network (접속일: 2017년 11월 25일); IGI Global, "What is Networked NGO?" https://www.igi-global.com/dictionary/networked-ngo/20221 (접속일: 2017년 10월 17일).

42) EveryChild는 2014년에 취약한 상태에 놓인 아동과 가족들을 돕기 위해 함께 일하는 지역 조직들(local organizations)의 전 지구적인 연합체(alliance)인 「모든 아동을 위한 가족(Family for Every Child)」을 결성하기도 했다. 이 조직은 분권화된 조직으로 회원조직이 지배하는 조직으로서의 성격을 가진다.

지고 본부에서 프로그램이나 프로젝트에 대한 전략적인 결정을 내리고 해외의 연락사무소를 통해 집행을 해왔는데 연계된 NGO 체제로 바뀐 후에는 그 역할이 대폭적으로 변했다.

EveryChild는 프로그램이나 프로젝트를 직접적으로 계획하고 집행하는 일을 덜하고 대신에 연계망 내의 다른 조직이 주도한 프로그램이나 프로젝트를 위한 모금활동을 한다. 이렇게 자원을 동원하는 역할을 할 뿐 아니라 국제적인 영향력을 활용하여 지방의 목소리를 국제사회에 전달하는 매개자로서의 역할도 수행한다. 즉 개도국 지역 공동체가 지역적으로 해결하기 힘든 문제의 해결을 위한 비판과 제언의 활동을 적극적으로 한다.

이러한 방식의 구조조정은 재정적인 자원이 부족한 상황에서 복합적이고 해결을 위해 오랜 시간을 요하는 문제를 다루기 위한 대안으로서 언급되고 있으며 이러한 대안의 본질은 바로 국제 NGO의 권력을 공동체에서 직접 일하는 국내 NGO(national NGO)에게 이양하는 것이라고 본다. 즉 공동체의 가장 지근거리에서 일하는 국내 NGO가 문제해결을 위한 최상의 지식을 보유하고 있고 공동체의 필요에 가장 적절하게 대응할 수 있기 때문에 국제 NGO들은 자신들의 권력을 국내 NGO들에게 이전하는 것이 필요하다는 것이다.[43]

2. NGO 발전의 거시적 방향

NGO의 발전의 역사를 세대별로 구분해 보면 다음과 같은 발전의 큰 흐름이 포착된다. 제1세대 NGO들은 인도적 구호 등 자선활동을 주로 하던 자선 NGO(charity NGO)이었고 제2세대 NGO들은 지역개발 프로젝트를 집행하는 등 개발(development)을 위한 원조 활동을 하던 NGO 즉 개발 NGO(development NGO)이었다. 제3세대 NGO들은 가장 최근의 NGO 유형으로서 정책비판과 제언 활동에 집중하는 소위 세력화 NGO(empowerment NGO)이다.

특히 제3세대 NGO는 국제연대 등을 통해 국제여론을 동원하는 등의 방식으로 정부나 국제기구를 대상으로 정책의 변경 등을 요구하는 것을 특징으로 한다.

---

43) The Guardian, "Broken promises: why handing over power to local NGOs is empty rhetoric," https://www.theguardian.com/global-development-professionals-network/2014/feb/07/power-international-ngos-southern-partners (접속일: 2017년 12월 14일).

이처럼 시간의 흐름에 따라 NGO들의 활동의 중점이 달라진 것을 알 수 있는데 이러한 변화의 일단을 보다 구체적으로 개발원조 분야에서 활동하는 NGO들을 통해 살펴보면 다음과 같다.44)

제1세대 개발 NGO는 직접적인 구호 활동과 지속 가능성을 크게 고려하지 않은 개발원조 활동 등 단기적인 운용활동(operational activities)에 치중하던 NGO들을 일컫는다. 즉 제1세대에 속하는 개발 NGO의 활동은 식량·의료·주거 등과 같은 긴급한 필요를 해결하기 위한 인도주의적 구호 서비스를 제공하는 것과 지속 개발성을 크게 염두에 두지 않은 채 인적·물적 자원을 제공하는 개발원조 활동에 주력했다.

제2세대 개발 NGO는 지역 자립을 중요한 목표로 하여 이들로부터의 원조가 종료된 이후에도 지속적인 개발이 이루질 수 있도록 장기적 관점에서의 개발과 지역 공동체 자체의 역량구축(capacity-building)에 중점을 두었다. 즉 이들 제2세대 개발 NGO들은 단기적인 운용활동으로부터 벗어나 지속 가능한 개발(sustainable development)의 중요성을 강조했다.

이들은 지속 가능성을 크게 염두에 두지 않은 전통적인 개발원조 활동만으로는 개도국의 저개발 문제를 근본적으로 해결하기 힘들다는 판단하에 이를 위한 조치의 일환으로서 현지인의 참여를 강조하고 아울러 개발에 관한 교육활동(educational activities)을 통해 일반인들의 인식을 제고하고 여론을 조성하여 자국 정부로 하여금 공적개발원조(Official Development Assistance, ODA)를 증액하도록 압력을 가하는 등의 노력을 경주하기 시작했다.

제3세대 개발 NGO는 지속 가능한 체제의 개발을 목표로 개발 NGO의 활동에 영향을 주는 거시적인 제도적이거나 정책적 환경에 개입하는 것을 특징으로 한다. 구체적으로 이들 NGO는 개발 부문에 있어서 조사와 연구를 통해 정부와 국제기구의 정책을 비판하고 제언을 하는 활동(advocacy activities)을 한다. 제3세대 개발 NGO는 특정 공동체의 수준을 넘어 국제적인 수준에서 개발을 저해하는 구조적인 요인들을 제거하기 위해 국제연대 등을 형성한다.

---

44) David C. Korten, "Third Generation NGO Strategies: A Key to People-centered Development," *World Development*, Vol. 15, No. 1 (Fall, 1987), 147-148.

제 **4**장

NGO의 성장요인

NGO가 어떤 조건하에서 성장하는가를 살펴본다는 것은 이론적으로 중요한 의미를 가진다. 따라서 많은 학자들이 NGO의 성장에 영향을 미치는 요인들에 대해 관심을 가지고 나름의 견해를 제시하여 왔던 것이 사실이다.

예컨대 립슈츠(Ronnie D. Lipschutz)와 같은 학자는 규범에 기초한 국제체제 등장의 누적적인 효과·시민들의 사회적 필요와 경제적 필요를 충족시키지 못하는 국가의 무능력·국가에 집중되어 온 오래된 형태의 정치적 정체성(political identity)의 붕괴·정보기술과 교통 분야에 있어서의 발전을 주요한 요인으로 언급하고 있다.[1] 여기에서 NGO의 성장에 영향을 미치는 다양한 요인들을 체계적으로 유형화하여 살펴보고자 하는 라이만(Kim D. Reimann)의 논의를 중심으로 살펴보고자 한다.[2]

1. 상향식 설명과 하향식 설명

라이만은 NGO의 성장에 대한 이론적 설명을 「상향식 설명(bottom-up explanation)」과 「하향식 설명(top-down explanation)」으로 구분하고 있다. 그는 상향식 설명을 사회경제적 요인·정보통신 혁명·국가의 쇠퇴에 대한 사회적 대응이라는 관점을 가지고 NGO의 성장을 설명하려는 시도라고 간주하고 있다.

이러한 예로서 일찍이 초국가적 행위자를 연구해 온 정치학자들이 민주주의·

---

1) Ronnie D. Lipschutz, "Reconstructing World Politics: The Emergence of Global Civil Society," *Millennium: Journal of International Studies*, Vol. 21, No. 2 (1992), 389-420.

2) Kim D. Reimann, "International Politics, Norms and the Worldwide Growth of NGOs," paper prepared for delivery at the 43rd Annual Convention of the International Studies Association, New Orleans, March 24-27, 2002; Kim D. Reimann, "A View from the Top: International Politics, Norms and the Worldwide Growth of NGOs," *International Studies Quarterly*, Vol. 50, No. 1 (2006), 45‐67.

경제발전·세계경제로의 통합이라는 요인들을 국제 NGO의 수적 증가를 가져온 주요 요인으로 간주한 것을 들 수 있다.[3] 좀 더 최근 들어 사회학자들이 1인당 국민총생산·무역수준·2차 교육기관에의 등록과 같은 사회경제적 요인들을 통해 국제 NGO의 등장과 성장을 설명하고자 한 것을 또 다른 예로 들 수 있다.[4] 이 밖에 국가의 쇠퇴와 정보통신 기술의 혁명적인 발전으로 인한 국경 없는 활동의 증가를 국제 NGO 성장의 주요 원인으로 간주하는 일련의 학자들도 있다.[5]

그러나 이러한 상향식 설명은 위에서 언급한 요인들에 있어 거의 유사한 수준을 지니고 있는 사회임에도 불구하고 NGO의 등장과 성장의 수준에 있어서 차이가 난다는 점을 제대로 설명하지 못하는 한계를 가진다. 실제로 개개 국가의 사회는 사회경제적 발전과 기술의 발전에 동일하게 반응하지 않으며 이러한 것은 일본과 미국의 예에서 잘 알 수 있다. 구체적으로 일본은 국가의 부·교육·기술 발달·세계경제에의 통합 등에서 미국과 유사한데 NGO의 수·크기·활동 규모 등에서 미국과 크게 대조를 이루기 때문이다.

따라서 라이만은 국내 NGO와 국제 NGO의 등장과 성장을 충실히 설명하기 위해서는 하향식 관점이 필요하다고 주장한다. 라이만은 이러한 하향식 관점을 크게 2종류로 구분하고 있다. 이들을 하나씩 살펴보면 다음과 같다.

첫째, 물질적 자원의 제공과 제도적 접근의 허용과 같은 요인의 역할을 강조하는 하향식 관점이 있다. 이러한 관점은 강한 국가(strong state)의 관점을 가지고

---

3) Joseph S. Nye and Robert Keohane, "Transnational Relations and World Politics: An Introduction," in Robert O. Keohane and Joseph S. Nye, eds., *Transnational Relations and World Politics* (Cambridge, MA: Harvard University Press, 1972); Kjell Skjelsbaek, "The Growth of International Nongovernmental Organization in the Twentieth Century," in Robert O. Keohane and Joseph S. Nye, eds., *Transnational Relations and World Politics* (Cambridge, MA: Harvard University Press, 1972).

4) John Boli, Thomas Loya, and Teresa Loftin, "National Participation in World-Polity Organization," in John Boli and George M. Thomas, eds., *Constructing World Culture, International Nongovernmental Organizations since 1875* (Stanford: Stanford University Press, 1999).

5) Jessica T. Mathews, "Power Shift," *Foreign Affairs*, Vol. 76, No. 1 (January/February 1997), 50-66; Peter J. Spiro, "New Global Communities: Nongovernmental Organizations in International Decision-Making Institutions," *The Washington Quarterly*, Vol. 18, No. 1 (Winter 1995), 45-56; Ronnie D. Lipschutz, "Reconstructing World Politics: The Emergence of Global Civil Society," *Millennium: Journal of International Studies*, Vol. 21, No. 2 (1992), 389-420.

있는 국내정치 연구학자와 사회운동 이론가들의 주장에 기초를 둔 것으로 국가 수준에서 시민의 동원을 비롯하여 사회운동 조직의 등장과 성장 가능성이 정치적 환경이라는 구조적 요소에 의해 규정되어 왔음을 강조한다.6)

구체적으로 이러한 종류의 하향적 설명은 정치참여의 여러 형태에 영향을 미치는 요인으로서 「정치적 기회구조(political opportunity structure)」가 제공하는 유인 (incentives)이라는 요소를 강조하며 좀 더 개방적인 정치적 기회구조가 좀 더 높은 수준의 시민운동 조직을 가져온다고 본다. 여기서 정치적 기회구조란 사회적 행위자들의 활동에 개방적이거나 혹은 폐쇄적인 정치제도·국가정책·엘리트의 연계망 (network)을 의미하는 개념으로서 좀 더 구체적으로 재정적인 지원·우편요금의 감면과 같은 국가보조금·정치제도에의 접근 허용여부 등의 형태를 띤다.7)

둘째, 물질적 자원의 제공과 제도적 접근의 허용과 같은 요인도 이념적 진공 상태에서는 생겨날 수 없다는 전제하에 규범적 요소의 중요성을 강조하는 하향식 관점이 있다. 이는 구성주의자(constructivist)와 사회학적 제도주의자(sociological institutionlaist)가 옹호하는 관점으로서 NGO를 옹호하는 규범의 등장과 확대가 NGO의 등장과 성장에 영향을 미친다고 주장한다.

2. 라이만의 하향식 설명

라이만은 위에서 언급한 국내 수준에 적용되는 하향식 설명을 국제 수준으로

---

6) 여기에서 강한 국가(strong state)의 관점이란 국가가 강해야 NGO도 등장하고 성장한다는 논리를 의미한다. 이는 흔히 국가의 쇠퇴가 NGO의 등장과 역할의 강화를 가져왔다는 소위 약한 국가의 관점과 대조를 이루는 관점이다.

7) 여기서 우리가 관심을 가져야 할 또 다른 이론적인 질문이란 「언제 정치적 기회구조가 개방적이 되는가?」이다. 이에 대해 여러 학자들이 정치적 기회구조란 정치제도 자체가 확장하고 있을 때 즉 국가 건설(state-building) 혹은 정책 혁신(policy innovation)이 있는 동안에 개방성을 띠는 경향이 있다는 주장을 제기하고 있다: Theda Skocpol, "How Americans Became Civic," in Theda Skocpol and Morris P. Fiorina, eds., *Civic Engagement in American Democracy* (Washington, D.C. and New York: Brookings Institution Press and Russell Sage Foundation, 1999); Sidney Tarrow, "States and Opportunities: The Political Structuring of Social Movements," in Doug McAdam, John. D. McCarthy, and Mayer N. Zald, eds., *Comparative Perspectives on Social Movements: Political Opportunities, Mobilizing Structures, and Cultural Framings* (Cambridge and New York: Cambridge University Press, 1996); Charles Tilly, "Social Movements and National Politics," in Charles Bright and Susan Harding, eds., *Statemaking and Social Movements* (Ann Arbor: University of Michigan Press, 1984).

확장하여 NGO의 등장과 성장을 설명하고자 한다. 이를 물질적 자원의 제공과 정치적 접근의 허용이라는 정치적 기회구조와 NGO에 호의적인 규범의 등장과 성장으로 구분하여 살펴보고자 한다.

1) 정치적 기회구조

라이만은 국가 수준에서의 정치적 기회구조라는 개념을 국제 수준으로 확장시켜 변화하는 국제정치적 기회구조(international political opportunity structure)가 NGO의 등장과 성장에 직접적인 영향을 미친다는 주장을 제기하고 있다.[8]

라이만에게 있어서 이러한 국제정치적 기회구조란 거시적인 관점에서 보아 글로벌 거버넌스 제도의 확산(expansion of institutions of global governance)에서 발생하는 것으로서 국제기구의 등장과 성장이라는 요인·국제레짐의 등장과 성장·선진국에 있어서의 변화하는 국가정책이라는 3개의 요소로 구성된다. 이들을 요소별로 살펴보면 다음과 같다.

첫째, 라이만은 제2차 세계대전 이후 국제기구의 등장과 성장이 사회의 행위자(societal actors)로 하여금 전 지구적 규모로 조직하도록 하고 활동의 공간을 가져다줌으로써 NGO의 등장과 성장에 유인(incentives)을 제공했다고 본다.

둘째, 라이만은 국제레짐(international regimes)의 진화와 성장 역시 국제 수준에서 정치적 기회구조의 여러 측면에 상당한 개방을 가져왔고 이러한 변화 역시 NGO의 등장과 성장에 영향을 미쳤다고 본다.[9] 즉 NGO들이 옹호하는 규범과 관련한 국제레짐이 이미 형성되어 있다면 NGO의 활동은 더욱 정당성(legitimacy)을 가질 수 있고 국제레짐이 자체의 감시와 이행의 확보를 위해 NGO의 역할을 필요로 하게 된다. 이런 면에서 국제레짐의 발전은 NGO의 등장과 발전에 밀접한 관계를 가진다고 본다.

셋째, 라이만은 선진국의 정책변화가 NGO의 등장과 성장에 영향을 미친다고

---

8) 여기서 변화하는 국제정치적 기회구조란 단순히 국제기구와 같은 국제정치 행위자의 등장과 성장만으로 만들어지는 것은 물론 아닐 것이다. 이들의 등장 및 성장과 더불어 정부들과 국제기구의 정책 그리고 제도적 구조의 변화가 국제정치의 기회구조를 창출한다고 보아야 할 것이다.

9) 「국제레짐(international regime)」이란 국제정치(경제) 학자인 크라즈너(Stephen A. Krasner)의 정의에 따라 「국제관계의 특정 영역에서 행위자들의 기대하는 바가 수렴되는 명시적 혹은 묵시적인 원칙·규범·규칙·정책결정 절차」라고 정의하고자 한다: Stephen D. Krasner, "Structural Causes and Regime Consequences: Regimes as Intervening Variables," *International organization*, Vol. 36, No. 2 (Spring 1982), 186.

본다. 구체적으로 선진국들이 NGO에게 기금을 제공하면서 주요한 재정적 후원자가 되기로 한 정책 변화가 NGO의 등장과 성장에 영향을 미친다고 본다. 라이만은 이러한 재정적 후원은 국가의 정부와 더불어 준정부적인 조직(quasi-governmental organization)뿐 아니라 민간 조직(private organization)에서도 온다고 본다.

라이만은 이러한 3가지를 구성요소로 하는 국제정치적 기회구조가 구체적으로 자원의 동원(resource mobilization)과 정치적 접근(political access)이라는 구조적 환경(structural environment)을 제공하고 이러한 구조적 환경이 NGO의 등장과 성장에 영향을 미친다는 논리를 전개하고 있다.

자원의 동원이란 국제기구・정부・재단・부유한 다른 국제 NGO와 같은 국제 정치 행위자가 NGO에게 국내에서 가용한 자원의 수준을 넘어 대안적 자원(alternative resources)을 마련하는 것을 의미한다. 이러한 국제적으로 가용한 자원의 공급이 있음으로써 NGO의 등장과 성장이 가능했다는 것이다. 여기서 자원이란 무상원조・보조금・국제기구에 의한 계약과 같은 물질적인 것은 물론 국제적 정당성(legitimacy)・대중매체의 주목・정치적 영향력과 같은 비물질적인 자원도 포함한다.

정치적 접근이란 구체적으로 국제기구가 NGO의 참여를 위해 국제기구를 개방하는 것을 의미한다. 구체적으로 정치적 접근의 허용이란 국제기구와 같은 국제 제도들이 NGO를 그들의 의제설정 과정・의사결정 과정・의사결정의 이행 과정 등에 참여자로 포함시키는 등 NGO의 정치적 행동을 위한 대안적인 제도적 구조(alternative institutional structure)를 제공하는 것을 의미하는데 이러한 국제기구에 의한 NGO 접근의 허용은 NGO로 하여금 자신들이 속해 있는 국가의 정치체제에의 접근 역시 촉진한다고 본다.

정치적 접근이란 유엔헌장 제71조가 일정한 요건을 충족시킨 NGO에게 협정의 체결을 통해 협의지위를 제공하도록 하는 것을 대표적인 예의 하나로서 들 수 있다. 이러한 유엔의 규정이 하나의 표본이 되어 다수의 국제기구들이 다양한 수준에서 다양한 형태의 정치적 접근을 NGO에게 허용하고 있다. 이러한 것에는 전 지구적 규모로 개최되는 전 지구적 회의(global conference) 등에 NGO의 참여를 공인(accreditation)하는 제도 등도 물론 포함된다.

2) NGO에 호의적인 규범의 등장과 성장

하향식 설명은 국제정치적 기회구조라는 요인 이외에 NGO를 옹호하는 국제규범의 등장과 확산이 NGO의 등장과 성장에 영향을 미쳤다고 본다. 즉 국제기구·NGO에 호의적인 선진국 정부·그 밖의 국제공동체를 구성하는 행위자가 NGO를 옹호의 대상으로 간주하는 규범인 「친NGO 국제규범(pro-NGO international norm)」이 등장하고 확산된 것이 NGO의 등장과 성장에 중요한 영향을 미쳤다는 것이다.

구체적으로 이러한 규범의 등장과 성장은 사회참여와 NGO의 형성을 저해하여 왔던 국가들에게 NGO를 지원하고 포용하도록 압력을 행사함으로써 전반적인 NGO의 등장과 성장에 영향을 미쳤다고 본다. 이러한 과정을 사회화 과정(socializing process)으로 볼 수 있는데 이러한 과정은 동료의 압력과 설득을 통해서 이루어진다. 즉 다른 국가의 정부·국제기구·NGO·그 밖에 다른 국제사회의 구성원들이 특정 국가 혹은 국가들에게 국제적으로 적절한 행위를 취하라고 압력과 설득을 가함으로써 생긴다.[10]

라이만에 의하면 1980년대와 1990년대에 물적 자원의 동원과 정치적 접근 허용이 활발하게 이루어졌으며 이와 더불어 NGO를 옹호하는 국제규범이 국가와 국제기구 등 국제사회의 주요 행위자들에 의해 광범위하게 수용되었다. 이러한 증거는 여러 군데에서 발견되는데 우선 국가 내의 NGO의 존재가 국가가 민주적이고 책임성을 지니며 시민의 참여에 개방적이라는 사실의 증거로 간주되었다. 또한 자유시장이 제대로 작동하는가의 여부와 국가가 민주주의 국가인가의 여부에 대한 판단의 중요한 기준은 NGO와 여타 시민조직을 포함하는 시민사회 부문의 활성화의 여부였다.

개발원조 분야의 경우를 예로 들자면 1980년대에 초중반에 NGO에 우호적인 규범이 쌍무원조 공여국과 재단 등에 의해 공식적으로 채택되어 이전의 국가 주도형 개발(state-led model)을 대체하여 시민의 참여와 민간 부문의 행위자를 포함하는 신자유주의적 복합모델(neoliberal hybrid model)로의 전환을 가져오기 시작했으며 1990년대에 유엔체제(UN System) 내에서 제도화가 되었다.

---

10) 물론 이러한 사회화 과정이 항상 성공적으로 작용하여 규범이 확산되는 것은 아니다.

이로써 NGO는 개발원조 공여국과 국제기구에 의해 중요한 협력 파트너로 간주되었는데 정부나 국제기구가 이처럼 NGO를 중요한 협력 파트너로 옹호하는 국제규범을 촉진한 것은 세계가 전 지구적인 문제를 다루어 감에 있어서 NGO의 서비스 제공과 더불어 정책비판과 제언으로부터 혜택을 받을 수 있었기 때문이다. 좀 더 구체적으로 NGO가 빈곤한 공동체에 직접 도달할 수 있는 능력·비용 대비 효과성·융통성·문제에 대한 혁신적인 접근·프로젝트에 시민들의 참여를 증대시킬 수 있는 능력·자력구제(self-help)에 대한 강조에 있어서 비교우위를 가지고 있어 NGO가 원조 공여국과 국제기구에 의해 개발원조의 이상적인 대안적 채널로서 간주되었기 때문이다.

NGO를 옹호하는 이러한 국제규범은 선진국과 국제기구에 의한 설득·압력·교육 등의 사회화 과정을 통해 개도국과 전환기 국가들로 하여금 국내적으로 NGO를 수용하고 여기에서 더 나아가 이들의 성장을 돕도록 했으며 그 결과 이러한 국가들 내에 NGO를 양성하는 좀 더 전향적인 법률적 조치와 재정적 조치가 취해졌다. 또한 NGO가 이들 국가의 정치과정과 정책결정 과정에 접근할 수 있는 채널을 늘리라는 선진국과 국제기구의 제안 역시 성과를 거두었다.

3. 라이만의 결론

NGO의 등장과 성장에 대한 라이만의 하향식 설명은 물적 자원의 증가·정치적 접근 기회의 증가·원조 공여국과 국제기구에 의한 친 NGO 국제규범이 NGO의 등장과 성장을 가져왔다는 것을 주된 내용으로 한다. 그러나 그는 이러한 주장의 말미에 NGO의 등장과 성장을 가장 잘 이해하려면 이러한 하향식 설명을 넘어서 국가·국제기구·NGO 사이의 공생관계(symbiotic relationship)를 살펴보아야 함을 역설한다.

즉 NGO의 등장과 성장을 위한 기회는 NGO를 촉진하고자 하는 국가와 국제기구의 관리들에 의한 위로부터의 행동과 기금과 정치적 접근을 확보하기 위한 NGO의 로비라는 아래로부터의 행동이라는 쌍방향성의 과정(two-way process)이라고 보아야 한다는 것이다. 즉 위로부터 국가와 국제기구에 의해 추동된 과정이라는 시각과 아래로부터 NGO에 의해 추동된 과정이라는 시각이 상호 통합되지 않고는 NGO의 등장과 성장을 가장 적절하게 이해시키지 못한다는 것이다. 따라서 NGO의 등장과 성장은 국가·국제기구·NGO의 상호 성장과 상호의존이라는 공생적인 관계를 포함하는 정치적 세계화(political globalization)의 과정의 일부로서 이해되어야 한다고 본다. 국제기구와 NGO의 동시적인 성장은 상호작용적이며 서로를 강화하는 과정이라는 것이다.

이러한 공생적인 관계는 국가·국제기구·NGO의 전 지구적인 문제의 해결을 위한 초국가적인 관리체제(transnational governance)의 등장을 촉진하고자 하는 공유된 목표(shared goal)에 기초하고 있다. 또한 이러한 공생적인 관계는 NGO가 국제기구로부터 물적 자원과 정치적 접근을 필요로 하고 국가와 국제기구는 그들의 목표를 달성하기 위해 NGO의 서비스의 제공·의제설정·정보수집과 분석·협정의 감시·국가로 하여금 협정에 참여하고 비준하도록 가하는 로비와 압력·여론과 미디어의 관심의 동원을 필요로 하는 기능적인 상호의존(functional interdependence)에 기초하고 있다.

라이만은 이처럼 NGO의 등장과 성장을 이해하기 위해 하향적 요인과 상향적 요인 모두를 포함하여 국가·국제기구·NGO의 공생적 관계를 탐구해야 함을 강조하는 한편 다음과 같은 2가지 이유와 더불어 하향식 설명이 NGO의 등장과 성장에 대한 가장 적합한 설명이라는 주장을 제시하고 있다.

이유 중 하나는 비록 NGO가 자신들의 등장과 성장을 위한 국제적인 기회를 가져오는 데 역할을 하지만 이러한 기회의 제공여부는 궁극적으로 국가의 결정과 국가들 간의 정치에 달려 있다는 것이다. 이 때문에 등장과 성장을 위한 기회를 만들려는 NGO의 노력이 항상 성공할 수 있었던 것은 아니라는 것이다.

두 번째 이유는 NGO의 성장의 중요한 부분이 NGO의 개도국으로의 확산이며 이러한 NGO의 개도국으로의 확산은 다분히 선진국과 국제기구의 노력의 결과이기 때문에 국제정치적인 영향을 강조하는 하향식 설명이 더 적합하다는 것이다. 좀 더 구체적으로 대부분의 경우에 있어서 NGO를 가장 열정적으로 촉진하고자 한 주체는 서구에 의해 촉진된 보편적인 가치에 헌신한 서구의 원조 공여국과 국제기구의 관리이다. 이와는 대조적으로 개도국들은 NGO에 대해 훨씬 더 회의적이었으며 종종 자국 내 NGO 성장을 부유한 민주주의 국가와 국제기구에 의한 위로부터 촉진된 현상으로 보는 경향이 있다.11)

---

11) Kim D. Reimann, *The Rise of Japanese NGOs: Activism from Above* (London and New York: Routledge, 2009).

4. 라이만의 사례연구

라이만은 NGO의 등장과 성장은 위로부터 즉 국가와 국제적 구조에 의해 영향을 받는다는 하향식 접근(top-down)에 의해 좀 더 설득력 있게 설명이 된다는 주장을 일본의 NGO에 대한 사례연구를 통해 입증하고자 했다.

라이만은 또한 일본의 사례에 대한 연구를 통해 라이만은 또한 선진국들 사이에 존재하는 NGO 등장과 성장에 있어서의 차이를 설명하고자 했다. 즉 NGO의 등장과 성장을 국가의 권위에 도전하는 상향적인 현상이라고 보고자 하는 견해(즉 주로 사회경제적인 요인을 가지고 NGO의 성장을 설명하고자 하는 전통적인 견해)가 경제력에 있어서 큰 차이가 없는 미국과 일본이 보이고 있는 NGO의 등장과 성장에 있어서의 차이를 적절하게 설명하지 못하는 것을 설명하고자 했다.

구체적으로 라이만은 국제 수준에서는 국제적인 정치적 기회구조(international political opportunity)·규범의 사회화(norm socialization)·아이디어의 초국적 확산(transnational diffusion of idea)을 일반적인 NGO의 성장(라이만을 이러한 현상을 수렴(convergence)이라고 칭하고 있다)을 가져오는 요인이라고 보고 국내 수준에서는 국가의 정책과 정치제도의 구조라는 요인이 NGO의 힘에 있어서의 차이(라이만은 이러한 현상을 분기(divergence)라고 칭하고 있다)를 가져오는 요인으로 본다.

그런 다음 라이만은 이러한 국내 요인들과 국제 요인들이 어떻게 상호작용을 하면서 NGO의 등장과 성장을 촉진하였는가를 추적하고자 했다. 구체적으로 국제 수준에서의 국가의 사회화가 국내 수준에서의 국가의 NGO에 대한 정책의 변화를 가져왔다는 설명을 제시하고자 했다.

5. 라이만 주장의 평가

라이만은 초기에 NGO의 등장과 성장을 하향식 관점에서 설명하고자 했다. 그러나 이에 대한 반론이 제기되자 하향식 관점이 더 설명력을 가진다는 견해를 견지한 채 상향식 관점까지 포함한 포괄적인 설명이 필요하다는 입장으로 선회했다. 따라서 상향식 관점이 배제된 하향식 관점에 대한 비판이 별 의미가 없게 되었다. 이러한 그의 견해에 대해 다음과 같은 평가를 내릴 수 있을 것이다.

우선 국제 수준에서의 NGO의 등장과 성장의 원인에 대해 체계적인 이론적인 분석을 가하고자 했다는 점에서 의의를 둘 수 있다. 구체적으로 국내 수준에서 NGO의 등장과 성장을 설명하는데 동원된 다양한 이론들을 국제 수준에 적용하여 국제 수준에서의 NGO의 등장과 성장을 설명하고자 했다는 점에 중요한 의의를 둘 수 있다.

둘째, NGO의 등장과 성장을 사회경제적 성장이 가져온 결과라고 보는 다수의 학자들의 시각과는 다른 관점으로서 물질적 자원과 정치적 접근의 제공이라는 정치적 기회구조와 선진국과 국제기구가 촉진한 NGO를 옹호하는 국제규범의 결과라는 정치적 관점을 제시한 것에서 또 다른 의의를 찾을 수 있다.

셋째, NGO를 국가에 도전을 가하거나 대체하려는 사회의 행위자(societal actor)로 바라보면서 NGO의 등장과 성장을 국가나 국제기구의 쇠퇴(약화)의 공간을 NGO가 차지한 결과라고 보지 않고 국가나 국제기구가 적극적으로 이들 NGO에게의 자원의 제공·정치적 접근의 허용·NGO를 지원하는 국제규범의 옹호를 통해 이들의 등장과 성장을 도운 결과라고 봄으로써 국가와 국제기구가 NGO의 성장과 등장에 방해물이 아니고 NGO의 등장과 성장에 필요한 요소들을 제공할 수 있는 강한 국가와 국제기구야말로 NGO의 등장과 성장에 이롭다고 주장을 전개한 것이 또 다른 의의를 둘 수 있다.12)

그러나 이러한 의의에도 불구하고 다음과 같은 비판으로부터 자유롭지 못하다. 우선 1990년대에 들어 NGO의 등장과 성장을 설명하는 데에는 국가와 국제기구의 상대적인 능력의 쇠퇴라는 요인이 일정한 역할을 했다고 보여 진다. 구체적으로 상대적으로 능력의 쇠퇴를 경험한 이들 행위자들은 좀 더 적은 비용으로 효율적으로 자신들의 프로젝트를 집행해 줄 수 있는 존재를 찾지 않을 수 없었으며 상대적인 쇠퇴를 상쇄할 동맹을 찾지 않을 수 없었다. 이러한 맥락에서 NGO가 이들 행위자들의 효율적인 프로젝트의 집행자로서 그리고 정치적 동맹자로서 등장하고 성장하지 않을 수 없게 되었다고 볼 수 있을 것이다. 이 같은 논리의 적합성은 이미 앞서 1990년대의 NGO의 발전사에서 살펴본 바 있다.

둘째, NGO의 등장과 성장에 영향을 미친 국제정치 체제의 구조적 특징이라

---

12) 라이만은 궁극적으로 전 지구적 시민사회란 세계화라는 정치과정의 일부분으로서 등장하고 있다는 견해를 피력하고 있다. 세계화라는 정치과정(구체적으로 변화하는 국제정치 구조와 국제정치의 국내정치로의 확장)이 NGO와 국제 NGO의 형성에 직접적으로 영향을 미쳤다는 것이다.

는 요인이 분석에서 배제되었다. 구체적으로 국제사회에서 데탕트 기간인 1970년 대와 탈냉전기인 1990년대에 비약적인 NGO의 등장과 성장에 중요한 영향을 미 친 국제사회의 긴장과 대결의 완화와 같은 국제체제의 성격적 요인에 대한 고려 가 분석에서 배제되었다.

셋째, 라이만이 하향적 요인들에 더하여 상향적 요인들도 포괄적으로 살펴보 아야 한다고 하면서도 NGO의 등장과 성장에 미치는 요인으로서 1990년대의 NGO 등장과 성장에 큰 영향을 미친 새로운 정보통신기술(information and com-munication technology, ICT)의 발전이라는 요인들에 대한 논의가 제대로 이루어지 지 않았다.

제3부
NGO의 이론과 연구방법

제5장
NGO의 이론

1. 이론화 노력의 현실

국내사회뿐 아니라 국제사회에서 중요한 역할을 하고 있는 NGO를 둘러싼 현상을 체계적으로 설명하고 예측하기 위한 일반화의 작업의 필요성이 강조되고 있으나 아직 많은 학자나 실무가에 의해 수용되는 일반적인 이론의 구축은 이루어지고 있지 않다. NGO에 관한 이론구축과 관련하여 다음과 같은 점들이 한계로서 일반적으로 지적되고 있다.

첫째, NGO의 분류 편에서 이미 살펴보았듯이 다양한 특징의 다양한 NGO들이 존재하기 때문에 이러한 다양한 NGO들의 다양한 면모를 일반화한다는 것이 기본적으로 쉽지 않다. 그 결과 NGO에 대한 이론적인 탐구는 수적으로 적을 뿐 아니라 이론적인 탐구가 있다고 해도 이러한 탐구가 개발(development)이나 환경(environment)과 같은 부문에 치중되어 있다.[1]

둘째, 다양한 NGO가 아닌 단일의 NGO라 해도 NGO의 행태와 구조를 포함한 NGO에 관한 포괄적인 설명과 예측을 제공하는 단일한 이론이 존재하기 어렵다. 따라서 다음에 살펴볼 이론적 접근법과 분석의 틀 역시 NGO 현상에 대한 부분적인 설명만을 제공할 뿐이다. 부분적인 설명은 구체적으로 국가와 NGO의 관계 그리고 국제기구와 NGO의 관계 등과 같은 현상에 집중되어 있다.[2]

셋째, NGO를 직접적인 대상으로 하여 개발된 이론은 거의 존재하지 않는다. 즉 이론이 존재한다고 해도 국경을 뛰어 넘어 이루어지는 행위자들 간의 협력 현

---

1) Leon Gordenker and Thomas G. Weiss, "Pluralising Global Governance: Analytical Approaches and Dimensions," *Third World Quarterly*, Vol. 16, No. 3 (1995), 358.

2) NGO와 정부의 관계 그리고 NGO와 국제기구의 관계와는 대조적으로 NGO·정부·국제기구 3자 모두를 포함하는 관계에 대한 이론적인 접근은 거의 없다.

상과 같은 것을 다루는 보다 포괄적인 국제관계이론(international relations theory)이거나 특정의 조직으로서의 NGO가 아닌 조직 일반의 현상을 설명하고 예측하려는 조직론(organizational theory)과 같은 것들이다. 따라서 이러한 이론들을 NGO에 원용하는 경우 그 적실성을 면밀하게 검토하는 것이 필요하다.

넷째, NGO에 관한 연구로부터 도출된 결론이라는 것이 많은 경우 특정 쟁역(issue area)에서 도출된 것이라는 한계를 갖는다. 따라서 이러한 결론들이 다른 이슈영역에서 활동하고 있는 NGO에게도 일반화되어 적용될 수 있는가를 주도면밀하게 살펴보아야 한다.

2. 패러다임과 이론들

NGO의 특징과 역할 등의 설명과 예측에 관련을 가질 수 있는 이론적인 접근법들을 연장선 위에 놓는다고 할 때 연장선상의 양 끝에 두 종류의 대조적인 패러다임을 설정할 수 있다. 그리고 이들 중간에 이 두 패러다임의 특성을 적절하게 배합한 이론적인 접근법들을 배열할 수 있다. 이들을 보다 구체적으로 설명하면 다음과 같다.

우선 연장선 위의 한 끝에 국가의 중심성을 강조하는 반면 NGO를 위시한 비국가적 행위자(non-state actor)의 중요성을 인정하지 않는 국가 중심적 견해(state-centric view)를 특징으로 하는 현실주의 패러다임을 배열할 수 있다. 또 다른 끝에는 국경을 넘어 전 지구적으로 전개되고 있는 NGO를 위시한 비국가적 행위자들의 중요성과 상호작용에 주목하고 이들 비국가적 행위자들이 국가로부터 자율성(autonomy)을 가지고 국가에 영향을 미쳐 국가의 자율성을 제한하는 것을 강조하는 비국가적 행위자 중심적 견해를 특징으로 하는 자유주의 패러다임을 배열시킬 수 있다.

이러한 대조적인 두 종류의 패러다임을 좀 더 자세히 살펴보면 현실주의 패러다임은 비국가적 행위자의 중요성 자체를 인정하지 않고 이들의 자율성이라고 하는 것이 국가에 달려 있다고 보고 국가로부터 이들 행위자로의 방향성을 강조한다. 이와는 대조적으로 자유주의 패러다임은 국가에 대한 비국가적 행위자들의 영향을 강조하는 등 비국가적 행위자들부터 국가로의 방향성을 강조한다. 즉 자유주의 패러다임은 밀도 깊게 진행되고 있는 전 지구적인 사회적 상호작용(global social interactions)에 주목하고 국가가 NGO의 자율성을 제약한다는 것을 강조하는 현실주의 패러다임의 주장과는 반대로 전 지구적 시민사회가 국가의 상대적인 자율성(relative autonomy)에 제약을 가한다고 본다.

이 두 극단의 중간에 국가와 비국가적 행위자들을 각기 다른 종류의 권력과 영향력을 가지고 있는 존재로 보고 상호 보완성과 양 방향성을 강조하는 다중심적 견해(multi-centric view)를 특징으로 하는 공존론적 패러다임을 위치시킬 수 있다. 이들 세 가지 패러다임의 특징을 하나하나 살펴보기로 하자.3)

1) 국가 중심적 패러다임

국가 중심적 견해는 국경을 넘어 전개되는 협력을 설명하는 데 있어서 국가가 분석의 기본적인 단위임을 강조하고 이러한 국가를 권력(power)으로 정의되는 국가이익(national interest)의 극대화를 추구하는 자기 중심적인 합리적인 행위자(rational actor)로 간주한다. 나아가 이러한 국가란 다른 의견을 가질 수도 있는 다양한 행위자들의 합이 아닌 국가이익을 위해 한 목소리를 내는 통합된 행위자(unified actor)임을 강조한다.

이러한 현실주의적 관점은 정부대표들로서 구성된 국제기구를 자율성을 가지고 있지 않는 주권 국가의 국익추구의 수단(instrument)으로 바라본다. 우리가 여기서 살펴보고자 하는 NGO의 경우 그 자율성이라는 것이 궁극적으로는 국가에 달려 있다고 보며 기껏해야 부수적인 자문의 역할(advisory role)을 담당할 뿐임을 강조한다.

현실주의 패러다임 옹호자들은 자유주의 패러다임 옹호자들이 다국적기업(MNC)이나 NGO와 같은 비국가적 행위자들(non-state actor)이 국가의 통제나 국가들에 의해 만들어진 체제의 통제를 넘어 활동함으로써 국가의 주권적 권한을 손상시킨다는 주장에 반대하여 주권 국가가 이들의 활동영역에 틀(framework)과 공간을 제공한다고 주장한다. 즉 이들의 활동범위는 국가의 정책이나 국가의 선택의 반영으로 보아야 한다는 것이다.

이러한 주장은 이미 앞에서 NGO의 성장에 대한 이론 편에서 라이만(Kim D.

---

3) 각종 국제관계 이론들이 NGO를 포함한 비국가적 행위자들(non-state actors)을 바라보는 관점에 관한 자세한 것은 다음 저서를 참조하시오: 박재영, 『국제정치패러다임』, 제4판 (서울: 법문사, 2015).

Reimann)의 주장에서도 볼 수 있었다. 라이만에 따르면 국가는 NGO를 위해 기금의 제공을 대폭적으로 늘리고 이들의 정치적 접근을 허용하는 정치적 기회를 허용하여 NGO의 성장을 지원했을 뿐 아니라 선진국들은 NGO를 서비스의 제공자로서 그리고 민주화를 가져오는 건전한 견인차로서 인식하고 NGO 친화적인 규범의 발전을 통해 NGO의 성장을 지원했다. 라이만은 어떤 기회를 개방하고 어떤 기회를 폐쇄할 것인가를 궁극적으로 결정하는 것은 국가의 결정과 국가들 간의 정치라는 점을 강조한다.4)

성아(Lyal S. Sunga)는 이러한 현상을 전쟁이 끝난 후의 이라크에서의 미국 정부와 NGO와의 관계를 통해 보여주고자 했다. 그에 따르면 부시 행정부는 이라크에서 활동하는 국제 NGO들에게 거의 미국 정부의 한 축(arm)으로 활동하도록 압력을 가했으며 이라크에 대한 미국 정부의 정책에 대한 모든 비판을 완전히 삼가거나 아니면 미국 정부로부터 기금이나 지원을 받지 않을 위험을 감수할 것을 강제했다.5)

현실주의 패러다임의 NGO에 관한 견해는 국제정치에 대한 NGO의 영향은 과장되어서는 안 된다는 것으로 요약될 수 있다. 왜냐하면 국가는 강제력의 사용에 있어서 독점적인 지위를 지니고 있으며 전 지구적 복지와 국가의 복지를 규정짓는 데 상당한 능력을 보유하고 있기 때문이다. 국가의 행태(behavior)가 NGO에 의해 일정한 정도 영향을 받는 것은 사실이나 국가가 NGO의 활동에 미치는 영향이 훨씬 크다고 본다. 현실주의는 중요한 국제적 과정과 결과가 국가뿐만 아니라 다른 행위자들의 총체적인 상호작용의 결과일 수 있다는 것을 부인하지는 않으나 국가가 문제의 해결에 있어서 여전히 가장 중요한 행위자임을 강조한다.

현실주의 패러다임 이론들은 자유주의 패러다임 이론들이 NGO를 포함한 비국가적 행위자의 등장과 성장을 강조하면서 민족주의와 민족국가의 쇠퇴를 강조하는 등 이들의 지속성(durability)을 과소평가하는 것을 비판한다. 예컨대 홀스티(Ole R. Holsti)와 같은 학자는 팔레스타인(Palestein)의 예를 통해 세계 도처에는 지

---

4) Kim Reimann, "A View from the Top: International Politics, Norms and the Worldwide Growth of NGOs," *International Studies Quarterly*, Vol. 50, No. 1 (2006), 64.

5) Lyal S. Sunga, "Dilemmas Facing NGOs in Coalition-Occupied Iraq," in Daniel Bell and Jean-Marc Coicaud, eds., *Ethics in Action: The Ethical Challenges of International Human Rights Nongovernmental Organizations* (Cambridge: Cambridge University Press, 2006), 99.

리적인 것에 기반을 둔 주권적 영토국가를 창설하거나 복구하려는 그룹이 엄연히 존재하며 강력한 충성심이 여전히 민족국가에 주어지기 때문에 민족국가의 소멸은 시기상조라는 견해를 피력한다.6) 불(Hedley Bull) 같은 학자 역시 국가는 다른 유형의 행위자들로부터의 도전을 이겨내는 상당한 역량을 과시했으며 계속해서 국가는 이러한 도전을 이겨낼 것으로 본다.7)

홀리스와 스미스(Martin Hollis and Steve Smith)는 국가가 다른 행위자들로부터의 도전을 이겨내 왔고 앞으로도 계속해서 이겨낼 것으로 보는 이유를 다음과 같이 제시하고 있다: ⅰ) 국가는 국제사회의 단위로서 확장되고 있다. ⅱ) 국가는 광범위한 영역에서 시민의 복지에 대한 책임을 떠맡도록 요청받고 있다. ⅲ) 국가는 여전히 국민의 충성심에 의존할 수 있다. ⅳ) 국가는 여전히 국제사회에서 정당한 힘의 독점을 보유하고 있다. ⅴ) 국가는 국제체제의 규칙을 설정하고 또 다른 모든 행위자들은 이러한 규칙들 내에서 활동해야만 한다.8)

이처럼 현실주의 패러다임은 자유주의 패러다임의 일부 이론이 국가의 쇠퇴에 대해 과도하게 평가하는 것을 비판하는 한편 NGO를 비롯한 비국가적 행위자의 지위에 대한 과대평가 역시 비판하고 있다.

현실주의 패러다임 이론가들 가운데 일부는 자유주의 패러다임의 적실성을 극히 제한적으로 인정하기도 한다. 구체적으로 자유주의 패러다임은 국가안보와 같은 상위정치(high politics) 영역에는 적용력이 없고 경제 부문과 같은 비안보적인 하위정치(low politics) 영역에 한정되어 일정한 정도 적용력을 가질 수 있음을 지적하기도 한다. 또한 자유주의 패러다임적인 설명은 선진국간의 관계를 설명하는 데는 일정한 정도 적실성을 가질 수도 있으나 선진국과 후진국 간의 관계 혹은 후진국 간의 관계를 제대로 설명하기 어렵다고 본다.

이러한 현실주의 패러다임 접근은 현실적으로 존재하는 상호 호혜적인 NGO와 국가 간의 협력과 관련하여 다음과 같은 견해를 제시한다. 예컨대 라우스티아

---

6) Ole R. Holsti, "Models of International Relations: Perspectives on Conflict and Cooperation," in Charles W. Kegley, Jr. and Eugene R. Wittkopf, eds., *The Global Agenda: Issues and Perspectives* (New York: McGraw Hill, 1992), 148.

7) Hedley Bull, *The Anarchical Society: A Study of Order in World Politics* (New York: Columbia University Press, 1977), part iii.

8) Martin Hollis and Steve Smith, *Explaining and Understanding International Relations* (Oxford: Clarendon, 1990), 35.

라(Kal Raustiala)와 같은 학자는 NGO가 정부 활동에 참여하거나 정부의 기능을 수행하는 현상에 대해 이는 NGO들이 자원·기술·국내적인 영향력이라는 3가지 능력(capability)을 지니고 있기 때문에 국가가 NGO들의 참여를 허용하기 때문이라는 설명을 제시하고 있다.

라우스티아라는 이러한 주장을 환경 분야에 있어서의 NGO와 정부와의 관계를 통해 입증하고자 했다. 라우스티아라의 주장에 따르면 환경과 관련한 국제기구에 국가와 더불어 NGO들이 활발하게 참여하는 이유는 NGO가 정책에 관한 조언을 제공하고 환경협약의 약속의 준수여부를 감시하며 비준이 되지 못할 위험을 최소화시키고 정부와 국민 사이에 교량의 역할을 함으로써 기술적이고 정치적인 면에서 조약의 과정을 통해 규제할 수 있는 국가의 능력을 향상시켜주기 때문이라고 주장한다.

이러한 주장은 NGO의 참여가 국가 주권의 상대적인 쇠퇴를 의미하는 것이냐의 여부를 둘러싼 논쟁에서 전 지구적인 문제를 다루는 데 있어서의 NGO의 적극적인 참여란 국가의 중심적 지위의 쇠퇴를 반영하는 것이 아니라 오히려 규제 능력의 향상을 위한 국가의 적극적인 정책의 결과로 보고자 한다. 즉 NGO의 참여는 국가의 주권을 훼손하기 보다는 오히려 전 지구적으로 규제할 수 있는 국가의 능력을 향상시킨다는 것이다.9)

현실주의 패러다임 이론은 NGO의 역할 강화를 국가 권력의 감소로 보지 않고 오히려 국가의 의제들을 해결하기 위한 NGO의 도구화라고 보고자 한다. 따라서 NGO가 이러한 의제를 지지하는 한에 있어서만 국가는 NGO와의 협력을 허용한다고 보면서 주권 국가가 NGO의 우위에 있다는 것을 강조한다. 물론 국제사회에서 국가는 여전히 가장 중요한 행위자로서의 지위를 보유하고 있다고 본다. 이는 앞서 살펴본 NGO의 성장을 설명하고자 하는 이론적인 시각 가운데 하향식 설명(top-down explanation)에 속한다.

또 다른 학자인 아츠(Bas Arts)는 많은 환경문제는 개개 국가의 영토에 국한되지 않고 초국가적인 성격을 지니기 있으며 이러한 성격으로 인해 지구는 하나의 상호 연계된 하나의 생태계로 간주될 수 있다고 본다. 이러한 환경문제의 초국가적인 성격으로 말미암아 국가는 이러한 문제들을 다루는 데 있어서 점점 중요성

---

9) Kal Raustiala, "States, NGOs, and International Environmental Institutions," *International Studies Quarterly*, Vol. 41, No. 1 (December 1997), 719-740.

이 덜해지는 반면에 국경을 넘는 활동이 가능한 NGO와 같은 비국가적 행위자들이 영향을 미칠 수 있는 여지가 많아졌다고 본다. 아츠는 환경 부문에 있어서의 이러한 NGO의 참여와 활동을 국가의 축소의 결과가 아닌 국가의 변형(transformation of the state)으로서 보고자 한다.10) 즉 아츠는 환경 부문에 있어서의 NGO의 참여를 국가만으로 다루기 힘든 성격상 초국가적인 복합적인 문제를 다루기 위한 국가의 수단으로서 보고자 한다고 결론지을 수 있다.

2) 비국가적 행위자 중심 패러다임

앞서 언급했듯이 국가 중심적 패러다임이 국가가 NGO에게 미치는 영향 즉 국가로부터 NGO에게로의 영향의 방향성을 강조하는 데 반해 비국가적 행위자 중심의 패러다임에 속하는 이론들은 거꾸로 NGO가 국가에 미치는 영향의 방향성을 강조한다. 이러한 패러다임에 속한다고 볼 수 있는 이론들은 다양하게 존재하나 대표적인 것 몇 개를 선택하여 살펴보고자 한다.

자유주의 패러다임 이론들은 현실주의 패러다임 이론과는 달리 대체적으로 NGO와 국가와 관계를 합이 영이 되는 게임(zero-sum game)의 시각을 가진다. 즉 NGO의 영향력의 증대를 국가 주권 내지는 국가 권력의 쇠퇴라는 관점에서 보며 NGO의 성장을 경제사회적 요인에 대한 사회적 대응이라는 상향식 관점 (bottom-up perspective)에서 바라본다.

이러한 관점은 NGO의 정부 활동에의 참여나 정부가 해오던 역할의 수행 등을 정부와 NGO 사이의 권력의 재분배라는 관점에서 접근하고자 한다. 예컨대 매튜(Jessica T. Mathews)는 1992년 유엔환경개발회의(UNCED)에서 NGO들이 협상에서 주도적인 역할을 수행하고 여론을 동원하며 공식적인 의사결정에 깊이 개입한 것을 두고 NGO로의 권력의 이동이라는 관점에서 바라보고자 했다.11)

여기에서는 비국가적 행위자 중심 패러다임에 속하는 이론·접근법·모델로서 초국가론·새로운 초국가론·부메랑모델·나선모델·전 지구적 시민사회론·세

---

10) Bas Arts, "Non-state Actors in Global Environmental Governance: New Arrangements Beyond the State," in Mathias Koenig-Archibugi and Michael Zurn, eds., *New Modes of Governance in the Global System: Exploring Publicness, Delegation and Inclusiveness* (Basingstoke, UK: Palgrave Macmillan, 2006), 180.

11) Jessica T. Mathews, "Power Shifts," *Foreign Affairs*, Vol. 76, No. 1 (Jan./Feb. 1997), 50-68.

계사회론·조직사회론·압력단체론·집단행동이론·이슈접근법을 하나씩 살펴보고자 한다.

(1) 초국가론12)

코헤인과 나이(Robert O. Keohane and Joseph S. Nye)는 1972년에 「초국가적 관계와 세계정치(Transnational Relations and World Politics)」라는 제목의 글 등을 통해 초국가론(transnationalism)을 소개하면서 각 국가에 속하는 사회들 간의 국경을 넘는 상호작용과 초국가적 행위자(transnational actors)의 중요성을 강조했다.13)

초국가론은 국가만이 유일한 지배적인 행위자라는 현실주의의 가정을 완화시켜 다양한 초국가적 행위자들의 초국가적 관계를 중요시 여긴다. 여기서 초국가적 행위자(transnational actors)란 국내 NGO와 국제 NGO·다국적기업(MNC)·혁명단체·로마교황청·노동단체·과학기술단체 등을 포함하는 비정부적 행위자(non-governmental actors) 혹은 비국가적 행위자(non-state actors)를 일컬으며 초국가적 관계란 정부와 국제기구의 독점적 관계 이외의 모든 국제관계를 지칭한다. 초국가론은 이처럼 국제체제를 주권 국가들의 체제 이상의 것으로 보며 국가와 국제기구의 의사결정 과정에서 비국가적 행위자들의 자율적 혹은 준자율적 역할과 영향력의 성장에 주목한다.

코헤인과 나이는 지금까지의 국가 중심적인 견해를 가지고는 국제정치의 현실

---

12) Robert O. Keohane and Joseph S. Nye, "Transnational Relations and World Politics: An Introduction," *International Organization, Special Issue: Transnational Relations and World Politics*, Vol. 25, No. 3 (1971), 329-350; Robert O. Keohane and Joseph S. Nye, "Transnational Relations and World Politics: A Conclusion," *International Organization, Special Issue: Transnational Relations and World Politics*, Vol. 25, No. 3 (1971), 721-749; Robert O. Keohane and Joseph S. Nye, eds., *Transnational Relations and World Politics* (Cambridge, Mass.: Harvard University Press, 1972); Robert O. Keohane and Joseph S. Nye, "Transgovernmental Relations and International Organizations," *World Politics*, Vol. 27, No. 1 (December 1974), 39-62; Werner I. Feld, *Nongovernmental Forces and World Politics: A Study of Business Labor and Political Groups* (New York: Praeger Publication, 1972); Werner I. Feld, "The Impact of Nongovernmental Organizations on the Formulation of Transnational Policies," *Jerusalem Journal of International Relations*, L2 (1976), 63-95; Werner I. Feld, *International Relations: A Transnational Approach* (Sherman Oaks: Alfred Publishing, 1979).

13) 「transnational」이란 말은 「국가의 경계를 넘어서(across country boundaries)」와 「국가의 통제 하에 있지 않고(not under control of the government)」를 의미한다.

을 설명하는 것이 불가능하다고 주장한다. 따라서 정부의 중앙으로부터 통제받지 아니하고 국경을 넘나드는 상호작용·접촉·연합(coalition)에 초점을 맞춤으로써 국가 중심적 견해에 커다란 도전을 가했다.

(2) 새로운 초국가론

1970년대 코헤인과 나이에 의해 제시된 초국가론은 현실주의 패러다임 이론의 문제점을 지적하면서 NGO를 위시한 초국가적 행위자의 중요성을 언급하는 데 그침으로써 이론적인 면모를 지니지는 못했는데 새로운 초국가론(new transnationalism)은 1990년대에 등장하여 비국가적 행위자가 국제관계에 영향을 미칠 수 있는 조건 등에 대한 세련된 이론적인 개념을 제시했다.

새로운 초국가론의 대표적인 학자인 리세-카펜(Thomas Risse-Kappen)은 국경을 넘어 활동하는 초국가적 행위자의 활동과 능력에 중대한 영향을 미치는 요인을 중심으로 두 가지의 이론적인 접근법을 소개하고 있다.[14]

그 중 하나는 「국가와 사회가 형성될 뿐 아니라 상호 연결되는 규범적이고 조직에 대한 설계(normative and organizational designs by which the state and the society are formed and also interlinked)」로 정의되는 국내구조(domestic structure)를 중시하는 접근법이다. 이는 라이만의 상향식 접근법과 유사한 접근법이다.

또 다른 이론적인 접근법은 국제협정(international agreement)이나 국제레짐(international regimes) 혹은 국제기구(international organization)가 특정 쟁역(issue area)을 규제하는 정도를 의미하는 국제제도화(international institutionalization)를 중시하는 접근법이다. 이는 라이만의 하향식 접근법과 유사한 접근법이다.

국내구조 접근법은 국내구조라는 독립변수를 통해 NGO들의 활동과 능력이라는 종속변수를 설명하고자 하는 시도로서 NGO들이 상이한 국가에서 상이한 영향력을 행사하는 이유를 잘 설명한다. 그러나 동일한 국가 내에서 쟁역에 따라 영향력에 있어서 차이가 나는 것을 제대로 설명하지 못하는 한계를 가진다. 예컨대 동일한 국가 내에서 환경 NGO가 인권 NGO보다 좀 더 성공적일 수 있는 이

---

14) Thomas Risse-Kappen, "Bringing Transnational Relations Back In: Introduction," in Thomas Risse-Kappen, ed., *Bringing Transnational Relations Back In: Non-State Actors, Domestic Structures and International Institutions* (Cambridge: Cambridge University Press, 1995), 3-36.

유를 적절하게 설명하지 못한다. 이러한 차이를 제대로 설명하기 위해서 리세-카펜은 국제제도화를 중시하는 두 번째 접근법의 필요성을 강조하고 있다.

국제제도화라는 독립변수를 통해 NGO 활동과 능력을 설명하려는 두 번째 접근법은 이러한 쟁역에 있어서의 차이를 특정 쟁역에 있어서의 국제제도화의 정도의 차이를 가지고 설명하고자 한다. 즉 특정 쟁역이 국제협력에 의해 규정되면될수록 초국가적 활동을 위해 국가의 경계가 침투된다고 본다. 이러한 두 번째 접근법을 좀 더 상세하게 설명하면 다음과 같다.

특정 쟁역에 있어서 국제제도가 창출되어 있고 이미 창출된 국제제도의 이행을 감시하기 위한 국제기구가 존재할 경우 이러한 쟁역에서 활동하고 있는 NGO와 같은 초국가적 행위자가 정부대표들의 정치과정에 영향을 미칠 수 있는 능력은 다음과 같은 이유로 제고된다.

첫째, 국제기구는 우선 초국가적 행위자들에게 국가의 정책결정 과정으로의 접근을 추가적으로 제공한다. 즉 국제기구는 국내구조에 의해 제한될 수도 있는 통로를 초국가적 행위자들을 위해 열어 줌으로써 이들로 하여금 정부대표들을 대상으로 로비하는 것을 보다 용이하게 해준다. 부연해서 설명하자면 국제기구가 협의지위(consultative status)의 부여와 같은 것을 통해 초국가적 행위자들이 자신들에게 접근하는 것을 허용함으로써 이들에게 국제기구의 회의 등에 참여하는 정부대표들을 대상으로 로비 등을 하는 기회를 제공하게 된다.

둘째, 국제기구는 초국가적 행위자들의 초국가적 활동에 대한 국가의 저항을 감소시키는 역할을 한다. 초국가적 행위자가 국제기구로부터 협의지위를 획득하는 등의 방식을 통해 국제기구와 연계되어 있을 경우 초국가적 행위자가 활동하고 있는 국가에서 이들을 탄압을 가하는 등의 행위를 하는 것이 쉽지 않다.

이처럼 NGO와 국제기구의 상호연계(inter-linkage)는 정치과정에 영향을 미칠 수 있는 NGO의 능력을 증대시킴으로써 NGO에게 아주 유익하다. 이처럼 새로운 초국가주의는 NGO들이 규범을 위반하는 국가에게 압력을 가하기 위해 국제기구 등과 국제적인 동맹을 결성하는 것과 같은 것을 적절하게 설명한다.

이러한 새로운 초국가론적 관점에서 볼 때 정부간회의는 NGO들로 하여금 국가들과 국제체제에 영향을 미치고 연계망(network) 구조를 심화시킬 수 있는 기회를 제공한다. 구체적으로 국제회의는 NGO의 참여를 위한 추가적인 채널을 제공함과 동시에 NGO들로 하여금 서로 간에 만날 수 있는 능력과 더불어 동일한

목적을 가지고 있는 NGO들 사이에 좀 더 긴밀한 연계를 가질 수 있는 능력을
증대시킨다.

(3) 부메랑 모델15)

부메랑(boomerang)이란 켁과 식킹크(Margaret E. Keck and Kathryn Sikkink)가
초국가적 정책비판과 제언 연계망(transnational advocacy networks, TAN)을 연구
하면서 제시한 개념으로서 국내사회의 행위자가 억압적인 정부의 정책변경 등을
위한 국내적인 수단이 부재할 시 외부로부터 압력을 가할 수 있는 국제적인 동맹
자(ally)를 찾기 위해 억압적인 국가를 우회하는 것을 의미한다.

부메랑 모델(boomerang model)은 하나의 개념적 틀(conceptual frame)로서 국
내사회의 행위자가 압제적인 국가에게 압력을 가하기 위해 우회로로서 어떻게 국
제 NGO와 같은 국제적인 조직이나 국제기구와 연합을 형성하는가를 잘 보여준다.

국내 집단·국내 NGO·사회 운동체가 직접 국제기구와 연결될 수도 있으나
일단 이들이 국제 NGO와 연결되고 이렇게 연결된 국제 NGO가 국제기구나 다
른 국가와 새롭게 연대를 형성하거나 이미 연대를 형성하고 있음으로써 규범을
위반하는 국가에 압력을 가하는 경우도 있을 수 있음을 잘 보여준다.

(4) 나선 모델

나선 모델(spiral model)은 부메랑 모델이 일국의 국내 행위자와 초국가적 행
위자와의 연계를 잘 보여주기는 하나 정태적인 성격으로 인해 인권 분야에 있어
서의 초국가적 시민사회(transnational civil society)의 역할의 전모를 동태적으로
보여주지 못하는 한계를 가지고 있다는 비판으로부터 출발했다. 즉 인권 분야에서
초국가적 시민사회의 역할이란 한 차례의 부메랑 효과가 아닌 여러 차례에 걸친
부메랑 효과의 맥락에서 동태적으로 파악해야 한다는 것이다. 나선 모델은 다음과
같은 여러 단계를 산정하고 있다.16)

---

15) Margaret E. Keck and Kathryn Sikkink, *Activists beyond Borders: Advocacy Networks in
International Politics* (Ithaca and London: Cornell University Press, 1998); Thomas Risse
and Kathryn Sikkink, "The Socialization of Human Rights Norms into Domestic Practices:
Introduction," in Thomas Risse et al., eds., *The Power of Human Rights: International
Norms and Domestic Change* (Cambridge: Cambridge University Press, 1999), 19.

16) Thomas Risse, "The Power of Norms versus the Norms of Power: Transnational Civil

우선 1단계는 특정 국가의 억압적인 상황으로부터 출발하여 이로 인해 초국가적 시민사회가 발동하는 것을 포함한다. 초국가적 시민사회가 억압적인 정부에게 압력을 가하고 국제기구와 인권 선진국 등을 효과적으로 동원할 경우 제2단계로 넘어간다.

제2단계는 1단계에 있어서의 초국가적 시민사회의 노력으로 압제적인 국가의 규범위반이 국제적인 의제가 되고 이에 대응하여 압제적인 국가가 이러한 사실을 부인하는 단계이다. 즉 이 단계에서 압제적인 국가는 국제사회의 인권탄압에 대한 비난을 일축하고 여기에서 더 나아가 인권규범의 보편성과 국제적인 관할을 부인하고 불간섭의 규범(non-intervention norm)을 주장한다.

이러한 제2단계에서 다음 단계인 제3단계로의 이전의 여부는 초국가적인 동원의 강도와 더불어 규범위반 국가의 국제적인 압력에의 취약성(vulnerability)에 달려 있다. 규범위반 국가는 경제원조나 군사원조의 단절과 같은 물질적인 요인으로 인해 취약할 수도 있으며 규범적인 공약(normative commitment)을 수용하려는 자신들의 전통으로 인한 취약성도 가질 수 있다.

제3단계는 전술적인 양보의 단계이다. 이 단계는 초국가적 시민사회가 압력을 증대시킬 수 있고 압제적인 국가가 국제적인 비난을 진정시키고자 할 경우 도래한다. 압제적인 정부는 경제원조나 군사원조를 다시 획득하거나 국제적인 고립을 완화하기 위해 전술적인 양보를 하게 되는데 여기서 전술적인 양보란 투옥된 사람들을 방면하는 등의 조치를 취함으로써 일시적으로 상황을 개선하고자 하는 노력을 의미하며 본질적인 인권개선을 동반하지는 않는다.

그러나 이러한 미미한 개선은 억압받는 국내 반대세력에게 새로운 용기와 반정부 캠페인을 전개할 공간을 제공한다는 점에서 커다란 의의를 가지며 이로 인해 다음 단계로의 이전이 가능하다. 즉 이 단계에서 초국가적인 동원의 효과란 압제적인 국가의 태도를 변화시키는 것이라기보다 국내 반대세력의 요구를 강화시키고 정당화시킴으로써 이들을 동원하는 것이며 초국가적 시민사회와의 연계로 국내 반대세력이 커다란 힘을 얻으면서 압제적인 국가의 정부는 국내 상황을 더 이상 통제할 수 없게 되고 이로써 다음 단계로 넘어가게 된다.

Society and Human Rights," in Ann M. Florini, ed., *The Third Force: The Rise of Transnational Civil Society* (Washington, D.C.: Carnegie Endowment for International Peace, 2000), 177-210.

제4단계는 국제적인 규범이 규정적인 지위(prescriptive status)를 얻게 되는 단계로서 이는 완전하게 동원된 국내의 반대세력과 초국가적 시민사회의 연대와 상호작용에 의한 압력에 직면하여 압제적인 국가 정부가 정책을 바꾸거나 정권이 교체됨으로써 도달되는 단계이다. 구체적으로 이 단계에서 국제조약이 비준되거나 이러한 조약들이 국내법으로 제도화되는 등의 조치가 취해진다.

제5단계는 국제적인 규범에 일관된 행태를 보이는 단계이다. 제4단계에서 국가가 국제적인 인권규범을 수용하였다 해도 인권훼손 행위가 지속될 수 있기 때문에 제5단계에 도달하기 위해서는 여전히 초국가적 시민사회의 주요한 역할인 초국가적 시민사회와 국내 조직과의 연대의 역할이 요구된다.

(5) 전 지구적 시민사회론[17)

시민사회론(theory of civil society)은 일국 내의 사회를 설명하고 예측하려는 이론적인 시도로서 국가 지배로부터 독립하여 개인·집단·공적 영역의 조직들이 빈번하고 깊이 있는 상호작용을 가지고 있는 것을 전제로 한다. 시민사회론은 이러한 비국가적 행위자들이 가하는 정부에 대한 제약에 중점을 둔다.

전 지구적 시민사회론(theory of global civil society)은 이러한 국내 수준의 논의를 국제적인 수준으로 확장하고자 한 것이다. 1990년대부터 본격적으로 논의되어 오고 있는 이러한 전 지구적 시민사회론은 1970년대 초에 버튼(John Burton)을 중심으로 논의가 진행되었던 세계사회론(world society theory)으로부터 그 뿌리의 일부를 찾을 수 있다.

전 지구적 시민사회론은 우선 이러한 전 지구적 시민사회의 등장 배경에 대해 관심을 갖는다. 한 마디로 전 지구적 시민사회론은 시민사회의 등장을 사회 간의 초국가적인 상호연결을 좀 더 용이하게 만든 외부적인 환경의 변화와 연결을 짓는다. 여기서 외부적인 환경의 변화로서 구체적으로 다음과 같은 요인들이 언급된다.

우선 냉전의 종식이 초국가적으로 활동하는 기구들을 위한 좀 더 큰 사회적 공간을 열어놓았으며 인터넷이나 전자우편(e-mail)과 같은 통신 분야에 있어서의 새로운 기술의 진보가 전 세계적 수준에서 협력하는 것을 좀 더 용이하게 했고 사회들과 사회의 조직들을 보다 쉽게 연결해 주게 되었다. 전 지구적 시민사회의

---

17) Kerstin Martens, "NGO Participation at International Conferences: Assessing Theoretical Accounts," *Transnational Associations*, Vol. 3 (2000), 115-127 참조.

등장은 또 다른 한편 인권훼손이나 환경오염과 같은 많은 이슈들이 특정 국가의 국경을 넘어 여러 사회에 공존함으로써 이러한 문제의 해결을 위해 사회 행위자들 간의 협력이 필요로 했기 때문이다.

전 지구적 시민사회론은 「초사회론(trans-societalism)」이라고도 부를 수 있는 것으로서 전 지구적인 규모에서 국경을 넘어 상이한 사회 행위자들(societal actors) 간의 상호연계(inter-linkage)에 관심을 두는데 특히 NGO를 이러한 전 지구적 시민사회의 중요한 구성요소로 간주한다. 구체적으로 NGO를 정치적 조직체로서 국제적인 정치과정을 변화시키고 이에 영향을 미치고자 하는 행위자로 바라본다. 이들에게 있어 NGO들은 국적의 원칙을 무시하고 사회적 연계를 형성하여 각기 다른 국가 사회들을 연결하는 역할을 하는 행위자이다. 또한 NGO는 전 세계적인 관심사를 국제적인 의제로서 제기하고 이러는 과정에서 과학·아이디어·문화 등의 초국가적 상호교환을 촉진하고 국제적인 규범과 가치의 형성에 기여한다.

전 지구적 시민사회에 관한 초기 저작들은 각기 다른 국가사회 행위자들 사이의 연계에 주된 초점을 두고 국제기구와의 연계에 대해서는 별로 주목하지 않았다. 그러나 전 지구적 시민사회론이 좀 더 정교해지면서 국제기구(특히 유엔)가 점차적으로 주목을 받기 시작했다.

전 지구적 시민사회론은 사회 행위자들과 공적 행위자간의 가장 눈에 띄는 협력으로서 NGO와 국제기구의 상호연계에 주목한다. 이러한 상호연계를 자세히 살펴보면 NGO는 국제적인 표준의 제도화를 촉진하기 위해 국제기구의 틀 안에서 국가들에 압력을 가하며 국제기구는 NGO에게 협의지위를 부여하는 등 NGO의 권리를 공식적으로 인정함으로써 NGO를 정당화시킨다. NGO와 국제기구의 연계는 NGO들에게 다른 NGO들과 연계할 수 있는 기회를 제공하기도 한다. 국제기구는 NGO와의 연계를 통해 그들이 결하고 있는 지식과 자원 그리고 국제적 정당성(international legitimacy)을 NGO로부터 획득한다.

전 지구적 시민사회론은 NGO들이 활발한 활동을 하고 영향력이 증대되고 있는 것을 개념화하고 설명하는 것을 돕는다는 평가를 받는다. 구체적으로 전 지구적 시민사회론은 NGO들이 국제기구의 회의 등에 참여하여 정부에 압력을 가하고 인권과 같은 특정 문제에 관한 인식을 제고하는 측면을 잘 설명한다. 1993년에 오스트리아의 비엔나에서 개최된 세계인권회의(World Conference on Human Rights)에서 NGO의 압력에 의해 여성의 권리가 인권으로 인정되고 유엔인권최고

대표사무소(UNHCR)가 신설된 것 등을 잘 설명한다.

그러나 전 지구적 시민사회론이 결하고 있는 것은 국가와 국제기구가 국제회의의 절차와 내용·NGO의 참여 수준·NGO가 회의의 결과에 직접적으로 영향을 미칠 수 있는 정도 등을 결정할 수 있다는 사실을 제대로 평가하지 않는다는 점이다. 즉 국가와 국제기구가 여전히 글로벌 거버넌스의 구조를 설정하고 전 지구적 시민사회의 참여에 제한을 가할 수 있다는 점을 제대로 주목하지 않는다는 것이다.

또한 전 지구적 시민사회론은 전 지구적 회의(global conference) 등에 NGO들이 참여하여 연계망(network)을 구성하여 공동의 전략을 논의하고 공동의 진술을 발표하는 등의 활동을 잘 설명한다. 그러나 NGO들 간에 존재하는 의견의 불일치를 간과한다. 또한 인권 분야에서 보듯이 NGO들은 통합된 전 지구적 시민사회를 대표하지 않으며 국제 앰네스티(Amnesty International, AI)와 같은 북반구의 선진국 NGO가 NGO들이 다루어야 할 주제를 결정한다.

이러한 전 지구적 시민사회론은 정부로부터 통제받지 아니하고 국경을 넘나드는 NGO를 위시한 비국가적 행위자들의 상호작용·접촉·연합(coalition)에 초점을 두고자 했던 코헤인과 나이의 초국가론(transnationalism)과 별 차이가 없으나 전 세계를 하나의 시민사회의 단위로 인식하고자 하였다는 점에서 차이를 갖는다.

그러나 전 지구적 시민사회론이 전제하고 있는 전 지구적 시민사회가 현재 구축 중이이라고도 볼 수 있을지 모르지만 아직 완결과는 많은 거리가 있다. 즉 「전 지구적 시민사회」라는 용어에서 「전 지구적」이라는 말이 의미하는 바대로 시민사회가 정말로 전 지구적 차원에서 형성되어 있는가의 여부를 살펴보면 그 범위가 결코 전 지구적이라고 할 수 없다. 이는 선진국과 일부 개도국에서만 시민사회가 중요한 역할을 하고 있기 때문이다.

또한 「전 지구적 시민사회」라는 용어에서 「시민사회」라는 말이 의미하는 것처럼 시민이 중심이 되며 이들 사이에 규범이나 가치체계 등에 있어서의 동질성이 있는가의 여부를 살펴볼 때 시민사회의 존재를 전제하는 것은 아직 시기상조다. 이는 국가가 여전히 글로벌 거버넌스의 구조를 설정하고 NGO의 참여를 제한하고 있는 현실에 비추어 아직 시민들이 중심이 되고 있다고 보기 어렵고 NGO간에 견해의 차이가 엄연한 현실임에 비추어 가치체계의 공유를 말하는 것이 어렵기 때문이다.

(6) 세계사회론

앞서 언급한 바대로 1990년대에 본격적으로 논의가 시작된 전 지구적 시민사회론의 뿌리는 1970년대 초에 버튼을 중심으로 전 세계를 하나의 사회로 바라보아야 한다고 주장한 세계사회론(world society theory)에서 찾을 수 있다.18)

세계사회론은 국가나 집단 혹은 개인의 개별적인 요구가 아닌 지구 전체의 복지에 중점을 두는 자유주의 패러다임에 속하는 이론적 접근의 하나로서 「국제관계(international relations)」 혹은 「국제사회(international society)」라는 말이 낡은 「국가 간(inter-state)」이라는 개념을 전제로 하고 있기 때문에 이를 거부하고 그 대신에 「세계사회(world society)」라는 말을 쓰고자 했다.

많은 자유주의 이론들은 비국가적 행위자들이 점차적으로 국가 간의 관계에 영향을 미치는 중요한 변수가 되고 있다는 것을 인정하지만 결코 이러한 행위자들이 국가가 차지하고 있는 국제관계에 있어서의 지배적인 위치를 대체하는 것으로는 보지 않는데 반해 세계사회론자들은 국제관계의 연구에 있어 전통적으로 국가들이 차지해 온 중요성을 과소평가하고 국가의 경계를 넘어서 NGO를 위시한 비국가적 행위자들 사이에 이루어지는 초국가적 관계(transnational relations)에 주된 초점을 두고자 했다. 세계사회론의 극단적인 경우는 국가 간의 관계 즉 국제관계를 완전히 무시하는 경우도 없지 않으나 일반적으로 주된 분석의 초점을 국가 간의 관계로부터 비국가적 행위자들의 초국가적 관계로 옮겼다고 보는 것이 정확하다.

이러한 주장을 전개하는 세계사회론은 핵 확산·폭발적인 인구의 증가·환경오염·통신과 교통혁명·세계에 있어서의 부의 집중과 빈곤의 확대를 어떤 특정의 국가 또는 국가군에 한정된 국지적인 현상이 아닌 범세계적인 현상으로 인식하고 1648년 이래 지속되어 온 현재의 주권 국가 체제는 이러한 문제에 적절히 대응할 능력도 의지도 결여되어 있으며 국가 주권에 기초한 국제기구들의 조직망 역시 비효율적인 것으로 파악한다.

이러한 인식하에 세계사회론은 범세계적인 문제는 범세계적인 시각을 가지고 있다고 볼 수 있는 제도에 바탕을 둔 범세계적인 해결책을 필요로 한다고 보고

---

18) John Burton, *World Society* (London: Cambridge University Press, 1972).

범세계적인 압력이 증가함에 따라 유엔이 보다 포괄적인 권한을 부여받는 방향으로 나아갈 것을 기대하는 등 세계사회론자들은 현재 주권 국가에 의해 행해지는 다수의 과업을 떠맡을 수 있는 세계적인 기능본위의 기구들의 조직망 구축을 목표로 한다.

그러나 20세기 초의 국제법 학자들 및 이상주의적 국제정치 이론가들과 마찬가지로 제도적인 처방이 너무 비현실적이며 전반적으로 지나치게 이상적이라는 비판을 받고 있다. 즉 세계사회론은 지역화(regionalization)나 지역주의(regionalism)를 지리적으로 인접한 국가들 간의 상호의존의 심화 현상으로서 범세계적인 정치체와 사회공동체를 향한 움직임으로 간주하며 유럽연합(EU)과 같은 조직을 이러한 세계사회를 향한 과정에 이미 돌입해 있는 현상으로서 간주하는 등 세계사회의 도래에 대해 낙관적이다.

(7) 조직사회론

조직사회론(organizational sociology)은 조직이란 자체의 생존(survival)을 일차적인 목적으로 하며 나아가 번영을 추구하는 존재로 본다. 이러한 관점 아래 NGO도 역시 조직의 하나로서 이타적인 공공의 이익만을 추구하는 존재가 아니라 조직 자체의 생존과 번영이라는 이기적인 목적을 추구하는 조직으로서 바라본다.

조직사회론은 기존 NGO 문헌들의 문제점으로서 기존 문헌들이 NGO들을 이타적인 동기(altruistic motives)에 의해 움직이는 가치 지향적인 존재로 바라본다는 점을 지적하고 비판한다. 이 관점에 따르면 조직의 생존이야말로 모든 조직의 목적이기 때문에 조직들은 생존을 위해 다른 행위자들(특히 잠정적인 경쟁자들)의 이익에 앞서 자신들의 이익을 내세운다고 본다. 조직들에 있어 이러한 생존이라는 목적은 이기적인 행태를 통해 달성되는데 이러한 사실이 NGO들의 행태에 다음과 같은 중요한 영향을 미친다.

부족한 자원을 둘러싼 NGO들 사이의 경쟁으로 말미암아 실제에 있어서 기금을 획득하는 데 유용한 기제가 될 수 있는 연계망(network)이나 연합(coalition)의 형성이 제대로 이루어지지 않는다. 이와 더불어 부족한 자원을 찾아야 한다는 사실로 말미암아 NGO들은 원래 지니고 있던 가치의 기초로부터 멀어지게 된다. 이러한 현상을 보여주는 하나의 예를 소개하면 다음과 같다.

아동들의 복지 향상이라는 가치하에 미국의 몇몇 주요 NGO들이 아동후원 프로그램을 내세워 기금을 모집하고 있었는데 후일 이 프로그램이 실제에 있어서 하나의 마케팅 전략에 불과한 것임이 드러났다. 몇몇 아동들이 이미 수년 전에 사망했음에도 불구하고 NGO들이 이들에 대한 후원 프로그램을 지속시키고 있었던 것이다. 이러한 사실은 해당 NGO들이 진정 아동의 복지를 위해서가 아니라 부족한 재원(즉 NGO 자체의 운영비와 나아가 개발 프로그램을 위한 재원)을 확보하게 위해 아이들을 이용하고 있었던 것을 보여준다.[19]

조직사회론은 또한 자급자족을 하지 못하는 NGO들이 생존에 필요한 자원을 획득하기 위해 외부의 다른 행위자들에게 의존해야 하며 이러한 과정에서 NGO의 자율성이 훼손되는 면을 강조한다. 이러한 논리는 조직사회론 내에 자원의존 관점(resource-dependence perspective)으로 발전되어 있다. 구체적으로 자원의존 관점은 자급자족이 어려운 조직들이 재정적 자원의 공급에 대한 불확실성을 통제할 필요성과 자원에 대한 의존으로부터 초래되는 자율성의 훼손을 막거나 최소화할 필요성에 직면해 있다는 것을 전제로 하여 어떤 요인(들)이 의존의 정도를 결정하며 의존으로부터 자율성을 지키기 위해 어떠한 전략을 구사하는가에 관심을 집중하고 있다.

일반적으로 자원의존 관점은 조직이 얻고자 하는 자원이 조직에 있어서 양적 그리고 질적으로 얼마나 없어서는 안 되는 중요한 자원인가의 여부·자원의 보유자가 자원의 배분과 사용에 대해 가지고 있는 자유재량의 수준·대안적인 자원의 존재와 같은 변수들을 의존의 정도에 영향을 미치는 주요한 변수로 간주한다.

조직사회론은 또한 NGO의 존재가 국제사회의 평화와 안정에 기여하기만 하는 것은 아니고 때로는 같은 NGO들 사이에 공여자의 기금(donor fund)과 고객을 둘러싼 경쟁으로 인해 인권의 훼손 등과 같은 부정적인 결과를 가져오기도 한다는 점을 주목한다.[20]

립슈츠(Ronnie D. Lipschutz)와 같은 학자도 국제적으로 시민사회의 영향력이 증대한다는 것이 반드시 좋은 것만은 아닐 것이라는 점을 지적하고 있다. 구체적으로 그는 NGO가 영향력을 가짐으로써 좀 더 건강하고 좀 더 번영을 구가할 수 있으며 좀 더 평화로운 세계를 구축할 수도 있으나 동시에 상당한 갈등과 적대감

---

19) Ann C. Hudock, *NGOs and Civil Society: Democracy by Proxy?* (Cambridge: Polity Press, 1999), 20-22.

20) 이 점에 관한 상세한 내용은 제10부 제22장 NGO들의 경쟁적 상호관계 편을 참조하시오.

을 가진 신중세적 세계(neo-medieval world)가 도래할 수도 있다는 점을 지적하고 있다. 여기에서 「신중세적 세계」란 중심적인 제도가 부재한 가운데 다양한 형태의 구조가 중첩되는 세계를 의미한다.[21)

(8) 압력단체론

NGO를 정부에 대한 로비와 협의를 통해 이익을 대변하고자 하는 압력단체로 바라보고자 하는 압력단체론(theory of pressure group)도 존재한다. 이러한 관점은 국내정치 분석에 있어 이제까지 축적된 압력단체에 관한 이론적인 성과의 일부분을 NGO에게 적용하는 것을 목표로 한다.

예컨대 코와레우스키(David Kowalewski)는 NGO를 국제기구에 그들의 요구를 수용하도록 압력을 가하는 국제적인 사적 이익집단으로 바라보고 있다. 따라서 NGO에 의해 가해지는 압력이 충분히 지속적이고 기술적이며 강력할 경우 이들 NGO들은 국제기구에 의해 이루어지는 의사결정에 일정한 정도 영향을 미칠 수 있을 것으로 본다.[22)

압력단체라고 할 때 일반적으로 회원들의 공동이익을 옹호하고자 하는 분파적이거나 방어적 그룹(sectional or protective group)을 의미한다. 이러한 단체는 특정 집단의 편협한 부분적인 이익만을 대변하고자 한다는 점에서 이익단체(interest group)라는 개념과 의미를 같이 하며 그런 의미에서 우리가 살펴보고자 하는 NGO와 구분된다. 그럼에도 불구하고 이러한 압력단체가 회원들의 이익을 실현하기 위해 구사하는 전략과 같은 부분은 NGO에게도 암시하는 바가 적지 않아 관련성을 가진다.

흔한 경우는 아니지만 학자들에 따라서는 압력단체를 좀 더 광의로 해석하여 인권 전반이나 여성의 인권과 같은 대의(cause)의 촉진을 추구하는 촉진그룹 (promotional group)을 의미하는 개념으로 사용하기도 한다.[23) 이 경우 압력단체는

---

21) Ronnie D. Lipschutz, "Restructuring World Politics: the Emergence of Global Civil Society," *Millennium: Journal of International Studies*, Vol. 21, No. 3 (Winter 1992), 389-420.

22) David Kowalewski, "Transnational Organizations and Actors," in M. Hawkesworth and M. Kogan, eds., *Encyclopedia of Government and Politics*, Vol. 2 (London: Routledge, 1992), 945.

23) Peter Willetts, "Pressure Groups as Transnational Actors," in Peter Willetts, ed., *Pressure Groups in Global System: The Transnational Relations of Issue-Oriented Non-Governmental Organizations* (New York: St. Martin's Press, 1982), 2-8.

편협한 이익이 아닌 공익을 추구하고자 하는 NGO와 동의어로 쓰일 수 있으며 따라서 이런 의미의 압력단체에 관한 연구는 그대로 NGO에게 적실성을 가진다.

(9) 집단행동이론

올슨(Mancur Olson)은 「집단행동의 논리: 공공재와 집단이론(The Logic of Collective Action: Public Goods and the Theory of Groups)」이라는 저서에서 공공재(public goods)의 생산과 무임승차자의 문제(free-rider problem)를 다루고 있다.24) 올슨의 주장은 규모가 큰 집단에서 합리적이고 자기 이익 중심적인 개인들이 공동의 이익이나 집단의 이익을 달성하기 위해 자발적 행동을 하지 않을 것이라는 주장으로 요약될 수 있다.

그는 이러한 현상의 이유로서 규모가 큰 집단에서 한 사람의 기여라든가 혹은 기여의 결여(즉 무임승차)가 체제에 단지 미미한 영향만을 미치기 때문에 합리적인 개인은 다른 사람들로 하여금 공공재의 비용을 지불하도록 하고 스스로는 무임승차를 하고자 한다는 경향을 제시하고 있다. 그는 작은 규모의 집단에서는 이러한 일이 발생하기 어려운데 이는 한 사람의 기여의 결여(무임승차)가 공공재 공급 자체를 붕괴시킬 수 있기 때문이라는 진단을 덧붙이고 있다.

올슨의 논리는 집단행동이 일어나기 위해서는 무임승차 경향을 피할 수 있는 작은 규모의 집단이어야 하며 큰 집단의 경우 집단행동을 위해 공공재 생산에 대한 기여자에의 보상과 이탈자에 대한 처벌이 뒤따라야 한다는 것을 제시하고 있다. 이 같은 올슨의 논리는 NGO와 관련하여 다음과 같은 관련성을 가진다.

전 지구적으로 영향을 미치기를 원하는 NGO들은 대규모의 지지를 동원해야 하는 문제에 직면하게 되며 NGO들은 이를 위해 대량의 무임승차를 피해야만 한다. 그러나 NGO들은 공공 부문(public sector)과 비교해 볼 때 무임승차의 문제를 다룰 능력을 제대로 지니고 있지 않다. 구체적으로 무임승차를 피하기 위해 선별적인 유인(incentives)을 제공하거나 공공재 생산에의 기여를 강제하는 것이 어렵다.

NGO들은 이러한 문제를 지니고 있음에도 불구하고 지지를 동원하는 데 있어서 상대적인 성공을 거둠으로써 단지 작은 규모의 집단만이 집단행동의 문제를 피할 수 있다는 올슨의 주장에 도전을 가하고 있다. 따라서 올슨의 논리에 대한

---

24) Mancur Olson, *The Logic of Collective Action: Public Goods and the Theory of Groups* (Cambridge, MA: Harvard University Press, 1971)

도전으로서 NGO들의 지지 동원에 있어서의 성공을 살펴볼 필요가 있다.25)

(10) 이슈 접근법26)

맨스바흐와 바스케스(Richard Mansbach and John Vasquez)는 1981년에 현실주의의 권력 패러다임(power paradigm)을 비판하면서 하나의 대안으로서 이슈 접근법을 제시했다. 이러한 이슈 접근법은 전 지구적 이슈(global issue)가 어떻게 형성되고 이러한 이슈들이 어떻게 전 지구적 정치의제(global political agenda)의 일부가 되며 어떠한 과정을 통해 이슈가 해결되는가의 의제정치(agenda politics)를 다루고자 한다.27) 이러한 이슈 해결의 과정들을 단계별로 나누고 있는데 이러한 단계들을 하나씩 살펴보면 다음과 같다.

우선 이슈 접근법은 국제적인 이슈가 어떻게 등장하는가를 살펴보고 있다. 이들에 따르면 우선 이슈는 행위자와는 관계없이 환경으로부터 자연적으로 등장할 수 있다고 본다. 구체적으로 이러한 이슈에는 두 종류가 있는데 그 중 하나가 해저탐사 기술의 발달로 인해 심해저 자원의 배분이 하나의 중요한 이슈로 등장하는 것처럼 과학과 기술의 발달로 인해 등장하는 기회 이슈(opportunity issue)이다. 또 다른 종류의 이슈는 전염병이나 오염 그리고 대지진과 같은 재난에 의해 발생하는 재난 이슈(disaster issue)이다. 환경으로부터 발생하는 이러한 이슈들과는 달리 행위자로부터도 이슈가 발생한다고 본다. 즉 이슈가 행위자들의 의도적인 행위(purposive behavior)에 의해 등장하기도 한다는 것이다.

그러나 이러한 국제적인 이슈들의 등장이 반드시 공식적인 논의의 대상인 의제로의 채택을 의미하는 것은 아니다. 따라서 어떻게 이슈가 의제로 설정되는 과정(agenda-setting process)을 살펴볼 필요가 있다. 정치적 논쟁거리인 이슈가 의제로 채택되는 데는 두 가지 방법이 있다고 본다. 첫째 방법은 행위자 자신의 의

25) Bob Reinalda and Bertjan Verbeek, "Theorising Power Relations Between NGOs, Inter-Governmental Organizations and States," in Bas Arts, Math Noortmann, and Bob Reinalda, eds., *Non-State Actors in International Relations* (Adelshot, UK: Ashgate Publishing Ltd., 2001), 156.

26) Richard Mansbach and John Vasquez, *In Search of Theory: A New Paradigm for Global Politics* (New York: Columbia University Press, 1981).

27) 「이슈(issue)」란 정치적인 논쟁거리를 의미하며 의제(agenda)란 이러한 이슈가 정치적인 조직(political organizations)에 상정되어 공식적인 논의의 대상이 된 것을 의미한다. 이슈 접근법은 때때로 「의제설정 이론(agenda-setting theory)」이라고도 불린다.

도적인 노력에 의해 다른 행위자에게 영향력을 행사하여 의제화하는 방법이고 또
다른 방법은 행위자와는 관계없이 이슈 자체의 중요성(salience)으로 인해 의제화
가 이루어지는 방법이다.

먼저 행위자의 영향력에 의한 의제설정을 살펴보면 높은 지위의 행위자(high-
status actors)의 경우 다른 행위자에 영향력을 행사하여 그 행위자의 힘을 빌려
의제를 설정할 필요 없이 직접 자력으로 의제를 설정할 수 있다. 이와는 대조적
으로 낮은 지위의 행위자(low-status actors)는 이스라엘이 미국에 영향력을 행사
하여 의제설정을 하듯이 높은 지위의 행위자와 전략적인 관계를 형성하여 이들에
게 영향력을 행사하여 의제설정을 하기도 하고 유엔과 같은 국제기구를 통해 의
제를 설정하기도 한다. 이러한 두 가지 의제설정에의 통로가 차단되었을 때 낮은
지위의 행위자들은 팔레스타인해방기구(PLO)의 경우에서 보듯이 폭력적인 수단을
동원한다.

행위자의 영향력이 아닌 이슈 자체의 성격에 의해 의제가 설정되는 경우도 있
다. 이와 관련하여 이슈 접근법은 「이슈의 중요도(issue salience)」라는 개념을 도
입하여 이슈의 중요도가 높을수록 의제로 채택될 확률이 높아진다고 보고 이러한
이슈의 중요도를 결정하는 요인으로서 다음의 다섯 가지를 들고 있다. 이러한 요
인들과 이러한 요인들이 제시하는 가설을 소개하면 다음과 같다.

ⅰ) 배분될 가치에 대한 박탈감의 정도: 배분될 가치에 대해 박탈감을 많이 가
질수록 이슈의 중요도는 증가할 것이다. ⅱ) 배분될 가치의 위상(status): 배분될
가치가 어느 행위자에 의해서도 통제되고 있지 않는 경우와 하나 혹은 소수의 행
위자의 수중에 들어가 있는 경우 그리고 모든 행위자들에 의해 이미 공유하고 있
는 경우가 있는데 이 중 다수의 이해관계가 얽혀 있어 상대적인 손실(relative loss)
에 대한 공동의 우려를 가져다주는 마지막 경우가 높은 중요도를 가질 것이다.
ⅲ) 분배될 가치의 형태: 분배의 대상이 되는 가치가 유형적인 것일수록 중요도
가 떨어지고 상징적이고 무형적인 것일수록 중요도가 높아질 것이다. ⅳ) 배분될
가치의 수와 다양성: 배분될 가치의 수와 다양성이 증가할수록 중요도가 증가할
것이다. ⅴ) 배분될 가치가 본질적인 것인지 도구적인 것인지의 여부: 배분될 가
치가 목적 그 자체인 경우가 다른 목적을 추구하는 데 있어서의 수단이 될 경우
에 비해 중요도가 증가할 것이다.

이러한 기준에 의해 중요한 이슈로서의 성격을 가지게 된다고 해서 곧 의제가

되는 것은 아니며 다른 이슈들과의 비교를 통해 서열이 매겨짐에 따라 상대적인 중요도(relative salience)가 높은 의제인 「중대한 이슈(critical issue)」가 되어야 결국 의제로서 채택된다고 본다.

이슈들이 의제로 채택되고 나면 위기의 단계를 시작으로 관례화의 단계를 거쳐 소멸의 단계를 밟는다. 우선 위기의 단계부터 살펴보면 위기는 중대한 이슈가 해결되어야 할 긴급한 상황으로부터 유래되기도 하고 기존에 수용되고 있는 도덕의 일면을 위협함으로써 발생되기도 한다.

또한 의제의 목적의 변화나 정치적 쟁점의 변화로 인해 생긴 이슈들 간의 제휴 패턴의 변화가 위기를 발생시키기도 하고 이전의 중대한 이슈의 해결이 가져온 현재의 의제의 위상의 변화가 제휴 패턴의 변화를 이러한 제휴 패턴의 변화가 위기를 가져올 수도 있다.

이러한 위기의 단계는 새로운 결정적 이슈가 의제를 장악하기 위해 투쟁하는 제1단계 · 이슈들 간의 기존의 제휴 대신에 새로운 제휴가 형성되는 제2단계 · 이러한 이슈의 처리 패턴이 형성되는 제3단계로 구성된다.

위기의 단계 다음으로 중대한 이슈의 처리 패턴이 제도화되는 단계 즉 관례화 (ritualization)의 단계를 밟는다. 이어서 이슈의 소멸단계에 이르는데 이슈의 소멸에는 두 가지 경로가 존재한다. 하나의 경로는 정책결정이 이루어지고 이에 따라 가치의 권위적 배분이 이루어짐으로써 의제가 해결되어 소멸하는 경우이다. 또 다른 경로는 관례화를 거친 중대 이슈가 정책결정과 그에 따른 가치의 권위적 배분 없이 동면(dormancy)에 빠진 후 새로운 중대한 이슈의 등장 등에 의해 관심으로부터 멀어져 의제로부터 제거되거나 이러한 동면 상태에 있던 중대한 이슈가 다시 관심의 초점이 되어 정책결정 과정을 통해 가치가 권위적으로 배분됨으로써 소멸하는 경우가 있다고 본다.

이슈들이 등장해서 의제가 되고 궁극적으로 소멸에 이르는 과정은 통상적으로 정부나 국제기구라는 공간에서 전개된다. 이러한 정부와 국제기구의 정책결정 단계는 일반적으로 ⅰ) 이슈창출(issue creation) ⅱ) 의제설정(agenda-setting) ⅲ) 정책형성(policy formation) ⅳ) 의사결정(decision-making) ⅴ) 정책집행(policy imple-mentation) ⅵ) 정책평가(policy evaluation)의 단계로 구분된다. NGO들이 이슈별 또는 단계별로 정도에 있어서 차이는 있으나 이러한 정부나 국제기구의 정책 결정과정에 일정한 영향을 미치고 있음을 고려할 때 이러한 이슈 접근법의 적용은

많은 의미를 가질 수 있다.[28]

3) 공존론적 패러다임

공존론적 패러다임에 속하는 이론적인 접근들은 국가라는 행위자와 더불어 NGO를 위시한 비국가적 행위자들이 제각기 나름의 강점을 가지고 국제문제의 해결에 있어 상호협력하고 있음을 강조한다. 이러한 이론적 접근들의 핵심은 NGO들이 가지고 있는 상호보완적인 영향력이나 힘은 어디로부터 유래되는 것인가를 밝히는 일이다.

여기에서는 공존론적 패러다임에 속하는 이론이나 접근법으로서 정당성 동원론·정치적 협상론·세계정치의 두 세계론·글로벌 거버넌스론·구성주의 이론을 살펴보고자 한다.

(1) 정당성 동원론[29]

본 견해는 윌레츠(Peter Willetts)가 국제정치에 있어서 NGO를 이론적으로 어떻게 이해해야 하는가를 설명하면서 제시했다. 「정당성 동원론」이란 명칭은 윌레츠 스스로나 다른 학자가 명명한 것이 아니라 저자의 용어임에 유의하기 바란다.

윌레츠는 정치의 의미를 두 가지로 구분하여 살펴보고자 한다. 우선 정치란 지키지 않으면 안 되는 구속력이 있다고 간주되는 결정을 내리는 과정이기도 하면서 또 다른 한편 도덕적인 가치의 배분과정으로 본다. 다시 말해 정치란 권위의 행사라는 측면과 정당성의 동원(mobilization of legitimacy)이라는 두 측면을 지닌다고 본다.

사람들은 정부가 단순히 법적인 권위(legal authority)를 가지고 있기 때문에 정부에 복종하는 것만은 아니고 정부가 정당성(legitimacy)을 지니고 있다고 봄으로써 복종한다. 정치를 이처럼 두 가지 의미로 분류하는 것이 필요한데 이는 정부

---

28) Bob Reinalda and Bertjan Verbeek, "Theorising Power Relations Between NGOs, Inter-Governmental Organizations and States," in Bas Arts, Math Noortmann, and Bob Reinalda, eds., *Non-State Actors in International Relations* (Adelshot, UK: Ashgate Publishing Ltd., 2001), 156.

29) Peter Willetts, "Pressure Groups as Transnational Actors," in Peter Willetts, ed., *Pressure Groups in Global System: The Transnational Relations of Issue-Oriented Non-Governmental Organizations* (New York: St. Martin's Press, 1982), 17-24.

가 높은 강제력의 권위를 가지고 있으나 낮은 수준의 정당성을 가질 수 있는데
반해 NGO들은 낮은 수준의 권위를 가지나 높은 수준의 정당성을 지닐 수 있기
때문이다.

권력(power)이란 개념은 통상적으로 강제(coercion)를 행사하는 능력으로 간주
되어 왔다. 그러나 윌레츠는 정당성을 동원할 수 있는 능력 역시 권력으로 간주
되어야 한다고 보며 이러한 의미에서 국제 앰네스티(Amnesty International)는 어
떤 정부보다도 강력한 권력을 지니고 있다고 본다. 이러한 정당성은 1977년 노벨
평화상이 인정한 바의 높은 위상(high status)과 더불어 국제 앰네스티가 추구하는
정책에 많은 사람들이 높은 도덕적인 가치를 부여하기 때문이다.

이러한 기본적인 시각하에 윌레츠는 상이한 행위자들 사이에 상호작용을 하는
이유 가운데 하나는 높은 위상을 가지고 있는 다른 행위자와의 연합을 통해 정당
성을 증가시키고 싶어 하기 때문이라고 진단한다. 예컨대 유엔은 강제력 행사가
제한적이고 경제적인 자원을 처분할 능력이 제한적이라는 의미에서 거의 권력을
가지고 있지 않으나 높은 위상과 유엔이 추구하는 아이디어에 대한 광범위한 지
지의 관점에서 볼 때 유엔은 많은 권력을 소지하고 있다고 볼 수 있다.

더불어 이러한 관점은 유엔을 위시한 국제기구가 NGO와 상호작용하는 것의
설명을 돕는다. 국제기구는 정부대표들의 조직이라는 점에서 시민들이 직접 참여
하는 NGO에 비해 제한적인 정당성을 지니고 있다고 볼 수 있다. 따라서 이들 국
제기구가 NGO와 상호관계를 가짐으로써 정당성을 증대시킬 수 있다. 윌레츠는
언급하고 있지 않으나 이러한 관점을 택할 경우 일부 국가가 정부대표단의 일원
으로서 NGO 대표를 국제기구에 파견하는 것에 대한 이해를 돕는다.

결론적으로 윌레츠는 기존의 국제정치이론이 전 지구적 정치(global politics)를
정의한 것과는 근본적으로 다른 방식으로 이를 정의하고 있다. 그에 따르면 전
지구적 정치란 현실주의가 말하는 것처럼 결과에 영향을 미치기 위해 지배적으로
군사력의 형태로 권력을 행사하는 것만이 아니다. 또한 전 지구적 정치란 마르크
시즘이나 기능주의가 주장하는 것처럼 경제적·사회적 상호작용만을 포함하는 것
은 아니다. 전 지구적 정치란 이러한 힘의 사용 및 경제적·사회적 상호작용과
더불어 정부와 국제기구 그리고 NGO에 의한 정당성의 동원을 포함하는 복합적
인 것으로 윌레츠는 파악하고자 한다.

(2) 정치적 협상론30)

정치적 협상론은 NGO들이 국가·국제기구·기업과 같은 행위자들이 보유하기 어려운 것이지만 필요한 것으로서 NGO들만이 제공할 수 있는 자산인 정당성(legitimacy)·투명성(transparency)·초국가주의(transnationalism)를 구축함으로써 영향력을 획득한다고 본다. NGO들은 이러한 자산들을 협상의 지렛대로 하여 정부·국제기구·기업 등의 의사결정에 접근하고 국제제도의 형성과 개혁에 직접적으로 관여한다.

이처럼 NGO들은 다른 국제적인 행위자들과 협상을 하는 것을 가능하게 하는 지렛대를 가지고 있는데 보다 더 중요한 것은 이들 NGO들이 지방과 전 지구적 필요(local and global needs)를 잇고 행위자들을 잇는 연계(linkage)를 창출해 낼 수 있다는 것이다. 구체적으로 NGO는 국가나 국제기구가 꺼려하는 국경의 침투와 같은 것을 함으로써 지방과 전 지구를 연결한다.

이 이론은 NGO들을 자신을 희생하는 애타적인 존재로서 보지 않고 유리한 협상의 자산을 가지고 조직으로서 꼭 달성해야 하는 목표를 추구하는 행위자로 바라보고자 한다.

(3) 세계정치의 두 세계론31)

로즈노(James N. Rosenau)는 주권 국가와 비국가적 행위자들(non-state actors)이 국제체제에 공존하고 있다고 보며 이를 후기 국제정치(post-international politics)의 특징으로 간주한다. 즉 외교와 국력이 중요한 역할을 하는 국가 중심적 세계(state-centric world)와 상대적 자율성을 지닌 다양한 비국가적 행위자들로서 구성되는 다중심적인 세계(multi-centric world)가 국제체제에 동시에 존재한다고 본다. 이러한 관점을 「세계정치의 두 세계론(The Two Worlds of World Politics)」이라고

---

30) Thomas Princen, "NGOs : Creating a Niche in Environmental Diplomacy," in Thomas Princen and Matthias Finger, eds., *Environmental NGOs in World Politics: Linking the Local and the Global* (London and New York: Routledge, 1994), 29-47.

31) James N. Rosenau, *Turbulence in World Politics* (Princeton, NJ: Princeton University Press, 1991); James N. Rosenau, "The United Nations in a Turbulent World," Occasional Paper Series by International Peace Academy (Boulder and London: Lynne Rienner Publishers, Inc., 1992), 20-21.

칭한다.

로즈노의 주장의 핵심은 세계정치에는 두 세계 즉 우리들에게 친숙한 주권에 구속되는 국가들(sovereignty-bound states)로 구성된 세계인 국가 중심적 세계(state-centric world)와 주권에 의해 구속되지 않는 많은 다른 행위자들(sovereignty-free actors)로 구성된 세계인 다중심적 세계(multi-centric world)가 존재한다고 본다.

로즈노는 다중심적인 세계가 국가 중심적인 세계 자체를 대체하지 않으면서 이 두 세계를 모두 포함하는 좀 더 포괄적인 패러다임을 수립하고자 했다. 즉 로즈노는 주권에 구속되는 행위자와 주권으로부터 자유로운 행위자가 두 별도의 세계에 존재하면서 서로 상호작용을 하면서 공존하는 세계를 개념화하는 패러다임을 개발하고자 했던 것이다. 로즈노의 논리를 정리하면 다음과 같다.

비국가적 행위자의 등장과 이로 인한 초국가적인 현상이 국가의 통제에서 벗어나 빈번히 발생하기 때문에 국가 중심적인 세계에 개념적인 중요성을 지속적으로 부여한다는 것은 문제가 된다. 그러나 국가가 강제력이 있는 수단을 구비하고 있으며 이러한 수단의 사용을 지지하기 위해 필요한 대중을 통제할 수 있는 능력을 지니고 있음을 무시할 수 없다.

물론 이러한 강제력을 지닌 수단이 효율적으로 사용될 수 있는 이슈의 범위가 최근 들어 상당한 정도로 감소한 것은 사실이나 국가 중심적 세계가 다중심적 세계로 와해되어 흡수되었다고 가정하는 것이 합리적일 정도는 아직 아니다. 따라서 국가 중심적인 세계와 다중심적인 세계 사이의 상호작용이 중요한 이론적인 관심의 초점으로 등장해야 한다는 것이다. 로즈노는 이 두 세계의 차이점을 항목별로 나누어 다음과 같이 설명하고 있다.

국가 중심적인 세계는 다중심적인 세계에 비해 훨씬 일관성이 있고 체계적으로 구조화되어 있으며 세계정부의 부재로 인해 어느 정도 무정부적이고 분권화되어 있다. 그러나 이러한 무정부성은 다중심적 세계의 특징인 고도의 분권화로부터 오는 무질서(chaos)에 비하면 그 정도가 미미한 것으로 본다.

국가 중심적인 세계에 있어서의 행위자들의 행위와 상호작용은 다중심적인 세계에 비해 공식적인 절차와 위계적인 명령에 훨씬 더 구속된다. 다중심적인 세계에 있어 행위자간의 관계는 좀 더 평등에 기초하며 좀 더 일시적이고 임시적이며 변화에 민감하고 힘의 차이나 공식적인 권위 그리고 제도에 덜 구속된다.

로즈노는 또한 목표를 추구하는 수단으로서 물리적인 강제력을 보유하고 있지 않은 다중심적 세계가 국가 중심적인 세계의 일관성과 능력에 직면해 독립성을 유지할 수 있는 방식에 관심을 두고 있다. 이와 관련하여 많은 다중심적 세계의 행위자들은 국가 중심적 세계의 요구를 무시하거나 피할 수 있다고 본다. 거의 예외 없이 다중심적 세계의 행위자들은 국가 중심적 세계의 행위자들의 관할권 내에 속해 있어 그 규칙을 준수해야만 하나 이러한 규칙의 준수는 종종 ·형식적인 것에 불과하다고 본다. 즉 다중심적 세계의 행위자들은 그들의 목적을 달성하는 데 필요한 자원이나 다른 형태의 지지를 획득하기 위해 국가의 규칙을 준수한다는 것이다.

로즈노는 현재의 세계질서는 위에서 언급한 각기 다른 두 세계가 병존하고 있는 질서인데 이 두 세계 중 어느 쪽이 우세하여 어떻게 변화해 나갈 것인가를 예측하는 것은 그리 쉽지 않다고 보고 4가지의 도래 가능한 모형을 제시하고 있다.

그 중 하나는 전 지구적 사회(global society)의 가능성이다. 이는 전 지구적인 하나의 틀 내에 국가와 기타 조직들이 권위를 분할하여 가지면서 전 지구적인 규율을 지켜나가는 모형을 일컫는다. 두 번째 가능한 모형은 복원된 국가체제(restored state-system)인데 이는 전통적으로 존재해 왔던 체제로서 주권국가들이 지배하고 비국가적 조직들이 이에 종속되는 체제를 일컫는다. 세 번째 모형은 다원주의 질서 모형으로서 초국가적인 기구가 지배적인 위상을 지니며 개인들은 그들의 조직을 통해 여전히 존속하고 있는 국가의 규제를 넘어 자신들의 이익을 추구하는 질서모형이다. 마지막 모형은 지속적인 이원적 질서 모형으로서 로즈노가 현재의 세계 질서로서 그리고 있는 질서 즉 국가 중심적 질서와 다중심적 질서가 공존하는 질서를 일컫는다.

로즈노는 이러한 질서모형 중 어느 것이 장차 현실로서 다가올 가능성이 가장 높은 질서인가에 대한 답을 내리고 있지 않다. 로즈노가 제시한 네 가지 모형을 살펴보면 재미있는 특징이 발견되는데 가장 현존하는 세계로부터 거리가 멀다고 판단되는 전 지구적 사회 모형마저도 약화된 형태이기는 하나 여전히 국가의 존재를 전제로 하고 있다는 점이다. 이는 70억이 넘는 인구를 가진 전 지구적인 공동체에서 개인들이 직접 자신들의 이익을 추구하는 것이 어려워 이들의 이익을 포괄적으로 대변해 줄 수 있는 존재가 필요한데 이러한 존재로서 국가를 대체할 만한 조직체가 아직 없기 때문이라고 볼 수 있다.

(4) 글로벌 거버넌스론

공존론적 패러다임을 가장 충실하게 대변하는 이론적인 관점이 바로 글로벌 거버넌스론(theory of global governance)이라고 할 수 있다. 여기에서는 글로벌 거버넌스의 정의·등장 배경·기존 국제정치론과의 차이·글로벌 거버넌스의 형태와 문제점·글로벌 거버넌스에 있어서의 NGO의 역할과 책임을 자세하게 살펴보고자 한다.

① 글로벌 거버넌스의 정의

글로벌 거버넌스(global governance)의 정의에 대해 일치된 합의가 존재하지 않는다. 그러나 일반적으로 세계화의 진전과 급속한 기술의 발전 속에서 아직 어떠한 방식인지에 대해 구체화된 것은 없으나 주권적 권위(sovereign authority)가 부재한 가운데 국경을 넘어 정부 행위자와 비정부적 행위자들(non-governmental actors)이 세계사(world affairs)를 다루어나가는 협력적인 방식들의 총합을 일컫는다. 이러한 의미와 더불어 이들 행위자들이 세계의 문제들을 다루어 나가는 데 있어서 상충하는 혹은 다양한 이해관계가 조정되기도 하고 협력이 행해지기도 하는 지속적인 과정을 의미하기도 한다.[32]

이러한 글로벌 거버넌스는 공식적인 방식에 의해 이루어지기도 하고 비공식적인 방식에 의해 이루어지기도 한다. 구체적으로 국제레짐(international regimes)과

---

32) 「글로벌 거버넌스(global governance)」라는 용어가 아주 빈번하게 사용되고 있는데 그 의미를 충실히 이해하기 위해서는 이 말 가운데 거버넌스(governance)가 무엇을 의미하는가를 살펴볼 필요가 있다. 「governance」라는 영어는 지배하다·통치하다·관리하다·운영하다는 의미를 지닌 「govern」이라는 동사의 명사형으로서 지배·통치·관리·운영을 의미한다. 「govern」이라는 동사는 이러한 「governance」 이외에 「government」라는 명사형을 가지는데 「government」라는 명사형은 우리가 흔히 알고 있는 「정부」라는 의미와 더불어 지배·통치·관리·경영이라는 의미를 가진다. 이처럼 「govern」의 두 명사형인 「governance」와 「government」는 모두 지배·통치·관리·운영을 의미하는데 후자의 경우는 힘(force)의 존재를 전제로 하고 있는 데 반해 전자는 이러한 요소가 배제되어 있어 차이를 가진다는 것이 일반적인 견해이다. 이러한 의미와 더불어 「governance」를 어떻게 우리말로 번역할 것인가의 문제가 있다. 중국과 일본에서 「공치」 혹은 「협치」라고 달리 번역하여 쓰고 있으나 이 두 용어는 모두 여러 행위자가 함께 공동사(common affairs)를 통치한다는 의미를 지닌다. 그러나 이 두 용어는 우리들이 전통적으로 사용해 온 「통치」라는 의미를 포함하고 있어 자칫 강제력을 연상할 수 있어 다소 부적절하다고 본다. 따라서 굳이 우리말로 번역하여 사용하고자 할 경우에는 「공치」나 「협치」보다는 「공동 관리」나 「공동 경영」이라는 말이 더 적절하다고 본다. 아직 용어에 대한 합의가 부재한 가운데 대다수의 학자들이 「글로벌 거버넌스」라는 용어를 사용하고 있는 것을 감안하여 본 저서에서는 당분간이라는 전제하에 「글로벌 거버넌스」라는 말을 그대로 사용하고자 한다.

이들의 준수여부를 감시하기 위한 공식적인 조직(formal organization)에 의해 이루어지기도 하고 비공식적인 제도를 포함하기도 한다.

② **등장 배경**

과학과 기술의 발전은 교통과 통신의 발전을 가져와 국가 간의 지리적인 거리를 좁히면서 국가의 경계를 뛰어 넘는 교류의 폭발적인 활성화를 가져왔다. 그 결과 마약의 밀거래나 돈세탁과 같은 범죄·에이즈와 같은 질병·체르노빌 원자력발전소의 방사능 누출과 같은 환경재앙·인구문제·빈곤문제·이민의 문제·국경을 넘나드는 투기성 자본의 이동 등과 같은 문제들이 특정 국가 내의 문제로 머무르지 않고 타 국가의 국경을 침투하여 그 영향을 미침으로써 일국의 노력만으로는 해결되기 어렵게 되었다. 이처럼 이슈 자체가 국경을 넘어 전개됨으로써 특정 영토에 묶여 있는 주권 국가들은 이러한 문제들을 점차적으로 다룰 수 없게 되어 가고 있다.

주권 국가의 경계를 뛰어 넘는 국민들 간의 교류는 또한 주권 국가가 수용할 수 있는 범위를 넘어 국민의 기대와 요구를 크게 증대시켰다. 이러한 국민의 증대하는 요구와 기대를 충족시키기 위해 국가의 능력이 더욱 요구되고 있으나 국가는 오히려 능력의 저하와 무기력함을 드러내고 있다.

우선 능력의 저하는 주권 국가들이 상호의존적인 국제체제로의 편입을 통해 독립적인 행동을 취할 자유라는 의미의 자율성(autonomy)을 서서히 잃고 있는 것에서부터 유래한다. 예컨대 국가 간에 상호의존이 심화됨에 따라 경제적으로 크게 의존하고 있는 국가의 재정금융 정책과 무역 정책이 자국의 재정금융과 무역정책에 큰 영향을 미침으로써 주권 국가들은 국경을 넘어 오는 타국으로부터의 영향으로 인해 자국의 정책에 대한 통제력의 많은 부분을 잃어가고 있다. 따라서 어떠한 국가도 국방·대외정책·경제 분야에서 순수하게 독립적인 정책을 추구할 수 없게 되었으며 많은 다른 영역에서도 국경이 점차적으로 침투됨에 따라 절대적인 주권이란 개념 역시 오래 전에 사라졌다.

즉 국가 간 상호의존의 확대와 심화는 한 국가 내에 있어서 국내 문제와 대외 문제 사이의 구분을 흐려 놓았고 일국의 결정이 국가 간 영토적 경계를 넘어 타국에 영향을 미치게 했으며 이로 인해 국가의 기능적 책임은 확대되었으나 자국의 정책결정과 정책수행의 결과를 효율적으로 통제할 수 있는 주권 국가의 능력은 침해되었다. 이로써 국내적 이슈에 있어서 주권 국가들은 시민의 요구를 충족시키는 데에 점차적으로 무기력하고 비효율적인 관리자가 되고 있다.

이와 같은 국가능력의 저하와 무기력함은 새로운 행위자의 등장과 성장을 촉진하였으며 그 결과 주권 국가는 위로는 국제기구·국제 NGO·다국적기업(MNC)과 같이 민족국가를 뛰어넘는 초국가적 단위에 그리고 아래로는 지방정부와 같은 국가의 하위단위(subunit)에 결정권과 주도권을 내어 주게 되었다. 다시 말해 주권 국가는 위로는 초국가적 제도와 초국가적인 질서로부터 압박을 받고 밑으로는 강화된 종족 중심주의와 지방화(localization)로 인해 이중적인 압박(double pressure)을 받고 있다.33)

주권 국가들은 일국만으로는 해결할 수 없는 문제와 해결능력은 가지고 있으나 효율성이 떨어지는 문제들을 자신들의 대표들로 구성되어 있는 국제기구에 떠맡겨 국가들 간의 협력과 조정을 통해 해결하려는 경향을 우선 보인다. 그 결과 많은 국제기구의 영향력이 확대되며 이들은 초국가적 권위를 갖게 되며 이를 「국제 거버넌스(international governance)」라고 부른다.34) 이러한 국제 거버넌스에 의해 의사결정이 이루어지면 국민들은 직접 이에 영향을 받게 되고 정책결정과 집행에 있어서 그들이 직접 선출한 사람들의 통제능력이 없어지고 그 결과 민주적 경쟁구조의 의미가 약화 내지 사라지게 된다. 이러한 경향을 「민주주의(혹은 민주성)의 결여(democratic deficit)」라고 칭한다.

그러나 국제기구는 결의문(resolution)이나 결정(decision) 등의 채택을 통해 가입국의 자율성을 제한하여 가입국의 주권에 직접 혹은 간접의 영향을 미침으로써 전통적인 주권개념에 변경을 가한다. 때문에 주권 국가들은 문제해결을 위해 국제기구의 능력을 인정하여 국제기구로 하여금 자율성과 중심성을 더하도록 허용하는 한편 국제기구의 권능이 지나치게 확대되는 것을 크게 경계한다. 즉 주권 국

---

33) 세계화(globalization)에 의해 전통적으로 대내적인 일을 주로 하던 정부부서가 직접 대외적으로 상대 정부나 국제기구와 접촉하게 됨으로써 부서 간에 분권화가 촉진되었으며 나아가 세계화로 인해 전통적으로 중앙정부의 통제를 따르던 지방정부가 중앙정부의 주권이 약화된 배경 속에서 국제관계의 직접적인 행위자로 등장함으로써 중앙정부와 지방정부 사이에 권력의 분산이 일어나고 있다.

34) 정부대표들이 국제기구 밖에서 혹은 국제기구를 통하여 국제문제의 해결을 위하여 이제까지 나름대로의 중요한 역할을 해왔다. 이러한 종류의 국제문제 해결방식을 「글로벌 거버넌스(global governance)」라는 개념과 구별하여 「국제 거버넌스(international governance)」라고 부를 수 있을 것이다.

가들은 국제기구를 필요로 하는 동시에 이들이 자국의 이익에 반하여 원하지 않는 결정을 내릴 것에 대한 우려 때문에 큰 권한을 주기를 꺼리게 되어 국제기구는 근본적인 한계를 가지게 된다.

이러한 이유로 국제기구는 제한된 권능만을 가지게 되며 이러한 제한된 국제기구의 권능 속에서 주권 국가들은 국제사회 전체의 공익보다는 종종 자신의 국가이익을 우선시 하여 국익을 확보하기 위한 투쟁을 하게 된다. 그 결과 이러한 과정에서 힘 있는 국가의 이익이 우선시되는 경향을 다분히 보이고 있다. 추구하는 국가이익이라는 것도 자세히 들여다보면 자국민 전체의 보편적인 이익이라기보다는 특정 집단의 편협한 이익인 경우들이 많다.

이로 인해 소수의 선진국에 의해 지배되고 있는 국제기구로서 개도국들과 NGO들로부터 많은 비판의 대상이 되어 온 국제통화기금(IMF)·세계은행(World Bank)·세계무역기구(WTO)와 같은 국제경제기구들의 예에서 보듯이 국제기구들은 민주성의 결여·책임성의 결여·투명성의 결여 등의 문제로 비판의 대상이 되고 있다.

그렇다면 국제적인 문제를 다루는 이러한 현재의 시스템의 한계를 극복하기 위한 대안에 대해 생각해 볼 필요가 있다. 대안의 하나로서 혹자는 가치의 권위적인 배분을 하게 될 세계정부(world government)를 제시하기도 하나 주권국가들이 과연 주권을 세계정부에게 양도할 것인가의 실현가능성의 문제와 더불어 이러한 세계정부가 대표성과 정당성을 가질 수 있을 것인가의 또 다른 문제를 야기한다.

이러한 현실 속에서 NGO들이 자국의 이익을 우선하는 정부와 국제기구뿐 아니라 영리추구를 목적으로 하는 기업과 같은 조직까지 포함하여 이들의 문제점을 비판하면서 국제문제의 해결에 뛰어들어 영향력을 증대시키고 있다. 이처럼 국제문제에 있어서 전통적인 행위자인 주권국가와 국제기구가 해결의 주체로서의 한계를 노정하고 NGO와 같은 비국가적 행위자들의 역할이 강화되고 있는 상황에서 세계가 어떻게 정치적으로 작동하고 전 지구적인 문제들이 어떻게 다루어지고 있는가를 설명하는 하나의 개념적인 접근법(conceptual approach)이 필요하게 되었다. 이러한 맥락에서 글로벌 거버넌스의 논의 필요성이 등장하게 되었던 것이다.

③ 기존 국제정치론과의 차이

국경을 넘어 전개되는 국제문제에 있어서 NGO를 비롯한 비국가적 행위자들의 역할에 대해 글로벌 거버넌스론이 처음으로 언급하고 있는 것은 결코 아니다. 앞서 살펴본 것처럼 코헤인과 나이(Robert O. Keohane and Joseph S. Nye)는 1970년대 초에 각 국가에 속하는 사회들 간의 상호작용과 초국가적 행위자의 중요성을 강조하는 초국가론(transnationalism)을 제시한 바 있다.

코헤인과 나이는 이러한 초국가론에 기초하여 상호의존론(theory of interdependence)을 제시한 바 있는데 초국가론에서와 마찬가지로 초국가적 행위자의 중요성을 언급하는 데 그쳤고 비국가적 행위자가 국제관계에 영향을 미칠 수 있는 구체적인 조건 등에 대한 이론적인 개념화에는 미치지 못했다.35)

이러한 시도들은 국제문제의 해결에 있어서 다양한 행위자들에게 동등하게 초점을 두고 총체적으로 살펴보기 보다는 NGO와 같은 행위자에 초점이 집중되었다는 공통점을 지닌다. 글로벌 거버넌스라는 개념적 접근법은 중앙정부의 부재 속에서 나름대로의 국제사회의 질서의 창출과 이러한 질서의 유지를 설명하는 데에 정부와 국제기구는 물론 NGO를 비롯한 비국가적 행위자를 더불어 살펴보고자 한다는 점에서 이전의 이론들이나 개념적 접근법들과 구별된다고 볼 수 있다.36)

④ 글로벌 거버넌스의 형태와 문제점

글로벌 거버넌스라는 관점에서 정부·국제기구·기업·NGO들이 포함되어 전 지구적인 문제를 다루는 전 지구적 공공정책 연계망(Global Public Policy Network, GPPN)과 같은 논의가 현재 진행되고도 있지만 글로벌 거버넌스에서 어떠한 행위자들이 과연 어떠한 자격들을 가지고 어떠한 방식으로 국제문제의 협력적인 해결에 참여하는가에 대한 구체적인 논의는 아직 걸음마 단계에 있다.37) 즉 글로벌 거버넌스론은 국제사회의 문제와 관련하여 다양한 정부 행위자와 더불어 다양한

---

35) Thomas Risse-Kappen, ed., *Bringing Transnational Relations Back In: Non-State Actors, Domestic Structures and International Institutions* (Cambridge: Cambridge University Press, 1995).

36) 이미 유엔 경제사회이사회(ECOSOC)는 오래 전부터 NGO들에게 일정한 협의지위를 부여함으로써 국제문제를 논함에 있어 일정한 권한의 부여와 더불어 의사결정의 과정 일부에 나름대로 참여시켜 왔다. 이러한 관점에서 보아 글로벌 거버넌스라고 하는 것이 최근 들어 발생한 새로운 현상은 결코 아니다. 때문에 현재의 글로벌 거버넌스란 보다 많은 국제기구들에 이러한 방식이 확대되는 것을 의미하는 한편 현재의 미약한 NGO의 권한을 강화시켜야 한다는 규범적인 요구가 숨겨져 있다고 보아야 할 것이다.

37) 전 지구적 공공정책 연계망(GPPN)에 대한 좀 더 자세한 논의는 제9부 제21장 「NGO·국제기구·정부·기업의 관계」 편에서 상세히 언급하고 있다.

비정부적 행위자들이 관여한다는 것 이외에 국제문제에 대한 체계적인 설명과 예측을 아직 제공하지 못하고 있다.

국가 수준에서는 점차적으로 많은 수의 국가에서 정부·정당·NGO·기업 등을 포함하는 민주적인 제도적 장치를 통해 많은 국내 문제들이 다루어져 왔는데 반해 전 지구적 차원에서는 전 지구적인 문제들의 협상과 해결을 위한 제도가 마련되어 있지 않다. 때문에 새로운 문제가 등장할 때마다 문제의 논의를 위한 틀이 새롭게 협상되어야만 하는 것이 현실이다.

이러한 현실을 반영하여 글로벌 거버넌스의 개념이 구체성을 결하고 있는 상황이지만 글로벌 거버넌스의 형태를 논리적으로 추론해 보면서 실천적으로 직면하게 될 가능성이 있는 문제들을 살펴보는 것은 의미 있는 작업이 될 것이다.

글로벌 거버넌스란 원래 가치 중립적인 개념으로서 앞서 언급한 것처럼 전 지구적인 문제에 대한 전 지구적인 대응의 다양한 방식이나 과정을 의미한다. 그러나 이러한 다양한 글로벌 거버넌스의 형태 중에서도 바람직한 글로벌 거버넌스(good global governance)의 형태가 존재하기 마련이다. 따라서 과연 어떤 형태가 바람직한 글로벌 거버넌스의 형태인가에 대해 생각해 볼 필요가 있다. 구체적인 형태를 생각하기에 앞서 바람직한 글로벌 거버넌스가 기반을 두어야 할 원칙을 생각하는 것이 먼저 일 것이다.

다양한 학자들에 의해 다양한 원칙들이 제시되고 있지만 국제기구가 비판을 받아 온 이유들에 견주어 볼 때 민주성(democracy)·책임성(accountability)·투명성(transparency) 등이 이러한 원칙의 일부가 될 것이다. 여기에 물론 효과성(effectiveness)과 같은 원칙들을 추가할 수 있을 것이다. 그러나 이러한 원칙들을 글로벌 거버넌스에 실제로 구현하는 데는 적지 않은 어려움이 수반된다. 원칙들 가운데 가장 실현되기 어려운 민주성의 원칙을 그 한 예로 살펴보도록 하자.38)

전통적인 국제적 관리의 주체인 국제기구의 비민주성이 주요한 비판의 대상이 되어 오고 있다. 예컨대 출자금의 비율에 따른 표의 수가 달라지는 가중표결제(weighted voting system)를 채택하고 있는 국제통화기금(IMF)이나 세계은행(World Bank)과 같은 국제기구는 미국을 비롯한 소수의 선진국들에 의해 의사결정이 지배되는 대표적인 국제기구로서 많은 개도국들에 의해 민주성의 결여를 비판받고

---

38) 보다 자세한 논의는 다음을 참조하시오: Reginald Dale, "A New Debate on 'Global Governance," http://www.iht.com/IHT/RD/00/rd072500.html (접속일: 2017년 5월 1일).

있다. 이와 관련하여 이러한 비민주성을 극복하기 위해 각 주권 국가들이 동일한 발언권을 가지고 참여하는 글로벌 거버넌스가 현실적으로 가능하고 실효적일 수 있는가를 생각해 볼 필요가 있다.

유엔총회가 일국일표제(one-nation one-vote system)를 채택함으로써 주권 국가들의 형식적인 평등이 확보되었지만 총회의 의사결정은 법적 의무를 수반하지 못하고 권고(recommendation)에 그치고 있는 현실을 생각해 볼 필요가 있다. 의사결정 과정이 민주화될 경우 글로벌 거버넌스는 유엔총회처럼 비효율적인 의사결정으로서 어떠한 심각한 문제도 해결할 수 없는 것으로 전락하고 말 것이라는 우려가 제기된다.

글로벌 거버넌스에 관심을 많이 가지고 있는 국가들 대부분은 현재의 국제문제 해결 방식에서 별로 영향력을 행사하지 못하고 있는 국가들인데 반해 미국과 같은 강대국들은 글로벌 거버넌스를 통한 제약을 받으려고 하지 않는다는 현실에도 주목해야 한다.

강대국이 빠진 글로벌 거버넌스란 별 실효성이 없을 텐데 이러한 국가들이 과연 국가이익을 거슬리면서까지 글로벌 거버넌스에 참여할 것인가의 문제가 있다. 이는 1997년에 체결된 이산화탄소 배출량의 감축을 의무화한 교토의정서(Kyoto Protocol)에 서명했는데도 불구하고 2001년 3월 말에 국내 사정을 이유로 이의 일방적인 파기를 선언한 것과 2015년 12월에 체결된 기후변화협약 파리 합의문에 서명을 한 후 2017년에 행정부가 바뀌면서 탈퇴를 선언한 미국의 태도가 웅변적으로 보여주고 있다.

국제기구의 민주성을 확보하기 위해 NGO들을 국제적 관리의 한 행위자로 불러들인다고 해도 이들 NGO들 중 일부는 그들이 비판하고자 하는 국제기구들처럼 비민주적이고 일반대중의 이익이 아닌 협의의 단편적인 이익을 대변하는 것으로 그칠 수도 있다는 우려 역시 제기된다.

⑤ 글로벌 거버넌스에 있어서의 NGO의 역할과 책임

글로벌 거버넌스의 여러 행위자 중에서 특히 NGO가 왜 글로벌 거버넌스에 있어서 중요한 행위자의 일원이 되어야만 하는가를 살펴보도록 하자.39) 우선 앞

---

39) Lisa Jordan, "Civil Society's Role in Global Policy-making," http://www.globalpolicy.org/ngos/intro/general/2003/0520role.htm (접속일: 2017년 5월 1일).

서 정당성 동원론에서 언급했듯이 정부는 권위(authority)를 가지고는 있으나 반드시 정당성(legitimacy)을 지니고 있는 것은 아니다. 이러한 상황에서 NGO가 전 지구적 차원에서의 의사결정에 있어서 정당성을 부여할 수 있다.

둘째, 전 지구적 이슈들이 복잡성을 더해가고 있는 가운데 NGO들은 정책결정에 있어서 가장 광범위한 사람들을 위한 가장 좋은 선택의 대안들을 증대시킬 수 있다. 특히 NGO들은 정부나 국제기구가 택하려는 정책 대안이 자신들이 가장 관심을 두고 있는 사람들에게 미치는 영향 등을 분석함으로써 이러한 것들을 가능하게 한다.

셋째, 국제사회를 구성하고 있는 국가들은 그들이 보유하고 있는 힘의 측면에서 평등하지 않다. NGO들은 이로 인해 불리한 입장에 있는 국가들에게 자료와 분석을 무상으로 제공하거나 이들을 대변해 줌으로써 힘의 불균형에서 오는 불리함을 일정한 정도 극복하는 것을 도와준다. 이러한 역할을 하는 대표적인 NGO로서 무역과 환경 그리고 그 밖의 여러 전 지구적 문제들을 개도국의 관점에서 연구하고 이를 바탕으로 대안을 제시하는 「사우스 센터(South Center)」라는 NGO를 들 수 있다.

넷째, NGO들은 정부나 국제기구와 같은 전통적인 행위자들의 정치적 의지의 부족을 자극하는 역할을 한다. 전형적인 예로서 대인지뢰금지를 위한 캠페인을 들 수 있다. 그 당시 전 지구적 차원에서 이 문제를 다루고자 하는 정치적 의지를 가지고 있지 않은 정부나 국제기구를 NGO들이 자극함으로써 성공적인 결과를 가져올 수 있었다. 「대희년 2000(Jubilee 2000)」이라는 NGO의 역할로 인해 국제사회에서 외채문제가 제기되고 일정한 해결책을 모색하게 된 것을 또 다른 예로서 언급할 수 있다.

다섯째, 국가들은 인정하기를 꺼려하나 국가이익과 국가 구성원들의 이익 사이에 차이가 존재하는 경우가 종종 있다. 깨끗한 공기를 예로 들자면 개인들의 차원에서 깨끗한 공기가 모든 사람들에게 이익이 됨에도 불구하고 국가 차원에서 이러한 구성원들의 이익이 국가이익이라는 이름하에 사람들의 바라는 바와는 다른 방향으로 결론이 지어지는 경우가 빈번하다. NGO들은 이러한 국가이익과 구성원들의 이익 사이의 간극을 메우는 데 중요한 역할을 한다.

이와 같은 이유로 NGO들은 글로벌 거버넌스에 있어서 중요한 행위자로서의 위상을 가지나 다른 한편 NGO들의 이러한 지위에 대한 논란 역시 존재하는 것

이 사실이다. NGO들의 이러한 지위에 대한 부정적인 견해는 다음과 같은 이유에 근거하고 있다.[40]

ⅰ) 우선 가장 본질적인 문제로서 제기되고 있는 것이 일단의 국가들의 주장으로서 국제사회에서 오로지 국가만이 협상할 수 있는 권한을 보유한다는 전통적인 인식이 있다. ⅱ) NGO가 대표성을 결여하고 있다는 것과 더불어 정부들은 종종 그들만이 국민들을 충실하게 대표하고 있다고 주장하면서 국민을 대표하는 또 다른 대안적인 원천(source)의 필요성을 부인한다. ⅲ) 전 지구적 시민사회에 있어서 개도국 NGO와 선진국 NGO 사이에 존재하는 차이로 말미암아 선진국 NGO의 목소리가 지배적이다. ⅳ) 진정한 풀뿌리 NGO들(특히 개도국의 진정한 풀뿌리 NGO들)이 국경을 넘어 활동하는 연계망에 참여하는 경우가 거의 없는 등 전 지구적 시민사회의 성격이 서민적이지 않고 엘리트적이다.

이러한 논란에도 불구하고 NGO들은 현실적으로 정부·기업·국제기구 등과 더불어 글로벌 거버넌스에 있어서 일정한 목소리를 낼 수 있는 권한을 부여받고 있다. 그러나 이러한 권한에는 의무가 수반되기 마련이며 이와 관련하여 에드워즈 (Michael Edwards)는 책임성(accountability)·정확성(accuracy)·정당성(legitimacy)을 이러한 의무로서 NGO에게 주문하고 있다.[41]

책임성과 관련하여 에드워즈는 선진국 NGO들이 무역회담에 대해 반대를 했고 그 결과 개도국에게 피해가 갔다면 선진국 NGO들은 개도국들에게 어떻게 책임을 질 것인가를 묻고 있다. 정확성과 관련하여서는 NGO들이 세계화·자본주의·자유무역·세계은행(World Bank)·국제통화기금(IMF) 등에 대해 획일적으로 비판을 가하고 있음을 지적하고 NGO들이 신뢰성을 유지하기 위해서는 이러한 문제들에 대해 보다 깊이 있는 연구와 보다 많은 정보가 필요함을 강조하고 있다. 마지막으로 정당성과 관련하여 사회에 다양성이 존재하는데 NGO들이 이러한 다양성을 어떻게 민주적 절차를 통해 전 지구적인 논의의 구조로 이끌어 냄으로써 정당성

---

40) Lisa Jordan, "Civil Society's Role in Global Policy-making," http://www.globalpolicy.org/ ngos/intro/general/2003/0520role.htm (접속일: 2017년 5월 1일).

41) 여기에 소개하는 에드워즈(Michael Edwards)의 주장은 에드워즈를 인터뷰한 다음 글을 참조한 것이며 참고로 에드워즈는 NGO와 국제개발 이슈에 대한 선도적인 연구자이자 실무가이다: Caroline Hartnell, "Michael Edwards challenges governments and NGOs to put their house in order," *Alliance magazine*, Vol. 5, No. 4 (2000), 12-13, http://www.alliancemagazine. org/analysis/michael-edwards-challenges-governments-and-ngos-to-put-their-house-in-order/ (접속일: 2010년 7월 27일).

을 확보할 것인가를 되묻고 있다. 이러한 것에 기초하여 에드워즈는 다음과 같은 것을 제안하고 있다.

우선 NGO들은 글로벌 거버넌스에 조직화된 목소리를 반영해야 하나 대표선출을 위한 체제가 미흡하기 때문에 공식적인 표결권을 갖는 것은 아직 시기상조이다. 일부 유엔기구들(UNOs)이 시행하고 있는 것처럼 NGO들도 위에서 언급한 책임성·정확성·정당성을 평가하는 자기 규제 시스템과 옴부즈맨 제도(ombudsman system)와 같은 궁극적인 조정체제의 도입이 필요하다. 마지막으로 모든 NGO들이 공정하게 대표될 수 있는 공정 경쟁의 장이 구축되어야 한다는 점을 제안하고 있다.

(5) 구성주의(constructivism)

3대 국제관계 이론이라고 불리는 신현실주의 이론·신자유주의(신자유주의적 제도주의) 이론·구성주의 이론 모두 NGO의 중요성을 간과하거나 무시한다는 평가를 받아오고 있다. 그러나 구성주의의 경우는 조심스러운 평가가 필요하다.

왜냐하면 국제관계 이론으로서 주류의 구성주의 이론은 신현실주의·신자유주의(신자유주의적 제도주의) 이론들과 마찬가지로 국가 중심주의적 입장을 견지하고 있으나 국내정치적 요소와 NGO를 비롯한 다양한 비국가적 행위자의 역할을 고려해야 한다는 구성주의 입장도 존재하기 때문이다.

주류의 구성주의 이론은 체제수준(systemic level)에서 이론을 전개하는 구성주의(systemic constructivism) 이론으로서 국가의 정체성과 국가의 이익이라는 것을 국가 간 상호작용을 통해서만 바뀌는 것으로 바라봄으로써 국가의 정체성과 이익이 국내적 과정을 통해서도 바뀐다는 점을 무시하고 있다. 즉 국가를 주요 행위자(primary actor)이자 통합된 행위자(unitary actor)로 바라보면서 국가를 국제정치의 기본단위로 설정함으로써 국내정치적 요소를 경시하고 NGO를 비롯한 다양한 비국가적 행위자의 역할을 무시한다.

즉 주류의 이러한 체제수준의 구성주의 이론은 국가의 정체성과 이익이 국가 사이의 상호작용을 통해서만 만들어지는 것으로 바라보면서 명시적으로 국내 요인들을 암상자 속에 가두어 두었다. 즉 국가들 사이에 형성되는 집단적 정체성(collective identity)을 의미하는 국제체제의 정체성(systemic identity)에 집중하고 국내의 정체성(domestic identity)을 무시하고 있다. 국가의 정체성과 이익이라는 것은 기실 국내수준의 요인과 체계수준의 요인의 상호작용에 의해 만들어지는 것이라는 주장에 의해 이러한 구성주의 이론은 비판을 받아왔다.

이러한 체제수준의 구성주의 이론과는 달리 국가의 이익과 국가의 행동에 영향을 미치는 국가의 정체성 연구에 국내 요인과 NGO를 포함한 비국가적 행위자의 역할을 중시하는 국가 수준의 구성주의 이론이 존재한다. 이 이론은 구성주의 이론 일반과 마찬가지로 국가의 이익과 행동에 영향을 미치는 요인으로서 구성원들의 상호작용을 통해 생성되는 공동의 이해(shared understanding)로서 규범(norm)과 같은 것을 중시한다. 이러한 것에 영향을 미쳐 궁극적으로 국가의 이익과 행동을 바꾸는 데 중요한 역할을 하는 것이 NGO임을 고려할 때 국가 수준의 구성주의 이론은 NGO를 연구의 대상으로 포함시킴으로써 공동의 이해가 생성되는 과정에 대해 보다 풍요로운 설명을 제공할 수 있다. 구체적으로 NGO들은 일반 대중들을 교육시키고 비판과 제언을 하며 사람들을 세력화하고 국제협정을 감시하는 등의 역할을 한다. 이러한 활동들은 공유된 이해를 생성하고 변화시키는 데 기여한다.

NGO는 국가 수준에서 활동하면서 국가의 정체성 형성에 영향을 미칠 뿐 아니라 국제체제 수준에서 활동하면서 국가들 사이의 집단적 정체성의 형성에도 중요한 영향을 미친다. 이처럼 NGO는 국가 수준의 정체성과 국제 수준의 정체성의 형성을 도울 뿐 아니라 이미 생성된 정체성이 국제사회와 국가에 영향을 미칠 수 있도록 하는 사회화(socialization)의 과정에도 중요한 역할을 수행한다.

이처럼 구성주의 이론은 국제 수준이든 국가 수준이든 NGO를 중요한 행위자의 하나로서 포함함으로써 국가의 이익과 국가의 행동에 영향을 미치는 국가의 정체성에 관한 연구에 역동성을 부여할 수 있는 잠재력을 지니고 있다.

제6장
NGO 연구방법

1. NGO의 연구의 제약점

국제관계를 연구하는 데 있어서 가용한 데이터라는 것은 종종 통계적인 조작 (statistical manipulation)에 적합하지 않고 연구를 통해 일반화를 도출하기 위한 사례의 수와 중요한 현상의 발생 빈도가 낮다. 그 결과 계량적인 연구가 다른 학문 분야에 비해 덜 이루어져 왔다.

이런 러한 문제는 국제관계의 연구 분야 중에서도 특히 국제기구나 비국가적 행위자(non-state actor)의 연구 분야에 있어서 더욱 더 심하다. 국제기구의 연구에서 보듯이 이들 분야는 질적인 방법(qualitative method)·자세한 사례연구·자세한 맥락분석(contextual analysis)에 의해 지배되고 있는 특징을 보인다. 여기에서 NGO에 대한 연구방법을 살펴보는 데 있어 NGO의 연구 주제 가운데 가장 빈번하게 주제가 되고 있는 NGO의 영향력에 대해 초점을 맞추어 설명하고자 한다.1)

지금까지 여러 사례연구가 NGO들이 국가의 행태에 중요한 영향을 미친다는 주장을 제기하여 왔다. 따라서 이들의 영향력을 과연 어떻게 측정할 것이며 이들 NGO들이 영향력을 행사하는 데 있어 구체적으로 어떤 조건하에서 좀 더 효과적이거나 덜 효과적일 수 있을까를 평가해야 할 필요가 있다. 그러나 문제는 앞서 언급했듯이 사례의 수가 적고 그 때문에 증거도 단편적이라는 것이다.

많은 사례로부터 추출된 숫자로 된 데이터(numerical data)를 가지고 인과 분

---

1) 좀 더 자세한 연구방법론에 관한 논의는 다음 글을 참조하시오: Don Hubert, "Inferring Influence: Gauging the Impact of NGOs," in Charlotte Ku and Thomas G. Weiss, eds., *Toward Understanding Global Governance: The International Law and International Relations Toolbox* (New York: ACUNS, 1998).

석(causal analysis)을 위해 계량적 분석을 하는 사람들은 기본적으로 질적인 방법론과 적은 수의 사례연구에 대해 부정적인 시각을 가지고 있다. 이들에게 있어 이러한 자세한 사례연구란 단지 잠정적인 가설을 도출하기 위한 일차적인 단계로서의 의미가 있을 뿐이다.

그렇다면 국제환경 조약의 체결에 있어서 NGO 로비의 효과성에 대한 연구를 하고자 할 때처럼 사례의 수가 많지 않고 숫자화 된 데이터가 부재한 현실 속에서 인과론적인 주장을 제기하기 위해서는 어떠한 방법론적인 세련됨이 필요할까에 대해 살펴보고자 한다.

2. 방법론적 제언

1) 서술적 추론과 인과적 추론

(1) 서술적 추론(descriptive inference)

연구를 함에 있어서 독립변수와 종속변수 사이에 존재하는 인과적 추론(causal inference)을 하려면 이에 앞서 우선 독립변수와 종속변수에 대한 서술이 필요하다. 즉 두 변수 간의 인과관계를 밝히는 것을 연구의 목적으로 하는 경우 독립변수나 종속변수에 대한 서술이 선행되어야 한다.[2]

예컨대 국제 NGO의 수가 쟁역(issue area)별로 어떤 변화를 보이고 있는가를 서술하는 것 자체도 연구의 주된 목적 가운데 하나가 될 수 있고 나아가 이러한 연구결과를 종속변수로 해서 왜 쟁역별로 국제 NGO의 수에 있어서의 변이가 존재하는가에 대한 원인 분석을 함으로써 인과분석을 할 수 있다.

이러한 독립변수 혹은 종속변수에 대한 서술은 간단하지도 기계적이지만도 않은 것이 사실이며 종종 관찰된 사실로부터 관찰되지 않은 사실의 추론을 의미하는 서술적 추론(descriptive inference)을 필요로 하게 된다. 다시 말해 독립변수나 종속변수에 있어서 동일한 시점에서 일정한 기준에 근거하여 분류(taxonomy)가 가능하지 않은가 혹은 시간의 흐름 속에서 일정한 경향(tendency)을 보이고 있지는 않은가와 같은 추론을 필요로 하게 된다.

서술적 추론을 하는 경우 살펴본 현상이 역사적인 우연의 것인지 아니면 반복

---

2) 그러나 때때로 두 변수에 대한 서술 자체가 연구의 목적이 되는 경우도 존재한다.

적인 현상인지의 구별도 필요하다. 이제 서술적 추론에서 나아가 독립변수와 종속변수 간의 관계에 관한 인과적 추론(causal inference)을 하는 데 있어서 주의해야 할 사항들을 살펴보도록 하자.

(2) 인과적 추론(causal inference)

인과적 추론을 위해 주의해야 할 사항을 살펴보면 다음과 같다. 우선 대중매체의 보도가 인도주의적 원조에 미치는 영향에 대한 연구를 한다고 가정하자. 이때 연구자는 대중매체의 보도와 인도주의 원조의 결정 사이에 인과관계가 있다는 것을 주장하기 위해서는 대중매체의 보도라는 독립변수가 종속변수인 인도주의적 원조에 관한 의사결정에 있어서 정부관리의 정책 변경을 가져오게 한 유일한 이유라는 것을 입증해야만 한다. 이를 위해 대중매체의 보도가 없이는 정책의 변화가 없었을 것이라는 것을 주장할 수 있어야 한다.

NGO의 운용활동(operational activities) 부문에 있어서 이들이 국가정책에 미치는 영향은 파악하기가 상대적으로 쉽다. 그러나 정부나 국제기구에 대한 NGO의 정책비판과 제언 활동(advocacy activities)의 영향은 이들 기구에 있어서의 정책결정 과정의 투명성 결여로 인해 파악하기가 상대적으로 어렵다.

예컨대 특정의 국제협정의 협상 과정에 NGO의 로비가 있었고 결국 이 협정이 체결되었다고 할 경우 이 협정이 NGO의 로비에 의해 체결되었다는 주장을 전개하기 위해서는 이 협정의 체결이 NGO의 압력과 관계없는 다른 이유로 정부에 의해 추진된 것이 아니라는 것을 확신할 수 있어야 한다. 즉 NGO가 특정 결과의 원인이라는 주장은 NGO의 행동 없이는 이러한 특정 결과가 발생하지 않았을 것이라는 주장에 의해 지지되어야 한다.

둘째, 인과적 추론을 단일 사례연구(single case study)만으로 하는 것이 어렵다. 이는 단일 사례의 경우 모집단의 일반적인 특성을 지니지 않은 예외적인 사례가 선택되어 모집단 전체에 대한 추론이 왜곡될 수 있기 때문이다. 따라서 이러한 경우의 발생을 막기 위해 비교 사례연구(comparative case study)를 수행해야 한다.

예컨대 환경과 관련한 협정에 대한 NGO의 영향을 연구하는 경우 인과적인 추론의 적실성을 위해서는 NGO의 로비가 행해졌던 사례와 더불어 NGO의 로비가 전혀 없었던 사례를 연구에 포함시켜 NGO의 로비의 존재 여하에 따라 협정의 체결 여부가 달라졌다는 것을 보여주어야 한다.

NGO의 로비가 전혀 없었던 실제적인 사례를 찾는 것이 불가능한 현실을 감안하여 우리가 근접할 수 있는 사례로서 NGO가 활발하게 활동했던 사례와 활동은 있었으나 활발하지 않았던 사례를 찾아 모두 살펴보아야 한다. 이 두 사례를 고려할 경우 아주 중요하게 고려해야 할 사항은 이 두 사례가 NGO의 로비 활동에 있어서의 차이만을 가지고 다른 관련 부분에서의 차이를 가지고 있지 않아야 한다. 그래야만 다른 요인이 아닌 바로 NGO의 로비 활동에 있어서의 차이가 결과에 있어서의 차이를 가져왔다고 할 수 있기 때문이다. 만약에 NGO의 로비 활동에 있어서의 차이 이외에 다른 차이를 가지고 있다면 결과에 있어서의 차이가 NGO의 로비 활동에서 유래되었는지 아니면 다른 요인에서 온 것인지 이도저도 아니고 이들 요인 모두에게서 종합적으로 온 것인지를 구별할 수가 없다.

중요 연구가 단일의 사례에 의해 행해질 수도 있으나 비교연구가 거의 언제나 효과적으로 일반화에 이르도록 한다. 그러나 이 말은 모든 연구가 반드시 복수의 사례연구로 가야한다는 것은 아니며 단일 사례 연구를 하는 경우에 있어서도 동일한 정의(definition)와 변수(variable)에 기초한 단일 사례 연구들이 개개 학자들에 의해 수행되고 이들 간의 연구결과가 비교의 기회를 가짐으로써 비교연구의 효과를 가질 수 있다.

셋째, 인과적 추론을 하는 경우 독립변수와 종속변수 간에 독립성이 중요하다. 이는 인과관계의 방향에 있어 중요한 것으로서 경우에 따라서는 독립변수가 종속변수의 원인이 아니라 결과일 수도 있기 때문이다.

넷째, 상대적으로 적은 수의 사례만이 존재하는 상황에서 사례의 선택은 대단히 중요하다. 이는 계량적 분석의 경우 무작위 표본추출(random sampling)이 가능하나 적은 수의 표본의 경우 의도적 선택으로 인과관계가 과대평가되거나 과소평가될 수 있기 때문이다.

환경과 관련한 국제협정에 대한 NGO의 영향을 연구하는 경우 환경과 관련한 국제협정의 체결에 NGO의 영향이 실제로 미친 사례만 선정할 수 있는 위험이 존재한다. 이처럼 가설을 지지할 것 같은 사례를 고의적으로 선정하고 가설을 지지하지 않을 것 같은 사례를 선정하지 않고 무시하는 경우 인과관계에 관한 결론이 왜곡될 수 있으며 이러한 사례선정을 두고 「종속변수에 기초한 사례선정」이라고 부른다.

사례선정에 있어서 이러한 왜곡을 방지하기 위한 가장 좋은 방법은 종속변수의 변량에 개의치 않고 사례를 선정하는 「독립변수에 기초한 사례선정」을 하는 것이다. 위에서 언급한 경우를 예로 들자면 사례를 선정할 때 환경과 관련한 협정의 체결에 NGO가 성공적으로 영향을 미친 경우뿐 만 아니라 NGO의 영향이 미치지 않은 경우와 NGO의 영향력이 제한적이었던 사례까지 포함하는 등 NGO의 영향력의 범위와 성질을 이해하기 위해서는 결과의 전 범위(full range of outcome)를 대표하는 사례들을 검토해야 한다. 또 다른 예를 하나 더 들어 보기로 하자.

만약에 특정 분야에 있어서의 NGO의 전문성이 정부 정책에 영향을 미치는 데 효과적이라는 가설을 검증하고자 한다고 하자. 이때 독립변수에 기초한 사례선정이란 NGO가 성공적이거나 영향력이 있어 보이거나에 관계없이(즉 종속변수에 미치는 영향의 존재 여부나 정도의 여부에 관계없이) NGO가 명백히 전문성을 가진 사례들을 선정하는 것이다.

NGO연구에 있어서 NGO의 영향력을 더 확실하게 포착하기 위해서는 NGO가 옹호하는 정책에 정부가 명백히 반대했던 사례를 조사하는 것이 좋다. 이래야만 정부입장을 변화시키는데 NGO와 같은 외부요인이 작용했다고 판단할 수 있기 때문이다.

2) NGO 영향의 연구를 위한 체계적인 분석틀

여기에서는 NGO의 영향을 분석하기 위해 유용한 수단으로서 벳실과 코렐(Michele M. Betsill and Elizabeth Corell)이 제시한 분석틀(framework for analysis)을 소개하고자 한다.[3]

이들의 분석틀은 NGO 영향에 대해 체계적인 정성 분석(quantitative analysis)을 가능하게 할 뿐 아니라 사례를 가로질러 NGO들의 영향을 비교분석하는 데도 중요한 틀을 제공한다는 점에서 매우 유용하다.[4] 또한 이러한 분석틀을 통해 어떻게 그리고 어떤 조건하에서 NGO가 영향을 발휘할 수 있을 것인가에 대한 많

---

3) Michele M. Betsill and Elisabeth Corell, "NGO Influence in International Environmental Negotiations: A Framework for Analysis," *Global Environmental Politics*, Vol. 1, No. 4 (2001), 65-85.

4) Elisabeth Corell and Michele M. Betsill, "A Comparative Look at NGO Influence in International Environmental Negotiations: Desertification and Climate Change," *Global Environmental Politics*, Vol. 1, No. 4 (2001), 86-107.

은 시사점을 얻을 수 있다는 점에서 의의가 적지 않다.

비록 이들의 분석틀은 일단 국제 환경협상에 있어서의 NGO의 영향을 평가하기 위한 분석틀로서 제시하고 있지만 다른 국제적인 이슈 분야에도 적용이 가능할 뿐 아니라 국내의 이슈에 있어서의 NGO의 영향을 분석하는 데도 중요한 시사점을 준다.

(1) 영향의 정의

영향(influence)에 대한 정의가 다양하게 존재하나 분석틀은 한 행위자가 다른 행위자에게 의도적으로 정보를 전하고 이러한 정보를 받은 행위자가 그러한 정보가 없었다면 바꾸지 않았을 행동을 바꾸었다면 영향이 발생한 것으로 보고자 한다.

국제환경 협상의 맥락에서 NGO의 영향을 정의하자면 NGO가 의도적으로 협상 참여자에게 정보를 전하고 정보를 받은 협상 참여자가 그렇지 않았다면 바꾸지 않았을 협상의 과정과 협상의 결과 모두를 바꾸었다면 NGO가 국제환경 협상에 영향을 미친 것으로 보고자 한다.

(2) 변수의 증거 포착

① 독립변수의 경우

NGO의 영향력 행사라는 독립변수와 이러한 영향력 행사의 성과라는 종속변수 간의 인과적인 관계를 분석하기 위해서 제일 먼저 해야 할 일은 독립변수로서 NGO의 영향력 행사를 실증적으로 포착할 수 있는 증거를 찾는 것이다.

분석틀은 국제환경 협상에 있어서 NGO의 영향력 행사의 가장 중요한 원동력을 이들이 소지하고 있는 전문적인 지식을 포함한 정보(information)라고 본다. 이는 정보가 NGO에게 정당성(legitimacy)을 제공할 뿐 아니라 협상에의 접근을 가능하게 하고 NGO가 원하는 목표를 달성하는 데 있어서 중요한 지렛대(leverage)로 사용될 수 있다고 보기 때문이다.

NGO 영향력의 중요한 원천이 정보라는 전제하에 독립변수인 영향력 행사를 ⅰ) NGO가 의사결정자들에게 정보를 전하기 위해 한 행동을 의미하는 활동(activities) ⅱ) NGO가 정보를 전하기 위해 가진 기회를 의미하는 협상에의 접근(access) ⅲ) NGO가 정보를 내보내기 위해 사용한 지렛대의 원천을 의미하는 자원(resources)이라는 3가지 측면에서 포착하여야 한다고 본다.

② 종속변수의 경우

분석틀은 종속변수인 영향력 행사의 성과를 결과(outcome)와 과정(process)이라는 2가지 측면에서 포착하여야 한다고 본다. 여기서 결과란 구체적으로 NGO가 만든 초안이 최종 협정에 반영되었는가의 여부와 최종 협정이 NGO의 목표와 원칙들을 반영하는가의 여부를 의미한다.

과정이란 협상 참여자들이 NGO가 제안한 이슈를 토의했는지 혹은 NGO가 반대한 이슈의 토의를 멈추었는지의 여부와 더불어 NGO가 만들어 낸 특수용어(jargon)가 협상의 용어의 일부분이 되었는가의 여부를 의미한다.

③ 자료의 출처

이러한 독립변수와 종속변수에 대한 자료의 출처는 1차 자료·2차 자료·인터뷰·현장관찰로 구성된다. 구체적으로 1차 자료에는 국가들의 입장문·최종 결과문건에 이르기 전의 결과문건의 초안·최종 결과문건·회의 끝에 작성된 공식 보고서·NGO의 로비자료 등이 포함된다.

2차 자료에는 언론의 보고서 및 보도자료와 더불어 환경 NGO들이 환경 의제와 관련하여 자신들의 입장을 알리고 협상과 기후변화 운동에 어떤 일이 전개되고 있는가를 알리기 위해 NGO 연합체인 기후행동연계망(Climate Action Network, CAN)에 의해 작성되는 뉴스레터인 ECO와 국제 지속 가능한 개발 연구소(International Institute for Sustainable Development)에 의해 발간되는 유엔의 환경 협상과 개발 협상에 관한 보고서인 지구 협상 회보(Earth Negotiations Bulletin, ENB) 등이 포함된다.

이러한 1차 자료와 2차 자료에 더하여 인터뷰가 중요한 자료의 출처가 된다. 이러한 인터뷰의 중요한 대상은 협상에 참가한 NGO와 정부대표이다. 분석틀은 이들과 더불어 특히 협상에 참가한 옵서버와(예컨대 국제기구를 대표하여 참가하는 옵서버)의 인터뷰가 중요하다고 강조한다. 왜냐하면 NGO들은 자신들의 영향력을 과대평가하는 경향이 있고 정부대표는 NGO의 영향력을 과소평가하려는 경향이 있기 때문에 이러한 왜곡을 막기 위해 이들과의 인터뷰가 필요하다고 보기 때문이다.

또한 가능하다면 연구자가 직접 국제환경 협상에 정부대표단의 일원이나

NGO 대표단의 일원으로 참가하여 현장에서 관찰을 통해 얻은 자료나 이러한 대표단의 일원은 아니지만 국제환경 협상에 관찰자로서 참가하여 현장에서 관찰을 통해 얻은 자료 역시 중요한 자료로 본다.

(3) NGO 영향의 분석방법

위에서 독립변수와 종속변수에 관한 자료를 수집한 다음 이러한 자료를 어떻게 분석할 것인가에 대한 분석방법을 다음과 같이 소개하고 있다. 구체적으로 분석틀은 영향력의 행사가 곧 성과로 반드시 이어지는 것이 아니라는 전제하에 영향력의 행사가 성과로 이어졌다는 것을 주장하려면(즉 영향력 행사와 성과 사이에 인과적인 관계를 주장하려면) 과정 추적(process tracing)과 반사실적 분석(counterfactual analysis)이 수행되어야 한다고 본다.

① 과정 추적

과정 추적이란 영향력의 행사가 성과로 이어졌다는 것을 주장하기 위해 증거들을 논리적으로 연결하는 것을 의미한다. 분석틀은 이러한 과정 추적을 다음과 같이 3단계로 구분하고 있다.

과정 추적의 첫 단계에서 할 일은 NGO가 실제로 정보를 전달했다는 것을 입증하는 것이다. 그 다음 단계는 협상 참가자가 실제로 NGO가 전달한 정보를 받았는가를 살피는 단계이다. 마지막 단계는 NGO로부터 정보를 받은 협상 참가자의 행동의 변화가 NGO가 전달한 정보와 일치하는가를 검토하는 단계이다. 이때 협상 참가자의 행동의 변화란 협상의 과정과 결과 모두에 있어서의 변화를 의미한다.

분석틀은 환경 NGO인 그린피스(Greenpeace)가 유아식품을 생산하는 회사인 거버사(Gerber Corporation)에게 유아식품에 유전자 조작 생산물을 사용하지 말도록 영향력을 행사하여 성과를 거둔 경우를 하나의 예로 들어 과정 추적을 어떻게 할 것인가를 보여주고자 했다.

우선 그린피스의 직원이 거버사의 최고 경영자(chief executive officer)에게 유아식품에 유전자 조작 생산물을 사용하지 말 것을 목적으로 하는 내용의 질문지를 팩스로 보냈다는 것이 보도되었는데 이는 NGO가 정보를 의도적으로 전달했다는 것의 증거가 된다.

다음으로 최고 경영자가 팩스를 받고 2주 동안의 내부 토론을 거친 후에 유전자 조작 농작물의 공급자와 더 이상 거래를 하지 않겠다는 발표를 했는데 이는 과정 추적의 두 번째 단계로서 의사 결정자가 정보를 받았음을 보여주는 증거가 된다.

마지막으로 정보를 받고 토론을 거쳐 유전자 조작 농산물을 사용하지 않기로 한 거버의 결정에 대한 발표가 있었는데 이러한 결정의 내용이 그린피스의 원래의 입장과 일치한다는 것을 확인하는 단계인데 이러한 발표가 그린피스의 원래의 입장과 일치한다는 증거로서 채택하는데 문제가 없다.

이러한 일련의 과정을 추적함으로써 우리가 얻게 되는 이점은 그린피스가 거버의 입장변화에 영향력을 성공적으로 행사했다는 것을 100%의 확신은 아니지만 좀 더 확신을 가지고 주장할 수 있게 된다는 것이다.

② **반사실적 분석**

반사실적 분석(counterfactual analysis)이란 반사실적 추론(counterfactual reasoning)에 바탕을 둔 분석이다. 여기에서 반사실적 추론이란 실제로 벌어진 과거의 사건을 달리(반대로) 가정했을 경우 발생했을 것이라고 생각되는 결과를 추리하는 것을 말한다. 이처럼 반사실적인 분석이란 일련의 사건에서 우리가 검토해 온 변수를 제거할 경우 어떤 일이 발생했을 것인가를 상상해 보는 것으로서 대안적 설명(alternative explanation)을 배제하는 데 기여하는 유용한 방식이다. 이러한 반사실적인 추론은 우리가 「만일 내가 젊었을 때 지금과 다른 진로를 택했다면 내 인생은 어떻게 되었을까?」와 같은 질문을 던지고 이에 대한 추론을 하듯이 우리가 일상에서 자주 경험하는 것이다.

이러한 반사실적인 질문에 대한 답은 「사고실험(thought experiment)」이라는 것을 통해 추론하게 된다.5) 사고실험이란 말 그대로 현실에서 수행할 수 없는 실험을 머릿속에서 생각만으로 진행하는 실험을 의미한다. 따라서 실험의 결과에 대한 추론을 관찰이나 실험과 같은 경험적이 방식이 아닌 지식에 기초를 둔 선험적인(a priori) 방식을 통해 하게 된다. 철학과 사회과학 분야에서도 활용되고 있지만 물리학 분야의 경우 다수의 혁명적인 이론들이 사고실험의 결과로서 탄생해 왔다.

---

5) 「사고실험」이란 「생각실험」이라고도 불린다.

NGO의 영향력 행사와 관련한 반사실적 추론이란 「만약에 NGO의 영향력 행사가 없었다면 국제환경 협상의 결과가 달라지지 않았을까?」를 묻고 생각을 통해 이러한 질문에 대한 답을 추론하는 것이다. 위에서 언급한 거버의 예를 들자면 연구자는 「그린피스가 영향력 행사를 하지 않았다면 과연 거버가 유전자 변형 농산물의 사용을 중지하는 결정을 내렸을까?」라는 질문을 던지고 사고실험 통해 결론을 추론하게 된다.

이러한 과정을 통해 만약에 그린피스가 거버에 영향력을 미치고자 했을 당시 거버가 이미 다른 이유로 유아식에 유전자 변형 농산물의 사용을 금지하는 쪽으로 방향을 굳혔다는 사실을 확인하게 되면 거버사의 결정은 그린피스가 행사한 영향력의 결과라고 볼 수 없게 되는 것이다.

제**4**부

NGO의 장점과 단점

제 *7*장
NGO의 장점[1]

국제정치에 있어서 비국가적 행위자(non-state actor)의 하나인 NGO는 정부나 국제기구와 비교하여 다양한 장점을 지니고 있다. 이러한 NGO의 장점을 이해한다는 것은 그 자체로도 중요하지만 여기에서 더 나아가 NGO들이 다른 행위자들과 갖게 되는 협력관계와 경합관계와 NGO의 영향력의 근원 등에 관한 이해를 가져다주기 때문에도 중요하다.

구체적으로 정부나 국제기구에 비해 가지는 NGO의 장점들로 인해 탈냉전기의 많은 문제들이 국가나 국가가 중심인 국제기구가 아닌 NGO를 통해 해결되는 경우가 많으며 때때로 정부나 국제기구가 NGO와의 협력을 추구하기도 한다. NGO의 장점을 살펴봄에 있어서 NGO가 지니고 있는 장점의 일부가 오히려 단점이 되기도 한다는 점을 염두에 두어야 할 것이다.

여기에서는 NGO의 장점으로서 융통성/혁신성/신속성 · 전문성으로 인한 효율성 · 다 수준 활동 · 문제 현장에의 접근성 · 중립성과 독립성 · 지리적 국경을 넘는 활동 · 국경을 넘는 연대의 구축을 살펴보고자 한다.

1. 융통성/혁신성/신속성

NGO는 작은 사이즈와 더불어 융통성 있고 혁신적인 방식의 행정이 가능하다. 이로 인해 커다란 관료조직이 결정을 내리고 자원을 동원하고자 할 때 겪게 되는 복잡한 절차와 관료적 경직성 그리고 정치를 피할 수 있다. 또한 어려운 문제에

---

1) NGO의 장점 일반 중 융통성 · 전문성 · 중립성 · 독립성 · 현지 필요의 충족에 대한 것은 다음 글의 일부분을 참조: Shirin Sinnar, "Mixed Blessing: The Growing Influence of NGOs," *Harvard International Review*, Vol. 18, No. 1 (Winter 1995/96), 57 참조; Peter Willetts, "The Impact of Promotional Pressure Group on Global Politics," in Peter Willetts, ed., *Pressure Groups in Global System: The Transnational Relations of Issue-Oriented Non-Governmental Organizations* (New York: St. Martin's Press, 1982), 185-187 참조.

대해 창의적인 해결책을 찾아내는 것이 용이하며 비용과 성과 면에서 효율성을 지닌다.2)

예컨대 인도적 활동을 하는 대표적인 국제기구인 유엔아동기금(UNICEF)·유엔난민최고대표사무소(UNHCR)3)·세계식량계획(WFP)의 경우 외교적인 교섭을 통해 결정을 내리는 데 수개월을 소모하지만 NGO의 경우 좀 더 신속하게 활동을 계획하고 실시할 수 있다. 이러한 장점은 특히 긴급한 구호를 필요로 하는 경우에 그 진가가 발휘된다.4)

NGO들이 이처럼 융통성과 혁신성 그리고 다음에 살펴볼 효율성을 지니는 것은 부단히 변화하는 외부 환경 속에서 자신들의 프로그램이나 프로젝트에 기금을 유치하기 위해서 필요하기 때문이라고 볼 수 있다. 정부 부문과 비교하여 볼 때 정부관리들의 직장에서의 생존과 진급 등은 자신의 능력에도 달려있지만 적지 않은 부분 관료조직 내에서의 정치적인 수완(political maneuvering)에 기초하는데 반해 NGO들의 생존은 많은 부분 기금의 확보에 의해 좌지우지되기가 쉽기 때문이다.

---

2) NGO가 좀 더 효율적이고 좀 더 융통성을 가지며 좀 더 비용에 대해 효과적이라는 것은 이들이 정부의 특징인 관료제와 관료적 형식주의를 피할 수 있기 때문이다. 그러나 이러한 장점이라는 것이 단기적으로는 유효할지 모르나 장기적인 관점에서는 다를 것이라는 회의적인 시각도 존재한다. 즉 기여금이 줄거나 기여금 제공자가 새로운 성과기준을 적용하거나 사명감을 가지고 일하는 자원봉사자들이 전문적인 스텝들에 의해 대체가 될 경우 NGO가 가지고 있는 비교우위(comparative advantage)는 사라지거나 약화될 것이라는 것이다: Estelle James, ed., *The Nonprofit Sector in International Perspective: Studies in Comparative Culture and Policy* (New York: Oxford University Press, 1989).

3) UNHCR은 「United Nations High Commissioner for Refugees」의 약어이다. 이 말을 영어에 충실하게 번역하면 「유엔난민최고대표」라는 직함을 가리킨다. 그러나 이 말은 실제에 있어서 직함이 아닌 「난민문제를 다루는 기구」를 지칭하는 말로 종종 쓰인다. 이러한 혼동을 피하기 위해 UNHCR을 직함을 의미하는 것으로 하고 이 말 앞에 「Office」라는 말을 첨가하여 「Office of the United Nations High Commissioner for Refugees」이라는 말을 유엔난민최고대표사무소라는 기구를 지칭하는 것으로 사용하고자 하기도 한다. 그러나 이러한 구분의 노력에도 불구하고 일반적으로 「UNHCR」이라는 말은 「Office」라는 말이 앞에 있고 없고 관계없이 「유엔난민최고대표사무소」를 지칭하는 경우가 많다.

4) 모든 NGO가 다 관료적인 성격이 없거나 약한 것은 아니다. NGO들이 점차적으로 규모가 커지면서 관료화되어 가고 있다는 지적도 있다.

2. 전문성으로 인한 효율성

거대한 관료조직과 복잡한 절차를 가지고 다양한 문제들을 다루는 유엔과 같은 국제기구와는 달리 휴먼라이츠워치(Human Rights Watch, HRW) 및 국제 앰네스티(Amnesty International, AI)와 같은 NGO에서 보듯이 NGO들은 전문적인 지식과 기술을 가지고 단일 혹은 소수의 특화된 활동에 집중함으로써 목표를 효율적으로 달성할 수 있다.

정부나 국제기구가 직접 제공해 오던 개발원조와 긴급구호 등의 활동이 NGO를 계약자(contractor)로 하여 이들에게 위탁되어 제공되고 있는 비율이 점차적으로 증대하고 있는데 이는 정부나 국제기구가 직접 이러한 원조를 제공하는 것에 비해 비용이 적게 들고 효율성에서 앞서기 때문이다.5) 한국국제협력단(KOICA)도 이러한 점을 평가하여 개도국에서 활동하는 많은 NGO들의 해외사업을 재정적으로 지원하고 있다.

환경 문제에 있어 명실상부한 세계 최고의 싱크탱크형 NGO인 월드워치 연구소(Worldwatch Institute)는 전문성을 지닌 대표적인 NGO로 간주되곤 한다. 이러한 전문성으로 인해 이 연구소가 내놓는 연례 보고서인 「지구환경보고서(State of the World)」와 「생명신호(Vital Signs)」는 매년 한국을 비롯하여 세계의 주요 국가에서 번역·출간되며 격월간지인 「월드워치 매거진(World Watch Magazine)」과 부정기 심층 논문인 「월드워치 논문(World Watch Paper)」은 세계 각국에 소개되고 전 세계 언론들에 의해 빠짐없이 인용·보도된다. 또한 환경 이슈가 생길 때마다 취재진이 가장 먼저 달려오는 곳도 월드워치 연구소이다. 이러한 전문성으로 인해 이들이 내놓은 연구물들은 세계 각국의 정책에 커다란 영향을 미쳐오고 있다.6)

---

5) NGO를 통한 개발원조나 긴급구호의 제공은 정부에 의한 것뿐만 아니라 세계식량계획(WFP)과 유럽연합(EU)과 같은 국제기구에 의해서도 증가하고 있다.

6) 월드워치 연구소의 연구물이 신뢰를 얻는 것은 에너지 위기·식량부족·기후변화·자연재해·삼림파괴·생물 다양성 위기 등 지구환경 전반을 아우르는 주제를 데이터에 기초하여 철저하게 연구하고 전 지구적 시각에서 환경문제를 접근하며 나아가 학제적 접근(interdisciplinary approach)을 통해 심층적으로 분석하기 때문이다. 1차 자료는 유엔과 같은 국제기구·대학·과학자들의 연구 결과를 토대로 하고 보고서가 완성되면 각 분야 전문가들에게 보내 검토하게 한다. 또한 인터넷과 전화 인터뷰 이외에 유엔 등 각종 기구에서 주최하는 세미나 등의 회의에 참석하여

3. 다 수준 활동(multi-level activities)

국제 NGO들은 국제 수준(international level)·지역 수준(regional level)·국가 수준(national level)·지방 수준(local level or sub-national level) 등과 같은 국제체제의 여러 수준에서 동시적으로 활동을 전개할 수 있다. 따라서 예컨대 이들은 일국 내의 지방적인 경험을 전 지구적인 정책으로 연계시킬 수가 있다. 이런 점에서 국제 NGO는 정부나 국제기구와 같은 공적 원조 기구와 풀뿌리 조직(grassroots organizations)에 비해 아주 큰 장점을 갖는다.

구체적으로 공적 원조 기구의 경우 일반적으로 풀뿌리 수준에서 활동하는 것이 어렵고 풀뿌리 조직의 경우는 국가 수준이나 국제 수준에서 의사결정에 제한적인 영향만을 미칠 수 있을 뿐인데 반해 국제 NGO는 풀뿌리 수준에서 활동하면서 동시에 국가 수준이나 국제 수준에서 의사결정에 영향을 미치는 것이 가능하다.

상위 수준에서 성공적인 비판과 제언을 하려면 풀뿌리 수준에 있어서의 상황을 잘 알고 있는 것이 중요한데 국제 NGO의 경우는 이러한 것이 가능하기 때문에 국제적인 비판과 제언을 효율적으로 할 수 있다.

4. 문제 현장에의 접근성

개도국에서 활동하는 국제 NGO의 경우 문제 현장에 직접 도달하는 것이 가능하며 이러한 점이 다음과 같은 장점을 가져 온다. 우선 기금을 제공하는 정부로서는 충족시키기 힘든 현지의 필요(local needs)를 잘 충족시켜 줄 수 있다. 즉 현장에서의 접근성을 통해 사람들의 실질적인 필요를 반영하는 것이 용이하고 외부자로서의 분석에 기초하지 않고 현장의 현실에 기초하여 해결책을 제시하는 것이 가

관련 전문가들과의 의견 교환을 통해 정보를 얻고 시각을 잡아나간다. 월드워치 연구소가 발간한 보고서의 장점은 환경 이슈를 대중들이 쉽게 이해할 수 있도록 간략한 수치화를 통해 구체적으로 제시하는 데 있다. 「세계 30억 인구가 하루 2달러에도 못 미치는 돈으로 끼니를 때우고 있다」거나 「세계 곡물 비축량이 20년 전에는 81일분이었으나 현재는 사상 최저치인 48일분에 불과하다」는 식이다. 영양결핍(malnutrition)을 다룬 보고서에선 「전 세계 12억 인구가 굶주린 상태에 있는데 반해 다른 12억 명은 비만 때문에 고민하고 있다」고 지적하는 식이다: 조선일보 (인터넷), 2002년 9월 23일.

능하다. 이처럼 현지에서 실질적으로 필요로 하는 원조(hands-on assistance)를 제공하는 것이 단순하게 재정적인 자원만을 제공하는 것보다 좀 더 효율적이다.

둘째, 프로그램이나 프로젝트 등에 수혜자를 직접 참여시키거나 참여를 고무하는 것이 용이하다. 개도국에서 활동하는 국제 NGO의 경우 현지인들을 프로그램이나 프로젝트에 참여시킴으로써 현지인들과의 친밀성을 가질 수 있고 이들의 역량구축(capacity-building)을 통해 국제 NGO의 활동이 끝난 후에도 지속 가능성을 가질 수 있다.

셋째, 국제 NGO 활동에 현지인의 참여를 촉진함으로써 개도국의 참여 민주주의의 발전에 기여할 수 있다. 냉전 종식 후 선진국 정부와 국제기구가 원조제공 채널로서 이러한 국제 NGO를 선호하는 것은 NGO들이 지니고 있는 효율성뿐만 아니라 이들이 가져올 민주주의에 대한 기대가 있기 때문이라고 볼 수 있다.

넷째, 국제 NGO가 개도국의 현지인으로 구성된 국내 NGO를 지원함으로써도 참여민주주의를 함양할 수 있다. 국제 NGO는 현지의 토착 NGO와 협력하여 활동하거나 현지의 조직을 통해서도 활동하는 것이 가능하다.

5. 중립성과 독립성

개개 국가의 정부와 확연히 구별되는 특징 가운데 하나로서 NGO는 비정치적인 중립성과 독립성을 지님으로써 국제사회에서 신뢰를 받는다. 이러한 특징 때문에 냉전시대에도 국제 앰네스티(Amnesty International, AI)와 같은 NGO는 인권문제와 관련하여 모든 종류의 국가들에 대해 비판을 가할 수 있었다.

이러한 비정치적인 중립성과 독립성으로 인해 북한과 같은 인권 탄압국마저도 국제적으로 비난이 일자 인권의 실상을 보여준다는 목적하에 1991년에 국제 앰네스티의 북한 입국을 허용한 바 있는데 북한이 국제적인 인권 NGO의 입국을 허용한 유일한 예이다. 국제 앰네스티는 세계평화와 인권보호에 대한 공로를 인정받아 1977년에 노벨평화상과 1978년에 유엔인권상 등을 수상했다.

이러한 중립성과 독립성을 지닌 NGO들의 경우 갈등이나 전쟁이 진행되고 있는 지역에서의 활동과 더불어 식량과 의약품 등의 반입이 허용된다. 이는 이러한 NGO들이 갈등이나 분쟁의 당사자 일방을 돕지 않을 것이라는 것이 기대되기 때문이다. 극단적인 상황에서 이들 갈등이나 전쟁의 당사자들은 이러한 중립적인

NGO들만이 활동을 허용한다.

NGO들이 이처럼 반드시 비정치적인 중립성과 독립성을 지니고 있는 것은 아니다. 소련의 지배하에 아프가니스탄에서 내전이 전개되고 있을 때 난민들을 구호하기 위해 많은 서구의 NGO들이 그 곳에서 활동한 바 있다. 이때 많은 NGO들이 미국으로부터 재정적인 지원을 받고 있던 관계로 미국 정부의 소련에 대항하는 입장을 따랐으며 그 결과 일부 NGO들이 난민들의 인도주의적 필요를 도외시하고 아프간 반군을 지원하는 정치성을 보인 바 있다.7)

이러한 NGO의 정치성은 국내에서 활동하는 NGO에 있어서도 예외가 아니다. 한국의 예를 들면 소수이기는 하지만 일부 유력 NGO가 집권세력과 유착되어 있을 뿐 아니라 이념적인 편향성을 보여 오고 있다. 이러한 경향은 NGO 종사자가 집권한 정부의 요직에 대거 등용되면서 더욱 강화되고 있다. 그 결과 NGO가 반대하는 세력이 집권할 경우 모든 역량을 동원하여 감시와 견제 능력을 하다가 지지하는 정치세력에 집권을 할 경우 이러한 능력이 상실하는 악순환이 반복되고 있다.

이 때문에 NGO가 정치적인 활동을 하지 못하도록 엄격한 제한을 두는 경우가 적지 않다. 예컨대 1994년 르완다의 난민사태 때 NGO들은 유엔난민최고대표사무소(UNHCR)에만 등록하면 자유롭게 활동했으나 1996년에 이르러서는 르완다 정부가 구호활동을 신청한 NGO의 성격과 활동을 사전에 점검하여 정치적 활동을 하지 않는 NGO들에게만 허가를 내주는 조치를 취한 바 있다.8)

6. 지리적 국경을 넘는 활동

국가라는 국제사회의 행위자는 국내문제 불간섭의 원칙 때문에 타국의 문제에 대한 간섭에 한계를 갖는다. 물론 모든 국가들이 제한 없이 NGO들이 국경을 넘어 활동하는 것을 허용하는 것은 아니지만 일반적으로 NGO들은 국가와는 달리 전쟁이 발생한 지역 혹은 재난을 당한 지역에 국경을 넘어 활동하는 것이 비교적 수월하다.

---

7) Helga Baitenmann, "NGOs and the Afghan War: The Politicisation of Humanitarian Aid," *Third World Quarterly*, Vol. 12, No. 1 (1990), 62–85.

8) 조선일보, 1996년 12월 13일.

이 때문에 NGO들은 전쟁이 벌어지거나 재난을 당한 지역에 국경을 넘어 달려가 생생한 정보를 현장에서 접할 수 있다. 이러한 정보는 국경을 넘어 정보를 수집하는 데 한계를 가지고 있는 정부에게 전달되어 외교정책의 수립에 도움을 주기도 한다.

이와 더불어 국경을 넘어 활동할 수 있는 NGO를 통합으로써 내전이 발생한 지역에 외교적인 마찰을 불러일으키지 않고 정부가 지원하고자 하는 내전 당사자에게 인도적인 지원 등을 제공할 수도 있다.

7. 국경을 넘는 연대의 구축

NGO들은 국경을 넘어 NGO들 사이에 연대를 구축하는 것이 용이하다. 그러나 모든 국경을 넘는 연대가 성공하는 것은 아니다. 대표적인 성공 사례로는 대인지뢰금지협약의 체결을 위한 NGO를 위시한 다양한 행위자들의 국경을 넘는 연대를 들 수 있다. 대인지뢰금지협약의 체결을 선도하고 있던 캐나다 정부에게 있어서 350개가 넘는 NGO들이 국제적으로 연대하여 대인지뢰금지를 위한 캠페인을 전개한 것이 협약의 체결에 결정적인 도움이 되었다.

이 밖에도 많은 성공적인 연대로서 평가받고 있는 국경을 넘은 연대들이 존재한다. 빈곤을 역사로 만들자 캠페인(Make Poverty History, MPH) · 전 지구적 빈곤 퇴치 운동(Global Call to Action Against Poverty, GCAP) · 교육을 위한 전 지구적 캠페인(Global Campaign for Education, GCE) 등이 또 다른 대표적인 예이다.

이러한 연대는 전 지구적인 국제연대인데 국경을 넘는 국제연대는 전 지구적인 수준에서만 존재하는 것은 아니다. 때때로 지역을 단위로 구성되기도 한다. 예컨대 전 지구적 빈곤 퇴치 운동의 경우 전 지구를 단위로 하여 GCAP이 존재하는 한편 아시아 · 태평양 지역을 단위로 하여 GCAP Asia가 존재한다. 또 다른 예로서 전 지구적 차원에서 세계사형반대연합(World Coalition Against The Death Penalty, WCADP)이 존재하는 한편 아시아 · 태평양 지역의 사형제 폐지를 위한 국제적 연대로서 사형반대아시아연계망(Anti-Death Penalty Asia Network, ADPAN)이 존재한다.

제 *8* 장

NGO의 단점

국제정치에 있어서 비국가적 행위자(non-state actor)의 하나인 NGO는 앞서 살펴본 다양한 장점들과 아울러 다양한 단점들을 지니고 있는 것이 사실이다. 그러나 이러한 단점이란 모든 NGO들이 공통적으로 지니고 있는 필연적이고 본질적인 것은 물론 아니라는 점을 염두에 두기 바란다. 즉 NGO에 따라서는 이러한 단점을 극복하거나 극복하는 과정에 있는 NGO들이 존재하기 때문이다.

NGO의 단점에 대해서 여러 가지가 거론되는데 우선 화울러와 비에르카트(Alan Fowler and Kees Bierkart)의 논의를 살펴보고자 한다. 이들에 따르면 NGO는 빈곤을 완화하고 대중들의 힘을 전 지구적 차원에서 강화시킬 수 있는 이타적인 존재가 아니다. 즉 NGO는 자선(charity)에 진정으로 관여하기보다 오히려 상업주의(commercialism)와 공여자의 기금에 의해 움직이는 존재이며 지속 가능하고 장기적으로 긍정적인 결과를 만들어 낼 수 있는 능력을 보유하고 있지 않다. NGO의 이러한 문제점은 다음 세 가지 원인에 기인한다고 주장한다.

ⅰ) NGO들은 심각한 전 지구적 문제들의 근본적인 원인에 대해 잘 이해하지 못하며 그 결과 이들의 프로그램이나 프로젝트들은 단지 가장 명백하게 외부적으로 드러난 증상만을 다루도록 계획된다. ⅱ) NGO들은 과거의 실패로부터 학습을 하지 않고 대신에 기금 공여자로부터 기금제공이 중지되는 것을 방지하기 위해 이러한 실패를 숨기려고 한다. ⅲ) NGO들은 전형적으로 해결이 쉽지 않은 복잡한 이슈들을 해결하려 하지만 NGO들은 너무나 작고 미약해서 현상유지를 원하는 좀 더 거대한 체제의 힘(systemic forces)에 밀려 영향을 미치기가 어렵다.[1]

샐러먼(Lester M. Salamon)은 왜 정부의 지원이 NGO에게 필요한가를 설파하는 가운데 NGO의 문제로서 다음 네 가지를 지적하고 있다.[2] 구체적으로 그는

---

1) Alan Fowler and Kees Bierkart, "Do Private Agencies Really Make a Difference?" in David Sogge, Kee Bierkart, and John Saxby, eds., *Compassion and Calculation: The Business of Private Foreign Aid* (London: Pluto Press, 1996).

ⅰ) NGO가 충분한 자원을 가지기 어렵다는 의미에서 박애주의의 불충분성(philanthropic insufficiency) ⅱ) NGO 자체나 NGO의 후원자가 활동의 대상으로서 포괄적인 수혜자가 아닌 특정의 작은 집단에 중점을 두게 된다는 의미의 박애주의의 특정성(philanthropic particularism) ⅲ) NGO 활동의 내용과 방식이 자원을 가장 많이 제공하는 행위자에 의해 영향을 받는다는 의미의 박애주의의 온정성(philanthropic paternalism)3) ⅳ) NGO의 전문성 부재를 의미하는 박애주의의 비전문성(philanthropic amateurism)을 NGO의 문제점으로 지적하고 있다.

여기에서는 이러한 지적들을 포함하여 NGO들의 단점으로서 흔히 지적되고 있는 것으로서 다원적 정치체제에의 의존성·민주성의 결여·책임성의 문제·투명성의 결여·문제에 대한 단편적 접근·문제에 대한 단기적 접근·특정 조건하에서의 민주주의 성장의 저해·윤리적 딜레마·활동의 중첩과 조정의 어려움·재정의 취약성·기금의 비효율적 집행·언론에의 의존·일방적 가치의 전파·견해 차이로 인한 효과적인 로비의 어려움·실현 가능한 대안의 제시 없는 비판을 중심적으로 살펴보고자 한다.4)

1. 다원적 정치체제에의 의존성

기본적으로 NGO들은 이들 조직들이 등장하여 활동할 수 있는 자유가 보장되는 서구적인 다원주의적 정치체제에 크게 의존하고 있다. 이들의 활동 자체와 활동의 성공 여부는 이들의 활동을 허용하는 정치적인 조건에 달려 있다는 점에서

---

2) Lester M. Salamon, "Partners in Public Service: The Scope and Theory of Government-Nonprofit Relations," in Walter Powell, ed., *The Nonprofit Sector: A Research Handbook* (New Haven, Conn.: Yale University Press, 1987).

3) 여기에서 「paternalism」은 보통 우리말로 「가부장주의」 혹은 「온정주의」로 번역이 된다. 여기에서는 이를 「온정성」이라고 번역하고자 한다. 이 말의 사전적인 의미는 조직이나 사회를 책임지고 있는 사람들이 그 구성원을 보호하고 구성원들이 원하는 것을 제공하나 어떠한 자유나 책임을 허용하지 않는 것이다.

4) NGO의 단점 중에서 문제에 대한 단편적 접근·윤리적 딜레마·조정의 어려움·책임성의 문제·재정의 취약성에 관한 글의 일부는 다음 글의 일부를 참조: Shirin Sinnar, "Mixed Blessing: The Growing Influence of NGOs," *Harvard International Review*, Vol. 18, No. 1 (Winter 1995/96), 57, 79 참조; Peter Willetts, "The Impact of Promotional Pressure Group on Global Politics," in Peter Willetts, ed., *Pressure Groups in Global System: The Transnational Relations of Issue-Oriented Non-Governmental Organizations* (New York: St. Martin's Press, 1982), 187-188 참조.

NGO는 본질적으로 취약하다고 볼 수 있다.

좀 더 구체적으로 말해 NGO는 일반적으로 정부의 명시적 혹은 묵시적인 동의하에서만 활동이 가능하다. NGO가 수행하고 있는 프로그램이나 프로젝트가 권력을 장악하고 있는 정권의 정통성과 통제에 해가 된다고 인식되는 경우 정부는 통상적으로 국내 NGO나 국제 NGO 불문하고 이들 모두를 불신하고 활동하지 못하게 할 수 있다. 국제적으로도 어떠한 형태로든 NGO에게 제도적인 접근이 허용된 경우라야 NGO들은 국제기구 등에 접근하여 영향을 미치는 것이 용이하다.

중국의 예를 살펴보면 다음과 같다. 중국은 서방의 우려 속에 중국 내 해외 NGO의 중국 내의 활동규제를 강화하는 「외국 NGO 중국 내 활동 관리법(일명 NGO 관리법)」을 제정하여 2017년 1월 1일부터 시행하고 있다.

이 법에 의하면 해외 NGO는 경제·교육·과학기술·문화·보건·체육·환경보호·빈곤퇴치·재난구조 등과 관련하여 공익을 위한 활동을 할 수 있다. 그러나 이들이 중국에서 활동하기 위하여서는 대표기관을 설립해야 하며 공안부서에 등록하고 활동을 승인받아야만 한다. 임시 활동을 하는 경우 대표기관의 설립 없이 신고를 하고 활동을 하면 되나 이러한 임시 활동은 중국의 조직(국가기관·인민단체·사회조직 등 중국 측 협력 파트너 단체)과 협력하는 경우에만 가능하고 기간은 1년으로 한정된다. 중국 측 협력 파트너 단체는 국가 규정에 따라 승인절차를 밟고 임시 활동 시작 15일 전에 소재지 등록관리 기관에 신고를 해야 한다. 해외 NGO가 선동·국가기밀 취득·유언비어·비방·유해정보 전파·정치적 활동과 종교적 활동·모금·국가안보와 국익 및 공익을 저해하는 활동 등을 하는 경우 등록이 말소되거나 임시 활동이 취소된다.

또한 중국에서 활동하는 모든 외국 NGO는 공안에 등록하고 활동을 승인받아야 할뿐 아니라 활동계획을 공안에 정기적으로 보고하고 NGO의 자금출처와 NGO 대표의 범죄경력을 제출해야 한다. 공안은 NGO 책임자를 불러 조사하고 교육할 수 있도록 하고 있는데 이는 외국 NGO 관리법이 국가안보 관점에서 외국 NGO를 바라보고 있음을 적나라하게 보여준다.

외국 NGO들은 등록된 명칭으로 등록된 업무범위와 지역 내에서만 활동이 가능하며 대표기관은 매년 12월 31일 전에 실시 사업과 자금사용 등 1년 동안의 활동계획을 업무주관 부서에 보고하고 동의를 받은 후 10일 내에 등록관리 기관에 신고해야 하며 활동계획의 조정이 필요할 경우 즉시 등록관리 기관에 신고해야 한다. 매년 1월31일 전에 업무주관 부서에 연간 업무 보고서를 제출하고 의견서를 발급받은 후 3월 31일 전에 등록관리 기관에 제출하여 연례 검사를 받아야 한다. 중국에서 이미 활동해 온 외국 NGO가 등록을 필하지 않을 경우 해당 외국 NGO의 파견 직원은 불법 취업자로 간주된다.

중국은 중국 내 외국 NGO를 법적으로 인정하지도 금지하지도 않는 정책을 줄곧 펴오다가 이러한 외국 NGO 관리법을 제정하게 되었는데 이를 통해 중국은 중국에 도움이 되는 NGO의 활동을 지원할 수 있는 법적 근거를 마련한 측면도 있다. 즉 이제까지 중국에서 활동하는 해외 NGO들은 법적 규정이 없었기 때문에 합법적인 단체로서의 등록이 불가능한 가운데 중국정부의 묵인 하에 활동이 이루어져 왔는데 이러한 것들이 바뀌게 되었다.

그러나 다른 한편 NGO의 정치적 활동과 종교적 활동 및 영리추구 활동을 철저히 막고 처벌하는 법적 근거를 마련하여 외국의 NGO를 규제하고자 한다. 결과적으로 중국의 국가이익을 저해하는 외국의 NGO들을 축출하고 신규 NGO의 중국 진출을 원천 봉쇄할 법률적 근거를 마련한 것이다.

위에서 살펴보았듯이 중국의 해외 NGO 관리법은 규제범위가 광범위하고 포괄적이며 애매함을 지니고 있어 자의적인 해석과 적용의 여지를 가지고 있다. 따라서 예컨대 해외 NGO가 중국의 국가이익을 저해한다고 판단할 경우 중국은 이러한 NGO의 활동을 중단시킬 수 있다. 그런데 국가이익이란 개념이 상당히 애매모호한 주관적인 개념이기 때문에 중국 위정자들의 전가의 보도가 되어 NGO를 통제하는 데 악용될 소지가 다분해졌으며 중국 내 외국 NGO들의 활동이 크게 위축될 것으로 전망된다.

이러한 법이 제정되기 전에 NGO에 대한 규제가 없었던 것은 물론 아니다. 즉 법이 제정되기 이전에도 직접적인 통제는 아니지만 공안 당국에 의한 간접적인 통제가 존재했다. 예컨대 2010년 2월에 중국 정부가 국제 구호단체인 옥스팜(Oxfam)을 반중단체로 규정하여 중국 내 활동을 중단시키는 등 해외에 기반을 둔 NGO에 대해 규제조치를 취한 바 있다. 옥스팜은 2005년부터 중국 내 일부 대학에서 회원들을 모집해 중국의 몇몇 인권단체와 더불어 대학생 자원 봉사자 양성 프로그램을 진행해 왔는데 중국 교육부가 옥스팜을 중국의 내정에 간섭하려는 NGO로 규정하면서 내린 조치이다.

중국정부는 2010년 3월에는 외국으로부터 자금을 지원받는 NGO들에 대한 경계심을 가지고 NGO들의 해외모금을 엄격하게 감시하고 규제하는 조치를 취한 바 있다. 구체적으로 국가외환관리국으로 하여금 해외로부터 기부금을 받은 NGO 들에 대해 해외 기부기관의 등록증명서와 공증을 받은 기부협정서 제출을 의무화 하도록 했다.5)

외국 NGO 관리법이 시행된 지 약 5개월 후의 결과를 보면 중국 내의 외국 NGO 7,000여개(장기적으로 활동하는 외국 NGO 1,000여개와 단기적으로 활동하는 NGO 6,000여개) 가운데 82개 단체만 등록을 완료하고 나머지 단체들은 법의 사 각지대에 놓이게 되었다. 등록을 마친 NGO의 대부분은 상업이나 무역과 관련된 단체들이거나 세계적으로 잘 알려져 있는 자선 NGO와 자연보호 NGO 등인 것 으로 알려졌다. 이와는 달리 인권 NGO와 노동자 권리보호를 위한 NGO 등은 아 직 등록을 필하지 못한 것으로 알려졌다. 상당수 단체와 기구는 등록하지 못해 펀드 모금을 중지하는 등 활동을 중단한 상황이다.6)

이러한 상황에서 한국의 무역협회가 중국의 베이징에서 가장 먼저 등록을 완 료하고 활동을 승인받음으로써 뉴스거리가 된 바 있다.7) 여기에서 한 가지 주목 해야 하는 것은 중국의 외국 NGO 관리법에 따르면 한국무역협회・대한무역투자 진흥공사(KOTRA)・대한상공회의소・한국농수산식품유통공사와 같은 경제와 관련 한 준정부기관들 역시 엄격한 의미에서 정부기관이 아닌 관계로 NGO로 분류되 어 인권・환경・경제・여성 등 다양한 분야의 외국 NGO들과 마찬가지로 등록을 완료하고 활동을 공안국에 보고하며 회계감사까지 받아야 될 뿐 아니라 체류 인 원 또한 엄격히 제한된다. 그동안 무역협회 등은 중국에서 조례상 대표처라는 명 분으로 인정되어 파견 인력과 운영에 자유로움이 있었다.8)

NGO가 다원적인 정치체제에 의존해 있다는 것을 보여주는 또 다른 예로서 러시아의 경우를 살펴보면 다음과 같다. 푸틴이 2000년에 러시아의 대통령으로 선출되면서 출발한 권위주의적 정부는 민주화를 촉구하는 NGO를 비롯한 눈에 거슬리는 NGO들을 통제하기 위한 일련의 조치들을 지속적으로 취해오고 있다. 예컨대 2001년 8월에 정보의 공개 등 등록 요건을 강화한 「법인과 개인 사업자

---

5) 연합뉴스(인터넷), 2010년 3월 12일.
6) 세계일보(인터넷판), 2017년 6월 14일.
7) 아시아경제(인터넷판), 2017년 4월 5일.
8) 연합뉴스(인터넷판) 2017년 2월 13일.

의 국가 등록에 관한 연방 법률」을 시행했다.

이어서 동유럽과 중앙아시아에 있어서의 색깔혁명(Orange Revolution)이 러시아에 유입되는 것을 두려워한 푸틴정부는 외국의 재정적 지원을 받는 NGO들이 외국의 정치적 도구가 되어 외국의 이익에 봉사하는 것을 방지하려는 목적하에 2006년 4월에 개정 NGO 관련법의 시행에 들어갔다. 이 법에 따르면 NGO가 등록을 하지 않으면 단체명의의 법률 활동을 할 수 없으며 등록된 NGO는 본래의 설립취지에 따라 행동해야 한다.

NGO는 직원명부와 자산 내역 및 예산 집행 등을 포함하여 활동에 관한 연례보고서를 매년 제출해야 하는데 국제기구를 비롯하여 외국 정부와 외국 NGO 및 외국인 또는 무국적자 등으로부터 지원을 받은 보조금과 기술 지원 및 기타 기부금 등은 별도의 연례보고서를 작성하여 신고해야 한다. 특히 외국 NGO의 지부로 등록한 NGO의 경우는 위에서 언급한 것들 이외에 분기별로 러시아나 외국으로부터 받은 보조금과 장비 및 자산을 매분기 신고해야 하고 이러한 것들에 대한 사용계획을 보고해야 한다. 더불어 다음 해의 활동계획에 대해 별도의 연례보고서를 제출해야 한다.

단체의 본래 설립취지에 반하는 행위를 하거나 관련 서류를 적시에 제출하지 않을 경우 러시아 당국은 서면경고 등의 행정절차를 통해 이를 시정하도록 할 수 있으며 서면경고 등의 조치에도 불구하고 지속될 경우 단체의 등록을 취소하거나 폐쇄할 수 있도록 규정하고 있다.

푸틴은 러시아 시민사회가 유럽과는 달리 자생적으로 형성되기 어려웠기 때문에 당국의 지원이 필요하며 이를 위해 정부의 간섭이 필요하다는 견해를 표면상 피력하였지만 기실 러시아 내의 NGO들이 외국인들의 정보활동을 위한 보호막으로 이용되고 있고 외국 정부들이 NGO들을 이용해 우크라이나의 오렌지 혁명과 같은 것을 러시아에서 기도하고 있다고 인식하고 NGO들을 통제하는 것을 목적으로 했다고 볼 수 있다.

러시아는 여기에서 더 나아가 2012년에 해외의 자금지원을 받아 정치적 활동에 관여하는 러시아 NGO들을 「외국 기관의 기능을 수행하는 단체」로 등록하도록 하는 법률(소위 외국기관법)을 제정함으로써 러시아 정부에 비판적인 NGO들을 외국기관이라고 낙인을 찍어 이들의 활동에 대한 규제를 강화한 바 있다. 이 법은 러시아가 반정부 성향의 NGO들에 대한 압박을 강화하려는 의도에서 비롯된 법으로서 이 법에 따라 다수의 NGO가 러시아 당국의 단속의 대상이 됐다.

러시아는 2015년에 국제 NGO들의 러시아 활동에 제한을 두는 「바람직하지 않은 조직」이라는 법을 제정했다. 이 법에 따라 러시아 검찰에 의해 헌법의 기본 질서와 국방 및 안보에 위협이 되는 단체(즉 바람직하지 않은 조직)로 지정되는 외국이나 국제 NGO들은 러시아 내의 지부를 폐쇄해야 하며 언론매체나 인터넷을 통해 자신들의 활동 내용을 알리는 것도 금지된다.

국제 NGO를 대상으로 한 이 법의 가장 큰 문제점은 러시아 검찰로 하여금 외무부와 협력하여 법원의 판단이 없이 자의적으로 바람직하지 않은 조직이나 단체로 규정할 수 있도록 한 점이다. 법을 어기는 단체나 금지 단체에 협력한 러시아 국민은 5천-50만 루블의 벌금이나 최대 6년의 징역형에 처해질 수 있도록 되어 있다. 이처럼 2012년에 제정된 법에 더하여 국제 NGO의 활동에 제약을 가할 수 있는 법률까지 새로 제정함으로써 NGO들의 활동이 크게 위축될 것으로 보인다.

2. 민주성의 결여

민주성(democracy)이라는 개념을 내부적 민주성과 대표성이라는 두 가지 개념적 요소로 구성된 것으로 간주하고 이들을 하나씩 살펴보고자 한다.

1) 내부적 민주성의 결여

NGO의 내부적 민주성이란 회원 기반(membership base)·이사진의 선출·프로젝트와 프로그램에 대한 합의 등과 같은 민주적 과정(internal democratic process)을 따르는 것을 의미한다.9) 이러한 민주성의 개념을 가지고 NGO를 평가할 때 다수의 NGO들은 이러한 민주성을 결여하고 있다.

그 이유는 다수의 NGO들에서 지도자들이 투표 등의 방법을 통해 선출되지 않으며 이들 지도자들은 정책 등과 관련하여 광범위한 재량권을 가진다. 또한 회원들 대다수가 NGO 지도자들이 무엇을 하고 있는지에 대해 알고 있지 않으며

---

9) Rana Lehr-Lehnardt, "NGO Legitimacy: Reassessing Democracy, Accountability and Transparency," Cornell Law School Inter-University Graduate Student Conference Papers. 6. (New York: Cornell Law School, 2005), 13.

NGO의 강령이나 정책이 종종 회원들의 이익을 대표하지 않기 때문이다.[10]

다른 한편 NGO는 강력한 관료구조를 가지고 있지 않은 자발적인 조직으로서 강제력을 가진 중앙 집중적인 권위(central authority)가 존재하지 않기 때문에 NGO 지도자들은 결정을 독단적으로 강제할 수 있는 능력을 가지기 어렵고 그 결과 이들은 NGO 내에서 토론이나 설득 등을 통해 이견을 해소하기 위한 노력을 경주해야만 한다고 주장하면서 NGO의 민주성 결여를 문제로 인식하지 않는 경우도 있다. 그러나 정부와 국제기구 등의 관료조직의 내부적 민주성의 결여와 비교하여 덜하다는 정도의 차이가 존재하는 것이지 NGO의 내부적 민주성에 문제가 없는 것은 아니라고 보아야 할 것이다.

2) 대표성의 결여

대표성(representativeness)이란 NGO가 그들이 대변하고자 하는 대상의 정당한 목소리로서 활동을 하는가의 여부·이러한 대상들이 NGO의 정관 내용이나 과업(mandates)에 동의하는가의 여부·NGO 활동의 대상들이 NGO가 이슈에 대해 가지고 있는 입장에 동의하는가를 알 수 있는 방법을 NGO가 가지고 있는가의 여부를 의미한다.[11] 이러한 대표성의 개념을 누구에 의해 선출되어 누구를 대표하는가의 문제에 집중하여 살펴보면 다음과 같다.[12]

많은 국제 NGO들은 일반 대중들과 연결되어 있지 않은 본질적으로 엘리트 조직이다. 예컨대 국제 앰네스티(Amnesty International, AI)의 경우 대부분의 회원들은 부국의 사람들이고 부국의 회원들 대부분은 교육을 받은 최소한 중산층 출신들이다. 또한 휴먼라이츠워치(Human Rights Watch)라는 국제인권 NGO는 고도로 전문성을 가지고 있는 엘리트 조직으로서 서구 민주주의 재단과 부유한 개인으로부터 기금이 조성된다.

이들 조직에 있어서 대표성이란 대중들 사이의 민주적인 뿌리에 기초를 두고

---

10) Rana Lehr-Lehnardt, "NGO Legitimacy: Reassessing Democracy, Accountability and Transparency," Cornell Law School Inter-University Graduate Student Conference Papers. 6. (New York: Cornell Law School, 2005), 14.

11) ibid, 13.

12) Kenneth Anderson, "The Ottawa Convention Banning Landmines, The Role of International Non-governmental Organizations and the Idea of International Civil Society," *European Journal of International Law*, Vol. 11, No. 1 (2000), 112-119.

있는 것이 아니라 국제인권의 대의(cause)라는 자신들의 신념에 대한 충성심에 기
초를 두고 있는 것이다. 국제 NGO들은 아래로부터의 대중의 통로 역할을 하는
것이 아니라 국제적인 엘리트들이 자신들이 아주 중요하게 여기는 것에 대해 다
른 국제적인 엘리트들에게 이야기하는 하나의 운반수단의 역할을 한다고 볼 수
있다.

이러한 NGO들이 내세울 수 있는 것은 민주적 정당성(democratic legitimacy)
이 아니라 압력단체가 되는 능력이다. 그들은 그들 나름의 특별한 이슈와 특별한
의제 그리고 특별한 지지자를 가지고 있기 때문에 민주주의의 목소리가 아니며
민주적 정당성을 전달하지 않는다. 많은 인권 NGO들이 자신들의 운동을 풀뿌리
민주주의의 상징으로 이야기 하나 이러한 NGO들은 비민주적인 압력단체로 보는
것이 가능하며 자신들의 회원들과 막강한 힘과 영향력을 행사하는 기금 제공자를
제외한 어느 누구에게도 책임을 지지 않는다.

3. 책임성의 문제

NGO의 「책임성(accountability)」이란 무엇을 의미하는가에 대해 합의된 정의
가 존재하지 않지만 NGO들이 그들에게 주어진 권한과 자원을 책임 있게 사용하
고 지원대상의 사람들과 협력기구 등을 포함한 이해관계자(stakeholder)의 견해를
고려하며 이러한 이해관계자에 의해 책임을 추궁당할 수 있는 것을 의미하는 것
으로서 논의를 시작하고자 한다.

한국에서 태풍이나 수해로 큰 피해를 본 이재민들이 환경 NGO들이 환경보호
를 이유로 피해를 사전에 막을 수 있는 관련 시설의 건설이나 보강공사를 반대하
는 바람에 수해 규모가 커졌다며 NGO에게 책임을 제기하는 것과 같은 일이 종
종 발생하고 있다.13)

NGO의 책임성과 관련하여 타국의 예로서 아이티(Haiti)의 사례를 들 수 있다.
2010년에 아이티에 강력한 지진이 오면서 약 30만 명이 넘는 사람들이 목숨을
잃었고 100만 명 이상이 거주하던 곳을 떠나야만 했다. 이러한 상황을 돕기 위해
세계 각국으로부터 많은 NGO들이 아이티에 유입되어 재난구호 활동을 전개했지
만 이들의 활동의 일부는 주민들로부터 비난의 대상이 되었다.

---

13) 동아일보(인터넷), 2003년 9월 21일.

주민들은 NGO들이 임시 피난소를 항구적인 거주지로 전환하고 식수와 위생 시설에 접근하도록 하는 데에 충분한 일을 하지 않았다는 불만과 더불어 지진이 발생한 지 1년이 넘었는데도 불구하고 NGO들이 운영하는 일부 난민캠프에서 난민들이 여전히 콜레라로 죽어가고 있다는 사실을 지적한 바 있다.[14]

이러한 경우들과 관련하여 NGO들이 가지고 있는 책임성의 문제점을 살펴보면 다음과 같다. 첫째, NGO의 의도와는 관계없이 NGO 활동의 결과로서 생명과 재산의 상실 등을 포함한 큰 재난에 직면하게 되는 경우 이러한 것에 대해 피해자들이 언제 어디에서 어떻게 이들 NGO에게 책임을 물을 수 있는가에 대해 소상하게 규정하고 있는 법적인 틀이 존재하지 않는다.

둘째, 시민들에 의해 선출되지 않은 NGO들은 자신의 활동으로 인해 발생한 예상하지 못한 결과에 대해 피해를 받은 대상에게 책임을 지지 않아 이들에 의한 영향력의 행사가 오용될 개연성을 지니고 있다. 이는 정부의 경우 실패한 정책에 대해 선거 등을 통해 심판을 받으며 다국적기업(MNC)의 경우 환경을 파괴하였다든가 근로자의 인권을 유린하였다든가 할 경우 생산품이 불매운동 등의 대상이 되어 책임을 지게 되는 경우와 대조를 이룬다.[15]

셋째, 통상적으로 NGO들이 어떠한 형태로든 책임을 진다고 하더라도 이들의 활동 대상이 되는 수혜자에 대한 것이 아니라 기금 제공자에 대한 것이라는 점이다. 구체적으로 NGO들은 일반적으로 보고(reporting)를 통해 기금 제공자에 대해 책임을 진다고 볼 수 있다. 이러한 보고는 종종 제공된 기금이 착복되지 않고 제대로 쓰이고 있다는 것을 입증하는 것을 주요 내용으로 하며 NGO가 활동을 통해 목표로 한 변화의 달성 여부보다는 승인된 활동이 완료되었는가에 초점이 주어진다. 이 때문에 NGO가 성장하고 이들에게 제공되는 기금의 양이 증가하면 할수록 NGO들이 봉사하도록 되어 있는 공동체에 대한 책임성과 정당성이 오히려 감소한다는 지적이 제기되기도 한다.

NGO의 책임의 주된 대상이 수혜자가 아닌 기금 제공자라는 것은 NGO들이 어떤 방식으로 나름의 책임성을 실천하고자 했는가에 대한 에브라힘(Alnoor

---

14) Michael Jennings, "International NGOs must address their accountability deficit," https://www.theguardian.com/global-development/poverty-matters/2012/feb/09/ngos-accountability-deficit-legal-framework (접속일: 2017년 5월 16일).

15) Michael Bond, "The Backlash Against NGOs," *Prospect Magazine* (April 2000), http://www.globalpolicy.org/ngos/backlash.htm (접속일: 2017년 5월 16일).

Abrahim)의 연구에서도 드러난다. 그는 보고서와 공개 진술서(reports and disclo-sure statements) · 성과의 평가(performance assessments and evaluations) · 참여 (participation) · 자기규제(self-regulation) · 사회감사(social audits)16)라는 5가지 방식을 NGO의 대표적인 책임성의 실천방식으로 제시하고 이러한 방식들을 책임성의 3가지 측면인 상향적인가 하향적인가의 여부 · 내부적인가 외부적인가의 여부 · 기능적인가 전략적인가의 여부를 분석했다. 그 결과 NGO들이 실제적으로 실천하고 있는 책임성의 특징을 기금 제공자들에 대해 상향적이고 외부적이며 장기적인 관점을 갖는 전략적인 것이 아니라 단기적인 관점의 기능적이라고 결론을 내리고 있다.17)

이러한 NGO의 책임성 문제가 본격적으로 제기되자 이러한 문제를 개선하기 위해 많은 이론가들이 책임성의 문제에 대해 본격적인 연구를 시작했고 일부 NGO들은 단독으로 혹은 집단적으로 책임성을 높이기 위해 개선책들을 도입하기 시작했다. 여기에서는 NGO의 책임성 문제를 해결하기 위한 이러한 노력들을 살펴보고자 한다.

NGO에 대한 책임성의 문제에 대한 논의는 NGO들이 무엇을 책임지고 누구에게 책임을 지며 어떻게 책임질 것인가의 3가지 측면에서 이루어지고 있다. 우선 무엇에 대해 칙임을 질 것인가와 관련해서 NGO의 행동의 결과뿐 아니라 행동 자체와 의도까지 포함하는 것으로 보아야 한다는 견해도 있지만 NGO의 행동의 결과에 대해 책임을 져야 한다는 것이 일반적인 견해이다.18)

누구에게 책임을 질 것인가(즉 누가 책임의 대상인가)와 관련해서는 위에서 이미 살펴보았듯이 일반적으로 NGO는 기금의 제공자에게 책임을 지고자 한다는 것이 일반적인 인식이다. 그러나 이러한 인식은 NGO 활동에 의해 가장 큰 영향을 받는 대상인 수혜자(beneficiaries) 그룹이 포함되어 있지 않다는 점에서 비판을 받으면서 NGO의 책임의 대상을 수혜자를 포함한 다양한 행위자들로 확대해야

---

16) 사회감사(social audits)란 조직(일반적으로 기업)이 사회에 미치는 영향을 결정하기 위해 조직의 운용절차와 행동강령 등의 요인들을 평가하는 과정을 의미한다. 이러한 사회 감사의 목적은 조직의 어떤 행동이 사회에 영향을 미쳤는가를 찾아내는 것이다.

17) Alnoor Abrahim, "Accountability in Practice: Mechanisms for NGOs," *World Development*, Vol. 31, Issue 5 (2003), 813-829.

18) Julian Lee, "NGO Accountability: Rights and Responsibilities," http://www.icomfloripa. org.br/transparencia/wp-content/uploads/2009/06/ngo_accountability_rights_and-responsi-bilities.pdf (접속일: 2017년 8월 8일).

한다는 주장이 힘을 얻고 있다.

이러한 책임의 대상은 일반적으로 상향 책임(upward accountability)·수평적 책임(horizontal accountability)·하향 책임(downward accountability)·내부 책임(internal accountability)의 대상이라는 4개의 그룹으로 구분되어 논의되어 오고 있다. 우선 상향책임의 대상에는 기금 제공자(funder)·기부자(donor)·정부(government)가 포함되고 수평적 책임은 프로젝트 협력 파트너·다른 NGO(들)·유관기구를 대상으로 한다. 하향 책임의 대상에는 NGO 활동의 수혜자가 포함되며 내부 책임은 NGO의 직원 등의 구성원을 대상으로 한다.

마지막으로 NGO는 어떻게(어떠한 방식으로) 책임을 질 것인가의 문제가 있다. 앞서 언급했듯이 NGO에게 책임을 물을 수 있는 법률적·규제적인 틀이 존재하지 않을 뿐 아니라 NGO 활동의 결과로서 피해를 입는 사람들이 NGO에게 법률적·규제적 책임을 묻는 것에 대해 일반적인 지지가 거의 없는 가운데 NGO의 책임과 관련하여 법적인 책임에 대한 논의를 뒤로 한 채 NGO의 책임성을 높이기 위한 현실적인 방안으로서 비법률적이면서 자기 규제적인 방식이 주로 논의되고 실제로 도입되고 있다. 따라서 여기에서는 제한된 NGO들이지만 이들이 실제로 도입하고 있는 방식들에 대해 살펴보고자 한다.

여러 활동 분야 가운데서도 특히 인도적 활동 분야에서 활동하는 다양한 NGO들에 의해 다양한 기준들이 활발하게 만들어져 적용되어 오고 있다. 이러한 기준에는 국제 인터액션(InterAction International)의 「비영리 민간단체 기준(Private Voluntary Organization Standard)」·인도주의 책임성 협력관계(Humanitarian Accountability Partnership, HAP)의 「책임성과 질적 관리를 위한 HAP 기준(HAP Standard in Accountability and Quality Management)」·스피어프로젝트(Sphere Project)의 「인도주의 헌장과 인도적 대응의 최소기준(Humanitarian Charter and Minimum Standards in Humanitarian Response)」·피플 인 에이드(People in Aid)의 「원조인력의 윤리 실천 강령(People In Aid Code of Good Practice)」·프랑스 NGO인 Groupe URD(Urgence, Réhabilitation, Développement)의 인도주의 프로젝트를 위한 질 확보 방식인 「Quality COMPAS」·Groupe URD, HAP International, People In Aid, Sphere Project가 공동의 만든 「질과 책임성에 관한 핵심적인 인도적 기준(Core Humanitarian Standard on Quality and Accountability, CHS)」 등이 있다. 이들 가운데 다음 3가지 기준을 좀 더 상세하게 살펴보고자 한다.

■ 인터액션의 비영리 민간단체 기준

국제 인터액션(InterAction International)은 국제적인 인도주의적 업무를 수행하는 170여개의 미국 NGO들로 구성된 NGO 연합체이다. 이 연합체는 「비영리 민간단체 기준(Private Voluntary Organization Standard)」을 설정하고 개개 회원 NGO들이 이러한 기준들을 제대로 준수하고 있는가를 2년마다 평가하고 있다. 이러한 기준들은 법적인 구속력은 없지만 개개 회원들은 이러한 기준을 따를 책임이 지어지는데 이러한 기준들은 구체적으로 다음과 같다.

ⅰ) 구성 NGO들은 활동의 모든 부분에서 비행·부패·뇌물·기타 재정적인 부당한 일·불법적인 행동에 반대하고 기꺼이 그러한 당사자의 일부가 되지 말아야만 한다. ⅱ) 구성 NGO들은 요청이 있을 경우 기금의 사용이 기금 제공자가 의도한 것이나 요청한 것과 일치함을 입증해야 한다. ⅲ) 구성 NGO들은 자신의 목표·프로그램·재정·거버넌스에 관한 정보를 완전하며 정직하고 정확하게 밝히도록 노력해야 한다. ⅳ) 영향을 받는 모든 집단 출신의 참여자들은 가능한 한 최대한도로 프로젝트와 프로그램의 설계·이행·평가에 참여하며 책임을 져야 한다.

인터액션이 책임성의 확보를 위해 구비하고 있는 이러한 기제의 가장 두드러지는 특징은 회원 NGO가 기준을 이행하지 않을 경우 이를 처리하는 효과적인 「불만사항 처리절차(complaint procedure)」를 가지고 있다는 점이다. 이 때문에 인터액션의 기준은 높은 투명성과 책임성을 옹호하는 가치 있는 수단으로 평가받고 있다.[19]

인터액션에서 불만사항을 접수하여 처리하는 기관은 「기준위원회(Standards Committee)」이다. 불만사항은 서면으로 제출되어야 하며 이때 NGO가 기준을 준수하지 않은 것에 대한 신뢰할 수 있는 증거가 수반되어야만 한다. 불만제기의 대항이 된 NGO에게는 제기된 위반·가능한 제재·대응할 권리에 대해 요약을 한 통보가 서면으로 송부되며 제기된 위반에 대해 대응하고 기준위원회에 의해 심의될 모든 고발과 증거를 검토할 기회가 주어진다. NGO는 또한 기준위원회에 직접 출두하여 참가하거나 대리인을 지명하여 참여시킬 수도 있다.

이러한 불만사항에 대한 처리는 최대한 비밀이 지켜지는 가운데 이루어진다.

---

19) Transparency International Georgia, "Accountability to Beneficiaries: An overview of aid agency commitments," https://www.osgf.ge/files/publications/2009/Accountability_toBeneficiaries May 2009.pdf (접속일: 2017년 8월 10일).

기준위원회가 NGO가 기준을 준수하지 않았다고 판단하면 NGO에게 지키지 않은 기준을 준수하기 위해 노력할 수 있는 합리적인 기간을 준다. 만약 이러한 합리적인 기간 내에 기준을 준수하지 않는다면 기준위원회는 회원자격을 정지하거나 박탈할 것을 집행위원회(Executive Committee)에 권고할 수 있도록 되어 있다.

NGO가 가입을 위한 기준과 지속적인 회원자격을 위한 기준을 유지하지 못하거나 혹은 합리적인 기간 내에 이러한 상황을 시정하지 못하거나 시정하길 거부할 경우 집행위원회는 다수결로 회원자격을 정지하거나 박탈할 수 있다. 회원자격 정지나 박탈을 권고 받은 NGO는 자격정지나 박탈에 앞서 집행위원회에 의견을 진술할 기회를 가질 수 있으며 집행위원회가 최종적으로 자격정지나 박탈을 결정할 경우 NGO는 이사회(Board of Directors)에 직접 상소할 수 있다.

■ **스피어프로젝트의 인도주의 헌장과 재난 대처의 최소 기준**

국제사회에서 구호활동을 하는 대표적인 NGO들이 공동으로 「스피어프로젝트(Sphere Project)」라는 프로젝트를 진행했다. 이들은 재난구호 활동을 수행하는 NGO들의 책임성을 높이기 위한 노력의 일환으로 물 공급과 환경위생 및 개인위생 증진(Water Supply, Sanitation and Hygiene Promotion)[20]·식량안보와 영양(food security and nutrition)·피난처와 정착 및 비식량 물자(Shelter, Settlement and Non-Food Item)·보건행동(health action)이라는 4개 분야에서 국제적인 재난구호 활동이 따라야 할 기본적인 원칙과 최소한의 기준을 설정했다. 이러한 기준이 바로 흔히 「인도주의 헌장」이라고 통칭되는 「인도주의 헌장과 재난 대처의 최소 기준(Humanitarian Charter and Minimum Standards in Disaster Response)」이다.[21]

인도주의 헌장은 재난 대처의 최소 기준의 바탕이 되는 기본적인 원칙을 담고 있는데 재난에 직면한 피해자의 보호와 지원에 있어서의 피해자의 권리를 강조하고 있는 것을 특징으로 한다. 인도주의 헌장은 여기에서 나아가 국가의 보호책임(responsibility to protect, R2P)에 입각하여 국가와 전쟁 당사자들이 피해자들에게 보호와 지원을 제공할 법적 책무를 지적하고 동시에 이들이 이러한 책무를 다할

---

20) 개인위생은 「hygiene」을 번역한 우리말이고 환경위생은 「sanitation」을 지칭하는 번역어이다.

21) The Sphere Project, *Humanitarian Charter and Minimum standards in Disaster Response*, *third edition* (Geneva: Sphere Project, 2011).

의사가 없거나 능력이 없는 경우에 구호기구들의 구호활동을 허용해야 한다는 의무를 부과하고 있다.

재난 대처를 위해 지켜야 할 최소한의 기준은 6개의 핵심적인 기준(core standards)으로 구성되어 있다. 첫 번째 핵심 기준은 인간 중심의 인도적 대응(people-centered humanitarian response)으로서 인간의 존엄스런 생존 역량과 전략이야말로 인도적 대응을 계획하고 접근하는 데 있어서 불가결한 것이라는 것을 내용으로 한다.

두 번째 핵심 기준은 조정과 협력(coordination and collaboration)으로서 인도적 대응은 형평성 있는 인도적 행동에 관여하는 관련 당국·인도주의 활동 기관·NGO와의 조정을 통해 계획되고 이행되어야 하며 최대한의 효율성·적용 범위·효과성을 위해 협력해야 한다는 것을 강조한다.

세 번째 핵심 기준은 평가(assessment)이다. 이는 재난의 피해자들에게 무엇이 가장 우선적으로 필요한 것인가는 직면하고 있는 상황(context)에 대한 평가·존엄스런 삶에 가해지는 위험에 대한 평가·피해자와 관련 당국의 대응 역량에 대한 체계적인 평가를 통해 검토되어야 한다는 내용이다.

네 번째 핵심 기준은 설계와 대응(design and response)이다. 이는 세 번째 핵심 기준과 밀접하게 연관된 기준으로서 인도적 대응은 직면한 상황·직면한 위험·영향을 받는 사람과 국가의 극복 및 회복 능력을 고려하여 평가된 재난의 영향을 받은 사람들의 필요를 충족시켜야 한다는 내용이다.

다섯 번째 핵심 기준은 성과·투명성·학습(performance, transparency and learning)인데 주된 내용은 인도적 활동을 하는 기관의 성과는 지속적으로 검토되어야 하고 이해관계자들에게 통보되어야 하며 프로젝트는 성과에 대응하여 바꾸어야 한다는 것이다.

여섯 번째 핵심 기준은 원조요원의 의무의 이행(aid worker performance)에 관한 것인데 인도적 활동을 하는 기관은 적합한 경영과 감시 그리고 사회심리적 지원(psychosocial support)을 제공해야 하며 원조요원은 인간애와 존경을 가지고 효과적인 인도적 대응을 계획하고 이행하기 위해 필요한 지식과 기술 그리고 행위와 태도를 지녀야 한다는 것을 강조한다.

■ **Groupe URD 등의 질과 책임성의 핵심적인 인도적 기준**

각자 개별적인 기준을 가지고 있던 Groupe URD, HAP International, People In Aid, Sphere Project가 인도적 지원의 기준을 활용하는 데 있어서 일관성을 도모하고자 공동의 작업 끝에 「질과 책임성에 관한 핵심적인 인도적 기준(Core Humanitarian Standard on Quality and Accountability, CHS)」을 제시했다.[22] 이 기준은 원칙에 입각한 책임성을 지닌 양질의 인도적 활동을 위해 필수적으로 요구되는 요소들을 포함한 자발적 강령이다.

질과 책임성에 관한 핵심적인 인도적 기준(CHS)은 인도적 활동을 하는 NGO와 개인들이 그들이 제공하는 지원의 질과 효과성을 높이기 위한 9가지의 핵심적인 기준을 설정하고 있다. 여기에서 중요한 것은 재앙이나 갈등에 영향을 받은 공동체와 사람들은 NGO들에게 책임을 추궁하기 위해 이러한 핵심적인 기준을 근거로서 이용할 수 있도록 되어 있다. 9개의 핵심적 기준과 관련하여 이들 하나하나에 대한 지표들(indicators)을 개발하여 이를 기반으로 자체적으로 혹은 외부에 의해 성과를 객관적이고 체계적으로 평가할 수 있도록 했다.

CHS는 위기상황에 영향을 받는 공동체와 사람들에 대한 이러한 9개의 약속과 더불어 이러한 약속을 지원하는 질적 기준(quality criteria)·이러한 약속을 이행하기 위해 취해야 하는 주요 행동들(key actions)·이러한 주요 행동의 일관성 있고 체계적인 이행을 지원할 조직의 책임으로 구성되어 있다.

CHS는 인류애(humanity)·공정(impartiality)·독립성(independence)·중립성(neutrality)을 원칙으로 한다. 이러한 원칙하의 CHS의 질과 책임성에 관한 9개의 핵심적인 인도적 기준들은 다음과 같다: ⅰ) 인도적 대응(humanitarian response)은 적절해야 하고 유관해야 한다. ⅱ) 인도적 대응은 효과적이어야 하고 시의적절해야

22) 공동으로 적용할 목적으로 만들어진 「질과 책임성의 핵심적인 인도적 기준(CHS)」은 이러한 기준을 만드는 데에 참가한 이들 4개 기구들의 기존에 가지고 있던 개별적인 기준들 외에 국제적십자사/적신월사와 NGO의 행동강령에 포함되어 있는 기준과 더불어 ALNAP(Active Learning Network for Accountability and Performance)의 「Evaluation of Humanitarian Action Guide」·OECD-DAC의 「OECD-DAC Criteria」·IASC(Inter-Agency Standing Committee)의 「Commitments on Accountability to Affected Populations(CAAP)」·Good Humanitarian Donorship (GHD)의 「Good Humanitarian Donorship Principles」·IFRC(International Federation of Red Cross & Red Crescent Society)의 「Disaster Law Programme Model」·Global Humanitarian Platform(GHP)의 「Principles of Partnership(PoP)」이라는 기준들을 참고로 하여 만들어졌다.

한다. ⅲ) 인도적 대응은 지역의 역량을 강화해야 하고 부정적인 영향을 피해야 한다. ⅳ) 인도적 대응은 소통·참여·피드백에 기반을 두어야 한다. ⅴ) 불만사항의 제기는 환영되며 다루어져야 한다. ⅵ) 인도적 대응은 조정되고 보완적이어야 한다. ⅶ) 인도적 지원 활동가들은 지속적으로 학습을 하고 개선해야 한다. ⅷ) 직원들은 일을 효과적으로 할 수 있도록 지원되어야 하며 공평하고 공정하게 취급을 받아야 한다. ⅸ) 자원은 의도된 목적에 책임감 있게 관리되고 사용되어야 한다.

CHS는 이처럼 위기에 영향을 받는 공동체와 사람들을 크게 두 가지 방식으로 돕고자 한다고 평가된다. 우선 CHS는 조직이 책임을 지기 위해 무엇을 할 필요가 있는가를 제시하고 있다. 따라서 좀 더 특정 그룹이나 활동에 지원이 중점적이고 시의적절하게 제공될 수 있고 사람들이 필요로 하는 것과 일치할 수 있다.

CHS는 또 다른 한편 기준을 이행하고자 하는 조직으로부터 무엇을 기대할 수 있는가에 대한 지침이기 때문에 위기에 의해 영향을 받는 공동체와 사람들에 의해 사용되어질 수 있다. 이를 통해 조직들은 그들이 봉사 대상들에 의해 직접적으로 책임을 추궁당할 수 있다. CHS는 이처럼 영향을 받는 공동체와 사람들을 인도적 행동의 중심에 두고 이들의 기본권에 대한 존중을 촉진하고자 한다. 이 때문에 기준 작성을 위한 초기단계부터 이들의 참여가 이루어졌다.

CHS는 불만사항을 가지고 있는 사람들이 안전하게 불만을 제기할 수 있고 관련 조직은 기제를 통해 잘못한 일을 확실하게 바로잡을 수 있게 한다는 점에서 위기에 의해 영향을 받는 사람들에 대한 책임성을 지원하는 실천적인 책임성 기제(accountability mechanisms)로서 평가될 수 있다. CHS의 이러한 기준들은 물론 인도적 활동 이외에도 개발협력 부문이나 정책비판과 제언(advocacy) 부문에서도 활용될 수 있다.

각자 개별적인 기준들을 가지고 있으면서 CHS를 만드는데 참가한 4개의 주체 가운데 People In Aid·HAP International·Sphere Project는 이전의 기준들을 CHS로 대체하여 사용하고 있고 Groupe URD는 자체의 기준에 CHS를 통합시켜 사용하고 있다. 참고로 People In Aid와 HAP International은 2015년에 통합하여 「CHS Alliance」라는 새로운 NGO를 설립했다.

■ 국제 NGO 책임헌장

2006년에 옥스팜(Oxfam)과 그린피스(Greenpeace International)를 위시하여 국제적인 활동을 하는 일단의 NGO들이 함께 책임성과 투명성을 진작시키고 이해관계자들의 소통과 성과를 촉진하기 위해 「국제 NGO 책임헌장(International Non-Governmental Organisations Accountability Charter, INGO Accountability Charter)」을 채택했다. 이 헌장은 국제 NGO를 위한 유일하게 전 지구적이고 부문 간 규제 이니셔티브(the only global, cross-sectoral regulatory initiative)라는 데 큰 의의가 있다.

2008년에는 이러한 헌장의 실효적 준수를 확보하기 위해 「국제 NGO 책임헌장 기구(International NGO Accountability Charter Ltd.)」를 설립하여 회원 NGO들의 헌장상의 약속 이행에 관한 보고서를 접수하고 심사하는 등의 역할을 하도록 했다. 이 기구의 이름이 2016년에 「Accountable Now」로 바뀌었으며 20개 이상의 국제 NGO가 포함되어 있다.

책임헌장에 서명한 국제 NGO들은 헌장에 포함되어 있는 다음과 같은 12개의 핵심적인 원칙들(core principles)을 준수할 것을 약속하고 있다: ⅰ) 보편적인 원칙에 대한 존중 ⅱ) 정치적이고 재정적인 독립 ⅲ) 책임감 있는 정책비판과 제언 ⅳ) 효과적인 프로그램 ⅴ) 비차별(non-discrimination) ⅵ) 투명성 ⅶ) 보고 ⅷ) 감사 ⅸ) 정보의 정확성 ⅹ) 바람직한 거버넌스(good governance) ⅺ) 윤리적인 기금모금 ⅻ) 전문적인 경영.

Accountable Now는 독립적인 심사패널(Independent Review Panel)을 두어 회원 NGO들의 12개의 책임에 대한 약속의 준수를 확보하고자 한다. 이 패널은 책임보고서(Accountability Reports)를 심사할 뿐 아니라 회원조직을 대상으로 불만이 제기된 경우 이러한 불만을 처리하는 역할을 한다.

일부 NGO들이 위에서 살펴본 것과 마찬가지로 법적 책임의 방식이 아닌 자기 규제의 방식으로 헌장이나 행동강령 등의 제정을 통해 원칙을 제시하고 지켜야 할 최소한도의 기준을 제시한다고 해도 실질적인 책임을 묻기에 충분하지 않다는 반론도 여전히 존재한다. 즉 NGO의 활동의 결과로 발생한 큰 피해에 대한 책임이 의도된 것이 아닐지라도 단순히 자기 규제의 수단에만 맡겨지기에는 너무나 중차대한 문제라는 시각도 존재한다. 좋은 의도로 이루어진 활동이라는 것만으

로 책임이 회피되어서는 안 된다는 것이다.23)

4. 투명성의 결여

　다수의 NGO들이 자원의 사용·의사 결정·거버넌스에 있어서 투명성이 결여로 인한 신뢰성의 위기(crisis of credibility)를 겪고 있다.24) 믿을 수 있는 정보의 가용성을 핵심적인 요소로 하는 투명성은 앞서 언급한 바 있는 NGO의 민주성뿐만 아니라 책임성과도 밀접하게 연관되어 있다. 이러한 NGO의 투명성이 왜 중요한가를 살펴보면 다음과 같다.

　ⅰ) 우선 투명성은 바람직한 거버넌스(good governance)에 가장 중요한 전제조건의 하나이다. ⅱ) 투명성은 정부나 개인 등 특정 NGO와 협력을 하고자 하는 행위자들로 하여금 해당 NGO의 활동을 잘 알 수 있도록 함으로써 이들이 NGO와 협력하는 것을 용이하게 한다. ⅲ) 투명성은 수혜자뿐 아니라 기금 제공자와 정부가 효과적으로 NGO를 규제하고 감시하는 데 필수적이며 NGO의 부패와 자원의 그릇된 배분을 막을 수 있는 중요한 수단이 된다. ⅳ) 적절한 정보와 더불어 수혜자·기금 제공자·정부는 NGO에게 그들의 활동의 성과에 대해 책임을 지도록 할 수 있으며 이로 인해 NGO는 활동의 성과와 효율성을 높이기 위한 노력을 부단히 하지 않을 수 없게 되며 이는 궁극적으로 NGO에게 지원의 증가를 가져다준다. ⅴ) 투명성은 NGO가 서로로부터 배울 수 있는 기회를 가져다준다. 즉 특정 NGO의 최적사례(best practice)가 정보공개를 통해 다른 NGO들에게 공유될 수 있게 된다.25)

　이러한 이유 때문에 NGO의 투명성을 높이라는 외부의 압력이 증가하고 있으나 적지 않은 NGO들은 여전히 믿을 수 있는 정보(즉 솔직한 정보)의 공유 등을 꺼리고 있다. 이러한 신뢰할 수 있는 정보의 공개를 꺼리는 이유들은 여러 가지

---

23) Michael Jennings, "International NGOs must address their accountability deficit," https://www.theguardian.com/global-development/poverty-matters/2012/feb/09/ngos-accountability-deficit-legal-framework (접속일: 2017년 8월 15일).

24) 투명성 가운데 가장 중요한 투명성은 재정적 투명성(financial transparency)이라고 볼 수 있다.

25) HAP의 「책임성과 질적 관리를 위한 HAP 기준(HAP Standard in Accountability and Quality Management)」은 이미 NGO의 책임성 결여 부분에서 언급한 바 있는데 이 기준은 NGO의 책임성뿐만 아니라 투명성을 동시에 강조하고 있다.

이겠지만 가장 큰 이유는 비현실적인 원조 제공자의 기대와 압력에 의해 크게 영향을 받는 경쟁적인 기금시장(funding market)에서 살아남기 위한 것이라고 볼 수 있다.26)

그러나 투명성 제고 압력에 긍정적으로 대응하는 NGO가 없는 것은 아니다. 국제 액션에이드(ActionAid International)·크리스천 에이드(Christian Aid)·옥스팜(Oxfam)과 같은 NGO들의 경우 「공개정보 정책(Open Information Policy)」을 시행하고 있다. 인도주의 활동과 개발협력 활동을 하는 NGO들을 구성요소로 하는 인도주의 책임성 협력관계(Humanitarian Accountability Partnership, HAP)는 책임성과 질적 관리 원칙에 기초한 자기규제 체제를 만들 것을 목적으로 「책임성과 질적 관리를 위한 HAP 기준(HAP Standard in Accountability and Quality Management)」을 설정하여 NGO들이 위기로 인해 영향을 받는 사람들에게 좀 더 많은 책임을 지고 좀 더 투명할 것을 촉구하며 책임감 있고 투명한 조직이 사람들의 필요를 좀 더 잘 충족시키고 실수와 남용 그리고 부패를 줄일 수 있다고 믿고 NGO의 책임성과 투명성을 강조해 오고 있다.27)

이러한 노력과 더불어 투명성 제고를 위한 이니셔티브와 캠페인도 진행되어 오고 있다. 예컨대 「에이드인포(Aidinfo)」라고 불리는 이니셔티브는 게이츠재단(Bill & Melinda Gates Foundation)과 휴렛재단(Hewlett Foundation)의 재정적 지원을 받아 「좀 더 나은 정보, 좀 더 나은 원조(Better Information, Better Aid)」라는 기치하에 원조 투명성을 통해 빈곤을 감소시키는 데 주력하고 있으며 「Publish What You Fund」라는 명칭의 캠페인을 전개하여 원조에 관한 정보가 투명하고 가용하며 효과적인 의사결정과 공적 책임 및 모든 시민들을 위한 지속적인 변화를 위하여 사용되는 세상을 만들기 위해 말 그대로 기금 제공자가 기금을 제공한 내용을 공식적으로 발표할 것을 촉구하고 있다. 그 밖에 「Who Counts」라는 캠페인은 NGO가 수혜자들에게 투명하고 포괄적인 재정보고를 할 것을 촉구해 오고 있다.28)

---

26) Ronelle Burger and Trudy Owens, "Promoting Transparency in the NGO Sector: Examining the Availability and Reliability of Self-Reported Data," *World Development*, Vol. 38, No. 9 (September 2010), 1263.

27) NGO Performance, "Transparency," https://ngoperformance.org/management/transparency/ (접속일: 2017년 12월 5일).

28) ibid.

5. 문제에 대한 단편적 접근

NGO가 전문적인 한 분야에 그들의 활동을 집중한다는 것이 하나의 장점이 될 수 있지만 특정 분야에만 집중함으로써 오히려 문제의 본질적인 해결책을 제시하지 못한 채 예기치 못한 다른 문제를 야기할 수 있다. 이러한 현상을 흔히 「터널비전(tunnel vision)」현상이라고 칭하는데 이는 터널 속으로 진입할 경우 터널 내부만 보이고 터널 바깥은 보이지 않듯이 시야가 아주 제한적이 되는 것을 의미한다.

유럽의 한 NGO의 노력으로 아동노동이 행해지는 방글라데시의 한 공장이 폐쇄되어 아동의 노동력이 착취되는 것을 막는 데는 성공했으나 일자리를 잃은 아동들이 생계를 위해 소년들은 마약거래의 잔심부름꾼이 되고 소녀들은 매춘을 하게 된 상황을 그 한 예로 들 수 있다.29) 선진국 NGO들이 개도국에서 아동노동이 금지되어야 한다는 입장을 강력하게 제기하나 개도국이 당면한 문제는 아동노동이 아닌 아동의 기아(famine)라는 점을 제대로 파악하지 않은 결과로서 보다 근본적인 문제인 기아문제에 대한 배려 없이 아동노동 문제에만 집착함으로써 오히려 더 심각한 문제를 야기하게 된 것이다.

또 한 예로서 아프리카에서 노예해방운동(anti-slavery campaign)을 벌이고 있던 미국의 한 NGO 활동을 들 수 있다. 이 NGO는 수단 남부에서 밀매되고 있는 노예의 해방에 앞장서 왔던 관계로 내전을 틈타 성행하는 노예매매를 보다 못해 자신들이 직접 돈을 주고 노예를 구입해 풀어주었다. 이에 대해 아무리 목적이 선하다고 해도 사람을 어찌 돈을 주고 살 수 있느냐의 비판이 제기되었고 이와 더불어 NGO의 노예 구입이 일부 무장 게릴라들의 인간사냥을 더욱 부추긴다는 비난이 유엔아동기금(UNICEF) 등 여러 국제기구들에 의해 제기된 바 있다.30)

끝으로 열대림 보호를 위한 NGO들의 예를 들어보고자 한다. 1980년대 후반 개도국의 열대림이 급속도로 감소하자 유럽의 환경 분야 NGO들이 열대림 목재의 불매운동을 전개하였다. 이러한 불매운동에 직면하자 목재업계는 지속적인 산림경영을 인증하고 거기에서 생산된 목재를 인증하는 「산림인증제도」를 생각하게 되었다.31) 열대림을 파괴하고 있는 목재기업을 실제로 감시한다는 것의 어려움을

---

29) 경향신문(인터넷), 1999년 8월 2일.
30) 중앙일보(인터넷), 1999년 10월 27일.

잘 알고 있는 열대림보호 NGO들 역시 열대목재의 사용을 제한하거나 불매하는 운동으로부터 산림인증제도 쪽으로 운동의 방향을 전환하게 되었다.

산림인증은 「산림경영인증(Forest Management Certification)」과 「목재인증(timber certification)」이라는 두 종류가 있다. 산림경영인증이란 산림을 지속 가능하게 경영하고 있는 목재기업에 부여되는 인증이고 목재인증은 산림경영인증을 받은 산림에서 생산된 목재나 이러한 목재로 만든 가구 등의 제품에 인증라벨을 부착하여 산림경영인증을 받지 않은 산림에서 생산된 제품과 차별화하는 인증이다.

그러나 이러한 산림인증제도와 관련하여 다음과 같은 지적이 제기되곤 한다. 지역에 따라 다소 차이가 있는 것은 사실이나 아시아와 남미의 열대림 국가에서는 대략적으로 열대목의 70% 이상 그리고 아프리카에서는 80% 정도가 연료로 쓰이고 연료로 쓰이지 않는 목재 가운데 80% 정도는 자신의 영토 내에서 사용되고 나머지 20%만이 상품화를 위해 국제시장에 나간다는 것이다. 따라서 선진국에서 선진국 NGO들이 이러한 산림인증제도를 시행한다고 해도 열대림 보호에 큰 영향을 결코 미치지 않는다는 것이다.

이러한 접근에의 대안으로서 보다 본질적으로 열대림을 보호하기 위해서는 열대목의 국제교역에만 신경을 쓸 것이 아니라 열대림 파괴의 보다 근본적인 요인인 저개발과 빈곤·외채·인구의 폭증과 같은 요인을 제거하는 것이 필요하다는 것이다.

이처럼 NGO들은 통상 어떤 정책을 취할 때 이러한 정책이 문제해결에 종국적으로 초래할 수 있는 여러 긍정적인 측면과 부정적인 측면을 충분히 고려하지 않는 경우들이 있어 통합적인 접근이 필요한 복합적인 상황에 단편적인 접근을 함으로써 이러한 상황을 제대로 다루지 못한다.

6. 문제에 대한 단기적 접근

국제 NGO들은 특정 문제를 다루는 데 있어서 장기적인 관점에서의 접근보다는 단기적인 관점에서의 접근에 치중함으로써 그들의 활동 대상인 현지 국가나 현지 NGO가 스스로 문제의 본질적 해결을 위한 역량을 발전시키고 축적할 수

---

31) 산림경영인증제도에 대한 보다 자세한 설명은 제5부 제11장 「NGO 기능의 변화」 부분을 참조하시오.

있는 기회를 박탈할 수 있다. 이는 국제기구에 주어지는 비판의 하나이기도 하다.

예컨대 특정 국가가 식량난에 허덕이고 있을 경우 NGO들이 이러한 국가에게 식량만을 단기적으로 긴급하게 제공함으로써 기아라는 사태를 일시적으로는 완화시키기는 하지만 장기적으로 보아 그 국가로 하여금 근본적으로 식량문제를 해결해야 할 절박함에서 해방시켜 「도덕적 해이(moral hazard)」를 가져오기도 한다.32) 국제 NGO가 오랜 시간에 걸쳐 개도국에 있어서 인도적 구호활동을 전개할 경우 개도국 정부로부터 이들 스스로가 이러한 일을 떠맡아야 한다는 압박감을 제거하여 문제의 근원적인 해결을 미루게 된다.

운용활동(operational activity)이라는 물적·인적 자원과 서비스를 제공하는 NGO들은 국가나 국제기구와 비교하여 좀 더 창의적이고 비용을 덜 쓰며 좀 더 효율적으로 사회 서비스를 제공할 수 있다는 비교우위의 경쟁력으로 인해 운용활동과 관련하여 중요한 행위자로서의 지위와 역할이 부여되곤 한다. 그러나 이러한 NGO에 대한 지나친 의존은 장기적으로 보아 개도국의 발전에 해가 될 수도 있다.

실제로 개도국에서 활동하고 있는 일부 국제 NGO는 사회적 서비스를 제공하는 데 있어서 현지 국가기관을 대신하는 경우가 종종 있다. 이들은 특정 개도국에 있어서 개발의 우선순위를 정하고 나아가 이들 나름의 해결책을 부과함으로써 개발을 위한 개도국의 역량구축(capacity-building)과 주인의식(ownership)을 훼손하기도 한다.

방글라데시의 경우 초등학교 연령의 학생들 가운데 40% 정도의 학생들이 NGO나 종교단체 혹은 공동체 조직에 의해 운영되는 학교에 등록되어 있다. NGO 등이 운영하는 이러한 학교는 교사의 봉급의 일부를 위해 정부로부터 부분적인 재정적 지원을 받는 것에 그친다. 고용된 사람의 숫자 면에서 세계에서 가장 큰 NGO인 방글라데시농촌발전위원회(Bangladesh Rural Advancement Committee, BRAC)는 이러한 비공식적인 초등교육계획(Non-Formal Primary Education Programme, NFPE)을 제공하는 가장 큰 NGO이다. BRAC의 이러한 교육 사업은 극도의 빈곤·폭력·이주·차별 등으로 인해 공식적인 교육에서 탈락한 불우한 아이들에게 배움의 기회를 제공하는 것을 목표로 한다. 이러한 BRAC의 교육은 창의적인 지도법과 현

---

32) 1999년 5월 5일 중국의 북경에서 3일간의 일정으로 개최된 대북지원 NGO들의 국제회의는 이러한 점을 고려하여 북한에 대한 긴급구호와 더불어 장기적인 발전 지향성 지원을 병행해야만 한다는 데에 인식을 같이 한 바 있다 (중앙일보(인터넷), 1999년 5월 5일).

지의 사정에 적합한 교육방법 등을 적용하는 것으로 유명하다. 학생들은 BRAC의 교육과정을 마친 후 적합한 수준의 공식적인 초등교육에 등록을 하여 교육을 지속할 수 있다.

이러한 기초교육의 제공이 정부의 의무임에도 불구하고 NGO가 정부의 책임을 대체하고 있음으로써 정부의 탈정당화(de-legitimization)가 이루어져 단기적인 긍정적 이득보다는 장기적인 부정적 손실이 클 것으로 본다. 이러한 현상은 선진국의 기금 제공자가 방글라데시 정부의 교육 서비스의 장기적 재건에 기금을 제공할 정도로 인내심을 가지고 있지 않는 한 계속될 것으로 본다.[33]

단기적 접근은 역량구축 및 주인의식의 훼손을 가져올 뿐 아니라 장기간 계속될 경우 자칫 개도국의 현지 토착 NGO가 발전할 수 있는 여지를 감소시킬 수도 있다. 이러한 이유로 일부 지각 있는 국제 NGO들은 활동을 개시하기에 앞서 언제 활동을 마치고 책임감 있게 떠날 것인가의 「출구전략(exit strategy or disengagement strategy)」을 계획한다. 즉 출구전략을 개시하려는 프로그램이나 프로젝트의 일부가 되도록 하는 것이다. 이러한 출구전략의 기본적인 목표는 NGO가 원래 목표한 바의 성과를 달성하고 현지를 떠난 후에도 NGO가 추구하던 목표가 자생적으로 지속 가능성(sustainability)을 갖도록 하는 것이다.

왜 NGO들이 장기적인 관점에서 보아 문제 해결에 보다 유용한 본질적인 해결책을 찾아내는 데 취약한가에 대해 생각해 볼 필요가 있다. 이는 NGO 회원들이 구조적인 변화를 가져오는 것을 의도한 의제를 추구하기 보다는 눈에 띄는 위협적인 것에 쉽게 동기유발이 되는 경향이 있고 기금 제공자도 장기간의 주목을 필요로 하는 것보다는 눈에 띄는 단기적인 결과를 약속하는 프로젝트를 선호하기 때문이다.[34]

많은 NGO들이 여전히 현지 주민들을 프로그램이나 프로젝트의 계획에서부터 모든 과정에 참여하도록 하고 이들을 세력화하며 문제해결의 주체가 되도록 능력을 함양하는 것보다는 기간시설의 건축과 서비스의 제공과 같은 하드웨어적인 접근에 집중하고 있다.

---

33) Richard Phinney, "A Model NGO?" http://www.globalpolicy.org/ngos/fund/2002/1205model.htm (접속일: 2017년 8월 14일).

34) Ann Marie Clark, "Non-Governmental Organizations and Their Influence on International Society," *Journal of International Affairs*, Vol. 48, No. 2 (Winter 1995), 507-525.

이러한 현상은 개발원조를 제공하는 선진국 정부와 세계은행(World Bank)과 같은 국제기구의 과거 원조행태에도 볼 수 있었다. 즉 이들은 과거에 개도국이 필요로 하는 도로와 교량 그리고 댐과 같은 기간시설(infrastructure) 등을 건설해 주는 하드웨어적 접근에 집중했다. 그러나 냉전의 종식된 후 원조의 효과성에 대한 관심이 높아지면서 수혜국의 주인의식과 참여적 접근을 강조하는 방향으로의 큰 변화를 가졌다.

OECD/DAC은 1996년에 「21세기 방향 짓기: 개발협력의 공헌(Shaping the 21st Century: The Contribution of Development Co-operation)」이라는 제하의 보고서에서 원조의 효과성을 위해 수혜국의 주도성·공여국과 수혜국의 협력관계·공여기관 간의 협력을 강조했다.

세계은행(World Bank)은 1999년에 빈곤감소를 주요 목표로 하는 「포괄적 개발체제(Comprehensive Development Framework, CDF)」를 수립하면서 빈곤완화를 위한 자구책을 담고 있는 「빈곤감소 전략보고서(Poverty Reduction Strategy Papers, PRSPs)」를 스스로 작성하는 등 합리적인 개발계획을 주도적으로 작성하는 개도국을 중점적이고 종합적으로 지원하고자 했다.

유엔개발계획(UNDP)도 개도국에 대한 지원의 방향을 개도국 스스로가 자발적으로 노력할 수 있는 여건을 조성해 주는 쪽으로 전환했다. UNDP는 일찍이 1980년대에는 주된 사업으로서 수익발생에 중점을 둔 개도국의 빈곤퇴치 프로젝트에 대한 기술지원(technical assistance)을 해왔을 뿐 개도국의 정책 자체에 영향을 미치기 위한 노력은 거의 하지 않았다.

UNDP는 「빈곤전략 이니셔티브(Poverty Strategy Initiative, PSI)」를 1996년에 시작하면서 이제까지 개도국의 지역 수준의 프로젝트를 지원하는 것으로부터 벗어나 국가 수준의 빈곤감소 정책과 전략 및 실행계획의 형성을 돕는 것으로의 전환했다. 이러한 이니셔티브는 빈곤에 대한 평가·가정조사(household survey)·빈곤감소 전략과 프로그램의 계획 등을 위한 개도국의 역량구축(capacity-building) 등을 지원하는 프로그램이다. 이러한 프로그램은 개도국 자신의 빈곤감소 프로그램의 형성·비판과 제언·역량구축에 커다란 영향을 미쳤다.35)

---

35) United Nations, General Assembly, *Implementation of the First United Nations Decade for the Eradication of Poverty(1997-2006) and Draft Programme of Action for the International Year of Microcredit*, A/58/179 (2005), 7-8.

구체적으로 이 프로그램은 개도국에 있어서 빈곤에 대한 정책토론을 자극함으로써 정책결정에 관한 지식을 창출했으며 정책결정자와 시민사회의 인식을 제고함으로써 빈곤을 다루는 일의 시급함을 알려주었다. 이 프로그램의 일환으로 개개 국가들로 하여금 빈곤감소 전략을 손수 작성하도록 함으로써 빈곤극복과 발전에 있어서의 주인의식을 고취하고 개별 국가에 적절한 개발전략을 계획하고 집행할 수 있는 역량구축의 긴요함을 알려주었다.

개발 관련 국제기구들과 원조 제공국들은 이러한 주인의식 이외에 원조의 효과성 제고를 위한 방편으로서 계획수립 단계에서 집행과 평가에 이르기까지 개발의 전 과정에 대중들이 참여하는 것을 중요시 여기는 「참여적 접근(participatory approach)」을 강조했다.

7. 특정 조건하에서의 민주주의 성장의 저해

민주주의가 부재한 국가에서 국제 NGO들이 인권의 열악함 등을 이유로 국제적인 압력을 행사하는 경우 긍정적인 결과를 가져올 수도 있다. 그러나 민주주의가 아직 정착되지 않고 형성 단계에 있는 국가에 있어서는 국제 NGO의 개입이 이들의 다원주의와 민주주의의 성장을 저해할 수도 있다.

이들 국가에 있어서 국내 NGO들이 역량을 제대로 갖추고 있지 않아 이들의 힘만으로 자국 정부의 정책 변화를 이끌어 낼 수 없을 경우 이들은 국제 NGO들과 연계하려는 성향을 보이기 마련이다. 이때 이들과 연계된 국제 NGO들은 직접 해당 국가의 정부에 압력을 행사하거나 우회적으로 해당 국가에의 원조 제공자·타국 정부·다국적 기업·국제기구·투자자들에게 압력을 행사하도록 한다.

이러한 과정에서 국제 NGO들은 현지의 국내 NGO와 무엇을 우선시할 것인가 등을 둘러싸고 차이를 가질 수 있는 관계로 현지의 국내 NGO가 특정 문제에 대해 지니고 있는 입장을 충실히 대변하지 못할 수 있다. 또한 이들 국제 NGO들의 개입으로 인해 현지 국가 내에 있어서의 경합하는 주장들의 다양성이 상실될 수 있고 갈등의 해결을 위한 현지의 정치기제(political mechanism)의 작동을 저해할 수도 있다.

요약하자면 현지 국가 내에서의 다양한 주장들이 현지 국가의 입장에서 검증되고 공개적이고 동태적인 과정을 통해 경합하는 이해관계가 타협에 이르는 과정이 이들 국제 NGO의 개입에 의해 차단되거나 왜곡될 수 있다. 그 결과 자생적인 민주주의가 제해될 수도 있다.36)

8. 윤리적 딜레마

앞서 NGO의 장점 중 하나로서 살펴본 NGO의 비정치적인 중립성과 독립성은 윤리적 딜레마를 야기하기도 한다. NGO는 구호(relief)라는 것은 소속이나 파벌에 관계없는 개인의 권리라는 원칙에 따라 활동하며 특히 인도적 지원을 하는 NGO들은 분쟁이나 갈등에서 어느 편을 들어서는 안 된다는 원칙에 따라 움직인다.

이러한 비정치적인 접근(apolitical approach)은 이러한 인도주의적 활동이 덜어주고자 하는 고통 뒤에 가려져 있는 이유에 대한 무관심을 의미한다. 이러한 독립성과 중립성으로 인해 구호활동을 하는 NGO들이 정치적인 상황을 무시하고 인도적 고려에 의해 난민캠프(refugee camp)를 설치 운영함으로써 대량학살을 도운 민병대원들(militia members)에게도 원조를 제공하게 되고 이로써 캠프가 극단주의자들의 힘의 근거지로 변하여 NGO의 의도와는 반대로 분쟁이나 갈등을 더욱 악화시키고 장기화하곤 하는 경우들이 있다.37) 이러한 현상은 내전에 휩싸였던 르완다(Rwanda)와 소말리아(Somalia) 등에서 자주 발생하곤 했다.

북한에서 활동하는 구호단체들은 기아와 질병에 시달리는 북한에 도움이 필요한 것은 의심할 의지가 없지만 자신들의 구호노력이 세계에서 가장 압제적인 정권을 지탱해주고 있다는 윤리적 딜레마에 봉착해 왔다. 이러한 상황 아래 적지 않은 구호단체들이 아직도 엄격한 규제를 받으며 북한에 남아 있는가 하면 일부 단체들은 짐을 싸서 북한을 떠나는 등 관련 단체들 사이에서조차 엇갈린 반응이 나타나고 있다.38)

독일 구호단체 소속으로 북한의 병원에서 의료 활동을 하다가 북한의 인권탄압 등을 비판했다는 이유로 강제로 추방을 당한 폴러첸(Norbert Vollertsen) 박사는 국제 구호단체들이 참담한 북한의 인권 상황을 도외시한 채 무조건적인 구호

---

36) Jennifer Bremer, "The Disintermediation of the State: NGO's and the Internet in Emerging Democracies," paper presented at the 2001 Independent Sector Spring Research Forum, Washington, D.C., March 15-16, 2001.

37) The Economist (January 29-February 4, 2000).

38) 연합뉴스(인터넷), 2002년 5월 23일.

활동만 펴는 것은 북한 현실을 개선하는 데 전혀 도움이 안 되고 있다는 점을 강조한 바 있다.[39]

정치를 비롯한 다른 사항에 대한 고려 없이 인도적 지원은 이루어져야 한다는 말을 비판적으로 살펴보아야 할 필요가 있다. 인도주의 의사단체인 「국경 없는 의사회(Médecins Sans Frontières, MSF)」가 아프리카 몇몇 지역에서 활동을 중지한 바 있는데 이는 이들이 르완다 내전에서 정치적 중립을 유지함으로써 자신들이 결과적으로 후투족 폭도들의 투치족 학살행위의 공범자가 되었다는 인식 때문이었다.[40]

최근 유럽이 막대한 수의 난민과 이주자(migrants)의 유입으로 몸살을 앓고 있다. 이러한 사태와 관련하여 NGO들의 적극적 구조와 구호활동 때문에 지중해 난민과 이주자들의 위험한 밀입국 시도가 늘고 있다고 유럽연합(EU) 국경관리청 청장이 비판을 가한 바 있다.

해양법에 따라 바다에서 조난당한 사람이나 선박을 누구나 구조할 의무가 있지만 유럽 선박이 리비아 근해에까지 가서 이주민을 태워오는 식으로 리비아 범죄조직의 밀입국 사업을 지원함으로써 밀입국업자들이 과거보다 더 적은 식량과 연료를 실은 항해 부적격 선박에 훨씬 더 많은 이주민을 태우게 된다고 주장했다. 그러면서 NGO들이 최근 리비아 해안에서 실시된 구조작업의 40%를 책임져왔다며 이 같은 구조 활동을 재평가할 필요가 있다고 강조했다.

리비아는 영해 주변에 일정한 구역을 설정하고 이 구역에 NGO 구조 선박이 접근하는 것을 불허하기 시작했다. 이탈리아 사법당국은 불법 난민 방조 혐의로 독일 난민 구조 NGO인 유겐트 레테트(Jugend Rettet, Youth Saves)의 난민 구조선을 몰수하기까지 했다.

이에 대해 NGO들은 구조 활동이란 생명을 살리기 위한 것 하나에만 목적을 두고 있으며 NGO들의 헌신이 없었다면 훨씬 더 많은 사람들이 죽었을 것이라는 반론을 제기해 오고 있다.[41] 그럼에도 불구하고 지중해에서 난민구조 활동을 해온 NGO들은 불법 난민에 대한 단속을 강화하고 있는 리비아와 이탈리아의 압박 속에 활동을 중지하는 결정을 내렸다. 여기에는 국경없는 의사회(MSF)·독일의

---

39) 조선일보, 2001년 1월 18일.

40) 경향신문(인터넷), 1999년 8월 2일.

41) 연합뉴스(인터넷), 2017년 2월 28일.

해상구조 NGO인 시-아이(Sea-Eye) · 세이브더칠드런(Save the Children) 등이 포함되어 있다.42)

9. 활동의 중첩과 조정의 어려움

NGO가 정부로부터 독립적이라는 사실로 말미암아 야기되는 문제로서 NGO들이 나름대로의 목표를 가지고 때로는 경합적으로 활동하기 때문에 위기상황에서 이들 간에 있어서 조정(coordination)이 제대로 이루어지지 않는다.

특히 긴급구호를 요하는 현장에 개개 NGO들의 개별적인 판단으로 식량 · 의류 · 약품 · 담요 등을 제공함으로써 필요로 하는 물품들이 골고루 제공되지 않고 특정 물품이 과도하게 제공되거나 특정 물품이 거의 제공이 안 되는 것과 같은 현상이 발생한다.

예를 들자면 소말리아(Somalia)와 르완다(Rwanda)에서 50개가 넘는 NGO들이 활동을 했는데 이들 간에 활동을 조정하는 조정이사회(Coordinating Council)가 존재하기는 했지만 효율적으로 작동하지 못해 이들 간의 활동이 특정 영역에서는 중첩되고 특정 영역에서는 어떠한 기구의 활동도 제대로 이루어지지 않는 비효율성을 노정시킨 바 있다.

이와 관련하여 유엔난민최고대표사무소(UNHCR)는 만약 정부들이 원조를 제공하는 데 있어서 다자적 국제기구가 아닌 NGO 채널에 과도하게 의존하는 경우 대규모 긴급구호에 있어 결정적으로 중요한 조정과 협력의 체계가 마비될 수 있다는 경고를 발한 바 있다.43)

유엔은 2005년에 인도적 활동을 하는 행위자들 간의 조정을 증진하고 인도적 대응에 있어서의 일관성을 향상시키기 위해 「클러스터 접근(Cluster Approach)」이라고 불리는 조정기제를 도입했다. 그러나 유엔의 조정 노력은 이것이 처음은 아니었다.

1991년에 유엔총회는 걸프전으로 인해 고향을 등질 수밖에 없던 사람들에 대한 인도적 지원이 조정의 부재로 중첩되면서 비효율성을 크게 드러내자 「유엔의 인도적 긴급 지원의 강화(Strengthening of the Coordination of Humanitarian Emer-

---

42) 연합뉴스(인터넷), 2017년 8월 14일.

43) P. J. Simmons, "Learning to Live with NGOs," *Foreign Policy*, No. 112 (Fall 1998), 82.

gency Assistance of the. United Nations)」라는 제하의 결의문(A/RES/46/182)을 통과시켜 인도적 분야에서의 조정을 위한 노력을 시작한 바 있다.

당 결의문은 인도적 지원의 근간과 일련의 지도원칙(guiding principles)을 제시했을 뿐 아니라 「기관 간 상설위원회(Inter-Agency Standing Committee, IASC)」를 비롯한 효율적인 조정을 위한 조직을 설립했다. 결의안의 권고에 의거하여 인도적 활동 분야에서의 조정기제를 지원하기 위해 1992년에 「인도지원국(Department of Humanitarian Affairs, DHA)」이 설립되었고 1998년에 「인도주의업무조정실(Office for the Coordination of Humanitarian Affairs, OCHA)」로 개편되었다.

2005년에 「인도적 개혁 의제(Humanitarian Reform Agenda)」라고 알려진 인도적 활동의 조정을 위한 주요한 개혁이 단행되어 예측성·책임성·협력관계를 향상시키기 위한 다수의 새로운 요소들을 도입했다. 이러한 새로운 요소들 가운데 하나가 바로 클러스터 접근(Cluster Approach)인 것이다.

여기에서 클러스터란 보건이나 식수 등과 같은 인도적 활동을 필요로 하는 주요 부문에서 공공의 목적을 위해 함께 활동하기 위해 모인 일단의 인도주의 기구들을 일컫는다. 여기에서 기구들이란 유엔의 기구뿐만 아니라 NGO와 같은 유엔 밖의 기구들도 포함한다.

어떤 클러스터를 수립할 것인가는 특정 부문에서 명백한 인도적 필요가 존재하고 부문 내에 다수의 행위자들이 존재하며 정부당국이 조정을 위한 지원을 필요로 할 경우에 「기구 간 상설 위원회(IASC)」에 의해 정해진다. 이러한 클러스터는 전 지구적 수준과 국가 수준에서 설립될 수 있다. 이러한 클러스터 접근은 파키스탄에서 지진이 발생하자 처음으로 적용되었으며 이 밖에 지진이 발생하고 24시간 내에 9개의 클러스터가 수립되었다. 즉 상황에 따라 어떤 클러스터는 수립되기도 하고 안 되기도 한다.

현재 전 지구적 수준에서 11개의 클러스터가 만들어져 있고 각 클러스터마다 전 지구적 클러스터 선도 기구(global cluster lead)가 정해져 있다.44) 11개의 클러스터와 이러한 개개 클러스터의 선도 기구는 다음과 같다: 캠프의 조정과 관리(갈등의 발생 경우는 UNHCR/자연재해의 경우는 IOM)·교육(UNICEF/Save the Children)·피난처(갈등으로 인한 국내 실향민의 경우 UNHCR/자연재해의 경우 IFRC)·긴급 전기

---

44) 개개 클러스터를 이끌어갈 선도 기구는 영어로 「cluster lead」 혹은 「cluster lead agency」라고 불린다.

통신(WFP/OCHA/UNICEF)·식량안보(FAO와 WFP)·보건(WHO)·조달(WFP)·영
양(UNICEF)·보호(갈등의 경우는 UNHCR/재난에 의한 국내 실향민과 갈등에 의해 영
향을 받는 국내 실향민 이외의 민간인의 경우는 UNHCR/UNHCHR/UNICEF)·물 및
환경 위생과 개인위생(UNICEF)·조기 회복과 클러스터 실무작업반(UNDP).

　위에서 보듯이 전 지구적 클러스터 선도 조직은 대부분 유엔기구이지만 Save
the Children이나 IFRC와 같은 NGO가 포함되어 있다는 것에 주목할 필요가 있
다. 이러한 전 지구적 선도 기구는 유엔의 긴급구호조정관(Emergency Relief Co-
ordinator, ERC)에게 보고하도록 되어 있다. 유엔 인도주의 업무 조정국(United
Nations Office for the Coordination of Humanitarian Affairs, UNOCHA)은 정책을
수립하고 클러스터 간의 문제를 조정하며 운용지침을 전파하고 현장지원을 조직
하기 위해 전 지구적 클러스터 선도 기구 및 NGO들과 긴밀하게 협력을 한다.

　클러스터 접근의 장점은 여러 가지인데 ⅰ) 우선 인도적 대응의 예측 가능
성·시의성·효과성을 개선할 수 있다는 점이다. 이는 전 지구적인 역량과 훈련
받은 전문가의 풀(pool) 등이 존재하기 때문에 가능한 것이다. ⅱ) 개개 부문의
활동에 대한 조정을 책임지는 클러스터의 선도 기구를 확실하게 둠으로써 좀 더
예측 가능한 리더십과 명백하게 정의된 책임을 확보할 수 있다는 점에서 중요한
의의를 가진다. 즉 인도적 활동의 주요 부문에서 지도력과 책임성을 강화할 수
있다. ⅲ) NGO와 관련하여 클러스터 접근이 가지는 중요한 의의는 유엔·세계
보건기구(WHO)와 같은 전문기구·국제이주기구(IOM)와 같은 기타 국제기구·
NGO들 간의 협력관계와 보완성을 향상시킬 수 있다는 점이다.

　이러한 클러스터 접근은 실시 이후에 2차례에 걸쳐 평가의 대상이 되었는데
인도적 대응에 긍정적인 영향을 미치고 있어 인도적 활동 부문에서 최적사례로서
평가받고 있다. 구체적으로 클러스터 접근은 인도적 행동의 효과성을 증대시켰으
며 인도적 구호 조정에 있어서 긍정적인 변화를 가져오면서 구호조정에 있어서
가정 적절한 체제라는 평가를 받아오고 있다.

　그러나 적지 않은 문제점을 지니고 있는 것도 사실인데 다음과 같은 문제점이
주로 지적된다. ⅰ) 예측 가능한 리더십에 있어서 큰 괴리가 존재한다. 이는 클러
스터 조정자(cluster coordinator)의 훈련 및 경험의 부족과 높은 이직률과 더불어
클러스터 선도 기구의 공정성의 결여에서 온다고 본다. ⅱ) 클러스터 접근이 영
향을 받는 사람들에 대한 책임성을 높이기 위한 충분한 기제를 결하고 있다는 지

적이다. ⅲ) NGO와 밀접한 관련을 가지는 문제점으로서 클러스터 접근은 NGO
로 하여금 주인의식과 관여(involvement)를 창출하지 못했다고 본다. 이러한 도전
은 클러스터 접근이 클러스터 선도 조직의 지시적인 리더십(directive leadership)
의 문제라고 지적하고 NGO를 포함한 다양한 인도적 구호활동 행위자들 간의 협
력적인 관계가 가질 수 있는 이점이 클러스터 접근에 의해 충분하게 실현되고 있
지 않다고 본다. 이는 강화된 협력관계라는 목표에도 불구하고 클러스터 접근은
중앙 집중화된 의사결정체를 촉진하는 데에 여전히 과도하게 집중하고 있다는 것
을 의미한다. 따라서 클러스터 선도 기구와 그 외의 클러스터 구성 기구들은 클
러스터 접근의 성공을 높이기 위해 협력적인 조정 노력의 기본 원칙들을 재검토
해야 한다.[45]

　　한국의 경우 1990년대 중반에 접어들어 해외원조에 나선 NGO들이 크게 증
가했다. 그러나 NGO들 간에 협의가 없는 가운데 개별적인 사업들을 전개하다 보
니 NGO간의 사업의 중복이 많아 한정된 자원의 비효율성이 크게 노정된 바 있
다. 이러한 문제점을 완화시키기 위해 선명회(World Vision)·한국국제기아대책기
구(KFHI)·굿네이버스(Good Neighbors)·유엔아동기금(UNICEF) 한국위원회 등
한국국제협력단(KOICA)에 등록된 26개 NGO가 모여 1999년 2월에 「한국해외원
조단체협의회(간단하게 줄여서 해원협)」를 출범시켜 이러한 문제를 해결하고자 했
다.[46]

10. 재정의 취약성

　　다수의 NGO들은 자원이 부족하고 이러한 부족한 자원마저 공급이 불안정하
게 이루어진다.[47] 제한된 자원을 둘러싼 NGO들 사이의 치열한 경쟁으로 인해
NGO들은 시간과 노력을 프로그램의 계획과 실행이 아닌 기금의 모금에 빼앗기
고 있는 것이 현실이며 지배적인 기금 제공자와 정치적인 기반을 달리 하는 상대

---

45) Vanessa Humphries, "Improving Humanitarian Coordination: Common Challenges and
　　Lessons Learned from the Cluster Approach," *The Journal of Humanitarian Assistance*
　　(April 30, 2013), http://sites.tufts.edu/jha/archives/1976 (접속일: 2017년 8월 15일)

46) 한국해외원조단체협의회는 2012년에 「국제개발협력민간협의회(Korea NGO Council for Over-
　　seas Development Cooperation, KCOC)」로 법인명이 바뀌었다.

47) 이러한 문제는 제12부의 제26장 「NGO의 재정」 부분에서 상세히 다루고 있다.

적으로 작은 NGO들의 경우 재정적인 취약성으로 인해 시민사회에서 퇴출되지 않을 수 없다.

NGO는 이러한 재정적 취약성으로 인해 종종 기금 제공자의 필요를 충족시키기 위해 설립되기도 한다. 예컨대 기금 제공자들이 개도국에 있어서의 바람직한 거버넌스(good governance)에 관심을 두자 아프리카 등에 시민교육 이슈들(civic education issues)을 다루기 위한 NGO가 우후죽순처럼 설립되기도 했다. 비슷한 맥락에서 기금 제공자가 환경과 여성의 세력화(women's empowerment) 문제에 관심을 갖자 이러한 문제를 다루는 다수의 NGO들이 생겨난 바 있다. 이처럼 재정적으로 취약한 NGO는 기금의 존재 여부에 따라 부침을 달리하는 모습을 보인다.[48]

NGO에 따라서는 기금을 확보하는 데 있어서 개인들뿐만 아니라 정부에도 의존해야 한다는 사실이 불행하게도 NGO의 정부로부터의 독립성에 심각한 장애요인으로 작용한다. 구체적 적지 않은 NGO들이 정부로부터 기금을 수용하고 있는데 이로 인해 NGO의 비정부적 성격이 약화되고 정부로부터 완전한 자율성을 확보하는 것이 어렵게 된다. 이러한 맥락에서 정부에 대해 지나치게 재정적으로 의존하고 있는 NGO를 일컬어「그림자 국가(shadow state)」라고 부르기도 한다.[49]

미국의 대규모 NGO들 가운데 해외에서 활동하는 많은 NGO들이 미국 정부로부터 기금을 제공받고 있다. 따라서 이들 NGO들은 해외에서 미국 정부가 우선시 하는 분야에서 일을 하면서 미국의 국익을 증진하는 데 간접적으로 이용될 수 있는 여지를 많이 가지게 된다. 예컨대 미국의 원조제공 기관인 미국 국제개발처(United States Agency for International Development, USAID)는 기금을 신청하는 NGO에게 엄격한 자격요건을 부과하고 이러한 요건을 충족시킨 NGO에게만 미국 정부가 승인한 특정 무상원조 프로그램을 개방하고 있다. 구체적으로 USAID에 등록이 되어 있는 NGO들만 신청이 허용되며 USAID에의 등록은 미국 정부에 의해 승인이 이루어진다.[50] 따라서 모든 신청자들은 미국의 국가정책에 적합한가

---

48) Sam Cheng, "Donors Shift More Aid to NGOs," http://www.globalpolicy.org/ngos/issues/chege.htm (접속일: 2017년 8월 17일).

49) Jennifer Wolch, *The Shadow State: Government and Voluntary Sector in Transition* (New York: The Foundation Center, 1990).

50) Natsios Andrew, "NGOs and the UN System in Complex Humanitarian Emergencies: Conflict or Co-operation," in Thomas G. Weiss and Leon Gordenker, eds., *NGOs, the*

의 여부에 따라 사전에 걸러질 수 있는 것이다.

개발원조 분야에서 활동하는 NGO들은 1980년대에 전 지구적인 영향력을 증대하고 저개발국의 개발을 증진하기 위해 운용활동 예산과 직원을 크게 늘리는 전략을 추구했다. 그러나 이러한 전략은 개발 NGO들이 원래 추구하던 목표와는 달리 NGO들을 원조 제공국이나 개발원조를 제공하는 국제기구에 대한 의존도를 높여 NGO를 이들이 우선시하는 필요를 충족시켜야만 하는 계약자(contractor)의 지위로 전락시켰다.

다시 말해 개발 NGO들이 국제기구나 개발원조기구에 포섭이 되거나 통제의 대상이 됨으로써 원래 의도한 저개발국의 개발에 일정한 역할을 하겠다는 목표는 제대로 달성되기 어렵게 되었다. 같은 맥락에서 개발 NGO들은 일반적으로 원조 제공국이나 개발원조기구에 의해 이들의 프로젝트의 단순한 집행자(implementer)로서 간주되고 정책결정에의 참여자로서의 지위가 제대로 인정되지 않고 있다.

재정적인 취약성은 기금 제공자에 대한 의존과 더불어 이들로부터의 독립성의 결여를 가져오는 것에 그치지 않는다. 재정적인 취약성은 NGO들로 하여금 소규모의 단편적인 프로그램에만 관여하게 만든다. 에이즈 희생자들을 돕는 NGO의 사례가 이러한 것을 잘 보여준다. 에이즈 문제는 빈곤·성교육·매춘·수입 창출(income generation)·여성과 아동의 권리·건강·학교교육 등과 같은 다양한 문제들과 복합적으로 면밀하게 연관되어 있다. 따라서 에이즈 문제가 충실하게 해결되기 위해서는 이러한 문제들이 복합적으로 해결이 되어야 하는데 재정의 취약성으로 인해 이러한 문제의 하나 혹은 소수의 문제에만 치중하도록 만든다.

11. 기금의 비효율적 집행

NGO들은 기금의 비효율적인 집행으로 말미암아 기금의 이용과 관련하여 투명성이 요구되고 있으며 좀 더 효율적으로 영향을 입증하고 측정할 것을 요구받기도 한다. 이러한 기금의 비효율적인 집행을 보여주는 사례는 적지 않다.

난민 등이 직면하고 있는 처절한 실상이 언론을 통해 전 세계적으로 알려지게 되면 많은 기금 제공자들이 기금을 제공하고자 한다. 이어 이러한 기금을 둘러싸고 많은 NGO가 난립하면서 쟁탈전이 벌어지게 된다. 이들 난립하는 NGO들 가

UN, and Global Governance (Boulder and London: Lynne Rienner Publishers, 1996), 68.

운데는 지원금만을 노린 사이비 NGO들이 있는가 하면 지원금을 비전문가들이 체계적이지 않고 비효율적으로 운영하면서 마구 낭비하는 NGO들도 있다.[51]

실제로 1996년 자이르(현 콩고 민주공화국) 동부지역의 르완다 난민 구호활동에 참여를 신청했던 170개 국제 NGO 중 $\frac{1}{3}$ 정도가 구체적인 활동도 하지 않은 채 해체되었고 구호사업을 위해 확보한 총 14억 달러 중 1억2천만 달러가 증발하는 일도 발생했다. 소말리아에서는 유엔의 지원금을 노리고 일반 회사들이 하룻밤 사이에 NGO로 둔갑하는 경우도 발생했다. 이 때문에 NGO들에게도 국제표준화기구(ISO)가 발급하는 인증 자격증과 유사한 것을 부여함으로써 자격을 갖춘 NGO들만이 각국 정부로부터 재정지원을 받거나 기업이나 민간인들로부터 우선적으로 후원금을 받을 수 있도록 하자는 주장이 제기된 바 있다.[52]

지원금이 애초 의도하던 지원에 사용되지 않고 다른 용도로 대거 전용되는 경우도 존재한다. 예컨대 2001년 9·11테러 이후 유엔과 국제 NGO들을 위시한 많은 지원 단체들이 아프가니스탄에서 활동하고 있었다. 구체적으로 아프간 전역에 500여개가 넘는 지원 단체들이 있었고 수도 카불에만도 100여개가 넘는 단체들이 활동하고 있었다.

수십억 달러에 이르는 지원금의 대부분이 아프가니스탄의 과도정부에 대한 불신 속에서 이들에 의해 집행되고 있었는데 이들의 지원이 아프가니스탄 사람들의 피부에 별로 와 닿지 않았다. 그 이유 중 하나가 바로 이들이 지원금의 70% 이상을 자신들의 월급·사무실 임대료·여행경비 등으로 사용했기 때문이다.[53]

또한 전 세계에서 가장 성공적이고 모범적인 환경운동을 전개해 온 것으로 평가받는 독일 환경 NGO들의 재정 투명성이 부족하다는 주장이 제기되어 논란이 된 바 있다. 환경소비자 전문 잡지인 「외코테스트(Öko-Test)」가 독일 환경 NGO 가운데 상당수가 관료주의적이며 재정운영이 투명하지 못하다는 조사결과를 발표했다. 구체적으로 이 잡지는 NGO들이 수령한 기부금이 관료주의의 늪 속에 빠지고 있고 고도의 창조적인 장부정리 방식을 통해 숫자들이 왜곡되고 있다고 주장했다. 특히 독일 1, 2위의 환경 NGO인 분트(BUND)와 나부(NABU)의 경우 기부

---

51) 많은 NGO들이 난민촌에 와서 활동하는 척하다가 사진만 찍고 가는 경우가 많다 (한겨레신문 (인터넷), 1999년 6월 4일).

52) 중앙일보, 1997년 7월 2일.

53) 한겨레신문(인터넷), 2002년 10월 20일.

금과 회비의 상당액을 상근자들의 급여 지출에 사용하고 있다고 비판했다. 예컨대 분트의 경우 연간 예산의 38%만 캠페인 등 실제 사업에 사용한다고 지적했다. 일부 NGO는 기부금 사용 내역을 제대로 밝히지 못했다고 잡지는 주장했다.54)

기금의 비효율적인 사용은 국경을 넘어 활동하고 있는 한국의 NGO들도 예외가 아니다. 2003년 이라크 전쟁이 끝난 후 한국의 NGO들이 앞을 다투며 이라크의 구호활동에 뛰어들었다. 이들의 구호활동은 의료진 파견을 중심으로 행해졌는데 실상 이라크는 공공 의료보건체계가 잘 갖추어져 있어 의료진의 파견을 절실하게 필요로 하지 않았다. 이러한 현지 사정에도 불구하고 의료진을 파견한다고 해야 모금이 제대로 이루어진다는 현실 때문에 의료진의 파견이 지속된 바 있다. 그 결과 일부 의료진은 의료봉사를 할 기회를 갖지 못하는 등 많은 시간과 비용을 낭비했고 그 결과 의료진의 파견이 아닌 현지가 필요로 하는 의약품으로의 전환이 시급하다는 지적이 제기된 바 있다.55)

이러한 종류의 사례들이 일반 대중들에게 NGO 전반에 걸친 불신을 야기할 수도 있다는 우려 속에 국제적십자사연맹(IFRC)을 위시하여 인도적 활동을 하는 일단의 NGO들이 1994년에 공동으로 10개 항목으로 구성된 「행동강령(code of conduct)」을 제정하여 NGO들로 하여금 자발적으로 서명하고 이를 준수하도록 했다.56) 이러한 행동강령의 준수 여부를 감시할 책임을 지니며 강령의 준수를 고무하거나 나아가 강제할 권한을 가진 기구가 부재한 것이 문제로서 지적되곤 하지만 많은 NGO들이 자발적으로 서명을 했다.

행동강령의 10개 항목은 다음과 같다: ⅰ) 인도주의가 지시하는 것(humanitarian imperative)이 우선해야 한다. ⅱ) 원조는 수혜자의 인종이나 믿음(creed) 혹은 국적에 관계없이 그리고 어떤 종류의 불리한 차별 없이 주어져야 한다. 원조의 우선권은 단지 필요에만 기반을 두고 계산되어야 한다. ⅲ) 원조는 특정의 정치적 혹은 종교적인 입장을 증진하기 위해 사용되어서는 안 된다. ⅳ) NGO들은 정부의 대외정책의 도구로서 활동하지 않도록 노력해야 한다. ⅴ) NGO들은 문화와 풍습을 존중해야 한다. ⅵ) NGO들은 재난에 대한 대응을 지방의 역량 위

---

54) 연합뉴스(인터넷), 2002년 11월 2일.

55) 시민의 신문, 2003년 5월 26일.

56) 행동강령에는 IFRC 이외에 다음과 같은 NGO들이 참여했다: ICRC · Caritas Internationalis · Catholic Relief Service(CRS) · International Save the Children Alliance(ISCA) · Lutheran World Federation(LWF) · Oxfam · World Council of Churches(WCC).

에 구축하도록 노력해야 한다. vii) 구호 원조를 관리하는 데 있어서 프로그램의 수혜자를 포함하기 위한 방법이 찾아져야 한다. viii) 구호 원조는 재난에 대한 미래의 취약성을 감소시키고 기본적 필요를 충족시키기 위해 노력해야만 한다. ix) NGO들은 두 대상 즉 자신들이 도움을 주고자 하는 대상들과 자신들에게 자원을 제공하는 대상에게 책임을 져야 한다. x) NGO들은 그들의 정보활동·홍보활동·광고활동에서 재난의 희생자들을 절망적인 대상이 아닌 존중받아야 하는 인간임을 인정해야 한다.

이러한 행동강령을 제정하게 된 배경은 다음과 같다. i) 매년 수천만 명이 재난에 취약하며 재난에 영향을 받으며 이러한 수는 꾸준히 증가하고 있다. ii) 재난구호는 실질적으로 많은 액수의 사적인 기부나 세금으로 충당되는 등 이제 더 이상 소규모 사업이 아니다. iii) 많은 개도국에 있어서 정부의 역할과 능력이 감소함에 따라 인도적 기구들이 점차적으로 빈자들을 돕도록 남겨진 유일한 기구가 되고 있다. iv) NGO들이 기금 제공자가 원하는 정책을 수행하는 매개자로서 활동하고 다루기 어렵지 않은 일과 언론이 주목하는 일을 추구하는 등 재난으로 영향을 받는 사람들의 필요와는 다르게 행동을 한다는 비난이 증가하고 있었다.[57]

12. 언론에의 의존

NGO의 성공적인 활동은 언론에 크게 의존하고 있다. 이는 NGO들은 언론의 도움 없이 회원과 기금을 확보하고 세력을 유지하거나 확장하는 것이 쉽지 않기 때문이다. 1992년에 브라질의 리우데자네이루에서 개최된 유엔환경개발회의(UNCED)에서 NGO들이 국제적인 세력으로 등장할 수 있었던 가장 중요한 이유 가운데 하나도 바로 이 회의에 취재 차 대거 참석한 9,000명이 넘는 저널리스트들의 덕이었다고 본다.[58] 이러한 언론에의 의존은 다음과 같은 여러 가지 문제점들을 동반하는 것 역시 사실이다.

---

57) Relief and Rehabilitation Network, "Code of Conduct for the International Red Cross and Red Crescent Movement and NGOs in Disaster Relief," https://www.ndsu.edu/fileadmin/emgt/1994_Code_of_Conduct.pdf (접속일: 2017년 8월 18일).

58) Michael Bond, "The Backlash Against NGOs," *Prospect Magazine* (April 2000), http://www.globalpolicy.org/ngos/backlash.htm (접속일: 2017년 8월 18일).

첫째, NGO들은 어떻게 하면 언론의 주목을 받아 기금 제공자로부터 기금을 얻어낼 수 있을지를 우선적으로 고려하게 된다. 따라서 소말리아에서 보듯이 기근이 절정에 이르러 이미 많은 희생자가 발생한 후 이러한 사실이 언론의 주목을 받고 나서야 비로소 기금을 제대로 확보할 수 있고 이를 근간으로 NGO의 활동이 전개된다. 그 결과 그들이 봉사하고자 하는 수혜 대상의 필요를 적절한 시점에 충실하게 고려하지 못하게 된다.

둘째, 언론으로부터 주목을 받기 위한 NGO들의 노력은 현재 언론으로부터 집중적인 관심을 받고 있는 이슈로 관심을 옮겨가게 한다. 이러한 예로서 근래에 지구온난화(global warming)의 문제가 국제환경 문제 중 언론의 주목을 가장 많이 받고 있음으로 인해 생물다양성의 보전을 위시한 다른 환경문제들이 시급한 해결을 요하는 중요한 환경문제임에도 불구하고 NGO들의 관심이 높지 않은 것을 들 수 있다.

셋째, 언론으로부터 주목을 받기 위한 NGO들의 노력은 현재 언론이 관심을 집중하고 있는 지역으로 활동을 이동시키는 현상을 야기한다. 이러한 예로서 언론이 북한의 식량위기를 집중적으로 부각시킬 경우 이제까지 아프리카의 기아문제에 일정한 정도 관심을 두고 있던 NGO들의 관심이 북한지역으로 이동하고 미국에 대한 테러와 더불어 아프가니스탄의 식량사정이 언론에 집중 부각되면서 NGO들의 관심이 다시 이곳으로 이동하는 것을 예로 들 수 있다.

넷째, NGO들이 잘못되거나 정확하지 않은 정보를 가지고 여론을 왜곡할 수 있으며 언론으로부터 주목을 받기 위해 NGO들은 사실을 과장하기도 한다. 예컨대 코끼리의 상아 교역을 금지시키기 위해 관련 NGO들이 아프리카에 있어서의 코끼리 수가 줄고 있다는 것을 사실보다 과장되게 발표를 한다든가 고래보호 운동을 전개하고 있는 NGO들이 노르웨이 어민들이 여러 고래 종류 중 밍크고래만을 잡아왔음에도 불구하고 이로 인해 모든 고래가 멸종위기에 처해 있다는 발표를 했다는 것 등을 그 예로 들 수 있다.[59]

2007년 환경운동단체들은 북극의 빙하가 사상 최저치를 기록했다는 미국 항공우주국(NASA) 등의 발표를 근거로 기후변화로 인해 환경재앙이 곧 닥칠 것처럼 주장했지만 같은 해에 남극의 빙하는 오히려 거꾸로 늘어나 빙하의 전체량은 평

---

59) Michael Bond, "The Backlash Against NGOs," *Prospect Magazine* (April 2000), http://www.globalpolicy.org/ngos/backlash.htm (접속일: 2017년 8월 18일).

균수준에 머물렀다는 사실을 숨겼다.60)

덴마크의 통계학 교수이자 그린피스의 회원이었던 롬보르(Bjørn Lomborg)는 인구폭탄과 자원고갈로 인해 환경이 위기에 처해 있다고 주장하는 환경주의자들을 공격하는 학자인 사이먼(Julian L. Simon)에 반감을 가지고 그의 논리를 객관적인 통계를 통해 반박하고자 저서의 집필을 계획한 바 있다. 이를 위해 자료를 수집하고 연구하는 과정에서 오히려 사이먼의 주장을 옹호하게 되었고 환경단체와 환경주의자들이 환경과 관련하여 제공하는 정보와 이들이 제시하는 주장이 지나치게 과장됐다는 결론에 이르게 된 바 있다.61) 이는 식량의 위기나 환경의 위기가 과장된 통계나 예측에서 비롯된 것으로서 지나치게 종말론적 위기의식은 불러일으키는 것에 대한 반발이라고 볼 수 있다.

13. 일방적 가치의 전파

국제 NGO들 가운데 환경이나 군축과 같은 문제를 다루는 NGO들은 선진국과 개도국 모두를 대상으로 자신들이 추구하는 대의(cause)를 실현하기 위해 활동한다. 이와는 달리 인권이나 개발과 같은 문제를 다루는 선진국 소속의 국제 NGO들은 개도국을 주된 대상으로 하여 자신들이 추구하는 가치를 실현하기 위해 활동한다.

개도국에서 현지 주민들 속에 토착적인 기반 없이 외부의 기금에 의존하여 개발원조를 제공하는 선진국 NGO들은 19세기 기독교 선교사가 그랬던 것처럼 별다른 고려 없이 서구적 가치나 그들 자신의 생각을 선전하고 부과하는 역할을 하는 경향이 있다.62) 선진국 NGO로부터 재정적인 지원을 받고 있는 개도국의 NGO들은 비록 개도국 내에서 독립적이고 자율적인 행위자로서 간주되지만 이들을 지원하는 선진국 NGO들의 가치를 떠안도록 강요되거나 떠안는 경향을 보인다.

예컨대 개도국에 있어 과도한 인구가 문제가 된다는 선진국 기금 공여자들의

---

60) Chosun Biz(인터넷), 2017년 10월 29일.

61) Bjørn Lomborg, *The Skeptical Environmentalist: Measuring the Real State of the World* (Cambridge: Cambridge University Press, 2001). 이 책은 다음과 같이 한국어로도 번역되어 있다: 비외른 롬보르, 김기웅 옮김. 「회의적 환경주의자」 (서울: 살림출판사, 2008).

62) 선진국 NGO들이 대부분 서구의 가치와 의제를 진작시키고자 한다는 논의는 다음을 참조: Thomas Carothers, "Civil Society," *Foreign Policy*, No. 117 (Winter 1999/2000), 18-29.

생각에 따라 개도국에서 인구와 산아제한 프로젝트를 실시하는 NGO들이 불임수술을 받는 현지인들에게 돈을 지불하는 경우가 있어 논란거리가 되기도 한다.63) 논란이 되는 이유는 빈곤한 개도국의 사람들이 빈곤 때문에 자신들의 생식권(출산과 생식에 관한 자기결정권)을 포기하도록 거의 강요가 된다는 점에서 윤리적인 문제를 야기하기 때문이다.

NGO에 의한 서구적 가치의 유입에 대한 현지 국가의 저항도 만만치 않다. 파키스탄에서 회교 지도자들이 NGO 전반에 대한 반대 캠페인을 벌이는 한편 여성들에게 무료 교육과 건강관리를 위한 자문을 제공하는 NGO인 「여성과 아동복지기구(Woman and Children Welfare Organization)」를 위시한 미국이나 유럽 혹은 유태인들로부터 기금을 제공받고 있는 NGO들을 회교의 정체성과 사회가치를 제거하고 외설과 기독교 신앙 등을 전파하고자 하는 서구의 앞잡이라고 싸잡아 비난하면서 온갖 협박과 위협을 가한 바 있다.64)

회교국가인 아프가니스탄에서도 파키스탄에서와 비슷한 일이 전개된 바 있다. 회교 원리주의 집권세력이었던 탈레반(Taliban)은 독일·영국·네덜란드·세계식량계획(WFP) 등으로부터 지원을 받는 구호전문 국제 NGO인 쉘터나우인터내셔날(Shelter Now International, SNI)이 기독교를 전도했다는 이유로 사무소를 폐쇄하고 외국인 8명을 포함하여 24명의 구호요원을 체포한 바 있었다.65)

한국의 종교단체가 자체적으로 개발 NGO를 건립하거나 다른 주체에 의해 건립된 개발 NGO를 지원함으로써 한국의 개발 NGO의 발전에 기여한 바가 크다. 그러나 자체적으로 개발 NGO를 건립한 종교단체의 일부가 보편적인 인류애에 기초한 국제적인 공익의 추구보다는 특정 종교의 전파에 궁극적인 목적을 둠으로써 국제적으로 적지 않은 저항을 야기하고 있는 것도 사실이다. 특히 외국 종교단체의 선교가 허용되지 않는 국가에서 NGO라는 이름하에 합법을 가장하고 들어가 파견 목적 이외의 활동인 포교활동과 나아가 현지 종교인들의 개종을 유도함으로써 현지인의 반발을 사기도 한다. 이러한 현지인의 반발이 테러를 유발할지

---

63) The Economist (January 29-February 4, 2000).

64) 이러한 NGO를 반대하는 캠페인이 파키스탄을 지배하고 있는 군부 내에서의 온건파와 보수파 사이의 권력 다툼의 결과이며 권위주의적 세력들에게 있어서 NGO는 변화의 매개자로서 인권·민주주의·문명화된 지배규범의 요구를 통해 자신들의 권위에 도전할 가능성이 있는 위협적인 세력으로 간주하고 있다는 분석이다(Newsweek, 2000년 10월 2일).

65) 세계일보(인터넷), 2001년 8월 6일.

모른다는 우려도 낳고 있다.

　이러한 문제는 단지 NGO에게만 국한된 문제가 아니라 국제기구 역시 이러한 문제로부터 자유롭지 않았다. 이는 개발에 관여해 온 국제기구들의 개발정책의 변화에서 발견된다. 구체적으로 이들은 1980년대의 구조조정과 경제개혁을 목표로 한 개발원조 정책이 개도국에게 별 다른 성과를 가져다주지 못한 것은 개도국의 처한 발전단계 등 이들이 지닌 특수성을 무시한 채 서구적 가치에 편도가 된 정책과 제도를 이식하고자 했기 때문이라고 진단하고 냉전이 종식과 더불어 1990년대에 접어들어 개발원조의 효과성(effectiveness)을 위해 수혜국의 주인의식을 강조하는 접근과 수혜자의 참여를 강조하는 참여적 접근으로 정책적인 변화를 가한 바 있다.

14. 견해 차이로 인한 효과적 로비의 어려움[66]

　NGO들 사이에 존재하는 견해 차이가 정부나 국제기구를 대상으로 하는 로비를 제한한다. 예컨대 야생 동식물 보존을 둘러싸고 일단의 NGO들은 절대적인 보호를 주장하고 다른 일단의 NGO들은 지속 가능한 관리(sustainable management)를 주장하는 등의 견해 차이를 가지고 있다.

　일단의 NGO들은 세계화 자체를 반대하는가 하면 일단의 NGO들은 세계화를 부정하지는 않지만 인간의 얼굴을 한 세계화(globalization with a human face)를 주장하는 등의 차이를 보이기도 한다. 일단의 NGO들은 산림보호를 위해 벌목금지를 주장하나 일단의 NGO들은 목재라는 것을 화석연료를 대체할 수 있는 지속 가능한 자원이라는 측면에서 접근하기도 한다.[67]

15. 실현 가능한 대안 제시 없는 비판

　정부정책을 비판하는 NGO들 가운데 일부 NGO들은 실현 간능한 대안의 제시 없이 비판만을 제기하는 경우들이 적지 않다. 이러한 성향은 국제적으로 지명

---

66) NGO들 사이의 견해 차이에 대해서는 제10부 제22장 「NGO들의 경쟁적 상호관계」 부분에서 상세히 언급하고 있다.

67) Michael Bond, "The Backlash Against NGOs," *Prospect Magazine* (April 2000), http://www.globalpolicy.org/ngos/backlash.htm (접속일: 2017년 8월 18일).

도가 높은 NGO에게 있어서도 예외가 아니다.

1971년에 창설된 국제적인 환경단체인 그린피스(Greenpeace)의 창설 멤버이자 핵심 운동가 중의 한 사람이었던 무어(Patrick Moore) 박사는 1986년에 그린피스를 떠난 바 있다. 그가 떠난 이유는 그에 따르면 그린피스가 원자력에 대해 전문적인 과학적 지식 없이 원자력 발전소의 건설을 반대하는 한편 경제성이 적고 발전 여력이 부족한 태양열과 풍력 발전만을 대안이라는 식으로 주장했기 때문이다.

그는 현실적인 대안의 제시 없이 비판을 하는 이러한 성향은 그린피스에 국한한 것이 아니라 다른 다수의 환경운동단체도 예외가 아니라고 본다. 즉 환경운동단체 다수는 신뢰할 수 있는 과학적 근거의 제시 없이 화력·수력·원자력 발전을 반대하며 친환경적이라는 이유만으로 세계 에너지 수요를 충당할 수 없는 태양열·태양광·풍력 발전을 대안 에너지원으로서 옹호한다고 주장한다.

그에게 있어서도 원자력 발전이란 위험성이 전혀 없는 에너지원이라는 것은 결코 아니며 이 때문에 우리가 할 일은 원전 폐기가 아니라 원자력을 어떻게 좀 더 안전하게 이용해야 할 것인지를 연구하는 일인 것이다. 즉 원자력 발전의 문제란 폐기할 것인가 현재의 상태로 지속할 것인가의 2분법적 문제가 아니라 개선의 문제인 것이다.[68]

---

68) Chosun Biz(인터넷), 2017년 10월 29일.

제**5**부
NGO의 기능

제 9 장
NGO의 기능 일반[1)]

    NGO가 수행하는 기능은 여러 학자들에 의해 다양하게 분류되어 왔다. 예컨대 시몬스(Peter J. Simmons)는 정부나 정부간기구의 의사결정 과정에 대한 NGO의 영향이라는 관점에서 NGO의 기능을 ⅰ) 정부나 정부간기구의 의사 결정자들에게 특정의 주제에 관심을 갖도록 하는 기능인 의제설정 기능(agenda-setting function) ⅱ) 대안적인 언어나 해결책을 제시함으로써 조약 등의 체결을 용이하도록 하는 기능인 결과물에 대한 협상 기능(outcome-negotiating function) ⅲ) 다양한 이슈나 결과물 혹은 제도들에 대한 대중들의 지지를 촉진하는 기능인 정당성 부여 기능(legitimacy-conferring function) ⅳ) 국가나 다른 행위자들로 하여금 그들의 약속에 따르도록 하는 기능인 해결책을 집행하는 기능(solution-implementing function)으로 구분하고 있다.[2)]

    학자에 따라서는 NGO이 기능을 ⅰ) 정보를 수집하고 전파하며 분석하는 기능 ⅱ) 의제설정과 정책개발 과정에 투입을 제공하는 기능 ⅲ) 물적 인적 서비스를 제공하는 운용활동 기능 ⅳ) 환경 등과 같은 특정 분야에 있어서의 상황을 평가하고 협정의 준수여부를 감시하는 기능 ⅴ) 환경 등 특정 분야에 있어서의 정의(justice)를 옹호하는 기능으로 분류하기도 한다.[3)]

    이처럼 NGO의 기능에 대한 다양한 분류가 존재하지만 여기에서는 NGO의 기능을 정보 기능·교육 기능·운용활동 기능·규칙의 감시 기능·국제제도의

---

1) Shirin Sinnar, "Mixed Blessing: The Growing Influence of NGOs," *Harvard International Review* (Winter 1995/96), pp. 36-40의 일부 참조.

2) Peter J. Simmons, "Learning to Live with NGOs," *Foreign Policy*, Vol. 112 (Fall 1998), pp. 82-96.

3) Barbara Gemmill and Abimbola Bamidele-Izu, "The Role of NGOs and Civil Society in Global Environmental Governance," in Daniel C. Esty and Maria H. Ivanova, eds., *Global Environmental Governance: Options & Opportunities* (New Haven, CT: Yale School of Forestry & Environmental Studies, 2002), pp. 77-100.

형성/저지/변경 기능·정책 비판과 제언 기능으로 나누어 하나씩 살펴보고자 한다. NGO의 기능과 관련하여 주의할 것은 하나의 NGO가 하나가 아닌 여러 가지의 기능을 수행할 수 있으며 복수의 NGO들이 협력을 통해 하나의 기능을 수행하는 경우도 있다는 점이다. 예컨대 국경없는 의사회(MSF)의 경우 일반적으로 환자의 치료라는 운용활동 기능만을 수행하는 것으로 알고 있으나 이러한 기능 이외에 여론을 이끌어 내어 의료 환경을 바꾸기 위해 정책 비판과 제언의 기능 역시 중요한 기능의 일환으로서 수행하고 있다.

1. 정보 기능(informational function)

정보 기능이란 NGO가 공통적으로 관심을 갖는 일에 관련된 정보(즉 자료나 견해)를 수집하고 분석하며 교환하고 전파하는 기능을 의미한다. 예컨대 NGO는 세계 각지에 있어서의 인권의 침해에 관한 실태에 대한 정보를 제공하고 아동노동 등 아동의 인권침해 실태에 대한 정보를 제공하는 등 이러한 정보의 제공을 통해 문제에 대한 관심과 문제해결을 위한 노력을 촉구한다.

NGO들은 또한 인구증가에 상응하는 수자원 확보의 어려움이 국가들 간에 갈등의 원인이 될 것이라는 경고와 더불어 이를 위해 전 세계에 걸쳐 식수 보호구역의 감시와 지표수를 포함한 물의 사용에 관한 협약마련을 촉구하고 미래의 인구증가에 발맞춰 한정된 천연자원을 더 효율적으로 사용할 수 있도록 신기술의 개발에 박차를 가할 것을 주장하기도 한다.

그린피스(Greenpeace)는 2006년에 아마존에서의 콩 생산의 확대가 아마존 삼림의 파괴를 가져오는 직접적인 원인 가운데 하나라는 사실을 조사를 통해 발표했고 맥도날드와 같은 기업들이 열대림이 파괴된 땅에서 생산된 콩을 구매함으로써 열대림 파괴를 가속화하고 있다는 사실을 폭로한 바 있다. 그 결과 2006년 7월부터 2년 동안 콩을 구매하는 기업들로 하여금 브라질 아마존에서 새롭게 벌채되는 지역의 콩 구매를 유예하도록 하는 콩 모라토리엄(Soya Moratorium)이 도입되었다.4) 아마존에서 경작된 콩의 유통 금지를 권고하는 이 모라토리엄은 NGO와 산업계 그리고 브라질 정부가 함께 합의한 것이지만 적지 않은 저항으로 인해 매년 어렵게 간신히 갱신되어 왔다. 그러나 이러한 저항에도 불구하고 2016년 5

---

4) 그린피스 서울사무소, 『2014 연차보고서』 (서울: 그린피스 서울사무소, 2015), 23.

월에 모라토리엄이 더 이상 필요가 없을 때까지(즉 무기한으로) 모라토리엄을 연장하기로 결정함으로써 보다 안정적으로 아마존의 열대우림을 지키는 데 기여하게 되었다.

그린피스는 또한 현장 조사와 항공 측량 등을 통해 획득한 증거를 바탕으로 작성된 보고서를 통해 비누·샴푸·칫솔·기저귀 등 다양한 종류의 생활용품을 제조하여 판매하는 미국의 다국적 기업인 프록터앤드갬블(Procter & Gamble, P&G) 회사가 인도네시아의 열대림을 파괴하여 조성된 팜 농장으로부터 팜유(palm oil)를 대량으로 구매함으로써 열대림의 파괴에 기여하고 있다는 사실을 폭로했다.[5] 이러한 폭로는 약 50만 명이 넘는 사람들로 하여금 P&G의 열대림 파괴 중단을 요구하는 서명운동에 참여하도록 했고 그 결과 P&G는 열대림을 파괴하여 만들어진 팜유의 구매를 중지하겠다는 결정을 내렸다. 그린피스는 P&G뿐 아니라 로레알(L'Oreal)과 존슨앤드존스(Johnson & Johnson) 등과 같이 팜유를 사용하는 유명 브랜드의 대기업들도 열대림 보호에 참여하도록 했다.[6]

NGO들 가운데 국제위기그룹(International Crisis Group, ICG)이나 전 지구적 증인(Global Witness, GW)과 같은 NGO는 전쟁이나 다른 종류의 재해를 겪고 있는 지역처럼 일반 행위자의 접근이 어려운 현장에서 자세한 정보를 채취한 후 자신들의 의견을 포함한 보고서를 발행하여 정부들뿐만 아니라 NGO·언론인·일반대중에게 다른 곳에서는 구할 수 없는 유용한 정보를 제공한다.[7]

구체적으로 ICG는 벨기에의 브뤼셀에 본부를 둔 국제분쟁을 다루는 싱크탱크형 NGO로서 중대한 갈등을 방지하고 해결하기 위해 현장에 기초한 분석을 하고 정책비판과 제언을 하는 NGO이다. ICG의 정보 기능을 최근의 예를 통해 살펴보면 다음과 같다.

2017년에 미얀마 내에 거주하던 로힝야족(Rohingya people)이 미얀마 당국의 탄압으로 인해 방글라데시로 긴 난민행렬을 이루고 있다는 기사가 줄을 이었고

---

5) 팜유 생산을 위한 인도네시아의 열대림 파괴는 단순히 열대림 파괴에 그치지 않고 이를 서식지로 하는 멸종 위기의 오랑우탄과 호랑이에게도 큰 위협이 되고 있어 세계자연기금(WWF)을 위시한 국제환경 NGO의 중요한 보호운동의 대상이 되고 있다. WWF의 주도적인 노력으로 지속 가능한 팜유 생산을 위한 협의회(Roundtable for Sustainable Palm Oil, RSPO)가 설립되었다. 이에 관한 보다 상세한 내용은 제5부 제11장 「NGO 기능의 변화」 부분에서 살펴보고자 한다.

6) 그린피스 서울사무소, 『2014 연차보고서』 (서울: 그린피스 서울사무소, 2015), 24.

7) The Economist (January 29-February 4, 2000).

세계 주요 언론들은 미얀마 정부와 미얀마 국민들에게 맹렬한 비난을 가했다. 이러한 보도는 대부분의 사람들로 하여금 미얀마 정부와 국민들이 아무런 이유 없이 무고한 로힝야족의 인종청소(ethnic cleansing)를 하고 있다는 인식을 불러일으켰다.

그러나 실제에 있어서는 오래 전부터 대부분이 불교도인 미얀마 사람들과 미얀마 내에 거주하면서도 이들로부터 차별과 박해를 받아온 이슬람계 소수민족인 로힝야족 간의 갈등이 지속되어 왔다. 예컨대 2012년의 경우 젊은 미얀마 여성이 로힝야족 남성들에 의해 집단적으로 강간을 당한 후 살해되었고 이에 대한 보복으로서 미얀마 사람들이 로힝야족 마을을 습격하여 다수의 사람들을 살해하는 등의 일련이 피의 보복이 지속되었다.

2016년에는 경찰 초소가 무장괴한의 습격을 받았는데 로힝야족에 의한 것이라는 추론과 더불어 인종청소라 불릴 정도로 다수의 로힝야족이 보복 살해되기도 했다. 이때 ICG가 경찰 초소 습격 사건은 인근에 거주하는 로힝야족 민간인에 의한 것이 아니라 사우디아라비아에 본부를 둔 「로힝야 망명자 위원회」의 지시에 의한 「하라카 알-야킨(Harakah al-Yaqin)」이라는 미얀마 정부에 저항해 온 로힝야족 무장 반군단체의 소행이라고 밝혀 죄 없는 민간인에 대한 대량학살의 부당함을 알리기도 했다.

전 지구적 증인(GW)은 목재·다이아몬드·원유와 같은 자원자원이 갈등과 부패를 항구화시키고 있는 지역에서 자연자원의 악용이 자연의 훼손뿐 아니라 인권의 훼손과도 연계되어 있다는 사실에 주목하여 캠페인을 전개하는 것을 주된 목표로 하는 NGO이다. 즉 국제사회의 최악의 환경훼손과 인권유린이 전 지구적 정치·경제 시스템에서 자연자원의 악용과 부패에 의해 이루어지고 있다는 인식하에 이러한 것을 종식시키는 것을 목적으로 활동을 한다. 이러한 목적을 달성하기 위해 강력한 사실 조사와 더불어 환경훼손과 인권유린을 고발하고 변화를 위한 캠페인을 수행한다.

구체적으로 GW는 아프리카 특히 서아프리카 지역에 소재한 국가인 시에라리온·앙골라·라이베리아·코트디부아르·콩고민주공화국·짐바브웨 등에서 다이아몬드 밀거래가 무기 구매 등을 위한 전쟁 자금을 제공해 왔을 뿐 아니라 다이아몬드 채굴에 강제노동과 아동노동이 동원됨으로써 인권이 유린되고 환경이 파괴되고 있다는 사실을 밝히는 일련의 보고서를 작성하여 발표함으로써 킴벌리 프로세스 인증체제(Kimberly Process Certification Scheme, KPCS)가 2003년에 설립되는 데에 「Partnership Africa Canada(PAC)」라는 NGO와 더불어 주도적인 역할을 했다.8) 킴벌리 프로세스 인증체제는 다이아몬드 업체와 정부 그리고 NGO로 구성되어 있다.9)

갈등과 분쟁의 원인이 된다고 하여 이러한 다이아몬드를 「피의 다이아몬드 (blood diamond)」 혹은 「갈등 다이아몬드(conflict diamond)」라고 부르는데 KPCS는 이러한 다이아몬드가 국제시장에 유통되는 것을 차단하기 위해 다이아몬드 원산지를 추적할 수 있도록 하는 것을 핵심으로 하는 체제이다. 한국을 위시하여 이러한 체제에 가입한 국가들은 원산지가 기록된 증명서를 다이아몬드와 함께 유통시키게 되며 법적으로 구매자들은 이러한 증명서가 첨부되지 않은 다이아몬드는 구매할 수 없도록 되어 있다.10)

갈등을 야기하는 자연자원에는 불법적으로 유통되는 다이아몬드 외에 콜탄 (Coltan) 등을 포함한 다양한 광물들이 있으며 이들을 통합하여 「갈등 광물 (conflict mineral)」이라고 칭한다. 다이아몬드와 더불어 NGO의 관심이 상대적으로 많이 집중되고 있는 자원에는 불법으로 채취되어 유통되는 목재도 있다. 이러한 목재는 쉽게 채취할 수 있고 판매가 용이하기 때문에 무력갈등을 재정적으로 지원하는 데 쉽게 동원이 되며 이러한 목재는 통상 「피의 목재(blood timber)」 혹은 「갈등 목재(conflict timber)」라고 불린다.

이와 관련하여 GW는 열대목재의 불법적인 거래가 라이베리아·시에라리온·기니·콩고민주공화국과 같은 국가에서 어떻게 무력갈등(armed conflict)을 부추기는가에 대한 보고서를 작성하면서 국제사회의 주목을 받았다. 그 결과 유엔 안보리는 결의문의 통과를 통해 이러한 갈등 목재의 수출을 금지하는 제재조치를 내린 바 있다.

NGO에 따라서는 다음의 두 예에서 보는 것처럼 자신들이 중점적으로 활동하는 분야에서 일정한 기준을 가지고 국가들의 순위를 매겨 이에 관한 정보를 공개

---

8) 「Partnership Africa Canada(PAC)」라는 NGO는 아프리카에서 갈등과 자연자원 거버넌스 (natural resource governance) 그리고 인권과 관련된 이슈에 대해 조사연구를 수행하고 비판과 제언 및 정책 대화를 하는 NGO이다.

9) 통상적으로 「킴벌리 프로세스 인증체제」는 간단하게 「킴벌리 프로세스」라고 칭한다.

10) 2006년에 제작된 레오나르도 디카프리오 주연의 「피의 다이아몬드(Blood Diamond)」라는 제목의 영화가 이러한 다이아몬드와 전쟁과의 관계를 다루고 있다.

함으로써 세계 각국의 삶의 질을 높이기 위한 노력을 하는 경우도 있다.

부패감시를 주된 활동으로 하는 국제 NGO인 국제투명성기구(Transparency International, TI)는 1995년부터 부패인식지수(Corruption Perceptions Index, CPI)를 조사하여 국가별 순위를 매겨 해마다 발표하고 1999년부터는 간헐적으로 뇌물공여지수(Bribery Payers Index, BPI)를 조사하여 국가별 순위를 발표하고 있다.11)

CPI는 국제적으로 권위 있는 기관들이 각국 정부와 기업 등의 부패 실태를 조사한 내용을 종합하여 평균치를 내어 100점 만점으로 표시되는데 점수가 낮을수록 부패도가 심하며 높을수록 부패도가 덜하다(즉 청렴도가 높다).12) 한국은 2015년의 경우 56점으로 168개 전체 조사 대상국 중 37위였고 2016년의 경우는 53점으로 176개 전체 조사 대상국 가운데 52위였다.

BPI는 주요 수출국들의 기업들이 외국에서 활동할 때 외국의 공무원들에게 뇌물을 제공할 것인지에 대한 인식을 조사하여 계량화한 지수이다. 지수의 범위는 0-10이며 지수가 높을수록 국가 청렴도도 높은 것으로 평가된다. 가장 최근에 발표된 BPI는 2011년의 것으로서 한국은 7.9로서 28개 조사 대상 국가 중에서 13위를 기록한 바 있다.

국제적인 언론 감시단체인 「국경없는 기자회(RSF)」는 2002년부터 언론자유지수(Press Freedom Index, PFI)를 산정하여 발표할 뿐 아니라 이를 토대로 세계 각국의 순위를 발표해 오고 있다.13) 지수의 범위는 0에서 100까지이며 점수가 작을수록 언론의 자유가 보장된 국가임을 의미한다. 이러한 언론자유지수는 국경 없는 기자회가 다수의 설문을 표현의 자유와 관련된 활동을 하는 협력단체와 더불어 각국 언론인·언론 연구자·법률 전문가·인권운동가 등에게 보내 이들의 평가를 바탕으로 만들어진다. 2017년에 발표된 세계 언론자유 지수에 따르면 한국은 조

---

11) 국제투명성기구(TI)는 1993년 창립되어 세계에서 반부패운동을 주도하고 있는 NGO로 독일 베를린에 본부를 두고 있으며 세계 각지에 지부를 두고 있다. 한국에서는 반부패국민연대가 국제투명성기구 한국지부 역할을 하고 있으며 「한국투명성기구」라는 칭호를 사용하고 있다.

12) CPI는 부패의 정도를 표시하는 지수라고 하나 실제로 표시되는 것은 부패의 정도가 아니라 청렴도의 정도이다. 구체적으로 국제경영개발원(IMD)·세계경제포럼(WEF)·정치경제위험자문공사(PERC)라는 3개 기관이 측정 대상 국가의 기업인에 대한 설문조사를 통한 결과와 경제정보기관(EIU)·글로벌인사이트(GI)·베텔스만재단(BF)·정치위기관리그룹(PRS)·세계사법프로젝트(WJP)라는 5개 기관에 소속되어 있는 전문가들의 평가결과에 기초하여 작성된다.

13) 국경 없는 기자회의 약어로 쓰이는 「RSF」는 「Reporters Sans Frontières」에서 온 말이며 영어로는 「Reporters without Borders」라고 부른다.

사대상 180개국 가운데 63위를 기록했으며 2016년에 발표된 지수는 70위였다.[14]

NGO는 국제기구와 마찬가지로 정보기능과 관련하여 조기경보(early warning)에 대한 관심을 높이고 있다. 구체적으로 기아나 난민문제가 발생하여 심각한 상태로 악화되기 전에(즉 문제가 발생하기 전 혹은 문제가 발생한 초기에) 적절하게 대처하기 위한 사전 정보수집에 주력하고 있다. 예컨대 환경문제에서 최고의 국제적 권위를 가진 미국의 싱크탱크형 NGO인 월드워치 연구소(Worldwatch Institute)는 매년「세계의 상태(State of the World)」라는 보고서를 발표하여 파괴되고 있는 지구를 복구시키는 활동이 전개되지 않을 경우 인류가 맞이할 비극에 대해 경고를 해오고 있다.

2. 교육 기능(educational function)

NGO는 대중교육 캠페인을 통해 일반대중들을 교육시켜 여론을 형성하고 이들 대중들을 동원함으로써 정부의 입장에 영향을 미치고 여기에서 더 나아가 정부로 하여금 특정 국제기구에 참가하여 국가 간의 의사결정에 영향을 미치도록 한다.

NGO는 환경과 인권 등 다양한 국제 이슈들에 관한 정보와 전문적인 기술의 중요한 원천이 되며 종종 정부로서는 얻을 수 없는 일반인들에 관한 정보를 획득할 수 있다. NGO의 교육 기능은 주로 이러한 정보의 수집과 전파라는 기능을 토대로 하여 이루어진다.

그린피스(Greenpeace)가 대중교육 캠페인의 일환으로 유전자 변형 식품(Genetically Modified Organism, GMO)이 함유된 제품들을 자체 인터넷 홈페이지에 공개한 것과 같은 활동을 대표적인 예로 꼽을 수 있다.[15] 국제 앰네스티(Amnesty International)의 경우 인권에 관한 교육 프로그램을 활발하게 운영하고 있으며 때때로 이러한 교육은 온라인을 통해 이루어지기도 한다. 예컨대 2017년

---

14) 위에서 살펴본 독일의 국제투명성기구(TI)가 발표하는 부패인식지수와 국경 없는 기자회의 언론자유지수는 영국의 유명 주간지인 이코노미스트(The Economist)가 발표하는 민주주의지수(Democracy Index)와 더불어 정치적인 면에서 선진국 여부를 판단하는 중요한 기준으로 알려져 있다. 민주주의지수의 범위는 0에서 10까지이며 점수가 높을수록 민주주의의 정도가 높은 것이다. 참고로 한국의 경우 2016년 민주주의 지수는 7.92로 발표된 바 있다.

15) 연합뉴스(인터넷), 2000년 10월 6일.

의 경우 난민의 권리에 관한 무료 온라인 강좌(Amnesty's free online course on refugee rights)가 개설되어 있어 누구든 등록을 하고 수강할 수 있다.

환경과 관련한 활동을 하는 NGO의 경우 일반대중을 대상으로 환경문제에 대한 인식을 제고시키고 궁극적으로 이를 정치적인 의제로 부각시키는 역할을 하며 이러한 교육적 역할을 통해 NGO는 자신의 활동을 위한 추가적인 자원을 획득하기도 한다.

NGO들이 수행하는 이러한 교육적 기능은 전 지구적인 이슈들을 다루는 데 있어서 일반인들의 관심과 나아가 참여를 촉진함으로써 국제관계의 민주화를 대변한다고 볼 수 있다.[16] NGO들은 이러한 기능을 통해 주권(sovereignty)을 민족국가(nation-state)로부터 국민들에게 이동시키는 역할을 한다고 볼 수 있으며 일반 대중들에게 새로운 참여의 통로를 제공하고 있다.

이러한 NGO의 노력은 종종 자신의 활동과 관련하여 여론을 형성하고자 하는 국제기구와의 협력 속에서도 이루어진다. 예컨대 인종차별 문제와 같이 유엔이 오랫동안 그 해결을 추구해 온 문제에 있어서 국제사회의 여론을 환기시키기 위해 유엔총회와 인종차별철폐위원회(Committee on the Elimination of Racial Discrimination, CERD) 등은 NGO로 하여금 출석하여 발언하게 하고 때때로 협의를 하는 외에 국제회의를 공동으로 개최하기도 하고 합동으로 세계적인 서명운동을 전개하기도 한다.

대규모 전 지구적 회의(global conference)가 열리고 여기에서 채택된 결과문건이 NGO의 역할을 규정하곤 하였는데 초창기 전 지구적 회의에 있어서 NGO는 회의 자체에 대한 기여자로서 보다는 교육기능을 통해 회의 결과물의 이행을 돕는 행위자로서 인정되곤 했다. 예컨대 1972년에 유엔인간환경회의(UNCHE)가 채택한 결과문건은 결과문건의 이행과 관련하여 NGO의 교육적 역할을 인정한 바 있다.[17]

---

16) Karen A. Mingst and Margaret P. Karns, *The United Nations in the Post-Cold War Era* (Boulder, Colorado: Westview Press, 1995), 57-58.

17) Ann Marie Clark, Elisabeth J. Friedman, and Kathryn Hochstetler, "The Sovereign Limits of Global Civil Society: A Comparison of NGO Participation in UN World Conference on the Environment, Human Rights, and Women," *World Politics*, Vol. 51, No. 1 (October 1998), 10.

3. 운용활동 기능(operational function)

NGO는 기술과 전문성을 바탕으로 재화나 서비스를 제공하는 운용활동(operational activities)의 기능을 한다.[18] 즉 운용활동에는 유형의 자원의 공급 이외에 기술자문(technical advice)과 같은 무형의 것도 포함한다.

구체적으로 NGO는 정부나 국제기구가 할 수 없거나 하지 않으려는 일을 재정적 자원과 물자 그리고 자원 활동가(volunteers)를 동원하여 계획하고 집행하는 역할을 한다. 이러한 활동에는 NGO가 제공하는 무담보·무보증의 소액대출(microcredit) 서비스와 같은 활동이 포함된다. 대표적인 예로 방글라데시의 그라민은행(Grameen Bank)이 빈곤퇴치의 일환으로서 빈민들에게의 대출을 통해 일자리를 주선하거나 소규모 사업을 지원하는 것을 들 수 있으며 이러한 공로가 인정되어 2006년에 이 은행과 더불어 이 은행의 설립자인 유누스(Muhammad Yunus)가 노벨평화상이 수상한 바 있다.[19]

NGO의 가축은행(cattle bank)을 통한 가축의 제공도 이러한 운용활동에 속한다. 한국의 개발 NGO인 지구촌나눔운동(GCS)이 이러한 기능을 르완다·베트남·몽골·동티모르·미얀마·케냐·에티오피아 등에서 수행해 오고 있는데 이들이 운영하는 가축은행은 빈곤한 가정에게 암소·돼지·염소 등의 가축을 구입하는 데 필요한 자금을 무담보의 낮은 이자로 대출해 주고 상환된 원금과 이자는 또 다른 가정에 동일한 목적으로 대출해 주거나 마을의 발전에 제공된다.

NGO는 정부나 국제기구와의 협력관계 속에서 이들이 의뢰하는 정책을 집행하는 기능을 수행하기도 한다. 이러한 기능은 NGO가 잘 정립된 다양한 경험과 전문성 그리고 역량을 지니고 있기 때문에 주어진다. 국제기구와의 협력을 통한 국제기구 정책의 집행은 나아가 NGO 자체가 환경과 관련한 조약의 사무국(secretariat) 역할을 대행함으로써 이루어지기도 한다. 예컨대 람사르협약의 사무국 역할을 국제자연보전연맹(IUCN)이 수행하고 있다.[20]

---

18) 학자들에 따라서는 이를 「업무적 기능」 혹은 「현장활동 기능」 때로는 「실천적 기능」이라고도 부른다.

19) 그라민은행은 비록 은행이라는 이름이 붙어 있지만 예금을 재원으로 한 대출을 하는 통상적인 은행이 아니라 기업이 제공하는 기부금 혹은 정부나 국제기구가 제공하는 지원금을 재원으로 한다는 점에서 NGO라고 볼 수 있다.

20) 환경과 관련한 조약들은 사무국과 관련하여 상설 사무국을 어떤 형태로든 가지고 있지 않은 경우·자체의 독립적인 상설 사무국을 가지고 있는 경우·국제기구에게 상설 사무국의 역할을 대

이러한 NGO의 운용활동 기능은 때때로 국제기구와의 협력을 통해서도 이루어진다. 이러한 협력은 개도국의 아동에 대한 원조 활동을 하는 NGO와 아동보호를 주된 활동으로 하는 국제기구인 유엔아동기금(UNICEF)의 다음과 같은 관계에서 잘 볼 수 있다: ⅰ) NGO는 UNICEF의 활동자금을 마련하는 데 중대한 기여를 한다. ⅱ) 옥스팜(Oxfam)이나 케어(CARE)와 같은 NGO는 UNICEF와 협력하여 현장활동을 같이 수행하기도 한다. ⅲ) NGO는 UNICEF에 자금을 지원하는 정부가 요청하는 사업을 실시하기도 한다. ⅳ) NGO는 UNICEF와 공동으로 자금을 마련하여 공동 프로젝트(co-financing joint projects)를 실행하기도 한다.[21]

NGO의 운용활동 기능은 이러한 것들로부터 더 나아가 정책의 형성과정에의 참여를 통해 정책에 영향을 미치는 쪽으로 진전해 오고 있다. 이러한 정책형성과정에의 투입은 주로 협의(consultation)와 전문적인 자문의 제공을 통해 이루어진다. 구체적으로 NGO는 정부대표들에게 정책에 대한 분석을 제공하고 정책에 대해 권고를 하며 정부대표들에 의해 제안된 정책에 대한 평가를 제시한다.

4. 규칙의 감시 기능(monitoring function)

NGO는 감시자(watchdog)로서 인권이나 환경 등의 상태를 평가하고 감시할 뿐 아니라 인권이나 환경 관련 협약 등의 국제적 규칙의 실질적 이행 여부를 감시하고 나아가 이러한 것에 대한 위반을 경고하는 등의 일에 중요한 역할을 한다.

NGO는 국가들이 조약을 통해 실천하겠다고 약속한 것과 실제를 분석하여 조약에 가입한 국가들의 행동에 관한 정보를 서로에게 가용하도록 한다. 예컨대 다수의 환경 NGO들로 구성된 기후행동네트워크(Climate Action Network, CAN)는 기후변화와 관련한 국가들의 약속과 행동에 관한 포괄적인 보고서를 작성하여 공

행하도록 하는 경우·NGO에게 상설 사무국의 역할을 대행하는 경우 등으로 구분될 수 있다. 람사르협약은 IUCN이 사무국 역할을 대행하고 있으며 멸종위기에 처한 야생 동식물종의 국제 거래에 관한 협약(CITES)의 경우는 UNEP가 이러한 역할을 대행하고 있다.

21) NGO는 자체의 프로젝트를 실행하는 것 이외에 경우에 따라 일국의 정부뿐 아니라 유엔아동기금(UNICEF)이나 유엔난민최고대표사무소(UNHCR)와 같은 국제기구의 프로젝트를 위탁받아 대신 실행해 주는 하청기관(subcontractor)이 되기도 한다. 하청기관으로서의 역할에 대해 일부 NGO는 외부로부터의 자원의 유입됨으로써 보다 많은 자원을 가지고 활동범위를 넓혀 간다고 긍정적으로 생각하지만 또 다른 한편 정부나 국제기구에 의해 이용되지 않고 고유한 목적과 독자성을 지닌 기관으로 남고자 하는 일부 NGO는 이러한 역할에 부정적 입장을 갖기도 한다.

개한 바 있다.22)

그린피스(Greenpeace)와 같은 국제적인 환경 NGO는 인공위성 등 첨단장비를 동원하여 환경에 대한 감시를 하고 있다. 예컨대 아마존의 열대림 보호를 위한 노력의 일환으로 그린피스는 벌목 트럭에 몰래 위성항법장치(GPS)가 장착된 추적 장치를 부착하여 불법 벌목 현장을 위성과 항공사진으로 포착한 후 브라질 경찰에 증거물로 제출하고 보고서를 통해 이러한 사실을 폭로하면서 열대림 보호를 위한 캠페인을 본격화했다.

이러한 캠페인은 목적을 브라질 정부로 하여금 삼림 파괴의 방지를 위한 엄격한 규칙과 절차를 도입하도록 하는 것과 전 세계의 기업들에게 브라질에서 생산된 목재의 구입이 환경파괴에 얼마나 큰 영향을 미치는가를 알리는 데 두었다. 캠페인의 결과 불법 벌목 회사들이 기소되었고 미국·유럽·이스라엘 등 많은 구매자들이 브라질 목재의 불매를 약속하면서 목재 무역의 흐름이 바뀌었다.23)

그린피스는 또한 「무지개 전사(rainbow warrior)」라는 환경감시 선박을 운영하면서 환경 감시를 해오고 있는 것으로 유명하다. 불법적인 포경을 감시하여 이를 제지할 뿐 아니라 방사능 폐기물의 해양투기를 감시하고 저지하며 2011년에는 일본의 후쿠시마 해안에서 방사능 농도를 감시하기도 했다. 해양에서의 핵실험을 저지하기 위한 활동도 한다.

NGO는 이와 같은 감시기능을 통해 국제제도의 유지에 기여한다. 구체적으로 NGO는 기존 국제레짐에 대한 감시(monitoring)와 검증(verification)의 일환으로서 국제레짐에 대한 위반을 조사하고 보고함으로써 다음의 예에서 보듯이 국제레짐의 유지에 공식적·비공식적으로 중요한 기능을 수행한다.24)

멸종위기에 처한 야생 동식물 종의 국제거래에 관한 협약(Convention on International Trade in Endangered Species of Wild Fauna and Flora, CITES)의 경우를 예로 들자면 당 협약은 유엔환경계획(UNEP)과의 계약하에 국제자연보전연맹

---

22) Kal Raustiala, "Nonstate Actors in the Global Climate Regime," in Urs Luterbacher and Detlef F. Sprinz, eds., *International Relations and Global Climate* Change (Cambridge, Mass. and London: MIT Press, 2001), 108.

23) 그린피스 서울사무소, 『2014 연차보고서』 (서울: 그린피스 서울사무소, 2015), 22-23.

24) Paul Wapner, "The Transnational Politics of Environmental NGOs," paper prepared for the United Nations University Symposium on the United Nations and the Global Environment, November 14-15, 1997, New York City.

(IUCN)으로 하여금 사무국 서비스를 제공하도록 하고 있다. IUCN은 세계자연기금(World Wide Fund for Nature, WWF)이라는 NGO와 합동으로 야생 동식물 거래 감시를 위한 국제적인 연계망인 「트래픽(TRAFFIC)」을 설립하여 연구·감시·기술지원의 기능을 위임했다.25)

이러한 TRAFFIC에서 세계자연기금은 탁월한 기능을 발휘하고 있다. 구체적으로 전 세계에 걸쳐 부두(shipping dock)와의 오랜 기간에 걸친 실무 관계를 바탕으로 멸종위기에 처한 야생 동식물 종의 국제거래에 관한 협약의 위반을 발견하고 이를 사무국에 보고함으로써 당 협약의 유지에 중요한 역할을 담당하고 있다.

인권과 관련한 활동을 하는 NGO들의 경우 정부를 비롯한 인권훼손의 주체의 행동을 감시하고 이들에게 인권의 원칙에 따라 행동하도록 압력을 가하는 역할을 한다. 이러한 인권감시 활동은 특정 국가나 지역에서의 인권훼손의 사건이나 주장에 대한 조사 활동을 포함한다. 이러한 조사 활동은 인권훼손의 사건이나 주장을 입증하거나 반증하는 일련의 사실을 수집하거나 발견해 내는 활동과 더불어 그러한 사건이나 주장을 검증하는 활동을 의미한다.

국제협약의 이행 여부에 대한 감시는 협약이 규정하고 있는 감시기관과 더불어 협약의 가입국들이 공식적인 주체가 되는 경우가 일반적이다. 간혹 NGO가 공식적인 감시의 주체로 규정하는 국제협약도 존재한다. 국제협약의 감시와 관련한 NGO의 지위와 더불어 감시의 주체로서 NGO의 강점과 약점을 살펴보면 다음과 같다.26)

NGO는 국제협약의 감시에 다음과 같은 3가지 상이한 지위를 가지고 참여한다. 우선 「멸종위기에 처한 야생 동식물 종의 국제거래에 관한 협약」과 「특히 물새 서식지로서 국제적으로 중요한 습지에 관한 협약(Convention on Wetlands of International Importance Especially as Waterfowl Habitat)」의 경우 당 조약의 이행과 검증 절차에 NGO의 참여를 공식적으로 규정하고 있다. 따라서 이러한 공식적인 규정에 의거하여 이루어지는 NGO의 감시행위는 공식적인 검증기제의 일부분이기 때문에 공식적인 감시로 간주될 수 있다.

---

25) 「TRAFFIC」은 「Trade Records Analysis of Fauna and Flora in Commerce」의 약어로서 「상거래 동식물의 교역기록 분석」이라고 번역될 수 있다.

26) Oliver Meier and Clare Tenner, "Non-Governmental Monitoring of International Agreements," in Trevor Findlay and Oliver Meier, eds., *Verification Yearbook 2001* (London: VERTIC, 2001), 207-227.

이와는 달리 조약의 이행과 검증절차에 NGO의 참여에 대한 공식적인 규정이 없는 가운데 조약상 언급되어 있는 위반에 대한 보고절차에 따라 NGO가 조약 위반에 관한 정보를 문서로 작성하여 조약상의 검증기관에게 제출하고 이렇게 제출된 문서가 회원국들에게 배포되고 관련 검증기관에 의해 공식 문서로 인정되는 경우가 있다. 이러한 경우 NGO의 감시행위는 공식적인 검증기제와 느슨하게 연계되어 있는 준공식적 감시역할(quasi-official monitoring role)로 간주될 수 있다.

이들과는 달리 NGO가 공식적인 검증기제와는 완전히 독립적으로 협약의 위반을 감시하는 경우가 있는데 NGO의 감시활동의 대다수가 여기에 속한다. 이러한 감시활동은 위반에 대한 NGO의 체계적인 자료수집으로부터 시작되며 이렇게 수집된 자료를 출판의 의거하거나 언론 혹은 인터넷을 통해 위반행위를 알림으로써 위반한 국가의 수치심을 자극하여 조약을 준수하도록 하는 방식을 말한다. 이러한 감시활동은 공식적인 검증기제 밖에서 비공식적으로 이루어지는 감시활동이다. NGO의 감시활동의 장점으로는 우선 국제기구의 공식적인 감시절차의 경우 공식적인 검증기관에 의해 사용될 정보의 종류가 정해져 있기 때문에 제한적인 정보에 의존할 수밖에 없는데 반해 NGO의 감시활동의 경우는 어떤 정보든 원하는 정보를 자유롭게 사용할 수 있다는 점이다.

둘째, 감시를 위한 기술적 능력의 보유·다수의 NGO와 다수의 회원이 가능하게 하는 효과적인 감시·전 세계의 시민들의 도움과 더불어 구축할 수 있는 전 지구적인 감시망·정보에 대한 동료 검토(peer review)가 NGO가 수집한 정보의 정확성을 높여 NGO의 감시능력을 정부와 국제기구의 능력에 필적하게 한다.

셋째, NGO들은 공식적인 검증절차 내에서 행동할 필요가 없기 때문에 비교적 빠른 속도로 위반여부를 평가할 수 있다. 협약의 중대한 위반이 의심될 경우 이러한 신속성은 아주 중요하며 NGO의 이러한 평가는 인터넷과 같은 통신수단을 통해 순식간에 전파될 수 있다.

넷째, 전 세계적으로 감시를 해야 하는 공식적인 검증체제와는 달리 NGO들은 특정 분야에 대한 감시와 관심을 두고 있는 국가의 감시에 집중력을 발휘할 수 있다. 예컨대 환경조사기구(Environmental Investigation Agency, EIA)와 같은 환경 NGO는 특별한 관심을 두고 있는 대상 국가인 짐바브웨에서 상아 취득을 목적으로 하는 불법적인 코끼리 포획을 집중적으로 감시한다.

다섯째, 국제기구의 공식적인 검증기제의 경우 검증대상의 범위(scope)를 협소하게 규정하고 있으나 NGO의 경우 범위에 있어서 제한을 받지 않는다. 예컨대 국제포경규제협약을 위반하고 있다고 의심되는 일본과 노르웨이를 감시하는 데 있어서 공식적인 검증기제는 조약상 규정의 문자에 충실하게 감시활동을 하나 NGO들은 조약 규정이 갖는 의도를 존중하여 감시활동을 한다. 즉 NGO들은 이 두 국가가 협약을 준수하는 것처럼 보이지만 실상 규정의 허점을 악용하여 실제적으로 규정의 의도를 위반하고 있는 것을 찾아내는 감시활동을 한다. 예컨대 NGO들은 일본이 일정한 수의 고래 포획을 연구용으로 허용하고 있는 협약의 규정을 악용하여 연구용이라는 미명 아래 상업용 포획을 자행하고 있는 것을 감시한다.

여섯째, 강대국이 협약을 위반한 경우 국제적인 검증기구나 협약의 당사국들은 이러한 국가의 위반을 비난하는 것이 정치적으로 어렵다. 이에 반해 정치적으로 독립적인 NGO들은 이러한 부담으로부터 벗어나 자유롭게 위반을 지적하고 비난할 수 있다.

NGO에 의한 감시활동은 이러한 강점과 더불어 다음과 같은 약점 역시 지니고 있다. 첫째, 공식적인 정보(official information)에의 접근이 어렵다는 점과 협약의 위반이 의심되거나 협약의 위반 가능성이 있는 장소에의 접근이 어렵다는 점이 특정 분야에 있어서의 NGO의 감시능력을 제약한다. 예컨대 군축협정의 경우 이에 대한 위반 대다수는 군사시설이나 군사시설의 근처에서 발생하기 마련인데 이곳에 대한 NGO의 접근이 어렵다.

둘째, 다수의 NGO들은 전 지구적으로 협약의 위반을 감시할 국제적인 관점과 자원을 지니고 있지 않은 채 자신들의 정부에 대한 감시에 중점을 두는 한계를 지닌다. 즉 대인지뢰의 생산과 유통을 감시하는 국제지뢰금지운동(ICBL)과 멸종 위기에 처한 동식물의 거래를 감시하는 트래픽(TRAFFIC)과 같은 극히 이례적인 경우를 제외하고 관련된 협약의 위반 여부를 포괄적으로 감시하는 NGO는 드물다. 또한 개방적인 정치체제를 가진 국가라야 NGO의 자유로운 활동을 보장하기 때문에 주도면밀한 감시의 대상이 역설적으로 협약을 준수하지 않는 국가가 아니라 잘 준수하는 국가가 된다. 다수의 NGO들은 일시적으로 언론의 주목을 받아 대중들의 관심을 끌어내어 회원의 확보를 가져올 수 있는 이슈에 감시활동을 집중함으로써 장기적으로 관심을 두어야 할 이슈에 대한 감시를 소홀히 하는 경향을 보이는 한계를 지닌다.

셋째, 국제적인 검증기관은 협약 가입국의 협약 준수 여부를 지속적으로 추적하도록 과업이 주어진다. 그러나 특정 이슈에 대한 NGO의 감시는 종종 비교적 단기에 그치고 원하는 다른 이슈로 전환되는 경향을 보임으로써 일관성 면에서 한계를 지닌다. 또한 감시의 우선적 사항이 종종 일관된 기준에 의해 정해지기보다는 재정적 자원의 유치 기회와 NGO를 이끌어가는 사람들의 선호에 의해 결정된다. 이러한 맥락에서 NGO의 관심은 후속조치 검토회의(review conference)와 같은 중요한 행사 즈음에 혹은 중요한 조약위반에 대한 의혹이 생길 즈음에 정점에 도하고 이후에 내리막길을 걷는 경우가 많다.

넷째, NGO가 제공하는 정보의 신뢰성이 상당히 일관적이지 못하다. 이는 공식적인 정보에의 접근의 결여와 자원과 기술적 전문성의 결여에 기인할 뿐 아니라 하며 NGO의 기본정신·리더십·구조·회원으로부터도 유래한다. 일부 NGO는 자발적인 조직으로서 구성원들이 그들의 수집한 정보의 신뢰성을 부단히 점검할 수 있는 시간과 자원을 가지고 있지 않으며 일부 NGO는 단순히 태만하거나 부주의하기 때문이다.

다섯째, NGO들은 그들 활동의 중점과 범위를 선정하면서 협약의 준수 여부를 알림에 있어서 정치적 편견을 드러낼 수 있다. 예컨대 NGO들 사이에 임계치 이하의 핵실험(subcritical nuclear testing)과 같은 핵무기 연구 활동을 포괄적핵실험금지조약(CTBT)의 위반으로 볼 것인가를 둘러싸고 견해를 달리한다. 이러한 정치적 편견은 NGO의 정치적 독립성이라는 것이 절대적인 것이 아니라 상대적인 것이기 때문이다. 이러한 상대적인 정치적 독립성은 NGO들이 나름의 정치적으로 우선하는 것을 가지고 있는 회원과 재단 혹은 때때로 정부에 재정적으로 의존해야 하고 그들이 발견한 것을 대중들에게 알리기 위해 대중매체가 관심을 두는 주제에 중점을 두어야 할 필요성에 기인한다.

5. 국제제도의 형성/저지/변경 기능

NGO는 관련된 분야에 있어서의 새로운 국제제도(국제레짐과 국제기구)의 형성을 돕기도 하고 저지하는 기능을 수행하기도 하며 때때로 국제제도를 변경시키는 기능도 수행한다. 우선 NGO가 국제제도의 형성을 가져온 경우부터 살펴보고자 한다.

1) 국제제도의 형성

냉전의 종식이라는 국제체제의 구조적인 변화와 더불어 웹과 인터넷이라는 정보통신 기술의 발전을 통해 탈 냉전기에 국제정치에 있어서 중요한 행위자로 부상한 NGO가 이제까지 국제제도의 창설과 유지에 있어서 중심자적 역할을 해 온 국제기구의 위상에 위협을 가하기에 이르렀다.

1991년 미국과 독일의 NGO들이 지뢰금지에 대해 힘을 모으기 시작했으며 이것이 모체가 되어 국제지뢰금지운동(International Campaign to Ban Landmines, ICBL)이라는 국제 NGO가 설립되었다. 이후 지뢰금지에 뜻을 같이 하는 인권·환경·의료 등 다양한 분야에서 활동하는 다양한 NGO들이 여기에 합류하여 ICBL은 전 세계 55개 국가에 약 1,000개 정도의 단체를 지니게 되었다.[27]

이들 단체들은 매년 약 2,000여 명을 사망하게 하거나 장애인을 만들고 있는 모든 대인지뢰를 전면 금지시켜야 한다는 데 적극적이었다. 구체적으로 ICBL은 열성적인 시위·정부에 대한 설득·인터넷 홍보 등을 통한 대중교육을 하면서 지뢰금지를 위한 노력을 경주한 결과 50개 이상의 국가가 지뢰수출을 금지하기로 했고 15개 국가가 비축 분을 폐기처분하기 시작했으며 30개 국가가 지뢰사용을 전면 금지하는 성과를 거두었다.

급기야는 세계 100여 개 국가의 대표들이 1997년 9월 1일부터 3주간 노르웨이의 수도 오슬로에서 회동하여 지뢰의 생산·저장·사용·수출을 금지하기 위한 대인지뢰금지협약안을 작성했으며 같은 해 12월 4일 캐나다의 오타와에서 121개 국가가 서명했다. ICBL은 대인지뢰금지협약을 성사시키는 데 주도적인 역할을 한 공으로 이 단체의 책임자인 윌리엄스(Jody Williams)와 더불어 1997년에 노벨평화상을 수상했다.

인권 관련 NGO로 국제적으로 잘 알려져 있는 국제 앰네스티(Amnesty International, AI)는 1995년 유엔 창설 50주년을 맞아 유엔에 모인 세계의 지도자들에게 대량학살·인권유린·전쟁범죄를 다룰 상설 국제형사재판소의 설립을 촉구했다. 제2차 세계대전 후의 뉘른베르크와 동경 전범재판이 끝난 후에 대량학살과 기타 중대한 인류범죄를 처벌하기 위한 형사재판소를 상설화하려는 노력이 있

---

27) 이들 NGO들 가운데 특히 국제 NGO인 국제적십자위원회(ICRC)가 ICBL과 더불어 중대한 역할을 했으며 큰 영향력을 행사했다.

었으나 실현되지 않았다. 단지 르완다와 구 유고슬라비아에 있어서 자행된 전쟁범죄를 처벌하기 위한 두 개의 특별 국제범죄재판소(르완다의 경우 ICTR과 구 유고슬라비아의 경우 ICTY)가 일시적으로 개설되었고 크메르루즈전범재판소(ECCC)와 같이 몇 건의 사건들이 국가별 재판소에서 처리되었을 뿐이다.28)

국제 앰네스티의 집요한 노력의 결과로 1998년에 이태리의 로마에서 상설국제형사재판소의 설립을 위한 외교회의(United Nations Diplomatic Conference of Plenipotentiaries on the Establishment of an International Criminal Court)가 개최되어 대량학살과 반인류 범죄 그리고 침략 등과 같은 집단범죄를 단죄할 유엔의 보조기관(subsidiary organ)으로서 상설 국제형사재판소(International Criminal Court, ICC)의 창설에 관한 로마규정이 채택되었고 이에 기반을 둔 국제형사재판소가 설립되었다.

NGO들은 북유럽협의회(Nordic Council)와 북유럽각료회의(Nordic Council of Ministers)의 설립에도 중요한 역할을 수행했다. 북유럽 국가들인 덴마크·핀란드·아이슬란드·노르웨이·스웨덴 간의 통합을 위한 협력은 1952년에 설립된 북유럽협의회와 북유럽협의회와는 별도로 1971년에 설립된 북유럽각료회의를 중심으로 경제·사회·법률·문화·통신 등 다양한 분야에 걸쳐 이루어지고 있다.

이러한 북유럽협의회는 회원국 국회의원들 간의 협력을 추구하는 비정부조직이고 북유럽각료회의는 회원국 정부 간의 협력을 추구하는 정부 간 조직이다. 이들 두 기구의 탄생과 이들을 통한 북유럽 국가들 간의 통합을 위한 협력에 밑거름이 된 것은 북유럽 국가들의 경계를 가로질러 활발하게 활동을 전개해 온 많은 NGO들이다. 이처럼 NGO의 기능은 북유럽에 있어서처럼 국회의원들 간의 협력을 가져오고 여기에 더해 정부 간의 협력을 가져와 국가 간 통합을 여러 차원에서 가능하게 했다.

NGO들은 국제기구의 설립 이외에 세계댐위원회(World Commission on Dams, WCD)처럼 NGO를 포함한 다양한 행위자로 구성된 국제기구의 설립을 가져오기도 했다. 이러한 세계댐위원회는 대형 댐의 건설 필요성과 이로 인한 환경파괴 및 강제 이주자의 발생 등과 같은 문제를 둘러싸고 NGO·기업·세계은행(World Bank) 사이에 갈등과 대립이 존재하는 가운데 NGO들의 일련의 대형 댐 반대 캠

---

28) 조선일보, 1995년 10월 20일.

페인의 결과로서 이들 다양한 행위자들 간의 상충하는 견해를 조절하기 위해 수립되었다.

2) 국제제도의 설립의 저지

NGO들은 국제제도의 설립에 기여하기도 하지만 경제협력개발기구(OECD)가 추진하던 다국간투자협정(Multilateral Agreement on Investment, MAI)을 무산시킨 경우에서 보듯이 NGO는 국제제도의 형성을 저지하기도 한다.

「다자간투자협정」이라고도 불리는 다국간투자협정은 경제협력개발기구(OECD)에서 직접투자의 장벽을 제거하기 위해 추진되었던 국제협약으로서 외국인 투자자에 대한 내국민 대우·외국 투자자와의 분쟁이 발생하였을 때 이를 조정할 합리적 기준과 절차의 마련·투자보장에 관한 국제적 기준 마련·외국 투자업종의 제한 완화를 주요 내용으로 했다.

이러한 다국간투자협정에 대한 정부대표들의 협상초안이 NGO에 유출되고 이 문건이 NGO들의 웹에 게재되면서 그 내용이 인터넷을 통해 전 세계적으로 즉시 퍼져나가 NGO들 사이에 연계가 이루어졌으며 이를 통해 일반대중의 동원이 이루어졌다.

NGO들은 이러한 문건을 서로 교환하면서 폭로하는 데 그치지 않고 더 나아가 이러한 문건을 분석한 글과 입장을 밝히는 글(position paper)을 동시에 게재하는 등 소위 전자회의(electronic conference)를 사이버 공간에서 개최하여 토론을 하면서 공동의 구체적인 행동을 취할 것을 결의했다.

인터넷을 통해 정보를 입수한 NGO들과 개인들은 자국 정부가 당 협정의 체결에 호의적일 경우 다국간투자협정의 체결에 지지를 철회하도록 압력을 가함으로써 경제협력개발기구가 주도적으로 체결하고자 한 다국간투자협정을 저지할 수 있었다.

3) 국제제도의 변경

NGO는 국제제도의 변경에도 기여한다. 환경의 변화가 급속하게 전개될 뿐 아니라 그 복잡성으로 인해 환경에 관한 국제협약들은 많은 경우 개정의 필요성에 직면하곤 한다. 환경 NGO들은 환경 악화의 성질과 정도에 관한 과학적인 증거를 제시하고 이를 공개하여 여론화하고 각국 정부에 압력을 가함으로써 기존의 국제레짐을 변경하는 데 중요한 기능을 수행한다. 경우에 따라서 NGO들은 단순히 국제제도의 변경을 요구하는 데 그치지 않고 변경 내용을 제안하기까지 한다.29)

예컨대 국가들이 오존층 고갈 물질에 관한 몬트리올 의정서(Montreal Protocol on Substances that Deplete the Ozone Layer)를 체결한 이후 오존 구멍이 남극에서 확대되어 가고 있다는 새로운 과학적인 증거가 제시되면서 기존의 국가들 간의 약속을 개정할 필요가 생겼다. 이에 지구의 벗(Friends of the Earth, FoE)과 환경방어기금(Environmental Defense Fund, EDF) 등과 같은 환경 NGO들이 과학자와 일부 국가의 정책결정자들의 노력을 조율하면서 기존 의정서의 개정을 위해 국가의 정부관리들에게 압박을 가해 나갔다. 그 결과 기존의 몬트리올 의정서가 런던 의정서로 개정되어 채택되었고 런던 의정서 역시 나중에 개정되어 오존층을 고갈시키는 물질을 완전히 금지하는 내용의 코펜하겐 의정서의 체결로 이어졌다.

위에서 살펴본 NGO가 국제제도의 형성을 돕는 경우·국제제도의 형성을 저지한 경우·국제제도의 변경을 가져오는 경우 모두 웹과 인터넷이 적은 비용으로 지리적인 거리와 물리적인 경계를 허물고 신속하게 정보를 만들거나 쉽게 고쳐 전파할 수 있도록 할뿐 아니라 NGO를 일방으로 하고 다른 NGO 혹은 일반대중 그리고 때때로 NGO와 뜻을 같이하는 국가의 정부를 타방으로 하는 광범위한 의사소통의 연계망(communication network)망의 구축을 통해 관련 정부에 압력을 행사하는 등의 구체적인 행동을 가능하도록 한 것을 보여준다. 결국 이러한 정보와 의사소통의 수단들은 개인과 집단들에게 국제관계에 참여할 수 있는 통로를 제공함으로써 민주적인 공간(democratic space)을 창출하고 나아가 일반대중이 중심이 되는 국제질서의 수립을 가능하게 한다.

6. 정책비판과 제언 기능(advocacy function)

정책비판과 제언 기능이란 정부나 국제기구 등의 정책을 비판하고 대안을 제시하는 등의 주장과 제안을 하는 기능이다.30) NGO는 현안에 대해 로비와 압력

---

29) Paul Wapner, "The Transnational Politics of Environmental NGOs," paper prepared for the United Nations University Symposium on the United Nations and the Global Environment, November 14-15, 1997, New York City.

30) 「advocacy function」이라는 용어의 적절한 우리말을 찾는 것이 그리 용이하지 않다. 이곳에서는 「정책비판과 제언 기능」이라는 말을 사용하고자 하는데 때때로 「권익옹호 기능」이라든가 「권익

의 행사를 통해 자신들의 입장이 이들 주요한 의사 결정자들에 의해 수용되어 국내정책이나 국제공공정책(international public policy)에 반영되기를 희망한다. 이러한 기능을 통해 NGO는 국제적인 의제의 설정·프로그램의 설계·국제기구 활동의 총체적인 감시에 공헌한다.

NGO들은 정부나 국제기구에 대한 압박의 수단으로서 캠페인 방식을 자주 동원한다. 이러한 방식을 가장 다양하게 이용해 오고 있는 대표적인 NGO로서 그린피스(Greenpeace)를 들 수 있다. 그린피스가 정책비판과 제언 활동의 일환으로서 전개해 오고 있는 캠페인에는 기후변화를 멈추기 위한 캠페인·원시림(ancient forests)을 보호하기 위한 캠페인·해양을 구하기 위한 캠페인·포경을 금지하기 위한 캠페인·유전공학에 반대하는 캠페인·핵 위협을 금지하기 위한 캠페인·독성 화학물질을 제거하기 위한 캠페인·지속 가능한 무역을 촉진하기 위한 캠페인 등이 있다.

이러한 캠페인의 결과로서 그린피스는 개도국에 대한 독성 폐기물의 수출 금지·상업적 포경의 금지·세계 수산업의 개선된 경영을 규정하는 유엔 협정·남극해 고래 보호구역(Southern Ocean Whale Sanctuary)의 지정·남극에서의 광물 채취의 50년간 유예·방사능 폐기물과 산업 폐기물 그리고 폐기된 석유 시설물의 해양투기 금지·공해에서의 대규모 유망어획(driftnet fishing)의 금지·모든 핵무기 실험의 금지 등의 성과를 거두었다.[31]

1) 정책비판과 제언 활동의 두 유형

NGO의 비판과 제언에는 두 가지 유형이 존재한다. 우선 첫 번째 유형은 전 지구적 차원의 과정·구조·이념에 영향을 미치기 위한 비판과 제언이다. 두 번째 유형은 특정 정책·프로그램·프로젝트 등에 영향을 미치기 위한 비판과 제언이다.[32]

주창 기능」이라고도 칭한다. 「대변 기능」이라는 말을 사용하는 경우도 간혹 있다.

31) Puja Mondal, "Role of NGOs in Environmental Protection, http://www. yourarticlelibrary. com/essay/role-of-non-governmental-organizations-ngo-in-environment-protection/32980 (접속일: 2017년 11월 30일).

32) Alan Hudson, "Organizing NGOs' International Advocacy: Organizational Structures and Organizational Effectiveness," paper presented at the "NGOs in a Global Future" Conference, University of Birmingham, January 11-13, 1999.

첫 번째 유형의 비판과 제언은 근본적인 변화를 꾀하는 것으로서 소기의 목적을 달성하기 위해서는 거대한 지지의 기반을 필요로 한다. 이 유형은 대결적인 양상을 띠기 쉬운데 현재 세계화를 이끌어가는 추동력이 되고 있는 신자유주의 이념에 대한 공공연한 비판이 이러한 예에 속한다.

두 번째 유형의 비판과 제언은 보다 구체적인 대상을 가진다. 구체적으로 보건의료 정부기관이라든가 농업관련 정부기관처럼 건설적인 대화에 좀 더 개방적인 대상들이 포함된다. 그러나 이러한 유형의 비판과 제언을 하는 NGO의 견해가 심각하게 고려되기 위해서는 실제적인 경험에 기초를 둔 고도의 기술적인 지식(technical knowledge)을 필요로 한다.

이 두 유형을 비교하면 두 번째 유형의 비판과 제언은 첫 번째 유형과 비교하여 비공개적으로 이루어지기 쉽고 대결적이기 보다 협조적일 가능성이 높다. 첫 번째 유형이 보다 본질적인 변혁을 목적에 두는 것과는 대조적으로 두 번째 유형은 점진적인 개혁에 목적을 둔다.

이렇게 비판과 제언을 두 유형으로 구분하는 것은 가능하나 실제에 있어서 이러한 두 유형은 종종 통합되어 현실에 적용된다. 가장 적절한 비판과 제언이란 이 두 가지 접근이 통합되어 사용되는 것이다. 미시적인 수준(즉 풀뿌리 수준)에 있어서의 행동과 경험을 거시적 수준(즉 전 지구적 수준)에 제대로 접합시킬 수 있을 때 성공적인 비판과 제언이 가능하다.

2) 대상에 따른 정책비판과 제언

운용활동 기능이 위기상황에 있는 난민과 같은 직접적인 수혜자를 대상으로 하는 기능이고 교육적 기능이 주로 일반대중을 그 대상으로 하는 것과는 대조적으로 정책비판과 제언 기능은 정부를 대상으로 하거나 국제기구에 있어서의 국가의 대표단이나 국제기구 자체의 사무국 직원들을 대상으로 한다. 때때로 기업을 대상으로 하기도 한다. 여기에서는 정부를 대상으로 하는 경우·국제기구를 대상으로 하는 경우·정부와 국제기구가 동시에 대상으로 하는 경우로 구분하여 살펴보고자 한다.

(1) 정부를 대상으로 하는 경우

NGO들이 국가의 정부를 대상으로 정책비판과 제언 기능을 수행한다고 할 때 자국의 정부가 대상이 될 수도 있고 타국의 정부가 대상이 될 수도 있다. 미약한 개도국의 NGO가 선진국의 강력한 NGO와 연계하여 이들로 하여금 자신이 소속되어 있는 개도국 정부에 영향력을 행사하도록 하기도 하고 때로는 선진국 NGO가 자신의 정부에 영향력을 행사하여 이들로 하여금 개도국 정부에 영향력을 행사하도록 하는 등 다양한 통로를 통해 정책비판과 제언 기능이 행해진다.

정책비판과 제언은 이들 대상들의 대내정책이 가해지기도 하고 대외정책에 가해지기도 한다. 후자의 경우에 해당하는 예를 들자면 NGO는 정부로 하여금 조약 체결 노력에 참여하도록 압력을 가하기도 하고 연대를 형성하고 대중을 동원하여 조약을 둘러싼 협상에서 국가가 취할 입장에 영향을 미치기 위한 노력도 한다.

때로는 일국 정부가 조약에 서명까지 했으나 비준을 하고 있지 않은 경우 이를 비판하고 비준을 촉구하는 활동을 하기도 한다. 한국의 NGO들이 정부를 향해 모든 이주노동자와 그 가족들의 보호를 위한 국제협약(The International Convention on the Protection of the Rights of All Migrant Workers and Members of their Families)을 비준할 것을 촉구하는 활동을 전개하는 것을 하나의 예로 들 수 있다.

유엔총회의 옵서버 지위를 가지고 있는 국제적십자위원회(International Committee of the Red Cross, ICRC)는 핵무기를 불법화하고 확산을 저지하기 위한 방편으로 유엔총회에서 참가 정부들에게 핵무기 금지조약(Treaty on the Prohibition of Nuclear Weapons)을 지지하고 이행할 것을 촉구한 바 있는데 이는 NGO의 정부를 대상으로 한 정책비판과 제언의 기능의 하나로서 볼 수 있다.

(2) 국제기구를 대상으로 하는 경우

국제기구를 대상으로 한 NGO의 정책비판과 제언 기능은 국제기구를 직접적인 대상으로 하여 수행되기도 하지만 때로는 해당 국제기구에 큰 영향력을 지닌 국가의 정부를 통해 우회적으로 이루어지기도 한다.

NGO들은 2017년에 난민이 대거 유럽으로 유입됨에 따라 유럽연합(EU)의 지도자들이 리비아로부터의 대량 이주민을 통제하기 위한 새로운 계획을 세운 것에 대해 비판과 경고를 했다. 구체적으로 유럽연합의 지도자들은 리비아의 해안경찰이 난민들을 이탈리아로 실어 나르는 보트를 멈추는 것을 지원하고 북아프리카 지역의 국가에 임시 난민캠프를 설치하는 것을 포함한 다양한 조치들을 말타(Malta)에서 개최된 특별 정상회의에서 지지했다. 이들은 2016년에 18만 명이 넘는 아프리카의 경제적 이주자들이 리비아와 이탈리아를 거쳐 유럽연합으로 입국하는 것을 돕는 인신 매매자(human traffickers)의 비즈니스 모델을 중지시키기 위한 새로운 전략에 서명을 했던 것이다.

이러한 전략에는 리비아 해안경찰을 재정적으로 지원하고 훈련을 시켜 이주자들이 탑승한 보트가 국제수역에 도달하기 전에 이들 보트들을 차단하는 것을 좀 더 잘 할 수 있도록 하고 이웃 국가들이 리비아로 가는 루트를 폐쇄하는 것을 지원하는 것 등이 포함되어 있다.

NGO들은 이러한 조치들이 수천 명의 아이들의 목숨이 달려 있는 문제라고 주장하면서 이러한 움직임은 인권에 거슬리며 새로운 인도적 재앙을 불러일으킬 가능성이 높다고 유럽연합을 행해 비판과 경고를 했다.

(3) 정부와 국제기구가 동시에 비판과 제언의 대상이 되는 경우

국제 앰네스티(Amnesty International, AI)는 2016년에 미국의 뉴욕에서 난민에 관한 세계정상회의가 열려 많은 국가의 정부들이 약속을 했음에도 불구하고 미얀마에서 지속되고 있는 위기로 인해 고향을 등지고 난민이 되고 있는 로힝야족을 재정착시키기 위해 선진국들과 유엔이 충분한 행동을 취하고 있지 않다는 비판을 2017년 9월에 가한 바 있는데 이는 정부와 국제기구를 대상으로 한 비판과 제언의 활동의 일례이다.

3) 정책비판과 제언의 단계

정책의 비판과 제언이 효율적으로 이루어지기 위해서는 일정한 단계를 밟을 필요가 있다. 이들의 단계를 목적의 설정 단계·대상의 분석 단계·목표의 설정 단계·전략의 수립과 행동 단계·평가 단계로 구분하여 살펴보도록 하자.[33]

(1) 목적의 설정

우선 다른 것에 우선하여 정책비판과 제언의 궁극적인 목적(goal)을 설정하는

---

33) 다음 글의 일부를 참고했음: John Ruthrauff, Tania Palencia, and Rob Everts, "Advocacy and Negotiation: A Process for Changing Institutional and Governmental Policies 1997," http://www.sit.edu/global_capacity/gpdocs/methodology/negotiation (접속일: 2003년 3월 23일).

것이 필요하다. 여기서 목적이란 구체적으로 장기적인 관점에서 정책비판과 제언을 통해 변화시키고자 하는 정책(policy)이나 행태(behavior)를 규정하는 것을 말한다. 이때 이러한 목적은 구체적이어야 하고 초점이 명확해야 하며 이러한 정책비판과 제언에 참가하는 모든 그룹에 의해 동의가 이루어져야 한다.

(2) 대상의 분석

목적 설정에 이어 정책비판과 제언 캠페인이 추구하는 목적과 관련한 결정을 어떤 기관(들)에서 어떤 사람(들)이 내리고 이러한 결정이 구체적으로 어떻게 이루어지는가에 대한 분석이 필요하다.

이러한 분석은 캠페인이 추구하는 목적과 관련한 의사결정에 영향을 미치거나 의사결정에 직접적으로 참여하는 주요 행위자(key actors)에 대한 분석으로서 주요 기관과 개인에 대한 개별적인 분석이 필요하다. 이들 행위자들은 캠페인 참가자의 입장에서 볼 때 적이 될 수도 있고 아군이 될 수도 있는데 이들을 구별해 내는 것이 필요하다.34)

구체적으로 정책비판과 제언의 대상이 될 정부나 국제기구의 거버넌스 구조는 복잡할 수 있으나 이러한 조직이 지니고 있는 권력의 구조(power structure)를 파악하는 것이 필요하고 이들의 의사결정 방식과 의사결정 시기 등을 파악하는 것이 필요하다. 이와 더불어 실제적으로 누가 의사결정에 중요한 역할을 하는가를 찾아내는 것이 중요하며 아울러 이들에게 조언 등을 통해 영향을 미칠 수 있는 사람(들)에 대한 분석 역시 필요하다. 이러한 조직과 주요 개인에 관한 분석에 이어 이들 주요한 행위자들 사이의 관계와 이들 간의 연계에 관한 분석 역시 대단히 중요하며 이러한 관계에 영향을 미칠 수 있는 다른 행위자들에 대한 분석 역시 긴요하다.

이러한 캠페인 대상에 대한 분석을 끝낸 후 목적을 성취할 수 있을 것인가를 비롯하여 목적에 대한 재검토가 필요하다. 대상에 대한 이러한 분석을 통해 목적을 달성하는 것이 불가능한 것으로 판단되는 경우 캠페인을 그만 둘 수도 있고 달성이 가능한 다른 목적으로의 전환도 가능하다. 또한 원래의 목적을 도달하는

---

34) 대상이 세계은행(World Bank)과 같은 국제기구의 경우 「제도정치(institutional politics)」를 잘 이해하는 것이 중요하다. 세계은행 내의 부서 간에 특정 정책을 둘러싸고 서로 상충하는 의견을 가지고 서로 다른 권고를 내놓는 경우가 종종 있는데 이때 누가 캠페인의 동정적인 행위자가 될 수 있는가를 파악하여 이를 활용하는 것이 중요하다.

것이 불가능하다고 판단될 경우에 대상의 구체적인 정책의 변경이나 행태의 변경을 꾀하지 않고 상징적 캠페인(symbolic campaign)이나 교육적 캠페인(educational campaign)으로 전환하는 것도 하나의 선택이 될 수 있다.

(3) 목표의 설정

장기적 관점에서 도달하고자 하는 캠페인의 추구하는 바의 것으로서의 목적과 더불어 이러한 목적을 달성하는 데 도움이 되는 비교적 중단기적으로 달성하고자 하는 몇 가지의 목표들(objectives)을 설정하는 것이 필요하다.

목표란 비교적 중기적이거나 단기적으로 캠페인이 추구하는 것으로서 이 역시 정부나 국제기구의 정책이나 행태에 있어서의 변화에 관한 진술로서 목표의 설정은 명확해야 하고 제한적이어야 한다. 이러한 단계에서 이러한 목표를 달성하기 위한 재정적인 자원에 대한 고려가 충분히 이루어져야 한다.

(4) 전략의 수립과 전략 달성을 위한 구체적 행동

목표가 수립된 이후 이러한 목표를 달성하기 위해 이러한 목표에 영향을 미치는 앞서 분석한 주요한 행위자(들)에게 영향을 미치기 위한 구체적인 전략(strategy)을 개발해야 한다. 전략의 수립 부분에서 중요한 것은 정책에 대한 비판에 그치지 않고 정책을 변경하기 위한 대안의 제시가 있어야 한다는 점이다.[35]

전략을 달성하려면 이를 위한 구체적인 행동이 필요한데 구체적인 행동이란 전략에 대응하는 전술(tactics)로서 구체적으로 목표를 달성하기 위한 압력을 증가시키거나 반대편의 힘을 감소시키는 것을 구체적인 내용으로 한다.

(5) 평 가

전략 달성을 위한 행동이 종결되면 즉시 이러한 행동에 대한 평가가 이루어져야 한다. 이는 다음 행동을 위한 전략을 개선하는 것을 목적으로 한다. 평가의 핵심은 전략 달성을 위한 행동이 목적을 향해 다가가는 데 긍정적인 역할을 했는가와 같은 행동의 영향·지도자들이 잘 준비되었으며 상황에 잘 대응했는가와 같은 지도력·물자 같은 것이 적절하게 공급되었는가와 같은 병참(logistics)에 주어져야 한다.

---

35) 구체적인 전략에 대해서는 제10부 제23장 「NGO들의 협력적 상호관계」 부분을 참조하시오.

4) 정책비판과 제언이 미치는 영향의 유형

여기에서는 정책비판과 제언 기능을 하는 NGO들의 영향에 대해 살펴보고자 한다. 구체적으로 NGO들이 어떠한 유형의 영향을 행사하는가를 살펴보고자 하는데 이는 NGO들의 영향을 평가하는 지표로서의 중요한 의미도 지니고 있다.

정책비판과 제언은 정책 자체에 영향을 미치는 것을 목표로 하는 경우들이 대부분이지만 간혹 장차 정책에 영향을 미칠 수 있는 제도의 절차에 있어서의 변경을 목표로 할 수 있다. 이는 궁극적으로 미래에 있어 정책의 변경을 목적으로 하는 것으로서 이에 앞서 정책에 영향을 미칠 수 있는 절차의 변경에 우선적으로 영향을 행사하는 것이다.

NGO들이 다자은행(multilateral bank)을 대상으로 캠페인을 전개하여 기존의 제도인 내부지침을 변경하도록 하였고 이러한 변경을 통해 다자은행으로 하여금 자신들이 계획하고 시행하는 프로젝트에 NGO와 현지 주민들이 좀 더 많이 참여할 수 있도록 한 경우가 하나의 전형적인 사례가 될 수 있다.

NGO들이 캠페인을 통해 세계은행(World Bank)에서 과거에 접근이 제한되었던 정보에 대한 접근의 길을 텄고 그 결과 이를 통해 세계은행에 대한 독립적인 감시 패널(independent inspection panel)이 설립된 것을 또 다른 예로 들 수 있다. NGO들은 절차의 변경을 통해 특정 이슈에 있어서 주요 행위자에 대한 정규적인 접촉을 가능하게 하기도 한다.

통상적으로 정책비판과 제언 활동은 정책에 영향을 주기 위한 목적으로 행해진다. 따라서 다음으로 이슈화·의제화·대상의 입장 변화·대상의 정책 변화·대상의 행위 변화·궁극적으로 목표하는 문제의 해결(problem-solving)을 영향의 유형으로 보고 영향의 강도가 낮은 것으로부터 높은 것으로 순차적으로 살펴보고자 한다.36)

(1) 이슈화(issue creation)

우선 NGO들은 어떤 문제를 이슈화하는 데 영향을 미칠 수 있다. 이슈화란 구체적으로 이전에 공개적인 토의의 대상이 되지 않았던 문제들을 쟁점화하는 행

---

36) Margaret E. Keck and Kathryn Sikkink, *Activists beyond Borders: Advocacy Networks in International Politics* (Ithaca and London: Cornell University Press, 1998), 25-26에서 일부 참조.

위를 의미하며 NGO들은 대중매체의 주목을 야기하고 토론회나 청문회 등을 개최함으로써 이슈화를 이끌어 낼 수 있다.

(2) 의제화(agenda-setting)

NGO들은 이슈화에서 더 나아가 이러한 이슈를 공식적인 논의의 대상이 되게 하는 소위 의제화에 영향을 미칠 수 있다. 국제사회에서 NGO들은 국가 혼자만의 힘으로 해결할 수 없는 이슈들을 유엔과 같은 국제기구의 공식적인 의제로 만드는 역할을 한다.

일반적으로 국제기구나 정부간회의에서 공식적인 의제 설정의 권리는 국가에게 주어져 있다. 예외적으로 유엔 경제사회이사회(ECOSOC)로부터 포괄적인 협의 지위(general consultative status)를 부여받은 NGO는 경제사회이사회와 그 보조기관에서 의제를 제안할 수 있는 권한을 부여받고 있다. 그러나 제안한 의제의 최종적 채택 여부는 여전히 주권 국가의 손에 달려 있다.

때문에 NGO들은 여러 방식으로 의제화를 위한 비공식적인 힘을 행사한다. 즉 NGO에 의한 의제설정은 일반적으로 공식적인 정부 간 과정(intergovernmental process)의 밖에서 벌어진다. 구체적으로 정치가나 관리들과의 직접적인 대화·대중매체·대중에 초점을 둔 행동 혹은 이러한 것들의 혼합을 통해 NGO의 의제설정이 이루어진다.

(3) 대상의 입장(혹은 인식) 변화

NGO들은 정부나 국제기구로 하여금 국제적인 선언을 지지하도록 설득하거나 기존의 국내정책에 관한 입장(position)을 바꾸도록 설득함으로써 이들의 입장에 영향을 미칠 수 있다. NGO들은 또한 정부나 국제기구로 하여금 국제조약 등에 서명하도록 함으로써 좀 더 구속력 있는 약속을 하도록 압력을 가할 수 있다.

(4) 대상의 정책 변화

정책의 비판과 제언의 결과로 설혹 대상(즉 자신들의 국가의 정부나 타국 정부 혹은 국제기구)의 입장이 바뀌었다고 해도 이러한 입장의 변화가 항상 정책(policy)의 변화로 이어지는 것은 아니다. 즉 입장의 변화와 정책의 변화는 NGO의 영향의 결과로서 별개의 것들로 간주되어야 한다.

이처럼 NGO들은 대상의 입장 변화에서 더 나아가 정책에 있어서의 변화를 가져오는 데 영향을 미칠 수 있는데 NGO의 정책비판과 제언을 위한 캠페인이 있었고 이후에 이들 행위자들의 명시적인 정책의 변경이 발견될 경우 NGO의 영향의 결과로 볼 수 있으나 이때 반드시 이러한 인과관계를 주도면밀하게 살펴보아야 한다. 왜냐하면 NGO가 아닌 다른 요인에 의한 변경의 가능성도 있기 때문이다.37)

(5) 대상의 행위 변화

정책의 변화와 관련하여 조심할 것은 정책의 변화가 반드시 행위에 있어서의 변화(change in behavior)를 동반하지 않을 수도 있기 때문에 정책의 변화와 행위에 있어서의 변화를 구별할 필요가 있다는 점이다. 정책이 변경되기는 했으나 이를 강제할 수 있는 기제(mechanism)가 부재하거나 미약할 경우 행위에 있어서의 변화를 가져오지 않을 수도 있기 때문이다.

(6) 궁극적으로 목표하는 문제의 해결(problem-solving)

정책비판과 제언이 대상의 행위를 바꾸도록 영향을 성공적으로 미쳐 대상의 행위가 바뀌었다고 해도 정책비판과 제언이 궁극적으로 목표한 문제가 해결되었다고 볼 수 없는 경우들이 존재한다. 이러한 경우를 고려해 볼 때 정책비판과 제언이 궁극적으로 목표로 하는 문제의 해결을 또 다른 형태의 영향으로 간주할 수 있다.

예컨대 정책비판과 제언의 결과로서 오염을 야기하는 활동을 중단시킬 수 있었지만 다른 활동을 대안으로서 부추김으로써 오염의 총체적인 양을 증가시켜 오염을 더욱 악화시킬 수도 있다. 또한 특별한 종류의 원숭이 교역을 금지하는 정책비판과 제언이 성공적이어서 국경을 넘는 교역이 효과적으로 중지되었다고 해도 원숭이가 서식하고 있는 국가의 국경 내에서의 소비를 촉진하여 원숭이의 대량살상에 영향을 거의 미치지 않았다면 궁극적으로 의도한 문제의 해결을 영향의 기준으로 할 경우 영향을 미쳤다고 볼 수 없다.38)

---

37) 이 점에 관해서는 제3부 제6장의 「NGO의 연구방법」 부분에서 상세히 설명한 바 있다.

38) Edith Brown Weiss and Harold Karan Jacobson, eds., *Engaging Countries: Strengthening Compliance with International Environmental Accords* (Cambridge, MA: The MIT Press,

5) 비판과 제언의 성과에 영향을 미치는 중요한 요인들

NGO들이 비판 및 제언의 기능을 통해 정부나 국제기구에 영향을 미친다고 했을 때 영향의 정도에 있어서의 변이(variations)가 존재하기 마련이다. 이와 관련하여 많은 NGO 연구자들과 실무자들은 어떠한 조건에서 NGO가 효과적으로 영향을 미칠 수 있는가에 관심을 가지고 있다.

학자에 따라서는 NGO들의 힘과 영향력이 등락을 보여 왔는데 이러한 등락은 크게 정부나 국제기구가 NGO에 의존하려고 하는 정도라는 변수와 더불어 정치적 자유·NGO의 리더십·전문성·회원의 크기·신뢰할만한 재정·통신기술 면에서의 NGO의 능력이라는 변수에 크게 의존해 왔다는 주장을 제기한다.[39]

여기에서는 NGO의 영향력에 영향을 미치는 요인들과 관련하여 일반적으로 흔히 언급되는 다양한 변수들을 정치적 기회구조 변수군과 동원구조 변수군 그리고 이슈의 성격이라는 3부류로 나누어 하나씩 차례로 살펴보고자 한다.[40]

(1) 정치적 기회구조

정치적 기회구조(political opportunity structure)란 NGO들의 행동에 장애를 제공하거나 기회를 제공하는 정치적인 환경(political environment) 혹은 제도적인 환경(institutional setting)을 의미한다.

정치적 기회구조의 변화는 권력에의 접근에 대한 개방(opening up of access to power)·지배연합에 있어서의 변화(shifts in ruling alignments)·영향력 있는 동맹자의 가용성(availability of influential allies)·엘리트 내부와 사이에서의 분열

1998), 5.

39) Steve Charnovitz, "Two Centuries of Participation: NGOs and International Governance," *Michigan Journal of International Law*, Vol. 18, No. 2 (Winter 1997), 183-286.

40) 여기에서 정치적 기회구조 변수군과 동원구조 변수군은 다음 논문을 참고했다: Jutta Joachim, "Comparing the Influence of NGOs in Transnational Institutions: the UN, the EU and the Case of Gender Violence," paper prepared for the 43rd Annual Convention of the International Studies Association, New Orleans, March 24-27, 2002. 그러나 여기에 첨삭을 가하여 정치적 기회구조의 요인으로서 레짐 유사성(regime similarity)이라는 요인을 첨가했으며 동원구조의 요소로서 이질적인 지지자들이라는 요인을 대표성의 존재라는 요인으로 대체했고 신뢰성에 기초한 명성의 존재를 추가했다. 저자는 정치적 기회구조 변수군과 동원구조 변수군에 더하여 개별적인 변수로서 시의성의 존재와 더불어 이슈의 성격과 적절한 이슈 성격의 규정이라는 요인을 별도로 첨가했다.

(cleavages within and among elites)에서 유래된다.41) 이러한 정치적인 기회구조의 요소로 제도에의 접근·레짐 유사성·동맹자의 존재 여부·정치적 제휴와 갈등을 살펴보고자 한다.42)

① 제도에의 접근

제도에의 접근(access to institution)이란 정부나 국제기구라고 하는 제도에 대한 접근성을 의미하며 NGO들은 자신들의 견해를 알리기 위해 정부나 국제기구에 접근해야 한다는 것을 전제로 하는 요인이다.

여기서 접근(access)이란 해당 관료나 직원에게 전화를 거는 것과 같은 행위로부터 공식적이거나 비공식적인 직접적인 대면을 통한 대화 등 다양한 행위를 의미한다. 이러한 제도에의 접근이란 양방향적인 것으로서 NGO는 이를 통해 자신들의 견해를 개진할 기회를 가질 수 있으며 정부나 국제기구도 이를 통해 NGO에게 자신들의 입장을 전달하는 등의 방식으로 NGO에게 영향을 미칠 수 있는 기회를 가지게 된다.

NGO에게 있어서 이러한 제도에의 접근이 선행되어야 영향력을 행사할 수 있다는 점에서 제도에의 접근이 대단히 중요하지만 접근을 통해 이들의 의견이 정책에 반영된다든가 하는 것이 보장되는 것은 결코 아니다. 아울러 이러한 접근이 의도하지 않게 가져올 수도 있는 NGO의 독립성에 대한 훼손의 가능성에도 우려의 시각이 존재한다.

정부에 대한 접근에 대해 예를 들자면 민주주의가 발전한 국가 정부의 경우 NGO를 포함한 다양한 비국가적 행위자들에게 참여의 문호를 열어 놓은 대외정책에 관한 일련의 세미나를 개최함으로써 대외정책에 관하여 정부관리와 NGO가 직접적인 대화를 가질 수 있는 기회를 제공하고 있다.

국제기구에 대한 접근에 대한 예로서 유엔 경제사회이사회(ECOSOC)의 협의지위를 들 수 있다. ECOSOC으로부터 포괄적 협의지위를 부여받은 NGO는 ECOSOC과 그 보조기관이라는 제도에 접근하여 자신의 견해를 구두나 서면으로 진술하는

---

41) Sidney Tarrow, *Power in Movement: Social Movements and Contentious Politics* (New York: Cambridge University Press, 1998), 8.

42) 국내정치를 연구하는 학자들에게 있어 정치적 기회구조를 구성하고 있는 요소란 일반적으로 제도화된 정치체제의 개방성과 폐쇄성·엘리트의 긴밀한 연대(alignment)의 안정과 불안정·엘리트 동맹(ally)의 존재와 부재·국가에 의한 억압(repression)의 사용 여부 등을 포함한다.

것이 허용되며 나아가 자신이 토의되기 원하는 의제를 제안까지 할 수 있다. 이러한 것들을 통해 NGO는 영향력을 일정한 정도 행사할 수 있다.

1990년에 유엔총회가 지구온난화에 관한 기본협약을 위한 정부 간 협상위원회(Intergovernmental Negotiating Committee for a Framework Convention on Global Warming)를 설립했을 때 NGO는 비록 옵서버 자격이기는 하나 협상에 참여할 수 있는 권한을 부여받음으로써 협상의 결과에 적지 않은 영향을 미칠 수 있었다.

1998년 로마에서 개최되어 상설 국제형사재판소(International Criminal Court, ICC) 조약을 최종적으로 채택한 유엔회의의 경우 「국제형사재판소 설립을 위한 NGO 연합(NGO Coalition for an International Criminal Court)」이라는 모 조직(umbrella organization)하에 136개의 NGO들이 옵서버로 공인되어 참여가 허용됨으로써 발언하고 문서를 회람하며 대표단들을 빈번하게 만나면서 회의의 결과물에 커다란 영향을 미칠 수 있었다.[43]

그러나 이러한 제도에의 접근이 NGO의 독립적인 입장에 부정적인 영향을 미칠 수 있다는 점에도 주목해야 한다. 즉 정치적인 접근은 NGO의 독립성을 대가로 하여 얻어지는 산물일 수도 있다는 것이다. 예컨대 NGO의 대표가 국제기구에 파견되는 정부대표단의 일원이 되어 국제기구의 회의에 참석하는 경우 NGO는 정부의 입장과 다른 자신의 입장을 표출하는 것이 어렵다. 또한 NGO가 정부의 위원회에 일부 구성원으로 참가한다고 해도 자신들의 견해가 최종 결정에 반영된다는 보장이 주어지지 않으며 오히려 정부입장에 대해 설득을 당하는 계기가 될 수도 있다. 이런 의미에서 제도에의 접근이란 NGO의 비판과 제언의 성과에 영향을 미치기 위한 필요조건이기는 하지만 충분조건은 아니다. 따라서 NGO들은 쉽게 얻을 수 있는 제도에의 접근이 가져올 수 있는 위험에 대해 주의해야 한다.[44]

② 레짐 유사성

제도에의 접근과 더불어 레짐 유사성(regime similarity)이 또 다른 중요한 요인으로 간주된다. 여기서 「레짐(regime)」이란 특정 쟁역(issue area)에 있어서 행위

---

43) 보다 자세한 것은 다음 글을 참조하시오: Richard Falk and Andrew Strauss, "On the Creation of Global Peoples Assembly: Legitimacy and the Power of Popular Sovereignty," *Stanford Journal of International Law*, Vol. 36, No. 2 (2000).

44) Peter R. Baehr, "Mobilization of the Conscience of Mankind: Conditions of Effectiveness of Human Rights NGOs," http://archive.enu.edu/unupress/lecture12-15.html (접속일: 2017년 11월 19일).

자들의 기대하는 바가 수렴하는 원칙·규범·규칙·의사결정 절차를 의미하며
「레짐 유사성」이란 NGO들이 요구하는 것과 현존하고 있는 레짐 사이의 유사성
을 의미한다.45)

구체적으로 NGO들이 요구하는 바의 것이 이미 동일한 혹은 유사한 레짐으로
서 존재하고 있다면 NGO들의 주장은 좀 더 많은 정당성(legitimacy)을 가질 수
있다. 또한 정부나 국제기구의 입장이나 정책 혹은 행동이 이러한 현존하는 레짐
과 괴리를 보일 때 NGO는 수치심의 동원(mobilization of shame) 혹은 인류 양심
의 동원(mobilization of conscience of mankind)을 통해 효과적인 비판과 제언을
할 수 있다.

③ 동맹자의 존재

제도에의 접근 및 레짐 유사성과 더불어 정치적인 기회구조를 구성하고 있는
요소에는 NGO들이 결하고 있는 자원을 보유하고 있는 영향력 있는 동맹자(ally)
의 존재가 있다. 동맹자는 구체적으로 일반 대중·학계 등의 전문가 그룹·대중
매체·견해를 같이 하는 NGO들(like-minded NGOs)·타국 정부·국제기구일 수
있다.

일반 대중이 NGO의 동맹자로서 NGO의 비판과 제언의 성과에 중요한 영향
을 미치기도 한다. 이러한 경우의 대표적인 예로서 미국의 200여개의 NGO들이
연합하여 세계은행과 국제통화기금의 개혁을 위해 전개한 「50년이면 충분하다
(Fifty Years Is Enough)」 캠페인을 들 수 있다.

세계은행이 주도하는 구조조정(structural adjustment) 프로그램에 관한 초기의
토론과정에 NGO들도 다른 행위자들과 더불어 참가한 바 있다. 이때 유엔아동기
금(UNICEF)이 NGO들과 한편이 되어 이러한 구조조정이 가져올 수 있는 사회
적·인간적 영향(social and human impact)에 NGO들이 관심을 가지도록 지원을
한 바 있다.

NGO가 세계은행(World Bank)에 성공적으로 영향을 미칠 수 있는가의 여부와
영향의 정도는 세계은행의 의사결정에 영향을 미칠 수 있는 미국 의회나 세계은
행의 북반구 집행이사(Northern Executive Directors)와 같은 힘 있는 기관을 NGO

---

45) Bas Arts, "The Impact of Environmental NGO on International Conventions," in Bas Arts,
Math Noortmann, and Bob Reinalda, eds., *Non-State Actors in International Relations*
(Adelshot, UK: Ashgate Publishing Ltd., 2001), 206-208.

가 동맹자로서 활용할 수 있는 능력에 달려 있다고 볼 수 있다. 영국의 NGO인 옥스팜(Oxford Committee for Famine Relief, Oxfam)이 「주빌리 2000(Jubilee 2000)」이라는 부채탕감운동을 활발하게 전개할 수 있었던 뒤에는 G-7 회의 등에서의 영국 정부의 적극적인 지원이 있었다. 부채탕감운동을 전개한 몇몇 NGO들에게 있어서 채무국 정부와의 협력 역시 중요한 역할을 했다. 국제지뢰금지운동(International Campaign to Ban Landmines, ICBL)이라는 NGO의 성공적인 대인지뢰 금지 캠페인에는 캐나다 정부의 적극적인 지원이 있었다.

비판과 제언이 성공적으로 영향을 미치기 위해서는 NGO가 대중매체를 동맹자로 두어야 한다. 예컨대 국제 앰네스티(Amnesty International, AI)가 인권훼손과 관련하여 아무리 많은 믿을 수 있는 방대한 자료를 제시한다고 해도 대중매체들이 이러한 것들에 주목하지 않으면 정부나 일반대중들에게 관심 있게 읽혀지기 어렵다. 정부나 정부의 행위자들은 대중매체의 주목을 받거나 주목을 받을 수도 있다는 위협 속에서 설득되기가 쉬우며 나아가 대중매체의 주목을 통해 다른 국가의 정부나 국제기구의 관심을 촉발할 수 있다.

국제지뢰금지운동(ICBL)의 경우 다양한 전략을 동원했으나 그 가운데 대중매체의 관심을 끌어 대중매체를 동맹자로 만드는 전략이 대인지뢰금지협약의 체결을 가져오는 데 중요한 역할을 했다. ICBL은 대중매체의 관심을 끌어 이들의 지원을 얻고자 영국의 다이애나 비(Princess Diana)·남아프리카 공화국의 투투 주교(Archbishop Desmond Tutu)·미국의 쉬바르츠코프 장군(General Norman Schwarzkopf)과 같은 국제적인 인물들을 이 운동에 끌어들인 바 있다.

NGO의 비판과 제언이 성공적으로 작동하기 위한 가장 중요한 요인은 다름 아닌 다른 NGO들과의 강력한 동맹(alliance)의 구축이다. 그러나 NGO들은 자신들의 독자성에 집착하는 성향이 강해 NGO들의 연대 구성을 위한 조정(coordination)을 「고양이 떼 짓기(herding cats)」로 비유하기도 한다.[46] 이러한 경향을 보이는 NGO의 전형적인 예로서 전통적으로 다른 인권 NGO와 연대를 꺼리고 독자 노선을 지켜오고 있는 국제 앰네스티(AI)가 흔히 언급되곤 한다.

---

46) Leon Gordenker and Thomas G. Weiss, "Pluralizing Global Governance: Analytical Approaches and Dimensions", in Thomas G. Weiss and Leon Gordenker, eds., *NGOs, the UN and Global Governance* (Boulder, CO: Lynne Rienner, 1996), 28. 고양이 떼 짓기란 다수의 고양이를 그룹으로 묶어 떼를 짓도록 하는 것이 어렵다는 현실을 반영하여 본질적으로 통제할 수 없는 실체를 통제하거나 조직하려는 효과 없는 시도를 지칭한다.

그러나 실제에서 보듯이 NGO들이 연대를 전혀 존재하지 않는 것은 아니며 이러한 연대가 NGO의 활동 분야에 따라 달라진다고 보는 시각도 존재한다. 이에 따르면 여러 분야에서 활동하는 NGO들 가운데 특히 인권이나 환경 분야의 NGO들이 이러한 동맹의 구축을 통한 영향력을 성공적으로 행사해 오고 있다고 본다. 이러한 환경이나 인권 분야 NGO들과는 달리 개발 NGO들은 변화를 위한 강력한 동맹을 갖지 못하는 것을 특징으로 하는데 이는 구체적으로 개발 NGO들 사이에 기금조달을 둘러싼 갈등과 NGO의 개별적인 정체성을 지키기 위한 영역 싸움(turf war)에서 온다고 본다.47)

④ 정치적 제휴와 갈등

마지막 정치적 기회구조 요소로서 정치적 제휴와 갈등(political alignments and conflicts) 요인을 들 수 있다. 구체적으로 제도 내에서의 정치적인 제휴와 갈등의 양상과 이를 어떻게 활용할 것인가가 NGO의 영향력에 영향을 미친다.48)

유엔의 경우 국가들은 협상력 증대를 위해 유사한 견해를 가진 그룹(like-minded group, LMG)을 형성하여 협상에 임하는 것이 일반적이다. 이때 어떤 한 그룹의 국가들이 다른 그룹의 국가들에 비해 수적 우위를 지니거나 재정적인 자원을 제공할 수 있는 능력을 보유함으로써 상대적인 영향력의 우위를 점하면서 NGO가 추구하는 노선과 궤를 같이 할 경우 NGO는 이들 그룹의 국가들과 정치적인 제휴를 가짐으로써 영향력을 제고시킬 수 있다. 동시에 이러한 그룹에 속하는 국가들의 영향력 역시 제고된다.49)

이러한 것은 세계은행(World Bank)의 예에서도 드러난다. NGO 활동의 결과로서 세계은행은 종종 그들의 입장이나 정책에 변경을 가해 왔다. NGO들이 이러

---

47) Alan Hudson, "Organizing NGOs' International Advocacy: Organizational Structures and Organizational Effectiveness," paper presented at the "NGOs in a Global Future" Conference, University of Birmingham, January 11-13, 1999.

48) 여기서 「정치적 제휴」란 구체적으로 제도 내 행위자들 사이에 있어서의 그룹 형성을 통한 협력 관계를 의미한다.

49) 그러나 유사한 견해를 가지고 있으나 지배적인 국가들(like-minded but dominant states)이 존재할 경우, 즉 특정 국가들이 NGO와 의견을 같이 하나 논의를 지배하면서 NGO를 포함한 다른 어떠한 행위자들로부터의 투입(input)에 의존하지 않으려고 하는 경우에 NGO의 영향력은 제한되기 마련이다: Bas Arts, "The Impact of Environmental NGO on International Conventions," in Bas Arts, Math Noortmann, and Bob Reinalda, eds., *Non-State Actors in International Relations* (Adelshot, UK: Ashgate Publishing Ltd., 2001), 208.

한 변화를 성공적으로 가져올 수 있었던 주된 이유는 세계은행 내부에서 이견이 노정되는 상황에서 NGO들이 자신들과 견해를 같이 하는 세계은행 내부 구성원들의 지지를 획득하여 정치적 제휴가 가능했기 때문이다.50)

국제사회에서 NGO의 활동이 성공적으로 이루어진 경우의 대부분은 NGO들이 견해를 같이 하는 주권 국가들을 자신들의 편으로 끌어들여 제휴함으로써 가능했다. 이러한 경우의 대표적인 예로서 대인지뢰금지협약의 체결과정을 들 수 있다. NGO들은 그룹들 사이에 갈등과 분열이 존재할 경우 이들 사이에서 가교 역할(bridging role)을 담당함으로써 이러한 갈등과 분열을 영향력 행사의 기회로 활용할 수도 있다.51)

(2) 동원구조

NGO가 영향력을 행사하기 위한 조건으로서 위에서 언급한 정치적 기회구조가 중요한 것은 사실이지만 이것만으로 NGO들이 추구하는 바가 수용되기에는 충분하지 않다.

여기에서는 또 다른 중요한 조건으로서 동원구조(mobilizing structure)라는 요인 군을 살펴보고자 한다. 여기에서 동원구조란 NGO들이 동원하는 것을 돕는 이미 설립되어 존재하는 조직이거나 설립되기 전 단계의 연계망(network)을 의미한다. 이러한 동원구조라는 요인군의 요소로서 조직가의 존재 · 대표성의 존재 · 전문가의 존재 · 신뢰할 수 있는 정보의 제공과 신뢰에 기초한 명성의 존재 · 시의적절한 행동을 하나씩 살펴보고자 한다.

① 조직을 선도하는 개인이나 조직

우선 동원구조 요인의 하나로서 조직을 선도적으로 이끌어 가는 존재(organizational entrepreneurs)의 존재를 그 한 요인으로 들 수 있다. 이는 개인일 수도 있고 조직일 수도 있으며 특정 이슈에 관심을 가지고 조직화하는 데 있어서 소요

---

50) Joanthan A. Fox and L. D. Brown, *The Struggle for Accountability: The World Bank, NGOs, and Grassroots Movements* (Cambridge, Mass.: MIT Press, 1998).

51) 환경 문제에 있어서 선진국과 개도국이 커다란 견해 차이를 보일 경우에 상황이 상당히 정치화되면서 그 결과 NGO를 포함한 제3자에 의한 개입이 애초부터 실패하도록 되어 있는 경우도 있다: Bas Arts, "The Impact of Environmental NGO on International Conventions," in Bas Arts, Math Noortmann, and Bob Reinalda, eds., *Non-State Actors in International Relations* (Adelshot, UK: Ashgate Publishing Ltd., 2001), 208.

되는 초기비용을 감수하고자 하고 풍부한 조직화의 경험을 지니고 있으며 다른 행위자들과 연계가 잘 되어 있는 행위자를 의미한다. 이러한 행위자가 존재할 경우 어떤 이슈를 둘러싸고 일반 대중들을 동원하는 것이 용이해짐으로써 NGO들은 이러한 동원과 더불어 영향력을 보다 쉽게 행사할 수 있다.

② 대표성의 존재

NGO의 영향력의 정도는 또한 NGO가 얼마만큼의 대표성(representativeness)을 지니고 있는가에 달려 있기도 하다. 국제 앰네스티(Amnesty International)와 같이 많은 회원으로 구성되어 대표성이 큰 NGO의 경우 휴먼라이츠워치(Human Rights Watch, HRW)나 법률가국제위원회(International Commission of Jurists)와 같은 비회원조직(non-member organization)의 NGO에 비해 영향력이 클 수 있다.

전자의 경우 이들이 주장하는 것이 일부 소수의 전문가들의 견해가 아닌 많은 수의 구성원들의 의견이기 때문에 종국적으로 선거의 결과로까지 이어질지 모른다는 우려 속에서 일국의 정부로서는 무시하기 어렵기 때문이다.

대표성과 관련하여 이질적인 지지자(heterogeneous constituency)의 지원이 중요한 역할을 한다. 상이한 배경을 가진 이질적인 개인들로 구성될 경우 NGO의 영향력은 구체적으로 다음과 같은 이유로 효과적일 수 있다.

ⅰ) 우선 의견을 달리하는 진영에서 NGO가 추구하는 것이 단지 소수에 영향을 미칠 것이라고 주장하는 것을 어렵게 만들 수 있기 때문이다. ⅱ) 이러한 경우 NGO들은 상이한 전략과 전술을 구사할 수 있고 다양한 수준에서 압력을 행사하는 것이 가능하기 때문이다. ⅲ) 좀 더 극단적인 그룹이 구성요소의 하나가 됨으로써 「과격파 효과(radical flank effects)」를 볼 수 있다. 구체적으로 이를 통해 좀 더 온건한 그룹이 캠페인의 대상이 되고 있는 정부나 국제기구에 대항하여 제고된 협상력을 가질 수 있다.52)

---

52) 저항적인 운동과 관련하여 학자나 실무자 모두에게 동일한 국가 내에서 동시에 발생하고 있는 폭력적인 운동이 비폭력적인 운동의 성공 가능성을 증가시키는가 아니면 감소시키는가의 질문이 중요한 연구의 대상이 되어 왔다. 이에 대해 상반된 두 가지 주장이 존재한다. 그 중 하나는 폭력적 운동이 정권에 반대하는 모든 반대자의 신뢰를 잃게 하고 광범위한 탄압에 대한 정당성을 제공하며 모든 형태의 반대를 고도로 위험하게 만듦으로써 제3자의 지지나 광범위한 일반 대중들의 참여를 감소시킴으로써 비폭력 운동의 입장을 훼손하여 성공 가능성이 떨어진다는 것이다. 또 다른 주장은 폭력적인 운동은 좀 더 온건한 운동을 좀 더 합리적으로 보이게 하고 덜 위협적으로 보이게 함으로써 비폭력적인 운동의 협상 지렛대를 증가시켜 비폭력적인 운동이 추구하는 방향의 해결책이 수용되어 위기가 해결된다고 본다. 즉 과격파 운동가들은 위기를 발생

③ 전문가의 존재

세 번째 동원구조 요소로서 전문가(experts)의 존재를 들 수 있다. 여기에서 전문가란 광범위하게 정의하여 기술적이고 과학적인 지식에 의존하여 설득력을 주는 사회과학자뿐만 아니라 경험에 기초하여 증언(testimony)을 제공할 수 있는 개인까지를 포함한다. NGO들은 환경 분야에서 주로 관련된 전문지식을 통해 정부나 국제기구에 영향을 미치며 인권 분야에서는 주로 경험에 기초한 증언 등을 통해 이들에게 영향을 미친다.[53]

전문적인 지식이나 증언은 정부나 국제기구에 직접적으로 영향을 미치지만 때때로 일반인들의 인식을 제고시켜 여론을 형성하게 함으로써 우회적이기는 하나 보다 강력하게 비판 및 제언의 대상에 대한 영향력을 가할 수 있다.

시키고 이에 대응하여 당국은 온건파의 요구를 수용함으로써 이러한 위기를 해결하고자 한다는 것이다. 이처럼 과격파 효과는 두 가지 상반된 주장을 가지고 있어 일반적으로 「과격파 효과」란 사회투쟁의 내부에서 어떤 대의를 추구하는 과격한 행동이 동일한 대의를 추구하는 좀 더 온건한 행동에 미치는 긍정적 혹은 부정적 효과 모두를 일컫는다. 이러한 두 효과에 대한 본격적인 논의가 전개되기 전에는 과격파 효과의 부정적인 측면이 논의의 주를 이루었다. 이러한 가운데 정치학자인 하이네스(Herbert H. Haines)가 사회운동 조직체 내에서 과격파가 종종 온건파를 강화시키는 긍정적인 효과가 있음을 경험적인 사례를 통해 주장하면서 논쟁을 유발시켰다. 구체적으로 그는 1984년에 온건파 흑인조직의 기금이 과격한 흑인운동이 등장하면서 감소하기보다는 오히려 증가하는 것을 목격하면서 대결적이고 폭력적인 흑인 운동가들이 좀 더 온건한 시민권 운동에 대한 백인의 반발을 가져온다는 그 당시 지배적인 견해에 도전을 가하면서 과격한 운동가들에 의한 소란과 혼란이 흑인운동의 진전에 없어서는 안 된다고 주장했다. 이러한 경향을 보여주는 예로서 다음과 같은 것들이 흔히 언급된다. 첫째, 기업 소유주의 입장에서 노동자들의 좀 더 과격한 요구를 수용하지 않기 위한 수단의 하나로서 노동조합을 수용하는 것이 하나의 예이다. 둘째, 열대림 보호운동 NGO인 열대림 보호운동 연계망(Rainforest Action Network, RAN)이 미국 최대 사무용품 소매 체인점인 스테이플스(Staples Inc.)에게 재생용지를 좀 더 많이 판매할 것을 강력하게 위협적으로 요구하자 스테이플스는 좀 더 온건한 환경 NGO인 환경방어기금(Environmental Defense Fund)에게 도움을 요청하는 방식으로 대응한 바 있다. 과격파 효과의 긍정적인 측면을 달리 말하면 「온건한(비폭력인) 저항운동이 성공하는 것은 온건한 운동의 저항의 힘 때문인가 아니면 동시에 발생한 과격한(폭력적인) 운동이 그들의 협상 지렛대를 증가시켰기 때문인가?」와 같은 질문에 대해 온건한 운동과 동시에 전개되고 있는 과격한 운동은 종종 온건한 운동이 탄압받는 것을 막아주는 역할을 하며 온건한 운동을 덜 위협적으로 만들어 그 결과 이러한 운동을 좀 더 나은 대안으로서 수용하도록 만든다고 본다. 즉 좀 더 과격한 운동이 존재함으로써 온건파의 협상 지위가 강화되며 그 결과 과격한 운동은 종종 온건한 운동이 지속되는 것을 돕는다고 본다. 과격한 운동은 정치적인 위기를 만들지만 이러한 위기는 결국 비폭력적 운동의 편에 서서 해결이 된다는 것이다.

53) 어느 분야든 관련 분야에서 신뢰할 수 있는 정보를 수집하여 제공할 수 있는 NGO의 능력이 비판과 제언에 미치는 영향에 있어서 매우 중요하다. 이러한 점에서 볼 때 이러한 것을 가능하게 하는 전문가의 존재가 중요하다고 할 수 있다.

이처럼 전문성은 정책결정자들을 좀 더 잘 설득할 수 있다는 점에서 NGO 영향력의 중요한 변수가 되지만 다른 한편 정부나 국제기구의 경우 다수의 NGO 가운데 전문성을 가지고 있는 NGO를 협상의 테이블에 적극적으로 불러들이려는 경향이 있다는 점에서도 중요한 영향력의 요인으로 작용한다.54)

전문가의 존재가 중요한 역할을 하는 예의 하나로서 상설 국제형사재판소(International Criminal Court, ICC) 설립을 위한 협정을 채택할 목적으로 개최된 로마회의에 참석한 NGO들을 들 수 있다. 이들 NGO들은 존경받는 전문적인 학자와 전직 정부의 정책결정자들로 주로 구성되었는데 이들의 지닌 전문성과 창의적인 정책제언은 정부대표들 사이의 교섭 과정에 없어서는 안 되는 소중한 것들이었다. 이들은 상당한 권위를 가지고 상당한 정도의 기술적인 면을 요구하는 이슈들을 다루어 나갈 수 있었기 때문에 많은 정부대표들은 특정 문제에 대한 이들의 전문성에 의존하지 않을 수 없었으며 그 결과 전반적인 논의의 틀에 NGO들은 지대한 영향을 미칠 수 있었다.55)

전문성을 지닌 NGO의 대표들은 국제기구의 정회의(main conference)에 앞서 개최되는 준비회의(preparatory conferences)에 참여하거나 정회의의 일부로서 개최되는 공식문서의 초안 작성을 위한 비공식 실무회의 등에 참여하여 회의의 결과물에 영향을 미치기도 한다. 예컨대 1972년 유엔인간환경회의(UNCHE)에서 채택된 스톡홀름 선언과 1992년 유엔환경개발회의(UNCED)에서 채택된 생물다양성협약은 세계적인 환경 NGO인 국제자연보전연맹(IUCN)이 작성한 초안에 기초하고 있다.

④ 신뢰할 수 있는 정보의 제공과 신뢰에 기초한 명성의 존재

NGO들이 믿을만한 정보를 정부·국제기구·대중매체·정치가·학계·일반 대중에게 제공하는 것이 중요하다. NGO들이 제공하는 이러한 믿을만한 정보는

---

54) 저자가 오래 전에 파식강(The Pasig River)에 댐을 쌓는 사업을 지원하고 있었던 필리핀 소재의 아시아개발은행(ADB)을 방문하여 인터뷰를 가진 적이 있다. 그 당시 댐을 건설할 경우 댐 주변 지역이 수몰되어 거주자들이 다른 지역으로 이주를 하고 재정착을 해야만 하는 문제로 사업이 교착상태에 빠져 있었다. 이러한 문제를 해결하고자 ADB는 댐 건설을 반대하는 NGO들과 대화를 가져왔는데 이때 아무런 과학적인 근거 없이 댐 건설을 무턱대고 반대하는 NGO들과의 대화를 배제한 바 있다고 한다.

55) 보다 자세한 것은 다음 글을 참조하시오: Richard Falk and Andrew Strauss, "On the Creation of Global Peoples Assembly: Legitimacy and the Power of Popular Sovereignty," *Stanford Journal of International Law*, Vol. 36, No. 2 (2000).

NGO들이 제시하는 견해와 논평보다 훨씬 중요한데 이는 믿을만한 정보는 관심 있는 모든 사람들이 언제나 추구하는 것이기 때문이다. 예컨대 모든 유엔 회원국들을 대상으로 매 4.5년마다 인권 심사를 하고 권고를 제시하는 유엔총회 산하의 기구인 인권이사회(Human Rights Council, HRC)의 경우 NGO로부터 제시된 믿을만한 정보를 중요한 심사의 자료 가운데 하나로 간주한다.

이렇게 신뢰할 수 있는 정보를 특정한 시점에 제공하는 것도 중요하지만 평상시 신뢰할만한 정보를 꾸준히 제공함으로써 쌓은 대외적인 명성(reputation)이 대중을 동원하고 나아가 정부·국제기구·정치가·대중매체 등에 영향을 미치는 데 중요한 역할을 한다. NGO가 오랜 시간에 걸쳐 형성된 명성을 보유하게 되면 인권 분야의 경우에서 자주 보듯이 정부대표들이 인권문제에 대한 논의에 앞서 이러한 NGO에게 자료와 정보를 적극적으로 요청하기까지 한다.

인권문제와 관련하여 NGO가 정부의 인권훼손에 관한 정보를 제시하게 되면 정부는 일반적으로 이에 대해 강력하게 부인을 하고 NGO가 그러한 행동을 한 동기·재정적인 자원의 출처·업무방식에 대해 의문을 집요하게 제기하고 그 결과 NGO는 신뢰성의 위기에 직면하게 된다. 그러나 NGO가 지속적인 사실의 제공을 통해 신뢰에 바탕을 둔 명성을 가지고 있을 경우 이러한 명성은 정부가 거짓말을 하고 있다는 믿음을 일반대중이나 대중매체 등에 주는 역할을 한다.

⑤ **시의적절한 행동**

NGO가 너무 이르거나 너무 늦지 않게 시의성(timeliness)이 있는 적절한 시점에 행동을 취한다는 것이 NGO의 영향력에 중대한 요인으로 작용한다. 여기에서 시의성이란 NGO의 정책비판과 제언 활동이 정부나 국제기구에 강한 압박으로 작용하려면 비판과 제언이 제기하고자 하는 문제가 국내적이거나 국제적으로 해결을 요하는 중요한 문제(critical problem)로서 등장하여 이슈화나 의제화 등이 용이한 시점을 택해야 한다는 것을 의미한다.

시의적절한 행동이란 또한 국제회의의 일련의 과정 중 어느 시점의 어떤 회의에 참여하는 것이 영향력 행사에 성과를 가져올 수 있는가의 문제와도 관련이 있다. 따라서 시의적절한 비판과 제언이 이루어지려면 비판과 제언의 대상이 되는 정부나 국제기구의 의사결정 과정의 성격·절차·단계를 잘 이해하는 것이 필요하다.

전 지구적 회의(global conference)의 경우 정회의(main conference)가 있기 전에 여러 차례에 걸쳐 개최되는 준비회의(preparatory conference)가 정회의 못지않게 중요하다. 왜냐하면 정회의에서 채택될 결과문건(outcome document)의 중요 내용 가운데 상당한 부분이 준비회의에서 비공식적으로 채택되고 정회의에서 공식화되기 때문이다. 따라서 NGO들은 NGO의 참여에 엄격한 정회의가 아닌 상대적으로 용이하게 참여를 허용하는 준비회의에 참가하여 자신들의 입장을 투영할 기회를 가지는 것이 필요하다.56)

국제기구의 정회의의 경우 공식회의(formal meeting)보다는 비공식회의(informal meeting)에서 비공식협의(informal consultation)를 통해 공식회의에서 채택될 결의문(resolution)이나 선언문(declaration)과 같은 결과문건의 내용이 결의안(draft resolution)이나 선언안(draft declaration)으로 확정되고 공식회의는 이러한 비공식 문건을 공식화하는 역할을 하는 것이 일반적이다. 정회의에의 참여가 허용된 NGO라고 해도 공식회의의 경우 참여가 지극히 제한되기 때문에 다양한 비공식적인 형태의 회의에 참여하여 영향력 행사의 기회를 가져야 할 것이다.

그러나 적지 않은 국제회의가 정부대표 이외의 행위자에게 공개를 허용하지 않는 공식적인 비공식회의(official informal meeting)를 가져 NGO의 참여를 배제하는 경향을 보이고 공식적인 비공식회의에 NGO의 참여를 허용한다고 해도 중요한 결정을 공식적인 비공식-비공식회의(official informal-informal meeting)에서 하면서 NGO를 배제하는 경향이 있음도 고려해야 할 것이다.57)

이러한 적절한 시점에 영향력을 행사한다는 것의 중요성을 고려하여 주요 NGO들은 주요 국가의 수도 혹은 국제기구가 있는 곳에 대표를 상주시키고 있다. 예컨대 국제 앰네스티(Amnesty International, AI)의 경우 유엔본부가 있는 미국의 뉴욕과 유엔의 지역사무소가 스위스의 제네바 그리고 유럽연합(EU)의 본부가 소재한 벨기에의 수도 브뤼셀에 상주대표를 두고 있다.

---

56) 2002년 남아프리카공화국 요하네스버그에서 개최된 지속가능개발세계정상회의(World Summit on Sustainable Development, WSSD)에 참가한 다수의 한국의 NGO들이 자신들의 입장을 회의 결과물에 반영하고자 한 시도가 정회의 개최 전에 이미 결과문건의 내용 대부분이 결정되어 있어 불가능했다는 하소연을 한 바가 있다.

57) Kal Raustiala, "States, NGOs, and International Environmental Institutions," *International Studies Quarterly*, Vol. 41, No. 4 (Dec., 1997), 724, 733.

(3) 이슈구조

이슈의 성격이 NGO의 비판과 제언의 성과에 영향을 미치는 중요한 요인으로서의 역할을 한다.58) 이슈가 사회적 약자나 무고한 개인에게 육체적인 위해가 가해진 경우(특히 책임이 어디에 귀속하는 지에 관한 간단명료한 인과관계(causal chain)가 밝혀질 경우) 일반 대중들의 지지를 쉽게 확보할 수 있을 뿐 아니라 다른 NGO들과의 연대를 보다 용이하게 형성할 수 있음으로써 NGO의 비판과 제언이 성공적인 효과를 가져 올 가능성이 높아진다. 여성할례(female circumcision) · 고문(torture) · 강제실종(enforced disappearance)과 같은 이슈들이 이러한 성격의 이슈에 속한다.

이러한 이슈와 더불어 법적인 기회균등의 문제를 포함하고 있는 이슈의 경우 NGO의 비판과 제언이 성과를 거둘 수 있다. 이러한 이슈의 대표적인 것으로서 노예 문제 · 여성 참정권 문제 · 인종차별 문제를 들 수 있으며 이들 모두 기회균등의 가장 기본적인 측면을 부정하고 있는 것이어서 이의 개선을 위한 NGO의 비판과 제언이 성과를 거두기가 상대적으로 용이하다.

위에서 주어진 이슈의 성격 자체가 NGO의 비판과 제언 기능의 성과에 영향을 미칠 수 있다는 것을 언급했다. 이슈의 성격이란 필요에 의해 새로운 성격의 이슈로서 재규정되기도 하며 실제로 이러한 과정을 통해 비판과 제언 기능이 성과를 거두기도 한다.

이와 관련하여 가장 흔하게 언급되는 사례가 국제지뢰금지운동이라는 NGO가 정부들로 하여금 대인지뢰금지협약을 체결하도록 구사한 전략이다. 국제지뢰금지운동은 대인지뢰금지를 군축의 문제가 아닌 인권의 문제로 이슈의 성격을 규정함으로써 성공적으로 영향을 미칠 수 있었다.

대인지뢰(antipersonnel mine) 가운데 폭약의 양을 적게 넣어 제조한 「발목지뢰」라고 불리는 지뢰가 있는데 이 지뢰는 사람의 즉각적인 살해가 아닌 발목의

---

58) 켁과 식킹크(Margaret E. Keck and Kathryn Sikkink)는 다음 저서에서 NGO의 연대에 영향을 미치는 요인으로서 이슈의 성격을 언급하고 있다: Margaret E. Keck and Kathryn Sikkink, *Activists beyond Borders: Advocacy Networks in International Politics* (Ithaca and London: Cornell University Press, 1998), 26-28. 이러한 이슈의 성격은 연대의 형성을 돕는 역할을 할 뿐 아니라 NGO의 비판과 제언 기능을 성공적으로 수행하는 데도 중요한 역할을 한다고 볼 수 있다.

절단을 목표로 하는 무기다. 발목 절단의 부상으로 당사자뿐 아니라 당사자를 후방으로 옮기기 위한 병력의 전투력 상실을 염두에 둔 잔인함으로 인해 인권의 문제로 성격이 규정되면서 국제지뢰금지운동이 성공적으로 비판과 제언을 할 수 있었다.59)

주빌리 2000(Jubilee 2000)이라는 NGO 운동은 국제적으로 다수의 NGO들이 연합하여 2000년까지 제3세계의 외채를 취소시킬 것을 요구한 운동이다. 이 운동을 전개한 NGO들은 전략적으로 외채이슈를 단순한 외채의 문제가 아닌 다른 성격의 이슈로 프레임을 가져갔다. 구체적으로 이들 NGO들은 가장 빈곤한 과다채무국(heavily indebted poor countries, HIPC)의 외채를 계약에 따른 의무가 아니라 경제적으로 무기력한 사회에 대한 채권자의 힘의 표현이며 여기에서 더 나아가 심지어 외채에 의한 노예 신분의 이슈로 성격을 규정했다. 이러한 성격의 이슈로의 외채이슈의 재규정은 유대·기독교적(Judes-Christian) 전통의 사람들에게 전 지구적 규모에서의 압제에 대한 정당한 분노의 표현으로서 호소력을 가지고 다가올 수 있었다.60)

세계은행(World Bank)의 재정적 지원하에 강제이주의 원인이 되어온 댐 건설 프로젝트는 일반적으로 전기를 생산하고 관개(irrigation)를 제공하며 홍수를 통제하기 위해 제안되어 왔다. 그러나 이러한 프로젝트에 관한 국제적인 논의는 이러한 프로젝트의 효과성(effectiveness)에 집중되었다. 이에 대항하여 NGO들은 댐 프로젝트로부터 발생하는 문제를 가난한 공동체의 토지 권(land right)과 생계의 상실 문제·정부에 의한 부적절한 보상 무제·댐 건설과 강제이주 과정에서 종종 발생하는 인권유린의 문제로 이슈를 재규정하여 논의의 틀을 바꾸어 나갔다.61)

---

59) 유엔의 지역사무소 가운데 하나인 제네바 사무소의 정문 앞에는 4개의 다리 가운데 하나의 다리가 파괴되어 기울어져 있는 걸상의 대형 조형물이 놓여 있다.

60) Dot Keet, "The International Anti-Debt Campaign: A Southern Activists View for Activists in "the North" ... and "the South," *Development in Practice*, Vol. 10, Nos. 3 and 4 (1999), 461-77.

61) Sanjeev Khagram, 'Toward Democratic Governance for Sustainable Development: Transnational Civil Society Organizing Around Big Dams', in Ann Florini, ed., *The Third Force: The Rise of Transnational Civil Society* (Tokyo and Washington, D.C.: The Japan Center for International Exchange and the Carnegie Endowment for International Peace, 2000), 83-114.

제 *10* 장

인권 NGO의 기능[1)]

이 장에서는 하나의 NGO가 수행하는 다양한 기능들을 인권 분야에서 활동하는 NGO의 예로 들어 살펴보고자 한다. 이들 기능들은 상호 연관된 기능들로서 이러한 기능들이 얼마나 유기적으로 통합되어 균형적으로 이루어지고 있는가를 통해 NGO가 얼마나 체계적으로 문제해결을 위한 활동을 하고 있는가를 평가할 수 있을 것이다.

1. 운용활동 기능

인권도 다양한 분야가 존재하기 때문에 일괄적으로 말할 수는 없으나 특히 경제적·사회적 인권 분야에서 활동하는 NGO들의 경우 인권훼손의 피해자에게 어떤 형태든 직접적인 서비스를 제공하는 것이 일반적이다. 이러한 직접적인 서비스에는 인도주의적 지원이나 보호 혹은 새로운 기술 개발을 위한 훈련 등이 포함된다. 만약에 권리가 법으로 보호되는 경우에는 법률적인 지원이나 조언 등이 포함된다.

그러나 다수의 경우 인권 위반의 피해자에 대한 이러한 직접적인 지원은 가능하지 않거나 NGO에게 주어진 자원을 가장 잘 사용하는 것이 아니라고 본다. 이러한 경우(대부분의 경우가 이에 해당한다) NGO는 좀 더 장기적인 관점을 가지고 그러한 인권 침해를 바로잡거나 혹은 미래에 유사한 사례가 재발하는 것을 방지하는 방식을 생각할 필요가 있다.

[1) 다음 글의 일부를 참고 했음: Council of Europe, "Human Rights Activism and the Role of NGOs," http://www.coe.int/en/web/compass/human-rights-activism-and-the-role-of-ngos (접속일: 2017년 10월 7일).]

2. 감시와 정보 기능

정부들은 자신들이 서명을 하고 비준까지 한 국제조약 상의 의무나 다른 권리 기준의 준수를 회피할 수 있고 정부에 따라서는 실제적으로 종종 회피한다. NGO 들은 이처럼 정부가 가입한 인권 관련한 조약을 준수하지 않는 것에 대한 정보를 수집하여 정부로 하여금 이에 대한 책임을 지도록 압력을 가한다. 이러한 과정에서 NGO들은 이러한 정보를 일반인들에게 공개하여 불의(injustice)에 대한 이들의 공분을 불러일으켜 정부에 대한 압박을 강화하고자 한다.

정교한 감사와 보고로서 신뢰와 명성을 쌓아온 대표적인 NGO는 국제 앰네스티(Amnesty International)와 국제적십자위원회(International Committee of the Red Cross)이다. 이 두 NGO는 일반 대중뿐 아니라 유엔과 같은 국제기구 수준에서도 권위를 인정받고 있다. 구체적으로 이 두 NGO가 제시하는 보고서는 국제조약 상의 의무를 준수할 것을 동의한 정부들을 감시하는 공식적으로 과정의 일부로서 수용되고 있다.

3. 캠페인과 로비를 통한 비판과 제언 기능

NGO들은 정부나 국제기구의 정책의 변화를 가져오기 위해 다양한 수단을 동원하여 캠페인과 비판 및 제언 활동을 한다. 이때 NGO들은 달성하고자 하는 목표·캠페인과 비판 및 제언의 대상의 성격·가용한 자원 등을 고려하여 가장 적합한 수단을 선택하게 된다. 적합한 수단에는 다음과 같은 것들이 있다.

우선 편지쓰기 캠페인이 있는데 이러한 방식은 국제 앰네스티(Amnesty International, AI)를 비롯한 다른 NGO들에 의해 사용되는 수단 가운데 하나이다. 전 세계에 걸쳐 일반인들이나 수천 명의 NGO 회원들이 정부관리들에게 편지 세례를 퍼붓는 것을 일컫는다.

둘째, NGO들은 일반 대중의 지지를 얻거나 정부를 지명하여 창피를 주기 위해(in order to name and shame a government) 대중들에게 무언가를 보여주기를 원할 경우 통상적으로 미디어의 취재를 불러오는 거리 행동이나 데모를 행한다.

셋째, NGO는 또한 정부의 관리와 비공식적인 회합이나 브리핑을 가지기도 한다. 무언가를 대중들에게 알리겠다는 단순한 위협만으로도 정부의 정책이나 관행을 바꾸기에 충분할 수도 있다. 통상 대중이나 혹은 다른 영향력 있는 행위자(예컨대 다른 국가의 정부)로부터의 지지가 크면 클수록 그만큼 캠페인이 목표를 달성하기 용이하다. 비록 NGO들은 항상 이러한 지지를 직접적으로 사용하지 않아도 정부에 반대하는 다수로 구성된 시민들의 운동이 동원될 수 있다는 것을 단순히 지적하는 것을 통해 NGO들의 주장이 수용될 수도 있다.

넷째, 인권 NGO는 특정 국가에 있어서의 실제 인권 상황에 대한 NGO의 관점을 제시하기 위해 유엔을 비롯한 인권감시 국제기구들에 「그림자 보고서(shadow report)」를 제출하는 방식을 택하기도 한다.[2] 이러한 보고서는 특정 국가의 정부들이 예컨대 여성차별철폐위원회(Committee on the Elimination of Racial Discrimin-ation, CERD)와 같은 인권 관련 협약을 관리하는 위원회(Treaty Body Committees)나 국가별 인권상황에 대한 보편적 정례 검토(Universal Periodic Review, UPR)를 시행하는 유엔총회 산하의 인권이사회(Human Rights Council)에 제출하는 보고서의 내용 가운데 잘못된 것을 지적하거나 전혀 언급되지 않거나 언급이 부족한 부분을 보완하는 것을 주된 목적으로 하여 작성된다.[3]

이러한 NGO의 보고서 제출은 인권협약 기구의 명시적인 규정에 의하거나 관례에 의해 인정되어 오고 있다. 이때 하나의 NGO가 개별적으로 보고서를 제출하기도 하지만 NGO들이 합동으로 보고서를 작성하여 제출하기도 한다. NGO는 그림자 보고서를 제출하는 것에 그치지 않고 유엔이나 제네바 등 인권과 관련한 기구에 직접 참가하여 보고서 내용을 구두로 진술하기도 한다.

NGO의 이러한 보고서는 인권과 관련한 협약기구들의 업무에 적지 않은 영향을 미친다.[4] 예컨대 특정 인권협약의 위반과 관련하여 자국의 입장을 방어하기 위해 인권협약 기구의 공식회의에 참가한 정부대표에게 질문이 제기되거나 문제가 제기될 때 이러한 보고서가 흔히 언급된다. 인권협약 기구는 NGO가 그림자

---

2) 이러한 「그림자 보고서」는 「병행 보고서(parallel report)」혹은 「대안 보고서(alternative report)」라고도 불린다.

3) 인권이사회나 인권 관련 조약을 관리하는 위원회들의 경우 정부로부터 제출받은 보고서 이외에 NGO나 다른 국제기구 등으로부터 특정 국가의 인권 상황에 관한 정보를 받고 이들을 바탕으로 해서 종종 「결론적인 관찰(concluding observation)」혹은 「결론적인 논평(concluding com-ments)」이라고 불리는 우려(concerns)와 권고를 제시한다.

4) 이러한 것은 유엔의 기구인 인권이사회도 마찬가지이다.

보고서에서 권고한 내용을 정부에 대한 권고(concluding observation)에 종종 포함시키기도 한다.

국가들은 주기적으로 자국의 인권상황에 대한 보고서를 제출하도록 되어 있는데 일부 국가는 정해진 기일 내에 제출하지 않기도 하는데 이럴 경우 NGO가 제공한 인권상황에 관한 보고서는 그러한 국가의 인권상황에 대한 비공식적이기는 하지만 중요한 평가의 바탕을 제공한다.

이처럼 NGO들은 그림자 보고서를 중요한 로비의 수단으로 활용하는데 이러한 로비의 대상들을 좀 더 구체적으로 살펴보면 다음과 같다. 우선 유엔헌장에 기반을 둔 조직들이 있다. 여기에는 이미 위에서 언급한 바 있는 인권이사회(HRC)가 존재한다. 이와 더불어 인권이사회에 소속되어 있으면서 국가별 인권문제를 다루는 특별보고관(special rapporteur)과 독립전문가(independent expert) 그리고 주제별 인권문제를 다루는 특별보고관・독립전문가・실무작업반(working group)이 있다.[5] 또한 유엔인권최고대표사무소(UNHCHR)도 이러한 대상이 포함된다.

다음으로 위에서 역시 언급한 바 있는 각종 인권조약들을 감시하고 관리하는 위원회들이 대상이 된다. 이러한 위원회에는 구체적으로 경제적・사회적・문화적 권리 위원회(경제적・사회적・문화적 권리에 관한 국제규약), 인종차별철폐 위원회(인종차별협약), 시민적・정치적 권리에 관한 국제규약 위원회(시민적・정치적 권리에 관한 국제규약), 경제적・사회적・문화적 권리 위원회(경제적・사회적・문화적 권리에 관한 국제규약), 여성차별철폐 위원회(여성차별철폐협약), 고문방지 위원회(고문방지협약), 아동권리 위원회(아동권리협약), 이주노동자 권리 위원회(이주노동자권리협약), 장애인권리 위원회(장애인권리협약), 강제실종방지 위원회(강제실종방지협약) 등이 존재한다.[6]

인권협약들은 인권협약이 규정하고 있는 권리가 특정 국가에 의해 침해되었을 경우 인권협약의 다른 당사국이나 권리가 침해된 개인에게 진정(complaint)을 제기할 수 있는 권한을 부여하고 있다. 전자를 「국가 간 진정(inter-state complaint) 제

---

5) 독립전문가는 정치적으로 민감한 주제나 정치적으로 민감한 국가를 다룰 경우 유엔 사무총장에 의해 임명된다.

6) 경제적・사회적・문화적 권리에 관한 국제규약은 별도의 이행감시기구의 설립을 규정하지 않고 인권문제를 중요문제의 하나로 다루는 유엔의 경제사회이사회에게 동 조약의 이행을 감시하도록 했다. 이에 따라 경제사회이사회는 산하의 자문기구로서 경제적・사회적・문화적 권리위원회를 설립했다. 이를 제외한 다른 위원회들은 유엔의 기관과 독립되어 설립되었다.

도」라고 하고 후자를 「개인진정(individual complaint) 제도」라고 칭한다. 개인 진정의 경우 통상적으로 NGO에게도 진정의 자격이 주어진다. 여성차별철폐협약의 경우 선택의정서 상에 개인진정 제도를 두고 있으며 고문방지협약·이주노동자협약·강제실종방지협약은 조약에 선택조항으로 개인진정 제도를 두고 있다.

4. 대중들의 인지 제고를 위한 인권교육

다수의 인권 NGO들은 최소한 그들 활동의 일부분으로서 어떤 유형이든 간에 대중들을 대상으로 하는 일정한 유형의 인지 제고를 위한 교육 활동을 하게 된다. NGO들은 자신들에 대한 지지의 본질은 일반 대중들에 달려 있다는 것을 인식하고 종종 인권문제에 대한 좀 더 나은 지식을 대중들에게 전달하고자 노력을 한다.

인권문제와 인권침해로부터 자신을 방어하는 방법에 관한 우수한 지식은 큰 존중심을 불러일으킬 수 있으며 이러한 큰 존중심은 인권에 대한 침해가 발생할 경우 이의 해결을 돕는 NGO의 노력에 대한 지지를 동원할 수 있는 가능성을 높이게 된다. 인권보호를 위한 환경을 개선하는 데 있어서 NGO 공동체의 성공은 이러한 대중들의 현재의 지지 혹은 잠정적인 지지에 기반을 두고 있다.

예컨대 주거권 및 퇴거 센터(Center on Housing Rights and Eviction, CHRE)라는 NGO는 기본적 인권으로서의 주거권의 보호와 강제퇴거의 방지를 목적으로 활동하는 인권 조직체이다. 구체적으로 이 NGO는 강제퇴거·거주권의 보장(security of tenure)·토지에의 접근·물과 위생·여성과 주거권 등과 관련하여 정보를 제공하고 정부를 대상으로 비판과 제언을 하며 소송과 변론 등의 법률적인 운용활동을 할 뿐 아니라 일반 대중을 대상으로 교육과 더불어 역량강화를 위한 훈련 등을 제공하고 있다.

제11장
NGO 기능의 변화

1. 운용활동 기능과 비판 및 제언 기능의 병행

운용활동 기능은 주로 긴급구호나 개발원조를 제공하는 NGO들에 의해 수행된다. 이러한 기능은 때때로 인권의 침해를 받은 사람들에게 법률 서비스를 제공하는 등의 방식으로 인권 관련 NGO들에 의해서도 수행되곤 한다. 환경 관련 NGO들은 운용활동 기능과 거리를 두고 있었던 것이 사실인데 근자에 이러한 경향도 변화하고 있다. 즉 비판과 제언활동 기능을 주로 하던 NGO들이 운용활동 기능을 병행하여 수행하고자 하는 경향이 증대하고 있다.

NGO들은 종종 대안 없는 비판만 한다는 비판을 받아 왔다. 정부나 기업 혹은 국제기구 등을 대상으로 「그렇게 하면 안 된다」는 당위의 목소리를 내놓곤 하나 대안의 제시가 없는 경우가 많고 대안을 제시한다고 해도 현실적인 대안이 되지 못하는 경우가 많은 것이 사실이다. 따라서 이러한 현실적인 한계를 극복하고자 하는 움직임이 활발하게 전개되고 있다.

그 예의 하나로서 동강 주변의 자연훼손을 막고자 환경 NGO가 중심이 되어 시민모금을 통해 동강 주변의 토지를 매입하여 보전·관리하자는 운동인 국민신탁운동(national trust movement)을 전개하는 것을 들 수 있다.[1] 국민신탁 운동 주관 단체인 사단법인 내셔널트러스트운동은 국내 출범 2년 만에 처음으로 환경부

---

1) 영국에서 시작된 국민신탁 운동은 시민들의 모금·기부·증여 등을 통해 보존가치가 높은 자연환경이나 문화재를 사들여 시민의 주도하에 영구히 보전하는 것으로 한국을 포함하여 전 세계 50개가 넘는 국가들에서 이루어지고 있다. 영국 국민신탁은 이미 1895년부터 이러한 운동은 전개한 결과 2017년 현재 480만 명에 달하는 회원을 보유하고 있고 영국 전체 토지 가운데 247,000 헥타르의 토지와 더불어 778마일에 이르는 해안지역과 500개가 넘는 역사적인 가옥·성·고대 기념물·정원·공원·자연 보호구역을 회원들의 이름으로 소유하고 있다: National Trust, *National Trust Annual Report 2016/17* (Rotherham: National Trust, 2017).

가 지정한 멸종위기 야생식물 6종 가운데 하나인 매화마름이 서식하는 인천 강화군 길상면 초지리의 농지 912평을 매입했다.[2]

일본의 「발밑에서부터 지구 온난화를 생각하는 시민네트」라는 환경 NGO는 지구 온난화의 주범인 전력회사의 화석연료의 사용을 억제하기 위해 시민 스스로의 힘으로 태양광 발전소를 세우고 있다.[3] 원자력 발전의 반대와 환경보호 운동을 벌이던 일본의 시가 현 환경생활 협동조합 등의 회원들은 자신들이 직접 출자해 시가 현의 농촌마을에 태양전지를 이용한 일본 최초의 시민 공동발전소를 가동시킨 데 이어 도쿄·후쿠오카·가나가와·후쿠이 등 일본 전국에 시민발전소를 20기를 설치했다. 이로써 반대운동만 하던 시민들이 직접 전기를 생산하면서 지역사회 개선에 발 벗고 나서는 등 NGO가 중앙이나 지방정부의 역할을 대신하고 있다.[4]

이러한 변화는 NGO들이 대안을 제시하지 않고 비판만을 늘어놓는 무책임한 세력이라는 지적과 대안을 제시한다 해도 현실적이지 못한 대안을 제시한다는 지적에 대한 반응이라고 볼 수 있다.

이처럼 운용활동을 등한시하던 NGO들이 운용활동을 시작하거나 강화하는 경향과 더불어 운용활동을 주로 하던 NGO들이 비운용활동(주로 정책비판과 제언 기능)을 병행하기 시작하거나 강화한다는 점도 중요한 변화의 일부이다. 예컨대 한국의 개발 NGO의 하나인 「지구촌나눔운동(Global Civic Sharing, GCS)」의 경우 운용활동에 치중해 왔던 경향으로부터 벗어나 한국 정부의 개발원조 정책 등에 비판을 가하고 감시자로서의 역할도 활동의 중요한 일부로서 수행하고 있다.

이러한 관찰은 피터 반 투이지(Peter van Tuiji)에 의해서도 제시되고 있다.[5] 그는 NGO들을 운용활동 NGO와 정책비판과 제언 활동 NGO로 구분하고 오늘날 여러 운용활동 NGO들이 의식적으로 정책비판과 제언 기능을 수용하고 있다고 지적하고 서아프리카에서 개최된 지역 NGO들의 세미나에서 NGO들이 개발이라는 것이 단순히 경제성장의 문제가 아니라 정치적 과정이라는 것을 명백하게 인

---

2) 동아일보(인터넷), 2002년 5월 3일.

3) 경향신문(인터넷), 1999년 5월 11일.

4) 조선일보, 2002년 6월 17일.

5) Peter van Tuiji, "NGOs and Human Rights: Sources of Justice and Democracy," *Journal of International Affairs*, Vol. 52, No. 2 (Spring 1999), 498-501.

식하기 시작했다는 결론을 소개하고 있다. 이와 더불어 운용활동 기능과 정책비판과 제언 기능이 동전의 양면이 되어 NGO들을 운용활동 중심의 NGO와 정책비판과 제언 활동 중심의 NGO로 구분하는 것이 어렵게 되었다고 지적하고 있다.

예컨대 방글라데시의 가장 큰 NGO 가운데 하나인 프로시카(Proshika)는 기존의 사회 서비스 제공에 더하여 정책연구와 정책비판과 제언을 중요한 업무로 하는 「개발정책 분석 및 정책비판과 제언 연구소(Institute for Development Policy Analysis and Advocacy, IDPAA)」라는 별도의 기관을 설립한 바 있다.

다수의 국가에서 경제개발과 사회개발을 지원하는 옥스팜(Oxfam)의 연맹체인 국제 옥스팜(Oxfam International)은 공동으로 정책비판과 제언을 하고자 하는 노력을 증대시켜왔고 이를 위해 미국 워싱턴 DC에 사무소를 개설한 바 있다. 가장 큰 단일의 운용활동 NGO의 하나인 선명회(World Vision)는 정책과 연구를 위한 부서를 별도로 두어 선명회와 그 협력 파트너의 정책비판과 제안의 역할에 대한 활발한 토론을 갖고 있다. 이처럼 운용활동을 하는 NGO들이 정책비판과 제언 기능을 병행하는 것은 여러 가지 이유가 있다.

첫째, 현장에서의 운용활동을 통해 현지의 필요(local needs)를 잘 알고 있는 NGO들이기 때문에 정책 결정자들에게 적절한 조언을 제공할 수 있고 또한 제공해야만 한다.

둘째, 정책비판과 제언이 없는 운용활동은 한계를 가지게 되는데 구체적으로 서비스나 재화 등의 제공이 법이나 규칙에 의해 제한되고 있을 경우 이러한 법이나 규칙에 대한 타파 없이 구조적인 해결책(structural solution)을 제공하는 것이 어렵다. 따라서 이러한 법이나 규칙에 대한 타파를 위해 정책비판과 제언이 병행되어야 한다.

셋째, 개도국에 있어서 현지인들에게 기술지원과 같은 서비스를 제공하는 것도 중요하지만 이들 현지인들로 하여금 현지 정부를 대상으로 하여 이러한 것들을 하나의 권리로서 주장할 수 있도록 만들어주는 것 역시 중요하다.

부연하여 설명하자면 이제까지 선진국 정부와 국제기구에 의해 지원되고 개도국 정부에 의해 추구되어 온 개발전략이라는 것이 현실세계에서 보듯이 눈에 띄는 결과를 도출해내지 못하고 개도국의 빈곤과 저발전을 지속시키고 있다. 개발 NGO들도 주로 개별적인 지방공동체(local community) 차원의 프로젝트에 중점을 둠으로써 점차적으로 질풍노도의 바다에 상대적으로 번영하는 고립된 섬을 생산해 내고 있을 뿐이다.

따라서 지속 가능한 개발(sustainable development)이 이루어지기 위해서는 경제성장·기간시설 구축·빈곤 퇴치·민주주의·사회정의 등에 기초한 새로운 접근이 필요하다. 이러한 새로운 접근은 NGO들이 국제적으로 대중들의 지지를 이끌어내고 진정으로 빈자들에게 혜택이 주어지는 정책을 옹호하며 지속적인 발전을 가져올 수 있는 대안을 실험하고 정부와 국제기구의 프로젝트가 가져올 수 있는 경제적·사회적·환경적 영향을 감시함으로써 촉진될 수 있다. 이러한 활동은 NGO들이 고립주의적인 경향으로부터 탈피하여 다른 개도국과 선진국의 NGO들과 연대를 형성함으로써 강화될 수 있다.6)

2. 문제해결을 위한 보다 본질적인 접근

국제적인 개발 NGO인 국제 옥스팜(Oxfam International)은 자연재해나 전쟁 발생지역 주민들에게 생필품을 지원하는 단순한 구호업무에 그치지 않고 빈곤의 구조적 원인을 파악하고 그로 인해 파생되는 사회적 불의와 부조리를 개선하기 위해 기술교육과 창업까지 돕고 있다. 그 실례로 아프리카 말리에서는 빈곤층 여성들이 소규모 비즈니스를 할 수 있도록 자금을 지원했고 방글라데시에서는 원예와 식목기술을 병행 교육해 일시적인 구호에서 벗어나 영구 자립의 기틀을 심어주고자 했다.7)

환경문제에 관하여 명실상부한 세계 최고의 싱크탱크형 NGO인 월드워치 연구소(Worldwatch Institute)는 활동방향을 환경파괴 실태를 폭로하는 것에서 한 걸음 더 나아가 환경파괴를 초래하는 빈곤과 사회적 불평등의 문제를 부각시키는 쪽으로 변화를 시도한 바 있다.8)

3. 감시 기능의 인센티브제 도입

NGO의 감시 기능에 있어서의 변화도 감지되고 있다. 기업에 의한 환경파괴

---

6) John Clark, *Democratizing Development: The Role of Voluntary Organizations* (West Hartford, Conn.: Kumarian Press, 1991).
7) 조선일보(인터넷), 2002년 9월 4일.
8) 조선일보(인터넷), 2002년 9월 23일.

나 인권훼손 등을 일일이 감시한다는 것은 많은 노력과 시간의 투자를 필요로 한다. 이는 잘못을 밝혀 벌이나 불이익을 가함으로써 바로잡으려는 페널티제도(dis-incentive system)의 일종이라고 볼 수 있는데 이와는 대조적으로 규정이나 규칙 혹은 지침 등을 잘 지키고 있는 행위자에게 보상을 제공하는 인센티브제도(incentive system)로의 전환이 NGO들에 의해 서서히 싹트고 있다.

이러한 인센티브제도의 전형적인 경우가 바로 기업 활동에 대한 인증제도(certification system)이다. 현재 이러한 인증의 주체는 다양하다. 개별적인 기업 자체가 나름의 원칙을 만들어 시행하고 자체적으로 보고를 하는 경우도 있으며 개별 기업이 아닌 기업협회나 무역협회 등이 주체가 되기도 한다. 또한 정부가 인증의 주체가 되기도 하고 국제기구가 주체가 되기도 한다.9) 이들에 더하여 NGO들 역시 이러한 인증의 주체가 되기도 한다.10)

NGO가 인증과 관련하여 중요한 역할을 하고 있는 분야는 특히 환경보호와 자원보호 분야인데 이와 관련하여 세계자연기금(WWF)이라는 NGO가 가장 적극적으로 활동해오고 있다. 우선 열대림 보호 분야부터 살펴보면 다음과 같다.

어떤 기업이 실제로 열대림을 파괴하고 있는가를 실제로 면밀하게 감시한다는 것이 얼마나 어려운 일인가를 잘 알고 있는 열대림 보호 NGO들은 열대목(tropical timber)의 사용을 제한하거나 불매하는 운동으로부터 산림인증(forest certification) 운동 쪽으로 방향을 전환했다.

이러한 목표 아래 NGO인 세계자연기금(WWF)과 그린피스가 주축이 되어 산림관리협의회(Forest Stewardship Council, FSC)를 설립하여 이 기관으로 하여금 열대림 보호를 위한 조치의 일환으로서 「열대림관리 지침」을 만들도록 하고 더불어 인증자들(certifiers)을 공인하여 이들로 하여금 산림인증(forest certification)을 하도록 함으로써 산림인증제도를 출발시켰다.11)

---

9) 국제기구가 인증의 주체가 되고 있는 대표적인 경우가 유엔이 운영하고 있는 전 지구적 약정(Global Compact)이다. 이는 유엔이 환경·인권·노동·반부패의 측면에서 기업이 따라야 할 원칙들을 제시하고 이를 따르는 기업을 인증해 주는 제도이다.

10) Gary Gereffi, Ronie Garcia-Johnson, and Erika Sasser, "The NGO-Industrial Complex," *Foreign Policy*, No. 125 (July/August 2001).

11) 산림인증제도에서 산림관리협의회(FSC)는 직접 인증을 하지 않고 인증자들을 공인하고 구체적이고 실질적인 인증은 별도로 이러한 인증자들에 의해 이루어진다. 이러한 산림인증제도가 합의된 원칙에 의거하여 전 세계적으로 보편적으로 실시되고 있는 것은 아직 아니다. 여기에는 열대목을 채취하는 기업과 열대목을 수출하는 국가들의 이해관계가 중요한 요소로 작용하고 있기

앞서 NGO의 단점 가운데 하나로서 문제에 대한 단편적 접근을 언급하면서 간단하게 설명했듯이 이러한 산림인증제도에는 산림을 지속 가능하게 경영하고 있는 목재 기업에 인증을 부여하는 산림경영인증제도와 산림경영인증을 받은 산림에서 생산된 목재나 이러한 목재로 만든 가구 등의 제품에 인증라벨을 부착하여 산림경영인증을 받지 않은 산림에서 생산된 제품과 차별화하는 목재인증제도라는 두 가지의 인증제도가 포함되어 있다. 이러한 산림인증제도는 직접적인 환경 파괴에 대한 감시에 대한 보완책의 하나로서 NGO의 주도적 노력으로 채택되어 소비자로 하여금 환경 친화적인 생산품에 대한 현명한 선택을 하도록 정보를 제공하고 이러한 시장의 힘을 빌려 기업의 열대림 관리에 영향을 미치도록 하는 것을 주된 목표로 한다.

현재 식물성 기름 가운데 팜(palm, 기름야자) 나무 열매의 기름인 팜유(palm oil)의 수요량이 국제적으로 가장 많으며 가장 빠른 속도로 증가하고 있다. 팜유의 수요가 증가하면서 팜 나무 경작을 위해 열대림이 대거 파괴되자 환경 NGO들은 멸종위기 생물종의 중요 서식지이자 생물 다양성의 보고이면서 지구온난화의 주범인 이산화탄소의 흡수 원으로서의 중요성을 지닌 열대림 보호 차원에서 전 세계적으로 팜유 불매 운동을 전개했다.

이러한 불매운동만으로는 열대림을 지키는 것이 어렵다고 판단한 NGO인 세계자연기금(WWF)은 2001년에 팜유생산으로 인한 파괴되어 가고 있던 열대림의 보호를 위한 제도의 수립을 처음으로 제안하는 등 주도적인 노력을 통해 2004년에 「지속 가능한 팜유 생산을 위한 협의회(Roundtable for Sustainable Palm Oil, RSPO)」라는 국제환경 비영리단체를 설립했다. 이 단체는 지속 가능한 팜유 생산과 사용을 위한 국제적 기준을 설정했고 이러한 기준을 충족하는 농장에게 RSPO 인증을 부여하는 제도를 도입했다. RSPO 인증은 이러한 농장뿐 아니라 인증을 받은 팜유를 가지고 상품을 제조하여 투명하게 유통하는 기업에게도 부여된다.[12]

세계자연기금(WWF)은 해양자원의 관리를 위한 인증제도에도 깊이 관여하고 있다. 전 세계의 해양생태계가 해양자원의 남획과 같은 지속이 가능하지 않은 어업활동으로 인해 해양 동식물이 멸종 위기에 직면하는 등 심각하게 파괴되고 있다. 이에 대응하여 WWF는 세계적 규모의 소비재 제조회사인 유니레버(Unilever)

때문이다.

12) 2015년에 LG생활건강이 국내에서는 처음으로 이러한 인증을 획득했다.

와 더불어 지속 가능한 어업을 위해 1997년에 해양관리이사회(Marine Stewardship Council, MSC)라는 비영리 독립법인을 설립했다.

MSC는 수산업자들이 과잉 어획을 하지 않고 자원을 고갈시키지 않음으로써 수산자원을 지속 가능하게 유지하고 해양환경에 미치는 영향을 최소화하며 지속적인 수산자원 이용이 가능한 관리시스템을 가동할 경우 지속 가능성(sustainability)을 인정하는 MSC인증을 부여하고 있다. 현재 세계 천연 어획물 전체의 10%를 인증하는 정도로까지 이르고 있다.

WWF는 또한 지속 가능한 수산물의 공급을 목적으로 해양 수산자원의 남획과 양식의 과밀화로 인한 해양의 오염과 생태계의 파괴를 막음으로써 지속 가능한 양식업을 위해 네덜란드의 지속 가능한 무역 이니셔티브(Sustainable Trade Initiative, IDH)와 더불어 양식관리협의회(Aquaculture Stewardship Council, ASC)를 설립하여 환경적으로 지속 가능하고 사회적으로 책임 있는 양식업에 인증을 부여하고 있다.13)

4. 적극적인 입법로비 기능

과거에 NGO들은 정부에 대해 감시 기능을 중요한 기능의 일부로서 수행해 왔으며 이와 더불어 정부에 대해 비판과 제언 기능을 통해 정부 정책을 비판하고 나아가 대안을 제시하기까지 했다. NGO들은 정책의 비판과 제언의 중요한 수단으로서 시위(demonstration)를 전개하기도 했다.

NGO들은 이제 감시의 역할과 정책비판과 제언의 역할에서 한발 더 나아가 입법과정에 영향력을 행사하여 법제정을 자신에게 유리하게 이끌어 내는 활동을 의미하는 입법 로비활동에 적극적으로 나서고 있다. 즉 NGO들은 과거처럼 시위 등을 통해 의사를 관철하지 않고 의회를 대상으로 적극적으로 로비를 행하고 입법을 청원함으로써 자신들의 정책을 관철하는 데 집중하는 변화를 보이고 있다.

---

13) 네덜란드의 지속 가능한 무역 이니셔티브(IDH)는 생산품의 공급망(supply chain)에서 최초의 공급자인 개도국의 생산자가 직면하고 있는 사회적·경제적·생태적 애로사항의 해결에 뛰어듦으로써 국제적인 공급망의 지속 가능성을 향상시키고자 하는 것을 주된 목적으로 하는 조직이다. 이 조직은 북반구와 남반구의 생산국들이 활발하게 참여하는 다중 이해관계자(multi-stakeholder) 조직이다.

5. 분쟁해결의 중개자 역할

일부 NGO들은 갈등이나 분쟁의 피해자를 돕는 역할에서 나아가 갈등이나 분쟁 당사자들 사이에서 중요한 중개자로서의 역할을 수행함으로써 갈등 당사자들로 하여금 협상을 통해 갈등에 대한 해법을 찾는 것을 도와주는 기능을 수행하고 있다.

예컨대 평화구축(peace-building) 활동에 중점을 두고 있는 영국의 NGO인 인터내셔널 얼러트(International Alert, IA)는 1990년대 중반에 시에라리온(Sierra Leone)에서 내전을 종식시키기 위한 노력을 전개한 바 있으며 미국의 전임 대통령인 카터(Jimmy Carter)에 의해 세워진 카터 센터(Carter Center)는 1999년에 유엔아동기금(UNICEF)과 더불어 우간다와 수단 간의 평화를 위한 타협을 성사시킨 바 있다.[14] 또한 NGO가 내전 중인 모잠비크에서 파벌간의 회의를 개최하도록 함으로써 궁극적으로 평화적인 해결을 가져오기도 했다.

이는 NGO에게 있어서 비교적 새롭게 전개되고 있는 기능 가운데 하나가 될 수 있는데 이러한 것이 가능한 것은 정부나 국제기구보다도 NGO들이 좀 더 분쟁 당사자들에 의해 중개자로서 수용이 되고 있기 때문이다. 그러나 NGO들이 이러한 역할을 다른 행위자들과 완전히 독립적으로 수행하는 것은 아니고 대부분의 경우에 있어서 정부나 국제기구가 뒤에서 NGO의 이러한 역할을 고무하고 지원하는 가운데 이루어지고 있다. 다시 말해 분쟁의 해결을 가져오는 데 있어서 NGO와 더불어 정부가 NGO와 협력을 함으로써 시너지 효과를 거두고 있다고 볼 수 있다.[15]

---

14) The Economist (January 29-February 4, 2000).

15) NGO들이 분쟁해결의 중재자가 되는 경우가 많아지면서 이에 대한 논의가 활발해지고 있다. 보다 자세한 논의는 다음 글들을 참조하시오: Nathan Shea, "Nongovernment Organisations as Mediators: Making Peace in Aceh, Indonesia," *Global Change, Peace & Security*, Vol. 28, No. 2 (2016), 177-196: Carlos Branco, "Non-Governmental Organizations in the Mediation of Violent Intra-State Conflict: The Confrontation between Theory and Practice in the Mozambican Peace Process," *OBSERVARE* (e-journal of international relations) Vol. 2, No. 2 (2011), 77-95.

제6부

NGO와 정부의 관계

제12장 NGO와 정부의 관계

제12장
NGO와 정부의 관계

NGO와 정부의 관계는 여러 형태를 띨 수 있다. NGO가 정부의 정책을 비판하고 이를 바꾸고자 할 때 이들 간의 관계는 적대적일 수 있다. 또한 경우에 따라 이들 관계는 협조적일 수도 있고 경쟁적이 될 수도 있으며 때때로 대체적일 수도 있다.

우선 이러한 관계의 유형을 여러 예들과 더불어 살펴보고 이러한 관계가 어떠한 패턴을 가지고 진화하고 있을 것이라는 가정하에 실제로 변화의 방향이 존재하는가를 살펴보고자 한다. 이와 더불어 협력적인 관계의 필요성을 살펴보고 성공적인 협력관계를 위한 조건을 살펴보려고 한다. 이에 앞서 정부가 NGO에게 영향을 미칠 수 있는 수단에는 어떤 것이 있는가를 살펴보고자 한다.

1. 정부가 NGO에 영향을 미칠 수 있는 수단[1]

1) 거버넌스 요인(governance factor)

정부는 건전한 시민사회 양성을 위한 거시적인 사회정책을 전개함으로써 NGO에 영향을 미칠 수 있다. 구체적으로 정부는 일반 대중들의 토론과 협의를 고무하는 환경을 만들고 국민에 대한 국가기관의 책임성을 제고하는 등의 사회환경의 요인을 조성함으로써 NGO의 활동에 영향을 미칠 수 있다.

2) NGO 규제입법과 조세정책

정부는 NGO를 규제하는 입법과 조세정책을 통해 NGO에게 영향을 미칠 수 있다. 구체적으로 정부는 등록·보고·회계감사와 같은 NGO 규제를 목적으로

---

1) John Clark, "The Relationship between the State and the Voluntary Sector," http://www.gdrc.org/ngo/state-ngo.html (접속일: 2017년 10월 25일).

하는 법적인 틀을 설정할 수 있으며 이러한 법적인 틀을 통해 NGO에 통제를 가할 수도 있고 동시에 NGO의 부패를 척결하고 건전한 경영을 촉진할 수도 있다.

정부는 또한 수입·모금·수입관세·NGO에 제공되는 보조금에 대한 조세에 관한 법적인 틀과 정책 등을 통해 NGO에게 유인(incentive)을 제공할 수 있다. 구체적으로 정부가 우선순위를 두고 있는 활동과 일치하는 NGO 활동에 이러한 종류의 유인을 제공할 수 있다.

3) NGO의 정책과 프로젝트의 집행에의 참여

정부는 자신의 정책과 프로젝트의 집행에 NGO를 참여시켜 협력 관계를 가질 수 있으며 이를 통해 NGO를 강화시키는 데 도움이 되는 환경을 조성함으로써 NGO에게 영향력을 행사할 수 있다. 구체적으로 NGO의 정부 정책과 프로젝트의 집행에의 참여는 NGO로 하여금 자신들의 의제에 충실할 수 있도록 하고 회원이나 전통적인 구성원들에게 책임성을 가질 수 있도록 함으로써 NGO 부문의 강화에 기여한다.

구체적으로 NGO 부문의 강화는 우선 NGO가 정부의 정책과 프로젝트의 집행에 참여함으로써 수혜자가 필요로 하는 것이 무엇인가를 프로젝트 당국에 표출할 수 있고 공동체에게 정부의 정책과 프로젝트의 계획에 관한 정보를 제공할 수 있기 때문이다. NGO는 또한 이러한 참여를 통해 공동체가 이러한 계획으로부터 이익을 취할 수 있도록 이들을 조직화할 수 있을 뿐 아니라 정부의 손길에 덜 미치는 사람들에게 서비스를 제공할 수 있으며 다른 NGO들에게 중간자로의 역할을 할 수 있기 때문이다.

4) NGO의 정책형성에의 참여

정부는 NGO 대표를 위원회 등에 참여시키거나 공적 협의(public consultation)를 가짐으로써 NGO를 정책형성 과정에 참여시켜 영향력을 행사할 수 있다. 정부와 NGO 관계가 대체적으로 적대적인 경우에 있어서도 협의(consultation)는 생산적인 과정이 될 수 있으며 긴장관계를 완화시킨다.

구체적으로 NGO 지도자로 하여금 정부 위원회의 위원이나 정부 이사회의 구성원으로서 참여하게 하거나 혹은 NGO로 하여금 자신들의 관심사와 경험을 전

달할 수 있도록 공적인 협의를 가짐으로서 이를 가능하게 한다. 이러한 협의과정
에서 정부는 왜 국가가 이러한 입장을 택할 수밖에 없는가를 설명할 수 있으며
이슈와 관련된 정보공개를 통해 NGO에 영향을 미칠 수 있다.

　이러한 협의가 생산적이기 위해서는 우선적으로 정부나 NGO 모두 객관적이
고자 하며 상대방으로부터 배우려는 자세가 전제되어야 한다. NGO가 정부에 대
한 비판을 강화하기 위해 선별적인 현지보고를 사용하거나 왜곡할 경우와 정부가
NGO의 조언을 잘 받아들이지 않을 경우 협의란 대립 이상의 것이 될 수 없기
때문이다.[2]

5) NGO와의 조정

　정부는 관련 부처에 NGO 담당 조직을 두거나 NGO 협의위원회(NGO con-
sultative committees)를 둠으로써 조정(coordination)을 촉진함으로써 영향력을 행
사할 수 있다. 이러한 조정을 통해 NGO로 하여금 지역적 격차와 부문 간 격차에
관심을 가지도록 하고 종교적이거나 인종적인 편견을 피하도록 하며 정부 프로그
램과 모순되거나 비현실적인 약속을 하고 있는 활동을 피하도록 고무할 수 있다.

　정부는 또한 자체의 훈련기관으로 하여금 NGO와 관련이 있는 강습을 제공하
도록 함으로써 NGO 직원들의 훈련을 고무할 수 있으며 경영기술과 전략적인 기
획 및 NGO 활동 부문에서 축적된 경험의 공유에 좀 더 많은 관심을 가질 것을
고무할 수 있다.

6) 재정적 지원

　정부는 재정적인 지원이라는 수단을 통해 영향력을 미칠 수 있다. 구체적으로
정부는 우선순위를 두고 있는 부문에서의 NGO 활동을 촉진하기 위해 기금·계
약·훈련기회를 NGO에게 제공할 수 있다. 다시 말해 정부는 NGO로 하여금 정
부가 원하는 프로그램이나 프로젝트의 수용을 강제하기 위한 방패로서 재정적인
지원을 이용할 수 있다.

---

2) 한국의 경우 정부관리들이 NGO가 정책결정 과정에 참여하는 것을 꺼려 기껏해야 조언이나 자
　문역할로 NGO의 역할을 제한하고자 하며 정부위원회가 있다고 해도 1년에 한 번도 회의를 개
　최하지 않은 위원회가 많고 위원회를 개최하더라도 이미 결정된 사항을 사후적으로 정당화시키
　는데 관심을 두고 있을 뿐이다: 박상필, 『NGO와 정부 그리고 정책』(서울: 아르케, 2002),
　161.

이러한 정부의 재정지원은 특히 작은 규모의 풀뿌리 NGO들을 위해서 절실하다. 왜냐하면 큰 NGO들은 자신들의 회원의 회비가 수입에서 차지하는 부분이 적지 않으며 정부가 프로젝트를 기반으로 제공하는 재정지원의 경우에 있어서도 이러한 큰 NGO들이 보다 큰 공신력을 가지고 선정되기가 쉽기 때문이다.

2. 관계의 유형

학자들에 따라 정부와 NGO의 관계를 여러 유형으로 구분하고 있다. 대표적인 분류로서 많은 학자들에 의해 인용되어 온 분류는 영(Dennis R. Young)에 의한 분류인데 그는 정부와 NGO간의 관계를 대립적인 관계(adversarial relations)·대체적인 관계(supplementary relations)·보완적인 관계(complementary relations)의 3가지로 구분하고 있다.3)

나잠(Adil Najam)은 정부와 NGO간의 관계를 목적과 이를 달성하기 위한 수단이라는 두 요인에 기초하여 대결적인 관계(confrontational relations)·협력적인 관계(cooperative relations)·보완적인 관계(complementary relations)·포섭적인 관계(co-optive relations)의 4가지로 분류하고 있다.4)

여기에서는 영의 3가지 분류인 대립적인 관계·대체적인 관계·보완적인 관계에 2가지의 분류를 추가하고자 한다. 추가할 2가지 분류 중 하나는 나잠이 분류하고 있는 포섭적인 관계이다. 포섭적인 관계란 정부가 자신의 정치적인 목적을 진전시키기 위해 NGO의 자율성을 훼손하기 위한 조치를 취하면서 생기는 관계를 의미한다.

이러한 포섭적인 관계를 추가할 경우 영이 분류한 보완적인 관계와의 차이를

---

3) Dennis R. Young, "Complementary, Supplementary, or Adversarial? A Theoretical and Historical Examination of Nonprofit-Government Relations in the United States," in E. T. Boris and C. E. Steuerle, eds., *Nonprofits and Government: Collaboration and Conflict* (Washington, DC: Urban Institute Press, 1999), 31-67; Dennis R. Young, "Alternative Models of Government-Nonprofit Sector Relations: Theoretical and International Perspectives," *Nonprofit and Voluntary Sector Quarterly*, Vol. 29, No. 1 (2000), 149-172.

4) Adil Najam, "Citizen Organizations as Policy Entrepreneurs," in D. Lewis, ed., *International Perspectives on Voluntary Action* (London: Earthscan, 1999); Adil Najam, "The Four-C's of Third Sector-Government Relations: Cooperation, Confrontation, Complementarity, and Co-Option." *Nonprofit Management and Leadership*, Vol. 10, No. 4 (2000), 375-396.

생각해 보아야 한다. 왜냐 하면 보완적인 관계의 경우도 NGO의 자율성을 훼손할 수도 있기 때문이다. 그런데 이러한 두 종류의 관계는 자율성 상실의 정도에 있어서 차이가 존재하는 것으로 구별이 된다. 구체적으로 포섭적인 관계의 경우 NGO가 본질적으로 자율성을 상실하고 정부의 도구가 된다는 점에서 자율성의 상실의 정도가 보완적 관계와 비교하여 훨씬 크다. 이러한 정도에 있어서의 차이가 종류에 있어서의 차이를 가져온다.[5]

여기에 포섭적인 관계와 더불어 경합적인 관계(competitive relations)를 하나 더 추가하여 정부와 NGO간의 관계를 대립적인 관계·보완적인 관계·대체적인 관계·경합적인 관계·포섭적인 관계라는 다섯 유형으로 구분하여 살펴보고자 한다. 그러나 이러한 관계란 상호배타적인 것이 아니라 특정의 정부와 특정의 NGO 사이에 동시에 존재하고 있는 관계일 수 있다.

이러한 정부와 NGO간의 관계에 대한 분류 작업을 통해 다양한 이론적인 논의를 전개할 수 있다. 예컨대 어떤 요인(들)이 특정 관계의 등장에 영향을 미치는 가와 같은 연구를 하나의 예로 들 수 있다. 이러한 연구는 일국을 대상으로 하여 수행할 수도 있고 여러 국가를 대상으로 하여 비교연구를 할 수도 있다.

1) 대립적인 관계

대립적인 관계(adversarial relations)는 통상적으로 비판과 제언 활동을 하는 NGO들이 정부와 갖는 관계의 전형적인 유형이다. NGO들이 다양한 방식으로 정부의 정책결정과정에 직접 혹은 간접적으로 참여하여 정책변화를 유도하거나 정부의 책임성(accountability)을 제고시키기 위해 노력하지만 정부가 이러한 NGO들의 요구를 수용하지 않는 과정에서 전형적으로 발생하는 관계이다. 구체적으로 NGO가 정부로 하여금 공공정책을 변화시키고 대중에게 책임을 짓도록 압력을 가할 때 정부는 NGO에 대한 규제와 같은 비우호적인 조치로서 대응하면서 발생하는 관계이다.[6]

대립적인 관계 속에서 NGO들은 정부를 설득하기도 하고 압력을 가하기도 하

---

5) Susan Appe and Michael Dennis Layton, "Government and the Nonprofit Sector in Latin America," *Nonprofit Policy Forum*, Vol. 7, No. 2 (2016), 119.

6) 이러한 관계를 「대항적인 관계(rival relations)」라고도 부를 수 있다. 정부가 NGO 활동을 아예 불법화하는 등의 조치를 취하는 관계의 경우 「억압적인 관계(repressive relations)」라고 분류할 수 있다.

며 때때로 공공연히 비판하기도 하고 심지어 격렬하게 반대하기도 한다. NGO는 개개 정부에 압력을 가하여 국제기구의 사무국이 추진하는 정책에 개개 정부가 관심을 갖도록 함으로써 국제기구의 사무국은 NGO와 일종의 연대를 형성할 수도 있다.

예컨대 환경 관련 NGO들은 환경문제에 소극적이거나 환경문제의 해결을 꺼리는 정부에게 환경문제를 중요한 의제로서 수용하고 구체적인 행동을 취하도록 압력을 가한다. 인권 관련 NGO들은 인권이란 국경을 넘어 보편적으로 존중되어야 한다고 주장하고 정부가 이를 준수하도록 감시와 압력을 행사함으로써 국가를 당혹하게 만들기도 한다. 이들은 또한 아동·장애인·여성·원주민들의 권리와 복지를 위해 국가에 압력을 가하기도 한다. 적대적인 관계를 한국과 관련한 예를 통해 살펴보면 다음과 같다.

1992년 제47차 유엔총회의 결의문에 따라 1995년 3월에 덴마크의 코펜하겐에서 사회개발세계정상회의(World Summit for Social Development, WSSD)가 개최되었다. 동 회의는 빈곤퇴치에 성공한 세계 13개 국가 가운데 한국을 가장 대표적인 사례로 소개했으나 동 회의에 참가한 한국의 NGO들은 이에 대해 극히 부정적인 입장을 취했다. 구체적으로 동 회의의 NGO 포럼에 참여한 한국 NGO들은 NGO 포럼에서 경제성장 일변도의 개발전략이 환경파괴·인권탄압·지역과 계층의 불균형 심화 등 각종 부작용을 초래했다고 지적하고 정부 측 대표와는 반대로 우리의 개발경험이 결코 제3세계의 모델이 될 수 없다는 상반된 주장을 제기한 바 있다.[7]

2) 보완적 관계

보완적 관계(complementary relations)는 협력관계를 강조하는 협력적 관계(cooperative relations)를 의미한다. 이러한 관계는 주로 공적인 재정적 자원과 더불어 공적 서비스를 제공하기 위해 정부와 NGO가 협력하는 관계에서 발견된다. 즉 이러한 관계는 통상적으로 공공재 제공을 목적으로 하는 정부가 공적인 재정적 자원을 제공하고 NGO가 이러한 재정적 지원하에 서비스를 제공하는 방식으로 이루어진다.

---

7) 중앙일보, 1995년 3월 10일; 조선일보 1995년 3월 9일.

이러한 보완적 관계는 NGO가 정부가 결하고 있는 지식과 전문성을 가지고 있을 뿐 아니라 지역사회와 주민에 바탕을 두고 개발원조나 긴급한 인도적 지원 등을 신속하고 유연하며 효율적으로 제공할 수 있는 비교우위를 가지고 있음으로써 형성되는 관계로서 NGO들이 자체의 사업과 활동 외에 정부가 실시하는 여러 개발원조 사업의 실행기관이나 협력 파트너로서 큰 역할을 하고 있는 것에서 흔히 발견된다.

이러한 보완적인 관계는 정부가 재정적 자원을 제공하고 NGO가 서비스를 공급하는 형태로만 전개되는 것은 아니다. 정부의 관심과 NGO의 캠페인이 일치하는 경우 정부와 NGO사이에 동맹관계가 형성되기도 한다. 예컨대 1997년 국제지뢰금지운동(ICBL)의 주도하에 350개가 넘는 NGO들이 연합을 형성하여 대인지뢰를 금지하는 조약의 체결을 추구하였을 때 캐나다와 스칸디나비아 국가들이 이들 NGO들을 적극적으로 지지함으로써 당 조약의 체결이 가능할 수 있었던 것이다.

보완적 관계는 대규모 정부간회의가 국제사회에서 자주 개최되면서 국가들이 자신들이 추구하는 목표를 달성하는 데 있어서 자신들과 목표를 같이 하는 NGO들의 참여를 촉진하고 있는 것에서도 발견된다. 예컨대 인권 관련 정부간회의의 경우 보편적인 인권 향상을 주장하는 선진국들은 그들의 입장을 민간인 차원에서 적극적으로 옹호해 줄 수 있는 우호적인 세력으로서 NGO를 참여시키는 데 적극적이다. 개발문제나 빈곤문제를 다루는 정부간회의의 경우 개도국들은 개도국의 개발과 빈곤문제에 대한 관심을 강조하고 나아가 이의 해결방법으로서 선진국들의 책임을 강조하는 NGO들을 우군으로 여기고 이들의 참여에 적극적이다.

일본의 경우 정부외교에서 NGO의 활동과 역할이 늘어가고 있다. 특히 헌법상의 제약으로 인해 경제협력을 가장 큰 외교적인 수단으로 삼아오고 있는 일본 정부는 공적개발원조(ODA)에 있어서 정부와 NGO간에 협력관계를 확대시킴으로써 NGO의 국제협력에의 직접 참여가 증가해 오고 있다. 한국의 경우도 정부와 NGO 간의 협력관계를 「공공-민간 협력 파트너 관계(Public-Private Partnership, PPP)」라는 이름하에 개발협력 분야에서 적극적으로 전개하고 있다.

3) 대체적인 관계

대체적인 관계(supplementary relations)는 정부의 실패로 인해 정부가 공급에 실패한 공공재나 집합재의 공급을 NGO가 떠맡음으로써 전형적으로 등장하는 관계의 유형이다. 즉 NGO가 정부에 의해 만족스럽게 제공되지 않는 채 남아 있는 공공재에 대한 요구를 실현시켜 줄 경우 발생하는 관계이다.

이러한 관계는 정부가 서비스 등을 제공하려는 의지가 없거나 능력을 가지고 있지 않을 때 이러한 유형의 관계가 등장한다. 전형적인 예로서 방글라데시와 같은 국가에서 일부 NGO가 초등교육·소액대출·기초적인 보건위생 서비스를 제공하면서 공공기능이나 국가의 기능을 실질적으로 대체하고 있는 것을 들 수 있다.[8]

4) 경합적인 관계

인적·물적 자원을 제공하는 운용활동을 둘러싸고 정부와 NGO가 경합적인 관계(competitive relations)를 갖기도 하며 인적·물적 자원의 수혜를 둘러싸고 이들 간에 경합적인 관계가 발생하기도 한다. 우선 전자의 경우부터 살펴보면 다음과 같다.

정부와 NGO가 동일한 개도국에 동일하거나 유사한 성격의 개발원조를 제공하면서 경합이 발생한다. 한국 정부와 한국 NGO가 아프리카에서 식수개발을 둘러싸고 발생한 경합을 예로 들 수 있다. 한국은 대부분의 선진 공여국과는 달리 유상원조와 무상원조를 통합하여 관리하지 않고 별도로 관리해오고 있다. 유상원조는 기획재정부를 주관기관으로 하여 정책을 입안하고 수출입은행이 집행기관으로서 활동한다. 무상원조의 경우 주관기관은 외교부이고 외교부의 정책을 실행하는 기관이 한국국제협력단(KOICA)이다. 한국의 NGO인 팀앤팀(Team and Team)이 일찍이 아프리카 케냐와 주변국에 진출하여 식수개발 프로젝트를 진행해 왔는데 뒤늦게 수출입은행이 동일한 지역에 동일한 사업을 시행하면서 이들 간에 경합적인 관계가 존재한 바 있다. 이러한 경합적인 관계는 개발원조 부문에서 한국국제협력단과 NGO 사이에도 존재한다.

많은 개도국에 있어서 정부와 NGO는 선진국 정부나 국제기구로부터의 개발원조의 수혜를 둘러싸고 경합적인 관계를 가지고 있다. 이는 선진국들이 공적개발원조(ODA)의 점차적으로 많은 부분을 부패 등의 여러 요인에 의해 비효율적인 개도국의 정부 채널이 아닌 개도국의 NGO 채널을 통해 직접적으로 기금을 제공

---

8) Peter van Tuiji, "NGOs and Human Rights: Sources of Justice and Democracy," *Journal of International Affairs*, Vol. 52, No. 2 (Spring 1999), 506.

하고 있기 때문이다. 또한 국제기구도 동일한 이유로 NGO 채널을 선호하고 있기 때문이다. 그 결과 많은 개도국에 있어서 정부로 가는 공적개발원조와 NGO로 가는 공적개발원조 사이의 균형이 바뀌고 있으며 파이의 큰 조각을 얻기 위한 경합이 정부와 NGO 간에 벌어지고 있다.

이러한 경향으로 인해 정부가 경합적인 관계에 놓인 개발 NGO에 대해 특별 등록제라든가 통제절차를 만들지는 않을까 우려하는 목소리가 높아지고 있다. 즉 개도국 정부는 외국의 기금에 의존도가 높은 NGO가 재정적인 의존으로 인해 외국 손에 의해 움직여지지 않을까 하는 우려 속에 이러한 조치를 취할 수 있다는 것이다.

이러한 우려와 더불어 외국의 기금 공여자가 개도국 정부가 아닌 개도국의 NGO에게 직접 기금을 제공하는 경우 개도국 정부가 필연적으로 약화될 수 있다는 점을 우려하기도 한다. 이러한 우려는 일국의 정부가 상대적으로 건강할 때 NGO가 좀 더 효과적으로 활동할 수 있다는 경험적인 연구의 결과에 바탕을 두고 있다.[9] NGO들이 일국의 정부의 역할을 대체하는 것을 목표로 하지 않고 일반적으로 정부로 하여금 자신이 한 행동과 하지 못한 행동에 대해 책임을 지도록 하는 것을 주된 역할의 하나로서 하고 있다는 것을 고려할 때 이러한 주장은 타당하다.

또한 NGO에게로의 직접적인 기금제공은 NGO로 하여금 풀뿌리 대중이 아닌 기금 제공자에게 책임을 지도록 하는 경향을 만들어 내며 기금의 지속적인 유입을 확보하기 위해 NGO의 임무를 다시 정의하도록 유인하여 그 결과 NGO가 가지고 있는 장점인 융통성과 혁신성을 약화시킬 수 있다.

이러한 맥락에서 기금 제공자의 과도한 영향력으로부터 NGO를 보호하기 위해 NGO에게 직접적인 기금제공을 피하고 대신 중간자 역할을 할 수 있는 제도(intermediary institution)를 통해 NGO에게 기금을 제공해야 한다는 주장도 제기되고 있다.[10] 독일을 포함한 일부 선진국들은 이러한 경향을 피하기 위해 개도국

---

9) Anthony Bebbington and Roger Riddle, "The Direct Funding of Southern BGOs by Donors: New Agendas and Old Problems," *Journal of International Development*, Vol. 7, No. 6 (1995), 879-893.

10) Michael Edwards and David Hulme, eds., *Beyond the Magic Bullet: NGO Performance and Accountability in the Post-Cold War World* (West Hartford, Conn.: Kumarian Press, 1996).

의 NGO가 아닌 자국의 NGO를 통한 지원을 선호하고 개도국 정부와의 프로젝트나 프로그램에 국한하여 개도국 NGO를 참여시키고 있다.

NGO에게로의 직접적인 기금제공이 일으키는 또 다른 문제는 다음과 같다. 아프리카의 한 NGO에게 커피 생산자를 교육시켜 커피 생산량을 증가시키기 위한 대량의 기금이 외부로부터 조달되었다. 이러한 NGO의 노력의 결과 커피의 생산량이 대폭적으로 증가되었으나 도로가 없었던 관계로 이러한 커피를 공장으로 실어 나를 수가 없었다. NGO는 교육을 통해 생산량을 증대시키는 일은 할 수 있었으나 길을 내는 것은 NGO가 아닌 정부의 몫이기 때문이다. 이러한 이유로 정부의 역할을 백안시 할 수 없는 것이다.[11]

5) 포섭적인 관계

포섭적인 관계(Co-optive Relations)란 정부가 NGO를 포섭하여 정부에 대한 NGO의 의존을 심화시킴으로써 NGO가 본질적으로 자율성을 상실하고 정부의 도구가 되는 관계를 일컫는다. 이러한 관계는 특히 권위주의적 국가들에게 종종 발견된다. 다음의 예는 정부와 NGO가 경쟁적 관계에 있다가 정부의 대응에 의해 이들의 관계가 포섭적인 관계 등으로 전환되는 것을 보여준다.

아프리카 케냐에서 다수의 NGO들이 초등교육과 보건지원 등과 같은 정부 프로그램과 아주 유사한 활동을 하고 있었다. 그러나 유사한 활동을 한다고 해도 정부와 NGO는 이러한 활동의 목표가 크게 달랐다. 즉 정부가 이러한 서비스를 제공하는 목적은 일당지배를 공고히 하는 것이었다. 정부 내의 사람들은 이러한 NGO들이 활동을 통해 추구하는 목적을 다원적 민주주의를 향해 사람들을 유인하는 것으로 보고 단속을 했다. 그 결과 다수의 NGO들이 간단히 포기하고 해산했고 소수의 용기 있는 NGO들은 압제적인 환경에도 불구하고 꿋꿋이 버틴 결과 정부와의 관계가 위험한 적대적인 대결적인 관계로 진입했다. 다른 한편 몇몇 NGO들은 굴복하고 정부쪽으로 기울어진 관제 NGO(government-organized NGO, GONGO)로 탈바꿈을 하여 결과적으로 정부와의 관계가 포섭적인 관계로 바뀌었다.[12]

11) Sam Cheng, "Donors Shift More Aid to NGOs," http://www.globalpolicy/ngos/issues/chege. htm (접속일: 2017년 10월 25일).

12) Adil Najam, "The Four Cs of Government-Third Sector Relations: Cooperation, Confrontation,

3. 관계의 변화와 협력관계의 필요성

1) 관계의 변화

세계에서 가장 많은 NGO들이 적극적으로 활동하는 국가인 미국을 위시한 선진국에서 NGO들이 냉전이 종식된 이후에 정부에 대한 비판과 감시 역할에서 한 발 더 나아가 적극적인 입법 로비활동에 나서고 있고 국가적인 현안에 대해서는 정부와 과감히 협조하는 등 정부와의 협력을 통해 문제를 해결해 나가는 협력 파트너 관계로 역할 변화를 적극적으로 모색해 오고 있다.

NGO가 정부를 대신해 국제적인 문제를 해결하는 경우도 늘고 있고 과거처럼 시위를 통해 의사를 관철하려 하지 않고 의회에 적극적인 로비를 통해 자신들의 정책을 관철하는 데 집중하고 있다. 정부도 여론에 밀려 NGO의 입장을 받아들이는 게 아니라 NGO와 더불어 나아가는 쪽으로 바뀌고 있다.[13]

2) 협력관계의 필요성

일반적으로 NGO와 정부의 관계란 종종 적대적이거나 경합적이며 상호불신에 기초하고 있다. 이 때문에 NGO와 정부의 관계는 어느 국가에서나 대립의 관계로 비쳐지는 경향이 있고 NGO의 힘을 재는 척도 중의 하나가 정부에 얼마나 영향력을 발휘할 수 있는가 하는 이른바 압력의 정도가 되기도 한다.

정부는 NGO들이 자신의 권력을 약화시키고 나아가 국가안보까지 위협할 것을 우려하는 한편 NGO들은 정부와 정부관리들의 동기를 불신한다. 정책비판과 제언 활동을 하는 NGO들은 정부의 결함을 지적하고 정책전환을 주장하는 것을 목표로 하고 많은 국가들의 정부는 NGO의 이러한 비판을 거부하고 이러한 NGO들을 침묵시키거나 폐쇄하기 위해 압제적인 법을 제정하는 등의 길을 찾는다. 정부는 이러한 NGO들에게 제한적인 권력만을 부여하고 여러 수단을 동원하여 이들을 포섭하고자 하는 데 주력한다. 그러나 이러한 것은 근시안적인 것이다.

Complementarity, Co-optation," Research Report Series No. 25 (Islamabad, Pakistan: Sustainable Development Policy Institute, 2000), 10-11, http://sdpi.org/publications/files/R25-The%20Four%20Cs%20of%20Government-Third.pdf (접속일: 2017년 10월 31일).

13) 문화일보(인터넷), 2002년 9월 2일.

여기에서는 NGO와 정부와의 관계에 있어서 왜 대립적 관계와 더불어 협력적 관계에 관심을 가질 필요가 있는가를 살펴보고자 한다.

장기적으로 보아 정부정책에 대한 활발하고 책임 있는 토론을 통한 정부정책의 검증이야말로 정부정책의 개선을 가져오기 때문에 단순한 정권의 연장이 아닌 국민의 필요를 좀 더 충실히 그리고 적절하게 충족시키는 것을 목표로 하는 정부의 경우 NGO의 이러한 역할이 바람직한 것이다.

NGO는 또한 정부조직에 대해 감시자로서의 역할을 함으로써 정부조직 자체 내의 감시체제의 비효율적 작동으로 인해 발견해내기 어려운 정부조직의 문제점 등을 찾아내는 중요한 역할을 할 수 있고 정치과정이 국민들의 기대를 충족시키지 못할 경우 발생하는 불만의 배출구로서의 역할도 할 수 있기 때문에 정부는 NGO의 이러한 기능을 중요시해야 한다.

따라서 정부는 때때로 정부의 프로그램과 경합하거나 정부의 프로그램을 대체하며 나아가 정부의 정책을 비판하고 반대하는 NGO들마저도 강력하고 독립적인 영역으로서 존재하도록 해야 한다는 인식의 변화를 가져야한다. 정부와 NGO의 협력관계의 필요성을 보다 체계적으로 살펴보면 다음과 같다.14)

첫째, NGO의 존재를 허용하고 자유롭게 활동하도록 하는 것이야말로 민주주의의 근간인 결사의 자유와 표현의 자유를 실질적으로 구현하는 것이다. 이는 또한 다원주의와 관용의 구현이기도 하다.

둘째, 어떠한 사회든 다양성이 존재하기 마련이며 이러한 다양성은 어떠한 식으로든 표출되기 마련인데 NGO의 존재와 활동으로 이러한 다양성이 표출될 수 있음으로써 사회의 안정에 기여할 수 있다.15)

셋째, NGO는 공공 재화나 서비스를 제공하는 데 있어서 정부를 위한 효율적인 협력 파트너가 될 수 있다. 즉 NGO는 정부에 비해 좀 더 양질의 서비스를 적은 비용으로 제공하는 행위자로서의 역할을 한다. 이것이 가능한 것은 NGO가 제공하는 서비스의 경우 자발주의(voluntarism)에 기초하고 있어 비용이 절감되어 지나치게 많은 직원들과 많은 비용을 소요하는 정부의 관료주의와 크게 대조를

---

14) World Bank, *Handbook on Good Practices Relating to Non-Governmental Organizations* (Washington: World Bank, 1997).

15) 특히 NGO를 위한 법률의 제정은 NGO에게 법률적 보호를 제공하기도 하지만 동시에 이들에게 투명성과 책임성 등을 요구하고 자율적인 규제를 권고함으로써 NGO의 잘못된 행동으로부터 일반인들을 보호하기도 한다.

이룬다. 또한 NGO들은 일반 대중들의 실질적으로 필요로 하는 것에 대해 잘 알고 있으며 이러한 필요를 충족시키는 데 있어서 조직이 방대하고 현지와 물리적으로 멀리 떨어져 있는 정부기관보다 좀 더 효율적이다.

넷째, 이윤을 동기로 움직이는 민간 부문의 경우 시장의 실패(market failure)로 인해 공공 재화나 서비스를 공급하는 것이 어렵다. 공공 영역의 경우에 있어서도 아무리 국민들에게 충실한 정부라 하더라도 국민들이 원하는 공공 재화나 서비스를 모두 공급한다는 것은 가능하지 않다. 따라서 NGO들이 이러한 간극을 메우는 역할을 할 수 있다.

다섯째, NGO들의 존재는 시장경제의 성공과 성장을 간접적으로 돕는다. 이는 시장경제가 사회 안정·제도에 대한 대중들의 신뢰·법의 지배에 대한 존중이 존재하는 바탕에서 번창한다는 증거에 기초하고 있다. 좀 더 구체적으로 협력에 대한 시민들의 강한 전통·사회 연계망·신뢰·사회선(social good)에 대한 강한 관심으로 일컬어지는 사회자본(social capital)이라는 것이 존재할 때 시장경제가 번영하며 NGO들이 이러한 사회자본의 구축에 기여한다.

이렇듯 국내 사회의 측면에서 정부와 NGO 간의 협력관계는 중요한데 이러한 협력관계는 국제적인 측면에서도 중요한 의미를 가진다. 일반적으로 선진국 정부는 국제적인 협상의 장에서 자신들의 NGO와 긴밀한 관계를 유지해 오고 있다. 이는 선진국 정부가 NGO들이 가지고 있는 자산인 정부가 갖고 있지 않는 유용한 정보·정부관리들이 가지고 있지 않은 국내외적인 접촉의 연계망(networks of contact)·대중매체의 주목을 끌 수 있는 능력 등을 높이 평가하고 있기 때문이다.

개도국 정부는 이와는 대조적으로 일반적으로 NGO와의 접촉을 피하는 경향을 가지고 있다. 그러나 개도국 정부가 그들 국가의 NGO가 지니고 있는 위에서 언급한 자산에 의존할 경우 국가이익을 확보할 수 있다. 이러한 것을 보여주는 구체적인 예를 하나 들어보도록 하자.

국제적인 협상에서 개도국들은 종종 선진국에 비해 좀 더 많은 양보의 압력을 받는 것이 사실이다. 이러한 압력하에서도 개도국이 강력한 NGO를 가지고 있다면 이러한 부당함과 불평등은 일정한 정도 바로잡힐 수 있다. 예컨대 개도국 정부들이 선진국 정부들로부터 일정한 노동기준과 환경기준을 채택하도록 압력을 받을 경우 개도국에 역량 있는 NGO들이 있다면 이들이 선진국들로 하여금 기술이전·지적재산권 문제·노동자의 이주문제 등에 있어서 상호성 있는 이행조치를 취하도록 요구할 수 있기 때문이다.

국제개발협회(International Development Association, IDA)는 세계은행(World Bank)의 자매기구로서 저소득 국가에 대한 경제개발과 생산성 향상을 돕기 위해 무이자로 자금을 대여해 주는 국제기구이다. 일반적으로 선진국 환경 NGO들은 이러한 국제기구들이 지원하는 개도국의 개발을 위한 프로젝트가 개도국의 환경 파괴를 촉진하고 있다는 주장을 지속적으로 제기해 오고 있다.

IDA에서 IDA가 지원하고자 하는 개도국의 개발을 위한 프로젝트에 관하여 토론이 전개되었는데 이때 워싱턴에 기반을 두고 있는 개발 NGO들은 IDA의 자금 대여를 지지했으나 세계은행의 개도국 프로젝트를 비판해 오던 워싱턴에 기반을 두고 있는 환경 NGO들은 이에 대해 반대의사를 제기했다. 이때 아프리카의 NGO들이 이러한 환경 NGO들에게 도전하여 이들의 책임성에 의문을 제기함으로써 이들 환경 NGO의 세계은행과 IDA에 대한 비판을 잠재울 수 있었다.

이 사례는 개도국 NGO들이 선진국 NGO들의 입장에 결정적으로 영향을 끼칠 수 있음을 보여주는 예인데 이는 힘 있는 강력한 개도국 NGO의 존재를 전제로 하는 것이다. 이와 같이 개도국 NGO가 선진국 NGO에게 영향을 미칠 수 있을 정도로 힘 있는 NGO가 되기 위해서는 개도국 정부의 역할이 중요하다. 구체적으로 개도국 정부는 NGO들이 신뢰할 수 있는 지지층을 구축하고 정보와 분석 능력을 향상시키며 사회 여러 부문에 걸쳐 연합(coalition)을 발전시키고 국내 정책결정자와의 효율적인 연계를 만들어나가는 것에 대한 지지를 확대함으로써 보다 강한 개도국의 NGO를 탄생시킬 수 있다.[16)]

3) 정부와 NGO 간의 협력의 조건

NGO와 정부 간에 진정한 협력이 가능하기 위해서는 다음과 같은 조건들이 충족되어야 한다. 이들 간의 협력관계란 단순히 정부나 NGO의 협력만으로는 가능하지 않으며 이들 이외에 기금 제공자나 기금 제공기관의 참여와 노력이 필요하다.

ⅰ) 우선 정부와 NGO가 적대적 인식을 버리고 신뢰를 구축해야 한다. ⅱ)

---

16) Nancy Alexander and Charles Abugre, "NGOs and the International Monetary and Financial System," *International Monetary and Financial Issues for the 1990s*, Vol. 9 (1998).

정부는 NGO들을 정책 형성과 토의 과정에 포함시켜야 한다. ⅲ) NGO들은 조직의 고립주의적 태도를 버리고 다른 행위자들과의 협력에 문을 열어놓아야 한다. ⅳ) 기금 제공자나 NGO들은 지방정부를 그들의 활동에 포함시키려는 노력을 해야 한다. ⅴ) 기금제공 기관 역시 정부와 NGO의 관계를 향상시키기 위해 정책 대화를 가지려고 노력해야 한다.[17]

---

17) John Clark, "The State, Popular Participation, and the Voluntary Sector," *World Development*, Vol. 23, No. 4 (April 1995), 593-601.

제 **7** 부
NGO와 국제기구의 관계

제13장

NGO와 국제기구의 관계 일반

국제기구는 여러 기준에 의해 달리 분류될 수 있다. 국제기구를 유엔과의 관계를 기준으로 할 경우 유엔의 주요기관과 보조기관을 포함한 유엔기구(United Nations Organization, UNO)·국제노동기구(ILO)처럼 유엔헌장 제57조와 제63조에 근거하여 유엔과 특별협정을 체결하여 유엔과 특별한 협력관계를 구축하고 있는 17개의 전문기구들(specialized agency)·전문기구처럼 유엔헌장에 근거하여 유엔과 특별협정을 체결한 관계는 아니지만 세계무역기구(WTO)나 국제원자력기구(IAEA)처럼 유엔과 특별한 협력관계를 형성하고 있는 유엔 관련 기구·경제협력개발기구(OECD)와 국제이주기구(IOM)처럼 유엔과는 독립적인 관계에 있는 기구로 구분된다.

이러한 국제기구들은 NGO와의 다양한 관계 설정을 통해 NGO에게 다양한 지위를 부여해 오고 있다. 이들 국제기구들이 NGO에게 부여하는 지위는 기구에 따라 다르며 같은 기구라 하더라도 NGO에 따라 부여하는 지위를 달리하기도 한다. 또한 유엔의 경우에서 보듯이 동일한 기구 내에서도 경제사회이사회(ECOSOC)와 같은 특정 기관만이 NGO에게 협의지위를 부여하고 총회나 안보리와 같은 다른 기관들은 이러한 지위를 부여하지 않는 경우도 있다.

국제기구가 NGO에 부여하는 다양한 지위를 연장선(continuum) 상에 배열한다면 연장선의 한 극단에 아무런 공식적인 관계를 부여하지 않은 채 비공식적인 관계만을 가지고 있는 국제기구를 위치시키고 또 다른 극단에 유엔에이즈계획(UNAIDS)의 경우처럼 비록 표결권이 주어지지는 않으나 중요한 의사결정이 일어나는 기관의 공식적인 구성원으로서 의사결정에 참여할 수 있는 권한이 부여되는 국제기구를 위치시킬 수 있다. 대부분의 국제기구들이 NGO에 부여하는 지위는 이러한 양 극단 사이의 어딘가에 위치하고 있다고 볼 수 있는데 다수의 국제기구들은 NGO에게 표결권을 가지는 의사결정권을 부여하지 않는 가운데 협의지위

(consultative status)를 부여하는 것이 일반적이다.

여기에서는 NGO가 다양한 국제기구들과 어떠한 관계를 맺어 오고 있고 이러한 관계가 어떻게 변화하고 있는가를 살펴보고자 한다. 본격적으로 이러한 관계들을 탐구하기 전에 국제기구와 NGO가 관계를 갖는 배경과 이러한 관계의 일반적인 특성에 대해 살펴보고자 한다.

1. 관계의 배경

NGO는 국제기구와 더불어 바람직한 국제사회의 미래에 대한 비전을 공유하고 있다고 볼 수 있지만 이들은 명백하게 구별되는 나름의 능력(competence)을 보유하고 있다. 여기에서는 이 두 행위자 사이에 설정되는 관계의 특징을 이해하기 위한 기초로서 우선적으로 이 두 행위자가 상대방과 비교하여 지니고 있는 장단점을 살펴보고자 한다.

1) NGO의 장단점

NGO의 장단점은 이미 앞서 살펴본 바 있지만 여기에서는 특히 국제기구와 대비하여 가지게 되는 장단점에 초점을 맞추어 검토해 보고자 한다. NGO는 전통적인 장점인 융통성·헌신(dedication)·단일 이슈에 대한 집중·지역 공동체와의 긴밀한 유대·행동의 자율성(independence of action)을 기반으로 정부나 국제기구의 정책을 지지하거나 반대하는 여론을 동원할 수 있고 정부나 국제기구의 책임성을 제고하기 위해 정보를 만들어 낼 수 있으며 국제규범을 창출하고 강화시킬 수 있다. 이와 더불어 NGO는 교육을 통해 세계시민의 힘을 강화시킬 수 있고 위험하거나 논쟁적인 활동에 참여할 수 있으며 정부나 국제기구가 제공하기를 주저하거나 제공할 능력이 없는 서비스를 제공할 수 있다.

예외가 없는 것은 아니지만 NGO는 일반적으로 다음과 같은 단점 역시 지니고 있다. NGO는 통상적으로 작은 규모를 지니며 종종 다른 NGO들과 중첩된 활동을 수행하기 쉽고 재정적으로 취약하기 때문에 종종 자국이나 외국의 기금 제공자에 의존하거나 기금 조성을 목적으로 한 프로그램이나 프로젝트에 의존하지 않을 수 없다. 보다 심각한 단점은 NGO의 경우 일반적으로 정부의 동의가 존재해야 활동이 가능하다는 점이다. 따라서 만약 NGO가 관여하는 프로그램이나 프

로젝트가 정권의 정통성이나 통제력에 위해가 된다고 인식될 경우 정부는 NGO
(국내 NGO와 국제 NGO)를 불신하거나 활동을 하지 못하도록 할 수 있다.

2) 국제기구의 장단점

국제기구는 NGO와 비교하여 재정적 기반이 좀 더 튼튼하고 좀 더 큰 규모의
프로그램이나 프로젝트를 집행할 수 있는 기술적인 전문성과 경영관리의 전문성
을 보유하고 있다. 국제기구가 NGO와 대비하여 지니는 보다 중요한 장점이란 국
제기구는 이들이 지니고 있는 국제적인 지위와 다른 국제적인 행위자들과의 긴밀
한 유대로 인해 국가 정부에 의해 쉽게 배척될 수 없다는 점이다. 총체적으로 국
제기구는 NGO에 비해 중요한 전 지구적인 이슈에 국제적인 관심을 집중시키고
해결하는 데 있어서 좀 더 준비가 잘 되어 있다고 볼 수 있다.[1]

그러나 국제기구는 정당성(legitimacy)의 결여를 단점으로 한다. 이러한 정당성
의 결여는 민주성의 결여·책임성의 결여·투명성의 결여 등으로부터 유래된다고
볼 수 있다.

우선 국제기구는 민주성(내부의 민주적 과정과 대표성)을 결여하고 있다. 유엔의
안보리에서 회원국에 의해 선출되지 않은 상임이사국 5개국만이 거부권과 같은
특별한 권리를 행사하며 국제통화기금(IMF)·세계은행(World Bank)·세계무역기
구(WTO)와 같은 국제경제기구들은 소수의 선진국에 의해 지배되고 있어 내부의
민주적 과정이 취약하다.

또한 국제기구에서는 국제사회를 구성하고 있는 광범위한 일반 대중들에 의해
선출된 대표자들의 참여가 배제된 가운데 정부대표들에 의해 의사결정이 이루어
진다는 의미에서의 대표성의 결여되어 있을 뿐 아니라 유엔 회원국의 대부분이
개도국인데 반해 상임이사국 5개국의 분포를 보면 중국을 제외하고는 모두 선진
국에 속한다는 의미의 대표성도 결하고 있다.

이러한 민주성의 결여와 더불어 국제기구들은 일반 대중들의 의사에 따라 권
력을 행사하지 않을 경우 이러한 권력의 남용을 막을 수 있는 효과적인 기제를
제대로 가지고 있지 않다는 의미에서 책임성을 결하고 있으며 자원의 사용과 의
사결정 및 거버넌스에 있어서 투명성이 결여되어 있다는 단점을 가지고 있다.

---

1) Thomas G. Weiss and Leon Gordenker, eds., *NGOs, the UN, and Global Governance*
   (Boulder and London: Lynne Rienner Publishers, 1996).

2. 관계의 일반적 특성

국제기구와 NGO가 갖는 관계를 협력적인 관계와 경합적인 관계로 구분하여 살펴보면 다음과 같다.

1) 협력적인 관계

이곳에서는 NGO와 국제기구가 협력적인 관계를 통해 가지게 되는 상호이익이 무엇인가와 더불어 이러한 협력적 관계의 유형과 한계를 살펴보고자 한다.

(1) 협력적인 관계의 상호이익

각기 다른 장단점을 보유한 NGO와 국제기구의 협력은 구체적으로 다음과 같은 상호이익을 가져온다. 우선 국제기구의 관점에서 NGO의 정책결정에의 참여는 개개 국가 내에 있어서의 합의의 도출을 용이하게 할뿐 아니라 국제기구에 있어서의 합의도출도 용이하게 하고 NGO가 국제기구를 통해 도출된 합의의 국내적인 이행을 감시함으로써 합의의 준수를 보다 용이하게 확보할 수 있다.

국제기구가 의사결정에 NGO의 대표를 참여시켜 민간인의 의사를 직접 반영하게 함으로써 이로부터 이루어진 결정이 정당성을 갖게 되며 NGO들은 국제기구에의 참여를 통해 초국가적인 상호연대를 보다 강화함으로써 국가 간의 이해대립으로 인한 국제관계의 불안정성을 완화시킬 수 있다.

NGO의 입장에서 볼 때 국제기구의 정책결정에 참여하여 공식적인 발언을 통해 영향력을 제고시킴으로써 추구하는 목표를 보다 수월하게 달성할 수 있고 국제기구로부터의 국제적인 공인을 통해 일국의 정부에 의한 탄압을 억제할 수 있다. 이로써 NGO는 보다 공개적이고 책임 있는 활동을 전개할 수 있다.[2]

(2) 협력적인 관계의 유형

NGO는 국제기구와 다양한 유형의 관계를 가져오고 있다. 우선 난민지원 사업에서 보듯이 국제기구인 유엔난민최고대표사무소(UNHCR)는 다수의 NGO들과

---

2) 박흥순, "환경, 국제기구 및 국내정치: 새로운 패러다임을 향하여," 한국정치학회 편, 『지속적 성장과 환경보호 정책(한국정치학회 환경관련 특별회의 발표논문 모음집)』(1995년 8월), 119.

협력을 통해 난민들의 인도주의적 필요를 충족시키기 위해 노력해오고 있다.

NGO들은 종종 다양한 대의(cause)를 공표하거나 새로운 국제규범을 창출하는 데 있어 국제기구를 수단으로서 활용하기도 한다. 예컨대 국제 앰네스티(Amnesty International, AI)와 같은 NGO는 각종 국제기구로의 접근을 활용하여 이들로부터 국가 당국에 의한 인권훼손에 주의를 끌어 들여 고문방지협약(Convention against Torture and Other Cruel, Inhuman or Degrading Treatment or Punishment)을 준비하고 궁극적으로 이를 채택하는 데에 공헌한 바 있다.[3]

NGO는 국제기구에 의해 채택된 다양한 국제협약에 대한 국가들의 준수 여부에 대해 정기적인 감시를 하기도 한다. 예컨대 칼루스트 굴벤키안 재단(Calouste Gulbenkian Foundation)이라는 NGO는 아동권리협약(Convention on the Rights of the Child)이 채택된 후에 당 조약이 규정하고 있는 회원국의 의무 이행 여부를 감시하기 위해 제도적 장치로서 독립적인 아동권리발전을 담당하는 부서(Children's Rights Development Unit, CRDU)를 만들기도 했다.[4]

NGO는 국제기구의 재정적인 지원과 더불어 국제기구를 대신하여 이들의 프로젝트 집행 기구(executing organization)로서의 역할을 수행하기도 한다. 이러한 관계를 전형적으로 볼 수 있는 경우가 세계은행(World Bank)과 NGO의 관계이다. 국제기구는 때로는 프로젝트 집행에 필요한 재정을 NGO와 공동으로 부담하는 공동자금조달(cofinancing) 방식을 통해 확보하여 프로젝트를 지원하기도 한다. 예컨대 일정한 조건하에 유럽연합(EU)은 NGO가 지역 협력 파트너(local partners)와 공동으로 떠맡은 개도국의 개발 프로젝트를 공동자금조달 방식으로 지원한다.

이와는 거꾸로 NGO가 국제기구에 재정적인 기여를 하는 경우도 있는데 이러한 관계는 예컨대 NGO와 세계보건기구(WHO)의 관계에서 찾아볼 수 있다. 통상적으로 대부분의 NGO는 그들의 운용활동(operational activities)과 관련하여 정부나 국제기구로부터 기금을 제공받아 프로젝트를 대리 집행하곤 하는데 국제로타리클럽(Rotary International)과 같은 NGO는 WHO의 소아마비 퇴치 프로그램

---

3) 고문방지협약의 정식 명칭은 「고문 및 기타 잔혹하고 비인간적이며 모욕적인 대우 또는 처벌 금지협약(Convention against Torture and Other Cruel, Inhuman or Degrading Treatment or Punishment)」이다.

4) Michael Longford, "NGOs and the Rights of the Child," in Peter Willetts, ed., *The Conscience of the World: The Influence of Non-Governmental Organisations in the UN System* (Washington, D.C.: Brookings Institution, 1996), 214-240.

(Program of Eradication of Poliomyelitis)에 기금을 조성하여 제공한 바 있다.5)

또 다른 관계로서 NGO는 유엔을 위시한 국제기구의 홍보기능을 수행하기도 한다. 이러한 관계는 NGO와 유엔 공보국(Department of Public Information, DPI)의 관계에서 전형적으로 발견된다.

국제기구는 자신들이 관심을 두고 있으나 자신들의 지니고 있는 정보가 부적절하거나 전문성이 부족할 경우 NGO로부터의 전문적인 지식이나 조언을 제공받는데 이를 통해 NGO는 국제기구와 또 다른 형태의 관계를 갖기도 한다.

(3) 협력적인 관계의 한계

NGO의 능력에 대한 광범위한 인정에도 불구하고 그들의 활동에 NGO를 현재 이상으로 좀 더 깊이 관여시키고자 하는 국제기구는 별로 없다. 국제기구의 국가 중심적인 설립헌장(foundation charter) 등은 다음에서 보듯이 여전히 국제기구의 활동과 의사결정에의 NGO 참여를 제한하고 있다.

소수의 국제기구에 국한된 것이기는 하나 이익단체와 기업의 경우 표결권(voting right)을 비롯한 다양한 공식적인 권한을 갖고 국제기구 활동에 참여하고 있다. 그 대표적인 예로서 전문기구의 하나인 국제노동기구(ILO)를 들 수 있는데 ILO는 고용주 단체와 노동자 단체로 하여금 정부대표와 함께 참여하여 협의 이상의 표결권까지 행사하는 것을 허용한다.

또 다른 전문기구인 국제전기통신연합(ITU)의 경우는 전기통신업의 기업들을 협의지위 이상을 부여하여 참여시키고 있다. ITU는 정부 행위자들과 더불어 통신망 운영자·서비스 제공자·장비 제조자·과학 조직과 기술 조직·재정금융기구·개발조직 행위자들 사이의 협력을 육성함으로써 전기통신망의 발전과 전기통신 서비스에의 접근을 촉진하는 역할을 수행한다.

이러한 역할을 수행하기 위해 ITU는 회원국(member state) 이외에 ITU의 무선통신 부문·표준화 부문·개발 부문 가운데 하나 혹은 그 이상의 부문에 참여하는 부문회원(sector member)과 ITU의 부문 내에 특정 연구 그룹(study group)에 참여하는 준회원(associate member) 그리고 대학이나 연구소와 같은 학술회원

5) Yves Beigbeder, "Another Role for an NGO: Financing a WHO Programme: Rotary International and the Eradication of Poliomyelitis," *Transnational Associations*, Vol. 49, No. 1 (1977).

(academia member)이라는 4종류의 회원을 두고 이들에게 각기 다른 의무와 권리를 부여하고 있다.

이들 4종류의 회원 가운데 전기통신 업체들과 전기통신과 관련이 있는 국제기구로 구성된 부문회원과 준회원의 경우 총회와 이사회에서 법적 강제력을 가지는 실질적인 문제(substantive matters)에 대한 표결권을 가지는 국가회원(회원국)의 지위에는 미치지 못하지만 법적 강제력이 없는 권고의 채택을 비롯하여 작업방식이나 관련 부문의 절차 문제(procedural matters)와 관련된 의사결정에 참여한다.

NGO를 광범위하게 정의하여 영리를 추구하지 않는 과학·기술 조직을 포함할 경우 ITU에는 적지 않은 NGO들이 참여한다고 볼 수 있다. 그러나 공익을 위해 시민들이 자발적으로 조직한 조직이라는 통상적인 NGO의 정의의 요서를 따른다면 이들은 NGO에서 배제되고 따라서 ITU는 무선통신 기업들과는 달리 어떠한 형태로든 NGO의 공식적인 참여를 위한 지위를 부여하고 있지 않다. 현재 ITU는 다른 국제기구들이 NGO과 어떠한 관계를 가지고 있는가에 대해 연구를 수행하고 있는 것도 이 때문이라고 볼 수 있다.

통상적으로 국제기구는 NGO에게 기껏해야 협의지위(consultative status)를 부여한다. 표결권까지 부여하지는 않았지만 NGO로 하여금 중요한 의사결정을 하는 기관의 공식적인 구성원으로서 의사결정에 참여할 수 있는 협의 이상의 지위를 부여받은 유엔에이즈계획(UNAIDS)도 있기는 하지만 이는 극히 제한적인 경우이다. 즉 NGO가 국제기구와 관계를 맺고 있다고 하는 경우 NGO는 협의자(consultants)로서의 지위만 주어지는 게 일반적이다. 이러한 협의지위에도 여러 등급이 있으나 가장 높은 수준의 것이라야 의제를 제안할 수 있는 권한이고 회의에 참여하여 구두진술을 하거나 서면진술을 하는 것이 일반적으로 주어지는 권한이다.

이처럼 가장 높은 수준의 협의지위뿐 아니라 UNAIDS에 의해 부여되는 협의지위 이상의 지위 역시 표결권이 부여되지 않기 때문에 NGO들이 국제기구 내에서 영향력을 행사하는 데 한계를 지니고 있다.[6] 따라서 국제기구에서 이들 NGO

---

6) 유엔의 특별총회(General Assembly Special Session, GASS)나 전 지구적 회의(global conference)에서 정부대표들은 표결 없이 합의(consensus)에 의해 회의의 결과문건을 채택하곤 한다. 또한 유엔 정기총회의 위원회(committee)의 경우 위원회마다 편차가 있는 것은 사실이나 총회 위원회의 전체 의제항목들(agenda items) 가운데 약 75%가 합의에 의해 채택되고 있다. 따라서 NGO들이 표결권이 없다는 것이 반드시 의사결정에 영향을 미칠 수 없다는 것을 의미하는 것은 아니다.

의 이해관계와 밀접한 관련이 있는 이슈에 관한 의사결정이 이루어지는 경우 NGO는 국제기구에서보다 국가 내에서의 관련된 결정에 영향을 미치는 데 더 많은 노력을 경주하는 성향을 보이기도 한다.7)

국제기구의 의사결정에의 참여 제한으로 인해 NGO들은 정부와 국제기구의 관리에게로의 로비·병행포럼의 개최·정부대표단에의 참여·대중매체의 힘의 이용 등을 통해 정부 간 의사결정에 간접적으로 영향을 미치고자 노력하고 있다.

2) 경합적인 관계

다른 한편 국제기구와 NGO는 이들 간에 있어서의 제한된 자원을 둘러싼 경합·상이한 지지기반에 대한 책임성·상이한 문화와 운영 스타일 등으로 인해 이들 간의 협력이 제한되고 있는 것 역시 사실이다.8)

앞서 NGO의 기능 편에서 이미 살펴본 바 있는 다국간투자협정(MAI)의 경우는 국제기구가 추구하고자 한 협정이 웹과 인터넷을 동원한 NGO의 노력에 의해 무산된 경우이고 대인지뢰금지협약의 경우는 NGO가 주축이 되어 국가들로 하여금 협정을 체결하도록 유도한 경우로서 상호 구별이 된다. 그러나 이러한 차이에도 불구하고 두 경우는 국제기구로 하여금 NGO가 글로벌 거버넌스에 있어서 협조적이지만은 않으며 적대적이거나 경합적인 행위자가 될 수 있다는 인식을 가져다주었다.

즉 이제까지 많은 국제조약이 체결되는 과정에 있어서 국제기구가 주축이 되고 조약의 체결에 있어 장애가 되는 국가가 있을 경우 이들 국가에 압력을 행사하여 원만한 조약의 체결을 도와주는 보조적인 행위자가 NGO이었다. 이러한 사실에 익숙해져 온 국제기구는 다국간투자협정의 무산을 통해 NGO에 의해 국제기구가 체결하고자 하는 조약이 무산될 수도 있다는 인식을 하게 되었다. 또한 대인지뢰금지협약의 체결을 통해 NGO가 조약의 체결에 주도적인 역할을 하고 유엔이나 유엔의 보조기관인 유엔아동기금(UNICEF)과 같은 국제기구가 오히려 부차적인 역할을 할 수 있다는 인식을 하게 되었다.9)

---

7) Harold K. Jacobson, *Networks of Interdependence: International Organizations and the Global Political System*, 2nd ed. (New York: Alfred A. Knopf, 1984), 116-117.

8) Thomas G. Weiss and Leon Gordenker, eds., *NGOs, the UN, and Global Governance* (Boulder and London: Lynne Rienner Publishers, 1996).

이러한 사실들은 웹과 인터넷의 발전이 NGO의 능력을 향상시킴으로써 개개 국가 정부뿐만 아니라 이들의 대표로 구성된 국제기구가 국제사회에서 누려온 행위자로서의 중요성을 상대적으로 약화시키는 데 적지 않은 영향을 미치고 있음을 보여준다. 나아가 이러한 사실은 국제사회 전체의 공익보다는 편협한 국가이익의 관점에서 행동하는 국가 정부들로 구성된 국제기구에서의 국제 거버넌스(international governance)는 국제문제를 국제사회의 관점에서 다루는 데 본질적인 한계를 가지고 있음으로써 국제기구와 더불어 NGO의 역할까지도 중요시되는 글로벌 거버넌스(global governance)가 필요하다는 것을 보여준다.

---

9) 유엔아동기금(UNICEF)은 대인지뢰금지운동의 초창기부터 참여하여 NGO들을 지원했다.

제 14 장
NGO와 유엔의 관계

여기에서는 유엔과 NGO가 어떤 관계를 설정하고 변화시켜 왔는가를 역사적인 관점에서 살펴보고 현재 NGO와 유엔의 주요기관들과 보조기관들의 관계를 살펴본 다음 이들의 관계가 앞으로 어떤 방식으로 전개되어 갈 것인가를 전망해 보고자 한다.

1. 유엔과 NGO와의 관계의 정립과 변화

유엔 경제사회이사회(ECOSOC)는 유엔헌장 제71조의 원론적인 규정을 구체화하기 위해 1950년에 결의문을 통과시켰고 1968년과 1996년에는 이 결의문을 보완하는 또 다른 결의문들을 통과시켜 이들에 기초하여 이제까지 NGO와 실제적인 관계를 맺어 왔다. 이러한 큰 흐름 속에서 유엔과 NGO의 관계가 구체적으로 어떻게 변화하여 왔는가를 살펴보고자 한다.

1) 초기의 관계설정

유엔 창설 당시 미국의 NGO 활동가들은 1945년 4월부터 6월 사이에 샌프란시스코에서 유엔헌장을 작성하기 위한 연합국 전체 회의에 미국 대표단의 일원으로 참가하여 NGO에게 유엔에 있어서 회원국 정부와 대등한 지위의 부여를 요구했다.

그러나 이러한 지위가 인정될 경우 소련의 관제 NGO(GONGO) 역시 동등한 지위를 향유할 수 있다는 우려와 경계 등으로 인해 원래의 입장으로부터 후퇴하여 유엔헌장 제71조에 유엔이 NGO와 관계를 설정할 수 있는 근거규정을 두는 선에서 타협이 이루어졌다.

유엔헌장 제71조는 「경제사회이사회는 그 권한 내에 있는 사항과 관련이 있는

NGO와의 협의(consultation)를 위해 적절한 약정을 체결할 수 있다. 그러한 약정은 국제기구와 체결할 수도 있으며 적절한 경우에는 관련 유엔 회원국과의 협의 후에 국내 기구와도 체결할 수 있다」고 규정함으로써 NGO의 존재와 기능을 인정하고 ECOSOC으로 하여금 특별협정의 체결을 통해 일정한 자격요건을 갖춘 NGO에게 협의지위(consultative status)를 부여할 수 있는 권한을 부여하고 있다.[1]

여기에서 「협의지위」라는 말은 부차적인 역할(secondary role)을 하는 지위를 지칭하기 위해 ECOSOC에 의해 의도적으로 사용된 용어로서 조언(advice)의 제공자로서의 NGO를 의미하며 의사결정 과정의 일부로서의 NGO를 의미하는 것이 아니다.[2]

유엔헌장 제71조와 관련하여 주목할 부분 중의 하나는 후반 부분으로서 ECOSOC이 국제 NGO(INGO)뿐만 아니라 국내 NGO(NNGO)에게도 특별한 경우 협의지위를 부여할 수 있도록 한 점이다. 당시 미국의 노조는 미국노동총동맹(American Federation of Labor, AFL)과 산업별회의(Congress of the Industrial Organization, CIO)로 양분되어 경쟁하에 있었는데 CIO가 곧 발족하게 될 세계노동조합연맹(World Federation of Trade Union, WFTU)의 회원으로서 국제 NGO로 인정될 수 있었는데 반해 AFL은 그렇지 못했기 때문에 AFL의 반발과 나아가 또 다른 국내 NGO들의 반발을 피하기 위해 국내 NGO도 유엔 회원국과의 협의를 통해 협의지위를 얻도록 길을 터놓았던 것이다. 그러나 실제에 있어서 1996년 ECOSOC의 결의문 E/RES/1996/31에 의해 NGO의 정의를 국내 NGO와 지역 NGO로 확장하기 전까지 이러한 규정에 근거하여 협의지위를 얻은 국내 NGO는 몇 개의 예외적인 것에 불과했다.[3]

NGO가 헌장 제71조를 통해서나마 유엔과 특별한 관계를 가지고자 했던 이유는 ECOSOC과 그 보조기관에게 NGO가 활동하고 있는 전문 분야에 있어서의 세론을 전달하여 정책에 반영할 필요를 느꼈기 때문이다. 다른 한편 유엔은 NGO가

---

1) 유엔헌장 제71조의 영어 원문은 다음과 같다: The Economic and Social Council may make suitable arrangements for consultation with non-governmental organizations which are concerned with matters within its competence. Such arrangements may be made with international organizations, and where appropriate, with national organizations after consultation with Member of the United Nations concerned.

2) Peter Willetts, "From 'Consultative Arrangements' to 'Partnership': The Changing Status of NGOs in Diplomacy at the UN," *Global Governance*, Vol. 6, No. 2 (2000), 191.

3) ibid, 192.

가지고 있는 전문적인 지식과 능력에 기초한 정보와 조언이 긴요했기 때문에 NGO와 관계를 설정할 필요가 있었던 것이다.

ECOSOC은 1946년에 보조기관으로서 NGO위원회(Committee on Non-Governmental Organizations)를 설립하여 유엔헌장 제71조에 근거한 NGO와의 협정체결을 위해 필요한 규칙들을 마련하도록 하고 이에 기반을 두고 NGO들에게 협의지위를 부여하도록 했다.

구체적으로 1946년에 처음 개최된 유엔총회는 ECOSOC에게 유엔헌장 제71조를 이행할 것을 요청했으며 이러한 요청을 받은 ECOSOC은 같은 해에 결의문 $\frac{2}{3}$ 를 채택했다. 이 결의안은 NGO와 ECOSOC의 관계를 지배하는 원칙과 협의지위를 부여하는 기준 그리고 3가지 다른 협의지위를 갖는 NGO의 권리와 의무를 포함하는 협의를 위한 임시적 제도적 장치(temporary arrangement)를 제시했다.

이때 NGO의 협의지위는 Category A · Category B · Category C로 분류되었다. Category A 협의지위는 ECOSOC의 활동 대부분에 기본적인 관심을 가지고 있는 NGO에게 부여하고 Category B 협의지위는 몇몇 ECOSOC 활동분야에 특별한 역량(competence)을 지니고 있는 NGO에게 부여하도록 규정했다. Category C의 경우는 여론의 개발과 정보의 확산에 주된 관심을 가지고 있는 NGO에게 부여하도록 규정했다.

이들 협의지위를 부여받은 NGO들의 권리와 관련해서는 기본적으로 유엔에 옵서버(observer) 지위를 가진 정부와 전문기구의 권리보다는 약한 권리를 부여해야 한다는 것이었다. 이러한 대원칙하에 세 부류의 NGO들 모두 ECOSOC 회의에 참가할 수 있도록 했다.

서면진술서(written statement)의 배포와 관련해서는 Category A NGO의 경우는 분량에 대한 제한이 없이 서면진술서 전체를 배포할 수 있도록 했고 나머지 부류의 NGO들은 서면진술서의 제목을 리스트에 올려놓을 수 있되 ECOSOC의 요청이 있는 경우에 한해 분량에 제한 없이 서면진술서 전체를 배포할 수 있도록 했다. 구두진술(즉 발언)과 관련해서는 제한을 많이 두었다. 구체적으로 Category A NGO의 경우만 NGO위원회의 권고가 있을 경우 ECOSOC과 ECOSOC의 보조기관에서 발언을 할 수 있도록 했다. 다른 부류의 NGO들은 ECOSOC과 그 보조기관에서 직접 발언하는 것이 허용되지 않고 NGO위원회를 통해 간접적으로 발언을 할 수 있도록 했다. 즉 NGO위원회가 NGO의 발언의 내용을 ECOSOC에 보고하도록 했다.4) NGO의 의제 제안권에 대해서는 많은 논란이 있었으나 1947년에 ECOSOC의 결의문 95(V)III의 채택을 통해 Category A NGO에게만 부여했다.

2) 1950년 결의문을 통한 관계의 공식화

1949년에 NGO위원회는 협의제도의 개선점에 대해 검토할 것을 요청받았으며 이에 대응하여 ECOSOC은 1950년에 그 때까지 협의지위 부여와 관계되는 제반 관행들을 공식적으로 규정하고 일부를 개정하는 결의문 E/RES/288B(X)를 통과시켜 헌장 제71조의 협의약정(consultative arrangements)의 주요한 측면을 공식적으로 구체화했다.

이 결의문을 통해 협의지위가 Category A · Category B · Register로 변경되었다.5) 이전의 Category C 협의지위가 폐지되고 Register 협의지위로 대체된 이유는 압력단체로서의 활발한 역할을 채택한 NGO를 둘러싼 정치적인 논쟁이 격화되었기 때문이다. 이러한 변화는 명칭의 변화에 그친 것이 아니라 이 부류의 협의지위를 부여받을 수 있는 대상 자체의 변화도 수반했다. 즉 과거와는 달리 아주 전문적이고 그때그때마다 협의가 가능한 NGO에게 부여되도록 바뀌었다.6)

또한 NGO가 제출할 수 있는 서면진술서의 분량에 대한 제한이 가해졌다. Category A의 경우 ECOSOC 회의와 ECOSOC의 보조기관인 위원회(Commission or Committee)에 구별 없이 2,000 단어로 제한이 되었고 Category B NGO의 경우는 ECOSOC 회의의 경우 500 단어 그리고 보조기관에서는 2,000 단어로 제한이 되었다.

---

4) Peter Willetts, "From 'Consultative Arrangements' to 'Partnership': The Changing Status of NGOs in Diplomacy at the UN," *Global Governance*, Vol. 6, No. 2 (2000), 192.

5) 1946년부터 지금까지 ECOSOC이 NGO에게 부여해 온 협의지위는 일관되게 세 수준의 것으로 분류되어 왔으나 그 이름은 약간 달랐다. 구체적으로 1946년부터 1950년까지는 Category A · Category B · Category C로 구분하였으나 1950년부터 1968년까지는 Category A · Category B · Register로 분류하였다. 이어서 1968년부터 1996년까지는 Category I · Category II · Roster로 구분하다가 1996년부터 지금까지는 일반 협의지위(General Consultative Status) · 특별 협의지위(Special Consultative Status) · 명부상 협의지위(Roster Consultative Status)로 구분하고 있다.

6) Peter Willetts, "Consultative Status for NGOs at the UN," http://www.staff.city.ac.uk/p.willetts/NGOS/CONSSTAT.HTM (접속일: 2017년 11월 28일)

3) 1968년 결의문의 채택

1950년대 중반 이후 신생 독립 국가들이 대거 유엔에 가입하여 회원국의 수가 늘면서 유엔이 서구의 일방적인 지배로부터 벗어나기 시작하면서 유엔에도 많은 변화가 찾아왔다. 우선 개도국들에 의해 안보리 비상임이사국의 수와 ECOSOC의 이사국의 수를 늘리기 위한 헌장 개정의 필요성이 제기되었으며 더불어 NGO의 협의지위에 관한 새로운 검토의 필요성 역시 제기되었다.

구체적으로 NGO의 협의지위와 관련하여 협의지위 부여의 기준과 세 부류의 NGO 협의지위를 구분하는 정확한 요건 그리고 유엔 활동에의 NGO 참가의 권리가 중요한 관심의 대상이었다. NGO위원회에서 이들에 대한 격렬한 토론 끝에 합의가 이루어져 ECOSOC으로 하여금 협의절차를 규정하는 새로운 결의문을 채택할 것을 권고했고 이에 따라 ECOSOC은 1968년에 1950년에 채택된 결의문의 내용을 약간 수정한 결의문 E/RES/1968/1296(XLIV)을 채택했다.

결의문이 채택되기까지 격렬한 논쟁이 있었으나 근본적인 변화는 이루어지지 않았다. 변화가 있었다면 협의지위가 Category Ⅰ·Category Ⅱ·Roster로 변경되었다. 어떤 NGO에게 이러한 3부류의 협의지위가 부여될 수 있는가에 대한 내용은 바뀌지 않은 채 가능한 주제 영역(subject area)의 리스트에 과학적·기술적 문제가 첨가되었다. 그리고 NGO들의 ECOSOC과 보조기관에의 참여에 관한 권리가 약간 바뀌었다.

NGO들이 협의지위의 종류에 따라 어떤 권리를 행사할 수 있는가에 대한 구체적인 설명은 ECOSOC과 NGO가 현재 유지하고 있는 관계 부분에서 상세히 설명하고자 한다. 이는 1968년에 채택된 결의문의 관련 내용이 현재도 바뀌지 않고 그대로 적용되고 있기 때문이다.

4) 1996년의 결의문을 통한 관계의 개정

앞서 NGO의 기원과 발전 편에서 이미 살펴보았듯이 1960년대에 아시아와 아프리카의 많은 국가들이 식민 상태로부터 독립하면서 국제사회의 도움을 절실히 필요로 하게 되었고 서구사회의 사회·경제적 발전과 더불어 새로운 국제문제들이 서서히 등장하면서 여러 영역에서 NGO의 활동이 활발해졌다. 1970년대 들어서면서 NGO 특히 국제 NGO가 양적·질적으로 비약적으로 발전하게 되었고

1972년 스웨덴의 스톡홀름에서 개최된 유엔인간환경회의(UNCHE)가 이를 상징적으로 보여주었다.

이때 유엔 ECOSOC과 공식적인 관계를 맺고 있지 않던 NGO들의 대거 참여가 유도되면서 유엔체제(UN system)와 NGO들의 상호작용이 현저하게 강화되기 시작했다. 또 한 가지 주목할 것은 이를 계기로 대규모 정부간회의(global conference)에 NGO들의 대규모 병행포럼(parallel forum)이 동반되는 전통을 수립하게 되었으며 이를 「UNCHE 패턴」 혹은 「스톡홀름 패턴」이라고 부르기에 이르렀다.

1980년대에 국제 NGO의 수가 증가하고 그들이 다루는 프로그램의 영역도 더욱 더 확장되었다. 냉전의 붕괴와 더불어 유엔은 1990년대에 들어서 다양한 이슈들을 둘러싸고 유엔 특별총회나 전 지구적 회의(global conference)와 같은 대규모 국제회의를 본격적으로 개최하면서 국제기구의 의사결정에 많은 수의 NGO의 참여를 유인했다.

1970년대에 UNCHE처럼 1990년대에 있어서 NGO와 유엔간의 관계에 큰 획을 긋는 정부간회의가 다름 아닌 1992년에 브라질의 리우 데 자네이루에서 개최된 유엔환경개발회의(UNCED)였다. 이 회의에 사상 최대 규모로 많은 NGO들이 회의의 준비과정뿐만 아니라 정회의(main conference)에 참가하여 새로운 아이디어와 함께 논의할 의제를 제시하고 개도국과 선진국 간의 차이를 극복하기 위한 가교 노릇 등을 통해 정부대표들 간의 협상을 밀어붙였다.

UNCED는 NGO들로 하여금 이처럼 회의 과정에서 실질적으로 중요한 역할을 하도록 했을 뿐 아니라 회의의 결과물인 「의제 21(Agenda 21)」의 목표를 실행하는 데에 NGO들의 참여와 역할을 강조함으로써 이를 계기로 정부간회의 등에 있어서 결정사항의 집행과정에 NGO의 역할이 중요시되기 시작했다는 점에서도 주목을 받는다.[7]

UNCED에서 NGO의 참여와 역할이 강조되었다는 것은 이 회의에서 채택된 의제 21(Agenda 21)이 「주요 그룹의 역할 강화(Strengthening the Role of Major Groups)」라는 별도의 항목(section)을 두고 있다는 것에서도 알 수 있다.[8] 구체적으로 의제 21은 국제적인 재정문제와 개발문제를 다루는 기구들을 포함한 유엔체제로 하여금 NGO들이 정책설계·의사결정·집행·평가에 공헌하는 현재의 절차

---

7) 이러한 현상을 일컬어 「UNCED Model」이라고 부른다.

8) 여기서 「주요 그룹」이란 NGO를 포함한 사회 집단(social group)을 의미한다.

와 기제(mechanism)를 향상시키기 위한 방식을 검토할 것을 권하고 있으며 총회로 하여금 UNCED의 후속회의에의 NGO 관여를 증진시키기 위한 방식을 고안해 낼 것을 규정했다.

이러한 규정에 근거하여 UNCED의 권고에 따라 의제 21의 이행상황을 평가하고 감시하기 위해 다음 해인 1993년에 유엔 ECOSOC의 보조기관으로서 설립된 지속개발위원회(Commission on Sustainable Development, CSD)는 ECOSOC과 협의지위를 가지고 있는 NGO뿐만 아니라 UNCED 정회의(main conference)나 준비회의(preparatory conference)에의 참가가 허용되었던 NGO들에게까지 참가를 인정했다.9)

나아가 UNCED에 참가하지 않았으나 CSD의 설립목적에 부합된다고 판단되는 활동을 하는 NGO에게 참가신청을 허용함으로써 참가허용 범위가 거의 제한 없이 대폭적으로 확대되었다. 더 나아가 이렇게 하여 CSD에 참가자격이 부여된 NGO들에게 ECOSOC의 명부(roster)상의 지위까지 부여함으로써 CSD뿐만 아니라 ECOSOC 그리고 ECOSOC의 보조기관으로까지 그 활동 영역이 확대되었다.

NGO들이 실제에 있어 유엔 ECOSOC과의 협의지위를 가지지 않은 상태에서도 다양한 공인절차(accreditation procedures)를 통해 유엔이 지원하는 정부간회의 등에서 정부 간 의사결정과 이러한 결정의 집행과정에 영향력을 행사하게 되자 ECOSOC으로부터 협의지위를 가지고 있느냐 그렇지 못하냐의 구분은 그다지 큰 의미를 가지지 못하게 되었다.

더욱이 1992년 유엔환경개발회의(UNCED)의 개최를 기점으로 UNCED의 의제에 있는 이슈들에 대한 관심의 표명만으로 다른 별다른 조건을 충족시키지 않은 수백 개의 NGO들이 회의 참가가 공인되어 회의의 준비과정과 정회의에의 참여가 가능해지자(즉 과거 정부간회의에는 의제와 관련이 있는 활동을 하는 NGO 즉 「relevant NGO」의 참여만이 인정되었으나 의제와는 다른 활동을 하고 있는 NGO라도 의제에 관심을 두고 있는 NGO 즉 「interested NGO」의 경우도 참여가 가능해지자) 기존 ECOSOC과의 협의지위를 가지고 있는 NGO들과 협의지위를 가지고 있지 않은 채 회의에의 참여가 공인된 NGO간에 긴장이 조성되기도 했다.

---

9) 지속개발위원회(CSD)의 목적은 유엔환경개발회의에 의해 채택된 의제 21이라는 행동계획(action plan)에 대한 개개 국가 및 유엔기구의 실시상황을 감시하고 ECOSOC과 총회에 보고 및 권고를 하며 NGO와 협의를 하는 것이다. 활동의 조정을 위한 강제력을 가지고 있지는 않다.

1992년 UNCED에 의해 공인되었던 NGO들에게 1993년에 설립된 유엔의 지속개발위원회(CSD)에서의 특별한 지위가 자동으로 인정되고 이러한 지위가 나아가 ECOSOC의 명부지위(roster status)를 확보해 줌과 더불어 NGO들에게 후속적으로 개최되는 유엔의 회의에 참여할 수 있는 권한을 가져다준 결과 이러한 NGO들 가운데 일부는 몇 명의 개인만으로 구성된 NGO도 있었으며 많은 NGO들이 결코 국제적인 성격을 지니지 못했다.

UNCED와 관련하여 보다 중요한 사실은 UNCED가 계기가 되어 NGO와 유엔의 기존 관계에 대한 검토가 본격화되었다는 점이다. 우선 NGO들은 자신들의 UNCED에 대한 기여에 고무되어 환경 NGO를 유엔 활동에 통합할 수 있는 수단을 마련하기를 원했다. 또한 UNCED 이후에 NGO들 사이에서 ECOSOC의 절차가 관료주의적이고 협의지위의 부여라는 것이 NGO들을 제 편으로 만들기 위한 것이며 기존의 NGO들이 풀뿌리 대중여론을 제대로 대표하지 못한다는 인식 역시 팽배해졌다.10) 또한 유엔의 개혁문제와 더불어 유엔의 민주화가 진전되려면 유엔의 투명성(transparency)과 책임성(accountability)이 증대되어야 하며 이를 위해 NGO와 같은 시민그룹이 의사결정 과정에 좀 더 깊이 관여하고 감시를 해야만 한다는 인식도 강화되었다.

NGO들은 경제적 문제와 사회적 문제 이외에 군축·평화와 안보·재정·무역·국제법 등과 같은 문제에 있어서도 관심을 갖고 공헌을 해 왔다. 구체적으로 말해 NGO들은 유엔총회와 그 주요 위원회 및 보조기관뿐만 아니라 다른 유엔의 기구와 위원회 등에 참여하여 오랜 기간 동안 유용한 투입(input)을 제공해 왔다. 이러한 것은 유엔 안보리(Security Council, SC)의 경우도 예외가 아니어서 NGO로부터의 투입으로부터 많은 혜택을 받아 온 것이 사실이다. 물론 이러한 국제기구로의 투입은 ECOSOC과는 달리 비공식적인 방식으로 이루어졌다.

그러나 많은 협상이 유엔에서 벌어지고 있음에도 불구하고 이러한 협상에 NGO는 참관이나 참석이 허용되고 있지 않다. 특히 우려되는 것은 유엔의 개혁에 대해 활발한 논의가 유엔총회의 5개 실무작업반(working groups)에 의해 진행되고 있는데도 불구하고 NGO에게는 이러한 논의가 봉쇄되어 있었다.

NGO들의 입장에서 볼 때 이러한 실무작업반이 결정하고 있는 문제들 가운데

10) Peter Willetts, "From 'Consultative Arrangements' to 'Partnership': The Changing Status of NGOs in Diplomacy at the UN," *Global Governance*, Vol. 6, No. 2 (2000), 192, 194.

많은 것들이 NGO가 이미 특별총회나 전 지구적 회의에 참여하여 제시하고 채택된 바 있는 제안이나 행동계획과 관련된 것들이기 때문에 이러한 시민그룹의 참여 배제는 수용하기 힘든 것이었다. 또한 유엔의 개혁에 대해 가장 독창적이고 사려 깊은 제안의 상당 부분이 NGO로부터 나왔음에도 불구하고 이러한 논의로부터 NGO가 배제되는 것 역시 정당성을 찾기 힘든 것이었다.

이러한 맥락에서 NGO가 경제·사회문제를 다루는 ECOSOC하고만 공식적인 협의적 관계를 가지고 있을 뿐 유엔총회·총회의 각종 위원회·안보리 그리고 그밖의 다른 기구와 같은 중요한 의사결정 기구에 참여할 공식적인 제도가 수립되어 있지 않다는 것에 대한 불만이 강하게 노정되었다. 특히 NGO의 참여하에 ECOSOC과 그 보조기관에서 논의되는 의제들과 동일한 의제들이 유엔총회에서 논의되고 있음에도 불구하고 NGO들의 참여가 이들로부터는 배제된다는 사실에 많은 NGO들은 불만을 가지게 되었다.

NGO들의 이러한 불만은 구체적인 행동으로 표출되기도 했다. 유엔총회의 실무작업반이 안보리의 개혁에 대해서도 논의를 해 오고 있으나 이러한 논의에 NGO로부터의 의견이 전혀 반영되지 않고 밀실에서 개혁이 논의되고 있는 것에 대응하여 NGO들이 국제시민사회의 여론을 안보리의 개혁 논의에 반영하고자 하는 노력을 전개했다.

1994년 5월에 뉴욕과 제네바에 기반을 두고 있는 NGO들이 안보리 개혁에 관한 회의를 조직하고 몇 개의 NGO들은 안보리 개혁에 관한 논문을 발표하기도 했다. 1995년에는 일단의 NGO들이 뉴욕에 모여 「안보리NGO실무작업반(NGO Working Group on the Security Council, NGOWG/SC)」을 결성하여 몇 차례의 회의를 가졌으며 공식적·비공식적으로 외교관·유엔 직원·NGO 지도자들·언론 매체 등을 접촉했다.

이들은 안보리의 문제를 논의하기 위해 뉴욕 유엔본부에서의 NGO 회합의 정기적 개최·안보리와 안보리의 개혁과정에 좀 더 가까이 접근하기 위한 외교관과 정부에 대한 로비·안보리 관련 문서를 회람하고 안보리 개혁과정을 좀 더 공개적이고 투명하게 만들기 위한 의사교환과 정보시스템의 구축·브리핑의 개최와 일반 대중들을 교육시키기 위한 자료의 산출·안보리와 안보리 개혁에 있어서의 투명성과 전 세계적인 대중들에 대한 책임성의 강화를 그 중요한 활동목표로 했다.11)

이러한 NGO들의 인식 및 불만과 더불어 유엔환경개발회의(UNCED)를 비롯한 일련의 대규모 정부간회의 등에서 NGO가 전문지식을 가지고 대단히 중요한 역할을 수행하면서 유엔의 국제공무원과 회원국 사이에 NGO의 참여 없이는 국가 간 토의나 정책결정이라는 것이 정당성(legitimacy)을 갖기 힘들다는 인식 역시 팽배해졌다. 예컨대 유엔난민최고대표사무소(UNHCR)와 유엔개발계획(UNDP)의 경우 임무수행이 NGO의 협력 없이는 불가능하게 되었으며 유엔 사무국은 이들에게서 혁신적인 아이디어와 정보를 구하고 정부대표들 역시 이들로부터의 협력과 지지를 추구하는 것이 당연한 일이 되어 버렸다.

현실에 대한 이러한 인식의 변화와 불만에 대응하여 ECOSOC은 유엔환경개발회의(UNCED)를 계기로 NGO와의 관계를 규정하고 있는 기존의 틀인 1968년에 통과되어 NGO와 ECOSOC과의 관계를 규정해 온 결의문 1296을 검토하고 필요할 경우 이를 바꾸기 위해 1993년에 결의문 E/RES/1993/80을 통과시켰다. 이로써 NGO 권리의 확대를 목표로 한 정부 간 협상의 문을 열었으며 이를 위해 ECOSOC 내에 개방된 실무작업반(Open-Ended Working Group, OEWG)을 설치했다.

이러한 노력은 이제까지 대다수의 NGO가 유엔에 의해 유엔의 정책이나 정보를 파급시키는 일방적인 통로로 사용되어 온 것으로부터 전환하여 유엔으로의 NGO 투입(input)을 제도화하여 쌍방적인 상호작용을 강화하기 위한 것이었다. 그러나 이러한 노력은 생각만큼 쉬운 것은 아니었다.

대체적으로 정부대표들은 NGO의 지위향상이 국제문제의 의사결정에 있어서 이제까지 그들이 누려온 독점적인 지위의 훼손으로 이어지는 것을 공통적으로 두려워했다. 구체적으로 개도국들은 특히 자신들의 인권문제를 제기하는 인권 NGO들의 권한이 다른 기구에까지 공식화되는 것을 탐탁지 않게 생각했으며 선진국들은 국제적인 경제정의·군축·전 지구적 민주주의를 촉구하는 NGO들에 고운 시선을 보내지 않았다.[12]

---

11) 이러한 노력에 대한 반응이라고 볼 수 있을지 모르나 유엔 안보리는 1996년에 전례 없이 3개 NGO 대표들을 초청하여 안보리 이사국들에게 아프리카 대호수(Great Lakes) 지역에 있어서의 인도주의적 필요에 대해 브리핑을 하도록 요청하는 등 변화의 조짐을 보인 바 있다. 또한 NGO들은 1997년 대량학살과 반인류 범죄 그리고 침략 등과 같은 집단범죄를 단죄할 유엔 보조기관으로서 상설 국제형사재판소(International Criminal Court, ICC)의 창설을 위한 준비위원회에도 참여를 요청받은 바 있다.

이러한 두려움과 동시에 개도국들은 일반적으로 선진국의 국제 NGO들만이 아닌 자국의 국내 NGO들도 ECOSOC의 의사결정에 참여하는 것을 원했기 때문에 국내 NGO의 협의지위 문제에 강한 관심을 두었다. 개도국들은 세계화(globalization)를 저지하기 위한 발판의 일환으로 NGO의 공식적인 지위가 유엔총회뿐 아니라 세계화의 첨병인 국제통화기금(IMF)이나 세계은행(World Bank)과 같은 전문기구 그리고 나아가 세계무역기구(WTO)로까지 확대되기를 강력하게 원했다.

개도국들은 국제통화기금과 세계은행 그리고 세계무역기구를 선진국의 지배하에 신자유주의(neoliberalism)라는 이념을 추동력으로 하여 세계화를 이끌어가는 중심 세력으로 간주했기 때문이며 금융과 통상과 같은 중요한 의제들이 유엔이 아닌 이들 국제기구에서 논의되고 결정되는 것에 큰 불만을 가지고 있었기 때문이다. 이에 반해 대다수의 선진국들은 NGO의 협의지위 확대 논의를 총회 정도로 제한하기를 원했으며 그 결과 이 문제가 선진국과 개도국 사이에 최대의 논란이 되어 협상을 교착상태에 빠뜨렸다.

협의지위 확대를 둘러싼 이견은 선진국과 개도국에 그치지 않고 NGO들 사이에도 견해 차이가 적지 않았다. 유엔에 오래 전부터 참여해 온 몇몇 주요 국제 NGO들은 새로운 NGO 특히 한 국가에만 기반을 두고 있는 국내 NGO의 지위가 유엔에서 공식화될 경우 NGO의 정통성이 훼손되고 협소한 기반을 가지고 정부에 의해 영향을 받는 NGO들이 대거 유엔에 등장하는 계기가 되는 것을 우려했다. 또한 ECOSOC과 협의지위를 가지고 있는 NGO회의(Conference of Non-Governmental Organizations in Consultative Relationship with the United Nations, CONGO) 회원들 역시 동일한 맥락에서 이들과 견해를 같이했다. 이와는 달리 많은 새로운 국내 NGO들은 기존에 유엔과 관계를 가져온 NGO들을 특권을 독점하려는 엘리트 집단으로 바라보았다.[13] 개도국 정부들은 그들 국가의 좀 더 많은 NGO들이 참가하는 것을 원했기 때문에 국내 NGO에게 협의지위를 주는 것에 대해 호의적이었다.[14]

---

12) James A. Paul, "NGO Access at the UN," https://www.globalpolicy.org/component/content/article/177/31722.html (접속일: 2017년 10월 14일).

13) ibid.

14) Peter Willetts, "The Rules of the Game: The United Nations and Civil Society," in John W. Foster and Anita Anand, eds., *Whose World is it Anyway?: Civil Society, the United*

이러한 견해 차이로 협상은 지지부진하였으며 1996년 7월에서야 ECOSOC은 지난 3년간의 논의를 종결하고 결의문 E/RES/1996/31과 E/RES/1996/297을 채택했다. 개도국들은 인권 NGO들의 활동을 좀 더 제한되지 않도록 한다는 선진국의 주장을 수용하는 대가로 국내 NGO들에게 좀 더 확대된 권한을 부여하고 NGO의 협의지위를 총회와 전문기구(specialized agencies)로 확대하고자 하는 문제는 총회가 유엔체제(UN system) 내의 모든 분야에서 NGO의 대표성 문제를 다룬다는 동의를 선진국으로부터 받아내는 선에서 타협을 이루었다.15) 이들 두 결의문의 내용을 살펴보면 다음과 같다.

(1) 결의문 E/RES/1996/31

결의문 가운데 하나인 E/RES/1996/31은 앞서 언급한 1968년에 ECOSOC에 의해 채택된 결의문을 갱신하는 것으로서 다음과 같은 세 내용을 포함하고 있다.

① 협의지위 명칭의 변경

ECOSOC은 결의문을 통해 협의지위를 일반 협의지위(General Consultative Status)·특별 협의지위(Special Consultative Status)·명부상 협의지위(Roster Con-sultative Status)로 변경했다.

② NGO 정의의 확장

이전에는 협의지위를 인정받을 수 있는 NGO는 국제 NGO(international NGO, INGO)이어야만 했으나 NGO의 정의를 확장시켜 국제 NGO라는 것을 넘어 국내 NGO(national NGO, NNGO)와 지역 NGO(regional NGO)를 포함하게 되었다. 보다 정확히 말해 국제 NGO의 국내 관련단체(affiliates)를 포함한 국내 NGO와 지역 NGO에게까지 협의지위를 인정하기로 했다.16)

우리가 여기서 관심을 가져야 할 것은 「국제 NGO의 국내 관련단체를 포함한 국내 NGO」라는 말이다. 즉 국내 NGO에는 통상적으로 우리가 알고 있는 국내

Nations and the Multilateral Future (Ottawa, Canada: The United Nations Association in Canada, 1999), 270.

15) James A. Paul, "NGO Access at the UN," https://www.globalpolicy.org/component/content/article/177/31722.html (접속일: 2017년 10월 14일).

16) 여기에서 국제 NGO의 국내 관련단체란 국제 그린피스(Greenpeace International, GI)라는 국제 NGO 산하에 있는 그린피스 서울사무소(Greenpeace Korea)와 같은 NGO를 일컫는다.

NGO와 더불어 국제 NGO라는 모 그룹(umbrella group)의 일부를 형성하고 있는 국내 NGO가 있는데 이 두 종류의 국내 NGO 모두가 협의의 대상이 된다는 말이다. 여기서 두 종류 모두를 포함하게 된 연유가 있다.

국내 NGO들을 산하에 두고 있는 국제 NGO들은 국내 NGO들에게 협의지위를 가능하게 한다고 할 경우 이들 산하에 들어와 있는 NGO들이 협의지위를 개별적으로 받기를 원해 이들 산하로부터 벗어나가지 않을까를 우려하게 되었고 이 때문에 이들을 포함한 국내 NGO라고 함으로써 이들이 자신의 산하를 굳이 벗어나지 않은 채로 협의지위를 취득할 수 있는 길을 열어놓게 된 것이다.[17]

이는 많은 국내 NGO와 지역 NGO들이 국제적인 관점(international perspective)과 국제적인 프로그램을 가지고 있으며 이들 자신이 소속되어 있는 국가나 지역에 관해 풍부한 지식을 가지고 있어 관련 문제를 논하는 데 있어 깊이와 현장감을 더할 수 있기 때문이다. 이로써 많은 다양한 NGO들이 ECOSOC 및 그 보조기관과 협의적인 지위를 맺을 수 있게 되었다.

③ 간소화와 표준화

ECOSOC 결의문 E/1996/31은 NGO들이 ECOSOC에 협의지위를 신청할 때 밟아야 하는 절차를 간소화했다. 또한 결의문은 NGO의 유엔 회의에의 참여를 공인하는 표준적 제도를 수립함으로써 과거 NGO의 정부간회의 참여를 공인하는 표준적인 제도가 없어 NGO의 정부간회의 참여가 개개 회의별로 개별적으로 결정되던 것으로부터 벗어나게 되었다.

(2) E/RES/1996/297

또 다른 결의문인 E/RES/1996/297은 같은 해인 1996년에 개최된 제51차 유엔총회로 하여금 NGO가 ECOSOC과의 협의 제도를 통해 얻은 경험을 고려하여 유엔이 활동하고 있는 모든 영역에서 NGO가 참여할 수 있는 제도의 수립을 검토하도록 권고했다.

이는 유엔과 NGO와의 포괄적인 협력관계를 공식화하기 위한 노력의 일환이

---

17) Peter Willetts, "The Rules of the Game: The United Nations and Civil Society," in John W. Foster and Anita Anand, eds., *Whose World is it Anyway?: Civil Society, the United Nations and the Multilateral Future* (Ottawa, Canada: The United Nations Association in Canada, 1999), 270.

라고 볼 수 있는데 본 결의문과 더불어 유엔과 NGO와의 새로운 관계의 수립을 위한 논의가 ECOSOC으로부터 총회로 확산되었다고 볼 수 있다.

5) 1996년 결의문 채택 이후 까르도소 보고서 채택 전까지

위에서 언급한 두 개의 결의문(특히 결의문 E/RES/1996/297)의 통과로 많은 NGO들은 이제까지 비공식적으로 접근해 온 유엔의 주요 위원회·보조기관·특별총회를 포함한 유엔총회로부터 협의지위를 얻기를 희망했다. 그러나 몇 예외적인 국가를 제외하고 정부대표들은 기본적으로 이러한 결의문의 실현을 꺼렸다. 이러한 상황하에 유엔의 개혁을 위해 설립된 유엔총회의 5개 실무작업반(working groups) 가운데 유엔체제(UN system)의 강화문제를 다루는 실무작업반(Working Group on the Strengthening of the United Nations System) 내에 NGO를 논의하기 위한 소그룹(sub-group)이 1997년 1월에 가까스로 구성되었다.

그러나 이 소그룹에서 미국과 유럽연합(EU) 국가들은 새로운 관계 설정의 논의 대상을 총회 본회의와 총회의 주요 위원회로 제한하고 안보리와 전문기구를 배제하려 하고 개도국들은 캐나다와 호주의 지지하에 이러한 선진국들의 입장에 강력하게 반대함으로써 논의는 교착 상태에 빠지고 말았다.

1997년 가을까지 NGO에 관한 논의는 막다른 길에 접어들고 NGO들은 이러한 논의를 밀고 나갈 능력이 없었다. 이러한 와중에 다행스럽게도 캐나다와 네덜란드의 주도에 의해 유엔총회에 있어서의 NGO의 지위에 관한 논의의 기초가 될 수 있는 초안 작성을 위한 비공식 교섭이 있었다. 그러나 이들의 제안은 필요한 지지를 획득하지 못했으며 대신에 유엔총회는 1997년 12월에 결의문 A/52/453을 통과시켜 유엔 사무총장으로 하여금 NGO에 관한 유엔체제의 제도와 관행에 관한 보고서를 준비할 것을 요청했다.

이러한 사이에 유엔에서 몇몇 돌발적인 사건들이 발생하고 이러한 사건들을 계기로 NGO의 권한을 통제해야 한다는 움직임이 특히 개도국들 사이에 드세지는 등 1998년에 접어들면서 개도국들이 NGO에 대해 반감을 갖는 쪽으로 기울기 시작했다. 그 결과 유엔총회에서의 NGO 지위의 공식화 움직임은 힘을 잃고 말았다. 이러한 사건의 예를 들자면 다음과 같다.

1998년 3월 제네바에서 개최된 인권위원회(Commission on Human Rights)에서 협의지위를 가지고 있는 NGO인 초국가진보당(Transnational Radical Party)이 자신

들과 직접적으로 관련되어 있지 않은 다수의 사람들을 대표단의 일원으로 참석시켰는데 이들 가운데 쿠바로부터 이주한 사람이 회의장 내에서 쿠바 정부에게 비난을 가했다.[18] 이에 분개한 쿠바는 NGO의 공인과정을 제한하자는 내용의 결의문을 배포하는 등의 조치를 취하면서 많은 주요 NGO들의 적법한 활동에 일격을 가했다. 또 다른 사건 역시 인권위원회에서 발생했는데 인도 정부대표의 조카를 유괴한 혐의를 받고 있는 인도의 분리주의 단체의 지도자가 NGO 통과증(pass)을 달고 있는 것이 인도 정부대표에 의해 목격되면서 NGO의 접근을 제한해야 한다는 주장이 힘을 얻게 되었다.

이러한 일련의 사건을 겪으면서 많은 정부대표들은 NGO에 대해 경직된 사고를 하게 되었고 NGO들에게 더 큰 지위가 주어질 경우 이러한 종류의 사고가 좀 더 빈번하게 발생하고 나아가 정부대표들의 신변마저 위태로워질 수 있다는 생각을 가지게 되었다. NGO들은 이에 대해 이러한 사건이 소수의 NGO에 의해 이례적으로 발생한 것임에도 불구하고 정부대표들이 이를 지나치게 확대하여 해석하고 있다고 주장했다.

이러한 맥락에서 비동맹운동체(Non-Aligned Movement, NAM)가 5월과 9월의 주요 회의에서 유엔총회와 그 보조기관의 간정부적 성격(intergovernmental character)과 NGO의 ECOSOC에 대한 공헌을 강조하는 성명을 발표함으로써 NGO의 유엔총회로의 접근의 확대를 반대하고 ECOSOC이야말로 NGO가 유엔과 관계를 가질 수 있는 적절한 틀임을 확인했다.

NGO의 유엔에 대한 접근 확대에 대한 회의와 우려는 개도국 대표들에 국한되지 않고 선진국 대표들에게서도 나타났다. NGO들이 지켜야 할 행동강령(code of conduct)을 정해야 한다는 제안과 협의지위를 가지고 있는 NGO들이 4년마다 제출하도록 되어 있는 보고서를 제때에 제출하지 않으면 협의지위를 박탈하자는 제안 등이 이들에 의해 공식 혹은 비공식으로 제기되었으며 서구의 언론들은 NGO의 책임성의 결여(lack of accountability)를 비판했다.

이러한 일련의 사태는 NGO 공동체를 놀라게 했으며 유엔에서의 NGO의 새

---

18) 협의지위를 가지고 있는 NGO는 대표단을 구성하는 데 있어서 반드시 자신의 조직 내부의 대표들로만 국한하지 않고 협의지위를 가지고 있지 않은 다른 단체의 대표들도 자체의 공인절차를 거쳐 참여시키곤 한다. 이렇게 하여 참가하게 된 다른 단체의 대표들은 자신의 단체 이름하에 개별적으로 발언 등을 해서는 안 된다.

로운 지위 획득의 전망을 아주 어둡게 했다. 이러한 가운데 총회 결의문 A/52/453에서 사무총장에게 요청한 보고서인 A/53/170이 발간되어 1998년 7월에 배포되었다.[19]

「유엔체제의 모든 활동에 있어서의 NGO들의 상호작용을 위한 제도와 관행(Arrangements and practices for the interaction of non-governmental organizations in all activities of the United Nations System)」이라는 제목을 지닌 사무총장의 보고서는 유엔체제의 모든 활동에 있어서 NGO의 상호작용을 위한 현존하는 제도와 관행·유엔체제의 모든 영역으로 NGO의 참여를 향상시키기 위한 현 NGO 참여제도 변경의 법률적이고 재정적인 의미·세계의 모든 지역 특히 개도국으로부터의 NGO의 참여문제에 관한 내용을 담고 있다.

당 보고서는 유엔체제에 있어서 NGO의 중요성을 강조하였다는 점에서는 긍정적인 측면을 가지고 있다고 볼 수 있다. 그러나 유엔총회의 주요 위원회(Main Committee)와 같은 조직에서의 관행에 대해 거의 언급하지 않았을 뿐 아니라 NGO들이 활발하게 참여해 오고 있는 전 지구적 회의(global conferences)에 대해서도 충분히 언급하지 않았다. 가장 문제가 되는 것은 당 보고서가 NGO의 유엔총회에의 접근 등 NGO의 접근의 확대문제에 대해 거의 아무런 언급을 하지 않았다는 점이다.

당 보고서는 NGO와의 협의 없이 작성되었다는 점에서 NGO들은 별로 반기지 않았으며 이러한 보고서의 성격은 NGO에 대해 부정적인 견해를 가지고 있는 국가들(개도국과 선진국 모두)의 견해가 반영된 것으로서 NGO들로서는 굉장히 실망스러운 결과였다.

사무총장의 보고서에 대한 NGO들의 반응을 살펴보는 것이 중요한데 국제협회연합(Union of International Association, UIA)의 경우는 중립적인 입장에서 유엔과 NGO간의 협력관계를 효과적으로 지속시키기 위해서 NGO 스스로 보편적인 윤리기준의 준수를 확실히 하는 행동강령(code of conduct)을 고안해 내는 것이 필요하다는 제안을 했다.[20]

---

19) 앞으로 NGO들이 유엔에서 어떠한 지위를 갖게 될 것인가에 관심을 가지고 있는 사람들은 이 보고서를 읽어보는 것이 좋다.

20) The Council of the Union of International Associations, "Statement by the Council of the Union on International Associations on Relations between Non-governmental Organizations and the United Nations," *Transnational Association*, Vol. 51, No. 3 (1999), 159-161.

개도국 NGO들은 사무총장이 보고서에서 제안한 바 있는 개도국 NGO들의 유엔 회의와 기타 유엔 관련 정부간회의에의 참여를 촉진하기 위한 신탁기금(trust fund)의 유엔 내 설치를 강하게 요구했다. 또한 인터넷 사용에 있어서 유엔이 정보를 일방적으로 전파하는 이제까지의 용도에서 나아가 NGO(특히 재정적으로 취약하여 뉴욕·제네바·비엔나 등에서 개최되는 정부간회의에 참가가 곤란한 개도국의 NGO)로부터의 투입(input)과 NGO와 유엔 사무국 간의 견해 교환을 위한 수단으로의 확장과 체계화가 필요하다는 것을 강조했다.

보고서가 나온 같은 해 9월에 개최된 제53차 유엔총회에서 NGO를 더욱 실망시킨 일이 발생했다. 유엔총회의 기조연설 기간 동안에 유엔 사무국의 보안담당자가 통과증(pass)을 가지고 있는 NGO 대표들로 하여금 이들이 이제까지 가장 흔하게 사용하던 입구가 아닌 일반 관광객이나 방문객들의 검색을 위한 금속 탐지기(metal detector)를 통과하도록 하였으며 이제까지 한 적이 없는 문서 검색을 받도록 했다.21)

NGO들의 항의에 보안 책임자가 문서 검색에 대해 사과를 했으나 기조연설이 끝난 후에도 NGO 대표들은 금속 탐지기를 여전히 통과해야 했고 NGO 대표들이 정부대표들을 만날 수 있는 주요 장소인 대표단 라운지가 12월 총회가 끝날 때까지 NGO 대표들에게 접근이 공식적으로 차단되었다. 유엔총회 제3위원회는 비엔나 세계인권회의 5년을 검토하는 회의에 NGO 인권대표들을 참석하지 못하도록 했다.

1998년 12월 유엔총회의 주요 위원회의 하나로서 행정과 예산문제를 다루는 제5위원회에서 미국은 NGO들에게 문서·회의장 사용·도서관 이용에 대한 비용을 부과하자는 안을 발의했다가 철회하는 일이 발생하기도 했다.22) 또한 ECOSOC

---

21) 유엔에서 정기총회가 개회된 후 곧 이어 본회의에서 일반토론(general debate)이 시작되어 회원국들은 기조연설(keynote speech)을 하게 된다. 이때 회원국의 정부수반이나 외무장관 등 정부의 고위직 인사들이 본국으로부터 와서 연설을 하는 경우가 많아 사무국의 보안 담당의 입장에서 보아 다른 어느 때보다 보안에 신경이 좀 더 쓰이는 것은 사실이다.

22) 유엔이 무료로 제공해온 일련의 이러한 서비스가 유료화 될 경우 다른 NGO보다도 특히 재정적으로 취약한 상태에 있는 개도국의 NGO들이 큰 타격을 입을 것으로 우려되었다. 유엔 사무국은 1996년 말부터 인터넷을 통해 접근이 가능한 유엔의 문서를 6개 공용어로 모두 담고 있는 광디스크시스템(Optical Disk System, ODS)을 회원국에게 개방하고 있다. 그러나 사무국은 NGO들에게는 컴퓨터 하나당 1년에 1,250달러의 사용료를 부과하고 있다. 예산이 부족한 NGO들 특히 개도국의 NGO들로서 유엔본부에 가지 않고도 필요한 문서에 컴퓨터를 통해 접근한다는 것은 대단히 중요한 의미를 가진다. 따라서 NGO에게 ODS를 무료로 개방하는 것이 필요하

산하의 NGO위원회에서 공식적으로 채택되는 것은 가까스로 피해졌으나 쿠바 대표단과 77그룹(G-77) 국가 대표단들은 계속해서 NGO들에게 수적인 제한과 다른 종류의 제한을 가할 필요성을 촉구했으며 미국 대표단은 NGO들이 지켜야 할 행동강령을 정해야 할 필요성을 다시 강조했다.

이처럼 NGO의 지위 확대를 위한 움직임이 힘을 잃어가자 캐나다 대표단이 이 문제에 대한 관심을 재차 불러들이기 위해 위에서 언급한 사무총장의 보고서에 대해 회원국과 NGO들로 하여금 자신들의 견해를 제출하도록 하자는 제안을 했고 그 결과 이러한 제안을 담은 총회 결의문(A/53/452)이 1998년 12월에 총회를 통과했다.

이 결의문은 구체적으로 유엔 사무총장으로 하여금 1998년 7월에 통과된 사무총장의 보고서(A/53/170)에 관한 유엔 회원국·전문기구 회원국·옵서버·국제기구·모든 지역 NGO의 견해를 수집하여 다음 해인 1999년 제54차 유엔총회에 보고할 것을 요청했으며 이 결의문은 NGO들에게 있어서는 자신들의 견해를 투입할 수 있는 좋은 기회를 제공했다.

1999년에 들어서서도 전반적인 NGO에 대한 부정적인 분위기는 변하지 않았다. 2월 달에 쿠르드족 데모대가 제네바의 유엔사무소를 침입하여 점거하는 일을 계기로 이곳의 보안조치가 강화되었으며 이러한 사정은 뉴욕의 유엔본부의 보안 문제에도 영향을 미쳤다. 유엔 사무국은 광범위한 제한조치의 필요성을 언급하면서 NGO 대표들이 검색의 대상이 되고 유엔 빌딩 내 특정 지역을 배회하는 것을 금하는 등의 NGO 접근을 제한하는 규칙을 NGO들에게 알렸다.

앞에서 살펴보았듯이 인권위원회에서의 NGO의 활동이 정부대표단들과 유엔 사무국의 NGO에 대한 정책에 큰 영향을 미쳐왔다. 1999년 3월에 개최된 유엔 인권위원회 회의에 여느 회의처럼 많은 NGO 구성원들이 참가했으며 여기에 국제기독교연대(Christian Solidarity International, CSI)라는 공인된 스위스 NGO가 남수단(Southern Sudan)의 반군 게릴라 지도자로 하여금 인권위원회에서 발언하도록 하면서 문제가 발생했다. 이 반군 게릴라 지도자는 자신의 참여를 가능하게 해준 NGO의 이름이 아닌 반군 그룹의 이름으로 발언을 함으로써 인권위원회의 규칙을 위반하였고 그 결과 NGO에 우호적인 정부대표들마저 부정적인 견해를 갖도

다. 이러한 사무국의 정책은 부분적으로 유엔의 취약한 재정에서 연유한다.

록 했을 뿐 아니라 과도한 NGO의 영향력을 우려하도록 했다.23) 또한 3월에는 여성지위위원회(Commission on the Status of Women, CSW)에서 사무국 직원이 중국 대표단의 반대를 예상하여 티베트 출신의 캐나다 NGO 구성원이 발언을 하지 못하도록 하는 일도 발생했다.

유엔총회 결의문 A/53/452에 따라 사무총장은 자신의 보고서(A/53/170)에 대한 유엔 회원국·전문기구 회원국·옵서버·국제기구·모든 지역 NGO의 견해를 수집하여 1999년 9월에 보고서(A/54/329)를 제출했다.24) 이 보고서는 제도적 개선·개도국 NGO의 참여의 확대와 신탁기금의 설치·NGO의 정보접근의 확대·NGO의 총회와 유엔본부에의 접근확대 등에 관한 다양한 의견과 권고안이 담겨 있다. 이 보고서는 사무총장의 보고서에 대한 다양한 행위자들의 다양한 견해를 취합하여 소개하는 정도에 그쳐 별 다른 의미를 부여하기 어렵다.

2000년 4월에도 역시 제네바의 유엔 인권위원회에서 돌발적인 사건이 발생했다. 1998년에 이미 인권위원회에서 문제를 한 차례 야기한 바 있는 초국가진보당(Transnational Radical Party)이라는 NGO가 인권위원회에서 체첸 대표로 하여금 발언을 하도록 한 일이 발생했는데 이에 대해 러시아는 발언자를 체첸의 분리주의자이자 테러리스트 조직의 대표라고 비난하고 협의지위의 박탈을 요청했다.

같은 회의에서 중국과 쿠바는 미국의 인권 NGO인 프리덤하우스(Freedom House)에 불만을 제기했다. 특히 쿠바는 프리덤하우스가 카스트로를 반대하는 계열의 조직의 구성원인 법률가를 자체적으로 공인하였다는 것을 비난했다. 이들에 이어 수단 대표는 미국의 NGO가 쿠바와 중국 그리고 수단을 비민주주의 국가로 분류하고 있는 것을 비난하기도 했다.

유엔 인권위원회의 산하기관인 인권소위원회(Sub-Commission on the Promotion and Protection of Human Rights)의 경우도 이러한 상황은 크게 다르지 않았다.25)

---

23) 국제기독교연대(CSI)가 자신들에게 할당된 연설시간에 수단 반군단체의 대표를 연설자로 대신 내세워 물의를 일으켰고 이로 인해 CSI는 회의 참가자격을 2년간 박탈당했다.

24) 보고서의 제목은 「Views of Member States, members of the specialized agencies, observers, intergovernmental and non-governmental organizations from all regions on the report of the Secretary-General on arrangements and practices for the interaction of non-governmental organizations in all activities of the United Nations system」이다

25) 인권소위원회는 인권위원회 산하의 인권문제 전문 연구기구로서 임기 4년의 26명의 전문위원으로 구성되어 있었다. 인권소위원회의 주된 업무는 연구와 조사이고 인권위원회의 주된 업무는 실질적인 심의이지만 인권소위원회도 세계 각국의 인권상황을 일반적으로 심의하고 이에 관해

NGO들은 종종 특정인을 내부적으로 공인하여 대표단의 일원으로 회의에 참가시켜 이들로 하여금 인권 위반국의 인권상황을 비난하는 발언을 할 기회를 부여하고 이에 대해 인권 유린 국가들은 크게 반발하곤 했다. 또한 일부 NGO들은 이름만 NGO이지 실제에 있어서는 소속국가의 입장을 옹호하는 관변 단체임에도 불구하고 인권소위원회에 받아들여지는 경우도 종종 있었다.26)

인권소위원회는 정부대표로 구성되는 인권위원회와는 달리 정부로부터 독립된 개인의 자격으로 선출된 위원으로 구성되기 때문에 인권위원회의 보조기관임에도 불구하고 인권위원회로부터 거의 독립적으로 활동하며 NGO의 여론에 귀를 기울이고 원칙과 소신에 따른 결정을 내린다. 그러나 위원들이 출신국가와는 무관하게 순수한 인권문제 전문가로 행동한다고 하지만 소속 국가의 추천에 의해 선출되기 때문에 소속 국가의 입장으로부터 완전히 자유로운 것은 아니다. 특히 개도국 출신의 위원들이 많아 개도국의 인권문제와 관련된 표결에 부결이 많았다.

이러한 상황은 인권소위원회가 토론을 위한 기간을 4주에서 3주로 줄였으며 특정 국가의 인권상황에 관한 결의문을 더 이상 채택하지 않기로 한 결정에서 일부 드러난다. 이와 더불어 쿠바는 협의지위를 얻는 NGO의 수가 점차적으로 늘어나고 있다는 것을 구실로 발언시간을 줄이고 개개 NGO 대표단의 구성원 수를 일곱 명으로 줄이자는 안을 제시한 바 있다.27)

이처럼 인권소위원회에서 인권유린 국가들에 의해 이들을 비난하는 NGO들이 배척을 당하고 있는 한편 일부 NGO들은 보편적인 인권을 추구하는 인권 NGO의 외양은 하고 있으나 기실 자국 정부의 입장을 옹호하는 단체인 관제 NGO (GONGO)에 불과해 이러한 이유로 비난의 대상이 되었다.

NGO들은 2000년 5월에 유엔본부에서 개최된 새천년 NGO 포럼(Millennium NGO Forum)에서 선언과 행동의제(Declaration and Agenda for Action)의 채택을 통해 NGO의 유엔과 그 주요 위원회 및 보조기관으로의 접근과 참여의 확대 과정을 종결지을 것을 촉구했다.

2001년 스위스 제네바에서 열린 유엔 인권위원회 연례회의에서 중국 등 일부

인권위원회에 권고를 했다. 그 밖에 ECOSOC과 인권위원회에 의해 위임된 임무를 수행했다.

26) Jean-Claude Buhrer, "NGOs Are Upsetting Things at the UN," http://www.globalpolicy. org/ngos/access/2000/1206.htm (접속일: 2003년 7월 8일).

27) ibid.

국가들이 NGO의 역할을 제한해야 한다고 주장했다. 구체적으로 중국·인도·이집트·쿠바·인도네시아 등 17개국은 NGO들이 각종 정부간회의에서 정당성이 없는 활동을 하고 있다면서 NGO의 역할을 제한해야 한다고 주장했다. 주로 개도국인 이들 17개국을 대표한 인도네시아 대사는 NGO가 각종 로비스트들의 발언 창구로 이용되고 있다고 하면서 NGO의 정부간회의 참여를 허용하고 있는 유엔의 규정들을 개정해야 한다고 강조했다.

이처럼 NGO의 역할에 대해 논란이 일었던 것은 앞서 살펴보았듯이 그 당시 몇 년 간 각종 정부간회의에서 NGO를 위해 할당된 연설시간에 NGO 대표 대신 정치적인 목적을 가진 각종 로비스트들이 연설자로 나서 마구잡이로 자신들의 주장을 펼치는 일이 빈번하게 발생하고 있었기 때문이었다. 다른 참가국 대표들은 이러한 NGO의 활동을 규제해야 한다는 주장에 대해 문제가 있는 것은 사실이지만 NGO의 활동을 제한하는 것은 옳지 않다면서 중국 등의 주장은 NGO와 로비스트들의 개입을 못마땅하게 생각해 이를 회피하려는 노력에 불과하다고 일축했다.[28]

2002년에 개최된 유엔 인권위원회에서 인권위원회 사무국은 재정문제를 이유로 둘째 주부터 급작스럽게 회의 시간을 절반 가까이 단축시키면서 이를 위해 발언시간을 축소하고 나아가 NGO의 발언을 취소하는 등의 파행적인 조치를 취했다.[29] 구체적으로 인권위원회는 발언시간을 인권위원회의 위원국에 대해서는 종전 10분에서 7분으로 줄이고 비위원국 등 옵서버들에 대해서는 5분에서 3분 30초로 각각 감축했다. 또한 논의의 가장 중심이 돼야 할 주제별·국가별 인권상황에 대한 특별보고관의 보고는 형식적으로 진행되거나 아예 특별보고관의 발언거부로 취소됐다.[30]

이러한 파행적인 회의운행의 피해는 NGO에게 있어서도 예외가 아니었다. 인권위원회 사무국은 회의 시작부터 중동 사태로 인해 예정에 없던 특별회의가 추

---

28) 경향신문(인터넷), 2001년 3월 24일.

29) 인권위원회가 재정적인 이유로 든 것은 잦은 야간회의의 개최에 따른 과도한 통역비 등이었다.

30) 인권위원회가 결의안의 채택을 통해 전 세계의 인권침해 상황을 독립적으로 조사할 수 있는 권한과 임무를 부여한 특별보고관들에게 1년간의 활동내용을 보고하는 발언시간을 종전의 10분에서 5분으로 줄이자 특별보고관들이 집단으로 구두발표를 거부하고 보고서 제출로 대체키로 결의하는 일이 발생했다. 이들 특별보고관들은 이러한 인권위원회의 조치가 정치적 이해가 작용한 것으로 여기고 몇몇 국가들이 특별보고관의 활동에 적대적인 태도를 취하고 있다고 비난한 바 있다.

가로 열리는 등 일정이 순연되자 고육지책으로 발언시간을 축소하고 발언을 봉쇄하기까지 했다. 특히 각국 정부에 대한 비난이 가장 활발하게 전개되는 각국의 인권상황에 관한 의제에서 NGO의 발언이 취소된 것은 이를 위해 어렵게 제네바까지 온 개도국 NGO에게 있어 커다란 실망이었다. 발언신청을 한 일부 NGO들에게 구두발언의 기회를 주지 않고 대신 구두발언 원고를 공식문서로 접수하여 배포하는 등의 편법도 행해졌다. 이러한 사무국의 태도에 각국 NGO들이 강력하게 반발하는 한편 일부 NGO들은 발언기회를 확보하고 발언시간을 늘리기 위해 다른 NGO들과 연대하여 공동명의로 발표하는 방안을 강구하기도 했다.[31]

이렇게 NGO에 가해지고 있는 제한이 일회성의 성격을 가지고 있는 것이 아니라 NGO의 참여권 제한을 제도화하려는 시도일지 모른다는 우려의 시각도 제기되었다. 이러한 시각은 사우디아라비아와 파키스탄 등 이슬람 국가들과 중국·수단·말레이시아 등 소위 유사한 견해를 가진 그룹(Like-minded Group, LMG)의 주도로 자국의 인권 상황에 비판을 가하는 NGO의 활동에 대해 강하게 압력이 가해지고 있다는 점에 주목했다.[32]

일부 NGO들의 부적절한 행동이 이러한 국가들의 NGO에 대한 적대적인 태도를 정당화시킬 수 있는 빌미를 제공한다는 측면도 부정할 수 없다. NGO들의 부적절한 행동으로서 관제 NGO(GONGO)들의 NGO 전체의 신뢰성을 무너뜨리는 행동을 들 수 있다. 예컨대 인도와 파키스탄 정부의 지원을 받아 온 것으로 알려지고 있는 NGO들이 자무-카슈미르 분쟁지역에 관한 발언에서 자국 정부를 옹호하는 발언을 끊지 않고 했으며 심지어 이들 NGO들은 서로를 비난하는 모습까지 보였다. 또한 일부 중국 단체들은 자국 정부의 정책에 대해서는 찬양일변도로 일관하는 반면 파룬궁 신도들을 테러리스트 집단으로 몰아세우기까지 했다.[33]

NGO들의 또 다른 부적절한 행동이란 앞서 여러 예를 통해 살펴본 바 있듯이 협의지위를 가지고 있지 않은 NGO가 협의지위를 가지고 있는 NGO의 대표단의 일원으로 참가하여 자신의 NGO 이름으로 특정 국가를 목표로 한 정치적인 발언을 하는 것을 들 수 있다. 이 역시 정부대표들(특히 NGO로부터 인권과 관련하여 비판의 대상이 되고 있는 국가의 정부대표들)에게 NGO의 제한적인 참여 주장에 빌미

---

31) 경향신문(인터넷), 2002년 4월 10일.

32) 인권하루소식, 2002년 5월 2일자(제2084호).

33) 위의 글.

를 제공했다. 유엔 인권위원회에서 일본 측은 아시아 지역그룹을 대표하여 행한 발언에서 그 동안 아시아 그룹이 수차례에 걸쳐 문제를 제기했음에도 불구하고 NGO들이 등록절차를 제대로 준수하고 있지 않으며 인권의 범주에서 벗어난 이익을 도모하는 데 NGO 지위를 악용하는 사례가 있다고 지적하고 NGO들의 인권위원회의 참여를 엄격히 규제하고 특정 국가를 겨냥하여 정치적 의도가 담긴 발언을 자제하도록 해야 한다는 발언을 한 바 있다.

이에 대해 NGO들은 특정 NGO가 유엔헌장에 위배되는 활동을 하는 경우 ECOSOC의 결의문에 의해 협의지위를 취소하도록 되어 있음을 강조하고 이러한 발언은 NGO의 자유에 대한 직접적인 공격으로서 인권위원회의 활동을 무력화하려는 의도가 담긴 것이라고 성토하고 나섰다. 이와 더불어 아시아 그룹 국가들이 NGO와 특별보고관을 인권보호와 신장을 위한 협력자와 수단으로 인식하기보다는 위협으로 간주하고 있다고 지적하고 이들 아시아 국가들의 주된 목적은 자국의 인권상황에 대한 언급이 나오지 못하도록 하는 데 있다고 비난한 바 있다.

이와 더불어 2000년부터 유엔 인권위원회가 보조기관인 인권소위원회에서 국별 결의안을 채택하지 못하도록 인권소위원회의 역할과 기능을 제한하게 된 배경에는 중국·인도·이란·미얀마·부탄·말레이시아·파키스탄·스리랑카·베트남 등 아시아 지역의 동조 그룹이 주도적인 역할을 했다고 상기하고 인권소위원회가 국별 결의안을 채택할 수 있는 권한을 상실한 지난 2년 동안에 NGO의 참여가 40% 감소했다는 인권소위원회의 보고서를 인용하면서 일본 등 아시아 국가들이 인권위원회 활동을 위축하는 데 선도적인 역할을 담당하고 있다는 점을 암시했다.[34]

NGO에 대한 비판적인 견해를 가져온 요인들은 단지 인권위원회와 인권소위원회에서 발생한 일련의 사건들만이 아니었으며 2001년에 남아프리카공화국의 더반에서 개최된 세계인종차별철폐회의(World Conference Against Racism, WCAR)를 계기로 비판적인 시각이 더욱 강화되었다.

정부대표들 사이에 3차례의 준비회의가 개최되었지만 아프리카 노예제도와 노예무역을 포함한 과거의 식민지 정책에 대한 배상과 사과 문제·이스라엘의 시오니즘(zionism)을 인종주의(racism)로 규정할 것인가의 문제와 이스라엘에 의한 팔

---

34) 경향신문(인터넷), 2002년 3월 26일.

레스타인의 대량학살 문제·인도의 카스트제도와 달리트(Dalits)35) 문제에 대해 합의에 이르지 못한 채 정회의(main conference)가 개최되었다. 정회의에서도 이러한 쟁점들을 둘러싼 정부대표들 사이의 이견이 좁혀지지 않아 합의 도출에 적지 않은 어려움이 있었다.

정회의가 개최되기 전에 NGO 포럼이 개최되어 NGO 선언문과 행동계획을 작성하여 NGO의 견해를 정부대표들의 회의에 전달하기로 되어있었다. 그러나 선언문 작성을 위한 NGO들 간의 협상 과정과 채택 과정에서 반유대주의와 반시오니즘를 옹호하는 NGO들·당시 이라크 침공을 감행한 미국에 대한 비난에 집중하고자 한 국가에 의해 동원된 NGO들·다양한 형태로 존재하는 자국의 인종차별 문제들을 숨기기에 급급한 관제 NGO들에 의해 회의가 정치화되었다. 세계적인 인권 NGO인 국제 앰네스티(Amnesty International)와 휴먼라이츠워치(Human Rights Watch)마저도 이러한 상황을 방관했다.

이러한 상황하에 증오에 찬 문구들을 포함한 NGO 포럼의 선언문과 행동계획이 일단의 NGO들이 퇴장한 가운데 수적인 우위를 통해 합의가 아닌 다수결로 채택되었고 그 결과 유엔인권최고대표(UNHCHR)는 이러한 NGO 선언문을 국가들에게 권고하고 전달하는 것을 거부하기까지 했다.36)

이러한 일련의 과정을 통해 정부나 국제기구들을 향해 민주성·투명성·책임성이 결여되었다고 주장해 오던 NGO들 스스로가 이러한 비판의 대상이 되기에 이르렀고 세계인종차별철폐회의에서의 NGO들 사이의 이러한 대립과 갈등은 NGO에 대한 유엔의 태도에 변화를 가져오는 데 일조를 했다고 볼 수 있다.

이제까지 NGO와의 협력관계를 강하게 주장해 온 코피 아난 당시 유엔 사무총장은 2002년 9월에 NGO를 위시한 시민사회 행위자들과 유엔의 관계를 개혁하기 위한 노력의 일환으로 「유엔과 시민사회 관계에 관한 저명인사 패널(Panel of Eminent Persons on United Nations-Civil Society Relations)」을 제안하고 출범시켰

---

35) 「달리트(Dalit)」는 접촉할 수 없는 천민이라는 의미를 지닌 말로서 우리말로 「불가촉천민(untouchables)」이라고 부른다. 힌두교의 카스트 계급제도의 4개의 계급보다 아래에 위치한 하층민을 지칭하기 때문에 「아웃 케스트」라고도 불린다. 일반적으로 카스트제도라고 할 때는 「불가촉천민」도 포함된다.

36) Rana Lehr-Lehnardt, "NGO Legitimacy: Reassessing Democracy, Accountability and Transparency," Cornell Law School Inter-University Graduate Student Conference Papers. 6. (New York: Cornell Law School, 2005), 7-10.

다.37)

사무총장이 이처럼 외부 저명인사들로 구성된 패널을 조직하여 유엔과 시민사회의 관계에 대한 개혁의 밑그림을 그리도록 한 것은 위에서 살펴본 일련의 NGO 일탈 사건들에 기인하는 것만은 아니었다. 보다 근본적으로 1996년의 결의문에 따라 국내 NGO들도 ECOSOC 협의지위를 보유할 수 있게 되면서 협의지위 NGO들의 수가 대폭적으로 증가하고 이들의 참여가 폭발적으로 늘어나면서 기존의 제도적인 틀로는 NGO와 유엔의 관계를 효율적으로 관리해나가기 힘들었기 때문이라고 볼 수 있다.

당 패널은 2004년 6월에 유엔에 있어서의 NGO의 역할을 약화시킬 수도 있는 변화를 제안하는 「까르도소 보고서」로 통칭되는 보고서를 제출했다.38) 까르도소 보고서는 공인절차의 간소화·개도국 NGO의 참여를 촉진하기 위한 재정적 지원·안보리의 NGO와의 관계의 강화 등에 대한 제안들을 담았다. 그러나 NGO들이 보다 많은 관심을 가지고 있는 이슈인 유엔총회의 NGO에게의 개방과 같은 문제에 대해서는 별 다른 진전된 제안을 내놓지 않았다.

까르도소 보고서는 보고서의 제목과는 달리 중점이 유엔과 시민사회의 관계에 주어지지 않았다. 대신에 정부·기업 부문·시민사회를 유엔의 구성요소(constituency)로 칭하면서 이들 사이의 협력관계에 중점을 두었다. 대부분의 NGO들은 까르도소 보고서가 ECOSOC을 넘어 유엔총회로까지 NGO의 공식적인 참가를 확장하는 등 유엔과 NGO 관계를 강화하도록 권고하기는커녕 유엔과 기업 부문의 관계 강화를 권고한 것에 상당히 실망하면서 향후 NGO와 유엔의 관계가 약화될지 모른다는 우려를 가지게 되었다. NGO의 권한 확대를 지속적으로 지지해 온 국가들마저도 까르도소 보고서에 대해 침묵하는 등 보고서는 유엔 회원국들로부터도 지지를 받지 못했다. 그 결과 이 보고서의 권고를 수용하는 결의안의 채택이 무산되기에 이르렀다.

유엔 사무총장은 같은 해인 2004년 9월에 까르도소 보고서의 제안에 대응한 보고서를 발간했다. 사무총장의 보고서는 까르도소 보고서에 대한 NGO와 회원국들의 부정적인 평가를 반영하여 유엔과 NGO의 관계에 집중하여 이들 간의 관계

---

37) 코피 아난 유엔 사무총장은 브라질 대통령이었던 까르도소(Fernando Henrique Cardoso)를 의장으로 임명했으며 이 때문에 이 패널을 「까르도소 패널」이라고도 부른다.

38) 이 보고서의 공식 명칭은 「We the Peoples: Civil Society, the United Nations and Global Governance」이며 「까르도소 보고서」라고도 불린다.

를 개선하기 위한 제안에 집중했다. 사무총장의 보고서는 비록 패널이 제안한 개혁의 내용 가운데 NGO의 입장에서 보아 가장 최악의 것을 피했지만 기본적인 골격의 일단은 유지했다. 주요한 내용을 살펴보면 다음과 같다.

ⅰ) 개도국 NGO의 대표들이 유엔 행사에 참가할 수 있도록 재정적 지원을 위한 신탁기금을(trust fund) 설립한다. ⅱ) 유엔 행사에의 참가를 위한 공인절차를 간소화한다. ⅲ) 유엔을 대표하는 사람들이 국가 수준에서 NGO와의 관계를 향상시킨다. ⅳ) 유엔 사무국 내에 협력관계 사무실(Partnership Office)을 개설하여 기존의 유엔 비정부연락사무소(United Nations Non-Governmental Liaison Service, UN-NGLS)와 통합한다. ⅴ) 유엔이 주요한 행사의 개최와 매년 유엔총회의 개회에 앞서 회원국과 NGO 대표들이 쌍방향의 대화를 하는 청문회(interactive hearing)를 가진다.

이러한 제안과 더불어 보고서는 가장 파격적으로 유엔헌장 제71조 규정이 유엔총회가 NGO를 초청하는 것을 배제하는 것이 아니라는 해석과 더불어 유엔총회가 NGO의 참여를 공식적으로 개방할 것을 제안했다. 이러한 제안에 대해 일부 국가들은 극명하게 반대 의견을 표시하기도 했지만 대체적으로 회원국 정부들은 극도로 신중하게 반응을 했다.

이러한 제안의 시금석은 2005년에 개최된 세계정상회의(World Summit)이었다. 왜냐하면 세계정상회의는 총회의 고위급 본회의 회합(high-level plenary meeting)으로 개최되는 행사로서 총회 본회의 의사규칙이 적용되고 총회 본회의 의사규칙은 전통적으로 NGO의 참여를 극도로 제한해 왔기 때문이다. 결과적으로 NGO는 세계정상회의의 준비 과정뿐 아니라 세계정상회의 자체에의 참여가 배제되었으며 세계정상회의가 개최되기 전 3개월 전 이틀 동안 개최된 비공식적인 유엔총회 청문회(General Assembly Hearing)에 기업 대표들과 더불어 참가하는 것으로 제한되었다.

2. 주요기관과 보조기관의 NGO와의 관계

유엔헌장(United Nations Charter)의 서문은 「우리 유엔 사람들은(We the peoples of the United Nations)」이라는 말로 시작됨으로써 유엔의 궁극적인 권위가 세계의 개개 시민으로부터 유래됨을 간접적으로 나타내고 있다. 이러한 헌장의 서문의 내용과는 달리 시민들과 유엔과의 관계는 매우 제한적이다. 여기에서는 유엔기구(United Nations Organizations, UNOs) 가운데 주요기관(major organs)인 경제사회이사회(ECOSOC)·총회·사무국·안보리와 더불어 이들이 결의문의 채택을 통해 설립한 보조기관(subsidiary organs)과 기타 유엔 관련 기관과 NGO의 관계를 살펴보고자 한다.

본격적인 논의에 앞서 보조기관에 대한 설명이 필요하다. 유엔을 비롯한 국제기구는 자신에 부과된 임무나 목적을 수행하기 위해 필요한 경우 보조기관을 설립한다. 보조기관이란 설립헌장에 의해 직접적으로 창설된 헌장상의 기관(constitutional organs)이 그 기능을 원활하게 수행하기 위해 헌장규정에 따라 결의문(resolution)을 통해 창설하는 기관이다. 이런 점에서 보조기관은 조약에 의해서 창설되고 독립된 예산체제를 갖는 등 독립된 법인격을 누리는 전문기구(specialized agencies)와도 구별된다.

일반적으로 설립헌장은 헌장상의 기관이 보조기관을 창설할 권한을 명시적으로 규정한다. 예컨대 유엔헌장 제7조 제2항은 필요하다면 헌장에 따라 보조기관을 창설할 수 있다고 규정하고 있다. 헌장 제22조와 제29조는 각각 총회와 안보리의 보조기관 창설을 규정하고 있다. 그러나 이러한 명시적인 규정이 없어도 보조기관 창설능력은 국제기구의 묵시적인 권한에 속한다고 본다.

국제기구가 보조기관을 설립하고 그 수가 증가하고 있는 것은 국제기구가 취급하는 이슈가 매년 증가하여 헌장상의 기관만으로는 처리할 수 없는 일이 생기거나 전문성을 필요로 하는 일들이 많이 발생하기 때문이다. 이러한 문제를 해결하기 위해 기존 헌장상의 기관의 권능 등을 바꿀 수도 있으나 헌장의 개정은 쉬운 일이 아니다. 따라서 헌장상의 기관의 결의문의 통과만으로도 설립이 가능한 보조기관의 설립을 통해 이러한 문제를 해결하고자 한다.

보조기관들은 회원국의 대표로 구성되는 것이 일반적이나 유엔총회의 국제법위원회(International Law Commission, ILC)처럼 개인의 자격으로 선출된 구성원을 두고 있는 경우도 있다. 보조기관 가운데는 상설적인 보조기관이 많지만 유엔의 평화유지군(Peace-keeping Forces, PKF)처럼 수시로 설치되는 것도 있다.

총회의 보조기관들은 다양한 조직의 형태로 설립이 된다. 가장 보편적인 조직의 형태는 위원회(commission or committee)이지만 임시적인 위원회(ad-hoc committee)의 형태로부터 자체로 별도의 사무국이나 행정적인 부서를 두고 있는 준자율적인 국제기구의 형태에 이르기까지 다양하게 존재한다. 이들 보조기관들은 기관에 따라 유엔에 의해 직접적으로 재정이 지원되기도 하고 정부나 일반 시민들로부터의 자발적 기여금(voluntary contribution)에 의해 재정이 조달된다.

1) 유엔 경제사회이사회(ECOSOC)와의 관계[39]

(1) 관계 일반

ECOSOC은 NGO에게 세 종류의 협의지위에 부여해 오고 있다. 이러한 협의지위는 1996년에 채택된 ECOSOC의 결의문에 기초를 두고 지금까지 적용되어 오고 있는 것이다. 2016년 12월 31일 기준으로 ECOSOC과 협의지위를 가지고 있는 NGO는 총 4,507에 이른다.

① 일반 협의지위 NGO

일반 협의지위(general consultative status) NGO는 실질적으로 ECOSOC이 다루는 의제의 대부분을 다루는 NGO 즉 ECOSOC의 책임에 있는 대부분의 영역에 이르는 다면적 목표와 활동을 가지고 있어 이러한 영역에 있어서 공헌이 기대되고 광범위한 범위의 국가들을 대표하는 다수의 회원을 갖고 있는 NGO로서 「포괄적 협의지위 NGO」라고도 불린다. 이러한 NGO는 통상적으로 상당히 규모가 크고 광범위한 지리적인 범위를 커버하는 국제적인 NGO들이다.

이러한 지위를 가진 NGO는 ECOSOC은 물론 그 보조기관에 초청 없이도 대표를 지정하여 파견할 수 있으며 이러한 대표들은 이들 회의의 공개회의에 옵서버로서 참가할 수 있다.[40] 일반 협의지위를 가지고 있는 NGO들이 다른 종류의

---

39) 유엔 경제사회이사회(ECOSOC)는 유엔의 6대 주요기관(총회·안보리·경제사회이사회·신탁통치이사회·국제사법재판소·사무국)의 하나로서 유엔에 있어서 경제·사회·교육·문화·보건 등 안보문제를 제외한 거의 모든 문제를 다루고 있다. ECOSOC은 유엔 창설 당시 18개의 이사국으로 구성되었으나 그 수가 늘어나 현재 54개 이사국을 그 구성원으로 하고 있다. ECOSOC은 유엔 헌장 제62조에 따라 경제·사회·문화·교육·보건 및 관련 국제 사항에 관한 연구 및 보고를 하거나 이를 발의할 수 있으며 이러한 사항에 관하여 총회와 유엔 회원국 및 관계 전문기구에 권고할 수 있다. ECOSOC은 모든 사람을 위한 인권 및 기본적 자유의 존중과 준수를 촉진하기 위하여 권고할 수 있으며 그 권한에 속하는 사항에 관하여 총회에 제출하기 위한 협약안을 작성할 수 있다. 또한 ECOSOC은 유엔이 정한 규칙에 따라 그 권한에 속하는 사항에 관하여 정부간회의를 소집할 수 있는 권한을 가지고 있다.

40) NGO들은 ECOSOC보다는 ECOSOC에 보고를 하도록 되어 있는 ECOSOC 내의 보조기관에서 보다 적극적으로 활동한다. 왜냐하면 일반적으로 실질적인 중요한 결정은 위원회와 같은 보조기관에서 이루어지고 ECOSOC은 이를 수정 없이 때로는 약간의 수정을 가하여 통과시키기 때문

협의지위를 가지고 있는 NGO들과 크게 구별되어 가지고 있는 권한은 의제 제안권이다. 그런데 이러한 의제 제안권은 ECOSOC 회의에 의제를 제안하는 경우와 ECOSOC의 보조기관에 의제를 제안하는 과정이 각기 다르다.

ECOSOC 회의에 의제를 제안하는 경우 제안은 ECOSOC의 보조기관으로서 NGO와 관련한 문제를 다루는 NGO위원회(Committee on Non-Governmental Organizations)에 하게 된다. 구체적으로 NGO는 NGO위원회로 하여금 사무총장에게 NGO가 특별한 관심을 가지고 있는 의제항목(agenda item)을 ECOSOC 회의의 잠정의제(provisional agenda)에 포함시켜 줄 것을 요청하도록 하는 제안을 하게 된다.[41] 그러나 의제를 제안한다고 해서 반드시 의제로 확정되는 것은 결코 아니다. 이들 NGO들이 제안한 의제는 잠정의제로서 정부대표들에 의해 최종 의제로서 선택되지 않을 경우 논의의 대상이 되지 못한다.

ECOSOC의 보조기관에 의제를 제안하고자 하는 NGO는 해당 기관의 회기 시작 최소한 63일 전에 사무총장에게 통보를 하고 공식적인 제안에 앞서 사무총장이 제시할 수도 있는 논평(comment)에 적절한 주의를 기울여야 한다. 이러한 과정을 거쳐 공식적인 제안은 관련 문서 제출과 더불어 회기 시작 49일 이전에 이루어져야 하며 참가하여 투표한 국가의 $\frac{2}{3}$의 찬성이 있으면 정식 의제로 채택된다.[42]

일반 협의지위 NGO가 제안한 의제항목이 ECOSOC 회의의 정식의제로 채택된 경우 그 NGO는 ECOSOC에서 의제에 대한 제안 설명의 성격을 갖는 모두 진술(introductory statement)을 할 수 있는 자격을 가지게 된다. 당 의제가 정부대표들에 의해 토의되는 과정에서 불분명한 점을 명백히 할 목적으로 ECOSOC 의장은 해당 NGO에게 또 다른 발언을 요청할 수 있다.

일반적 협의지위를 가지고 있는 NGO는 이러한 의제 제안권 이외에 회의에 출석하여 구두로 의견을 진술할 수 있을 뿐 아니라 유엔의 문서로서 서면진술서를 제출하여 회람하는 것이 인정된다. 우선 구두진술의 경우부터 살펴보면 다음과

이다: Peter Willetts, "The Rules of the Game: The United Nations and Civil Society," in John W. Foster and Anita Anand, eds., *Whose World is it Anyway?: Civil Society, the United Nations and the Multilateral Future* (Ottawa, Canada: The United Nations Association in Canada, 1999), 263.

41) 결의안 E/RES/1996/31의 para 27.

42) 결의안 E/RES/1996/31의 para 34.

같다. 일반 협의지위 NGO는 ECOSOC 자체 회의에서 구두진술이 허용되는데 그러기 위해서는 NGO위원회에게 구두진술을 요청하고 이러한 요청을 받은 NGO 위원회가 어떤 NGO가 어떤 의제항목에 관해 ECOSOC 회의에서 구두진술을 할 것인가와 관련하여 ECOSOC에게 추천을 하고 ECOSOC이 이를 승인해야 한다. 일반 협의지위 NGO가 ECOSOC의 보조기관에서 구두진술을 하려면 보조기관으로부터의 요청이 있어야 하며 이러한 요청이 있을 경우 보조기관에서 직접 구두진술을 하거나 NGO와의 협의를 목적으로 보조기관의 내부에 설립된 위원회(committee)를 통해 구두진술을 하는 것이 가능하다.

서면진술의 경우 일반 협의지위 NGO들은 ECOSOC 자체나 그 보조기관에서 가능하며 어디에서 하든 관계없이 2,000 단어 이내의 서면진술서를 회람시킬 수 있다.43) NGO들은 서면진술서를 작성할 때 자신들이 인쇄하여 배포하는 것이 아니라 유엔 사무국이 이를 유엔의 문서로서 인쇄하여 배포한다. 만약 서면진술서가 2,000 단어를 초과할 시 NGO는 요약문을 제출하여 사무국으로 하여금 회람하도록 하거나 2,000 단어가 넘는 서면진술서를 스스로 만들어 공급해야 한다.

그러나 이러한 제한에 대해 예외가 없는 것은 아니다. 구체적으로 서면진술의 대상이 ECOSOC 자체인 경우 ECOSOC이나 NGO위원회의 특별한 요청이 있다면 2,000 단어가 넘는 서면진술서의 회람이 가능하다. ECOSOC의 보조기관의 경우 보조기관의 특별한 요청이 있을 경우 2,000 단어가 넘는 서면진술서를 회람하게 할 수 있다.

이러한 일반 협의지위를 보유한 대표적인 NGO로는 국제로터리클럽(Rotary International)·유엔협회세계연맹(WFUNA)·국제표준화기구(ISO)·국제상업회의소(ICC) 등이 있다. 한국의 NGO로서는 굿네이버스(Good Neighbors)가 1996년에 처음으로 일반 협의지위를 획득했고 1997년에 세계평화여성연합(Women's Federation for World Peace, WFWP)이 두 번째로 획득한 바 있다.

② **특별 협의지위 NGO**

특별 협의지위(special consultative status)는 ECOSOC이 다루는 다양한 분야의

---

43) 모든 서면진술서의 경우 이처럼 단어의 수를 제한하고 있는데 이러한 단어의 수는 표지에 포함된 단어까지를 포함하는 것이다. 유엔의 시스템의 경우 표지의 단어 수를 실제의 단어 수와 관계없이 100자로 자동으로 인식하기 때문에 표지를 제외한 서면진술서의 단어 수는 최대한 허용되는 단어의 수보다 100자가 적어야 한다.

이슈들 가운데 일부에 관심을 가지고 있는 NGO로서 이러한 일부 특정 분야에서 공헌이 기대되는 국제적으로 잘 알려진 NGO에게 부여된다. 보건이나 인권 혹은 환경 등과 같은 특정 분야의 활동을 전문으로 하는 NGO에게 주어지는 지위라고 하여 「특정 분야 협의지위」라고도 불린다.

특별 협의지위 NGO들은 ECOSOC과 그 보조기관에 초청 없이도 대표를 지정하여 파견할 수 있고 이러한 대표들은 이들 회의의 공개회의에 옵서버로서 참가할 수 있는데 일반 협의지위 NGO와는 달리 ECOSOC와 그 보조기관에서 의제를 제출할 권한을 보유하지 않는다.

특별 협의지위 NGO들은 초청 없이 출석하여 구두진술과 서면진술을 할 수 있다. 우선 구두진술부터 살펴보면 특별 협의지위 NGO의 경우 구두진술은 원칙적으로 ECOSOC 자체의 회의에서는 허용되지 않고 자신들이 다루고 있는 주제와 동일한 주제를 다루고 있는 ECOSOC의 보조기관에서만 가능하다.44) 이렇게 특별 협의지위 NGO가 ECOSOC의 보조기관에서 구두진술을 하려면 보조기관으로부터의 요청을 필요로 하며 이러한 요청이 있을 경우 보조기관에서 직접 구두진술을 하거나 NGO와의 협의를 목적으로 보조기관의 내부에 설립된 위원회(committee)를 통해 구두진술을 할 수 있다. 그러나 단 예외적으로 동일한 주제를 다루고 있는 보조기관이 없을 경우 동일한 주제를 논의하는 ECOSOC 회의에서의 구두진술이 허용된다.

서면진술의 경우는 ECOSOC 자체와 ECOSOC의 보조기관 모두에서 가능하다. ECOSOC의 보조기관에서 서면진술을 할 경우 진술서는 1,500 단어 이내로 한정된다. 만약 서면진술서가 1,500 단어를 초과할 시 NGO는 요약문을 제출하여 사무국으로 하여금 회람하도록 하거나 1,500 단어가 넘는 서면진술서를 스스로 만들어 공급해야 한다. 그러나 보조기관의 특별한 요청이 있을 경우 1,500 단어가 넘는 서면진술서를 회람할 수 있다.

ECOSOC 자체에서 서면진술을 할 경우는 보조기관에서와 달리 500 단어 이내의 서면진술서만이 허용되며 서면진술서가 500 단어를 초과할 경우 사무국에

---

44) 예를 들자면 국제 앰네스티(Amnesty International)는 2002년에 개최된 제58차 유엔인권위원회에서 구두발언을 통해 2001년에 사형집행에 의해 처형된 사람의 수가 배 이상 증가하였다고 공개하고 즉각적인 사형집행의 유보를 촉구하는 결의안을 채택할 것을 유엔 인권위원회에 촉구한 바 있다.

의해 배포되기 위해서는 요약본을 제출해야 하나 ECOSOC이나 NGO위원회의 특별한 요청이 있을 경우 500 단어를 초과한 서면진술서의 배포가 가능하다.

특별 협의지위를 지니고 있는 대표적인 NGO로는 국제 앰네스티(Amnesty International, AI)·구세군(Salvation Army)·기독교청년회(YMCA) 등이 있다. 한국의 NGO로는 한국에 본부를 두고 있는 밝은사회클럽 국제본부(Global Coopera-tion Society International, GCS International)가 1997년 5월에 최초로 이러한 지위를 획득했다.

그 후에 한국여성단체협의회·한국여성정치문화연구소·아태여성정보통신원·세계대학총장연합·환경운동연합·환경정의·참여연대·경제정의실천시민연합(경실련)·민주사회를위한변호사모임(민변)·한국자유총연맹·홀트아동복지회·주거복지연대·흥사단·밀알복지재단·열매나눔재단·한민족복지재단·청소년폭력예방재단·원불교여성회·한국JTS·로터스월드(Lotus World)·굿피플인터내셔날(GoodPeope International)·코피온(Copion)·우리민족서로돕기운동·한국국제봉사기구(KVO)·국제개발협력민간협의회(KCOC)·전국지속가능개발협의회·UN지원SDGs한국협회·휴먼인러브·한국국제기아대책기구·세계유아교육기구(World Organization for Early Childhood Education)·구생회(외교부 사단법인)·하늘문화세계평화광복(Heav-enly Culture World Peace Restoration of Light) 등이 추가로 특별 협의지위를 획득한 바 있다.

③ 명부상의 협의지위 NGO

ECOSOC의 협의지위를 신청한 NGO가 일반 협의지위나 특별 협의지위에 적합하지 않은 경우 통상적으로 명부에 포함이 된다. 즉 명부상의 협의지위(roster consultative status)는 ECOSOC과의 관계에 있어서 일반 협의지위나 특별 협의지위를 획득하지 못한 NGO로서 ECOSOC이나 유엔 사무총장에 의해서 ECOSOC 혹은 ECOSOC의 보조기관에 대해 때때로 유효한 공헌을 할 수 있다고 고려되는 NGO들에게 부여되는 지위이다. 한국의 NGO로서는 새마을운동중앙회·소비자시민모임·인구보건복지협회가 이러한 지위를 획득한 바 있다.

구체적으로 이들 명부상의 NGO(NGO on the roster)는 ECOSOC의 보조기관인 NGO위원회의 추천에 의거한 ECOSOC의 조치에 의하거나 유엔 사무총장의 조치에 의해 명부에 오를 수 있다. 여기에 더하여 전문기구(specialized agencies)

나 기타의 유엔기구와 협의지위 혹은 이와 유사한 지위에 있는 NGO는 명부상의 NGO가 될 수 있다.

상기한 두 종류의 협의지위인 일반 협의지위와 특별 협의지위를 보유한 NGO가 ECOSOC과의 관계에 있어서 회의에 참가할 대표를 지정할 권리와 더불어 서면진술과 구두진술을 할 수 있는 권리 등을 본질적으로 가지고 있어 ECOSOC이나 그 보조기관으로부터의 초청 없이(without invitation) 이러한 권한을 행사할 수 있는데 반해 명부상의 협의지위를 부여받은 NGO들은 이러한 권한을 본질적으로 가지고 있지 않기 때문에 ECOSOC이나 ECOSOC의 보조기관에 초청을 받을 경우에 한해 참가하여 그들이 전문적으로 다루는 분야의 문제에 대해 일정한 권한을 행사할 수 있다. 이러한 일정한 권한을 ECOSOC의 보조기관으로부터 초청을 받은 경우와 ECOSOC 자체로부터 초청을 받은 경우로 구분하여 살펴보면 다음과 같다.

ECOSOC 보조기관에 초청을 받을 경우 이러한 기구에서 구두진술과 서면진술이 가능하다. 구체적으로 ECOSOC 보조기관에서의 구두진술은 유엔 사무총장의 추천이나 ECOSOC 보조기관의 요청이 있을 시 가능하다. 서면진술의 경우 사무총장이 보조기관의 의장이나 보조기관 자체와의 협의를 거쳐 요청할 경우 가능한데 특별 협의지위 NGO와 마찬가지로 서면진술을 할 경우 진술서는 1,500 단어 이내로 한정된다. 만약 서면진술서가 1,500 단어를 초과할 시 NGO는 요약문을 제출하여 사무국으로 하여금 회람하도록 하거나 1,500 단어가 넘는 서면진술서를 스스로 만들어 공급해야 한다. 그러나 보조기관의 특별한 요청이 있을 경우 1,500 단어가 넘는 서면진술서를 회람할 수 있다.

보조기관이 아닌 ECOSOC 자체에 초청을 받을 경우 서면진술은 허용되나 구두진술은 어떠한 경우에도 허용되지 않는다. 구체적으로 서면진술은 사무총장이 ECOSOC의 의장이나 ECOSOC 자체 혹은 NGO위원회와의 협의를 거쳐 요청할 경우 가능하다. 이때 특정 협의지위 NGO와 마찬가지로 서면진술은 500 단어 이내에서만 가능하다. 단 서면진술서가 500 단어를 초과할 경우 사무국에 의해 배포되기 위해서는 요약본을 제출해야 하나 ECOSOC이나 NGO위원회의 특별한 요청이 있을 경우 500 단어를 초과한 서면진술서의 배포가 가능하다.

위에서 살펴본 일반 협의지위 NGO와 특별 협의지위 NGO는 4년마다 보고서를 제출해야 하는 의무를 지나 명부상의 NGO는 이러한 의무를 지지 않는다.

(2) ECOSOC의 보조기관

위에서 언급한 것처럼 ECOSOC과 협의지위를 지니고 있는 NGO들은 ECOSOC 뿐만 아니라 NGO의 활동과 관련이 있는 ECOSOC의 보조기관에서도 그 권한이 인정된다. 그러나 이러한 보조기관이 ECOSOC과 협의지위를 지니고 있는 NGO들에게만 배타적으로 그 권한을 인정해야만 하는 것은 아니다. 즉 보조기관은 자체의 규정에 의해 일정한 자격을 갖춘 그 밖의 NGO들에게도 일정한 권한을 인정할 수 있다.

ECOSOC은 산하에 많은 보조기관(subsidiary organs)을 두고 있다. 이러한 기관들에 대한 분류가 다양한 방식으로 이루어지는데 여기에서는 기능 위원회(Functional Commissions) · 지역위원회(Regional Commissions) · 상설위원회(Standing Committee) · 정부의 전문가로서 구성된 전문가 기구(Expert bodies composed of governmental experts) · 개인적인 자격으로 복무하는 전문가로서 구성된 전문가 기구(Expert bodies composed of members serving in their personal capacity) · 고위급조정이사회(Chief Executives Board for Coordination, CEB)와 같은 기타 관련 기구(Other related bodies)로 분류하여 살펴보고자 한다.

이들 가운데 NGO들이 가장 활발하게 참여하여 활동하고 있는 보조기관은 기능위원회들이다. 이러한 기능위원회에는 통계 위원회(Statistical Commission) · 인구 및 개발위원회(Commission on Population and Development) · 사회개발 위원회(Commission for Social Development) · 여성지위 위원회(Commission on the Status of Women) · 마약 위원회(Commission on Narcotic Drugs) · 범죄예방 및 형사정의 위원회(Commission on Crime Prevention and Criminal Justice) · 개발을 위한 과학 및 기술 위원회(Commission on Science and Technology for Development) · 유엔 산림 포럼(United Nations Forum on Forests) 등이 있다. 이 가운데 여성지위위원회를 예로서 살펴보면 다음과 같다.

기본적으로 NGO의 활발한 참여는 여성지위위원회의 업무에 아주 중대한 요소이다. NGO들은 여성의 세력화와 성 평등을 위한 전 지구적인 정책의 기조를 규정짓는 데 큰 영향력을 행사해 오고 있다. 여성지위원회는 구체적으로 다음과 같은 방식으로 NGO와의 협력 관계를 가져오고 있다.

첫째, NGO는 여성의 지위에 영향을 미치는 인권의 훼손과 관련하여 통고

(communication)의 주체가 될 수 있다.45) 여성지위위원회의 경우 관련 ECOSOC 결의문들에 따라 여성이라는 이유만으로 중대하고 충분한 근거를 갖는 부당함과 차별적인 관행이 여성에게 일관적으로 가해질 경우 통고를 할 수 있도록 되어 있다. 비록 통고의 주체에 대해서 별도의 언급이 없으나 모든 개인·NGO·그룹 등은 세계의 어디에서든 여성의 지위에 영향을 미치는 인권의 훼손이 있다면 이에 관한 정보를 담은 통보문을 여성지위위원회에 제출할 수 있다. 여성지위위원회는 성 평등을 촉진하기 위한 전략의 개발과 정책의 수립을 위해 여성에게 가해지는 불의와 차별적 관행의 새로운 경향과 패턴을 알아내기 위해 이러한 통고를 연례적인 업무 프로그램의 일환으로서 심의한다. 여기에서 주목할 사항은 여성지위위원회는 제출된 통보문의 시비에 대한 결정을 내리지는 않는다는 점이다.

둘째, 여성지위위원회는 정부대표들이 자국 입장에 관한 발언과 토의에 앞서 이들의 토의를 돕기 위한 목적으로 전문가 패널토의(panel discussion)를 두고 있는데 NGO는 이러한 패널토의에 주제 발표자로서 참여할 수 있고 더불어 주제 발표자에 대한 질의와 코멘트를 하는 참여자로서도 참여가 가능하다. NGO는 이러한 패널토의에 참여하여 NGO의 입장을 제시할 수 있다.

전문가 패널은 정부 측 인사 2명·전문가 그룹의 전문가 1명·시민사회를 대표하는 1명·유엔체제(UN system) 전문가 1명으로 구성되며 이들 패널리스트들은 모두 주제발표를 하게 된다. 이들의 주제발표가 끝난 뒤 유엔 여성지위위원회를 구성하고 있는 위원국들의 정부대표들과 참여가 허용된 NGO 대표들이 이들 전문가 패널리스트들의 주제발표에 대해 질문을 하거나 코멘트를 한다.

주제 발표에 대해 질문과 코멘트를 하는 NGO 대표들은 전문가 패널에 패널리스트로 참가하는 NGO 대표와는 다른 NGO 대표들로서 ECOSOC으로부터 협의지위를 획득한 NGO의 대표들인데 공간의 문제로 인해 이들 가운데 제한된 수의 NGO에게만 이러한 형태의 참여의 기회가 주어진다. 이때 NGO들에게는 3분의 발언시간이 주어지며 발언문의 제출 등이 요구되지 않는다.

주제 발표에 대한 질의와 코멘트에 이어 이러한 질문이나 코멘트에 대해 패널리스트들의 답변이나 견해 피력이 이어진다. 패널리스트들의 답변이나 견해 피력에 이어 패널리스트들의 마감발언(closing statements)을 끝으로 전문가 패널토의는

---

45) 여기서 통고(communication)란 구체적으로 불만(complaint)의 제기나 청원(petition) 혹은 호소(appeal)에 해당하는 전문용어이다.

끝난다. 이처럼 참여자들 간에 견해를 주고받기 때문에 전문가 패널을 「쌍방향성 패널(interactive panel)」이라고 칭한다.

전문가 패널토의가 끝난 후 일반토의(general discussion)가 이어진다. 일반토의에서는 정부대표들의 발언이 가장 먼저 행해지고 이어서 참여가 허용된 유엔체제(UN system)에 속하는 국제기구의 대표들과 ECOSOC으로부터 협의지위를 부여받은 NGO 대표들의 발언이 있게 된다. 이처럼 NGO 대표들은 여성지위위원회의 전문가 패널에 참여할 뿐 아니라 전문가 패널에 이은 일반토론에서 정부대표들의 발언이 끝난 후 발언의 기회를 가질 수 있다.

이러한 발언의 기회를 가지고자 희망하는 NGO는 정해진 기일 내(2017년 회기의 경우는 2018년 1월 24일부터 2월 17일까지)에 의사를 표시해야 한다. 이러한 발언의 기회는 유엔 ECOSOC의 협의지위를 보유하고 있는 NGO에게만 주어지는데 공간의 부족으로 참여할 수 있는 NGO의 수는 제한된다.[46)]

또한 시간적인 제약을 인해 발언에 참가하는 NGO에게 주어지는 시간 역시 제한되는데 이때 발언의 우선권은 개별적인 발언을 하는 NGO보다는 그룹을 대표하여 여성지위위원회가 우선권을 두고 있는 주제와 관련한 발언을 하고자 하는 NGO에게 주어진다. 발언은 3분 이내에 행해져야 하며 구체적인 발언과 관련하여 따라야 할 사항에 관해서는 전자메일을 통해 발언을 희망한 NGO에게 통보가 된다.

이처럼 NGO들은 여성지위위원회의 일반토의에서 발언 즉 구두진술을 할 수 있을 뿐 아니라 서면진술서를 작성하여 배포하는 것 역시 가능하다. 물론 이를 위해서는 NGO는 ECOSOC으로부터의 협의지위를 보유하고 있어야 한다. 서면진술을 희망하는 NGO는 정해진 시간 내에(2017년의 경우는 9월 30일부터 10월 20일 사이에) 유엔의 CSO-net을 통해 서면진술서를 제출해야 한다. ECOSOC과 일반협의지위를 가지고 있는 NGO는 표지를 포함하여 2,000자 이내로 작성을 해야 하고 특별 협의지위를 가지고 있는 NGO의 경우는 1,500자 이내로 작성되어야 한다. 서면진술서를 작성할 경우 지켜야 할 서식이 정해져 있으며 이를 따라야 한다.

---

46) ECOSOC과의 협의지위가 없어도 여성지위위원회 회의가 열리는 유엔의 영역 밖에서 병행 행사를 조직하여 참가하는 것은 가능하다. 이를 위해서는 ECOSOC의 협의지위를 가진 NGO인 여성지위NGO위원회(NGO Committee on the Status of Women)와 접촉을 해야만 한다.

(3) ECOSOC과의 유관 기구들

여기에서는 ECOSOC과 유관한 기구로서 NGO와 관련을 가지는 두 기구인 NGO회의와 NGO위원회를 살펴보고자 한다.

① NGO회의(CONGO)

NGO회의(Conference of Non-Governmental Organizations in Consultative Relationship with the United Nations, CONGO)는 ECOSOC의 협의지위를 보유하고 있는 NGO들이 자신들의 목소리를 ECOSOC에 집단적으로 대변하는 등 궁극적으로 NGO와 유엔 간의 관계를 향상시키기 위해 1948년에 설립한 조직체이다.[47] 따라서 이 기구는 유엔의 기구가 아니라 협의지위를 가지고 있는 NGO들의 연합체로서의 NGO인 것이다. CONGO 자체도 ECOSOC의 협의지위를 가지고 있는 NGO이다.

이 조직의 설립 목적은 NGO들의 목소리가 국제적인 이슈들이 논의에 반영되도록 하는 것이다. 따라서 이를 위해 필요한 NGO들 간에 협의를 위해 최대한의 기회와 적절한 시설을 활용할 수 있도록 하며 협의과정을 위한 토론장(forum)을 제공하고 공동의 이익을 가져다 줄 수 있는 일에 대한 견해의 교환을 돕는다. 이와 더불어 최근에는 ECOSOC 이외의 유엔기관(특히 유엔총회)으로의 NGO의 참여 확대 등 유엔 내에서의 공식적인 지위의 향상을 위해 노력해 오고 있다.

CONGO는 개개 NGO들과는 별도로 ECOSOC과 협의지위를 가지고 있는 NGO들을 대신하여 조직 자체의 자격으로 ECOSOC의 회의 자체와 그 보조기관에 참가할 수 있다. CONGO와 관련하여 주목해야 할 것은 CONGO는 NGO들로 하여금 국제적인 문제에 대한 논의할 수 있는 장을 제공할 뿐 CONGO 자체가 이러한 국제적인 문제들에 대해 공동의 입장을 택하는 등의 활동은 하지 않는다는 점이다.

CONGO는 국제적인 문제에 대한 논의를 위해 뉴욕 · 제네바 · 비엔나와 같이 유엔본부나 유엔사무소가 있는 곳에 군축 · 개발 · 인권 · 환경 · 여성 · 아동 · 마약 등과 같은 이슈별 상설위원회(standing committee)를 두고 있다. 때에 따라서는 임

---

47) 「Conference of Non-Governmental Organizations in Consultative Relationship with the United Nations(CONGO)」를 「NGO회의」라고 직역하지 않고 의역하여 「NGO협의회」라고 부르는 경우도 있다. 이 조직체의 인터넷 홈페이지 주소는 http://ngocongo.org/이다.

시위원회(ad-hoc committee)를 두기도 한다.

1999년 서울에서 NGO 국제회의가 개최된 바 있는데 이 행사는 앞에서 언급한 바 있는 한국의 NGO인 밝은사회클럽 국제본부(GCS International)・NGO/DPI 집행위원회(NGO/DPI Executive Committee)・CONGO에 의해 공동으로 개최되었다.

② NGO위원회[48]

NGO위원회(Committee on Non-Governmental Organizations)는 ECOSOC의 산하의 상설위원회 가운데 하나로서 NGO와 관련한 문제 즉 NGO로부터의 협의지위의 신청과 지위의 변경 신청에 대한 심사・일반 협의지위 NGO와 특별 협의지위 NGO가 4년마다 제출하는 활동 보고서(quadrennial report)의 심사・ECOSOC 또는 기타 특정 기구의 요청에 따른 관련 NGO와의 협의・NGO가 제안한 의제안의 채택 결정 등을 다룬다.

NGO위원회는 유엔이 창설된 다음 해인 1946년에 ECOSOC의 결의안인 E/RES/3(II)에 의해 설립되었으며 설립 당시 5개 위원국으로 구성되었으나 1950년에 7개로 늘어났고 1981년 이래로 19개로 늘어난 바 있다. 구체적으로 NGO위원회는 지리적 배분을 고려하여 아프리카 국가에서 5개국・아시아 국가에서 4개국・동유럽 국가에서 2개국・라틴 아메리카와 카리브 해 국가 중 4개국・서유럽과 다른 국가 중 4개국으로 구성되어 있다.

위원국의 임기는 4년이며 의사결정은 통상적으로 합의(consensus)에 의해 이루어진다. 정기 회의는 1년에 3주간 개최되며 매 회기가 개시되기 전에 협의지위 신청과 관련하여 발생하는 문제를 해결하기 위해 비공식회의를 가지기도 한다. 필요할 경우 ECOSOC의 승인하에 최대한 2주간의 속개회의(resumed session)를 가질 수 있다.

NGO위원회는 1년에 2회 신청된 협의지위를 심사한다. NGO위원회가 협의지위 신청에 대해 승인을 하더라도 이는 단지 ECOSOC에 대한 권고에 불과하다. 따라서 NGO가 협의지위를 부여받기 위해서는 ECOSOC이 NGO위원회의 권고가 담긴 보고서를 검토한 후 최종적으로 승인 결정을 내려야 한다.

---

48) 「NGO위원회」를 약어로 표기할 경우 위에서 표기한 NGO회의와 같은 「CONGO」이어야 하나 혼동을 피하기 위해 「CONGO」라는 약어의 사용을 피하고 많은 경우 「NGO Committee」라고 약칭한다.

NGO위원회에 대한 비판의 목소리가 커지고 있는데 이러한 비판은 주로 협의지위의 심사 및 부여와 관련되어 제기되고 있다. 구체적으로 심사와 협의지위 부여 과정이 회원국들의 정치적인 압력에 의해 정치화되어 있는 등 객관적인 기준과 절차가 투명하지 못하다는 점이 가장 큰 문제점으로 지적되고 있다. 한국의 자유총연맹이 특별 협의지위를 획득하는 과정에서 북한의 입장을 두둔하는 중국 정부의 입김으로 인해 지위를 얻는 과정에서 많은 어려움을 겪었다는 것이 이러한 것을 보여준다. 이러한 문제점을 개선하기 위해 NGO위원회가 시민사회의 전문가들로 구성되어야 한다는 주장이 제기되고 있다. 이와 더불어 협의지위를 신청하고 부여받기까지 긴 경우 2년 정도까지 걸리는 등 시간이 너무 오래 걸린다는 지적도 많이 제기되고 있다.

2) 유엔총회와의 관계

유엔 ECOSOC에 이어 유엔총회와 NGO와의 관계를 살펴보자. 유엔총회는 ECOSOC과는 달리 NGO와 공식적인 관계를 설정한 것이 없다. 그럼에도 불구하고 유엔의 정기총회(Regular Session of the General Assembly)는 6개 주요 위원회(main committee)와 몇몇 보조기관에서 의제항목(agenda item)의 토의를 돕기 위해 NGO의 비공식적인 참여를 일정한 정도 허용해 온 것이 사실이다.

이러한 정기총회 이외에 특별총회(Special Session of the General Assembly)와 유엔 밖에서 대규모로 개최되는 전 지구적 회의(global conference) 역시 NGO들의 일정한 참여하에 이루어지고 있다. 또한 인권이사회(Human Rights Council)와 같은 유엔총회의 보조기관의 회의에도 NGO의 참여가 이루어지고 있다. 유엔총회가 시민사회와의 대화를 위해 개최하는 시민사회청문회(Civil Society Hearing)라는 회의 역시 NGO의 활발한 참여의 대상이다. 여기에서는 이들 유엔총회와 관련 있는 회의들과 NGO와의 관계를 하나씩 살펴보면 다음과 같다.

이러한 관계를 본격적으로 살펴보기에 앞서 이들과의 관계를 보다 충실히 이해하기 위해 참고해야 할 중요한 사항부터 살펴보면 다음과 같다. 유엔의 정기총회와 특별총회는 여러 가지 면에서 차이가 존재하지만 모두 유엔본부에서 개최된다는 공통점을 가지고 있다. 따라서 정부대표들만으로 회의를 갖기에도 공간이 부족한 유엔본부는 필연적으로 NGO의 참여에 물리적인 제약 요소가 될 수밖에 없다.

특히 다양한 이슈들을 다루는 정기총회와 달리 전 세계적으로 긴급한 해결을 요하는 하나의 이슈를 집중적으로 다루는 특별총회의 경우 유엔은 이러한 이슈의 해결에 시민사회를 대표하는 NGO의 관심과 참여가 중요하다고 생각하여 이들의 참여에 정기총회와는 달리 상대적으로 긍정적이다. 그러나 공간의 부족은 NGO의 참여에 물리적인 제약요소로 작용할 수밖에 없다.

이러한 정기총회와 특별총회와는 달리 유엔이 개최하는 전 지구적 회의(global conference)는 통상적으로 유엔 밖에서 개최되는 관계로 이러한 공간적인 제약으로부터 좀 더 자유롭다는 점을 고려하면서 NGO와 유엔총회와의 관계를 살펴보아야 할 것이다.

저자가 2000년에 9월에 개최된 새천년정상회의(Millennium Summit)에 앞서 같은 해 5월 말에 NGO들의 회의로서 유엔본부에서 개최된 새천년 포럼(Millennium Forum)에 한국 NGO 대표단의 일원으로 참여한 바 있는데 정부대표들의 회의가 활발하게 개최되는 시기가 아님에도 불구하고 공간이 대거 부족하여 대부분의 회의가 유엔본부 밖의 주변의 공간에서 개최된 바 있다.

NGO들은 유엔이 유엔 밖에서 개최한 대규모의 전 지구적 회의가 있음으로 인해 비교적 쉽게 공인을 받아 정부간회의에의 참여가 용이했고 회의의 준비과정에서 정부 대표들과 상호작용을 하며 NGO들 간에 연계망(network)을 구축할 수 있는 기회를 쉽게 가질 수 있었다.

그러나 이러한 회의가 유엔본부 밖에서 개최되는 관계로 막대한 비용을 수반하기 때문에 그 당시 유엔 정규예산의 $\frac{1}{4}$ 정도를 부담해온 미국의 주도적인 반대에 의해 유엔은 1996년 로마에서 개최된 세계식량정상회의(World Food Summit) 이후로 개최 횟수를 줄이고 그 대신 유엔 특별총회로 대체하는 변화를 보였다.[49]

---

49) 대규모 전 지구적 회의와 관련하여 지나치게 자주 개최되며 이에 수반되는 비용이 엄청나다는 비판이 1990년대 중반부터 제기되었다. 1995년에 개최된 바 있는 사회개발세계정상회의(WSSD)의 경우 6,000만 달러 이상의 경비가 소요된 것으로 알려졌다. 이러한 경비는 유엔의 정규예산으로부터도 지급되나 회원국의 자발적인 신탁기금(trust funds)으로부터도 지불되며 적지 않은 비용이 회의 유치국에 의해서도 지불 된다(Jacques Fomerand, "UN Conferences: Media Events or Genuine Diplomacy?" *Global Governance*, Vol. 2, No. 3 (1996), 361-375). 이들 이외에도 NGO와 기업 등이 또 다른 경비 지원자들이다. 1996년 로마에서 열린 세계식량정상회의는 식량농업기구(FAO)의 본부 소재지인 이탈리아의 로마에서 개최된 관계로 FAO 본부의 직원들의 이동에 소요되는 경비 등에서 크게 비용이 절감된 회의였다. 그러나 FAO 측의 검소한 회의였다는 당초의 발표와는 달리 1,000만 달러 이상의 막대한 경비를 지출한 것이 밝혀졌다. 회의를 위한 공식비용은 200만 달러였으나 각국 정부와 사설 재단·NGO·기업 등으로부터 700만 달러가 넘는 돈을 추가 지원금으로 받아 사용했다는 사실이 드러났다. 이로 인해 FAO는 거대 기업에 아부만 한다는 비난을 들어야만 했고 일부 전문가들은 이러한 회의비용이

따라서 NGO들은 과거 전 지구적 회의에서와는 달리 이러한 특별총회에 접근하는 데 있어서 많은 어려움을 겪게 되었다. 구체적으로 NGO들은 특별총회가 NGO들에게 가하는 제한으로서 유엔본부에서 개최됨으로써 야기되는 회의시설의 불충분함·좀 더 엄격하고 가변적인 공인 규칙·유엔총회에의 접근에 대한 보다 제한적인 규칙·회의장(meeting chamber)에의 보다 제한적인 물리적인 접근·보다 불규칙적인 회의 일정·개도국 NGO의 참여를 촉진하기 위한 기금의 감소를 적시하고 있다.50)

NGO의 특별총회에의 참여를 총회의 다른 회의와 비교하여 살펴보면 유엔 밖에서 주로 총회에 의해 개최되는 전 지구적 회의보다는 NGO의 참여를 허용하는 정도가 떨어지고 정기총회보다는 참여의 허용도가 높다고 볼 수 있다. 다시 말해 유엔총회는 NGO의 참여를 유엔 밖에서의 전 지구적 회의에 상대적으로 가장 유연하게 허용하고 있으며 그 다음으로 특별총회 그리고 가장 까다롭게 정기총회에 허용하고 있다

(1) 정기총회

정기총회는 본회의(plenary)와 위원회(committee)로 구분하여 살펴보고자 하는데 이는 이들이 NGO와 각각 다른 관계를 가지고 있기 때문이다. 일반적으로 정기총회 본회의의 경우 NGO 참여는 비공식적으로도 통제되고 있다. 이와는 달리 위원회의 경우는 각기 다르기는 하나 NGO의 참여에 매우 제한적이기는 하지만 부분적으로 인정해 오고 있다.51)

구체적으로 유엔총회의 위원회는 본회의와는 달리 초기부터 갈등에 관련되어 있는 비국가적 행위자(non-state actors)로 하여금 주로 제1위원회와 제4위원회에

식량문제 자체의 해결을 위해 유용하게 쓰일 수 있었을 것이라는 비판을 가하기도 했다 (조선일보, 1996년 11월 19일).

50) Global Policy Forum, "NGOs and the United Nations: Comments for the Report of the Secretary General," http://www.globalpolicy.org/ngos/docs99/gpfrep.htm (접속일: 2017년 5월 16일).

51) 유엔총회는 산하에 문제별로 6개의 주요 위원회(main committees)를 두고 있다. 구체적으로 군축과 군비관리를 포함한 정치 및 국제안보 문제를 취급하는 제1위원회·경제와 재정문제를 다루는 제2위원회·사회와 인도 및 문화 등을 취급하는 제3위원회·특별정치(PKO)와 탈식민문제를 다루는 제4위원회·행정과 예산문제를 취급하는 제5위원회·법률문제를 취급하는 제6위원회를 두고 있다.

서 관련된 의제항목에 관한 토론을 돕기 위해 그들의 견해를 제시하는 것을 허용하여 왔다. 예컨대 NGO들은 특별정치(PKO)와 탈식민문제를 취급하는 제4위원회에 청원자(petitioner)로 참여하여 연설 등을 해왔다.

그러나 이러한 예외를 제외하고 NGO들은 일반적으로 정기총회의 주요 위원회에 비공식적인 참여만이 허용되고 있다. 비공식적인 참여의 방식으로는 공식회의를 정회시키고 NGO들로 하여금 발언을 하도록 한 다음 공식회의를 다시 속개하는 방식을 택하기도 하고 NGO들로 하여금 위원회의 실무작업반(working groups) 회의에 참가하도록 하거나 주요 위원회의 의장과 협의 또는 간담회를 갖도록 하는 방식을 이용한다.52)

NGO들은 오래 전부터 정기총회의 위원회에 이러한 비공식적인 참여가 아닌 공식적인 참여를 요구하고 있으나 지금까지처럼 NGO의 참여에 대해 부정적인 입장을 보이고 있는 정부 대표들이 많은 한 NGO들의 요구가 관철되는 것은 그리 쉽지 않을 것으로 보인다.

일반적인 NGO들과는 달리 극히 제한된 일부 NGO들이 유엔총회의 옵서버 지위(observer status)를 가지고 총회에 참여해 오고 있다. 구체적으로 1990년에 처음으로 국제적십자위원회(ICRC)에게 유엔총회의 옵서버의 지위가 부여되었으며 이후 1994년에 몰타독립기사단(Sovereign Military Order of Malta)과 국제적십자사연맹(IFRC)이 옵서버 자격을 얻었다.53) 1999년에는 국제자연보전연맹(IUCN)이라는 국제환경 NGO가 옵서버 지위를 획득했다. 이어서 국제의원연맹(IPU)과 국제올림픽위원회(IOC)가 각각 2002년과 2009년에 동일한 지위를 획득했다. 이들 NGO들은 유엔총회의 회의와 업무에 옵서버로서 상시적 참가초청을 받으며 유엔본부에 상설대표부를 유지할 수 있다. 그러나 미국의 주도에 의해 유엔총회가 더 이상 NGO에게 옵서버 지위를 부여하지 않겠다는 결정을 내림으로써 이러한 방식을 통한 NGO의 총회 참여가 통제되게 되었다.

---

52) Peter Willetts, "The Rules of the Game: The United Nations and Civil Society," in John W. Foster and Anita Anand, eds., *Whose World is it Anyway?: Civil Society, the United Nations and the Multilateral Future* (Ottawa, Canada: The United Nations Association in Canada, 1999), 273.

53) 「Sovereign Military order of Malta」는 우리말로 「몰타기사단」으로 번역되는 단체로서 로마에 본부를 두고 있는 국제구호단체이다. 현재 1만 명에 이르는 남녀 기사(Knights and Dames)를 거느리고 있으며 전 세계에 걸쳐 수십 개의 병원과 보건 클리닉을 운영하고 있다.

(2) 특별총회와 전 지구적 회의

NGO들은 유엔의 정기총회뿐만 아니라 특별총회와 전 지구적 회의(global conference)에 활발하게 참여해 오고 있다. 여기서 이 두 종류의 회의를 하나로 묶어 준비회의(preparatory conference) 과정에의 참여와 정회의(main conference) 과정에의 참여로 구분하여 살펴보고자 한다.

유엔총회는 특별한 안건이 있을 때 특별총회(Special Session of the General Assembly)를 개최한다.54) 1990년대에 들어서 유엔총회는 결의안의 통과를 통해 특별총회를 대규모로 개최하기 시작했으며 NGO들의 참여를 허용해 오고 있다.55)

유엔은 이러한 특별총회 이외에 유엔 밖에서 대규모의 전 지구적 회의(global conference)를 빈번하게 개최하여 이를 통해 환경·인구·여성·사회정책·아동문제와 같은 중요한 사회경제적 문제들에 있어서 국가 간의 합의를 도출하려는

---

54) 유엔총회는 매년 정기적으로 개최되는 정기총회가 있고 특별한 의제가 있을 경우 필요에 따라 수시로 개최되는 특별총회와 긴급특별총회가 있다. 특별총회의 예로서는 1998년 6월 8일 전 세계에서 불법 생산 및 거래되고 있는 마약과 향정신성 물질 등의 퇴치방안을 논의하기 위한 개최된 유엔 마약특별총회를 들 수 있다. 긴급특별총회의 예로서는 예루살렘을 포함한 팔레스타인 자치지역 전역에서 이스라엘이 추진하고 있는 유태인 정착촌 건설문제를 다루기 위해 아랍연맹 회원국들의 요구에 의해 1997년 4월 25일에 소집된 긴급특별총회를 들 수 있다.

55) 1990년 이래로 개최된 특별총회를 일별하면 다음과 같다. 우선 1990년에 마약오용(Drug Abuse)에 관한 특별총회와 국제경제협력(International Economic Cooperation)에 관한 특별총회가 열렸다. 이후 한동안 특별총회가 개최되지 않고 있다가 유엔환경개발회의(UNCED)가 개최된 지 5년 만인 1997년에 UNCED의 후속조치를 검토하는 특별총회(Earth Summit+5)가 개최되었다. 1998년에는 세계마약문제(World Drug Problem)를 다루는 특별총회가 개최되었고 1999년에는 인구와 개발문제(Population and Development)를 다루는 특별총회와 더불어 소도서 개도국(Small Island Developing States) 문제를 다루는 특별총회가 개최되었다. 2000년에도 2회의 특별총회가 개최된 바 있는데 그 중 하나는 여성문제(Women 2000: Gender Equality, Development and Peace for the Twenty-First Century)를 다루었고 또 다른 하나는 사회개발문제(Social Development)를 다루었다. 2001년에는 유엔인간정주회의의 결과물의 이행(Implementation of the Outcome of the UN Conference on Human Settlements)을 다룬 특별총회와 에이즈문제(Problem of Human Immunodeficiency Virus/Acquired Immunodeficiency Syndrome (HIV/AIDS) in All Its Aspects)를 다룬 특별총회가 개최되었다. 2002년에는 아동문제에 관한 특별총회(World Summit for Children)가 열렸다. 2005년에는 나치 강제수용소에서의 해방 60주년의 기념(Commemoration of the 60th Anniversary of the Liberation of the Nazi Concentration Camps)을 주제로 한 특별총회·2014년에는 인구와 개발문제를 다룬 1999년의 특별총회의 행동계획의 후속조치를 검토하는 특별총회(Follow-up to the Programme of Action of the International Conference on Population and Development beyond 2014)·2016년에는 세계마약문제(World Drug Problem를 다루는 특별총회가 개최되었다.

경향을 보여 왔다. 이러한 경향은 1970년대부터 간헐적으로 존재해 온 것이 사실이나 1990년대에 이르러 보다 빈번해졌다.[56] 이러한 전 지구적 회의는 대다수 국

---

56) 1990년 이후 개최된 전 지구적 회의(전 지구적 회의의 성격을 가지지만 특별총회 형식으로 개최된 회의는 제외)를 일별해 보면 다음과 같다. 1990년의 아동정상회의(World Summit for Children)/모든 사람을 위한 교육 세계 회의(World Conference on Education For All)/제2차 최빈국회의(Second UN Conference on the Least Developed Countries)·1992년의 유엔환경개발회의(UNCED)와 국제영양회의(International Conference on Nutrition)·1993년의 세계인권회의(World Conference on Human Rights)·1994년의 국제인구개발회의(International Conference on Population and Development)/소도서 개도국의 지속 가능한 개발에 관한 전 지구적 회의(Global Conference on the Sustainable Development of Small Island Developing States)·1995년의 사회개발세계정상회의(World Summit for Social Development, WSSD)/제4차 세계여성회의(Fourth World Conference on Women)·1996년의 제2차 유엔인간정주회의(Second UN Conference on Human Settlement, HABITAT II)/세계식량정상회의(World Food Summit)·1998년의 국제형사재판소 설립에 관한 유엔회의(UN Conference on the Establishment of an International Criminal Court)·1999년의 제3차 외기권의 탐사와 평화적 이용에 관한 유엔회의(Third United Nations Conference on the Exploration and Peaceful Uses of Outer Space)·2000년의 새천년정상회의(Millennium Summit)/세계교육포럼(World Education Forum)/베이징+5(Beijing+5)·2001년의 제3차 최빈국회의(Third United Nations Conference on the Least Developed Countries)/모든 측면에서의 소형무기와 경무기의 불법거래에 관한 유엔회의(United Nations Conference on the Illicit Trade in Small Arms and Light Weapons in All Its Aspects)/인종주의·인종차별·외국인 혐오와 불관용 반대 세계회의(World Conference against Racism, Racial Discrimination, Xenophobia and Related Intolerance)·2002년의 개발재원국제회의(International Conference on Financing for Development)/지속가능개발세계정상회의(World Summit on Sustainable Development)/제2차 세계 고령화 회의(Second World Assembly on Ageing)/세계식량정상회의: 5년 후(World Food Summit: Five Years Later)·2003년의 내륙통과개도국 국제장관회의(International Ministerial Conference of Landlocked and Transit Developing Countries)/제1차 정보사회에 관한 세계정상회의(Phase One of World Summit on the Information Society)·2004년의 바베이도스 행동계획 10년 검토회의(10 Year Review of the Barbados Programme of Action)·2005년의 세계정상회의(World Summit-the High-Level plenary Meeting of the General Assembly)/코펜하겐 선언과 행동계획 10년 검토회의(10 Year Review of the Copenhagen Declaration and Programme for Action)/북경선언과 행동계획 10년 검토회의(10 Year Review of the Beijing Declaration and Platform for Action)/제2차 정보사회에 관한 세계정상회의(Phase Two of the World Summit on the Information Society)·2006년의 국제이주와 개발에 관한 고위급 회의(High-level Dialogue on International Migration and Development)·2008년에 몬테레이 합의의 이행을 검토하기 위한 개발재원에 관한 후속 국제회의(Follow-up International Conference on Financing for Development to Review the Implementation of the Monterrey Consensus)·2009년의 세계재정경제위기와 개발에의 영향에 관한 유엔회의(United Nations Conference on the World Financial and Economic Crisis and Its Impact on Development)·2010년의 유엔 새천년개발목표정상회의(United Nations Summit on the Millennium Development Goals)·2011년의 유엔최빈국회의(United Nations Conference on Least Developed Countries)·2012년의 유엔지속가능개발회의(UNCSD, Rio+20)·2013년의 제10차 유엔산림포럼(United Nations Forum on Forests 10)·2014년의 세계원주민회의(World Conference on Indigenous Peoples)/제3차 소도서 개도국 국제회의(Third

가의 원수나 정부의 수반 등 일련의 정상급 또는 각료급이 참여하는 고위급 수준의 회의라는 점을 그 특징 중의 하나로 하고 있다.[57] 이와 아울러 시민사회(civil society)를 대표하는 많은 행위자들이 참여하고 있다는 특징 역시 지니고 있다.

NGO들은 이러한 유엔 특별총회와 전 지구적 회의의 정회의 단계(main conference stage)는 물론 정회의 준비를 위해 정회의 개최 2-3년 전부터 개최되는 정회의 이전의 과정(pre-conference stage) 즉 준비회의(preparatory conference) 과정에도 참가한다. 이들을 구분하여 살펴보면 다음과 같다.

① 준비회의 과정에의 참여

우선 NGO는 특별총회와 전 지구적 회의의 준비과정(preparatory processes)에 참여한다. 구체적으로 준비위원회(Preparatory Committee, PrepComs)에 참여할 수도 있고 회기와 회기 사이에 열리는 회의(inter-sessional meetings)와 지역을 단위로 개최되는 지역준비회의(regional preparatory meetings) 등에도 참여한다. 회의의 준비를 위해 준비위원회가 별도로 설치되는 경우도 있고 기구에 따라서는 1994년의 카이로 국제인구개발회의(International Conference on Population and Development, ICPD)에서의 인구개발위원회(Commission on Population and Development, CPD)와 같은 기존의 기관이 이용되기도 한다.

준비회의 과정에서 NGO들은 보고서 준비를 책임 맡고 있는 사무국과 정부대표들에게 조언을 하고 자료와 같은 것들을 제공하기도 한다. 특히 다루고 있는 주제가 기술적인 것일 경우 정보나 전문지식을 제공하기도 한다. 문서안(draft documents)이나 결의안(draft resolutions)의 문안을 조정하여 정부대표단에게 제출하기도 한다.

부언하자면 많은 경우 유엔총회와 경제사회이사회(ECOSOC)가 결의문의 통과를 통해 특정 의제항목(agenda items)에 관한 유엔회의의 개최를 결정할 때 논의의 기초자료로서 유엔 사무총장과 정부들에게 다루고자 하는 의제항목과 관련한 보고서(report)를 준비할 것을 요청한다. 이때 의제항목 자체가 국제기구나 정부들

International Conference on Small Island Developing States) · 2015년의 제3차 개발재원회의 (Third International Conference on Financing for Development)/유엔 지속가능개발 정상회의(United Nations Sustainable Development Summit).

57) Jacques Fomerand, "UN Conferences: Media Events or Genuine Diplomacy?" *Global Governance*, Vol. 2, No. 3 (1996), 361-375 참조.

에게 있어 새로운 것일 경우 사무국 직원과 정부관리들은 이러한 보고서를 작성하는 데 있어서 관련 NGO에게 도움을 요청하지 않을 수 없게 된다. 이러한 요청에 의해 NGO들이 처음부터 보고서 작성에 참여함으로써 의제항목의 논의의 방향에 중대한 영향을 미칠 수 있다.

공인된 NGO(accredited NGO)는 유엔 ECOSOC과의 협의지위 보유 여부에 관계없이 준비위원회와 같은 정회의의 준비과정에서 간단하게 구두진술을 요청할 수 있다. 이는 정부간회의의 정회의에 참가가 공인된 NGO는 유엔의 관례와 의장의 재량 그리고 관련 기구의 동의에 의거하여 준비위원회와 정회의(main conference)의 본회의(plenary)와 하부기관에서 간단하게 구두진술을 할 수 있다는 경제사회이사회(ECOSOC)의 결의문 E/1996/31에 따른 것이다.

준비위원회에서 과도한 수의 NGO들이 구두진술을 원할 경우 시간적인 제약으로 인해 준비위원회는 발언할 NGO의 수와 이들의 발언시간을 제한하며 이들 NGO들을 발언하고자 하는 내용 등을 기준으로 분류한 다음 NGO들로 하여금 대표 NGO를 선정하여 대표 발언을 하도록 요청할 수 있다.

이들 공인된 NGO들은 물론 준비과정에서 서면진술서(written statement)를 자신의 경비에 의해 복사하여 회람시킬 수도 있다. E/1996/31에 따르면 정회의의 참가가 공인된 NGO는 준비과정 중에 유엔의 공용어로서 서면진술을 할 수 있다. 이러한 서면진술은 유엔 의사규칙과 일치하는 경우를 제외하고는 유엔의 공식문건(official document)으로서 발행되지 않는다.

준비회의 과정 중에서도 최종 단계에 이르러서는 NGO들의 참여가 배제되는 경우가 많으며 이들 두고 「제4차 준비위원회 현상(Fourth PrepCom Phenomenon)」이라고 부른다. 이는 준비위원회가 항상 4차례의 회의를 갖는 것은 물론 아니지만 통상적으로 4차례 정도 갖는 경우가 많은데 회의 막바지인 4차 회의에서는 NGO의 참여가 허용되지 않는다는 의미를 담고 있다. 즉 절차적인 문제들이 많이 논의되고 공식회의(formal meeting)가 주를 이루는 초기단계의 준비위원회 회의와는 달리 막바지에 이를수록 준비위원회는 실질적인 문제들에 초점을 맞추게 되며 이견을 조정하기 위해 비공식회의(informal meeting)를 많이 개최하게 된다. 따라서 정부 대표들은 통상적으로 이러한 회의에 NGO들을 배제하는 경향을 보여 오고 있다. 특히 정회의가 열리기 전 마지막 준비위원회에서 정회의에서 채택될 문건들의 초안이 작성되는 것이 통례인데 이러한 과정에서 NGO들은 배제되는 것이 일반적

이다.58)

이처럼 국제기구의 회의에서 주요한 일은 폐쇄된 비공식회의에서 이루어지는데 이러한 회의에 NGO들은 배제된다. 특히 NGO들은 준비위원회든 아니면 정회의든 일련의 최종 문안작성 회의들(final drafting session)로부터 배제된다. NGO들에게 있어 최종 문안작성 회의로부터의 배제는 NGO들로 하여금 최종 문건에 대해 자신들이 영향을 미칠 수 있는 가능성을 제한하기 때문에 커다란 제약점으로 작용한다. 이 경우 NGO들은 국가 대표들에게 문구 제안서(wording proposal)를 건네줌으로써 간접적으로 영향을 미칠 수 있을 뿐이다.

② 정회의 과정에의 참여

유엔 정기총회의 경우 NGO들이 위원회(committee) 회의에 참여하는 것은 상당히 제한되는데 본회의(plenary)에의 참여는 더욱 더 제한된다. 유엔 특별총회와 전 지구적 회의를 비교할 경우 특별총회에 비해 전 지구적 회의의 경우가 NGO의 본회의 참여에 상대적으로 너그럽다고 할 수 있다. 그러나 전 지구적 회의의 경우에 있어서도 허용되는 시간에 매우 제한되며 통상적으로 모든 NGO들을 대표한 NGO의 단일의 짧은 연설이 허용된다.

NGO들이 특별총회 정회의에 참여하고자 할 때 준비회의에서와는 달리 ECOSOC과 협의적 관계가 있느냐 없느냐가 중요한 차이를 가져온다. 즉 특별총회 정회의의 경우 유엔 ECOSOC과의 협의지위를 가지고 있는 제한된 수의 NGO들만이 본회의에서 구두진술을 하는 것이 허용된다. 이와는 대조적으로 전 지구적 회의의 정회의의 경우 공인된 NGO들이라면 ECOSOC과의 협의지위에 관계없이 본회의에서의 구두진술이 허용된다.

정회의에서도 준비회의에서와 마찬가지로 의제항목과 관련하여 구두진술(발언)을 하고자 하는 NGO는 우선 사전에 발언자 명부(speakers' list)에 등재를 해야 한다. 많은 NGO들이 구두진술을 하고자 할 경우 시간적인 제약으로 인해 발언할 NGO의 수와 발언시간에 제한이 가해질 수 있다. 발언자의 수를 제한하는 과정에서 비슷한 내용의 발언을 하고자 하는 NGO들을 묶어서 대표발언 NGO를 정해

---

58) Ann Marie Clark, Elisabeth J. Friedman, and Kathryn Hochstetler, "The Sovereign Limits of Global Civil Society: A Comparison of NGO Participation in UN World Conference on the Environment, Human Rights, and Women," *World Politics*, Vol. 51, No. 1 (October 1998), 17-18.

공동진술(joint statement)을 하도록 하는 경우가 많다.

　발언시간은 발언이 시작되기 전에 회의에 주어진 시간과 발언 신청자의 수를 감안하여 미리 정해지며 정부간회의가 다 그렇듯이 주어진 시간을 초과하여 발언하는 것이 허용되지 않는다. 또한 회의 사무국은 발언할 NGO에게 발언에 앞서 발언문을 일정한 수만큼 복사하여 제출할 것을 요청하며 이는 배포와 통역 등의 필요에 의한 것이다.

　어떤 정회의인가에 따라 다르기는 하나 본회의와 더불어 전체위원회(committee of the whole, CoW)를 병행하여 개최함으로써 더 많은 NGO들에게 발언의 기회를 부여하기도 한다.59) 유엔총회의 6개 주요 위원회의 경우 예외적으로 회원국 전체를 위원회의 구성원으로 하고 있지만 일반적으로 위원회는 회원국들 중에서 일부의 회원국만으로 구성되는 것이 일반적이다. 이렇게 구성요소를 제한하는 위원회와 더불어 회원국 전체를 구성요소로 하는 위원회인 전체위원회라는 것을 별도로 두기도 한다.60) 이러한 경우 회의는 본회의·위원회·전체위원회라는 3가지 형태의 회의로 구성되게 된다.61)

　국제기구의 회의가 이러한 3개 형태의 회의로 구성되었을 경우 왜 이러한 형태의 회의가 필요하며 이들 간의 관계란 무엇인가를 살펴볼 필요가 있다. 이러한 형태의 회의는 중요도가 상대적으로 낮은 의제항목(들)은 제한된 회원국으로 구성된 위원회(들)에게 맡기고 중요도가 상대적으로 높은 의제항목은 전체위원회에 논의를 맡기고자 할 경우 조직된다. 이 두 종류의 위원회에서 채택된 결의안(draft resolution)이나 결정안(draft decision)은 본회의에 다시 회부되어 채택되어야 최종적인 결의문(resolution)과 결정(decision)이 된다. 이러한 경우 본회의는 개회와 폐회를 주관하고 개별 위원회든 전체위원회든 채택한 것을 최종적으로 승인하는 역할을 주로 하게 된다. 본회의와 전체위원회는 모든 회원국을 구성요소로 함으로써 물리적으로 동시에 개최되는 것이 불가능하다. 이러한 개략적인 설명을 바탕으로 해서 다음으로 NGO의 정회의 과정에의 참여 대상을 유엔 특별총회와 전 지구적 회의로 구분하여 보다 상세히 살펴보고자 한다.

---

59) 마영삼, "새로운 주체: NGO의 국제법 주체성 검토," 오윤경 외, 『현대국제법: 외교실무자들이 본 이론과 실제』 (서울: 박영사, 2000년).

60) 전체위원회는 구성원 전원이 참가하는 회의라는 점에서 본회의와 다르지 않다.

61) 정부간회의 가운데는 흔한 경우는 아니지만 제한된 회원국만을 구성요소로 하는 위원회를 두지 않고 전체위원회와 본회의만을 두고 있는 경우도 존재한다.

■ **NGO의 특별총회의 정회의에의 참여**

NGO들은 특별총회에 어느 정도 참여를 허용 받아 왔으나 이 역시 총회에 의해 개최되는 다른 회의에의 참여와 마찬가지로 특정의 공식적인 원칙 아래 일관되게 이루어진 것은 결코 아니다. 특별총회 정회의에의 NGO의 참여는 준비회의에 의해 결정되는 사항인 것이 일반적인데 NGO의 참여를 불허할 것인가 허용할 것인가의 문제와 더불어 참가를 허용한다면 어떤 NGO를 어느 수준에서 활동하도록 할 것인가의 문제를 둘러싸고 정부 대표들 간에 격론이 벌어지곤 한다. 그 결과 극단적으로 NGO의 참여가 불허되기도 하고 때에 따라서는 본회의(plenary)에의 참여까지 허용되기도 한다. NGO의 참여가 허용될 경우 일반적으로 NGO들에게는 구두진술과 서면진술의 기회가 주어진다.

1995년에 개최된 북경여성회의의 후속조치를 논하기 위해 5년 후인 2000년에 유엔에서 여성특별총회(일명 Beijing + 5)가 개최되었는데 이 회의의 준비를 위해 1999년 3월에 개최된 제2차 준비회의에서 전개된 NGO의 회의 참석을 둘러싼 논의를 특별총회에의 NGO 참여를 둘러싼 국가들 간의 논쟁의 예로서 소개하고자 한다.

이 문제와 관련하여 77그룹(G-77)은 참여 대상 NGO로서 ECOSOC과 협의지위를 이미 획득해 가지고 있는 NGO와 앞서 1995년에 북경에서 개최된 북경여성회의에 참가자격을 부여받은 NGO로서 ECOSOC과의 협의지위를 취득하기 위해 신청서를 제출하고 이에 대한 심사를 받고 있는 NGO로 제한할 것을 주장했다.

유럽연합(EU) 측은 이미 ECOSOC과의 협의지위를 가지고 있는 NGO 이외에 현재 ECOSOC과의 협의자격 취득을 위해 신청서를 제출하지 않았더라도 이에 관계없이 북경여성회의에 참가한 적이 있는 NGO라면 모두 참가를 허용하자는 보다 포괄적인 안을 내놓았다.

한국과 터키 그리고 캐나다는 북경여성회의 이후에 설립되었거나 북경여성회의에 참가하지 못한 단체에 대해서도 참가의 기회를 주어야 한다는 내용의 EU안보다 더 포괄적인 안을 내놓았다. 이에 대해 EU측은 지지의사를 표명했으나 77그룹이 끝까지 반대하여 결국 EU측의 원안이 최종안으로 수용된 바 있다.62)

NGO의 특별총회의 정회의의 참여는 국가들 간에 논쟁의 대상이 되곤 했지만

---

62) 마영삼, "새로운 주체: NGO의 국제법 주체성 검토," 오윤경 외, 『현대국제법: 외교실무자들이 본 이론과 실제』 (서울: 박영사, 2000).

여러 차례에 걸쳐 허용되어 왔다. 예컨대 1992년 유엔환경개발회의(UNCED)에서 채택된 「의제 21(Agenda 21)」의 이행상황을 검토하기 위해 1997년 6월에 소집된 제19차 유엔 특별총회에 약 1,000여개의 NGO들의 참여가 공인된 바 있다. 이 회의에서 주목할 것은 비록 정부대표들의 토론의 끝부분이기는 하지만 유엔 역사상 처음으로 NGO 대표가 본회의(plenary)에서 구두진술을 하는 것이 허용되었다는 사실이다. 이는 당시 유엔총회의 의장이었던 라잘리(Razali Ismail)의 강력한 지도력에 의해 가능했던 것이다. 또한 1994년에 이집트의 카이로에서 개최된 국제인구개발회의(International Conference on Population and Development)의 이행상황을 점검하기 위해 1999년 6월에 소집된 특별총회에서도 몇몇 NGO에게 본회의에서 연설이 허용되었다.63)

2000년에 개최된 여성문제를 다루는 특별총회를 앞두고 준비위원회는 특별총회에의 NGO의 참여를 확대할 것을 결정했다. 이러한 기본적인 기조하에 여러 중요한 결정이 이루어졌다. 우선 ECOSOC의 협의지위를 가지고 있지 않거나 1995년에 북경에서 개최된 제4차 세계여성회의와 그 준비 과정에 공인이 되지 않은 NGO들도 특별총회에 공인을 신청할 수 있도록 했으며 특별총회에 참여가 공인된 NGO들에게 특별총회가 설치한 임시 전체위원회(Ad Hoc Committee of the Whole)에서의 진술을 할 수 있도록 허용했다.

둘째, 특별총회에 참여가 공인된 NGO 가운데 ECOSOC과 협의지위를 가지고 있는 NGO에게는 특별총회의 본회의(plenary)의 토론 과정에서 진술을 허용하는 결정을 했다. 그러나 이러한 진술은 시간이 허용하는 범위 내에서 모든 NGO가 아닌 제한된 수의 NGO에게만 가능하다는 단서와 이러한 NGO들은 ECOSOC에 협의지위를 신청하여 거부된 적이 없어야 할 뿐 아니라 협의지위가 철회되거나 정지된 적이 없어야 한다는 단서가 붙어 있다.

셋째, 이러한 결정과 더불어 특별총회가 시간의 제약으로 인해 구두진술을 원하는 NGO들에게 개별적으로 구두진술을 하지 말고 그들 가운데 대변인들(spokes-

---

63) 1990년대를 시작으로 특정 주제를 다루는 정부간회의가 개최되고 난 후 5년 만에 회의의 결과물의 이행상황을 점검하고 특정 주제와 관련하여 새롭게 다루어야 할 부상하는 문제(emerging issue)가 없는가를 점검하기 위해 후속회의가 유엔 특별총회의 형식으로 열리는 패턴을 보이고 있다. 브라질의 리우 데 자네이루에서 1992년 국제인구개발회의의 후속회의가 유엔 특별총회로 개최된 바 있다. 이들 후속회의는 이전 회의의 개최지 지명에다가 「+(plus)」 그리고 몇 년 만에 개최되는지의 햇수를 덧붙여 간단하게 「Rio+5」 혹은 「Cairo+5」라고 칭한다.

persons)을 선정하여 대표로 구두진술을 하도록 요청할 경우 NGO들은 이들의 명단을 사무국을 통해 특별총회 의장에게 제출해야 하며 회원국 정부대표들은 자신들이 이러한 명단에 대한 승인 여부를 결정할 수 있도록 특별총회 의장에게 이러한 NGO 명단을 적절한 시간 내에 제출할 것을 요청할 수 있고 특별총회는 이러한 선정이 NGO들의 지역적인 대표성과 다양성을 고려한 가운데 평등하고 투명한 기반하에 이루어져야만 한다고 결정했다.

넷째, 특별총회는 NGO의 참여와 관련한 이러한 결정들은 유엔의 앞으로 개최할 다른 특별총회의 선례가 되지 않을 것이라는 점을 명백히 한다는 결정도 내렸다. 이와 관련하여 NGO들은 비록 구두진술의 허용이 비록 제한적이기는 하지만 특별총회의 본회의에서 진술의 기회가 개개 특별총회마다 회원국들의 논쟁의 대상이 되어 달리 결정되는 것보다는 안정적으로 일관되게 진술할 수 있는 제도화된 권리를 희망했기 때문에 이러한 결정 사항들이 향후 특별총회의 선례가 될 것을 강력하게 희망했다. 그러나 유엔 측에서는 이러한 것들이 확립된 원칙으로서의 선례의 의미가 있는 것은 아니라는 점을 주장함으로써 지금까지 특별총회가 개최될 때마다 NGO의 참여 허용 여부와 참여의 수준을 둘러싸고 지속적으로 논란을 벌여오고 있다.

■ NGO의 전 지구적 회의의 정회의에의 참여

유엔은 다른 어떤 회의에 비해 전 지구적인 회의에의 NGO 참여에 가장 너그러움을 보여 왔다. 앞서 살펴보았듯이 특별총회의 정회의의 경우 ECOSOC과 협의지위를 가지고 있는 NGO만이 본회의에서의 구두진술이 허용되나 전 지구적 회의의 경우 공인된 NGO들은 ECOSOC과의 협의지위에 관계없이 옵서버로 참가하여 유엔의 관례에 따르고 의장의 재량과 관련 기구의 동의하에 본회의에서 구두진술이 가능하다. 물론 전 지구적 회의의 정회의 전체위원회에 옵서버로 참가하여 구두진술을 하는 것 역시 허용된다.

그러나 모든 전 지구적 회의가 다 그런 것은 아니다. 특히 인권과 관련한 전 지구적 회의의 경우 인권을 유린하는 국가나 인권이 취약한 국가로서 NGO의 비판의 대상되고 있는 국가들의 저항에 의해 NGO가 공식회의에 접근하는 것에 대해 소극적이거나 부정적이다.

예컨대 1993년 비엔나에서 개최된 세계인권회의에서 많은 NGO들이 참가했으나 회의의 공식 과정(official process)에 접근하는 것이 제한되었다. 구체적으로 아랍과 아시아 국가들의 저항에 의해 NGO들은 간신히 초기 문안작성 그룹(drafting group)의 공식회의에만 참가가 허용되었고 주요한 결정이 이루어지는 비공개의 비공식회의(closed informal meetings)에서 배제되었을 뿐 아니라 NGO들은 준비위원회의 최종 문안작성 회의와 정회의의 최종 문안작성 회의에서도 배제되었다.

어느 회의에서나 마찬가지지만 회의의 최종 결과물에 원하는 내용을 삽입하거나 원하지 않는 내용을 빼기 위해서는 문안을 최종적으로 가다듬는 회의에의 참여가 대단히 중요하다. NGO들은 하는 수 없이 원하는 문안을 적은 것을 정부대표들에게 전달하여 간접적으로 영향을 미치는 것에 만족해야 했다. NGO들의 참여를 제한한 결과 선언문은 예컨대 NGO들이 국내법의 틀 속에서 활동을 하도록 하는 등 은연 중 NGO의 활동에 제한을 가하는 내용을 포함시켰다.64)

(3) 유엔총회 보조기관

유엔총회 역시 유엔 ECOSOC과 마찬가지로 다수의 보조기관을 설립하여 가지고 있다. 유엔총회의 보조기관은 여러 가지로 분류가 되어 오고 있는데 여기에서는 위원회(Committee)·위원회(Commission)·이사회(Council)·집행이사회(Executive Board)·패널(Panel)·실무작업반(Working Group)·기타로 분류하고자 한다.65)

위원회(Committee)는 다시 ⅰ) 각기 다른 주제를 다루는 6개 위원회인 주요위원회(Main Committee) ⅱ) 운영위원회(General Committee)와 신임장위원회(Credential Committee)를 일컫는 절차위원회(Procedural Committee) ⅲ) 분담금위원회(Committee on Contribution)와 행정·예산문제자문위원회(Advisory Committee on Administrative and Budgetary Questions. ACABQ)가 포함된 상설위원회(Standing Committee) ⅳ) 외기권의 평화적 이용에 관한 위원회(Committee on the Peaceful Uses of Outer Space, COPUOS)와 같은 것이 속해 있는 기타 위원회(Other Committee)로 분류된다.

위원회(Commission)에는 군축위원회(Disarmament Commission)·국제법위원회

---

64) Kerstin Martens, "NGO Participation at International Conference: Assessing Theoretical Accounts," *Transnational Associations*, Vol. 3 (2000), 115-127.

65) 유엔 자체는 유엔총회의 보조기관을 Committees·Boards·Commissions·Councils and Panels·Working Groups and Others로 분류하고 있다.

(International Law Commission)·유엔평화구축위원회(United Nations Peacebuilding Commission)·유엔국제무역법위원회(United Nations Commission on International Trade Law)·국제공무원위원회(International Civil Service Commission)·유엔팔레스타인화해위원회(United Nations Conciliation Commission for Palestine) 등이 있다. 이러한 위원회는 제한된 수의 회원으로 구성되고 상위기구인 유엔총회로부터 높은 정도의 독립성을 가진다.66)

이사회(Council or Governing Council) 형식의 보조기관에는 인권이사회(Human Rights Council, HRC)·유엔인간정주계획(United Nations Human Settlements Programme, UN-HABITAT)·유엔대학(Council of the United Nations University)이 있다. 이사회 형식의 보조기관들은 소수의 회원국을 구성요소로 한다는 점과 유엔총회로부터 거의 간섭을 받지 않고 독립성을 상당한 정도로 누린다는 점에서 공통적이다.

집행이사회(Board or Executive Board) 형식의 보조기관은 유엔난민최고대표사무소(UNHCR)·유엔아동기금(UNICEF)·유엔무역개발회의(UNCTAD)·유엔자본개발기금(UNCDF)·유엔여성개발기금(UNIFEM)·유엔개발계획(UNDP)·유엔인구기금(UNFPA)·세계식량계획(WFP)·UN팔레스타인난민구호사업기구(UNRWA) 등이 있다. 이러한 형식의 보조기관은 유엔총회에 의해 설립된 계획(Programme)이나 기금(Fund)으로서 주로 자발적 기여금에 의해서 재원이 충당되며 준자율적인 기구로서 기능한다.

패널(Panel) 형식의 보조기관에는 유엔과 전문기구 및 국제원자력기구 외부감사 패널(Panel of External Auditors of the United Nations, the Specialized Agencies and the International Atomic Energy Agency)이 있다. 실무작업반 형식의 보조기관에는 UN팔레스타인난민구호사업기구 재정 실무작업반(Working Group on the Finance of the United Nations Relief and Works Agency for Palestine Refugees in the Near East) 등이 있다. 실무작업반에는 임시 실무작업반(Ad hoc Working Group)·임시 개방 실무작업반(Ad hoc Open-ended Working Groups)·개방 실무작업반(Open-ended Working Groups) 등 여러 종류가 있다.

---

66) 「Committee」와 「Commission」은 적절하게 구분할 우리말이 없어 모두 「위원회」라고 칭하는 것이 일반적이다. 그러나 본문에서 언급했듯이 Commission의 경우 Committee와 비교하여 좀 더 제한된 수의 회원으로 구성되고 상위기구로부터 좀 더 높은 정도의 독립성을 지닌다.

그 밖의 보조기관에는 공동조사단(Joint Inspection Unit)과 더불어 사법기관인 유엔항소법원(United Nations Appeals Tribunal, UNAT)과 유엔분쟁법원(United Nations Dispute Tribunal, UNDT)이 있다.

여기에서는 이들 보조기관들 가운데 인권이사회(Human Rights Council)·유엔무역개발회의(UNCTAD)·유엔에이즈계획·유엔인구기금과 유엔여성기구를 대표적인 경우로서 살펴보고자 한다.67)

① 인권이사회와 NGO의 관계

인권이사회의 경우는 별도의 자신만의 협의지위 부여절차 없이 ECOSOC의 협의지위 보유 여부에 따라 NGO들에게 일정한 권한을 부여한다. 여기에서는 인권이사회와 NGO의 관계를 보편적정례검토 절차와 진정 절차라는 두 가지로 나누어 살펴보고자 한다.

■ 보편적정례검토 절차

인권이사회(Human Rights Council, HRC)는 인권보호와 관련하여 유엔 회원국 모두를 대상으로 4년 반에 한 번씩 예외 없이 다른 모든 회원국으로부터 인권상황에 대한 평가와 권고를 받는 보편적정례검토(Universal Periodic Review, UPR)를 시행해 오고 있다.

인권이사회에서 NGO가 가지게 되는 지위 일반은 유엔총회 결의문 A/RES/60/251에 언급되어 있는데 이에 따르면 인권이사회는 유엔총회나 인권이사회가 달리 결정하지 않는 한 유엔총회 위원회에 적용되는 의사규칙(Rule of Procedures, ROPs)을 적용하도록 규정하고 있다. 또한 인권이사회의 이사국이 아닌 NGO를 포함한 옵서버의 참여와 협의는 1996년 7월 25일에 채택된 ECOSOC의 결의문 E/1996/31과 인권이사회의 전신인 인권위원회에 의해 준수되어 온 관례를 포함한 제도에 기반을 둘 것 역시 규정하고 있다.

이러한 인권이사회에 있어서의 NGO의 일반적인 지위 아래 인권이사회의 결

---

67) 좀 더 많은 보조기관들과 NGO와의 관계는 1998년 7월 10일 유엔 사무총장에 의해 발간된 「유엔체제의 모든 활동에 있어서의 NGO들의 상호작용을 위한 제도와 관행(Arrangements and Practices for the Interaction of Non-governmental Organizations in All Activities of the United Nations System)」이라는 제목의 보고서(A/53/170)와 유엔교육과학문화기구(UNESCO)의 문서인 202 EX/37.INF.2 (Relations with Non-governmental Partners: Study of Mechanisms and Practices for Interaction with NGOs in the United Nations System and Similar Organizations)를 참조하시오.

의문 A/HRC/RES/5/1은 인권이사회의 보편적정례검토 과정에 있어서의 NGO의 지위를 규정하고 있다. 이러한 규정에 의거하여 NGO가 보편적정례검토의 공식적인 과정 속에서 할 수 있는 역할을 살펴보면 다음과 같다.

첫째, 보편적정례검토는 개개 국가가 제출한 국가보고서·유엔인권최고대표사무소(UNHCHR)가 유엔의 공식문서에 포함된 정보를 편집한 보고서·유엔인권최고대표사무소가 국가인권기구와 NGO 등 이해관계자가 제출한 보고서를 요약한 보고서라는 3가지 자료를 기초로 하여 이루어진다. 국가는 보고서 작성 시 국가인권기구와 NGO를 비롯한 모든 이해관계자들과 광범위한 협의과정을 갖도록 촉구된다고 규정함으로써 자동적으로 참여가 반드시 확보되는 것은 아니지만 NGO가 국가보고서 작성 과정에 협의자로서 참여할 수 있도록 했다. 그리고 NGO는 유엔인권최고대표사무소에 보고서를 제출할 수 있는데 이 보고서는 나중에 인권최고대표사무소의 요약 보고서 내용의 일부로 반영될 수도 있다.

둘째, 보편적정례검토는 이렇게 작성된 3개의 보고서에 기초하여 실무작업반에서의 상호대화(interactive dialogue)로부터 시작된다. 이러한 상호대화는 정례검토의 대상국과 대상국이 아닌 유엔 회원국 사이에 전개되는데 이 밖에 NGO는 참여할 수는 있으나 발언권은 물론 일반논평의 권리도 가지지 않는다.68)

이러한 실무작업반회의에서 NGO에게 발언권과 일반논평의 권한이 주어지지 않지만 서면진술서의 배포는 가능하다. ECOSOC의 협의지위를 가지고 있는 NGO의 경우라도 일반 협의지위를 가지고 있는가 아니면 특별 협의지위를 가지고 있는가에 따라 이들의 권한에 있어서 차이가 난다. 일반 협의지위를 가지고 있는 경우 2,000자 이내의 서면진술서를 배포할 수 있는 권한이 주어진다. 특별 협의지위를 가지고 있는 경우는 1,500자 이내의 서면진술서를 배포할 수 있다. 이러한 서면진술서는 참가하고자 하는 회의의 시작 2주 전까지 제출되어야 한다.

NGO가 이처럼 실무작업반 회의에 참여하려면 유엔 ECOSOC의 협의지위를 획득하고 보유해야 한다. 유엔 ECOSOC의 협의지위를 이미 가지고 있는 NGO라

---

68) 「일반논평(general comment)」이란 국제회의에서 결의안이 채택되기 직전에 이미 합의한 것을 전제로 이에 대한 평가를 하는 기회로서 주어진다. 따라서 의제에 대한 토론의 과정에서 주어지는 발언과는 달리 이미 언급된 논의를 재개해서는 안 된다. 즉 일반논평이란 결의안에 대한 토론이 끝나고 결의안이 채택되기 거의 직전에 제시되는 의견으로서 토론에 바탕을 두고 모든 국가 혹은 다수의 국가들에 의해 수용될 결의안을 목전에 두고 이에 대한 종합적인 평가를 제시하는 행위이다.

하더라도 인권이사회에 대표의 참여를 공인받기 위한 절차를 밟아야 하며 이를 위해 인권이사회의 사무국에 공인을 요청하는 팩스를 보내야 한다. 협의지위를 보유하고 있지 않은 경우 협의지위를 가지고 있는 NGO의 일원으로 참가하는 것이 가능하다.

셋째, 실무작업반회의에서 상호대화를 가진 후 보고서가 채택되며 이 보고서는 인권이사회의 본회의에 회부되어 최종적인 보고서로서의 채택절차를 밟게 된다. NGO는 이러한 최종적인 보고서가 채택되기 직전에 일반논평을 제시할 수 있다. NGO들은 이러한 본회의에 참여해 논평을 하려면 실무작업반 회의에서와 마찬가지로 유엔 ECOSOC의 협의지위를 획득하고 보유해야 한다.[69]

인권이사회가 실무작업반회의와 본회의에서 NGO에게 부여하는 권한은 유엔총회 위원회와 본회의가 NGO에게 부여하는 권한과 상이하다. 유엔총회 경우 총회 산하의 위원회 회의의 경우는 NGO의 참여를 아주 제한적인 범위에서 허용하나 본회의 경우는 거의 참여가 통제된다. 이와는 대조적으로 인권이사회의 경우 실무작업반에서는 참여만 허용하고 일반논평을 포함한 발언권을 부여하지 않고 오히려 본회의에서는 일반논평의 권한을 부여하는 특징을 보인다.

일반논평을 하려면 통상적으로 회의장 안쪽에 비치되어 있는 발언자 명부에 이름이 등재되어야 하며 회의 시작 시 25부의 일반논평문을 회의담당 부서에 제공해야 한다. 추가적인 일반논평문은 진술을 한 후에 본회의장 내부의 뒤쪽에 비치되어 있는 책상에만 비치가 가능하다. NGO는 문서·팸플릿·그 밖에 다른 어떤 것을 회의장 안에서 배포할 수 없도록 되어 있다. 문서의 전시를 위해 별도의 책상이 본회의장 밖에 준비되어 있다. 협의지위를 가지고 있는 NGO는 인권이사회의 일과 관련을 가지는 병행행사(parallel event or side event)를 가질 수 있다.

이러한 일반논평과 더불어 NGO들은 인권이사회 본회의에서 서면진술서를 작성하여 배포할 수 있다. 이때 배포하는 서면진술서는 일반논평을 위한 일반논평문과는 다른 것이다.

넷째, 정례검토의 결과는 인권이사회 본회의가 채택한 최종보고서로서 정례검

---

69) ECOSOC의 협의지위를 가지고 있는 NGO는 ECOSOC과 그 보조기관에서 구두진술의 권리를 보유하지만 인권이사회의 경우 실무작업반 회의에서는 NGO의 발언이 허용되지 않기 때문에 적용이 되지 않는다. 이와는 달리 인권이사회 본회의의 경우는 발언이 아닌 일반논평만이 허용된다.

토 대상국이 다음 번 정례검토가 있기 전까지 이행해야 할 권고를 포함하고 있다. 국가들은 이러한 권고와 더불어 자발적으로 한 약속을 이행하고 다음 번 정례검토를 할 때 이전의 정례검토 이후에 있은 권고 및 자발적 약속의 이행과 더불어 국가의 인권상황에 대한 보고를 하게 된다. NGO는 보고서에 적시되어 있는 보편적정례검토의 대상국이 따라야 할 권고를 집행하고 감시하는 후속조치에 참여할 수 있다.

■ **진정절차**

인권이사회는 개인이나 집단이 구체적인 인권침해에 대해 인권이사회가 주목하도록 하는 역할을 하는 진정절차(Human Rights Council Complaint Procedure)를 가지고 있다. 이 제도는 그 연원을 1970년에 유엔 ECOSOC이 결의문 1503을 채택함으로써 출발한 인권위원회의 비공개 진정제도인 1503 절차에 두고 있다. 인권이사회의 진정절차는 인권위원회를 대체한 인권이사회가 2007년 8월에 「제도구축(Institution-Building)」이라는 제하의 결의문 A/HRC/RES/5/1을 채택하여 과거 1503 절차를 계승하여 개선시킨 절차이다.

진정의 주체와 관련하여 세계의 어떤 곳에서든 그리고 어떠한 상황에서든 발생한 지속적인 형태의 중대하고 믿을만한 것으로서 입증된 인권과 모든 기본적인 자유의 침해에 대해 인권침해의 희생자임을 주장하거나 그러한 침해에 관해 직접적이고 신뢰할만한 지식을 가지고 있는 개인·그룹·NGO 단체가 해당 국가를 상대로 비공개적으로 인권이사회에 진정을 제기할 수 있다. 이처럼 NGO는 인권이사회의 진정절차에 진정의 주체로서의 권한이 부여되어 있다. NGO의 경우 인권이사회로부터 협의지위를 획득하였는가의 여부는 관계가 없다.

② **UNCTAD와 NGO의 관계**

유엔무역개발회의(UNCTAD)는 유엔총회의 보조기관으로 설립되었지만 실제에 있어서는 개별적인 기구로서 활동을 하며 자체적으로 NGO에게 특정의 권한을 부여하는 자신들의 규칙을 가지고 있다. 즉 UNCTAD와 같이 준자율적인 보조기관들은 자체의 이사회(governing body)에 해당하는 기구의 의사규칙을 통해 NGO와의 협력을 위한 장치들을 스스로 마련하고 있으나 이들 보조기관들이 NGO와의 협력을 위해 채택하고 있는 의사규칙이나 제도의 대부분은 ECOSOC이 채택하고 있는 협의제도에서 그 원형을 찾을 수 있다.

UNCTAD는 NGO와 제휴관계를 가질 수 있는데 제휴관계의 종류와 이러한 관계를 가지기 위한 자격요건은 UNCTAD의 무역개발국(Trade and Development Board, TDB)의 의사규칙 77조와 결정 43(Ⅶ)에 규정되어 있다.[70] 이러한 제휴관계에는 일반 부류(General Category)·특별 부류(Special Category)·명부(register)라는 3 부류가 존재한다.

일반 부류의 지위를 가지려면 NGO의 활동이 UNCTAD 활동의 대부분과 관련되어 있는 국제 NGO(international NGO)이어야 한다. 2017년 9월 현재 일반 부류 NGO는 총 138개가 있다. 특별 부류 지위를 가지려면 NGO의 활동이 UNCTAD 활동의 일부와 관련되어 있는 국제 NGO이어야 한다. 2017년 9월 현재 특별 부류 NGO는 총 92개가 있다. 명부 부류의 NGO가 되려면 UNCTAD의 일에 중대한 공헌을 할 수 있다고 인정받는 국내 NGO(national NGO)이어야 한다. UNCTAD의 사무총장이 NGO 소속의 회원국 대표와의 사전 협의를 가진 후 명부(register)에 등재할 수 있다.[71]

이들 3개 부류의 NGO들 가운데 일반 부류와 특별 부류의 NGO에게 옵서버 지위(observer status)가 부여된다. 이러한 지위를 부여받은 NGO를 「옵서버 지위를 가지는 NGO(NGOs with observer status)」라고 부른다. 여기에서 옵서버 지위란 앞서 살펴본 ECOSOC의 협의지위라는 말과 의미상 다르지 않으나 UNCTAD에서는 이 말 대신에 「옵서버 지위」라는 말을 사용한다.

이러한 옵서버 지위의 NGO들은 무역개발국과 그 보조기관의 공개회의(public meetings)에 표결권이 없이 옵서버로서 참가하여 서면진술서(written statement)를 제출할 수 있고 의장(President/Chairman)에 의해 요청을 받고 무역개발국(TDB)이나 보조기관에 의해 승인을 받으면 구두진술을 할 수 있다. 이들 옵서버 지위의 NGO들은 추가적인 공인이 없이 4년마다 열리는 회의(Quadrennial Conference)에 참가할 수 있는 기회를 가질 수 있다.

옵서버 지위의 NGO들은 UNCTAD의 사무국으로부터 다음과 같은 지원을 받을 수 있다. 구체적으로 UNCTAD 사무총장이 적절하다고 판단하는 무역개발국과

---

70) UNCTAD의 무역개발국(TDB)은 이사회(governing council)에 해당하는 조직이다.

71) 유엔 ECOSOC은 1996년 결의안 E/1996/31을 통해 국제 NGO(international NGO)가 아닌 지역 NGO(regional NGO)·하부지역 NGO(subregional NGO)·국내 NGO(national NGO)에게도 협의지위를 부여할 수 있도록 규정을 개정했는데 UNCTAD도 유엔 ECOSOC처럼 규정의 개정을 검토 중이다.

그 산하기관의 문서를 접수할 수 있고 UNCTAD의 보도문건(Press Document)에의 접근과 적절하다고 고려되는 UNCTAD의 활동과 연관된 공개정보(public information)에 정기적인 접근이 허용되며 그룹이나 조직에게 특별한 관심이 되는 문제에 대한 비공식 토의를 위한 준비 서비스를 받을 수 있다.

이러한 공통점에도 불구하고 일반 부류 NGO와 특별 부류 NGO 사이에는 차이가 존재한다. 일반 부류 NGO는 UNCTAD의 모든 정부간기관(intergovernmental organs)의 공개회의에 참가할 수 있는데 반해 특별 부류의 NGO의 경우 해당 NGO의 활동과 관계가 있는 특정 부문에 대한 논의가 전개되는 공개회의만으로 참가가 제한된다.

명부에 등재된 NGO의 경우는 옵서버 지위 NGO들과는 달리 서면진술권과 구두진술권 및 회의 참가권을 보유하지 못하고 위에서 언급한 UNCTAD 사무국이 제공하는 서비스를 받을 수 있을 뿐이다.

옵서버 지위를 보유하지 않은 NGO들도 일정한 요건을 충족시킬 경우 일정한 공인절차(accreditation procedures)를 걸쳐 UNCTAD의 정부간회의에서 일정한 권한을 인정받게 된다. 구체적으로 옵서버 지위에 관계없이 UNCTAD에 의해 공인된 NGO들은 옵서버 지위를 가지고 있는 NGO들과는 달리 공식회의에서 구두진술을 하거나 서면진술서(written statement)를 회람시킬 수 있는 권한이 없다. 따라서 옵서버 지위 없이 참가가 공인된 NGO들은 옵서버 지위를 가지고 있는 NGO들을 통해 자신들의 견해를 알리거나 이들의 견해를 담은 서면진술서를 특별히 지정된 장소에 놓아 정부대표들이 가져다 참고할 수 있도록 할 수 있다.

이들 옵서버 지위 없이 공인된 NGO들에게는 특별한 배지(badge)가 제공되어 회의장에의 접근·공개된 회의의 참관·NGO들을 위한 브리핑에의 참가가 허용된다. 또한 별도의 제한이 가해지지 않은 일반문서에로의 접근이 가능하고 NGO들에게 제공된 시설을 사용하는 것이 허용된다.

UNCTAD는 무역·재정·환경 등과 같은 문제에 있어서 연구와 출판 능력을 가지고 있는 일단의 NGO들과 정기적인 협의를 가지고 있다. UNCTAD는 또한 부채완화나 개발원조 등과 같은 문제와 관련한 개도국의 목표를 촉진시키기 위해 NGO의 투입에 의존하고도 있다.

결론적으로 말해 이러한 옵서버 지위를 통해 UNCTAD는 NGO로부터 그들이 활동하고 있는 특정 영역과 관련하여 정보와 조언을 획득하고 있다. NGO는

UNCTAD로부터 옵서버 지위를 얻음으로써 정기적으로 제공되는 UNCTAD의 연구물과 간행물 그리고 문서를 통해 최근의 UNCTAD 활동에 관한 정보를 얻고 정부간회의(intergovernmental meetings)에 대한 통고를 받는다. 이와 더불어 NGO는 UNCTAD 회의에 옵서버로서 자신의 활동영역에 속하는 사항에 대해 구두진술을 할 수 있고 의제항목과 관련 있는 사항에 대해 서면진술서(written statement)를 배포할 수 있는 등 자신의 견해를 국제기구의 논의에 투입할 수 있는 기회를 가진다.

③ 유엔에이즈계획(UNAIDS)과 NGO의 관계

유엔에이즈계획은 의사결정을 하는 중요한 기관인 프로그램조정이사회(Programme Coordinating Board, PCB)에 NGO의 대표를 공식적인 구성원의 일원으로 참여시킨 최초의 유엔 보조기관이다. 구체적으로 PCB는 총 22개 회원국으로 구성되며 여기에 5개의 NGO가 참여하여 에이즈와 관련한 시민사회의 관점을 전달하는 역할을 수행한다. 5개 NGO 가운데 3개는 개도국 소속이고 2개는 선진국 혹은 전환기 경제(economy in transition)에 있는 국가 소속이다. 그러나 이들 NGO에게는 표결권(voting right)은 주어지지 않는다.

대부분의 보조기관들이 중요한 의사결정이 이루어지는 이사회나 집행위원회 혹은 집행이사회(Governing Council/Executive Committee/Executive Board)에 ECOSOC의 협의지위를 보유하고 있는 NGO의 참여를 허용하나 이는 이사회나 집행위원회 혹은 집행이사회의 초청을 전제조건으로 한다. NGO들은 참가가 허용되더라도 옵서버(observer)의 지위를 가지는 데 그친다. 유엔에이즈계획의 경우 NGO가 옵서버의 지위로서가 아니라 이러한 기관의 구성원의 일원으로서 참여를 하게 된다는 점에서 국제기구로부터 가장 높은 수준의 접근을 허용 받고 있다고 볼 수 있다. 비록 표결권은 부여 받지 못했지만 토론 등에 회원국들과 동등한 수준에서 참여를 한다.

④ 유엔인구기금/유엔여성기구(UN-Women)와 NGO의 관계

유엔인구기금(United Nations Population Fund, UNFPA)은 NGO를 비롯한 다양한 시민사회조직(CSO)과 협력을 해오고 있는데 「시민사회자문패널(Civil Society Advisory Panel, CSAP)」이라는 공식적인 기제를 설립하여 이를 통해 시민사회와의 대화를 활발하게 가져오는 것을 특징으로 한다. 이 조직의 과거 명칭이 「NGO자문패널(NGO Advisory Panel)」이었던 것을 감안하면 NGO 이외의 행위자들을 포함하는 좀 더 광범위한 시민사회와의 대화를 추구한다고 볼 수 있다.

시민사회자문패널은 UNFPA를 지속적으로 이끌어 가고 있는 국제인구및개발회의(International Conference on Population and Development, ICPD)의 행동계획(Programme of Action)과 관련된 이슈를 다루는 국가 NGO·지역 NGO·국제 NGO 소속의 14명 대표를 포함하고 있다.

시민사회자문패널은 ICPD 의제와 관련이 있는 특정의 이니셔티브를 포함한 UNFPA의 정책비판과 제언 전략(advocacy strategy)에 대한 시민사회의 관점을 제공하며 새로운 발전 추세와 더불어 외부 환경에 있어서의 기회와 도전에 관해 UNFPA에게 자문을 제공한다. 또한 가능한 행동에 대해서도 권고를 하기도 한다. ECOSOC의 협의지위를 가지고 있는 NGO들은 집행이사회(Executive Board)의 초청에 의거하여 UNFPA의 이사회에 옵서버로 참여할 수 있다.

유엔여성기구(UN-Women) 역시 UNFPA와 마찬가지로 시민사회자문그룹을 설립하여 NGO와의 협력을 추구해 오고 있다. 구체적으로 유엔여성기구의 경우는 NGO를 비롯한 시민사회조직과의 대화를 위한 협의기구로서 전 지구적 시민사회자문그룹·지역 시민사회자문그룹·국가 시민사회자문그룹을 두고 있다.72)

이 가운데 전 지구적 자문그룹(Global Civil Society Advisory Group, GCSAG)은 유엔여성기구의 총재(Executive-Director)에 의해 소집되며 이 조직은 학계의 명성 있는 개인과 풀뿌리공동체 대표들을 포함하여 균형 있고 대표성이 있는 회원들을 확보하기 위해 시민사회 연계망(network)과의 협의 속에 선출된 25명으로 구성이 된다.

집행이사회(Executive Board)는 적절한 경우 ECOSOC의 협의지위를 가지고 있는 NGO를 그들의 활동과 관련이 있는 문제의 심의에 참여하도록 초청할 수 있다.

(4) 시민사회청문회(Civil Society Hearing)와 NGO의 관계

시민사회청문회(Civil Society Hearing, CSH)는 간단하게 「시민사회 대화(Civil Society Dialogue)」라고도 불린다. 이 회의는 유엔총회의 비공식회의이기 때문에 종종 「비공식 쌍방향 시민사회청문회(informal interactive civil society hearing)」라고도 부른다.

---

72) 아시아·태평양지역의 시민사회자문그룹으로서 Asia-Pacific Regional Civil Society Advisory Group(APRCSAG)이 설립되어 있다.

이 회의는 시민사회에게 특정 이슈와 관련하여 회원국들과 함께 대화를 나눌 수 있는 기회를 제공한다. 이러한 시민사회청문회는 유엔총회 본회의 의장의 주도로 독립적으로 개최되기도 하지만 종종 총회의 고위급 회의나 유엔회의(UN con-ference)의 준비과정의 일환으로 개최되기도 한다. 후자의 경우로 시민사회청문회가 개최되려면 총회의 결의문(resolution)이나 결정(decision)이 있어야 한다.

시민사회청문회가 고위급 회의나 유엔회의와 같은 정부간회의에 앞서 이러한 회의의 일환으로 개최되는 이유는 동일한 이슈에 대한 시민사회의 견해를 미리 듣고 이러한 견해를 정부간회의에 투입하여 반영하고자 함이다. 총회의장은 청문회의 결과를 요약하여 총회의 문건으로 발간하고 이를 총회의 본회의나 고위급 본회의(high-level plenary meeting)에 제출한다.

시민사회청문회를 개최함에 있어 본회의 의장은 우선 다루고자 하는 이슈를 책임지고 있는 유엔 사무국의 부서 및 NGO연락사무소(Non-Governmental Liaison Service, NGLS)와 협력하여 시민사회 구성원들이 형평성 있고 대표성이 있게 참여할 수 있도록 참여자의 명단을 제안한다.

회의는 보통 의장과 사무총장(혹은 사무총장의 대리)의 개회사·기조 연설자의 기조발언·패널토의와 참가자들 사이의 의사교환과 같은 쌍방향적인 과정으로 구성된다. 모든 시민사회 참여자들은 발언권을 요청할 수 있는 권한을 갖는다. 관련된 사무국 부서와 NGO연락사무소는 웹사이트에 이들의 연설을 게시하여 정부대표단들이 동일 이슈를 논의할 때 참고하도록 한다. 의장은 시민사회 참여자의 명단과 회의의 양식(modality)과 관련하여 회원국과 협의를 한다.[73]

고위급 회의나 유엔회의의 일환이 아닌 경우의 예로는 제67차 유엔총회가 2012년 7월 15일에 개최한「국제이주와 개발에 관한 청문회(Informal interactive hearings with NGOs, civil society and private sector on International Migration and Development)」를 들 수 있다.

고위급 회의나 유엔회의의 일환으로 개최된 시민사회청문회의 예를 살펴보면 다음과 같다. 2011년 6월 16일에 향후 9월 19-20일에 열릴 고위급 회의(high-level meeting)에 시민사회의 의견을 투입하기 위한 과정으로서 유엔총회 결의문 A/RES/65/238에 의거하여 유엔본부에서「비전염성 질환의 예방과 통제에 관한 시

---

73) The Permanent Mission of Switzerland to the United Nations, *The PGA Handbook: A Practical Guide to the United Nations General Assembly* (New York, 2011), 82-83.

민사회청문회(Informal interactive hearing with representatives of nongovernmental organizations, civil society organizations, academia and the private sector, to provide an input to preparatory process of the 2011 High-level Meeting on the Prevention and Control of Non-communicable Diseases)」가 개최된 바 있다.

3) 유엔 사무국과의 관계

유엔 ECOSOC과 총회에 이어 사무국과 NGO의 관계를 살펴보도록 하자. ECOSOC 산하에 NGO 관련 조직으로서 NGO위원회가 있듯이 유엔 사무국 내에도 NGO와 관련을 가지고 있는 주요 조직으로서 경제사회국(Department of Economic and Social Affairs, DESA)의 NGO과와 공보국의 NGO과가 있다. 이들 조직 이외에도 NGO와 다양한 형태의 관계를 맺고 있는 부서들이 존재한다. 이들과 더불어 유엔 사무국의 유관기관으로서 DPI/NGO 집행위원회를 살펴보고자 한다.

(1) 경제사회국의 NGO과

유엔 사무국은 경제사회국(Department of Economic and Social Affairs, DESA)의 ECOSOC 지원 및 조정 사무소(Office for ECOSOC Support and Coordination) 내에 NGO과(Non-Governmental Organization Branch)를 설치하여 앞서 언급한 바 있는 ECOSOC 산하의 NGO위원회를 보좌하고 협의지위를 가지고 있는 NGO에 대해 다양한 편의를 제공한다. 이 부서는 ECOSOC의 NGO위원회에 주어진 실무를 다루는 사무국의 기관으로서 ECOSOC NGO위원회의 실질적인 사무국으로서의 역할을 하고 있다고 말할 수 있다.

(2) 공보국의 NGO 관계 부서

유엔의 이상과 활동을 전 세계에 전파하는 것을 주요 목표로 하는 공보국(Department of Public Information, DPI)은 Outreach Division 내에 「NGO Relations Unit」라는 부서를 두고 NGO와 일정한 관계를 설정하고 있다. 이 조직은 통상 「DPI/NGO Relations Unit」라고 불린다. DPI와 공식적 제휴(formal association)를 가진 NGO를 「DPI 제휴 NGO(DPI-Associated NGO)」라고 칭한다.

DPI가 NGO와 제휴하는 것은 유엔의 정책결정에의 NGO의 기여와 같은 것을 고려한 소산이라기보다 NGO의 정보전파 기능을 이용한다는 측면이 크게 고려된

것이다. 1946년 유엔에 공보국이 신설되었을 때 유엔은 유엔의 총체적인 정보활
동(information activities)의 일환으로서 NGO와 더불어 그리고 NGO를 통해 일하
는 것이 중요하다고 인식했다. 그 결과 유엔총회는 결의안 13(I)을 통해 DPI로 하
여금 유엔에 관한 정보를 전파하는 데 관심을 가지고 있는 모든 종류의 조직(구체
적으로 개개 국가의 정보센터·교육기관·정부기구·NGO)을 돕고 고무할 것을 지시
했다. 1968년 유엔 ECOSOC은 결의안 1297을 통해 DPI에게 NGO와 공식적인
제휴를 맺을 것을 요청했다.

2017년 6월에 15개의 NGO가 새롭게 DPI와 제휴를 하게 됨으로써 총 1,465
개의 NGO들이 DPI와 관계를 맺게 되었다. 한국의 경우 2000년에 새마을운동중
앙회가 국내 처음으로 이러한 DPI에 등록된 조직이 되었으며 아시아인권센터 등
여러 조직들이 추가적으로 등록이 되었고 가장 최근인 2016년에는 한국의 한동대
학교가 한국 대학교서는 처음으로 이러한 관계를 가지게 되었으며 지속 가능한
개발 목표(Sustainable Development Goals, SDGs)의 성취를 위해 세계시민 교육이
라는 주제를 가지고 2016년 5월 말에 한국의 경주에서 개최된 제66차 유엔
DPI/NGO 컨퍼런스의 주관 기관이 된 바 있다. 2017년 현재 DPI와 제휴하고 있
는 한국의 조직들은 총 21개에 이르고 있다.

유엔 ECOSOC과 일반 혹은 특별 협의지위를 가지고 있는 NGO들이 DPI와
중복적으로 관계를 가지는 것은 허용되어 일반 협의지위를 가지고 있는 Good
Neighbors와 특별 협의지위를 가지고 있는 세계유아교육기구·한국자원봉사기
구·하늘문화세계평화광복·구생회 그리고 명부상 협의기구인 새마을운동중앙회
가 DPI와도 제휴를 하고 있다.

ECOSOC의 산하에 NGO위원회가 하듯이 DPI에는 NGO 제휴위원회(DPI/NGO
Association Committee)가 공보국과 공식적인 제휴(formal association)를 맺기 원하
는 NGO들이 자격요건을 갖추고 있는가를 심사한다. DPI와 제휴를 갖기 위한 조
건으로서 NGO는 유엔헌장의 원칙을 지지하고 존중해야 하며 국내적이거나 지역
적 혹은 국제적 지위를 지니고 있는 명망을 지닌 NGO이어야 한다. 또한 최소한
2년 동안 등록이 되고 오로지 비영리적인 기반 위에 활동해야 하며 세금이 면제
되는 지위를 지니고 있어야 한다.

DPI와 공식적인 제휴를 맺기 위해서는 우선 신청서를 작성해야 하며 필요한
서류를 준비해야 한다. 이러한 서류에는 조직의 정관(내규)의 사본·비영리와 과

세면제를 증빙하는 서류·가장 최근의 재정증빙 서류 사본·신청 조직이 유엔의 활동과 관련하여 주도한 최근의 정보나 정책비판과 제언 행사(advocacy event) 6 가지 샘플·신청 조직의 활동을 잘 아는 개인이나 조직으로부터의 추천서·신청 조직이 협력관계를 가지고 있는 유엔정보센터(United Nations Information Center, UNIC)/유엔정보제공처(United Nations Information Service, UNIS)/유엔지역정보센터(United Nations Regional Information Center, UNRIC) 혹은 유엔 조직(UN entity)의 추천서가 있다.

작성된 신청서와 서류를 NGO가 소재하고 있는 국가의 UNIC/UNIS/UNRIC에 송부하거나 직접 온라인으로 DPI/NGO Relations Unit로 보내도 된다. 이러한 모든 서류들을 온라인으로 보내기 위해서는 CSO Net(Civil Society Organization's Network)에 조직의 프로파일(profile)을 만들어야 한다. 모든 관련 자료는 유엔의 실무언어인 영어나 프랑스어로 작성되어야 한다.

모든 관련 자료를 제출받은 DPI/NGO Relation Unit는 신청에 대한 심사기관인 DPI의 NGO 제휴위원회(DPI/NGO Association Committee)에게 승인 여부의 결정을 위해 프레젠테이션을 한다. 당 위원회는 1년에 2회 심사를 한다.

DPI와 제휴관계를 가지고 있는 NGO들은 다음과 같은 책임을 지게 된다. ⅰ) 유엔헌장과 일치하고 유엔 사무총장이 우선시 하는 문제를 포함한 유엔의 의제상의 중요한 이슈에 대해 특히 풀뿌리 수준에서 대중의 인식을 지속적으로 제고해야 한다. ⅱ) 정책비판 및 제언 캠페인(advocacy campaign)이나 다른 공공정보를 촉진하는 활동에 관여하는 유엔정보센터나 유엔정보서비스 혹은 다른 유엔조직과 협력을 하거나 지원해야 한다. ⅲ) NGO 활동에 대한 평가를 위해 매년 CSO Net을 통해 온라인상의 연례평가서(Annual Review)를 제출해야 한다. ⅳ) 유엔의 이름·유엔의 깃발 ·유엔의 엠블럼을 적법하게 사용해야 한다.

DPI와의 제휴관계는 다음과 같은 사유가 발생할 경우 취소된다. ⅰ) NGO가 유엔헌장의 원칙 및 가치와 일치하지 않거나 DPI로부터 분리될만한 활동에 관여할 경우 ⅱ) 제휴의 조건을 충족시키지 못한 경우 ⅲ) 연이어 3년 동안 연례평가서를 제출하지 않은 경우 ⅳ) 3년 연속 연례평가에 있어서 부정적인 평가를 받은 경우 ⅴ) 사기와 허위진술 행위 ⅵ) UNIC/UNIS/UNRIC을 포함한 유엔의 조직 혹은 유엔의 캠페인에 협조와 지원의 결여 ⅶ) 허락을 받지 않고 유엔의 엠블럼과 깃발 그리고 이름을 사용하는 행위

DPI에 의해 NGO에게 제공되는 서비스에는 정기적인 서한 발송·NGO 대표들을 위한 전 지구적인 문제에 대한 주례 브리핑·NGO를 위한 연례 NGO/DPI 회의(Annual NGO/DPI Conference)·새롭게 DPI와 공식적인 관계를 갖게 된 NGO를 위한 연례 오리엔테이션 과정·뉴욕에 있는 유엔의 NGO자원 센터(NGO Resource Center)의 이용 등이 포함되어 있다. DPI와 공식적인 관계를 갖고 있는 NGO들은 유엔이 관여하고 있는 다양한 이슈들에 관한 유엔의 활동을 자신들의 회원들에게 알림으로써 유엔에 대한 일반인들의 지식과 지지를 증대시키도록 기대된다.

ECOSOC과 협의적 관계에 있는 NGO들은 앞서 살펴보았듯이 ECOSOC 또는 ECOSOC의 보조기관에 참석하여 구두진술을 하고 서면진술을 하는 등 명실상부한 유엔의 자문기관으로서의 역할을 한다. 그러나 이와는 대조적으로 유엔 DPI와의 공식적인 관계를 맺고 있는 NGO들의 활동은 DPI와 NGO들 간의 교류와 협력에 그친다.

(3) 사무국의 기타 국(Department)

유엔 사무국 내의 다른 국들도 NGO들의 유엔에의 접근을 용이하게 하고 NGO의 전문가들과의 의사소통을 원활하게 갖기 위해 한 명 혹은 수명의 NGO 연락담당관(NGO liaison officers)을 임명해 놓고 있는 등 NGO와의 관계를 가지고 있다.[74] 이러한 관계는 국들이 다루고 있는 문제에 따라 다른데 유엔 사무국 내의 군축실(Office for Disarmament Affairs, ODA)과 NGO들 간의 관계를 예로 살펴보면 다음과 같다.

유엔 ECOSOC 산하의 NGO회의(CONGO)는 앞서 언급했듯이 국제적인 문제에 대한 논의를 위해 뉴욕·제네바·비엔나와 같이 유엔본부나 유엔사무소가 있

---

74) 유엔 사무총장은 1997년 총회에 제출한 「유엔의 개선: 개혁 프로그램(Renewing the United Nations: a Programme for Reform)」이라는 보고서(A/51/1950)를 통해 유엔 사무국 중 아직 NGO 연락 담당관을 두고 있지 않은 모든 국(Department)은 이를 두도록 촉구한 바 있다. 유엔 사무국은 또한 이러한 국들의 NGO 관련 활동들을 보다 효율적으로 조정하고 국들과 NGO와의 관계에 있어서의 일관성을 확보하기 위해 「국간 NGO 실무작업반(Inter-Departmental Working Group on NGOs)」을 1995년에 부활시킨 바 있으며 제네바의 유엔사무소 역시 유사한 그룹의 모임을 가지고 있다. 이들의 주된 목적은 개개 국들이 NGO들과 관계를 갖는 데 있어서 나름의 융통성을 해치지 않는 범위 내에서 필요한 공동의 지침을 개발하고 정보를 교환하는 것이다.

는 곳에 군축·개발·인권·환경·여성·아동·마약 등과 같은 이슈별 상설위원회(standing committee)나 임시위원회(ad-hoc committee)를 두고 있다. 이러한 CONGO는 군축문제와 관련해서는 다음과 같은 3개의 위원회를 두고 있다.

3개의 위원회 가운데 하나는 뉴욕에 소재한 군축평화안보NGO위원회(NGO Committee on Disarmament, Peace and Security, NGOCDPS)이다. 이 위원회는 군축문제 있어서의 토론과 협상에 영향을 미치기 위해 설립되어 군축과 평화 및 안보 문제를 둘러싸고 시민사회와 NGO 그리고 유엔 사이의 협력을 촉진하고 지지하는 역할을 해오고 있다.

구체적으로 이 위원회는 유엔의 평화와 군축활동과 관련을 가지고 있는 다수의 NGO들에게 서비스와 시설을 제공해 오고 있다. 회의의 조직·신문의 발간·연중 유엔과의 연락사무소의 역할 등을 수행함으로써 무기통제·평화·군축을 위한 국제운동의 가장 중요한 동맹체(ally)라고 간주되고 있다. 이 위원회는 전 세계의 NGO들에게 협상의 현황·국가들의 입장·주요 장애와 기회에 대해 알려주고 NGO들이 적절한 의사결정 조직에 그들의 전문성과 창의적인 제안을 전달하는 것을 돕는 데 아주 중요한 역할을 해오고 있다.

또 다른 위원회는 제네바에 소재하고 있는 「군축NGO위원회(NGO Committee for Disarmament, NGOCD)」이다.75) 이 위원회 역시 CONGO의 권고에 의해 설립되었다. 이 위원회의 목적은 효과적인 국제통제하에서 군축의 달성을 촉진하고 회원조직의 연계망(network)과 그 구성원들을 동원함으로써 이러한 목표의 달성을 도울 수 있는 조치를 지지하는 것이다. 이러한 연계망과 구성원들은 특정 지역에 있어서의 여론을 전달한다. 또한 유엔체제의 기구들과 군축·국제안보·이들과 연관된 문제들에 관심을 지니고 있는 NGO의 관계를 용이하게 한다. 이러한 분야에 있어서 NGO의 행동과 협력을 촉진하고 자극하기 위한 목적으로 군축과 국제안보 및 관련 문제를 위한 유엔의 활동과 행동에 관한 정보를 교환하는 장(forum)을 제공하는 역할을 한다.

마지막 위원회는 비엔나에 소재한 NGO평화위원회(NGO Committee on Peace, Vienna)이다. 이 위원회 역시 CONGO의 한 위원회이다. 주된 목적은 평화와 군축에 관한 일에 관한 정보를 교환하고 평화와 군축을 위해 캠페인을 하는 유엔

---

75) 제네바에 소재하고 있다는 것을 알리기 위해 「NGO Committee for Disarmament in Geneva」 혹은 「NGO Committee for Disarmament, Geneva」로 칭하기도 한다.

조직과 협력하는 것이다.

유엔 사무국의 군축실은 이 3개 위원회와 군축문제를 해결하기 위해 협력한다. 이러한 군축실과 NGO들과의 협력은 뉴욕과 제네바 그리고 비엔나와 다른 지역에서 유엔의 군축과 관련한 정보 프로그램을 실행하고 군축 관련한 정부간회의에의 NGO 참여를 조정하는 문제를 둘러싸고 주로 전개된다. 이러한 경우 사무국의 군축실은 정부간회의의 절차규정이 허용하는 범위 내에서 NGO들의 참여가 최대한 가능하도록 노력한다. 조약을 검토하기 위한 정부간회의에서 군축실이 사무국의 역할을 담당하는 경우에 군축실은 이러한 정부간회의에 NGO들이 참가할 수 있도록 조약 당사국들에게 NGO들의 공인을 추천하기도 한다.

(4) NGO/DPI 집행위원회(NGO/DPI Executive Committee)

DPI와 공식적인 제휴를 맺고 있는 NGO들은 2년 임기로 선출한 18인으로 구성된 NGO/DPI 집행위원회(NGO/DPI Executive Committee)를 조직하여 이들의 이해관계를 대변하고 NGO들과 DPI 간의 정보를 소통시키는 연락 사무소(liaison office)의 역할을 하도록 하고 있다.[76]

우리가 여기서 주의할 것은 NGO/DPI 집행위원회라는 조직이 DPI 조직의 일부분이 아니라는 사실이다. 즉 ECOSOC과 협의지위를 가지고 있는 NGO들이 자신들의 목소리를 ECOSOC에 집단적으로 대변하기 위해 NGO회의(CONGO)를 조직한 것과 마찬가지로 DPI와 공식적인 제휴를 맺고 있는 NGO들이 조직한 것이 NGO/DPI 집행위원회이다.[77]

NGO/DPI 집행위원회는 위에서 언급한 DPI의 NGO Relations Unit와 협조하여 연례 NGO/DPI 회의(Annual NGO/DPI Conference)의 조직을 포함한 공동 관심의 행사나 프로그램 등을 수행한다. NGO/DPI 집행위원회는 DPI와 공식적인 관계를 맺고 있는 NGO들이 DPI의 NGO Relations Unit를 비롯하여 전 세계적으로 산재해 있는 유엔정보센터(UNIC) 및 유엔정보제공처(UNIS)와 정기적으로 접촉하도록 고무한다.

---

76) NGO/DPI Executive Committee의 정식명칭은 「Executive Committee of Non-Governmental Organizations Associated with the United Nations Department of Public Information」이다.

77) NGO/DPI 집행위원회는 앞서 언급한 바처럼 1999년 밝은사회클럽 국제본부(GCS International) 및 NGO회의(CONGO)와 더불어 서울 NGO 국제회의를 공동 개최한 바 있다.

유엔 ECOSOC의 유관기관으로서의 NGO회의(CONGO)와 유엔 사무국의 유관기관으로서의 DPI/NGO 집행위원회는 모두 NGO 연합체로서 NGO의 영향력 향상을 위해 협력한다. 특히 NGO들만의 세계적인 규모의 회의뿐 아니라 정부간회의의 성공적인 개최를 위해 이들의 협력이 매우 긴요해지고 있다.

4) 안보리와의 관계

안보리는 NGO들과의 관계를 개선해 오고 있지만 여전히 비공식적이고 제한적인 관계에 머물고 있다. 그러나 안보리 이사국의 대표단은 NGO로부터 증언을 청취함으로써 정보를 얻고 이해를 증진하기 위한 실용적인 목적으로 몇 가지 관계를 맺어 오고 있다.[78]

첫째, 일단의 NGO들이 안보리와 정규적인 비공식 회합을 가져오고 있다. 여기에서 일단의 NGO란 주로 「안보리NGO실무작업반(NGO Working Group on the Security Council, NGOWG/SC)」을 구성하고 있는 NGO들을 일컫는데 이들은 모두 안보리의 일에 특별한 관심을 가지고 있는 NGO들이다. 2017년 11월 현재 37개의 NGO가 속해 있으며 이들은 인도적 구호·인권·군축·글로벌 거버넌스 등 다양한 분야의 NGO들이다.

이 실무작업반은 1995년에 설립되었으나 현재의 형태로 회합을 가지게 된 것은 1997년부터이다. 1997년 이래로 실무작업반은 비공개 브리핑(off-the-record briefing)을 조직하여 거의 매주 안보리 이사국들 가운데 한 이사국의 대표를 참여시켜 오고 있다. 이러한 브리핑을 위한 회합에는 NGO와 안보리 이사국 대표뿐 아니라 유엔의 고위직 직원과 국제안보 분야에서 중요한 역할을 하는 행위자도 참여의 대상이 된다. 장소는 안보리 회의장(Security Council Chamber)이나 안보리

---

78) M. Halil M. Bektaş, "Analysing Relations between the United Nations Security Council and NGOs," *Turkish Journal of TESAM Academy*, Vol 4, No. 2 (2017), 11-33; Martin Binder, "The Politicization of International Security Institutions: The UN Security Council and NGOs," WZB Discussion Paper, No. SP IV 2008-305 (2008); James A. Paul, "A Short History of the NGO Working Group," http://www.ngowgsc.org/content/short-history-ngo-working-group (접속일: 2017년 11월 19일); Global Policy Forum, "Security Council Consultation with Humanitarian NGOs," https://www.globalpolicy.org/component/content/article/185/40099.html (접속일: 2017년 11월 19일): Security Council Report, "UN Security Council Working Methods: Arria-Formula Meetings," http://www. securitycouncilreport.org/un-security-council-working-methods/arria-formula-meetings.php (접속일: 2017년 11월 19일).

협의장(Security Council Consultation Chamber)이 아닌 이들의 대표부이거나 NGO 회의실(NGO conference room) 등인데 이는 이러한 회합이 안보리의 공식적인 회합이 아니라는 것을 보여주기 위한 것이다. 회합은 통상적으로 1시간 반 정도 지속되며 이사국 대표로부터의 브리핑이 먼저 있고 질의와 응답이 뒤를 잇는다.

실무작업반은 NGO들의 다양성 등을 이유로 특정의 쟁점 등에 관해 통일된 입장을 취하지 않는다. 실무작업반이 이러한 비공개 브리핑을 갖는 정기적인 회합을 조직하는 주된 목적은 NGO들과 안보리 이사국을 위한 토론장(forum)을 제공하여 정보를 교환하고 대화를 갖는 것이다. 이러한 회합을 통해 안보리의 정책이 때때로 바뀌기도 한다.

둘째, NGO들은 아리아 공식(Arria Formula)과 사모비아 공식(Samovia Formula)에 따라 안보리와의 비공식관계를 가진다. 1992년 유고슬라비아의 분리를 둘러싼 위기의 시기에 안보리 비상임이사국으로서 의장국을 수임하고 이던 베네수엘라의 아리아(Diego Arria) 대사가 보스니아와 헤르체고비나에서 목격한 폭력을 안보리 이사국들에게 증언하기 위해 찾아온 크로아티아인 신부를 만났다.

안보리 이사국들이 크로아티아인 신부와 공식적인 회합을 가질 수 있는 방법이 없음을 알고 있는 아리아 대사는 이사국들을 안보리의 회의실이 아닌 유엔 대표단 라운지(Delegation Lounge)로 초대했다. 이러한 혁신적인 형식의 비공식 회합 즉 안보리 이사국들을 초대하여 안보리에게 상당히 중요한 일에 관해 저명한 인사나 저명한 국제적인 인물과 솔직한 의견을 교환하는 비공식 회합을 「아리아 공식에 의한 회합」이라고 일컫는다. 저명한 인사나 저명한 국제적인 인물에는 고위 공직자나 국제기구의 대표 혹은 고위 유엔 직원 등이 포함된다.

이러한 비공식 회합은 안보리 이사국들이 결의문(resolution)이나 결정(decision)을 채택하기에 앞서 항상 진행하는 회의인 비공식 협의(informal consultation)로 간주되지 않으며 회의 장소도 안보리 협의장(Security Council Consultation Chamber)에서 개최되지 않는다. 또한 안보리 의장국에 의해 회의가 소집되지도 않고 주재되지도 않는다. 나아가 통역과 번역을 제외하고는 사무국 직원이 참가하지도 않는다. 이들 모두는 공식회의의 형식을 벗어나가 위한 방식인 것이다.

아리아 공식을 확대하여 NGO를 대상으로 한 회합을 가지고자 한 최초의 시도에 대해 안보리 상임이사국들이 반대를 했다. 그럼에도 불구하고 안보리 비상임이사국인 칠레의 대사인 소마비아(Juan Somavia)가 1997년에 처음으로 아리아 공

식에 약간의 수정을 가하여 안보리 이사국과 3개의 인도주의 활동을 하는 NGO
인 옥스팜(Oxfam)·국경없는 의사회(MSF)·케어(CARE) 사이의 협의를 처음으로
시도했다. 이처럼 안보리 이사국이 NGO의 증언을 청취하기 위해 회합을 가지는
것을 「사모비아 공식에 의한 회합」이라고 칭한다.

　이 회합에서 NGO들은 동부 콩고(Eastern Congo)와 이웃 국가들에서의 난민위
기와 갈등에 대해 브리핑을 했고 이러한 상황에서 안보리가 행동을 취하지 않은
것을 혹독하게 비판하는 공동성명을 발표했으며 이러한 비난에 직면한 안보리는
더 이상 이러한 방식의 회합을 허용하지 않게 되었다.

　그러다가 2000년에 아리아 공식에 의한 회합이 재개되었으며 과거와는 달리
회합의 대상으로서 빈번하게 NGO의 대표와 시민사회의 대표들이 포함되게 되었
다. 이사국들 사이에 이견의 해소에 의해 이러한 아리아 공식에 의한 회합의 장
소는 대표단 라운지로부터 지하에 있는 유엔 회의실(conference room)로 옮겨가고
좀 더 최근에는 개점 휴업상태에 있는 신탁통치이사회와 같은 큰 회의실에서 개
최되어 오고 있다.

　셋째, NGO가 개별적으로 개개 안보리 이사국의 대표와 비공식적인 양자 회
합(bilateral meeting)을 가지는 방식이 있다. 이러한 방식의 회합을 갖는 대표적인
NGO에는 전문적인 분석을 주된 활동으로 하는 국제평화아카데미(International
Peace Academy, IPA)와 국제위기그룹(International Crisis Group, ICG)이 있다. 국
제평화아카데미의 경우는 평화의 연구와 개발을 통해 국내 무력갈등과 국제적인
무력갈등의 예방과 해결을 촉진하는 것을 목표로 하는 싱크탱크(think tank)형
NGO이다. 국제위기그룹은 앞서 살펴본 바 있듯이 중대한 국제적 갈등을 방지하
고 해결하기 위해 현장에 기초한 분석을 하고 정책의 비판과 제언을 하는 싱크탱
크형 NGO이다. 이러한 회합 역시 비공식 회합으로서 유엔 안보리 회의실 밖에서
열린다.

　NGO들은 이러한 3가지 형태의 비공식 관계와는 다른 방식의 상호작용 역시
가져오고 있다.[79] 이러한 방식 중 하나는 NGO가 단독으로 혹은 다른 NGO들과
연대하여 혹은 뜻을 같이 하는 국가들과도 연대하여 안보리(이사국)를 대상으로
로비를 행하는 것이다.

---

79) Martin Binder, "The Politicization of International Security Institutions: The UN Security
　　Council and NGOs," WZB Discussion Paper, No. SP IV 2008-305 (2008): 14-17.

또 다른 하나는 국제적인 캠페인을 전개하는 방식이다. 캠페인이란 정책의 변화와 같은 특정의 목적을 달성하기 위한 공격적인 일단의 계획된 체계적인 활동을 일컫는데 전형적인 예로서 피의 다이아몬드(blood diamond)에 반대하는 캠페인을 들 수 있다. 이 캠페인은 대량의 실향민과 사망자를 발생시키는 아프리카의 내전이 다이아몬드에 원인이 있다는 인식에서 출발한 캠페인이다. 일반인들이 군지도자들과 반란군들이 불법으로 거래하는 다이아몬드를 구매함으로써 이들로 하여금 무기를 구입할 수 있도록 하여 전쟁 수행을 돕는다는 것이다. 전 지구적 증인(Global Witness, GW)이라는 NGO가 앙골라에 있어서의 갈등의 주된 원인이 다이아몬드라는 내용의 보고서를 발간하자 곧 이어 안보리의 요청을 받아 안보리 내의 앙골라 제재위원회와의 협의를 가진 바 있으며 이러한 협의의 결과 안보리 결의문 1295가 채택되어 좀 더 강력하고 세밀한 제재가 가해진 바 있다.

마지막으로 NGO는 안보리 정책의 집행자로서의 역할을 수행함으로써 안보리의 정책에 영향을 미친다. 안보리가 자신의 정책을 자원과 전문성을 지니고 있는 NGO를 통해 집행하는 것은 특히 인도적 지원 부문에 있어서 상당히 중요하다. 냉전이 종식된 후 평화유지와 평화구축에 있어서의 안보리 활동이 확대되면서 인도적 지원을 담당하는 NGO와의 상호작용이 강화되었다.

5) 기타 유엔 관련 기관들과의 관계

지금까지 유엔의 주요기관인 경제사회이사회·총회·사무국·안보리와 NGO의 관계들을 차례로 살펴보았다. 여기에서는 이들 이외의 다른 유엔 관련 기관들과 NGO와의 관계를 살펴보고자 한다.

NGO들은 유엔 비정부연락사무소(United Nations Non-Governmental Liaison Service, UN-NGLS)를 통해서도 유엔과 연계되어 있다. 이 기관은 유엔체제(UN system)에 속하는 국제기구들과 NGO를 포함한 시민사회조직(CSO) 사이에 가교 역할을 통해 상호 이해와 대화 그리고 협력을 촉진함으로써 건설적인 관계를 발전시킬 목적으로 유엔에 의해 1975년에 설립된 유엔의 기관이다.[80] 비정부연락사무소는 관리 부서로서 유엔 공보국을 두고 있으며 뉴욕과 제네바에 사무실은 두고 있다.

---

80) 「유엔체제(UN system)」라는 말은 유엔 관련 모든 기구는 물론 17개의 전문기구(specialized agencies)까지를 포함하는 말로 사용된다.

이러한 목적하에 UN-NGLS는 자신들이 전문성을 가지고 있는 다양한 분야에서 유엔체제에 속하는 기구들과 NGO를 포함한 시민사회조직(CSO) 모두에게 상당한 지원을 제공하고 있다. 이러한 지원에는 유엔총회의 의장실(Office of the President of the General Assembly)이 고위급 행사에 참가할 CSO의 참가자를 물색하는 것을 돕는 것으로부터 유엔 사무총장의 고위급 패널과 자문그룹을 위한 협의를 조직하고 CSO의 유엔에서 벌어지는 협상과 회의 및 행사에의 참가를 지원하다. 또한 CSO를 위해 브리핑과 오리엔테이션 그리고 워크숍을 조직하고 더불어 논의 중인 실질적인 이슈에 대한 인식을 제고하고 의견 교환을 위한 기회를 제공하기 위해 몇몇 유엔기구와 NGO의 협의를 공동으로 조직하기도 한다.81)

UN-NGLS가 NGO를 위해 수행하는 활동을 좀 더 구체적으로 살펴보면 유엔체제에 속하는 기구들의 중요한 활동과 이슈에 NGO의 주의를 환기시키고 NGO로 하여금 유엔체제 내에서 논의되고 있는 이슈들에 대해 적극적이 되도록 도우며 유엔 회의와 행사 등에 있어서의 NGO의 활동을 용이하게 한다. 또한 NGO가 비슷한 관심을 가지고 있는 다른 NGO들 및 유엔체제 내의 기구들과 접촉을 할 수 있도록 주선을 하며 NGO들에 관한 데이터베이스를 만들어 관리하기도 한다.

UN-NGLS는 자발적인 기금에 의해 운영되고 있는데 2017년 11월 현재 유엔체제(UN system)에 속하는 15개의 기구들 구체적으로 유엔개발계획(UNDP)을 비롯한 11개의 유엔기구들과 국제노동기구(ILO)를 포함한 4개 전문기구들이 재정적이 지원을 하고 있다. 또한 캐나다 정부를 비롯한 13개 국가의 정부들도 자발적 기여금을 제공하고 있으며 이 외에도 프랑스어권 국제기구(Organisation internationale de la Francophonie, OIF)와 포드재단을 비롯한 5개의 재단 역시 기금을 제공하고 있다.

3. NGO와 유엔 관계에 대한 전망

유엔과 NGO의 관계가 어떻게 변화될 것인가를 전망하는 데 있어서 가장 중요한 요인은 이 문제를 바라보는 주권 국가들의 태도이다. 유엔과 NGO의 관계에 있어서 가장 중요한 현안은 유엔총회에서 NGO들이 일시적이 아닌 ECOSOC에서

81) UN-NGLS, "About UN-NGLS," https://www.un-ngls.org/index.php/about-ngls (접속일: 2017년 11월 20일).

와 같은 항구적인 공식적인 지위를 인정받으려 하는 것인데 이를 둘러싸고 국가
들 간에 의견이 완전히 일치되는 것은 아니지만 기본적으로 NGO에 대해 보여주
고 있는 주권 국가들의 열정적인 수사(rhetoric) 뒤에는 뿌리 깊은 불안이 숨겨져
있다. 즉 선진국과 개도국을 가리지 않고 정부대표들은 전 지구적 의사결정에 있
어서 주권 국가들이 지금까지 행사해 온 독점적인 지위가 약화될지 모르는 변화
를 근본적으로 두려워하고 있다.

총회에서도 NGO의 공식적인 지위가 인정되어야 한다는 주장의 논거는 ECOSOC
과 유엔이 개최하는 전 지구적 회의(global conferences)의 의사결정 과정에 NGO
의 참여가 허용되어 있는 마당에 ECOSOC으로로부터의 보고서를 검토하고 전 지구
적 회의의 후속조치에 관한 정책을 수립하는 등 NGO의 참여하에 다룬 ECOSOC
과 전 지구적 회의의 이슈를 또 다시 다루는 총회에의 참여를 막는 것은 비논리
적이라는 것이다.

그러나 기실 인권을 다루는 국제기구 등에서 자국의 인권 상황이나 다른 이슈
와 관련하여 NGO로부터 공격을 받는 개도국들은 이러한 NGO들이 총회에 공식
적인 행위자로 등장하는 것을 꺼리고 있다. 이런 점에서 볼 때 개도국들이 진정
원하는 것은 국제통화기금(IMF)과 세계은행(World Bank) 그리고 세계무역기구
(WTO)와 같이 세계화를 선도해 나가는 국제경제기구에 NGO들의 참여를 확대하
여 NGO와 더불어 이들 기구에 영향력을 행사하기를 원하는 것이라고 할 수 있다.

또한 NGO가 환경이나 경제 및 사회문제에 관계하는 것은 괜찮다고 생각하는
선진국도 NGO들이 군비통제·군축·경제정의(economic justice)·전 지구적 민주
주의(global democracy)를 요구하는 것까지 수용하려 하지 않는다. 특히 미국과
같은 국가는 NGO들이 총회에서 평화유지 및 군비통제와 같은 문제를 다루는 데
참여하게 될 경우 이러한 문제를 다루게 될 안보리(Security Council)에의 참여를
배제하는 것이 모순된다고 보고 있기 때문에 NGO의 총회 참여에 경직된 입장을
보이고 있다.82)

또한 선진국과 개도국을 가리지 않고 적지 않은 국가의 정부들이 NGO의 대
표성의 문제를 제기하면서 NGO의 공식적 지위의 확대를 반대하고 있는 것도 사
실이다. 한 마디로 NGO들은 외부적으로 정의된 지리적이거나 공동체적 구성요소

---

82) 미국은 NGO가 안보리에 공식적으로 참여하게 될 경우 미국이 주된 NGO의 비판 대상이 될
   것이라고 본다.

를 가진다는 의미의 대표성을 지니고 있지 않고 잘 해야 회원들의 이해관계나 관심사를 대표하며 최악의 경우 설립자나 NGO를 이끌고 있는 지도자의 이해관계나 관심사를 대표하는 데 그친다는 지적이다. 즉 NGO들 가운데는 국제사회 전체의 이익보다는 한정된 이익을 국제사회에 반영하고자 노력하는 NGO들의 수가 점차적으로 늘어나고 있다는 지적이다.

이와 더불어 유엔과 같은 국제기구에 접근하고 있는 NGO들 가운데 많은 NGO들이 선진국 NGO들로서 개도국 NGO들과 견해를 항상 같이 한다고 단정할 수 없으며 이 때문에 NGO의 영향이 편파적이 될 수 있다는 우려가 제기되고 있다. 일부 국가들은 이러한 이유로 NGO들이 국제기구에 접근하여 영향력을 행사하려는 대신에 자신들이 속해 있는 국가의 정부에 접근하여 정부에 영향을 미치는 데 집중해야 한다는 주장을 제기하면서 NGO의 국제기구에의 접근의 확대에 반대하고 있다.

NGO의 공식적 접근의 확대에 대해 국가들 사이에 존재하는 입장 차이가 유엔 내에서 단순 다수결의 표결에 의해 최종적으로 결정될 사항도 아니다. 즉 유엔이 보다 확대된 공식적인 역할을 NGO에게 부여하기 위해서는 헌장의 개정을 필요로 하며 이 경우 안보리 상임이사국의 거부권이 적용되고 회원국 $\frac{2}{3}$ 이상의 찬성이 있어야 한다. 따라서 유엔에 있어서의 NGO의 지위향상은 유엔의 안보리 개혁 등 다른 개혁문제와 마찬가지로 국가들 간의 이견으로 인하여 정치적으로 어렵고 예민한 문제가 될 수밖에 없다.[83]

결론적으로 말해 선진국이나 개도국 모두에게 있어 NGO의 유엔에의 참여의 확대는 얻는 것만큼 혹은 그 이상으로 잃는 것을 가져다주기 때문에 이러한 딜레마적 상황에서 정부대표들은 NGO들의 공식적인 참여의 확대에 지속적으로 주저하지 않을 수 없다. 그 결과 NGO의 참여 확대가 가까운 시일 내에 이루어지리라고 기대하는 것은 무리다. 때문에 일부 NGO들의 부적절한 행동은 곧 바로 정부대표들의 NGO의 참여 확대 거부에 적절한 구실을 제공하고 있는 것이다. 이런 점을 고려할 때 NGO의 목소리가 지속적으로 커질 경우 정부대표들은 공식적인 방식이 아닌 비공식적인 방식을 통해 NGO들의 참여욕구를 충족시키리라 예측된다.

---

83) Karen A. Mingst and Margaret P. Karns, *The United Nations in the Post-Cold War Era* (Boulder, Colorado: Westview Press, 1995), 154.

제 *15* 장

NGO와 전문기구의 관계

앞서 살펴보았듯이 NGO는 제한된 경우 의제의 항목을 제안할 수도 있는 등 부류에 따라 약간 다르기는 하나 기본적으로 유엔의 ECOSOC에 대해 협의지위를 가짐으로써 ECOSOC이나 그 보조기관에 참석하여 서면진술서(written statement)를 제출할 수 있으며 구두진술을 할 수 있다. 대부분의 전문기구들도 NGO의 제한적인 참여에 대한 이와 유사한 규정을 두고 있다.[1] 그러나 전문기구들이 NGO에게 일정한 지위를 부여하는 데 있어서 획일적인 것은 결코 아니다.

전문기구에 따라서는 유엔교육과학문화기구(UNESCO)처럼 ECOSOC과 같이 한 종류 이상의 지위를 부여하고 있는 기구도 있고 세계보건기구(WHO)처럼 한 종류의 단일한 지위만을 부여하는 전문기구도 있다. 경우에 따라서는 국제통화기금(IMF)처럼 NGO와 어떠한 공식적인 협의관계도 갖고 있지 않는 경우도 있다.

여기에서는 전문기구와 NGO와의 관계의 대표적인 예로서 유엔교육과학문회기구(UNESCO)·세계보건기구(WHO)·국제통화기금(IMF)·식량농업기구(FAO)·세계은행(World Bank)이 NGO와 가지고 있는 관계를 하나씩 살펴보고자 한다.

한국의 NGO들은 유엔 경제사회이사회(ECOSOC)로부터 협의지위를 얻는 데 많은 노력을 경주하여 그 결과 다수의 NGO들이 일반 협의지위와 특별 협의지위 등을 획득하는 성과를 거두었다. 그러나 이와는 대조적으로 전문기구와의 공식적인 관계를 설정하는 데는 거의 관심을 두고 있지 않다. 따라서 전문기구와 NGO의 관계에 대한 논의를 통해 한국 NGO들이 전문기구와의 관계 설정에 관심을 가져야 할 것이다.

---

1) Karen A. Mingst and Margaret P. Karns, *The United Nations in the Post-Cold War Era* (Boulder, Colorado: Westview Press, 1995), 56.

1. NGO와 UNESCO의 관계

1) 전통적인 관계

유네스코(UNESCO)는 창설 초기부터 다른 전문기구들과도 비교가 될 정도로 국제 수준에서 다양한 국제 NGO들과 긴밀한 협력관계를 가져왔다. 이들 간의 관계는 UNESCO 헌장에 간단하게 규정되었으며 1960년에 UNESCO 총회가 「UNESCO의 국제 NGO와의 관계에 관한 지침(Directives Concerning UNESCO's Relations with International NGOs)」이라는 문건을 채택함으로써 구체화되었다. UNESCO는 이 지침에 근거를 두고 UNESCO의 활동에 대한 실질적인 기여의 정도를 고려하여 NGO에게 세 등급의 지위를 차등적으로 부여했다.

UNESCO의 업무에 정기적으로 주요한 공헌을 하고 UNESCO 프로그램의 준비 및 실행과 관련하여 자문을 할 수 있는 NGO에게는 가장 높은 등급의 Category A(Consultative and Associate Relations) 지위가 부여되었다. 그리고 나머지 NGO에게는 관계의 강약에 따라 Category B(Information and Consultative Relations)와 Category C(Mutual Information Relations)의 지위가 주어졌다.

Category A 지위를 갖는 NGO는 UNESCO 총회 및 관련 회의에 참석하여 발언을 할 수 있는 권한은 물론이고 정책결정 과정에도 공식적으로 참가할 수 있는 권한을 부여받는 등 실질적인 협력관계를 가짐으로써 유엔 ECOSOC으로부터 협의지위를 부여받은 NGO보다 강화된 지위를 누렸다. Category B NGO는 협의를 할 수 있는 지위가 주어졌고 Category C NGO는 UNESCO와 각종 자료를 교환하는 관계를 가졌다.

Category A와 Category B에 속하는 NGO는 UNESCO 총회 등 관련 있는 각종 회의에 옵서버를 파견하고 UNESCO의 사업계획안에 의견을 제시할 수 있으며 UNESCO로부터 보조금도 받았다. Category C NGO는 이들 NGO의 신청이 있은 후 UNESCO가 필요성을 인정하는 경우에 한해 옵서버를 파견할 수 있었다.

2) 1995년 지침에 따른 관계[2]

UNESCO는 1995년에 「UNESCO의 NGO와의 관계에 관한 지침(Directives Concerning UNESCO's Relations with NGOs)」이라는 문건을 새롭게 채택하면서 기존 NGO와의 관계에 커다란 변화를 꾀했다.

새 지침상의 중요한 변화는 UNESCO로 하여금 국가 수준·지역 수준·국제 수준 등 어떠한 수준이든 관계하지 않고 UNESCO의 권능의 분야에서 활발하게 활동하고 있는 모든 NGO와 융통성 있고 동태적인 협력관계를 설정하는 것을 가능하도록 하고자 「운용활동 관계(Operational Relations)」라는 것을 새롭게 규정했다는 점이다.

이러한 관계는 기존에 UNESCO가 관계를 맺어온 NGO들 즉 국제 NGO들과의 관계보다는 덜 구조화되고 훨씬 비공식적인 관계로서 이로 인해 지역 NGO(regional NGO)와 국내 NGO(national NGO)들까지도 UNESCO에 의해 조직된 회의에 초청을 받을 수 있게 되는 등 UNESCO와 직접적으로 관계를 가질 수 있게 되었다.

이러한 운용활동 관계라는 새로운 관계의 설정과 더불어 기존의 관계를 하나로 묶어 「공식관계(Formal Relations)」라 하고 그 밑에 2개의 다른 관계로서 「협의관계(Consultative Relations)」와 「제휴관계(Associate Relations)」를 두었다. 1995년 이후 달라진 UNESCO와 NGO의 새로운 관계를 상론하면 다음과 같다.

(1) 공식관계

UNESCO는 국제 NGO(INGO)와 협의관계와 제휴관계라는 두 종류의 공식관계(Formal Relations)를 가진다. 일단 설정된 공식관계는 6년 동안 지속되며 갱신이 가능하다. 이러한 공식관계를 갖기 위해서는 여러 조건을 충족시켜야 하는데 중요한 것들 위주로 설명하면 다음과 같다.

우선 NGO는 UNESCO의 권능(competence)에 속하는 활동 분야 중 한 가지 이상의 활동에 종사해야 하며 UNESCO의 목표달성에 효과적인 기여를 할 수 있는 능력과 의지를 지니고 있어야 한다. NGO는 인류의 이익을 위하고 문화적 정체성을 존중하면서 협력·관용·결속의 정신을 가지고 국제적 수준에서의 활동에

---

2) UNESCO, "Directives concerning UNESCO's Relations with Non-governmental Organizations," http://erc.unesco.org/ong/en/Direct_ONG.htm (접속일: 2017년 5월 6일).

효과적으로 종사해야 한다. 정기 활동 회원(그룹이나 개인)은 국제적으로 분포되어 있어 가능한 한 다양한 문화 권역을 대표할 수 있어야 한다. 이러한 것들과 더불어 NGO는 법적 지위와 본부를 가지고 있어야 하며 민주적으로 채택된 규정을 가지고 있어야 한다. 구체적으로 규정은 특히 NGO의 일반정책(general policy)은 회원 모두의 대표기관에 의해 결정되어야 한다는 내용과 NGO는 상설성과 대표성을 가지며 정기적으로 갱신되는 집행기관(governing body)·주요 기관에 의해 적절하게 선출된 대표들·주로 회원의 기여로부터 나오는 기본 자원(basic resources)을 가져야 한다는 내용 등을 포함하고 있어야 한다. 또한 4년 이상 존재하면서 활동을 수행해 온 전력이 있어야 공식관계 설정을 요청할 수 있다. 이러한 공식관계를 구성하고 있는 두 관계를 살펴보면 다음과 같다.

① 협의관계

협의관계(consultative relations)를 가지고자 하는 NGO는 공식관계를 가지려는 NGO가 충족시켜야 하는 위에서 언급한 일반적인 조건 이외에 자신의 활동범위에 속하는 문제에 대해 UNESCO가 조언을 요청할 경우 유능한 조언을 제공할 수 있는 능력과 더불어 UNESCO 프로그램의 집행에 효과적으로 기여할 수 있는 능력을 입증해야 한다. UNESCO에 의해 이미 여러 조직들을 대표하는 권한이 인정된 가운데 협의지위가 부여된 큰 NGO의 하부에 속하는 개개 NGO에 대해서는 개별적으로 이러한 지위가 부여되지 않는다. 협의관계를 가지기 위해서는 UNESCO와 지속적이고 효과적인 운용활동 관계(operational relations)를 사전에 최소한 2년 동안 가져야만 한다.

협의관계를 획득한 NGO는 의무를 떠맡게 되는데 우선 이들은 UNESCO와 관련 있는 자신들의 활동 및 UNESCO의 목적 달성을 위한 지원활동에 대해 정기적으로 UNESCO 사무총장에게 통보해야 한다. NGO는 모든 가용한 수단을 통해 회원들에게 UNESCO의 프로그램 활동과 회원들이 관심을 가지는 실적을 알려야 한다. NGO는 UNESCO 사무총장의 요청에 의해 UNESCO의 프로그램 준비에 대한 협의와 더불어 UNESCO의 연구 및 출판 등과 관련하여 조언과 지원을 제공해야 한다. NGO는 자신들의 활동을 통해 UNESCO 프로그램의 집행에 공헌하고 가능한 한 최대로 UNESCO 프로그램과 관련 있는 특정 의제항목을 그들의 회의의 의제에 포함시켜야 하며 UNESCO 사무총장에게 활동 보고서를 정기적으로 제출해야 한다.

이러한 의무와 더불어 이러한 관계를 가지는 NGO는 일정한 권리를 향유한다. 우선 NGO는 UNESCO의 총회(General Conference)나 그 하부기관에 옵서버를 파견하도록 사무총장으로부터 요청받을 수 있으며 의장의 동의하에 총회의 하부기관에서 그들의 권능에 속하는 문제에 관해 구두진술을 할 수 있다. NGO는 이러한 구두진술 이외에 그들의 권능하의 UNESCO 프로그램 문제에 대해 서면진술서를 사무총장에게 제출할 수 있다. 사무총장은 이러한 진술서의 내용을 집행이사회 (Executive Board)에 전달하며 필요할 경우 총회에 전달한다. 이러한 권리와 더불어 그들의 프로그램 활동과 관련이 있는 UNESCO 문서를 받아볼 수 있고 UNESCO에 의해 제안된 프로그램에 관해 사무총장과 협의할 수 있다.

② 제휴관계

회원들이 광범위하게 국제적으로 분포되어 있고 국제적인 전문 협회들(associations)을 산하에 거느리고 있는 상부조직(umbrella organization)으로서 교육·과학·문화·의사소통(communication)의 분야에서 능력을 입증하고 UNESCO가 하는 일에 정기적으로 주요한 공헌을 한 기록을 가지고 있는 NGO는 UNESCO와 제휴관계(associate relations)를 가질 수 있다. 이러한 관계를 가지고 있는 NGO는 협의관계를 가지고 있는 NGO가 UNESCO와 가지게 되는 협력 이외에 UNESCO의 프로그램 준비 및 집행과 관련하여 정기적으로 사무총장에게 조언을 제공하고 UNESCO의 활동에 참여하도록 요청을 받을 수 있다.

제휴관계를 가지는 NGO는 협의관계를 가지는 NGO들이 이행해야 하는 의무 이외에 추가적인 의무를 지게 된다. 우선 NGO는 UNESCO의 권능의 분야에 속하는 자신들의 활동을 확대하는 데 있어 UNESCO와 긴밀하게 협력해야 한다. NGO는 동일한 분야에서 활동하고 있는 NGO들의 활동에 대한 국제적인 조정 (co-ordination)을 촉진하기 위한 UNESCO의 노력과 이러한 NGO들을 상부조직의 산하로 가져오기 위한 UNESCO의 노력을 지원해야 한다. 또한 NGO는 UNESCO 사무총장의 참여 요청이 있고 그들의 전문성을 긴요하게 필요로 하는 다양한 유형의 협의회에 대표를 파견해야 한다.

제휴관계를 가지는 NGO는 협의관계를 가지는 NGO들이 가지는 모든 권리에 더하여 추가적인 권리를 가지게 된다. 예컨대 제휴관계의 NGO는 그들의 활동분야와 관련 있는 UNESCO 활동의 계획과 집행의 다양한 단계에서 가능한 한 긴밀하고 정기적으로 제휴의 대상이 되며 총회의 의사규칙에 따라 총회의 본회의에서 연설을 할 수 있다. 가능한 한 UNESCO 프로그램의 집행을 위해 UNESCO 사무국이 부단하게 접촉할 특별한 필요가 있는 NGO에게 가장 좋은 조건으로 사무실 편의가 제공될 수 있다.

(2) 운용활동 관계

UNESCO 사무총장은 UNESCO의 프로그램을 집행하는 데 있어서 유용하다고 판단할 경우 운용활동 관계(operational relations)로 알려진 관계 유형의 NGO와 협력할 수 있다. 이러한 관계는 어떠한 수준에서든 UNESCO의 권능에 속하는 분야에서 활발하게 활동하고 있는 모든 NGO와 융통성 있고 동태적인 협력관계의 설정을 가능하게 하고 이들의 현장활동 능력으로부터 그리고 정보의 확산을 위한 연계망(network)으로부터 도움을 받을 의도에서 설정된 관계 유형이다.

이러한 관계를 맺고자 하는 NGO는 일정한 조건을 충족시켜야 한다. 구체적으로 NGO 가운데 공식관계(Formal Relations) 설정에 필요한 조건을 부분적으로만 충족하고 있는 국제적 성격의 NGO는 UNESCO 프로그램에 규정된 활동을 가장 적절한 방식으로 집행하기 위한 운용활동 능력과 권능을 지니고 있어야만 한다. 국가나 지방 혹은 현장 성격의 NGO는 운용활동 능력을 보유하고 있어야 한다.

운용활동 관계를 맺고 있는 NGO는 의무로서 UNESCO가 권능을 가지고 있는 분야와 관련된 그들의 활동을 사무총장에게 통보해야 하며 UNESCO의 목표 달성을 위한 그들의 지원활동에 대해 6년 만에 한번 씩 하게 되는 보고를 해야 한다. 또한 NGO는 가용한 모든 수단을 통해 그들의 회원에게 UNESCO의 프로그램 활동과 더불어 회원들이 관심을 가지는 실적에 대해 알려야 하는 의무를 지게 된다.

이들 NGO는 권리로서 우선 NGO와 UNESCO와의 공동 관심사에 대한 정보와 문서를 교환할 수 있다. NGO는 집행이사회에 의해 총회의 특정 본회의와 총회 위원회의 회의에 옵서버로서 참여할 것을 요청받을 수 있다. NGO가 회의에 중요한 공헌을 할 위치에 있다는 견해를 UNESCO 사무총장이 가질 경우 NGO는 특정의 UNESCO 회의에 옵서버를 보내도록 요청받을 수 있다. NGO는 UNESCO가 프로그램의 집행과 관련하여 조직한 다양한 NGO의 집단 협의회에도 옵서버로 참가할 것을 요청받을 수 있다.

공식관계가 광범위한 대표성과 전문성을 가지고 있는 국제 NGO에게 주어지는데 반해 운용활동 관계란 국가 수준·지역 수준·국제 수준 등 어떠한 수준이든 관계하지 않고 현장에서 활발하게 활동하고 있는 모든 NGO들과 UNESCO의 프로그램을 집행하는 데 있어서 융통성 있고 동태적인 협력관계의 달성을 목적으로 한다.

3) 2011년 지침에 따른 관계

UNESCO는 1995년에 NGO와의 관계를 개정한 이후에 2011년에 UNESCO 총회가 채택한 새로운 지침(Directives concerning UNESCO's Partnership with Non-governmental Organizations)을 통해 다시 개정을 했다. 과거와 크게 달라진 점은 우선 1995년의 개정에서는 NGO와의 관계를 크게 공식관계와 운용활동 관계라는 두 가지로 구분하고 공식관계를 다시 협의지위와 제휴지위로 분류한 바 있는데 2011년 개정의 경우는 운용활동 관계라는 것을 없애고 공식관계인 협의지위와 제휴지위만을 둠으로써 관계를 보다 단순화시켰다.

과거에는 공식관계인 협의지위와 제휴지위의 경우 광범위한 대표성과 전문성을 가지고 있는 국제 NGO에게만 주어지고 운용활동 관계는 국가 수준·지역 수준·국제 수준 등 어떠한 수준이든 관계하지 않고 현장에서 활발하게 활동하고 있는 모든 NGO들에게 부여되었다. 2011년 개정의 경우 협의지위는 과거의 운용활동 지위와 마찬가지로 어느 수준이든 관계없이 UNESCO의 권능에 속하는 분야에서 활동적인 모든 NGO에게 부여되며 제휴지위는 국제 수준과 지역 수준의 NGO에게 국한하여 부여된다. 즉 과거에 공식관계가 아닌 운용활동 관계를 공식관계의 협의지위로 끌어올렸다고 볼 수 있다.

간단하게 말해 협의지위는 국가·지역·국제 수준에 관계없이 UNESCO의 권능에 속하는 분야에서 활발하게 활동하고 있는 모든 조직과 융통성 있고 동태적인 협력관계를 수립하고 유지하기 위해 설정된 관계로서 지위의 부여는 UNESCO 사무총장의 권한에 속한다. 제휴지위는 최소한 2년 동안 UNESCO와 지속적이고 효과적인 협력관계를 가져온 국제 NGO나 지역 NGO와 가지게 되는 관계로서 사무총장의 권고로 집행이사회가 지위를 부여하는 권한을 가지고 있다. 여기에서는 협의지위와 제휴지위를 구분하여 자세히 살펴보고자 한다.

(1) 지위 부여의 조건

① 공통의 본질적인 조건

우선 NGO는 UNESCO의 권능(competence)에 속하는 활동 분야 중 한 가지 이상의 활동에 종사해야 하며 UNESCO 헌장에 규정되어 있는 원칙과 일치하여 UNESCO의 목표달성이나 프로그램의 실행에 효과적인 기여를 할 수 있는 능력과 의지를 지니고 있어야 한다.

NGO는 인류의 이익을 위하고 문화적 정체성을 존중하면서 협력·관용·결속의 정신을 가지고 활동에 효과적으로 종사해야 한다. NGO는 인정된 법적 지위를 지녀야 하며 본부와 민주적으로 채택된 규정(내규)을 가지고 있어야 한다. NGO의 일반정책(general policy)은 총회 혹은 민주적으로 운영되는 대표기관에 의해 결정되어야 한다. NGO 규정은 NGO의 기능을 가능하게 하는 상설성과 대표성을 가지면서 정기적으로 바뀌는 집행기관(governing body)과 주요 기관에 의해 적절하게 선출된 대표들 그리고 주로 회원의 분담금과 사업 그리고 증여 혹은 유산으로부터 나오는 기본 자원(basic resources)을 가져야 한다는 내용 등을 포함하고 있어야 한다. 또한 협력관계의 수립을 요청할 당시에 최소한 2년 이상 존재하면서 활동을 수행해 온 전력이 있어야 한다.

② 협의지위의 부여 조건

협의지위는 어느 수준이든 관계없이 UNESCO의 권능에 속하는 분야에서 활동적인 모든 시민사회의 조직이 대상이 된다. UNESCO는 NGO와 융통성 있고 동태적인 협력관계를 수립하여 유지하며 NGO로부터 전문성·정보의 확산을 위한 NGO 연계망의 대표성·NGO의 현장에서의 운용활동 능력(operational capacity)으로부터 도움을 받기 위한 것이기 때문에 NGO는 이러한 요건을 갖추어야 한다. 이러한 협의지위는 또한 시민사회의 대표성을 지닌 조직의 등장을 가능하게 하고 이러한 조직들이 미약하고 상호작용이 없이 단절되어 있는 세계의 지역에서 이러한 조직들 사이에 국제 수준에서의 상호작용을 용이하게 하는 것이어야 한다.

③ 제휴지위의 부여 조건

제휴지위는 사무총장이 UNESCO의 목적 달성에 유용할 것이라고 생각할 경우 집행이사회(Executive Board) 권고를 하며 권고를 받은 집행이사회는 위에서 언급

한 지위 획득을 위한 공통의 본질적 조건과 협의지위 NGO의 조건 모두를 충족
시키고 다음에 제시된 추가 조건을 충족시킨 국제 NGO나 지역 NGO에게 부여
할 수 있다.

추가 조건이란 구체적으로 교육·과학·문화·의사소통(communication)의 중
요 분야에서 능력을 입증하고 UNESCO가 하는 일에 정기적으로 주요한 공헌을
한 기록을 보유하고 있어야 한다. 더불어 최소한 2년 동안 지속적이고 효과적인
협의지위를 보유해 오고 있어야 한다.

(2) 협력관계의 의무

① 일반적인 의무

NGO는 자신들의 활동(특히 UNESCO의 권능에 속하는 분야에서의 활동)과 더불
어 자신들의 이사회(governing body)에서의 변화와 UNESCO 목적의 달성을 위한
지원활동에 대해 UNESCO 사무총장에게 정기적으로 통보를 해야 한다. NGO는
모든 가용한 수단을 통해 회원들에게 UNESCO의 프로그램 활동과 회원들이 관심
을 가질만한 UNESCO의 실적을 알려야 한다. NGO는 UNESCO가 관심을 가지는
의제를 다루는 회의에서 UNESCO가 대표될 수 있도록 요청을 해야 한다. 협력
파트너로서 NGO와의 집단 협력을 위한 NGO국제회의(International Conference
of Non-Governmental Organizations)에 가능한 한 최고위급 대표를 보내야 한다.
사무총장이 집행이사회와 총회에 제출하는 보고서를 작성할 때 NGO는 자신들이
UNESCO의 행동에 기여한 내용의 작성과 관련하여 사무총장을 도와야 한다.

② 협의지위 NGO의 의무

협의지위 NGO의 경우는 위에서 언급한 일반적인 의무를 진다.

③ 제휴지위 NGO의 의무

제휴지위 NGO는 위에서 언급한 일반적인 의무 이외에 다음과 같은 추가적인
의무를 지게 된다. 구체적으로 NGO는 UNESCO의 권능의 분야에 속하는 공동의
활동을 확대함으로써 UNESCO와 긴밀하고 규칙적이며 효과적으로 협력을 해야 한
다. 또한 NGO는 그들의 연계망과 지역 대표 그리고/혹은 국가 대표들을 통해
UNESCO의 현장 부서(field unit) 및 다수 국가에 존재하는 UNESCO 국가 위원회
(National Commission for UNESCO)와 활동에 있어서 효과적인 조정(coordination)

을 가져야 한다.

(3) 협력관계의 권리

① 일반 원칙

협력관계의 NGO는 의무와 더불어 다음과 같은 권리를 일반적으로 보유한다. 우선 UNESCO 사무총장은 공동의 관심사에 대해 NGO와 정보 및 문서의 적절한 교류를 위해 필요한 모든 조치를 취한다. NGO는 그들의 특별한 분야에 해당하는 UNESCO 프로그램의 계획과 집행의 여러 단계에서 가능한 한 긴밀하고 정기적인 협력의 대상이 되어야 한다.

제휴지위 NGO는 총회의 회의에 옵서버를 파견할 수 있으며 협의지위 NGO 총회를 대행하는 사무총장의 결정에 의해 옵서버 파견을 요청받을 수 있다. 이러한 옵서버들은 의장의 동의하에 위원회(commissions and committees)와 총회의 보조기관에서 그들의 권능 내에 있는 문제에 대한 구두진술을 할 수 있다. 이러한 NGO들은 총회의 의사규칙에 따라 총회의 운영위원회(General Committee of the General Conference)가 허용하면 NGO의 권능 내에 속하는 아주 중요한 특별한 문제에 관해 총회의 본회의에서 구두진술을 할 수 있다.

이들 옵서버들은 집행이사회의 NGO 협력 파트너 위원회(Committee on Non-Governmental Partners of the Executive Board)의 의장에 의해 이 위원회에 옵서버로서 참가를 요청받을 수 있으며 의장의 승인이 있을 경우 회원국들에 이어 구두진술을 할 수도 있다. NGO 협력 파트너 위원회는 UNESCO가 NGO와의 협력과 관련한 문제들을 검토하기 위해 설립한 집행이사회 소속의 위원회로서 NGO 협력 파트너를 UNESCO의 행동에 포함시키는 문제에 관한 주제별 토론을 한다.

NGO가 서면으로 요청을 하고 집행이사회 의장이 승인할 경우 NGO는 집행이사회의 다른 위원회(Commission and Committee)에도 옵서버로 참가할 수 있다. NGO는 자체 이사회의 승인과 더불어 그들의 권능에 속하는 UNESCO 프로그램 문제에 대해 아무 때나 사무총장에게 서면진술서를 제출할 수 있다. 사무총장은 필요하다고 생각하면 이러한 진술서의 내용을 집행이사회 혹은 적절하다고 생각할 경우 총회에 통보할 수 있다.

② 협의지위 NGO의 권리

일반적 원칙에서 언급한 공통의 권리 이외에 협의지위 NGO는 하나 혹은 그 이상의 구체적인 프로젝트의 집행에 관한 합의각서(memorandum of agreement)를 UNESCO와 체결할 수 있다.

③ 제휴지위 NGO의 권리

제휴지위 NGO는 공통의 권리 이외에 일반적인 협력에 관한 것이면서 8년이라는 갱신 가능한 기간 동안 가능한 협력을 위한 기본협정(framework agreement)을 UNESCO와 체결하여 NGO와 UNESCO가 공동으로 추구할 일의 우선순위를 정할 수 있다. 이러한 기본협정은 일반적인 협력에 관한 것이며 8년이라는 갱신 가능한 기간 동안에 걸쳐 가능하다.

UNESCO의 사무국이 UNESCO 프로그램의 집행을 위해 지속적으로 접촉을 할 특별한 필요가 있다고 생각하는 NGO에게는 가장 좋은 조건으로 사무실 시설이 제공될 수 있다.

(4) UNESCO와 NGO의 집단 협력을 촉진하기 위한 기제

위에서 살펴보았듯이 UNESCO와 공식적인 협력관계를 지니고 있을 경우 총회나 집행이사회의 NGO 협력 파트너 위원회에 참여하여 UNESCO와 협력을 할 수 있다. 이러한 기제 이외에 추가적인 기제를 살펴보면 다음과 같다.

① NGO국제회의

NGO국제회의(International Conference of Non-Governmental Organizations)라는 조직은 UNESCO와 공식적인 협력관계를 가지고 있는 NGO들이 2년마다 함께 모여 UNESCO와의 협력의 상태를 점검하고 UNESCO의 프로그램과 예산의 주요 노선에 대해 집단적인 협의를 수행하며 공통의 관심사를 가지고 있는 조직들 간의 협력을 촉진하는 기제이다.

② NGO-UNESCO 연락위원회

이 조직은 위에서 언급한 NGO국제회의가 지리적 배분의 원칙에 따라 선출한 10개의 NGO로 구성된다. 주된 역할은 무엇보다도 모든 NGO 협력 파트너들의 이익을 대변하며 NGO와 UNESCO 사이의 협력관계의 적절한 작동과 효율성의

확보에 필요한 조치를 취한다. 이와 더불어 집단적으로 취해진 의견이 UNESCO
에 의해 프로그램안(draft program)에 확실히 반영되도록 하고 집행이사회의 NGO
협력 파트너 위원회(Committee on Non-Governmental Partners)에서의 토론을 위
한 준비에 기여하며 1년에 2회 개최되는 UNESCO가 우선하는 이슈를 논하는 포
럼을 조직한다.

③ 주제별 집단 협의

NGO는 UNESCO 프로그램의 집행과 관련하여 UNESCO에 의해 조직된 특별
한 주제에 관한 다양한 집단적인 NGO 협의에 참여를 요청받을 수 있다. NGO는
협력을 위한 일부 재정적인 절차에 접근할 수 있다.

④ 기타

만일 사무총장이 NGO가 회의의 업무에 중대한 기여를 할 수 있는 위치에 있
다고 의견을 내면 NGO는 일부 UNESCO의 회의에 옵서버를 파견하도록 요청을
받을 수 있다. 이러한 회의에 대표를 파견할 수 없을 경우 그들의 견해를 문서로
서 적어 송부할 수 있다.

4) 새로운 관계 설정을 위한 연구

UNESCO 집행이사회는 2015년의 결정에 의거하여 사무총장에게 회원국과
NGO-UNESCO 연락위원회와 긴밀하게 협의하여 UNESCO 회원국과 NGO 사이
에 질적 대화를 위한 기회의 창출을 위하여 유엔기구들을 위시하여 유사한 기구
들의 최적사례를 바탕으로 하여 새로운 방안을 제안할 것을 요청했다. 이에 따라
UNESCO는 2017년 8월에 집행이사회의 문서(202 EX/37.INF.2)를 발간했다. 따라
서 이를 바탕으로 한 새로운 방안이 현실에 어떻게 반영될 것인가 주목할 필요가
있다.

2. NGO와 세계보건기구(WHO)의 관계[3]

WHO 헌장 제71조는 유엔헌장 제71조와 유사하게 WHO가 건강과 관련된 과업을 수행하는 데 있어서 NGO와 협의와 협력을 위해 적절한 약정을 체결할 수 있다고 규정하고 있다. 이러한 원론적인 규정은 그 후 1948년에 개최된 제1차 세계보건총회(World Health Assembly)에서 채택된 「WHO와 공식적인 관계로의 NGO의 수용을 규정하는 실무 원칙들(Working Principles Governing the Admission of Non-Governmental Organizations into Official Relations with WHO)」이라는 제목을 가진 결의문의 채택을 통해 구체화되었다.[4]

이러한 1948년에 채택된 결의안은 1987년에 채택된 「WHO와 NGO의 관계에 관한 원칙들(Principles Governing Relations between the World Health Organization and Nongovernmental Organizations)」이라는 제목을 가진 결의안(WHA40.25)에 의해 개정되었으며 이것이 현재까지의 WHO와 NGO의 관계를 규정해 오고 있다. WHO는 유엔 ECOSOC과는 달리 「공식적 관계(official relations)」라고 알려진 단 한 종류의 공적 관계만을 NGO와 맺고 있는데 이에 대해 살펴보면 다음과 같다.[5]

1) 공식적 관계의 자격요건

NGO가 WHO와 공식적인 관계를 갖기 위해서는 NGO의 권능(competence)의 범위가 WHO의 권능의 범위 내에 속해야 하며 보건 및 보건 관련 분야에서 개발에 관한 일(development work)에 집중되어야 한다. 또한 NGO는 그 구조나 영역에 있어서 국제적이어야만 하며 상업적이거나 이윤을 창출하는 성격의 관심사를 가지고 있어서는 안 된다.

이와 더불어 공식적 관계를 신청하는 NGO는 WHO에 충실해야 한다. 즉

---

3) WHO, "Principles Governing Relations between the World Health Organization and Nongovernmental Organizations," http://www.who.org/programmes/ina/ngo/prince.htm (접속일: 2017년 12월 10일).

4) 「세계보건총회(World Health Assembly)」란 회원국 전체로 구성된 여타 국제기구의 총회 (General Assembly)에 해당하는 WHO의 기관 이름이다.

5) 이와 더불어 WHO는 NGO와 비공식적인 관계도 가져오고 있다.

NGO는 WHO 헌장의 정신·목적·원칙에 충실해야 하며 WHO의 집행이사회 (Executive Board)의 결정으로부터 유래되는 정책·전략·프로그램들 특히 「모두를 위한 보건(Health for All)」 전략을 촉진해야 한다.

2) 공식적 관계에 이르기까지의 과정

WHO가 NGO와 가지고 있는 관계로서 다른 국제기구가 NGO와 가지고 있는 관계와 크게 구분되는 것은 한 종류의 공식적인 관계만을 가지고 있으면서 이러한 공식적인 관계에 이르기 전까지 두 단계를 거치게 한다는 점이다. 이러한 단계를 하나하나 살펴보면 다음과 같다.

(1) 비공식 접촉단계

WHO와 NGO와의 관계는 이들 간의 비공식적 접촉(informal contact) 관계로부터 시작된다. 이 단계에서 WHO는 NGO와 상호 이해를 창출하고 발전시키는 것을 돕기 위해 접촉을 하며 흔히 정보를 상호 교환하고 전문 회의(technical meeting)에서 서로 참여하는 형태를 띤다.

이 단계에서 WHO는 전문적인 활동에 종사하고 있는 NGO와 구체적인 공동 활동(joint activity)을 할 수 있는지의 여부를 검토한다. 이러한 단계가 얼마나 지속될 것인가에 대해 일정한 시한이 설정되어 있지 않으며 이러한 관계는 서면 협정(written agreement)의 체결 없이 지속된다.

(2) 실무관계 단계

다수의 공동 활동이 구체화될 경우 이들 간의 관계는 한 걸음 나아가 대개 2년간 지속되는 실무 관계(working relations)로 발전한다. 이 관계는 이전의 단계와는 달리 상호 간에 문서의 교환(exchange of letters)을 통해 이루어지며 이러한 문서에는 동 기간 동안 취할 활동의 세부사항과 WHO와 NGO가 제공할 자원에 관한 내용 등이 포함된다.

이 기간의 말미에 이들 간에 있어 온 협력의 결과를 공동으로 평가하여 미래의 이들 간 관계를 검토한다. 이때 기존의 관계가 더 지속될 수도 있고 NGO는 이러한 관계에서 나아가 WHO와 공식적 관계(official relations)를 갖기 위한 신청을 할 수도 있다.

(3) 공식적 관계의 단계

일정한 요건을 갖춘 경우 NGO는 이제까지의 관계에서 나아가 WHO와 공식적 관계를 설정할 수 있다. 공식적 관계의 설정을 위해 충족시켜야 할 요건 중의 하나는 NGO의 권능(competence)이 WHO의 권한(purview)내에 속해야 한다. 즉 NGO의 목표와 활동이 WHO 헌장의 정신·목적·원칙과 일치해야 하며 상업적인 성격을 가져서는 안 된다. 또한 NGO는 헌장과 같은 설립 기본문서가 있어야 하며 본부·총회·이사회·사무국 조직을 가지고 있어야만 한다. 구성원들은 NGO의 정책이나 행동과 관련하여 표결권을 행사할 수 있어야 한다.

그리고 구조나 영역에 있어 통상적으로 국제적이어야 한다. 즉 NGO는 그 자신이 활동하고 있는 분야와 동일한 분야에서 세계적으로 조직되어 활동하고 있는 사람들의 상당 부분을 대표할 수 있어야 한다. 구체적으로 이러한 NGO는 국내 NGO들로 구성되어 있든 지역을 단위로 하는 지역 NGO들로 구성되든 아니면 상이한 국가의 개인들로 구성되든 국제 NGO이어야 한다.

그러나 예외적으로 국제 NGO와 연계되어 있든 아니든 관계없이 국내 NGO 혹은 이러한 국내 NGO들로 구성된 국내 NGO 연합체가 활동과 자원의 대부분을 국제 보건 및 이와 관련된 일에 투입하고 있거나 WHO와 공동의 활동사업을 전개하고 있거나 혹은 이들의 활동이 WHO가 필요로 하는 경험을 제공할 경우에 WHO와 공식적인 관계를 가질 수 있다. 이러한 관계의 신청은 실무적인 관계가 최소한 2년 있은 후에야 가능하다.

3) WHO와 공식적 관계를 가지고 있는 NGO의 권리와 의무

WHO와 공식적 관계를 가지고 있는 NGO는 다음과 같은 권리를 향유하고 의무를 진다.

(1) 권리

첫째, 공식적 관계를 갖는 NGO들은 다음의 조건을 충족시킬 경우 WHO 회의나 WHO의 권한에 의해 소집된 위원회(committees)와 회의(conferences)에 대표를 임명하여 참여시킬 수 있는 권한을 가진다. 그러나 이때 대표는 표결권을 가지지 않는다.

조건이란 세계보건총회(World Health Assembly)나 WHO의 권한하에 소집된 위원회나 회의가 해당 NGO가 특별히 관심을 두고 있는 의제를 다루며 세계보건 총회 혹은 위원회나 회의의 의장(chairman)으로부터 참석하여 진술을 하도록 요청 을 받거나 이러한 회의가 있기 전에 의제를 논하는 과정에서 진술을 하도록 의장 으로부터 요청을 받아야 한다는 것이다.

둘째, NGO는 비밀로 분류되지 않은 문건에 접근할 수 있으며 WHO가 설립 한 특별 배포 시설과 같은 곳을 통해 배포하는 것이 적합하다고 WHO의 총재 (Director-General)가 간주하는 문건에 접근할 수 있다.

셋째, NGO는 WHO 총재에게 메모(memorandum)를 제출할 권리를 가진다. 총재는 이러한 메모를 회람시키는 데 있어서 그 성격과 범위를 결정한다. 제출된 메모에 대해 총재가 세계보건총회의 의제에 올려놓을 수 있다고 판단하면 이 메 모는 세계보건총회의 의제에 포함시킬지의 여부를 최종적으로 결정하기 위해 집 행이사회로 넘겨진다.

(2) 의무

ⅰ) 공식적 관계를 갖는 NGO는 WHO와 상호 합의한 공동 프로그램을 실행 하는 것에 책임을 져야 하며 이전에 합의를 통해 NGO가 수행하기로 한 것을 이 행할 수 없을 경우 즉시 WHO에게 통고해야 한다. ⅱ) NGO는 일상적인 업무를 하는 가운데 WHO의 정책과 프로그램에 관한 정보를 유포시키기 위해 가용한 기 회를 잘 활용해야 한다. ⅲ) NGO는 「모두를 위한 보건(Health for All)」이라는 목표를 촉진하기 위해 개별적으로 혹은 집단적으로 WHO의 프로그램에 협력해야 한다. ⅳ) NGO는 회원국의 활동이 국내 수준·지역 수준·국제 수준에서 「모두 를 위한 보건」이라는 전략의 실행에 기초를 두고 있을 경우 이러한 회원국과 개 별적 또는 집단적으로 협력한다.

3. NGO와 국제통화기금(IMF)의 관계

IMF는 국제 수준과 국가 수준에서 NGO와 몇 가지 형태의 관계를 가지고 있는데 대부분이 정보 교환과 대화 및 협의의 방식이다. 이러한 관계에는 공식적인 협의지위와 같은 것은 포함되어 있지 않다. 구체적으로 이러한 방식의 관계를 살펴보면 다음과 같은 것들이 있다.

국제 수준에서 IMF가 NGO와 가지는 관계를 살펴보면 ⅰ) 연례회의(Annual Meeting)가 개최되는 시기에 IMF 총재와 NGO와의 타운 홀 회의(Townhall Meeting)를 포함한 작은 규모의 회의와 IMF 운영진과 NGO 대표들 간의 큰 포럼 형식의 접촉이 있다. ⅱ) IMF의 정책과 전략 페이퍼에 관한 IMF나 NGO의 공개 협의(public consultation)가 있다. ⅲ) IMF의 특정 정책이나 국가별 이슈와 관련하여 IMF의 본부와 전 세계에서 활동하고 있는 IMF 이사(Executive Director) 및 직원과 NGO 사이에 회의와 세미나가 있다. ⅳ) IMF가 IMF의 정책 검토에 기여하도록 NGO를 초청하는 경우이다. 이는 구체적으로 NGO가 세미나에 참가하거나 혹은 온라인에 게재된 페이퍼에 대한 코멘트를 제공함으로써 이루어진다. ⅴ) IMF와 세계은행의 연례 봄 회의(Annual and Spring Meeting)와 병행하여 IMF와 세계은행이 공동으로 조직하여 개최하는 시민사회정책포럼(Civil Society Policy Forum)이 있다. 이 포럼은 광범위한 주제를 다루며 이러한 주제들 대부분은 NGO 자신들에 의해 편성된다. ⅵ) 연례 봄 회의의 기간 동안에 시민사회조직 펠로우십 프로그램(CSO Fellowship Program)이 개최되어 NGO의 참여가 이루어진다. ⅶ) IMF 내의 독립평가실(Independent Evaluation Office, IEO)은 NGO를 포함한 시민사회조직들과 정기적인 접촉을 유지해오고 있는데 NGO는 독립평가실에 피드백·평가·제안을 가장 활발하게 해오고 있다.[6]

개개 국가 수준에서 IMF는 다음 몇 가지 형태의 관계를 NGO와 가져오고 있다. ⅰ) IMF 총재가 특정 국가를 방문할 경우 규칙적으로 시민사회조직과 회의를 가진다. ⅱ) 직원 사찰단(Staff Surveillance Mission)의 경우 반드시 개개 국가 내의 시민사회조직과 회의를 가지는데 이러한 시민사회조직에는 노동조직과 싱크탱크 조직 등이 포함되어 있다. ⅲ) 저소득 국가에서 프로그램을 설계하고 협상을 할 때 IMF 사절단은 종종 빈곤 감소 전략을 준비하는 협의 과정에 있는 시민사회조직들과 회의를 가진다. ⅳ) 개개 국가에 주재하는 IMF의 상주 대표(Resident

---

6) UNESCO Executive Board, *Relations with Non-Governmental Partners: Study on Mechanisms and Practices for Interaction with NGOs in the United Nations System and Similar Organizations*, 202 EX/37.INF.2 (8 August 2017), 7.

Representatives)는 시민사회조직에 다가가서 이들과 접촉을 한다.

4. NGO와 식량농업기구(FAO)의 관계

식량농업기구(FAO)는 공식적 관계로서 협의지위 · 전문화된 협의지위 · 연락 약정 지위라는 3가지를 두고 각각 협의(consultation) · 협력(cooperation) · 연락 (liaison)이라는 것에 중점을 두고 있다. 이러한 공식적인 지위의 특징은 이러한 지위가 오직 국제 NGO에게만 주어진다는 점이다. 이들 지위들을 살펴보면 다음 과 같다.

1) 협의지위

협의지위(Consultative Status)는 FAO의 활동 분야의 많은 부분을 포함하는 문 제에 관심을 두고 있는 국제 NGO에게 부여된다. 정책에 관한 이들의 견해가 정 부와 FAO에 중대한 관심사가 될 정도로 인정받는 지위를 지니고 있어야 한다. 지위의 부여에 관한 결정은 이사회(Council)가 제출한 제안에 대해 총회 (Conference)가 검토하고 결정을 내린다.

협의지위를 부여받은 NGO는 회기가 시작되기 전에 정책 문제나 기술 문제와 관계가 있는 모든 문서를 FAO 총재로부터 받기 위해 총회와 이사회에 표결권이 없는 옵서버를 파견할 수 있다. 서면으로 의견서를 작성하여 총회에 회람할 수 있고 이사회의 국제기구 관계 위원회(Committee on Relations with International Organizations)에서 구두발언을 할 수 있다. 또한 총회의 기술 위원회들(technical committees)에서 구두발언이 허용되나 의장이 동의하지 않는 한 토론에의 참여는 허용되지 않는다. 총재에게 요청을 하고 총회의 운영위원회(General Committee)가 동의할 경우 총회에서의 구두발언이 가능하다.

NGO는 그들의 관심 분야에 속하는 주제를 다루는 전문가 회의 · 기술 회의 · 세미나에 총재로부터 초청을 받을 경우 참가할 수 있다. 참가가 이루어지지 않을 경우 서면으로 의견서를 제출할 수 있다. NGO는 비밀이 아닌 문건과 더불어 사 무국과 합의한 주제에 대해 계획된 회의에 대한 정보를 받을 수 있다. NGO는 자 체 이사회의 승인하에 FAO의 실무 언어 가운데 하나로 200단어 이내로 프로그램 에 관한 서면진술서를 총재에게 제출할 수 있으며 총재는 이 진술서를 이사회의 국제기구 관계 위원회에 보낼 수 있다.

협의 지의 NGO는 다음과 같은 의무를 진다. ⅰ) NGO는 자신들의 전문화된 분야들 내에서 FAO의 목표를 진전시키기 위해 FAO와 충분하게 협력한다. ⅱ) NGO는 FAO와 협력하여 활동의 중첩을 피하기 위해 전문화된 분야들에서의 활동들을 조정하기 위한 방식과 수단을 결정한다. 이를 위해 NGO는 FAO 총재를 대표하는 사람에게 NGO의 이사회·총회·적합한 기술 회의에 참가할 수 있도록 초청을 하고 사무국 수준에서의 조정을 준비해야 한다. ⅲ) NGO는 가능한 한 그리고 FAO 총재의 요청에 따라 적절한 형식의 홍보를 통해 FAO의 프로그램과 활동에 대한 좀 더 나은 지식과 이해를 촉진하는 데 기여해야 한다. ⅳ) NGO는 FAO에게 보고서와 발간물을 송부해야 한다. ⅴ) NGO는 자신들의 업무계획과 계획된 회의 그리고 헌장·회원·사무국과 관련된 모든 변화에 대해 정기적으로 FAO에게 통보해야 한다.

2) 전문화된 협의지위

전문화된 협의지위(Specialized Consultation Status)는 FAO의 활동 분야 가운데 특정 부분을 포함하는 문제에 관심을 두고 있는 국제 NGO에게 부여된다. 지위의 부여는 FAO 총재가 그의 권한으로 부여할 수 있다. 전문화된 협의지위 NGO는 위에서 언급한 협의지위 NGO와 동일한 의무를 부담하며 다음과 같은 상이한 권리를 향유한다.

전문화된 협의지위를 취득한 NGO는 다음과 같은 권리를 향유한다. ⅰ) NGO는 총재의 승인하에 적합한 기술 회의에 옵서버를 파견할 수 있고 국제기구 관계 위원회의 적합한 회의에 참가할 수 있으며 적합한 간행물을 받을 수 있다. ⅱ) NGO는 전문적으로 관심을 두고 있는 FAO 프로그램의 기술적인 측면에 관하여 FAO에게 메모(memorandum)를 제출할 수 있다. ⅲ) 적절한 경우 총회와 이사회의 승인이 있을 경우 일시적으로 총회 회의와 이사회 회의에 옵서버를 보내도록 초청을 받을 수 있다. ⅳ) NGO는 FAO 총재에 의해 그들의 관심사 분야에 관한 문제를 다루는 전문가 회의와 기술 회의 혹은 세미나에 참가하도록 초청될 수 있으며 참가가 가능하지 않을 경우 이러한 회의에 서면으로 의견서를 제출할 수 있고 이러한 회의에 관한 비밀이 아닌 문서와 정보를 받아볼 수 있다. ⅴ) NGO는 자체 이사회의 승인하에 FAO의 실무 언어 가운데 하나로 200단어 이내로 그들의 전문적인 권능에 속하는 프로그램에 관한 서면진술서를 총재에게 제출할 수 있으며 총재는 이 진술서를 이사회의 국제기구 관계 위원회에 보낼 수 있다.

전문화된 협의지위 NGO는 위에서 언급한 협의지위 NGO와 동일한 의무를 부담한다. ⅰ) NGO는 자신들의 전문화된 분야들 내에서 FAO의 목표를 진전시키기 위해 FAO와 충분하게 협력한다. ⅱ) NGO는 FAO와 협력하여 활동의 중첩을 피하기 위해 전문화된 분야들에서의 활동들을 조정하기 위한 방식과 수단을 결정한다. 이를 위해 NGO는 FAO 총재를 대표하는 사람에게 NGO의 이사회·총회·적합한 기술 회의에 참가할 수 있도록 초청을 하고 사무국 수준에서의 조정을 준비해야 한다. ⅲ) NGO는 가능한 한 그리고 FAO 총재의 요청에 따라 적절한 형식의 광고를 통해 FAO의 프로그램과 활동에 대한 좀 더 나은 지식과 이해를 촉진하는 데 기여해야 한다. ⅳ) FAO에게 보고서와 발간물을 송부해야 한다. ⅴ) NGO는 자신들의 업무계획과 계획된 회의 그리고 헌장·회원·사무국과 관련된 모든 변화에 대해 정기적으로 FAO에게 통보해야 한다.

3) 연락 약정 지위

연락 약정 지위(Liaison Arrangement Status)는 FAO의 활동분야에 속하는 활동을 하며 FAO의 정책과 기술 목표를 촉진시키고 그들의 회원들을 통해 FAO의 프로그램과 활동을 홍보하려고 하는 국제 NGO에게 부여된다. 전문화된 협의지위의 경우와 마찬가지로 총재가 자신의 권한으로 NGO와 연락 약정을 수립할 수 있다.

이러한 NGO들은 FAO의 공식적인 기록물에 등재된다. 총재는 상호 관심을 가지고 있는 문제에 대한 정보와 문서를 이들 NGO와 교환하기 위해 필요한 모든 조치를 취해야만 한다. 총재는 NGO의 참여가 관련 회의에 중대한 기여를 할 것이라고 만족할 경우 이러한 지위를 가지고 있는 NGO들 가운데 몇몇에게 FAO의 후원하에 개최되는 전문화된 회의에 옵서버를 파견하도록 요청할 수 있다. 적절할 경우 총회와 이사회의 승인하에 FAO 총재는 FAO의 목적과 프로그램에 대한 대중들의 이해를 자극하는 데 특별한 가치 있는 기여를 해온 NGO들을 옵서버 자격으로 총회와 이사회에 일시적으로 초청할 수 있다.

5. NGO와 세계은행의 관계[7]

1) 관계의 역사

1970년대부터 세계은행에 대한 NGO들의 비판이 증가하자 세계은행은 이에 대응하여 시민사회와의 정책대화(policy dialogue)를 주도하고 시민사회의 관여 정책을 채택했으며 시민사회 출신 인사를 채용하고 시민사회와의 협력을 통한 세계은행의 프로젝트 집행을 촉진했다.[8] 세계은행은 처음으로 자신들이 재정적으로 지원하는 프로젝트와 관련하여 환경적 관심을 가지고 있는 NGO들과의 대화를 통해 시민사회와의 상호작용을 시작했다.

1980년대 초 세계은행에 대한 NGO의 비판과 공격은 더욱 심해졌다. 구체적으로 국제환경 NGO는 대규모 댐 건설 등과 같은 세계은행 프로젝트가 환경에 미치는 영향과 관련하여 세계은행에 공격을 가했다. 다른 분야에서 활동하는 NGO들도 개도국의 외채문제·억압적인 정권에의 차관의 제공·구조조정프로그램으로 인한 인적비용(human cost)의 문제·기간 프로젝트(infrastructure project)로 인한 원주민의 강제 이주문제 등과 관련하여 세계은행과 부딪쳤다.[9] 이러한 일련의 외부적 상황이 세계은행에 좀 더 많은 변화를 가져오도록 압박을 가했다.

이러한 일련의 상황에 대응하여 1981년에 세계은행의 집행이사회(Board of Executive Directors)가 NGO와의 관계에 관한 운용정책 문건(operational policy

---

7) 이후 전개되는 글의 일부는 다음 글들의 일부를 참고하였음: World Bank, "History," http://www.worldbank.org/en/about/partners/brief/history (접속일: 2017년 11월 20일); World Bank, "Civil Society," http://www.worldbank.org/en/about/partners/civil-society#2 (접속일: 2017년 11월 20일); The Economist (December 11-17, 1999); Corner, "Civil Society, the U.N. and the World Bank," http://www.globalpolicy.org/ngos/role/globalact/int-inst/2000/civicus.htm (접속일: 2017년 11월 30일).

8) 세계은행의 경우 NGO를 포함하는 시민사회조직과의 관계에서 시민사회조직의 「참여(participation)」라는 표현을 전혀 사용하지 않는 것은 아니지만 대부분의 경우 시민사회조직의 「관여(engagement)」라는 표현을 사용하고 있다. 이러한 표현을 사용하는 세계은행의 의도를 생각해 볼 필요가 있다.

9) 거대한 댐의 건설은 세계은행(World Bank)이 추진하는 주요 프로젝트 가운데 하나이면서 NGO들로부터의 가장 심각한 반대에 항상 직면하곤 하는 프로젝트다. 거대 댐 건설은 문제들을 복합적으로 야기하는데 주된 문제는 환경적인 고려를 제대로 하지 않아 발생하는 문제로서 산림의 파괴와 같은 환경의 파괴·수몰지역 주민들의 이주문제·댐 건설지 국가의 채무증가·지역 공동체의 해체·어업의 몰락 등이 포함된다: 한겨레(인터넷), 2000년 8월 21일.

note)을 승인했으며 이를 계기로 세계은행은 시민사회와의 관계를 강화하기 위한 노력을 경주했다. 이때 이후로 세계은행과 시민사회 사이의 상호작용과 협력의 수준이 크게 진전되었다.

특히 1982년에 주요 국제 NGO들과 세계은행은 NGO-세계은행 위원회(NGO-World Bank Committee)를 설립하고 이를 통해 세계은행의 정책·프로그램·프로젝트에 관한 고위급 대화 모임을 가졌다. 이 모임에서 사회적 안전조치와 환경적 안전조치·외채 탕감·정보의 공개 등이 시민사회에 의해 제안되고 토의되었으며 이러한 것들 가운데 다수가 세계은행의 개혁정책으로 채택되었다.

NGO들은 세계은행과 국제통화기금(IMF)이 창설 50주년을 맞은 1994년부터 「50년이면 충분하다(Fifty Years Is Enough, FYE)」는 캠페인을 벌여 세계은행의 기본 개발 패러다임에 초점을 두고 세계은행의 경제성장 정책이 빈자와 부자간의 소득격차를 줄이기보다는 더욱 벌려 놓는다는 주장을 강력하게 전개했다.

NGO 활동가들이 이러한 캠페인의 일환으로 세계은행 회의실에 침입함으로써 세계은행은 이미 이때 1999년 시애틀에서 세계무역기구(WTO)가 경험한 것과 유사한 것들을 겪었다. 이러한 캠페인은 원조 제공국에게 압박을 가하여 이들로 하여금 세계은행이 좀 더 엄격한 환경정책과 사회정책을 취하도록 했으며 그 결과 이전 같았으면 통과되었을 프로젝트가 초기 설계단계에서 거부되거나 수정되었다.

이러한 캠페인과 더불어 1990년대 초에 유엔이 개최한 대규모 개발관련 정부 간회의들 즉 1992년의 유엔환경개발회의(United Nations Conference on Environment and Development, UNCED)·1994년의 카이로 국제인구개발회의(International Conference on Population and Development, ICPD)·1995년의 코펜하겐 사회개발세계정상회의(World Summit for Social Development, WSSD)에 NGO들이 대규모로 참가하여 회의 결과에 영향을 미친 것들이 세계은행의 태도 변화를 유도했다.

이러한 일련의 상황과 더불어 1990년대의 중반에 시민사회와 세계은행의 관계가 강화되기 시작했다. 구체적으로 세계은행은 울펜손(James Wolfensohn) 총재의 취임과 더불어 변화를 가시화했다. 변화의 일환으로서 세계은행에 비정부과(NGO Unit)가 새롭게 설치되고 시민사회 주도의 사회자본 프로그램과 NGO들과 함께하는 다양한 빈곤퇴치 프로그램과 같은 것들이 시작되었다. 또한 NGO들과 함께 일하는 법을 세계은행 직원들에게 가르치기 위해 NGO의 전문가들이 개개 국가

의 세계은행 현장 사무소에 채용되어 배치되고 세계은행 직원과 모든 지역의
NGO 지도자들로서 「NGO-세계은행위원회(NGO-World Bank Committee)」가 구
성되어 구조조정 및 투명성 문제와 같은 주요 이슈에 의견을 투입하는 토론장으
로서의 역할을 수행했다. 일단의 NGO들은 세계은행의 초미니 기업 대출에 대해
자문을 제공하고 감시를 하기도 했다. 1997년에는 세계은행과 NGO 연계망
(network)이 세계은행에 의해 추진되면서 종종 논란의 대상이 되고 있는 경제조정
조치들의 영향을 평가하는 「구조조정 참여평가 이니셔티브(Structural Adjustment
Participatory Review Initiative, SAPRI)」를 공동으로 시작했다.

이런 조치들과 더불어 세계은행은 개도국에 있어서 빈곤감소라는 목표를 달성
하기 위해 광범위한 행위자들(특히 NGO)의 적극적이고 실질적인 개입이 필요하다
는 인식하에 1980년대에 세계은행 프로젝트의 12% 정도에 NGO를 관여시키던
것을 몇 년 사이에 50% 정도 수준으로 끌어 올리는 등 NGO와의 협력관계를 강
화시켰다. NGO들은 세계은행 프로젝트의 과정 중 프로젝트의 실행 단계에 관여
를 많이 해왔으나 점차적으로 프로젝트의 준비 단계에도 그 관여도를 높여 갔
다.10)

이코노미스트지는 NGO들이 1999년 11월 시애틀에서 WTO의 뉴라운드 출발
을 위한 회의를 무산시킬 당시 세계은행에 대해서는 놀랄 정도로 침묵을 지키고
있었던 것은 NGO 특히 기술 NGO(technical NGO)를 포섭하고자 전개한 세계은
행의 지대한 노력의 결과라고 평가했다. 그러면서 구체적으로 그 당시 70명 이상
의 NGO 전문가가 세계은행의 현장 사무소에서 일하고 있었으며 매년 세계은행
프로젝트의 절반 이상에 NGO들이 관계하고 있고 종교집단으로부터 환경 NGO에
이르기까지 이들과 동맹관계를 구축함으로써 NGO들의 동원 연계망(mobilization
networks)의 힘을 약화시켰다는 점을 지적했다.

그러나 세계은행에 대해 모든 NGO들이 호의적인 태도를 보였던 것만은 결코
아니었다. 적지 않은 NGO들은 세계은행이 개도국의 경제와 사회에 미치는 영향
에 대해 근본적으로 회의적이었다. 좀 더 구체적으로 말해 이들 NGO들은 세계은
행을 위시한 국제경제기구들을 선진국과 다국적기업의 이익만을 추구하는 이들의

---

10) United Nations, General Assembly, *Arrangements and Practices for the Integration of
Non-governmental Organizations in All Activities of the United Nations System*, A/53/170
(10 July 1998).

전위조직으로 인식하고 있으며 1990년대 들어서서는 전 세계적으로 부익부 빈익빈을 강화시키고 있는 세계화를 앞장서서 이끌어 나가는 추동체로 인식하고 있었다. 따라서 이러한 NGO들은 여전히 세계은행에 등을 돌리고 있었던 것이다.

이러한 사실은 2000년 4월 미국 워싱턴에서 개최된 국제통화기금(IMF)과 세계은행의 봄철 연례회의 및 같은 해 9월 체코의 프라하에서 개최된 국제통화기금과 세계은행의 연례총회 등이 각국 NGO들의 국제연대를 통한 반대시위로 제대로 회의를 진행할 수 없게 되는 등 NGO의 공격의 대상이 되었던 것에서도 잘 알 수 있다.

세계은행과 시민사회의 관계에 있어서 2000년대에는 주목할 만한 변화가 없었고 2010년대에 들어서서 약간의 변화를 보였다. 구체적으로 세계은행은 2013년에 2030년까지 빈곤을 근절한다는 계획과 지속적이고 포괄적인 방식으로 공동의 번영을 증진시킨다는 2개의 목표를 우선시하는 전략을 채택했다. 이러한 노력의 일환으로 세계은행은 「세계은행이 지원하는 운용활동에 있어서의 시민 관여의 주류화를 위한 전략적 틀(Strategic Framework for Mainstreaming Citizen Engagement in World Bank Group-Supported Operations)」을 발전시켰다. 이러한 전략적 틀은 세계은행과 시민사회의 관계를 더욱 향상시킬 것으로 기대되어 오고 있다.

세계은행은 또한 국가 수준에서 세계은행이 지원하는 프로젝트에 시민사회를 보다 적극적으로 관여하게 함으로써 이를 통해 시민사회와의 운용활동 상의 협력을 좀 더 증진하고자 노력해오고 있다. 그 결과 세계은행이 지원하는 모든 프로젝트에서 시민사회가 관여하는 프로젝트의 비율이 1990년도에 21%이었던 것이 2012년에는 약 82%에 달했다.

2) 현재의 세계은행과 NGO의 관계

오늘날 NGO를 포함한 시민사회는 세계은행의 정책에 영향을 미치고 세계은행이 재정적으로 지원하는 운용활동에 관여하며 세계은행이 지원하는 무상의 기금을 지원받는다. 세계은행은 시민사회의 조직과 거버넌스·정보에의 접근·성과기준과 같은 전 지구적 정책에 대해 전 지구적이고 포괄적인 협의를 한다. 세계은행은 전 세계에 걸쳐 다수의 NGO들과 정보 공유·정책 대화·전략 협의·운용활동 협력·제도적 협력 등의 상호작용을 한다.

미국 워싱턴의 세계은행 본부와 100여 개 국가 사무소에서 120명이 넘는 전문가들이 지방 수준에서부터 전 지구적 수준에 걸쳐 시민사회조직의 관여를 책임지는 「시민사회 중심(Civil Society Focal Point)」으로 활동하고 있다. 또한 세계은행의 「대외 및 기업 관계국(External and Corporate Relations Department)」 내에 「전 지구적 시민사회팀(Global Civil Society Team)」을 두어 시민사회조직과의 총체적인 관계를 조정하는 역할을 수행하고 있다.

세계은행과 시민사회조직이 현재 가지고 있는 관계를 대화와 협의를 위한 관계를 중심으로 살펴보면 다음과 같다. 상당한 다수의 시민사회조직들이 세계은행과 국제통화기금의 「연례 봄 회의(Annual and Spring Meeting)」에 참여한다. 여기에서 시민사회조직은 「집행이사와의 시민사회조직 원탁회의(CSO Roundtable with Executive Directors)」와 「세계은행 총재와의 타운 홀 회의(Townhall with the President of the World Bank)」 그리고 대개 시민사회조직에 의해 조직되는 40개가 넘는 정책대화 회의를 가지는 「시민사회포럼(Civil Society Forum)」을 포함하는 「시민사회 정책포럼(Civil Society Policy Forum, CSPF)」에 참여한다.

이러한 시민사회 정책포럼은 시민사회조직이 광범위한 주제에 걸쳐 세계은행·국제통화기금·정부대표·동료 NGO들·기타 이해관계자들과 대화를 하고 의견을 교환할 수 있는 공간을 제공한다. 주제들은 시민사회조직이 제출한 것으로부터 선정된다.

세계은행과 NGO 사이의 운용활동에 있어서의 협력(operational collaboration)을 살펴보면 세계은행은 시민사회조직들을 세계은행이 재정적으로 지원하는 프로젝트에 관여시키고 시민사회조직들이 주도하는 개발 프로젝트에 재정적 자원을 제공함으로써 시민사회조직과의 운용활동상의 협력을 점진적으로 증대시켜 오고 있다. 앞서 언급했듯이 세계은행이 지원하는 모든 프로젝트에서 시민사회가 관여하는 프로젝트의 비율이 1990년도에 21%이었던 것이 2012년에는 약 82%에 달했는데 이제 2015년에는 88%로 늘어났다.

위에서 살펴본 정책 대화와 운용활동 상의 협력 이외에 제도적인 협력관계(institutional partnership) 면에서 세계은행과 시민사회조직은 다음과 같은 관계를 가지고 있다. 시민사회조직의 대표들은 사회적 책임을 위한 전 지구적 협력관계(Global Partnership for Social Accountability, GPSA)와 전 지구적 농업 및 식량 안보 계획(Global Agriculture and Food Security Program, GAFSP)의 운영위원회(steering committees)에 일원으로 관여한다. 이 두 조직은 모두 자원을 할당하는 것을 돕는 역할을 한다.

시민사회조직은 또한 몇몇 세계은행 프로그램과 기금을 제공하는 기제(funding mechanism)의 자문기구에 일원으로서 관여한다. 이러한 것에는 시민 관여 틀 (Citizens Engagement Framework)·건강과 영양 및 인구 시민사회조직 협의 그룹 (Health, Nutrition, and Population CSO Consultative Group)·지구환경기금(Global Environment Facility, GEF)·기후투자기금(Climate Investment Funds, CIFs)이 포함된다.

세계은행과 NGO와의 관계를 종합적 평가해보면 IMF와 마찬가지로 공식적인 협의지위와 같은 것은 포함되어 있지 않는 가운데 정보 교환과 대화 및 협의 형태의 관계가 주를 이루고 있다. IMF와 크게 다른 점이 있다면 세계은행의 경우 다수의 NGO들로 하여금 자신이 재정적으로 지원하는 프로젝트에 집행기관으로서 관여하도록 하거나 NGO 자신의 프로젝트를 재정적으로 지원하는 등 운용활동(operational activity)을 둘러싼 협력이 주를 이루고 있다는 점이다.

제*16*장
NGO와 지역기구의 관계

NGO들은 지역기구(regional organization)와도 일정한 관계를 가지고 있다. 여기에서는 우선 지역기구 중에서 가장 초국가적 성격이 강한 유럽연합(European Union, EU)이 NGO와 어떠한 관계를 설정하고 있는가를 살펴보고자 한다. 이어서 유럽의 인권기구인 유럽평의회(Council of Europe, CoE)와 NGO의 관계를 추가적으로 살펴보고자 한다.

1. NGO와 유럽연합(EU)의 관계

유럽연합은 시민사회조직에 대해 이중적인 태도를 보이고 있다. 즉 공공연하게는 NGO를 포함한 시민사회조직과의 협력관계를 환영하면서 기실 시민사회조직이 유럽연합의 영역이라고 생각되는 것을 침해하지 않도록 하고 있다. 이러한 기본 입장으로 인해 유럽연합은 NGO들과 여러 가지 형태의 관계를 맺고 있는 것은 사실이나 이러한 관계는 법적 기반이 부재한 것을 특징으로 한다.

따라서 유럽의 시민사회조직들은 유엔 경제사회이사회(ECOSOC)나 다음에 살펴볼 유럽평의회와 마찬가지로 유럽연합도 자격을 갖춘 NGO에게 공식적인 협의 지위를 부여하는 법적 토대를 만들 것을 요청하고 있다. 좀 더 구체적으로 말해 이들은 유럽연합과의 공식적인 관계가 유럽연합 조약의 일부 조항으로서 포함되기를 바라고 있다.

유럽연합의 주요기관 가운데 의회(European Parliament)와 (각료)이사회(European Council)의 경우는 기관의 성격상 NGO에 대해 덜 개방적이다. 특히 (각료)이사회는 NGO와 가장 소원한 관계를 가지고 있다. 유럽의회는 회원국의 국민들로부터 직접 선출된 사람들로 구성되기 때문에 이미 시민사회의 대표성을 일정한 부분 지니고 있기 때문이라고 볼 수 있다. 또한 (각료)이사회는 유럽연합 전체의

이익을 위한 입장에서 의사결정을 하는 등 초국가적인 성격이 강한 집행위원회와
는 대조적으로 여전히 회원국 개개 국가의 국익의 관점이 많이 투영되는 국가적
성격이 강한 기구이기 때문이다.

　　이들과 비교하여 볼 때 유럽연합을 대외적으로 대표하는 집행위원회(European
Commission)가 상대적으로 가장 NGO에 대해 개방적이라고 할 수 있다. 따라서
집행위원회는 유럽연합과의 관계의 법제화를 요구하는 NGO들의 요구를 어느 정
도 수용하여 기존의 관계를 검토하고 개선점을 찾고자 노력했으나 의회와 (각료)
이사회의 반대와 무관심뿐만 아니라 집행위원회 내부에서조차의 강력한 반대 의
견으로 인해 뜻을 이룰 수 없었다.

　　집행위원회는 반대의 변으로서 집행위원회는 공인제도의 실시 없이 가능한 한
개방적인 대화를 원하며 유럽연합에 있어서의 의사결정 과정이란 다른 국제기구
에서와는 달리 유럽인들에 의해 선출된 대표들에 의해 무엇보다도 우선적으로 정
당화된다는 점을 강조한다. 집행위원회가 NGO와 유지하고 있는 대표적인 관계의
형태를 살펴보면 다음과 같다.

　　ⅰ) 우선 집행위원회는 필요할 때마다 임시회의(ad hoc meeting)를 NGO와
가져오고 있다.[1] 특정한 조건을 부과하고 있지 않기 때문에 자신의 견해를 개진
하고자 하는 다양한 NGO들에게 집행위원회는 개방되어 있다고 볼 수 있다. ⅱ)
집행위원회는 운영규칙을 가지고 있는 위원회와 같은 공식적인 구조 등을 가지고
있지 않은 가운데 정책 이슈에 대해 체계적이고 정기적인 회의를 NGO와 갖기도
한다. ⅲ) 집행위원회는 규정된 절차를 가지고 있는 자문그룹(advisory group)이나
협의 위원회(consultative committee)의 구성원 혹은 옵서버로서의 NGO들과 회의
를 갖는다.

---

1) 「임시회의(ad hoc meeting)」란 미리 계획된 스케줄에 따라 정기적으로 개최되는 회의가 아니라
　 필요할 때마다 임시적으로 개최되는 회의를 의미한다.

2. NGO와 유럽평의회(Council of Europe, CoE)의 관계[2]

유럽평의회는 주된 목적으로서 인권·다원주의적 민주주의·법의 지배를 추구하는 유럽의 지역기구이다. 이러한 목적과 더불어 유럽평의회는 유럽의 문화 정체성과 다양성의 발전을 고무하며 소수 인종에 대한 차별·외국인에 대한 혐오·불관용(intolerance)·환경 보호·유전자 조작·에이즈·마약·조직범죄와 같은 유럽사회가 직면하고 있는 다양한 문제들에 대한 해결을 추구한다.

유럽평의회는 유럽연합과도 긴밀한 협력관계 속에서 활동을 하고 있으며 유엔 및 유럽안보협력기구(Organization for Security and Cooperation in Europe, OSCE)와도 협력하고 있다. 또한 인근 협력 파트너 국가들뿐 아니라 전 세계적으로 협력을 해오고 있다.

유럽평의회는 설립 당시부터 NGO와 실무 관계를 설정해 왔으며 1952년에 국제 NGO가 획득할 수 있는 협의지위(Consultative Status)를 도입했다. 그 후 유럽평의회는 NGO에게 협의지위를 부여하는 것을 포함한 NGO와 유럽평의회의 관계를 규정하는 규칙들은 개정해 오면서 시민사회의 대표로서의 NGO와 훨씬 긴밀하고 결실이 있는 관계를 발전시켜 왔다.

유럽평의회는 2003년에 국제 NGO를 위한 새로운 지위에 관한 규칙을 담고 있는 각료회의 결의문 Res(2003)8을 채택하여 기존의 협의지위를 버리고 참여지위(Participatory Status)를 도입하여 국제 NGO로 하여금 유럽평의회의 정책과 프로그램에 활발하게 참여할 수 있도록 했으며 유럽평의회와 회원국 내의 다양한 협회들(associations) 사이의 협력을 강화하도록 했다.

1) 유럽평의회의 조직 구조

참여지위 NGO의 지위 부여 조건과 더불어 권리와 의무 등을 살펴보기 전에 유럽평의회의 조직 구조를 살펴볼 필요가 있다. 우선 유럽평의회에는 유럽평의회

---

2) 「Council of Europe」을 우리말로 어떻게 번역하는가의 문제가 있다. 말 그대로 번역할 경우 「유럽이사회」라는 말이 적절하다. 그러나 유럽연합(EU)의 주요 기관 중 하나인 「Council of the European Union」을 통상 간단하게 「European Council」이라고 칭하고 우리말로 「유럽이사회」로 번역한다. 따라서 이 두 기구의 명칭이 동일해지기 때문에 혼동을 피하기 위해 「Council of Europe」을 우리말로 「유럽평의회」로 번역하여 사용하는 경우가 많다.

의 사무국을 대표하는 사무총장(Secretary General)과 부사무총장(Deputy Secretary General)이 있다. 다른 기구들의 이사회에 해당하는 의사결정 기관으로서 각료회의 (Committee of Ministers)를 두고 있는데 이 기관은 회원국의 외교 담당 부서의 장관이나 외교 대표로 구성되어 정책을 결정하고 예산과 프로그램 활동을 승인한다.

다른 기구들의 총회에 해당하는 기관으로서의 유럽평의회는 의원총회(Parliamentary Assembly)를 두고 있으며 회원국의 국회에서 임명된 사람으로 구성되어 있다. 회원국의 지방과 지역의 민주주의 강화를 책임지고 있는 기관으로서 지방·지역정부협의회(Congress of Local and Regional Authorities)라는 조직도 두고 있으며 산하에 3개 위원회가 설치되어 있다.

유럽평의회에는 별도의 독립적인 기관으로서 유럽인들 모두에게 유럽인권협약에 의해 보장되는 권리를 보장하는 사법기관인 유럽인권재판소(European Court of Human Rights)가 있을 뿐 아니라 보고서와 대화 그리고 회원국에의 권고 등을 통해 회원국들에서 인권의 존중을 촉진하는 것을 책임지고 있는 기관인 인권대표사무소(Commissioner for Human Rights)도 있다.

2) 참여지위의 부여와 권리 및 의무

참여지위를 부여받기 위해서 NGO는 국제 NGO로서 다음과 같은 조건들을 충족시켜야 한다. NGO는 그들의 권능의 분야(들) 즉 유럽평의회에 의해 공유된 행동의 분야에서 특별하게 대표성을 가지고 있어야 한다. NGO는 유럽 수준에서 대표성이 있어야 한다. 즉 유럽의 상당히 많은 국가들 내의 회원들로 구성이 되어야 한다. NGO는 그들의 일을 통해 유럽평의회의 헌장 제1조에 언급된 좀 더 긴밀한 통합을 달성하는 것을 지원해야 한다. NGO는 유럽평의회의 심의와 활동에 기여하고 활발하게 참여할 수 있어야 한다. NGO는 유럽 시민들에게 유럽평의회의 일에 대해 알릴 수 있어야 한다.

국제 NGO에게 이러한 참여지위를 부여하는 결정은 유럽평의회의 사무총장이 위에서 언급한 기준에 기초하여 내린다. 사무총장은 지위 부여 시에 유럽평의회의 활동 프로그램의 주요 우선순위와 특정 활동 부문에서의 국제 NGO의 수를 늘리는 것을 고려할 수 있다.

참여지위를 지닌 NGO는 연락 위원회(Liaison Committee)나 사무총장이 조직한 행사의 주제별 그룹(thematic grouping)에 대표를 보내도록 요청을 받을 수 있다. 운영위원회와 정부 전문가 위원회 그리고 각료회의(Committee of Ministers)의 다른 조직들은 각료회의의 결의문상의 조건에 따라 참여지위를 지닌 NGO에게 연락 위원회와 NGO의 주제별 그룹의 옵서버 지위를 부여함으로써 유럽평의회의 정책과 프로그램 그리고 특별히 행동을 결정하는 데에 참여시킬 수 있다.

의원총회(Parliamentary Assembly)와 지방·지역정부협의회(Congress of Local and Regional Authorities of Europe)의 위원회들은 예컨대 참여지위 NGO에게 옵서버 지위를 부여하거나 혹은 연락 위원회나 국제 NGO의 주제별 그룹에게 전문성을 제공하도록 요청함으로써 자신들의 일을 위한 협력을 강화하고 자신들의 일에 국제 NGO의 참여를 촉진할 방법을 연구하도록 요청될 수 있다.

유럽평의회의 인권대표사무소(Commissioner for Human Rights) 역시 참여지위를 지니고 있는 국제 NGO와 긴밀한 협력을 유지하도록 고무된다.[3] 추가적으로 시민사회와 관련한 문제에 조언자로서 역할을 고려하여 사무총장은 국제 NGO나 연락 위원회 혹은 국제 NGO의 주제별 그룹과 서면으로 혹은 청문(hearing)의 수단을 통해 상호 관심사에 대해 협의를 할 수 있다.

참여지위 NGO는 다음과 같은 권리를 가지게 된다. ⅰ) 이들은 위에서 언급한 위원회들(committees)과 인권위원장에게 제출할 목적으로 사무총장에게 메모(memoranda)를 보낼 수 있다. ⅱ) 이들은 자신들의 특정의 활동이나 경험을 바탕으로 유럽평의회의 정책과 프로그램 및 행동에 관해 전문적인 조언을 제공하도록 요청받을 수 있다. ⅲ) 이들은 의원총회의 일반인에게 배정된 자리(public sitting)에 참가할 수 있는데 이러한 참가를 위해 의원총회의 의제와 공식 문건을 받아볼 수 있다. 또한 지방·지역정부 협의회의 일반인에게 배정된 자리에도 초대될 수 있다. ⅳ) 이들은 사무국이 이들을 위해 조직한 활동에도 초대될 수 있다. ⅴ) 이들은 자신들의 일과 관련이 있는 세미나·회의·콜로키움에의 참가를 요청받을 수 있다.

이들은 다음과 같은 의무를 진다. ⅰ) 인터넷을 비롯하여 가용한 다수의 정보 출처를 통해 유럽평의회의 활동과 기준에 있어서의 진전사항에 대해 정기적으로 잘 알도록 해야 한다. ⅱ) 자발적이거나 유럽평의회의 기구들의 요청에 의해 유

---

3) Commissioner for Human Rights는 「인권대표」라는 직책을 나타내지만 많은 경우 「인권대표사무소」를 지칭한다. 직책이 아닌 사무소를 나태내기 위해 Office of the Commissioner for Human Rights이라는 용어를 사용하기도 한다.

럽평의회가 현재 고려하고 있거나 앞으로 다룰 수도 있는 문제에 관해 NGO의 권능에 속하는 분야와 연관된 정보와 문서 혹은 의견을 제공해야 한다. ⅲ) 회원 국들이 유럽평의회의 기준과 협정 및 법제도를 더욱 존중할 수 있도록 활동을 해야 하며 지방 NGO와 지역 NGO 및 국내 NGO들과 긴밀하게 접촉하여 이러한 기준들의 집행을 지원해야 한다. ⅳ) 자신들의 권능 분야에서 유럽평의회의 주도적인 활동과 실적을 최대한 홍보해야 한다. ⅴ) 유럽평의회의 기준·제도·활동과 국제 NGO의 주제별 그룹들의 정보를 정기적으로 그들의 회원들에게 확산시켜야 하며 참여지위의 의무사항을 이행하기 위해 적극적으로 활동해야 한다. ⅵ) 4년마다 사무총장에게 보고서를 제출해야 한다.

3) NGO들의 조직

유럽평의회로부터 참여지위를 획득한 국제 NGO들로 구성된 국제NGO회의(Conference of INGOs)가 있는데 이 조직은 유럽평의회의 의사결정 과정과 프로그램의 집행에 활발하게 기여하고 있다. 주된 역할은 정치인들과 대중 사이를 연결하는 중요한 고리로서 시민사회의 목소리를 유럽평의회에 전달하는 역할을 한다. 이 조직은 자체 내에 국(bureau)·상설 위원회·주제별 위원회· 등을 지니고 있다.

이와 더불어 국제NGO회의에 의해 선출된 NGO들로 구성된 연락위원회(Liaison Committee)가 조직되어 있다. 연락위원회는 정기적으로 회의를 가지면서 유럽평의회의 사무국과 국제 NGO들 사이의 대화와 협력을 촉진하고 유럽평의회의 정치적인 기구들인 각료회의, 의원총회, 지방·지역정부협의회, 인권대표사무소와 긴밀한 접촉을 유지한다.

참여지위를 가지고 있는 국제 NGO들은 다수의 주제별 그룹(thematic grouping)을 설립하여 의원총회의 회기 동안에 1년에 4회 모임을 갖는다. 현재 10개의 주제별 그룹이 존재한다. 이들 그룹은 구체적으로 인권, 성 평등, 유럽 사회헌장과 사회정책, 극도의 빈곤과 사회 통합, 교육 문화, 유럽의 시민사회와 민주주의, 보건, 지방과 환경, 도시, 남·북 대화와 연대를 다루는 그룹들이다. 이러한 주제별 그룹들은 유럽평의회 대표들과 정기적인 대화를 유지하며 유럽평의회의 활동에 관한 일차적인 정보(first-hand information)를 받고 이들의 가지고 있는 전문적 기술을 통해 유럽평의회 활동의 집행에 기여한다.

제 17장

NGO와 WTO의 관계[1]

1. 관계의 법적 기초

1995년에 세계무역기구(WTO)가 관세와 무역에 관한 일반협정(GATT)을 승계하여 새롭게 설립되면서 WTO 회원국들은 WTO의 설립헌장인 마라케시 협정 (Marrakesh Agreement Establishing the World Trade Organization)의 5조 2항을 통해 NGO와의 협의와 협력을 위한 법률적인 기초를 마련했다. 구체적으로 설립협정 제5조 제2항은 「일반이사회(General Council)는 WTO의 소관 사항과 관계가 있는 NGO와의 협의와 협력을 위하여 적절한 조치를 취할 수 있다(The General Council may make appropriate arrangements for consultation and cooperation with non-governmental organizations concerned with matters related to those of the WTO)」고 규정했다.

1996년 6월에 WTO의 일반이사회(General Council)는 이러한 법률적인 기초에 근거하여 이를 구체화하기 위해 일련의 지침(guidelines)을 담고 있는 문건 (WT/L/162)을 채택함으로써 NGO와의 관계의 틀을 더욱 명료하게 하여 오늘날의 WTO와 NGO의 관계의 기초가 되도록 했다.[2]

---

1) Centre for Global Studies, "Channels for NGO Participation in International Organizations" paper presented at the Voice of Global Civil Society Conference, Waterloo, Ontario, 2006; Peter Van den Bossche, "NGO Involvement in the WTO: A Lawyer's Perspective on a Glass Half-full or Half-empty?" Maastricht Faculty of Law Working Paper, 2006/10 (2006); Maria Perez-Esteve, "WTO Rules and Practices for Transparency and Engagement with Civil Society Organizations," Staff Working Paper, ERSD-2012-14 (2012); World Trade Organization, "NGOs and the WTO," https://www.wto.org/english/forums_e/ngo_e/ngo_e.htm (접속일: 2017년 12월 10일).

2) World Trade Organization, *Guidelines for Arrangements on Relations with Non-Governmental Organizations: Decision Adopted by the General Council on 18 July 1996*, WT/L/162 (23 July 1996).

1996년의 지침 문건은 6개의 단락(paragraphs)으로 구성되어 있는데 중요한 내용을 중심으로 살펴보면 다음과 같다. 우선 지침 문건은 NGO와의 관계를 설정하는 지침을 결정함에 있어서 WTO 활동에 대한 대중들의 인식을 증진하기 위해 NGO가 수행할 수 있는 역할을 인정하고 이러한 점에서 투명성을 향상시키며 NGO와의 소통을 발전시키는 데 동의했다.

또한 사무국은 일반 대중들의 토론에 정확함과 풍부함을 가져다주는 데 공헌할 중요한 자산인 NGO와의 직접적인 접촉을 가지는 데 좀 더 적극적인 역할을 해야만 하며 NGO와의 상호작용이 WTO와 관련한 특정 이슈에 대한 심포지엄이나 NGO가 원하는 정보의 제공을 위한 비공식적 제도와 같은 수단들을 통해 발전되어야 함을 언급하고 있다.

1996년의 지침 문건은 NGO와 가질 관계에 있어서의 제약에 대해서도 언급하고 있다. 우선 WTO 이사회들(councils)과 위원회들(committees)의 의장이 NGO와의 토론이나 회의에 참가할 경우 특정 이사회나 위원회가 달리 결정하지 않는 한 개인의 자격(in their personal capacity)으로 참가한 것이 된다고 언급함으로써 NGO와의 토론이나 회의가 공식적인 것이 아님을 강조하고 있다.

또한 WTO가 법적으로 구속력이 있는 회원국들 사이의 권리와 의무를 규정하고 있는 정부 간 조약이며 협상을 위한 토론장이라는 특별한 성격을 지니고 있음을 지적하고 이 때문에 NGO들이 WTO의 업무나 회의에 직접적으로 관여하는 것은 불가능할 것이라는 것이 현재 광범위하게 공유하고 있는 견해임을 못 박고 있다.

이처럼 공식적인 NGO의 참여를 거부한 가운데 지침 문건은 NGO와의 좀 더 긴밀한 협의와 협력은 국가 수준에서 적절한 과정을 통해 건설적으로 이루어질 수 있다고 언급하는 한편 국제적인 수준에서는 WTO와 관련된 특정 주제를 다루는 심포지엄의 개최와 NGO가 협의를 위해 원하는 정보에 접근할 수 있는 비공식적인 제도와 같은 수단을 통해 NGO와의 상호작용이 발전될 수 있다고 언급하고 있다. 이처럼 지침 문건은 WTO와 NGO의 관계란 임시적이고 비공식적인 관계임을 강조하고 있다.

2. 관계의 실제

여기에서 WTO가 NGO와 가져오고 있는 관계를 구체적으로 살펴보고자 하는데 이러한 관계란 크게 보아 위에서 살펴본 설립헌장과 지침 문건에 기반을 두고 설정되지만 이들이 포함하고 있지 않은 내용도 추구의 논의 과정을 통해 포함이 되어 있다.

WTO는 NGO와의 관계를 다루기 위한 조직으로서 정보 및 대외관계국(Information and External Relations Division)에 NGO와의 협력을 위한 팀을 두고 있다. NGO가 WTO와 가질 수 있는 관계의 이모저모를 살펴보면 다음과 같다.

1) 각료회의 본회의에의 참여

각료회의 본회의에의 참여에 대해서는 위에서 살펴본 지침 문건에는 언급이 되어 있지 않다. NGO의 각료회의 본회의 참여는 지침 문건이 채택된 다음 일반이사회(General Council)가 싱가포르에서 개최될 각료회의(Ministerial Conference)에 앞서 열린 회의에서 싱가포르 각료회의의 공식 본회의에 NGO의 참여를 요청할 수 있다고 결정함으로써 시작된 관계이다.

각료회의 본회의는 WTO의 가장 상위에 있는 의사결정 기관으로서 2년에 한 번 개최되는데 여기에 참여하고자 하는 NGO는 WTO로부터 공인을 받아야 한다. 회의 기간 동안 NGO들은 WTO로부터 회원국들 사이의 토론의 진척사항에 대해 정기적으로 브리핑을 받는다.

NGO의 각료회의 본회의 참여와 관련하여 관심을 가질 문제는 NGO에게 어떤 지위가 부여되는가의 문제이다. 초창기에 NGO에게 옵서버 지위(observer statues)가 주어지지 않은 관계로 구두진술이나 문서회람이 허용되지 않았다. 그러나 사무총장(Director-General)의 투명성 제고와 NGO와의 대화 증진을 위한 조치의 일환으로 NGO들의 문서의 회람이 허용되어 오늘날에 이르고 있다.

여기서 문서란 구체적으로 무역과 관련한 특정 의제에 대한 NGO의 입장이 반영된 입장문(position paper)을 의미하는데 이러한 입장문은 WTO의 회원국들에게 배포된다. 이러한 입장문의 배포는 각료회의에만 국한되는 것이 아니라 다른 회의에서도 가능하다. 이처럼 이러한 입장문은 회원국들에게 배포될 뿐 아니라

WTO의 웹사이트의 NGO 페이지에도 게재되어 공개된다.

2) 공개 심포지엄과 공개 포럼에의 참여

이러한 방식의 NGO 참여는 지침 문건이 직접 언급한 방식이다. 이러한 공개 심포지엄(Public Symposium)은 무역과 환경 혹은 무역과 개발 등과 같이 NGO들이 관심을 두는 특정의 이슈를 주제로 WTO의 사무국에 의해 조직되며 NGO와 WTO 회원국 대표단이 참가한다. 이러한 심포지엄은 NGO들에게 그들이 관심을 가지는 이슈에 대해 WTO 회원국 대표들과 비공식적으로 토의를 할 수 있는 기회를 제공한다.

2005년 이후에 이러한 공개 심포지엄은 「공개 포럼(Public Forum)」이라는 이름으로 바뀌어 매년 개최되고 있다. 공개 포럼은 참여자들이 세계 무역에 있어서 가장 최근의 관심사에 대해 토의를 하고 다자무역 체제를 향상시키기 위한 방안을 제안하는 공개 토론장으로서의 역할을 한다. 여기에는 NGO뿐만 아니라 국제기구·학계·국회의원·기업·미디어 등이 참여한다. 2017년의 경우는 「무역: 헤드라인의 이면(Trade: Behind the Headlines)」이라는 주제로 개최된 바 있다.

3) WTO 정보에의 접근

WTO 기구에 NGO가 참여하는 것이 극도로 제한되어 있는 관계로 NGO가 WTO를 주도면밀하게 감시하기 위해서는 WTO의 문건에 접근하는 것이 매우 중요하다. NGO가 WTO 문건에 접근할 필요에 대한 고려는 지침 문건에서 원론적인 언급된 바 있었는데 이후 일반이사회가 이를 구체화하는 원칙들을 수립했다.

이러한 원칙에 따르면 대부분의 문건은 제약 없이 즉시 NGO에게 배포되나 현재 작업 중인 문건(working documents)·WTO 회의 의사록·WTO 사무국의 논의 배경 설명서(background paper)·각료회의의 요약기록(summary records)은 즉각적인 배포의 대상에서 제외되나 일정한 시간이 경과 한 후 공개된다.

4) WTO의 활동에 관한 정보 취득 통로

WTO는 NGO가 WTO 활동에 대해 정보를 얻을 수 있도록 여러 통로를 개설해 두고 있다. 우선 WTO의 인터넷 웹사이트에 무역 협상·WTO 협정의 이행·

WTO의 간행물·최근 무역통계 등에 관한 정보를 게재하고 있으며 전적으로 NGO나 기업 등만을 위한 별도의 지정된 페이지를 두고 있다.

이 밖에 WTO는 주요한 회의가 있은 후에 WTO 사무국은 제네바 소재의 WTO의 본부에서 비공식 브리핑을 제공한다. 이러한 브리핑에는 등록된 NGO들이 참가할 수 있다. 또한 WTO 뉴스 속보나 RSS(Really Simple Syndication) 피드(feed)에 등록을 한 경우 WTO 웹사이트에서 제공하는 최신 정보를 사이트 방문 없이 실시간으로 받아볼 수 있다.

5) NGO와의 비공식 회의

1996년의 지침 문건은 앞서 살펴보았듯이 WTO 이사회들과 위원회들의 의장들이 조직을 공식적으로 대표하는 것이 아니라 개인의 자격으로 NGO와 비공식 회의를 가질 수 있는 가능성을 언급한 바 있지만 이러한 언급을 구체화한 별도의 문건은 존재하지 않는다.

실제에 있어서 이러한 회의는 관련 이사회와 위원회의 의장들의 제안에 의해 이루어지기도 하지만 NGO의 주도에 의해 이루어지는 것이 일반적이다. 누가 회의를 주도했든 이러한 회의를 통해 NGO와 더불어 관련 이사회들과 위원회들의 의장들은 주로 진행 중인 협상과 관련한 정보와 견해를 교환한다. 이로써 이러한 회의는 NGO들에게 있어서 WTO의 협상에 있어서 진척 사항 등에 접근할 수 있는 또 다른 기회가 되고 있다.

6) 비공식적인 NGO 자문기구

모든 국제기구는 아니지만 「시민사회자문위원회(UNDP Civil Society Advisory Committee, CSAC)」라는 이름의 NGO 자문기구를 두고 있는 유엔개발계획(UNDP)을 위시한 일부 국제기구들이 이러한 자문기구를 두고 이를 통해 회원국과 시민사회가 공식적인 대화를 가진다. 이와는 달리 WTO는 이러한 공식적인 상설 자문기구를 두고 있지 않다.

그러나 2002년에 WTO 사무총장으로 취임한 수파차이 파닛차팍(Supachai Panitchpakdi) WTO 사무총장이 2003년에 비공식 NGO 자문기구(Informal NGO Advisory Body)와 비공식 기업 자문기구(Informal Business Advisory Body)를 설치

하면서 시작이 되어 현재에도 지속되고 있다.

이 두 자문기구는 모두 비공식적인 조직일 수밖에 없었는데 이는 1996년의 지침 문건이 사무총장에게 이러한 방식으로 NGO와 관계를 가질 수 있는 권한을 부여하고 있지 않기 때문이다. 이러한 비공식적인 자문기구의 설치는 관행적으로 이어져 오고 있으며 WTO의 사무총장과 NGO 사이의 대화를 위한 장으로서의 역할을 해오고 있다.

7) WTO 분쟁해결에의 참여

NGO는 다른 제3자와 더불어 WTO의 무역 분쟁해결의 심의과정에 참여가 가능하다. 이러한 참여는 여러 가지 방식의 통로를 통해 가능하다. ⅰ) 우선 NGO들은 WTO의 분쟁해결 절차의 일환으로 당사자의 요청에 의해 일반 대중들에게 청문회가 개방될 경우 이러한 청문회에 참여가 가능하다. ⅱ) 분쟁해결 패널이 자체적으로 전문가로부터 조언을 추구할 경우에 회원국 간의 모든 무역 분쟁에 통일적으로 적용되는 WTO 분쟁해결양해각서(Dispute Settlement Understanding, DSU) 제13조에 의거하여 NGO는 전문가로서 패널을 도울 수 있다. ⅲ) NGO는 분쟁 당사자의 진술서(brief)를 준비함으로써 분쟁 당사자를 지원할 수 있다. ⅳ) 앞서 NGO의 기능 가운데 감시 기능 부분에서 언급했듯이 NGO는 분쟁 당사자가 아니면서 분쟁해결 과정에 참고가 될 수 있도록 분쟁해결 패널(dispute settlement panes)이나 상소기구(Appellate Body)에 법정조언자(amicus curiae)의 자격으로 법정조언자 의견서(amicus curiae brief)를 제출할 수 있다.3)

---

3) 법정조언자로서의 의견서(amicus curiae brief) 제출과 관련된 내용은 제7부 제19장 「NGO의 국제기구와 국제회의 참여 통로」 편에서 상세히 언급하고 있다.

제*18*장

NGO와 국제기구 관계에 대한 결어

1. NGO와 국제기구 관계의 현황

1999년 11월 미국 시애틀에서 개최된 세계무역기구(WTO) 각료회의에서 출범시키려고 했던 뉴라운드가 세계화를 반대하는 NGO들에 의해 무산되고 2000년 1월 스위스 다보스에서 개최된 세계경제포럼(WEF)이 폭력시위로 얼룩졌다. 2000년 4월 워싱턴에서 열린 국제통화기금(IMF)과 세계은행(World Bank)의 봄철 연례회의와 2000년 9월 체코의 프라하에서 개최된 국제통화기금과 세계은행의 연례총회 등이 각국 NGO들의 국제연대를 통한 반대시위로 회의진행이 어렵게 되자 국제기구들은 이러한 일련의 사건들이 계기가 되어 NGO들의 협조 없이는 국가들 간의 의사결정이 어렵다고 인식을 강하게 가지기 시작했다.

이러한 국제기구들의 인식의 변화와 더불어 높아진 위상과 더불어 국제기구와의 관계를 향상시키기 위한 NGO들의 노력은 국제기구와 NGO의 관계에 있어서 변화를 가져왔다. 이러한 것을 가장 잘 보여주는 예로서 세계무역기구(WTO)를 들 수 있다.

구체적으로 앞서 살펴보았듯이 WTO는 설립협정 5조 2항에 「일반이사회(General Council)는 WTO의 소관 사항과 관계가 있는 NGO와의 협의와 협력을 위하여 적절한 조치를 취할 수 있다」는 규정을 두고 있음에도 불구하고 NGO의 공식적인 참여를 허용하지 않았는데 무역 분쟁의 심의과정에 NGO를 비롯한 제3자의 참여를 허용했다. 1995년 WTO 출범 이후 무역 분쟁 심의과정에서 제3자의 진술을 허용하는 문제를 놓고 여러 차례 논란이 벌어졌으나 상소기구가 이를 공식으로 수용하겠다는 방침을 정한 것은 처음이었다.[1]

---

1) 한국일보(인터넷), 2000년 11월 13일.

그러나 이러한 WTO의 변화는 지극히 예외적인 경우이고 국제기구들이 취한 변화의 대부분은 설립헌장의 변경이나 결의문의 통과 등을 통한 공식적인 협력관계의 개설이나 개선이 아니라 NGO들의 주장의 일부를 정책의 일부로 수용한다든가 혹은 비공식적이고 비제도적인 참여의 확대 및 심화를 위한 일련의 조치들을 취하는 데 그쳤다. 이러한 예들을 구체적으로 들어보면 다음과 같다.

우선 일부 국제기구들은 NGO와의 연락을 위한 연락사무소(NGO liaison office)를 새롭게 개설하거나 기존의 연락사무소를 강화했다. 대부분의 유엔기구들은 NGO들과 정기적인 협의를 가져오고 있으며 세계은행(World Bank)·국제농업개발기금(IFAD)·세계식량계획(WFP)을 포함한 많은 국제기구들은 NGO와의 대화를 촉진하기 위해 상설 NGO 자문위원회(standing advisory committee)를 만들기도 했다.

이와 더불어 국제기구들은 NGO와의 상호작용을 촉진하기 위해 비공식적인 장치로서 패널을 구성하기도 하고 브리핑 회의를 가지기도 했다. 유엔공업개발기구(UNIDO)와 유엔무역개발회의(UNCTAD)는 공동의 관심사를 둘러싸고 NGO와 워크숍을 가지고 유엔은 뉴욕과 제네바에 NGO에 관한 부서 간 실무작업반(Interdepartmental Working Group on NGOs)을 다시금 설치하기도 했다.

세계은행의 경우에서 보듯이 운용활동을 위한 NGO와의 협력도 눈에 띄게 증대했으며 NGO의 역량구축(capacity-building)에 강조점을 둔 유엔과 NGO 간의 공동개발을 위한 자금조달도 증가했다. 유엔난민최고대표사무소(UNHCR)의 행동하는 협력 파트너(Partner-in-Action)와 세계식량계획(WFP)이 주요 NGO 협력 파트너와 체결한 양해각서(memorandum of understanding)와 같은 프로그램적이고 제도적인 장치들도 도입되었다.

유엔은 2000년 5월에 새천년 NGO 포럼(Millennium NGO Forum)을 미국 뉴욕의 유엔본부에서 개최하여 그 결과물을 나중에 개최된 새천년 정상회의(Millennium Summit)와 새천년 유엔총회(Millennium General Assembly)에 제출되도록 하여 이들 회의에서의 논의의 기초가 되도록 했다. 2000년 1월 다보스에서 개최된 세계경제포럼은 처음으로 15개 NGO의 대표들로 하여금 세계화에 대한 토의에 참가하도록 초청한 바 있다.2)

---

2) Michael Bond, "The Backlash Against NGOs," *Prospect Magazine* (April 2000), http://www.globalpolicy.org/ngos/backlash.htm (접속일: 2017년 8월 18일).

전 지구적인 환경 문제·국경을 넘는 난민과 이주자의 대량 유입 문제·초국
적인 전염성 질병의 확산·초국적인 범죄·테러·내전 등과 같이 국제사회의 평
화와 안전을 위협하는 전 지구적 이슈들이 다양하게 발생하면서 이러한 이슈들의
해결이 NGO의 적극적인 참여 없이 어렵다는 인식의 확산과 더불어 NGO들에게
공식적인 접근을 가능하게 해야 한다는 NGO들의 압박의 결과로 위에서 이미 살
펴보았듯이 안보리마저도 굳게 닫힌 문을 열고 NGO들과의 관계를 개선해 오고
있지만 이러한 관계란 여전히 비공식적인 관계에 머물고 있다.

국제기구 내에서의 NGO의 역할을 강화하기 위한 보다 파격적인 제안들도 줄
곧 제시되었으나 이제까지 이에 대해 별다른 성과를 거두고 있지 못하다. 이러한
제안들에는 전 지구적 시민사회(global civil society)를 위한 지구의회(Global Peoples'
Assembly)의 창설이 필요하다는 제안·유럽연합(EU)의 한 기관으로서 회원국의
국민을 대표하는 유럽의회와 같은 조직을 세계무역기구(WTO)를 위시한 국제기구
에 설치하자는 제안·국제노동기구(ILO)가 정부대표 이외에 비록 이익집단이기는
하나 노동자와 사용자라는 민간대표들이 참여시키고 있듯이 NGO에게 일정한 비
율의 대표성을 부여하자는 제안(예컨대 환경관련 국제기구에 정부대표와 더불어 기업
의 대표 그리고 환경 NGO의 대표를 공식적으로 참여시키자는 제안)·유엔 내에서 경
제사회이사회(ECOSOC)가 부여하는 공식적인 협의지위를 다른 기관으로 확대하자
는 제안·유럽연합으로 하여금 유엔 ECOSOC이 NGO에게 부여하는 있는 것과
같은 협의지위를 설립하자는 제안 등이 있다.

이러한 예들을 통해 알 수 있듯이 NGO들이 여러 쟁역에서 중요한 행위자로
서의 역할을 실질적으로 활발하게 전개하고 있음에도 불구하고 국제사회의 주권
국가 중심성으로 인해 제한된 국제기구만이 극히 제한된 정도로 의사결정 과정에
NGO의 참여를 허용하고 있을 뿐 법에 기초한 공식적인 협의지위를 부여하거나
확대하는 것을 극도로 꺼리고 있다. 따라서 국제기구는 일반인들이 의사를 직접적
이고 공식적으로 반영하는 데는 여전히 많은 한계를 가지고 있다.

2. NGO와 국제기구의 관계에 대한 이론적 논의

앞에서 살펴보았듯이 국제기구는 여러 다양한 형태로 NGO와 협력관계를 해
오고 있다. 이와 관련하여 왜 국제기구는 NGO와 이러한 협력관계를 가지려고 하

는가와 무엇이 국제기구들로 하여금 각기 다른 형태의 협력관계를 NGO와 가지게 하는가에 대한 이론적인 질문을 던지지 않을 수 없다. 이러한 국제기구와 NGO의 관계에 영향을 미치는 요인에 대한 나름의 연구들이 수행되어 왔는데 여기에서는 이러한 연구들을 간단하게 소개하고자 한다.

구체적으로 여기에서는 두 학자가 분류하여 제시하고 있는 경쟁적이면서도 상호 보완적이라고 볼 수 있는 이론적 시각들을 소개하고자 한다. 이와 관련하여 빈더(Martin Binder)라는 학자는 자원교환 이론·세력 이론·규범 이론·정치화 이론을 주요 이론적 시각으로서 제시하고 있다.[3] 또 다른 학자인 톨베르그(Jonas Tallberg)는 기능적 효율성 이론(합리적 선택 제도주의 이론)·민주적 정당성 이론(사회학적 제도주의 이론)·세력 이론(세력 정향적 제도주의 이론)을 제시하고 있다.[4]

이들이 제시하고 있는 국제기구가 NGO와 협력관계를 가지도록 하는 요인(독립변수)에 관한 이론적인 시각들은 일면 다르게 보이나 실제에 있어서는 그렇지 않다. 구체적으로 빈더의 자원교환 이론과 톨베르그의 기능적 효율성 이론·빈더의 세력 이론과 톨베르그의 세력 이론·빈더의 규범이론과 톨베르그의 민주적 정당성 이론들은 크게 다르지 않다. 이 두 학자 사이에 차이가 있는 것은 규범 이론으로 설명되지 않는 것을 설명하기 위해 빈더가 정치화라는 요인을 추가하고 있다는 점이다. 따라서 여기에서는 좀 더 포괄적인 이론적 시각을 소개하고 있는 빈더의 논의를 중심으로 하면서 톨베르그의 논의를 보완하여 설명하고자 한다.

1) 자원교환 이론

자원교환 이론(resource exchange theory)은 다수의 학자들과 실무가들이 국제

3) Martin Binder, "The Politicization of international security institutions: The UN security council and NGOs," WZB Discussion Paper, No. SP IV 2008-305 (2008), www.econstor.eu (접속일: 2017년 12월 10일).

4) Jonas Tallberg, "Transnational Access to International Institutions: Three Approaches," in Christer Jönsson and Jonas Tallberg, eds., *Transnational Actors in Global Governance* (Basingstoke: Palgrave, 2010), 45-66; Jonas Tallberg, "Explaining Transnational Access to International Institutions," paper presented at International Studies Association 49th Annual Convention, San Francisco, CA, 2008; Jonas Tallberg, "Explaining Transnational Access to International Organizations: Theories and Hypotheses," in Jonas Tallberg, Thomas Sommerer, Theresa Squatrito, and Christer Jönsson, eds., *The Opening Up of International Organizations: Transnational Access in Global Governance* (New York, NY: Cambridge University Press, 2013).

기구와 NGO의 관계뿐만 아니라 다양한 조직들 간의 관계(interorganizational relations, IORs)를 설명하고자 할 때 종종 적용하는 합리적 선택이론에 바탕을 둔 이론적인 시각이다. 앞서 국제기구와 NGO의 관계에 대한 본격적인 논의에 앞서 이러한 관계의 배경에 대해 개략적으로 소개를 한 적이 있는데 이 역시 이러한 시각에 바탕을 둔 것이다.

이 시각에 따르면 국제기구가 NGO와 협력관계를 가지고자 하는 것은 비록 NGO와의 상호작용을 통해 거래비용(transaction cost)이 발생하는 것은 사실이지만 NGO가 가지고 있는 자원으로부터 얻을 수 있는 이익이 더 크기 때문이다. 여기에서 국제기구가 관심을 가질 수 있는 NGO의 자원이란 구체적으로 재정적 자원과 같은 물적 자원뿐 아니라 지식이나 전문성(expertise)과 같은 비물질적 자원이다.

이러한 시각에 따르면 국제기구의 경우 다루고자 하는 이슈의 복잡성의 정도가 크고 국제기구의 자원이 제한적이라면 NGO의 추가적인 재정적 자원의 제공 · 국제기구가 결하고 있는 지식과 전문성의 제공 · 국제기구의 정책의 집행 · 국제협정의 준수에 대한 감시 등이 국제기구에 특별한 혜택이 될 것이기 때문에 NGO와의 협력관계를 추구할 것으로 본다.[5] NGO의 경우는 국제기구에의 접근이 국제기구와의 협력을 추구하게 하는 동인이 될 것으로 본다.[6]

메이어(Peter Mayer)는 NGO가 국제기구에 접근할 수 있는 기회는 이슈의 복잡성과 NGO의 수중에 놓여 있는 자원에 대한 요구와 더불어 증가할 것이라는 가설을 가지고 유럽의 안보이슈를 다루는 국제기구인 유럽안보협력기구(OSCE)와 북대서양조약기구(NATO)의 NGO에 대한 개방성에 있어서의 차이를 살펴보고자 했다. 연구의 결과는 OSCE가 NATO보다 NGO와의 협력관계에 좀 더 개방적이었는데 이러한 결과는 두 안보 국제기구의 주요한 활동 분야에 있어서의 차이로부터 기인한 것이라고 결론짓고 있다. 구체적으로 OSCE는 NATO와 비교하여 갈등의 예방

---

5) Michael Zürn, Martin Binder, Matthias Ecker-Ehrhardt and Katrin Radtke, "Politische Ordnungsbildung wider Willen," *Zeitschrift für Internationale Beziehungen*, 14. Jahrg., H. 1. (Juni 2007), 138 (Martin Binder, The Politicization of International Security Institutions: The UN Security Council and NGOs, WZB Discussion Paper, No. SP IV 2008-305 (2008), 18에서 재인용).

6) Kal Raustiala, "States, NGOs, and International Environmental Institutions," *International Studies Quarterly*, Vol. 41, No. 4 (Dec., 1997), 720.

(conflict prevention)·평화유지(peace-keeping)·갈등 후 평화구축(post-conflict peace-building)에 좀 더 많은 관심을 두고 있는데 이러한 활동 분야야말로 NGO가 OSCE를 지원할 수 있는 자원을 소지하고 있는 분야라는 것이다.7)

빈더(Martin Binder)는 유엔 안보리가 비공식적이고 제한적이기는 하지만 NGO에게 개방적인 자세를 취하고 있는 이유를 안보개념이 전통적인 국가안보(national security)라는 개념으로부터 안보리가 다루기에 복잡한 인간안보(human security)라는 개념으로 바뀌고 있는 것에서 찾고 있다. NGO들이 인간안보 문제와 관련하여 전문성·인도적 지원·인권 침해에 대한 사찰 등의 자원을 통해 문제 해결을 도울 수 있기 때문이라고 본다. 또한 유엔 안보리에서 상임이사국이 아닌 비상임이사국들이 NGO에게 접근의 기회를 제공하는 데 좀 더 적극적인 것은 이들이 제한적인 자원을 소지하고 있어 NGO와의 협력을 통해 상임이사국과 비교하여 좀 더 많은 것을 얻을 수 있기 때문이라고 진단하고 있다.8)

2) 세력 이론

세력 이론은 국제기구가 NGO와의 협력 관계를 추구하는 것은 국제기구의 회원들 사이에 있어서의 힘겨루기의 산물로서 힘에 대한 고려가 동인이 된다고 본다. 구체적으로 국제기구 내에서 추가적인 지렛대의 획득·같은 견해를 가진 행위자의 접근 지원·적대적인 행위자의 접근 반대·현존하는 권력구조의 강화 등의 동기를 가진다.

이러한 이론적 시각을 이미 살펴본 바 있는 유엔 안보리와 NGO의 관계에 적용해 볼 경우 안보리 상임이사국들이 NGO와의 공식적인 관계의 수립을 저지하고 지극히 제한적인 비공식적 관계로 국한시키려는 이유를 세력 이론의 관점에서 현존하는 권력의 구조를 유지하기 위한 시도로서 설명할 수 있다.

이러한 이론적 시각은 현재의 국제기구와 NGO의 관계란 국제기구 내의 가장 강력한 행위자(들)의 선호가 반영된 것으로 보고자 한다. 그러나 강력한 행위자들

---

7) Peter Mayer, "Civil Society Participation in International Security Organizations: The Cases of NATO and the OSCE," in Jens Steffek, Claudia Kissling and Patrizia Nanz, eds., *Civil Society Participation in European and Global Governance: A Cure for the Democratic Deficit?* (Basingstoke: Palgrave Macmillan, 2008), 116-139.

8) Martin Binder, "The Politicization of International Security Institutions: The UN Security Council and NGOs," WZB Discussion Paper, No. SP IV 2008-305 (2008), 18.

의 선호라는 설명만으로는 안보리 내에서 힘이 상대적으로 열세인 비상임이사국들이 NGO와의 관계 수립에 적극적인 것을 설명하기 어렵다. 따라서 이러한 것을 세력 이론의 틀 안에서 설명하기 위해서는 국제기구 내에서 상대적으로 세력이 약한 국가들이 강력한 국가의 세력에 대한 견제를 통해 힘의 균형을 이루고자 하는 경향도 포함되어야 한다.9)

세력 이론은 이처럼 국제기구와 NGO의 관계란 국제기구의 회원국인 국가들 간에 존재하는 세력 관계의 산물로서 상대적으로 세력이 약한 국가(들)의 경우 NGO들이 자신들과 견해를 같이 할 경우 연계를 통해 불리한 세력관계를 극복하려 하고 상대적으로 세력이 강한 국가(들)의 경우 자신들과 견해를 달리하는 NGO와의 연계를 거부함으로써 유리한 세력관계를 유지하려고 한다고 본다. 물론 상대적으로 세력이 강한 국가(들)의 경우 자신들과 견해를 같이 하는 NGO와의 연계를 통해 유리한 세력관계를 더욱 강화하려고도 할 수 있을 것이다.

국제기구 내에서의 세력 게임(power game)이라는 관점을 통해 유엔의 회원국들 가운데 수적 열세로 인해 표결을 통해 의사결정이 이루어질 경우 불리한 위치에 있는 선진국들이 환경문제와 인권문제 등에 있어서 자신들의 견해를 관찰시키기 위한 수단의 하나로서 NGO들의 참여를 고무하는 것을 설명하는 것도 가능할 것이다.

3) 규범 이론

규범 이론은 국제기구와 NGO의 관계는 국제 규범에 의해 증진된다는 시각이다. 구체적으로 국제기구는 전 지구적으로 확산되고 있는 민주성·책임성·투명성·시민의 참여 등을 요소로 하는 민주적 정당성(democratic legitimacy) 규범에 의해 NGO와 협력적인 관계를 가지려고 한다는 견해이다. 이러한 규범에 의거하여 NGO들은 국제기구에의 접근을 요구하고 국제기구는 이러한 규범에 응하여 NGO와의 협력을 위한 제도의 설계(institutional design)를 하게 된다는 것이다.

달리 말해 전 지구적 수준에서의 정당한 거버넌스(legitimate governance)라는 새로운 규범의 생성과 확산이 국제기구로 하여금 전 지구적 시민사회의 대표를

---

9) James A. Paul, "Working with Nongovernmental Organizations," in David Malone, ed., *The UN Security Council: From the Cold War to the 21st Century* (Boulder, CO; London: Lynne Rienner 2004), 376.

포함함으로써 민주적으로 정당한 국제기구로 간주되도록 요구한다는 것이다.

이러한 규범 이론은 앞서 소개한 자원교환 이론과 세력 이론이 국제기구가 NGO와의 협력을 추구하는 동기로서 각각 제시하고 있는 자원에 대한 요구와 세력에 대한 고려가 없음에도 불구하고 이들 간에 협력이 일어나는 것을 설명하기에 적절하다고 볼 수 있다.

이러한 시각은 국제통화기금(IMF)과 세계무역기구(World Trade Organization)가 NGO와의 협력을 통해 얻을 수 있는 것이 거의 없는데도 불구하고(즉 협력의 인센티브가 부재한 가운데도 불구하고) 제한적이지만 NGO에게 문을 열고자 한 것을 설명할 수 있다.10)

이 이론의 문제는 이러한 규범이 확산되면서 국제기구가 NGO와의 관계를 수용하는 것이 보편화될 것으로 본다는 점이다.11) 그러나 실제에 있어서는 국제기구들마다 NGO와의 관계란 일률적이지 않다. 이러한 괴리를 설명하기 위해 빈더는 위에서 언급한 규범이라는 것이 자동적이고 일률적으로 국제기구와 NGO의 관계의 실제에 반영되는 것이 아니고 정치화의 강도(strength of politicization)에 따라 변이가 존재한다고 본다. 이러한 요인을 통한 설명은 일련의 대규모 항의 데모가 있은 후에 국제통화기금(IMF)과 세계은행(World Bank)이 NGO에게 문을 연 것을 적절하게 설명한다. 빈더는 이러한 이론적 시각을 안보리와 NGO의 관계에도 적용하고 안보리에게도 정당성이라는 것은 중요한 자원으로서 상관하지 않을 수 없는 것이기에 NGO와의 관계를 가지지 않을 수 없었지만 아주 제한적인 비공식관계에 머물고 있는 것은 정치화의 강도가 낮기 때문이 아닐까 하는 결론을 내리고 있다.12)

---

10) Martin Binder, "The Politicization of International Security Institutions: The UN Security Council and NGOs," WZB Discussion Paper, No. SP IV 2008-305 (2008), 19-20.

11) Jonas Tallberg, "Transnational Access to International Institutions: Three Approaches," in Christer Jönsson and Jonas Tallberg, eds., *Transnational Actors in Global Governance* (Basingstoke: Palgrave, 2010), 45.

12) Martin Binder, op. cit, 20.

제*19*장

NGO의 국제기구와 국제회의 참여 통로

1. 개 설

예외가 없는 것은 아니지만 다수의 국제기구들은 NGO에게 국제기구 자체와 이들이 개최하는 국제회의에의 참여를 위한 통로를 개방하고 있다. 1972년에 개최된 유엔인간환경회의(UNCHE)는 정부간회의와 병행한 NGO포럼의 시작과 더불어 국제사회에서의 NGO 성장의 출발점이 되었고 1992년 유엔환경개발회의(UNCED)는 이러한 병행포럼이 정부간회의의 하나의 정형으로서 본격화되는 계기가 되었다.

유엔환경개발회의에서 채택된 행동계획인 의제 21(Agenda 21)은 제27장(Chapter 27)에 「NGO 역할의 강화: 지속 가능한 개발을 위한 파트너(Strengthening the role of Non-Governmental Organizations: Partners for Sustainable Development)」라는 제목과 더불어 환경과 관련한 NGO의 새로운 형태의 참여의 필요성을 선언했다.

구체적으로 유엔체제(UN System)는 NGO와의 협의 속에 정책과 프로그램의 설계·집행·평가에 NGO의 전문성과 견해를 끌어들이기 위해 개개 기구 내에 있어서 현재의 장치와 절차를 제고시키는 조치를 취해야 하며 만약 이러한 장치나 절차가 없다면 새롭게 수립해야 한다고 언급하고 있다. 즉 유엔환경개발회의는 NGO의 관여와 개입(committment and involvement)이야말로 지속 가능한 개발에 지극히 중요하다는 것을 확인하고 있다.

비록 NGO의 참여를 위한 공식적이고 제도적인 통로가 국제기구에 의해 제한적으로 주어지기는 하지만 그럼에도 불구하고 NGO들은 다양한 통로를 통해 다양한 분야에 걸쳐 국제기구 자체와 국제기구가 개최하는 국제회의에 참여하여 영향을 미쳐오고 있다. 여기에서는 이러한 참여의 통로들을 직접적인 참여 통로와 간접적인 참여 통로로 구분하여 살펴보고자 한다. 단 이러한 통로가 NGO에게 보편적으로 주어지는 것이 아니라는 점에 주의해야 한다. 국제기구에 따라서는 NGO의 접근을 전혀 허용하지 않는 경우도 있고 극히 제한적으로 일부의 통로만을 허용하기도 한다.1)

NGO가 국제기구와 국제기구의 회의에 참여할 수 있는 통로는 제도적으로 공식적으로 구축된 것들도 있지만 그렇지 않고 때에 따라 임시적으로 주어지는 경우도 빈번하다. 따라서 이러한 기제가 공식적으로 제도화된 기제에 의해 대체되어야 한다는 것이 NGO들의 공통된 요구사항이다.

2. 다양한 참여의 통로

NGO가 국제기구와 국제기구의 회의에 참여할 수 있는 통로를 다음과 같이 직접적인 통로와 간접적인 통로 두 가지로 구분하고자 한다.

1) 직접적인 참여 통로

직접적인 통로에는 공식적인 협의지위를 보유하거나 공인을 받고 정부간회의에 참여하는 통로를 포함하여 다음 15가지의 통로가 존재한다.

(1) 공식적인 협의지위를 보유하거나 공인을 받고 정부간회의에 참여

NGO는 국제기구로부터 협의지위를 획득하거나 정부간회의로부터 공인을 받아 국제기구의 정부대표들의 회의에 참여한다. 협의지위의 경우 국제기구에 따라서는 차등화를 하여 각기 다른 정도의 권한을 부여하기도 한다. 예컨대 유엔 경

---

1) 통로의 일부분에 대한 설명은 다음 글을 참고하였음: Barbara Gemmill and Abimbola Bamidele-Izu, "The Role of NGOs and Civil Society in Global Environmental Governance," in Daniel C. Esty and Maria H. Ivanova, eds., *Global Environmental Governance: Options & Opportunities* (New Haven, CT: Yale School of Forestry & Environmental Studies, 2002), 77-100; Centre for Global Studies, "Channels for NGO Participation in International Organizations," presented at the Voice of Global Civil Society Conference, Waterloo, Ontario, 2006; Steve Charnovitz, "Two Centuries of Participation: NGOs and International Governance," *Michigan Journal of International Law*, Vol. 18, No. 2 (1997), 281-282.

제사회이사회(ECOSOC)는 가장 높은 협의지위의 NGO에게는 의제 제안권까지 부여한다.

국제기구에 따라 NGO에게 부여되는 협의지위의 종류와 이들에게 부여되는 권한이 다르지만 NGO들은 일반적으로 국제회의에 참가하여 의제와 관련하여 구두진술과 문서회람을 통해 의견을 제시하고 정부대표단들을 대상으로 로비를 하거나 브리핑을 할 수 있다.

이때 NGO는 정부대표단들과 부대행사나 워크숍 등을 통해 비공식 접촉을 하고 정부 간 협상에 공식적으로 참가하여 공식적 혹은 비공식적인 입장문(position paper)을 제출하고 우호적인 정부대표단에게는 전문적인 조언을 제공한다. 이와 더불어 협상장 밖에서 데모를 비롯한 캠페인을 전개할 수 있다.

(2) 국제기구의 분쟁해결 절차에의 참여

NGO는 유럽인권재판소(European Court of Human Rights)·미주인권재판소(Inter-American Court of Human Rights)·르완다국제형사재판소(International Criminal Tribunal for Rwanda)·국제형사재판소(International Criminal Court)와 같은 국제재판소의 분쟁해결 절차와 세계무역기구(WTO)의 분쟁해결 기제인 패널(Panel)과 상소기구(Appellate Body)의 절차에 NGO의 참여를 허용하고 있다.

NGO들은 이러한 국제기구에 재판의 당사자가 아니면서 재판 과정에 참고가 될 수 있도록 재판부에 의견·증언·정보 등을 제출하는 행위자인 법정조언자(amicus curiae)의 자격으로 「법정조언자 의견서(amicus curiae brief)」를 제출하게 된다.[2] 인권 NGO인 국제 앰네스티(Amnesty International)는 NGO가운데 가장 활발하게 법정조언자의 역할을 하는 NGO로 잘 알려져 있다. 이러한 지위는 물론 NGO에게만 부여되는 것은 아니다. 예컨대 유럽인권재판소의 경우 국가와 개인에게도 부여되며 WTO의 경우는 기업·기업협회·노동조합·학술단체·기타 전문가 조직 등에게도 부여된다.

(3) 국제회의를 위한 준비위원회에의 참여

NGO들은 국제기구가 NGO에게 참여의 기회를 부여한 국제회의를 위한 준비

---

2) 「amicus curiae」는 라틴어로서 직역을 하면 「법정의 친구(friend of the court)」이다.

위원회(preparatory committee, PrepCom)에 참여하여 영향력을 행사할 수 있다. NGO가 이러한 회의에 참가하기 위해서는 국제기구로부터 협의지위를 획득하거나 정부간회의로부터 참가를 위한 공인(accreditation)을 받을 필요가 있다.

준비위원회는 통상적으로 정회의(main conference) 개최를 위한 준비를 하는 조직으로서 정회의에서 다룰 의제에 대한 사전협상을 통해 이견을 좁히고 나아가 정회의에서 채택할 조약·결의문·행동계획·결정·선언·행동계획 등에 대한 초안을 작성하는 것을 주된 역할로 하며 길게는 수년의 시간이 소요되기도 한다.

논의되고 있는 의제와 관련하여 지식과 전문성을 가지고 있는 NGO의 경우 이러한 준비위원회에 참여하여 국가대표들이 의제에 대해 사전 논의를 하는 것을 돕기도 하고 시민사회의 견해를 논의에 반영하기 위한 노력을 수행한다.

예컨대 2012년에 브라질의 리우 데 자네이루에서 일명 Rio+20으로 잘 알려진 유엔지속가능개발회의(United Nations Conference on Sustainable Development, UNCSD)가 개최되었는데 이 회의의 개최를 위한 준비위원회에 NGO들의 참여가 허용되었다. 참여가 허용된 NGO들은 크게 두 부류로 나뉘는데 첫째 부류는 유엔 경제사회이사회(ECOSOC)와 협의지위를 가지고 있는 NGO인데 여기에는 유엔의 지속가능개발위원회(Commission on Sustainable Development, CSD)를 통해 명부 (roster)에 등재되어 있는 NGO도 포함된다. 또 다른 부류의 NGO는 2002년에 남 아프리카공화국에서 개최된 지속가능개발세계정상회의(World Summit on Sustainable Development, WSSD)에의 참여를 공인받은 NGO이다.

(4) 결과문건의 초안 작성을 위한 국제회의에의 참여

NGO는 국제기구로부터 협의지위나 공인을 부여받아 국제회의를 위한 공식적인 준비위원회나 비공식적으로 조직된 회의에 참가하여 조약·결의문·행동계획·결정·선언·행동계획과 같은 결과문건과 같은 공식문서의 초안 작성에 참가하기도 한다.

예컨대 1972년 유엔인간환경회의(UNCHE)에서 채택된 인간환경선언(Declaration on the Human Environment)과 1992년 유엔환경개발회의(UNCED)에서 체결된 생물다양성협약(Convention on Biological Diversity, CBD)은 국제자연보전연맹(IUCN)이라는 NGO가 작성한 초안에 기초를 두었던 것으로 잘 알려져 있다. 또한 국제지뢰금지운동(ICBL)이라는 NGO는 대인지뢰금지협약(Convention on the Prohibition of the Use, Stockpiling, Production and Transfer of Anti-Personnel Mines and on their Destruction)의 체결을 위한 회의에 참가하여 조약의 초안 마련에 크게 기여했다.3)

(5) 정부대표단의 일원으로서의 국제회의에의 참여

국제회의에 참여하는 정부대표단의 공식적인 일원이 되어 정부대표들에게 자문을 제공하거나 NGO를 대변한다. 선진국의 경우 환경과 관련한 다자협상에 NGO를 정부대표단의 일원으로 참여시키는 경우가 종종 있는데 이는 다자교섭에 있어서 NGO이 전문성을 이용하여 협상력을 제고시키고 특정 이슈의 다자적인 논의에 있어서 투명성을 촉진하기 위한 노력의 일환이다.

그러나 NGO 대표들이 정부대표들과 더불어 국가 대표단을 형성하는 경우가 흔하지 않다. 대체적으로 선진국들이 다자협상 등에 자국의 NGO 대표를 정부대표단의 일원(대표나 자문관)으로 참여시키는 경향이 있다. 예컨대 1972년 스웨덴의 스톡홀름에서 유엔인간환경회의(UNCHE)가 개최되었을 때 공식적인 대표단 구성원의 15% 이상이 NGO 출신들이었다. 이렇게 하여 정부대표단의 일원이 된 NGO 대표들 가운데 일부 명망 있는 대표는 정부간회의의 준비위원회와 주요 위원회 등에서 의장 역할을 수행하기도 했다.4)

1992년 브라질의 리우데자네이루에서 개최된 유엔환경개발회의(UNCED)의 경우에는 14개국 이상이 NGO 대표를 국가 대표단의 일원으로 회의에 참가시켰다. 그러나 이러한 국가는 주로 미국을 위시한 선진국이었으며 따라서 실질적인 회의에 있어서 영향력을 발휘할 수 있었던 NGO는 소수의 선진국 NGO에 국한되었다.5)

2001년 6월에 유엔에서 에이즈 특별총회(United Nations General Assembly Special Session, UNGASS)가 개최된 바 있는데 이때 일부 국가의 NGO들은 자신

---

3) 대인지뢰금지협약(Convention on the Prohibition of the Use, Stockpiling, Production and Transfer of Anti-Personnel Mines and on their Destruction)은 간단히 「Mine Ban Treaty」라고 칭하기도 한다.

4) Peter Willetts, "The Rules of the Game: The United Nations and Civil Society," in John W. Foster and Anita Anand, eds., *Whose World is it Anyway? : Civil Society, the United Nations and the Multilateral Future* (Ottawa, Canada: The United Nations Association in Canada, 1999), 267.

5) 한국의 경우도 정부와 견해를 같이 하는 NGO 대표들을 정부대표단에 포함시키기도 한다.

들의 정부를 향해 정부대표단의 일원으로서 NGO 부문을 대표하는 NGO 대표가 포함되어야 한다는 로비를 적극적으로 전개하여 이러한 주장을 실현시킨 경우들이 있다.

(6) 특정 국가의 정부대표단을 대신하여 국제회의에의 참여

NGO 대표가 특정 국가의 정부대표를 대신하기도 한다. 드문 경우이지만 특정 국가가 인적·물적 자원의 부족으로 정부대표를 파견하기 어려운 경우 NGO가 이들 국가의 정부대표를 대행하기도 한다. 이러한 현상은 소국에서 종종 발생하는데 예를 들자면 태평양의 도서국가인 나우루(Nauru)의 경우 2명의 미국 환경운동가들이 런던덤핑협약 회의에 대신 참가한 바 있다.

또 다른 초미니 국가인 바누아투(Vanuatu)의 경우는 국제법에 전문적인 지식을 가지고 있는 영국 소재 NGO로 하여금 지구온난화를 막기 위한 회의에서 자국을 대표하여 중요한 행위자로서의 역할을 하도록 한 바 있다.[6] 영국 소재 NGO는 「국제환경법과 개발재단(Foundation of International Environmental Law and Development, FIELD)」으로서 환경문제와 관련한 전문성을 결하고 있는 군소 도서국가연합(AOSIS)의 국가들의 정부대표가 되어 이러한 국가의 협상력을 높여 주고 있다.[7]

이와 더불어 일부 선진국들은 개도국의 NGO 대표들을 정치적으로 지지하는 수단의 하나로서 이들에게 자국의 정부대표의 지위를 부여하기도 한다.[8]

(7) 다른 NGO 대표단의 일원으로 참여

어떠한 형태로든 국제기구 회의에의 참가가 공인되지 않은 NGO의 경우 참가가 공인된 NGO 대표단의 일시적인 구성원이 되어 회의에 참가하기도 한다. 다른 NGO의 일시적인 일원이 되기를 희망하는 NGO는 이를 허용하고자 하는 NGO와

---

6) Jessica T. Mathews, "Power Shift," *Foreign Affairs*, Vol. 76, No. 1 (Jan./Feb. 1997), 55.

7) Kal Raustiala, "Nonstate Actors in the Global Climate Regime," in Urs Luterbacher and Detlef F. Sprinz, eds., *International Relations and Global Climate Change* (Cambridge, Mass. and London: The MIT Press, 2001), 106-107.

8) Peter Willetts, "The Rules of the Game : The United Nations and Civil Society," in John W. Foster and Anita Anand, eds., *Whose World is it Anyway? : Civil Society, the United Nations and the Multilateral Future* (Ottawa, Canada : The United Nations Association in Canada, 1999), 267.

다루고자 하는 문제를 둘러싸고 동일한 혹은 유사한 견해를 가져야 할 것이며 이러한 경우에 있어서도 자신의 NGO 이름하에 별도의 독자적인 발언을 하지 말 것을 전제 조건으로 하는 것이 일반적이다.

유엔에 의해 공인된 NGO는 대표단을 어떠한 대표들로 구성할 것인가를 스스로 결정할 수 있는데 이들 NGO를 대표할 사람들을 공식적으로 선정하는 것 역시 공인(accreditation)이라는 말을 사용한다. 하나의 NGO가 얼마나 많은 수의 사람들을 공인할 수 있는가는 국제기구별로 살펴보아야 한다.

과거에 유엔 경제사회이사회(ECOSOC)로부터 협의지위를 획득하지 못한 한국의 NGO들도 제네바의 인권위원회와 인권소위원회에 참여하곤 했는데 이때 자신의 NGO 이름이 아닌 다른 NGO 대표단의 일원으로서 참여했던 것이다. 이들 한국의 NGO들은 주로 ECOSOC과 협의지위를 가지고 있는 국제자유노조연맹(International Confederation of Free Trade Unions, ICFTU)·팍스 로마나(Pax Romana)·아시아개발문화포럼(Asian Cultural Forum On Development, ACFOD)의 동의를 얻어 그 이름으로 참석하였고 나아가 발언의 기회까지 가졌다.[9)]

(8) 국제기구의 자문위원회·운영위원회·자문그룹·실무작업반에의 참여

국제기구가 설립한 자문위원회(Advisory Committee)·운영위원회(Steering Committee)·자문그룹(Advisory Group)·실무작업반(Working Group) 등에 NGO 소속의 전문가가 NGO를 대변하는 자격으로서가 아니라 개인의 자격(in their individual capacity)으로서 참여할 수 있다.

NGO의 자문위원회 참여의 예로는 유엔개발계획 시민사회조직 자문위원회(UNDP CSO Advisory Committee)가 있고 운영위원회의 예로는 국제농업개발기금/NGO 협의 운영위원회(IFAD/NGO Consultation Steering Committee)를 들 수 있다. 자문그룹에는 유엔여성(UN Women)의 시민사회 자문그룹(Civil Society Advisory Groups)과 같은 조직이 있고 실무작업반에는 안보리NGO실무작업반(NGO Working Group on the Security Council)과 같은 조직이 있다.

---

9) 김은영, "제52차 유엔 인권위원회 참가 보고서," http://minbyun.jinbo.net/intkor/ un/un2.htm (접속일: 2005년 10월 14일).

(9) 국제기구 내의 NGO 관련 부서를 통한 참여

다수의 국제기구들은 정보를 확산시키고 NGO와의 대화를 촉진하기 위한 수단의 일환으로 국제기구 내에 특별한 부서를 설치해두고 있어 이를 통해 NGO들은 국제기구와 대화를 할 수 있다.

이러한 조직에는 유엔 비정부연락사무소(United Nations Non-Governmental Liaison Service, UN-NGLS)·유엔환경계획(UNEP)의 정책개발과 법률국(Division of Policy Development and Law) 내의 시민사회 및 NGO과(Civil Society and NGOs Unit)·유엔무역개발회의(UNCTAD)의 시민사회방문지원과(Civil Society Outreach Unit, CSO) 등이 있다.

(10) 국제기구의 집행이사회의 구성 회원으로 참여

현재 하나의 예만이 존재하는 경우이기는 하지만 NGO가 국제기구 내의 조직 중에서도 중요한 의사결정이 이루어지는 집행이사회의 정식 회원이 되는 경우가 있다. 앞서 이미 언급한 바대로 유엔에이즈계획(UNAIDS)의 프로그램조정이사회(Programme Coordinating Board, PCB)가 이러한 경우에 속하는데 5개의 NGO와 22개 회원국 정부를 구성원으로 한다.

(11) 국제기구에 항구적인 옵서버 지위의 획득을 통한 참여

NGO들은 국제기구로부터 항구적인 옵서버 지위(permanent observer status)를 획득함으로써 국제기구의 회의에 참여할 수 있다. 여기에서 말하는 옵서버 지위란 국제기구가 협의지위를 지니거나 회의참가가 공인된 NGO에게 일시적으로 부여하는 옵서버 지위와는 구별되는 지위이다.

이러한 지위를 가지고 유엔총회에 참가하는 NGO에는 앞서 NGO와 유엔총회의 관계를 설명하면서 언급했던 국제적십자위원회(ICRC)·국제적십자사연맹(IFRC)·몰타독립기사단(Sovereign Military Order of Malta)·국제의원연맹(IPU)·국제올림픽위원회(IOC)·국제자연보전연맹(IUCN)이 있다. 이들 NGO들은 유엔총회의 회의와 업무에 옵서버로서 상시적 참가초청을 받으며 유엔본부에 상설대표부를 유지할 수 있다.

(12) 발표를 위한 국제기구 특별회의에의 참여

국제기구들은 NGO의 의견을 청취할 목적으로 특별회의(special session)를 개최하여 NGO에게 발표를 할 수 있는 기회를 제공한다. 다라서 NGO는 이러한 특별회의에 참가하여 국제기구와의 공동 관심사에 대해 의견을 개진할 수 있다.

대표적인 예로서 2년마다 개최되는 유네스코의 총회(General Conference)를 들 수 있다. 총회에는 유네스코의 정회원국·준회원국·비회원국을 대표하는 옵서버·국제기구·NGO가 참여한다. 이 회의에서 유네스코의 정책과 업무의 주요 방향이 결정되고 프로그램과 예산이 결정된다. 이 회의에서의 토의 과정에서 NGO들은 견해를 밝힐 기회를 가지게 된다.

또 다른 예는 앞서 이미 살펴본 바 있는 유엔 안보리의 아리아 공식 모임(Security Council Arria Formula Meetings)을 들 수 있다. 이 회의는 비공식이고 임시적이며 유연성을 가진 비공개 회의로서 NGO들은 이 회의를 조직한 안보리 이사국에게 관련된 정보를 제공한다. 이 회의에서는 아무런 기록을 남기지 않으며 이 회의를 조직한 이사국이 아닌 다른 이사국들이 참가할 의무가 없으며 회의는 NGO를 초빙하는 등 회의를 조직한 이사국이 사회를 보며 진행된다.

(13) 국제기구와 NGO 간의 정기적으로 예정된 협의를 위한 회의에의 참여

다수의 국제기구들이 NGO와의 협의를 위해 정기적으로 예정된 회의를 가진다. 대표적인 예로서 유엔난민최고대표사무소(UNHCR)의 「NGO와의 연례협의(UNHCR Annual Consultations with NGOs)」와 유네스코(UNESCO)의 「국제 NGO 회의(International Conference of NGOs)」를 들 수 있다.

유네스코(UNESCO)의 국제 NGO 회의는 유네스코와 공식적인 협력관계(구체적으로 협의관계와 제휴관계)를 보유하고 있는 NGO들의 2년마다의 모임인데 여기에는 NGO들 이외에 유네스코 회원국 대표·유네스코와 공식적인 관계를 가지고 있는 재단(foundations)·유네스코와 협력관계가 없는 다른 NGO나 관심 있는 조직들이 옵서버의 지위로서 참가한다. 2016년에 프랑스 파리에서 개최된 국제 NGO 회의는 「NGO를 위한 디지털 혁명의 도전(The challenge of the digital revolution for NGOs)」이라는 큰 주제하에 4개의 하부주제를 다룬 바 있다. 유네스코는 이러한 진 지구적 수준에서의 정기적인 회의와 더불어 지역적인 수준에서도 「지역적 협의(Regional Consultations)」라고 불리는 정기적인 회의를 개최하여 NGO와의 협의를 가져오고 있다.

유엔난민최고대표사무소의 NGO와의 연례협의는 전 세계의 국내 NGO와 국제 NGO들이 참가하는 회의로서 NGO와 국가가 UNHCR과 동일한 협력 파트너로서 연계망을 구축하고 대화를 하며 견해를 교환하는 중요한 토론장으로서의 역할을 해오고 있다. 2017년에 개최된 회의를 포함하여 약 30년간 지속되어 오고 있는데 NGO가 국제기구와 견해를 교환하는 전 지구적으로 가장 큰 회의로서 알려져 있다.

이 밖에도 UNEP가 매년 개최하는 전 지구적 시민사회포럼(Global Civil Society Forum, GCSF)이 있는데 이 회의가 2004년에는 한국의 제주도에서 개최된 바 있다. 유엔의 공보국(DPI)도 앞서 살펴본 바 있듯이 NGO와의 협의를 위해 연례 NGO/DPI 회의(Annual NGO/DPI Conference)를 가져오고 있다.

(14) 국제기구 정책과 프로그램의 집행자 · 운용활동 제공자 · 감시자로 참여

유엔환경개발회의(UNCED)에서 채택된 의제 21이 NGO를 당 회의에서 논의된 것을 이행하고 감시하는 주요그룹(major group)으로서의 지위를 부여한 경우처럼 NGO가 국제기구의 정책이나 프로그램의 집행자와 감시자로 참여할 수 있다.[10]

다수의 NGO들이 이러한 통로를 통해 국제기구에 참여를 하는데 대표적인 경우로서 유엔난민최고대표사무소(UNHCR)를 들 수 있다. UNHCR은 두 종류의 협력관계를 NGO와 가지고 있는데 그 중 하나는 집행활동(implementing activity)을 통한 협력관계이고 다른 하나는 운용활동(operational activity)을 통한 협력관계이다. 전자는 UNHCR이 재정적 지원을 하고 NGO는 이러한 지원을 받아 난민을 돕는 서비스를 제공하는 것이다. 이러한 협력관계는 공식적인 프로젝트 협정에 의해 이루어지는데 UNHCR은 500개가 넘는 NGO와 이러한 협정을 체결하고 있다.

후자의 경우는 UNHCR과 NGO 간의 자발적인 긴밀한 조정을 포함하는 관계로서 UNHCR의 재정적 지원이 NGO에게 제공되지 않는다. 운영활동 협력관계에 참여하고 있는 NGO들은 난민을 위한 긴급구호라든가 재정착(resettlement)과 같

---

10) 의제 21(Agenda 21)은 NGO 이외에 여성 · 아동과 청소년 · 원주민과 원주민 공동체 · 근로자와 노동조합 · 과학과 기술 공동체 · 기업과 산업 · 농부를 추가적인 그룹으로 인정하고 있다.

은 부문에서 UNHCR의 업무를 지원한다.

이러한 두 종류의 협력관계는 난민의 권리와 난민보호에 있어서 국가의 책임을 증진시키는 정책비판과 제언 활동에도 적용된다. UNHCR은 난민의 필요를 충족시키고 지속력 있는 해결책을 만들기 위해 NGO와 새로운 협력관계를 부단히 형성해가고 있다. UNHCR은 법률적인 지원과 보호의 필요성이 증대함에 따라 이러한 문제를 해결하기 위해 NGO와의 협력관계를 가지고 있다.

UNHCR과 NGO의 긴밀한 관계는 UNHCR의 예산지출 현황에서 잘 드러난다. 최근의 자료가 없는 관계로 오랜 된 자료를 인용하지만 1994년부터 2003년까지의 자료에 의하면 UNHCR의 총 지출 약 43억 1,541만 달러 가운데 44.3%가 국제 NGO에게 제공되었고 22%가 국내 NGO에게 제공되었다. 국제 NGO와 국내 NGO에 제공된 것을 합하면 전체 지출의 66.3%인 $\frac{2}{3}$가 NGO에게 제공된 것이다.[11)]

2) 간접적인 통로

간접적인 통로로서 국가 및 정부기관과 더불어 NGO를 회원으로 하는 국제 NGO에 참여하는 통로를 비롯하여 다음 5개의 통로를 살펴보고자 한다.

(1) 국가 및 정부기관과 더불어 NGO를 회원으로 하는 국제 NGO에 참여

국제자연보전연맹(IUCN)의 경우 국가와 정부기관 이외에 NGO(국내 NGO와 국제 NGO)와 제휴기관(affiliates)을 구성요소로 하는데 이런 경우 NGO는 이러한 기구에 대표단으로 참여하여 각국의 정부대표 및 정부기관과 더불어 논의에 참가할 수 있다.[12)]

(2) NGO가 정부간 협정의 사무국 역할 수행

NGO의 기능 부분에서 이미 언급했듯이 NGO는 국가들이 체결한 환경과 관련한 협약을 관리할 사무국의 역할을 잠정적으로 대행함으로써 나름의 영향을 미

---

11) UNHCR, *NGO Partnership in Refugee Protection* (Geneva: UNHCR, 2004), 13.

12) 2015년 10월 26일 현재 48개 제휴기관·89개 국가·110개 국제 NGO(INGO)·126개 정부기관·940개 국가 NGO(NNGO)가 회원을 구성하고 있다: IUCN, "Who Are Our Members," http://www.iucn.org/about/union/members/who_members/ (접속일: 2017년 9월 8일).

칠 수 있는 기회를 가질 수 있다.

현재 NGO가 이러한 역할을 하고 있는 예로서 일명 「람사르협약」이라고도 불리는 「물새 서식지로서 국제적으로 중요한 습지에 관한 협약(Convention on Wetlands of International Importance Especially as Waterfowl Habitat)」의 사무국 역할을 하고 있는 국제자연보전연맹(IUCN)을 들 수 있다. 이러한 경우 NGO는 국제환경협약의 사무국 역할을 수행하는 것 이외에 사무국에 전문적인 지식과 조언을 제공할 수도 있다.

(3) NGO 포럼(NGO Forum)에의 참여

앞서 언급했듯이 1972년 정부간회의로서 유엔인간환경회의(UNCHE)가 스웨덴의 스톡홀름에서 개최되면서 NGO들은 처음으로 정부간회의와 병행하여 NGO들만의 포럼을 개최했다. 그러다가 1990년대에 들어서 이러한 병행포럼(parallel forum)이 본격화되었다. 그 단초는 1992년에 브라질에서 개최된 정부간회의인 유엔환경개발회의(UNCED)였다.

당시 유엔은 세계 각국의 정상들이 모이는 정부간회의 외에 NGO 포럼(NGO Forum)도 동시에 개최하여 전 세계 3,000여 명의 환경 NGO 대표들이 한 곳에 모이는 계기를 제공했다.[13] 유엔은 그 후 1995년 코펜하겐 사회개발세계정상회의(WSSD)와 북경여성회의 등 일련의 사회 관련 정부간회의 때마다 NGO 포럼을 개최하여 NGO들의 참여폭을 넓혀 주었다. 이렇듯 유엔이 개최하는 전 지구적 회의에 NGO 포럼이 병행하여 개최되는 것이 이제는 제도화가 되었다고 볼 수 있다.

병행 NGO 포럼은 공동의 비전과 정부간회의에 대한 대안적인 합의문을 제시함으로써 정부간회의에 간접적으로 영향을 미치고자 한다.[14] NGO 포럼은 정부대표들에 의해 합의되어 채택될 정부 간 합의문서의 내용이 대체적으로 알려지면 이를 비난하고 대안으로서 NGO들만의 공동선언을 발표하기도 한다. 예컨대 1995년

---

13) 「포럼(forum)」이란 특정한 주제를 정해 놓고 이러한 주제에 정통한 전문가들이 모여 사회자의 주도하에 공개적으로 토론을 하는 모임을 일컫는다. 청중들은 질의 등을 통해 참여할 수 있으며 마지막 단계에서 사회자가 의견들을 종합한다. 우리가 이 저서에서 주로 다루고 있는 정부간회의의 유형은 콘퍼런스(conference)인데 이는 자유로운 토론을 통해 안건을 논의하고 참가자 전체가 취할 결과물을 산출해 낸다는 점에서 포럼과 구별된다.

14) 여기서 「대안적인 합의문」이란 정부간회의에서 나오는 결과문건(outcome document)에 대한 대안적인 문건을 말한다.

의 사회개발세계정상회의에 참가한 NGO들은 「코펜하겐 대안선언(Copenhagen Alternative Declaration)」이라는 이들 나름의 공동 선언문을 발표한 바 있다.

NGO들은 병행포럼에서 이러한 대안적인 합의문의 제시 이외에 독자적인 집회·세미나·토론회 등을 수백 개 조직하여 활동하고 신문을 발간하며 교육적인 목적의 전시회 등을 갖기도 한다. 이외에도 NGO들은 각자의 부스(booth)를 설치하여 자신들의 NGO를 소개하고 정부간회의가 다루는 주제에 대한 자신들의 입장을 알린다. 이들은 또한 종종 구호를 외치며 시위를 하기도 하며 단식농성을 하기도 한다.

이러한 병행 NGO 포럼에 참가하는 NGO들은 대체적으로 정부간회의에 참여하기 위한 공인을 획득하지 못한 NGO들로서 이들은 정부간회의 자체에는 별로 관심을 가지지 않은 채 다른 NGO들과 만나 정보를 교환하고 정부간회의가 다루는 이슈에 대해 배우고 정부간회의 자체에 직접적인 영향을 미치기 보다는 연대를 구축하는 것에 만족하는 경우가 많다.[15]

이러한 NGO 포럼은 대안적인 선언 등의 작성을 통해 정부간회의에 영향을 간접적으로 미치기도 하지만 NGO 포럼에 국제기구 역시 참여가 가능하기 때문에 국제기구는 이러한 참여를 통해 NGO들의 견해를 직접적으로 청취하는 기회를 가지기도 한다.

이처럼 NGO들은 정부간회의와 병행하여 NGO 포럼을 개최하기도 하지만 정부간회의 없이 그들만의 독자적인 NGO 포럼을 갖기도 한다. 대표적인 예로서 2000년 5월에 유엔본부에서 NGO들만이 참가하에 개최한 「새천년 포럼(Millennium Forum)」을 들 수 있다.[16] 한국에서 1999년에 「21세기 NGO의 역할」이라는 주제로 개최된 「서울 NGO 세계대회(Seoul International Conference of NGOs)」 역시

---

15) 1992년 유엔환경개발회의(UNCED)에 1,400개의 NGO가 공인을 받아 참석했고 18,000개 정도의 NGO가 이 회의와 병행하여 개최된 NGO 병행포럼에 참가한 바 있다: Thomas G. Weiss, David P. Forsythe, Roger A. Coate and Kelly-Kate Pease, *The United Nations and Changing World Politics*, 2nd. ed. (Boulder, Colo.: Westview, 1997), 239; Ann Marie Clark, Elisabeth J. Friedman, and Kathryn Hochstetler, "The Sovereign Limits of Global Civil Society: A Comparison of NGO Participation in UN World Conference on the Environment, Human Rights, and Women," *World Politics*, Vol. 51, No. 1 (October 1998), 9.

16) 새천년 NGO 포럼에서 도출한 결과물은 같은 해 9월에 열린 새천년 총회(Millennium Assembly)와 새천년 정상회의(Millennium Summit)에 전달되어 정부대표들의 논의의 출발점으로 삼았다.

이러한 종류의 NGO 포럼에 속한다. 비교적 최근의 예로는2017년에 사우디아라비아의 리야드에서 개최된 유네스코와 공식적인 협력관계에 있는 NGO들의 국제적인 포럼인 「유네스코 NGO 포럼 2017(UNESCO NGO Forum 2017)」을 들 수 있는데 이러한 UNESCO의 포럼으로는 7번째의 것이다.

NGO들 간의 토론을 위한 공간으로서의 NGO 포럼은 특정의 장소에서만 열리는 것이 아니라 온라인에서도 개설되어 상시적인 토론을 가능하게 만들기도 한다. 대표적인 경우로서 유엔공업개발기구(UNIDO)가 개설한 「CSO/NGO Resource Centre」를 예로 들 수 있다. 이는 시민사회조직(CSO)과 NGO에게 네트워킹 서비스를 제공하기 위해 UNIDO가 제공하고 있는 온라인상의 공간으로서 CSO와 NGO의 상호 연결된 세계적인 공동체의 발전을 목적으로 조성된 인터넷상의 공개 토론회장(Internet Platform)이다. 이를 통해 모든 CSO와 NGO 참가자들이 직접적으로 상호작용을 하고 견해를 교환하는 것이 가능하다.

(4) 국제기구의 수장에게의 로비

NGO가 국제기구의 회의에 영향을 미칠 수 있는 또 다른 방식으로서 관련 국제기구의 수장(head)에게 주의를 환기하고 문제제기 등을 부탁하는 방식이 있다. 한국의 인권 관련 NGO들이 선호하는 방식 가운데 하나이다.

예컨대 국제인권옹호 한국연맹(International Human Rights League of Korea) 등 한국의 인권 관련 NGO들의 대표단은 1997년 유엔 인권위원회가 개최되자 스위스 제네바를 방문하여 인권위원회 의장과 유엔인권최고대표(UNHCHR) 직무대리를 만나 북한의 인권실태를 유엔 차원에서 실질적으로 조사해 개선조치를 취할 수 있도록 북한인권 특별보고관을 조속히 임명할 것을 공식 요청한 바 있다.

북한인권개선운동본부(North Korean Human Rights Advancement Association)라는 NGO는 제56차 유엔 인권위원회에 참가하는 유엔인권최고대표(UNHCHR)와 유엔 인권위원회 의장을 만나 유엔 차원에서 북한의 인권문제에 대한 대책을 요구한 바 있으며 자유민주민족회의(National Council for Freedom and Democracy)라는 NGO는 1999년 유엔본부를 방문해 탈북 북한난민의 보호·구제 등 북한 인권문제에 관한 호소문을 유엔 사무총장에게 전달한 바 있다.

국제기구의 수장과 같은 존재는 의제의 설정과 토의 그리고 집행과정에서 나름의 영향력을 행사할 수 있는 것은 사실이나 실질적인 의사결정은 정부대표들이

중심이 되어 이루어지기 때문에 실질적인 커다란 효과를 거둘 수 있는가에 대해
서는 확언하기 힘들다.

(5) 협의지위나 공인을 통해 직접 참여하는 NGO 대표에게 부탁

국제기구의 협의지위를 가지고 있지 않거나 회의 참여가 공인되지 않는 경우
위에서 언급했듯이 다른 NGO 대표단의 일원으로 참여할 수도 있지만 이와는 별
도로 직접 참여하는 NGO 대표에게 원하는 내용의 발언 등을 부탁하는 방법도
있다.

과거에 한국의 인권 관련 NGO가 유엔 ECOSOC과 협의지위를 가지고 있지도
않고 참여가 공인되지 않았을 때 인권위원회나 인권소위원회와 같은 국제기구의
회의에 협의지위를 가지고 참가하고 있는 외국의 NGO들에게 자신들을 대신하여
특정의 이슈를 제기해 달라고 부탁을 종종 하곤 했다.

2001년 5월에 한국기독교교회협의회(KNCC)는 세계교회협의회(WCC)에 공문을
보내 노근리 미군에 의한 양민 학살사건의 진상을 규명하는 데 유엔 인권위원회
가 이를 의제로 채택하도록 협력해 줄 것을 요청한 바 있다.[17] 북한민주화네트워
크(Network for North Korean Democracy and Human Rights, NKnet)라는 한국의
NGO는 대표단을 파견하여 제56차 유엔 인권위원회에 협의지위를 가지고 참가하
는 세계 각국의 인권관련 NGO들에게 북한의 인권실태를 알리고 이에 대한 개선
운동에의 동참을 호소한 바 있다.

---

17) 국민일보(인터넷), 2001년 6월 1일.

제**8**부
NGO와 기업의 관계

제20장 NGO와 기업의 관계

제 *20*장
NGO와 기업의 관계

NGO들과 기업들은 일반적으로 적대적인 관계를 가져왔으나 점차적으로 우호적인 관계 수립을 위한 노력을 적극적으로 전개해 오고 있다. 여기에서는 이들 간의 전형적인 관계로서 적대적인 관계와 우호적인 관계를 살펴보고 2002년 남아프리카 공화국의 수도 요하네스버그에서 개최된 지속가능개발세계정상회의(World Summit on Sustainable Development, WSSD)에서 전개되었던 이들 간의 관계에 대해 살펴보고자 한다.

1. 적대적인 관계

기업과 NGO의 전통적인 관계란 두 가지 유형 즉 기업이 NGO 프로젝트에 기금을 제공하는 관계이거나 서로가 양립할 수 없는 목표를 가지고 있다는 인식 하에 일반적으로 가져온 적대적 관계이다. 일반적으로 기업들은 개발 NGO들에게 기금과 서비스를 제공함으로써 개발 NGO와 기업 간에는 적대적인 관계가 형성되지 않으나 이와는 대조적으로 1960년대에 들어서면서 주로 환경 NGO와 기업 사이에 적대적인 관계가 형성되기 시작했다.

이 두 행위자들 간의 상대방에 대한 부정적인 인식은 뿌리가 상당히 깊은 것으로서 기업은 NGO들을 이상주의적이라고 비난하고 NGO들은 기업들을 이익의 대부분을 가져가는 탐욕스러운 존재로서 다른 모든 행위자들의 희생을 밑거름으로 하여 번영하는 존재로 바라보았다.

NGO와 기업 간의 이러한 적대적인 관계의 예를 들자면 오래 전에 국제 지구의 벗(Friends of the Earth International, FoEI)의 영국 지부(Friends of the Earth UK)는 오존층을 파괴하는 프레온 가스의 사용을 금하도록 기업에 압력을 가하고 프레온 가스를 포함한 제품의 불매운동을 전개한 바 있다. 또한 국제 환경운동단체인 그린피스(Greenpeace)는 시드니 올림픽 후원사인 맥도날드와 코카콜라가 「환경 올림픽」이라는 시드니 올림픽 구호와는 달리 냉장설비의 냉매로 프레온 가스의 대체재이기는 하지만 지구온난화를 유발시키는 수소불화탄소(HFCs)라는 화학물질을 사용할 계획이라면서 두 회사를 「추한 올림픽 후원자」라고 비난한 바 있다.

2. 우호적인 관계

1960년대부터 1980년대까지 NGO와 기업 간의 관계는 갈등을 특징으로 했다. 이러한 오래 된 적대적 관계에 변화가 오기 시작한 것은 1990년대 초였다. 이러한 NGO와 기업 간의 협력의 대부분은 선진국에서 발견되고 있는 것이 사실이나 개도국에 있어서도 이러한 현상이 서서히 등장하기 시작했다.

1) 협력의 배경적인 요인

적대적인 관계를 특징으로 하던 기업과 NGO가 협력적인 관계로 전환하게 된 배경적인 요인을 둘러싸고 여러 가지 주장이 제기되고 있다. 여러 요인들 가운데 세계화의 흐름 속에서 국가의 규제적 역할의 쇠퇴와 이에 따른 시장 지향적인 NGO(market-oriented NGO)의 성장·세계화와 도래가 가져온 기업의 힘의 증가·기업으로 하여금 사회와 환경에 미치는 부정적인 영향에 좀 더 책임을 지라는 소비자들의 시위 등을 변화를 촉진한 주요 요인으로 볼 수 있다.

이러한 요인들과 더불어 일부 기업과 NGO가 정부 간 과정(intergovernmental process)이 해결에 실패하고 있는 전 지구적 문제들과 지역적 문제들에 대한 해결책을 찾기 위해 「지속 가능한 개발(sustainable development)」이라는 개념을 둘러싸고 공동의 장을 발견하기 시작한 것을 또 다른 요인으로 보기도 한다.[1]

요약하자면 기업과 NGO와의 협력관계는 기업과 NGO 양측 모두의 필요성에 기초하고 있다고 볼 수 있다. NGO들은 세계화와 탈규제가 진행되면서 지속적인 개발을 위해 기업과의 관계형성을 통해 좀 더 직접적으로 기업들에게 영향

---

1) David F. Murphy, "Business and NGOs in the Global Partnership Process," prepared for Partners for Development Summit, United Nations Conference on Trade and Development, Lyon, France, November 9-12, 1988.

을 미칠 필요를 인식하게 되었다. 또 다른 한편 기업들은 기업의 사회적 책임 (Corporate Social Responsibility, CSR)을 주장하는 소비자들의 시위에 직면하여 믿을 만한 NGO와의 협력을 구축하는 것이 필요했다.

또한 기업의 투자자들의 인식의 변화도 이러한 변화에 한 몫을 했다. 구체적으로 투자자들은 기업의 평판과 관련된 위험요인에 대해 점차적으로 관심을 가지게 되었으며 NGO와의 관계를 통해 향상된 공적 이미지(public image)야말로 기업의 브랜드 평판을 향상시키는 데 둘도 없이 중요하다고 판단하게 되었다.

위에서 NGO와 기업으로 하여금 협력관계를 가지도록 하는 요인들에 대해 간단하게 서술했는데 이러한 요인들을 보다 체계적인 이론적 시각에서 살펴보고자 하는 시도들도 존재한다.[2] 대표적인 시각 가운데 하나는 자원에 기반을 둔 접근 (resource-based approach)이다. 이 견해에 따르면 NGO와 기업은 보완적인 자원을 서로 보유하고 있기 때문에 협력이 이루어진다. 구체적으로 NGO는 기업이 필요로 하는 좋은 평판(good reputation)과 정당성(legitimacy)을 지니고 있고 기업은 NGO가 필요로 하는 경영 지식 및 기술(managerial knowledge and skill)과 재정적 자원(financial resources)을 지니고 있어 상호 협력이 발생한다는 것이다.

또 다른 견해는 거래비용 이론(transaction cost theory)인데 이 이론은 주로 기업 측에서 NGO와 협력을 하고자 하는 이유를 설명하려 한다. 이 이론에 따르면 기업은 NGO와 협력을 통해 위험을 줄여 거래비용을 감소시킬 뿐 아니라 사회적 안정(social stability)을 가져옴으로써 거래비용을 줄이게 된다고 본다. 다시 말해 기업은 NGO와의 협력을 통해 NGO의 요구를 자발적으로 준수함으로써 NGO로부터의 있을 수 있는 공격뿐 아니라 일반 대중으로부터의 공격과 부정적인 마케팅으로부터 벗어날 수 있어 거래비용을 줄일 수 있고 또한 NGO와의 협력은 기업으로 하여금 기업 활동을 방해받지 않고 하는 것을 가능하게 하는 사회적 안정의 수준에 도달하도록 해줌으로써 거래비용을 줄여준다는 것이다.

마지막 견해는 전략적 행태 이론(theory of strategic behavior)이다. 이 이론은 조직이란 그들의 경쟁자와 비교하여 경쟁력 있는 지위를 향상시키는 방식으로 행동한다는 것을 출발점으로 한다. 즉 경쟁자로부터 비교우위(comparative advantage)를 점하기 위해 다른 행위자와 협력을 한다는 것이다. 이러한 논리를 NGO와의 협력

2) Nicco F. G. Graf and Franz Rothlauf, "The Why and How of Firm-NGO Collaborations," Working Paper 04/2011 of Johannes Gutenberg-University Mainz (July 2011), 8-11.

에 적용하여 기업은 NGO가 지니고 있는 생태적·과학적·법률적 전문성의 도움
을 받아 좀 더 지속 가능하고 환경 친화적인 제품을 만드는 방식으로 생산기술을
향상시킬 수 있다고 본다. 이러한 생산기술을 확보한 다음에 기업과 더불어 협력
을 한 NGO는 정부에게 다른 경쟁자가 도달할 수 없는 수준으로까지 최저 오염
기준을 상향시키라고 로비를 할 수 있다는 것이다.

2) 협력의 유형

협력의 유형에 대해서도 다양한 학자들에 의해 다양한 유형들이 제시되나 여
기에서는 머피와 벤델(David F. Murphy and John Bendell)이 제시하고 있는 세
가지 유형을 중심으로 설명하고자 한다.3)

첫 번째 유형으로서 기업들이 NGO들의 요구를 자신들의 정책에 수용하여 반
영하는 형태를 들 수 있다. 이러한 유형의 대표적인 예로서 1997년에 발생한 파
키스탄의 축구공 산업을 둘러싼 예를 들 수 있다. 파키스탄에서 축구공을 손으로
꿰매어 만드는 데에 아동들의 노동이 동원되어 왔는데 이러한 아동노동을 방지하
기 위해 NGO가 상공회의소·축구공 제조업자·유엔아동기금(UNICEF)·국제노
동기구(ILO)와 협력관계를 형성한 경우가 있다. 이로써 축구공 제조업자들은 더
이상 아동노동을 사용하지 않는 정책을 채택하게 되었다.

이러한 첫 번째 유형의 또 다른 예로서 「윤리적인 상거래 이니셔티브(Ethical
Trading Initiative, ETI)」를 들 수 있다. 이는 NGO·기업·노동조합이 공동으로
1998년에 영국에서 결성한 비영리 기관으로서 제조업 분야에서 근로자를 위한 바
람직한 노동기준(decent working condition)을 위한 행동강령(code of conduct)을
실시하는 데 있어서 바람직한 실제 적용의 예를 찾아내고 이를 촉진하는 것을 목
표로 한다. 참가하는 기업들은 기업윤리·기업의 책임·노동자의 권리와 인권 전
반의 촉진에 대한 공약을 하게 된다.

구체적으로 회원 기업들은 국제노동기구(ILO)의 기준에 기반을 둔 모범적인
행동강령인 ETI 강령에 서명을 하여 이를 준수할 뿐 아니라 NGO 및 노동조합과
더불어 다양한 프로젝트에 참여한다. 이러한 ETI 강령은 9개의 원칙으로 구성되
어 있는데 이에는 강제노동과 아동노동의 금지·결사의 자유와 단체교섭권·작업

---

3) David F. Murphy and John Bendell, *In the Company of Partners* (Bristol: Polity Press,
   1997).

장에서의 보건과 안전·생활임금의 지불·모든 차별의 금지·비인간적이거나 굴욕적인 대우의 금지 등이 포함되어 있다 ETI는 자체적으로 감사를 실시하지 않지만 회원 기업들은 연례 보고서를 제출하도록 요청된다. 이러한 연례보고서는 회원인 노동조합과 NGO에 의해 검증된다. ETI는 회원들의 경험에 바탕을 두고 진전사항을 요약하는 연례보고서(Annual Review)를 발간한다.

NGO가 노동조합과 같은 행위자와 더불어 기업이 따라야 할 행동강령을 만들어 기업의 정책과 행동을 바꾸려고 하고 기업이 이러한 행동강령을 채택함으로써 협력이 이루어지는 예로서 「깨끗한 의류 캠페인(Clean Clothes Campaign, CCC)」을 들 수 있다. 구체적으로 CCC는 직접적인 행동이 뒤따르는 캠페인의 전개와 더불어 새로운 기준과 강령의 창출을 통해 전 지구적인 의류산업에 있어서의 좀 더 공정한 노동 기준을 수립하려고 1989년에 처음으로 네덜란드에서 시작된 조직으로서 현재 유럽 15개 국가의 NGO와 노동조합으로 구성되어 있다. 현재 네덜란드의 암스테르담에 사무국을 두고 있다.

이러한 CCC의 주된 일은 전 지구적인 의류 산업에 있어서 근로조건을 개선하고 근로자들을 세력화하는 것인데 활동의 일부로서 국제노동기구 협약이 요구하는 것에 기반을 두거나 그보다 더 진전된 행동강령을 설계하고 이행하고자 한다. 기업들은 이렇게 만들어진 CCC 행동강령인 「운동복을 포함한 의류산업의 노동관행 강령(Code of Labour Practices for the Apparel Industry Including Sportswear)」을 자발적으로 서명하여 채택하고 독립적인 감시를 허용하게 함으로써 기업의 사회적 책임과 윤리적인 공적 이미지를 가진다. 이러한 행동강령의 주요한 원칙에는 최저 고용 연령·안전한 근로 요건·근로 시간의 설정·생활임금의 권리 등이 포함되어 있다. CCC는 약간의 사적인 기부와 더불어 정부들과 유럽연합(EU)이 제공하는 무상증여와 보조금에 의해 재정적으로 운영된다.

두 번째 유형으로서 특정의 연구 지향적인 프로젝트(research-oriented projects)를 둘러싼 협력을 들 수 있다. 이에 속하는 예로서 유니레버(Unilever)라는 기업과 세계자연기금(WWF)과의 지속적인 어업을 위한 협력관계를 들 수 있다. WWF와 유니레버는 협력의 일환으로 「해양관리이사회(Marine Stewardship Council, MSC)」를 설립하여 이 기관으로 하여금 지속 가능한 어업을 위한 경제적인 유인(incentives)과 지속 가능한 어업의 전제가 되는 건강한 해양 생태시스템을 촉진하도록 했다.

세 번째 관계유형으로서 지속 가능한 생산물 지향적인 프로젝트(sustainable

product-oriented project)를 둘러싼 협력을 들 수 있다. 이러한 예로서 그린피스와 독일의 포론(Foron)이라는 기업이 협력을 통해 환경적으로 개선된 냉장고를 개발한 것을 들 수 있다. 또 다른 전형적인 예로서 목재인증(timber certification)을 들 수 있다. 구체적으로 세계자연기금(WWF)과 그린피스(Greenpeace)와 같은 NGO들이 주축이 되어 산림관리이사회(Forest Stewardship Council, FSC)를 설립하여 이 기관으로 하여금 열대림 보호를 위한 조치의 일환으로서 열대림 관리 지침을 만들도록 하고 더불어 인증자들(certifiers)을 공인하여 이들로 하여금 열대림 보호를 염두에 두고 채취된 목재인가의 여부 혹은 이러한 목재로 만들어진 제품인가의 여부를 인증하도록 했다.

3) NGO와 기업 간 협력관계의 문제점

일부 기업들은 다른 목적이 아닌 바로 기업의 홍보만을 위해 NGO와 협력관계를 구축한다는 비난을 받는다. 이와 비슷한 맥락에서 NGO들은 기금 공여자들 사이에서 자신의 위상을 제고하고 지지자들의 감각에 민감하게 호소하기 위한 경쟁력 있는 수단으로서 협력관계를 형성한다는 비판도 받는 것이 사실이다.

일단의 학자들은 기업이 NGO와 협력을 추구하는 것은 이러한 협력이 가져다 주는 분열 때문이라고 지적하고 있다. 즉 기업이 NGO와 협력적인 관계를 가짐으로써 기업에 대한 급진적인 목소리로부터 합리적인 목소리를 분리하는 효과가 있기 때문이라는 것이다. 이러한 분열 속에서 기업에 반대하는 캠페인은 잠재력을 급속하게 잃어버리게 된다는 것이다.[4]

기업들과 협력 관계를 가짐으로써 NGO들은 기업들의 사회에 대한 책임을 강화할 수 있지만 이들의 행동을 인정함으로써 미래에 있어 적대적인 다른 NGO로부터의 공격에 대한 방어를 강화해 주는 역할을 할 수도 있다는 점을 주목해야 한다. 또한 기업의 활동 중 일정한 부문과 관련하여 NGO가 협력관계를 형성할 경우 기업의 다른 모든 활동 부문에 대해서도 NGO의 면죄부가 주어질 가능성도 주목해야 한다.[5]

---

4) James Goodman, "Transnational Politics: Political Consciousness, Corporate Power and the Internationalizing State," paper presented at the Globalization and Its Discontents, Simon Fraser University and RMIT, Vancouver, July 1998.

5) P. Fowler and S. Heap, "Bridging Troubled Water: The Marine Stewardship Council," in J. Bendell, ed., *Terms for Endearment* (Sheffield: Greenleaf Publishing Limited, 2000), 139.

3. NGO와 기업의 관계에 대한 평가6)

기업은 환경파괴의 행위자이면서 동시에 대체물질의 개발을 통한 환경문제의 주요 해결자라는 이중적인 성격을 보유하고 있다. 기업은 환경협상의 결과에 따라 상업적·경제적 이해관계에 민감하게 영향을 받는 행위자들이다. 따라서 기업은 특히 환경문제에 있어서의 의사결정에 영향력을 미치고자 하며 실제에 있어서 상당한 영향력을 미치고 있다.

1992년에 유엔환경개발회의(UNCED)가 개최되었을 때 다국적기업들(MNCs)은 연합체를 구성하여 정부대표들의 회의비용의 일부를 지원하는 등 영향력 행사를 위한 노력을 전개했으며 이러한 로비에 의해 리우선언이나 의제 21에 환경파괴에 대한 다국적기업의 책임에 대한 조항을 두려는 노력이 좌절된 바 있다.

오존층 고갈문제를 다루는 협상기간 중 비정부 부문의 옵서버 자격으로 참여한 사람들 중 압도적인 다수가 산업계 대표들이었다. 그러나 환경에 대한 일반인들의 인식이 높아지고 환경과 관련된 기업의 사회적 책임(corporate social responsibility, CSR)이 강조되면서 환경과 관련한 기업의 이미지가 기업의 활동에 중요해졌다. 따라서 국제적인 협약의 결과로서 기업의 활동이 제한되고 있음에도 불구하고 이를 적극적으로 반대할 수 없는 딜레마를 가지고 있는 것이 현실이다.

2009년 코펜하겐에서 개최된 기후변화협약 제15차 당사국총회(COP15)에서 법적으로 구속력이 있는 기후변화협약을 체결하고자 하는 과정에서 세계자연기금(WWF) 및 그린피스(Greenpeace)와 같은 NGO가 회의의 결과에 영향을 미치고자 했다. 또 다른 한편 국제상공회의소(International Chamber of Commerce, ICC) 및 세계지속가능개발기업협의회(World Business Council for Sustainable Development, WBCSD)와 같은 기업협의체가 회의의 결과에 영향을 미치고자 했다.7)

신자유주의를 동력으로 하는 세계화(globalization)가 가속되면서 기업들이 국내외적으로 환경에 미치는 영향이 커지고 있으며 환경정책에 미치는 영향력 역시 커지고 있다. 이와 관련하여 환경관련 행위자들 가운데 특히 비정부기구(NGO)가

---

6) 박재영, 『국제환경정치론』 (서울: 법문사, 2016), 241-245.

7) Christian Downie, "Strategies to Influence Outcome in Long Environmental Negotiations," http://www.e-ir.info/2014/05/02/strategies-to-influence-outcomes-in-long-environmental-negotiations/ (검색일: 2015년 10월 29일).

중심이 되어 기업에게 법적 강제력을 가지는 환경규범(구체적으로 조약)을 만들어 이들을 구속하고자 하는 움직임을 보여 오고 있다.

환경 NGO들은 갈수록 커지는 다국적기업(MNC)의 영향력에 맞서 이들을 통제할 수 있는 새로운 강제 법규의 제정과 이러한 법규의 이행을 감시할 국제기구의 설립을 유엔에 강력히 주장했다. 그 동안 기업들은 세계무역기구(WTO) 등을 통해 자신들의 권리는 대폭 키워온 반면 권리에 부합하는 책임에 대해서는 거의 외면했기 때문에 이제는 강력한 기업규제법이 필요하다는 것이다.

구체적으로 지구의 벗(Friends of the Earth, FoE) 등 50개 NGO 회원들은 2002년에 남아프리카공화국 요하네스버그에서 개최된 지속가능개발세계정상회의(WSSD)의 정상회의를 앞두고 환경훼손에 책임이 큰 다국적기업들을 법적으로 규제하는 국제적 기제(mechanism)를 만들어 환경 및 개도국 등을 상대로 자행해 온 이들의 불법 행위를 근절해야 한다고 강조했다. 법적 장치로 규제하지 않는 한 이들의 행태는 바뀌지 않을 것임을 강조했다. 지구의 벗 소속 회원들은 특히 환경오염을 일삼는 기업들을 단속할 수 있도록 상장 중단 · 세제혜택 · 영업권 취소 등 제재조치가 담긴 법적 장치를 마련하라고 촉구했다.[8]

이러한 움직임에 기업들은 다음과 같이 로비를 하거나 경제 분야에서의 구조적인 힘을 영향력으로 하거나 자율규제라는 방식을 통해 대응해오고 있다.[9] 첫째, 기업들은 주요 전략으로서 일국 정부가 국제환경 협상장에 대표단을 파견하기 전에 자국정부에 로비를 하여 자국정부의 입장에 영향을 주는 전략을 구사해 오고 있다. 기업들은 이와 더불어 점차적으로 국제수준에서 전 지구적인 환경협상에 영향을 주기 위한 로비도 적극적으로 해오고 있으며 이러한 로비는 주로 옵서버의 지위를 이용해서 이루어지고 있다. 구체적으로 기업은 투표권이 없는 옵서버로서 발언권이 주어질 경우 이를 활용하고 주로 실무그룹(working group)이나 기술그룹(technical group)에서 적극적으로 활동하면서 대표단들을 대상으로 로비를 한다. 이러한 국제수준에서의 로비를 위해 구성된 대표적인 기업연합체로는 국제상공회의소(International Chamber of Commerce, ICC)와 세계지속가능개발기업협의

---

8) 한겨레신문(인터넷), 2002년 8월 25일.

9) Jennifer Clapp, "Transnational Corporation and Global Environmental Governance," in Peter Dauvergne, ed., *Handbook of Global Environmental Politics, 2nd Edition* (Cheltenham, UK and Northampton, MA, USA, Edward Elgar, 2005), 284-297.

회(World Business Council for Sustainable Development, WBCSD)가 있다. 특정한 환경 분야의 경우도 기업연합체들이 조직되어 있는데 생명공학 분야의 경우 세계 산업연합(Global Industry Coalition, GIC)과 기후변화 분야의 경우 세계기후변화연 합(Global Climate Coalition, GCC)을 그 예로 들 수 있다.

둘째, 기업들은 직접적인 수단을 사용하지 않은 채 세계경제에 있어서의 지배 적인 지위를 이용하여 간접적으로 국제환경 문제에 구조적인 힘(structural power) 을 행사하고 있다. 구체적으로 이러한 구조적인 힘은 지속 가능한 개발(sustainable development)이라는 개념 및 기업의 역할(role of industry)과 관련하여 공식적인 문건에 사용되는 언어에 영향을 미침으로써 행사된다. 즉 기업들은 지속 가능한 개 발이라는 개념을 논함에 있어서 기업을 이러한 지속 가능한 개발의 촉진자로서 해 석하도록 적극적으로 압박을 가함으로써 기업의 활동에 대한 직접적인 규제의 요 청을 회피할 수 있었다. 또한 구조적인 힘은 국가들이 다국적 기업들의 투자를 유 지하거나 유치하기 위해 기업이 수용할 수 있는 정책을 나서서 수립하거나 기업들 이 다른 곳으로 이전하겠다는 위협을 가함으로써 행사되어질 수 있다.

셋째, 기업들은 국내적으로나 국제적으로 규제를 하지 못하도록 선제적으로 자신 들의 행동강령(code of conduct)을 자발적으로 개발하여 시행함으로써 국제적인 환 경거버넌스에 영향을 미친다. 국제표준화기구(ISO)의 환경관리표준인 ISO 14000ㆍ 국제상공회의소(ICC)의 지속 가능한 개발을 위한 기업헌장(Business Charter for Sustainable Development)ㆍ화학업계의 세계적인 환경안전개선운동인 책임 있는 배 려(Responsible Care)ㆍ환경적으로 책임 있는 경제활동을 위한 원칙(Coalition for Environmentally Responsible Economies Principles) 등이 이러한 예에 속한다.

ISO 14000은 환경 분야에서 기업들이 자신들에게 주어질지 모르는 좀 더 엄 격한 규제를 피하기 위해 광범위하게 수용하고 있는 전 지구적 수준의 자발적인 기준이다. 개도국과 선진국 모두에 있어서 점차적으로 많은 수의 기업들이 ISO 14000이 제시한 기준을 채택하면서 이 기준은 세계시장에서 사업을 위한 사실상 의 전제가 되어가고 있다. 그러나 NGO들은 이러한 기준이 기업들의 환경적인 성 과 면에서 실질적인 차이를 가져온다고 하는 것에 회의적이며 실제로 환경에 부 정적인 제품을 생산하면서 ISO 14000의 인증을 통해 친환경적인 이미지를 내세 우는 위장환경주의(greenwash)를 경계한다.

기업들은 또 다른 한편 2000년에 유엔에 의해 제안되고 출범한 전 지구적 약정(Global Compact)에 가입함으로써 NGO들에 의해 점증적으로 수립이 요구되고 있는 기업의 환경훼손에 대한 법적 책임으로부터 벗어나고자 한다.

구체적으로 기업들은 전 지구적 약정을 통해 유엔이 설정한 인권·노동·환경·반부패라는 4개 분야에 걸친 10개의 원칙(principles)을 지키겠다고 약속을 하게 되는데 이는 기업의 자발적인 의사에 의한 것으로서 보고서 제출 의무를 제외하고는 실효적인 감시기제(monitoring mechanism)를 가지고 있지 않다. 따라서 이 역시 실제로 환경에 부정적인 활동을 하면서 전 지구적 약정에 가입한 것을 내세워 환경 등의 분야에 있어서 친화적인 이미지를 조작할 수 있다는 비판으로부터 자유롭지 않다.[10]

---

10) 「greenwash」를 「위장환경주의」라고 칭했지만 때때로 「위장 세탁」 혹은 「녹색 분칠」이라고 번역되기도 한다. 또한 「돼지 목욕시키기」라는 말도 사용된다. 유엔을 내세워 환경 등의 분야에서 실제와는 달리 친화적인 모습을 보이는 것을 「블루와시(bluewash)」라고 하는데 여기에서 블루(blue)란 유엔을 상징하는 색으로서 유엔을 의미한다.

제9부

NGO·국제기구·정부·기업의 관계

제21장 NGO · 국제기구 · 정부 · 기업의 관계

제*21*장
NGO · 국제기구 · 정부 · 기업의 관계

환경보호 · 말라리아와 에이즈(AIDS)와 같은 질병과의 싸움 · 노동기준의 제도 화 · 부패와의 전쟁 등 상호 연계된 국제사회에 있어서의 많은 문제들이 국가와 국제기구를 중심으로 하는 전통적인 정치만으로는 해결될 수 없게 되었다. 이러한 상황에 대한 혁신적인 대응으로서 정부 · 국제기구 · 기업 · NGO 등과 같은 행위 자들이 함께 이러한 문제의 해결을 시도하는 전 지구적 공공정책 연계망(Global Public Policy Network, GPPN)이 등장하고 있다.

여기에서는 주로 이러한 전 지구적 공공정책 연계망에 대해 자세히 살펴보고 자 하는데 이것은 국내정치 제도의 개혁에도 많은 참고가 될 수 있을 것으로 보 인다. 전 지구적 공공정책 연계망처럼 제도화된 협력관계를 살펴보기 전에 제도화 가 안 된 상태에서의 행위자들 사이의 협력관계의 예를 먼저 살펴보고자 한다. 이들 모두에 앞서 NGO · 국제기구 · 정부 · 기업 등의 행위자들이 협력관계를 설 정하게 되는 요인으로서 이들의 강점과 약점에 대한 논의부터 시작하도록 하겠다.

1. NGO · 국제기구 · 정부 · 기업의 장점과 약점[1]

정부는 다른 행위자와 비교하여 유일하게 강제할 수 있는 권위와 힘을 보유하 고 있다. 정부만이 그들의 관할권 내에 있는 사람들에게 세금을 부과할 수 있고 규제를 가할 수 있다.

국제기구의 경우 일반적으로 민족국가 체제(nation-state system)에 기초하고 있음으로써 회원국가의 동의와 지원하에 의사결정을 하고 행동을 취한다. 정부나 정부대표들로 구성된 이러한 국제기구는 안정성 · 지속성 · 권위라는 장점을 보유

---

[1] The Stanley Foundation, "The United Nations and Civil Society: The Role of NGOs," Report of the Thirtieth United Nations Issues Conference (Muscatine, Iowa, Stanley Foundation, 1999).

하고 있다. 그러나 이들은 모두 관료적이 되기 쉽고 행동을 취하는데 더디며 현상 유지적인 성향을 갖는 약점을 보유하고 있다. 따라서 변화하는 환경과 사람들의 필요에 더디게 반응하거나 반응하지 못하는 경우가 종종 발생하게 된다.

기업은 변화하는 경제상황이 제공하는 기회와 도전에 빠르게 대응한다. 구체적으로 기업들은 변화하는 고객의 필요와 고객이 바라는 바의 것에 신속하게 대응하는 데에 유능하다. 또한 이러한 목적을 위해 자원을 신속하게 배분하는 데에 능숙하다. 그러나 규제되지 않은 기업들은 경제적인 이득의 분배적인 측면에 취약하다. 기업들은 화폐로 산정될 수 있는 요인에 대해서는 반응을 하나 그렇지 않은 요인들은 무시하는 성향을 지니고 있다. 사회에 최대한 이로운 존재가 되기 위해서 기업들은 독점금지·환경보호·노동자 보호 등과 같은 분야에서 정부나 국제기구에 의해 규제되어야만 한다.

NGO들은 정보를 수집하고 배분하는 데에 커다란 강점을 가지고 있다. NGO들은 이슈들에 관심을 집중하고 이러한 이슈들의 해결을 위한 아이디어를 도출하는 데 효과적이다. 또한 공동의 가치를 구축하고 자각(awareness)을 고양시킬 수 있다. 나아가 NGO들은 대의(cause)와 아이디어 그리고 이슈를 둘러싸고 제휴를 촉진하며 사람과 아이디어의 자유로운 흐름을 고무한다. 그러나 NGO들은 위에서 언급한 행위자들과 비교하여 조직화가 가장 덜 되어 있으며 조직화된 의사결정 과정을 가지고 있지 않다. NGO들은 일정한 구성원들을 대변한다고 주장할 수 있지만 거버넌스를 행사할 수 있는 외부적으로 정의된 구성원을 가지고 있다는 의미의 대표성을 주장할 수는 없다.

정부·국제기구·기업·NGO들은 살펴본 바대로 나름의 강점과 약점을 보유하고 있다. 따라서 이들 간의 관계란 상호 보완적일 수 있으며 어떤 행위자도 다른 행위자를 전적으로 대체하는 관계가 되기 어렵다. 이들 행위자들이 전개하고 있는 상호작용을 협력적인 상호작용을 중심으로 살펴보면 다음과 같다.

2. 전 지구적 공공정책 연계망

전 지구적 공공정책 연계망을 본격적으로 살펴보기에 앞서 정부와 국제기구뿐 아니라 기업과 NGO 사의의 협력의 사례로서 카메룬과 차드를 잇는 송유관 프로젝트(Chad-Cameroon Oil and Pipeline Project)를 소개하고자 한다.

국제 원유업체들은 그 동안 개도국 독재정권과의 정경유착을 통해 유전을 개
발하면서 환경을 파괴해 왔다. 예컨대 수단과 앙골라에서는 원유업체들이 유전개
발을 위해 부패정권의 내전을 재정적으로 지원하기도 했다.

이에 대해 국제사회의 비판이 NGO를 중심으로 끊이지 않았을 뿐 아니라 유
전 개발로 강제 이주의 대상이 된 원주민들도 이러한 유전 개발에 조직적으로 저
항하기도 했다. 예컨대 나이지리아에서는 1990년대 로열 더치 셸(Royal-Dutch/
Shell)의 유전개발을 둘러싸고 원주민 운동가인 켄 사로 위아(Ken Saro-Wiwa) 등
80여 명이 처형을 당하기까지 했다.

이러한 비판의 대상 가운데 하나였던 세계 최대의 원유업체인 엑슨(Exxon)이
환경파괴와 인권훼손에 대한 국제사회(특히 NGO)의 공격이 갈수록 거세지자 전략
을 대폭적으로 수정하여 새로운 방식으로 이에 대응하기 시작했다. 새로운 방식이
란 아프리카 차드(Chad)와 카메룬(Cameroon)을 잇는 35억 달러 규모의 송유관을
건설하면서 이제까지와는 달리 환경도 보호하고 인권도 증진하면서 유전을 개발
하고 송유관을 건설한다는 방식을 의미한다.

구체적으로 엑슨은 계획을 하는 초기단계부터 NGO와 국제기구인 세계은행
(World Bank) 등과 환경문제를 함께 논의했으며 그린피스(Greenpeace) · 지구의
벗(Friends of the Earth, FoE) · 휴먼라이츠워치(Human Rights Watch, HRW) 등
250여 NGO들과 145차례나 회의를 가졌다. 희귀동물 서식지인 습지와 산림을 보
호하기 위해 60여 차례나 송유관 경로를 변경하기도 했으며 카메룬에 2개의 국립
공원 건립 자금을 지원하고 차드의 소인종족인 피그미족 보호기금을 설립하기도
했다. 엑슨은 세계은행이 차드에 9,300만 달러를 지원하는 프로젝트에 보증을 서
기도 했다. 이 밖에 학교와 병원 그리고 식수장의 건립 · 에이즈 예방교육 · 현지
기업 지원 등의 명목으로 150만 달러를 차드에 지원했다.

그러나 이 같은 실험은 많은 난관에 직면했다. 왜냐하면 NGO들은 열대 우림
을 훼손하지 말라고 하는데 반해 원주민들은 환경이 훼손되더라도 개발을 원하는
등 상반된 요구가 있었기 때문이다. 또한 엑슨이 유전개발 선금으로 차드 정부에
지불한 돈의 일부가 무기 구입에 사용되기도 했기 때문이다.[2]

---

2) 동아일보(인터넷), 2002년 4월 5일; Jerry Useem, "Exxon's African Adventure How to Build
   a $3.5 Billion Pipeline-with the "Help" of NGOs, the World Bank, and Yes, Chicken
   Sacrifices," *Fortune Magazine*, 15 April, 2002; Kathleen Grimes, "Environmental Justice

이런 사례는 협력을 위한 제도적 뒷받침이 없는 가운데 전개된 다양한 행위자들 사이의 협력의 한 단면을 보여준다. 다음에서는 이러한 새로운 시도를 바탕으로 다양한 행위자들 간의 제도적인 협력을 위한 시도를 전 지구적 공공정책 연계망이라는 개념과 더불어 살펴보고자 한다.

1) 전 지구적 공공정책 연계망의 개념

라이니케(Wolfgang H. Reinnicke)는 국가나 국제기구와 같은 전통적인 정치제도로는 세계화의 도전을 제대로 극복할 수 없다며 이들 전통적인 제도에 대한 대안으로서 전 지구적 공공정책 연계망(Global Public Policy Network, GPPN)을 제시하고 있다.[3]

전 지구적 공공정책 연계망이란 그 어느 행위자 하나만으로는 달성할 수 없는 것을 함께 이루기 위해 합류한 정부기관과 국제기구 그리고 기업을 비롯하여 NGO · 전문적인 협회 · 종교집단과 같은 시민사회 요소들의 느슨한 동맹체(loose alliance)를 의미하는데 세계댐위원회(World Commission on Dams, WCD) · 유엔의 전 지구적 약정(Global Compact) · 말라리아 퇴치운동 · 국제농업연구 자문그룹 등을 그 예로 들 수 있다.

이러한 연계망(network)은 시민사회조직들에게 좀 더 큰 목소리를 낼 수 있도록 함으로써 이제까지의 국가 간 의사결정 방식이 비판받아 온 민주성의 결여 문제를 완화시킬 수 있는 글로벌 거버넌스의 한 유형으로 볼 수 있다.

2) 전 지구적 공공정책 연계망이 필요한 이유

냉전이 종식되고 1990년대 초부터 세계화가 심화되면서 국제체제에 있어서 효과적이고 정당한 거버넌스를 위한 조직의 조건이 근본적으로 바뀌었다. 경제와 정

Case Study: The Chad-Cameroon Oil and Pipeline Project," http://umich.edu/~snre492/ Jones/pipe.htm (접속일: 2017년 12월 10일).

3) 전 지구적 공공정책 연계망에 관한 내용은 다음 글을 참고했음: Thorsten Benner, Wolfgang H. Reinicke, and Jan Martin Witte, "Shaping Globalization: The Role of Global Public Policy Networks," http://www.gppi.net/cms/public/66332099a66e4e02b78fe3333 903cf 8cShaping% 20Globalization%2007082002final.pdf (접속일: 2015년 10월 5일); Wolfgang H. Reinnicke, "Global Public Policy," *Foreign Affairs*, Vol. 76, No. 6 (November/December 1997): 127- 138; Wolfgang H. Reinnicke, "The Other World Wide Web: Global Policy Networks," *Foreign Policy*, No. 117 (Winter 1999- 2000), 44- 57.

치적 자유화는 기술의 혁신적인 발달과 더불어 전통적인 행위자인 국가와 국제기구에게 국경과 부문을 뛰어넘는 문제들(cross-border and cross-sectional problems)의 효과적인 해결책을 찾도록 압박을 가해왔다.

이와 동시에 NGO와 기업들은 각기 초국가적인 범주에서 그들의 활동을 효과적으로 재정비하고 국경을 넘는 연계를 가지는 등 세계화의 도전에 대응하면서 국제관계에서 점차적으로 중요한 역할을 수행해 오고 있다. 이러한 결과 국가는 이제 국제관계 영역에서 유일한 행위자가 아니게 되었으며 국가를 중심으로 한 전통적인 정치제도 역시 이제 더 이상 효율적인 문제해결의 행위자가 될 수 없게 되었다.

이러한 상황에서 정부 · 국제기구 · 기업 · NGO 등 각종 행위자들은 상대방들에 대한 의존을 깊이 인식하고 국경과 부문을 뛰어 넘는 문제의 협력을 하는 전 지구적 공공정책 연계망의 등장을 가져왔다. 구체적으로 전통적인 국가 중심의 문제해결 방식은 다음과 같은 이유로 더 이상 효율적인 기제(mechanism)가 될 수 없게 되었다.

첫째, 지구적 차원에서 사회적 · 경제적 통합이 증진되고 지구 온난화(global warming) 문제에서 보듯이 어느 한 국가의 노력만으로는 해결될 수 없는 문제가 발생함으로써 공공정책의 지리적 범주가 주권 국가의 국경을 넘어 확대되었다.

둘째, 기술의 발달 등으로 인해 정책상황이 급격하게 변화함으로써 전통적인 제도들과 행위자들이 경직된 위계적인 관료 조직을 가지고 대안을 검토하고 합리적인 결정을 내리면서 이러한 변화를 따라 잡을 신속성을 갖추기가 힘들어 졌다.

셋째, 국가 간 무역정책이 수립될 때 이러한 정책이 경제 · 환경 · 안보 등에 미치는 영향을 고려해야 하는 것에서 보듯이 다루어야 할 이슈들이 다면성을 가지고 있어 전통적인 제도들만으로는 새롭고 복잡한 문제들의 해결이 쉽지 않게 되었다.

넷째, 국내정치와 국제정치에 있어서 의사결정자들이 정당성(legitimacy)과 책임성(accountability)의 문제에 직면하게 되었다. 위에서 언급한 도전에 대응하면서 공공정책의 결정이 점차적으로 주권 국가의 손으로부터 국제기구나 다른 다자간 포럼으로 옮겨가게 되고 그 결과 시민들에게 있어 정책결정 과정이라는 것이 덜 투명하게 되었다. 이 때문에 투명성과 의사결정에의 접근이 국제기구의 중요한 개혁의 과제로 등장했으며 NGO들은 시민들을 대신하여 이러한 투명성과 의사결정에의 접근성을 제고시킬 수 있는 중요한 존재가 되었다. 따라서 NGO를 비롯한 비국가적 행위자들의 전 지구적 공공정책의 수립에 참여하는 것이 글로벌 거버넌스에 중요한 요소가 되게 되었다.

3) 공공정책 연계망의 장점과 단점

(1) 장점

전 지구적 공공정책 연계망은 정책결정자들로 하여금 위에서 언급한 도전을 극복하도록 한다. 구체적으로 이러한 연계망은 다음과 같은 정책결정의 세 가지 본질적인 영역에서 장점을 지니고 있다.

첫째, 전 지구적 공공정책 연계망은 구성원들 간의 다양한 정보와 지식의 공유를 가능하게 하여 특정 정책이슈를 종합적으로 바라볼 수 있게 해준다. 이러한 지식과 정보의 공유를 통해 혁신적인 결과물을 도출할 수 있게 된다. 종종 이러한 연계망은 어느 한 집단도 혼자만으로는 문제를 해결할 수 없는 위기나 교착상태에 등장하며 의사결정자들 간에 견해 차이가 클 경우 이러한 연계망은 상충하는 관점을 드러내어 대화를 통해 합의에 이룰 수 있는 환경을 창출한다.

둘째, 연계망은 여러 유관한 집단들을 한 자리에 참여할 수 있는 기회를 제공함으로써 참여정치를 확대시킨다. 연계망의 이러한 포괄성은 정책토론에 정당성을 부여하고 모든 당사자들이 결과를 받아들일 가능성을 높인다.

셋째, 전 지구적 공공정책 연계망은 여러 가지 형태를 지니면서 협력의 과정을 통해 변화와 적응을 할 수 있다. 연계망은 이처럼 진화적인 성격과 유연한 구조를 가짐으로써 성공과 실패 모두로부터 부단한 학습을 가능하게 하며 개방성을 띠게 된다. 이러한 개방성으로 인해 새로운 행위자를 융통성 있게 수용할 수 있다.

(2) 단점

첫째, 전 지구적 공공정책 연계망에 참여하는 행위자의 수가 많아질 수 있고 그 결과 경우에 따라 많은 거래비용(transaction cost)을 수반할 수 있다. 동시에 이해관계를 가지고 있는 사람들의 포함 정도가 연계망의 정당성의 중대한 요소가 된다. 따라서 행위자의 수가 많을 때 야기될 수 있는 효율성의 저하와 관련된 행위자들을 모두 포함시켜야 되는 정당성 사이의 긴장이 존재할 수 있어 적절한 주의와 개선을 필요로 한다.

둘째, 연계망(network)을 통한 상호의존과 장기간의 상호작용은 구조적인 경직화(structural consolidation)를 초래할 수 있다. 즉 연계망은 지나치게 형식화된 관료적 구조를 갖는 폐쇄된 작업장으로 변모할 수 있다.

셋째, 타협의 필요와 합의적 지식(consensual knowledge)을 만들어 내려는 시도로 인해 궁극적인 정책결과로서 최소한의 공통분모가 양산될 수 있다. 다 부문 간 연계망(multi-sectoral networks)에서 협상의 교착될 때 치러야 하는 비용이 크기 때문에 관련된 행위자 어느 누구도 과정이 교착상태에 빠지는 것을 원하지 않게 된다. 그 결과 기존의 강력한 이해관계가 도전을 받지 않을 수도 있다.

넷째, 동시에 연계망의 수평적이고 비공식적인 구조 그리고 조직 원칙으로서의 합의(consensus)에의 의존으로 인해 의사결정이 교착상태에 빠지게 되고 가장 힘이 약한 행위자에게조차 거부권 입장을 취할 수 있는 여건을 조성한다.

4) 연계망의 종류

연계망은 협상 연계망 · 조정 연계망 · 집행 연계망으로 구분이 가능한데 이들을 하나씩 살펴보면 다음과 같다.

(1) 협상 연계망

전 지구적 협상 연계망(negotiation network)은 국경을 넘는 돈세탁이나 전 지구적 물 관리와 같은 복잡한 문제를 둘러싸고 국제적인 표준이나 규범을 정하는 것을 촉진하기 위해 등장하는 연계망의 형태이다. 가장 전형적인 예로서 다음에 살펴볼 세계댐위원회(WCD)를 들 수 있다.

(2) 조정 연계망

전 지구적 조정 연계망(coordination networks)은 정부 · 국제기구 · 기업 · NGO들 간의 지식의 수집과 교환을 촉진함으로써 공동의 목적을 찾아내고 조정된 행동전략을 발전시키는 것을 돕는다. 그 결과 조정 연계망은 부족한 자원의 배분을 촉진하고 활동의 중첩을 피하도록 한다.

이에 속하는 전형적인 예로서 전 지구적 물 협력관계(Global Water Partnership,

GWP)를 들 수 있는데 이 연계망은 물 관리 프로그램에 있어서 가장 좋은 실제의 예와 교훈을 수집하여 전파하기 위해 등장한 연계망이다. 즉 GWP는 취해야 할 행동전략을 바람직하게 조정하기 위해 지방·국가·지역· 전 지구적 수준에 있어 관련된 다양한 행위자들을 통합하는 것을 주된 목적으로 한다.

(3) 집행 연계망

전 지구적 집행 연계망(implementation networks)은 현존하는 국제조약의 실행을 촉구하기 위한 연계망으로서 특히 비준이 되었음에도 불구하고 여전히 제대로 실행되고 있지 않은 조약을 대상으로 한다.

5) 성공적 작동을 위한 조건

라이니케는 이러한 연계망이 합이 영이 되는 게임(zero-sum game)이 아님을 강조한다. 구체적으로 그는 연계망을 통해 권력이 정부와 국제기구로부터 시민사회로 이전되는 것이 아니며 전통적인 정치제도인 정부와 국제기구들을 대체하는 것이 아니라 보완하는 것임을 강조한다.

이러한 연계망의 핵심 구성요소인 정부·국제기구·NGO 중에서 국제기구가 연계망을 만드는 데 가장 중요한 역할을 할 수 있다고 본다. 연계망과 관련하여 중요한 것은 연계망이 정당성을 갖고 합의에 보다 잘 이르는 등 성공적으로 작동하기 위해서 충족시켜야 할 조건이 무엇인가 살펴보는 일인데 다음 다섯 가지를 이러한 조건으로 볼 수 있다.

첫째, 행위자들 간에 신뢰를 형성하는 것이 무엇보다 중요하다. 따라서 신뢰형성을 위해 거래비용이 든다고 해도 관련된 행위자들 간에 초기 단계에서 협의를 갖고 정보교환을 함으로써 행위자들의 상이한 동기·목표·문화 등을 이해하는 것이 중요하다. 회의나 워크숍은 상이한 행위자들을 어떠한 조건 없이 테이블로 불러들일 수 있는 전략의 핵심 요소이다.

둘째, 연계망은 종종 느슨하고 분권적으로 조직되어 있으나 지도력(leadership)이 존재하는 것이 연계망의 성공에 있어서 중요한 변수이다. 연계망에 있어서 지도력은 다양한 행위자들에게 동기를 부여하고 공동의 목적을 향해 이들을 동원하며 행위자들 사이의 대화를 촉진할 수 있는 능력을 필요로 한다.

지도력의 주요한 과업 가운데 하나는 새로운 형태의 협력의 여지를 만들기 위해 조직들 내부에 있어서의 기존의 충성심을 타파하고 방해가 되는 연합의 형성을 저지하는 일이다. 훌륭한 지도력은 운영상의 투명성을 유지하고 관련된 행위자를 모두 포함하며 대화를 촉진하는 능력을 필요로 한다. 정당성(legitimacy)이란 모든 구성요소로부터의 투입(input)을 수용함으로써 생기는 것이다.

셋째, 조직 내부의 관계뿐만 아니라 조직과 조직 사이의 관계에 있어서의 조정(coordination)을 향상시키는 것이 필요하다. 구체적으로 연계망이 성공적으로 작동하기 위해서는 상당히 다양한 조직문화를 조정하고 다양한 이해관계를 가로질러 공동의 입장을 찾아내며 대화를 위한 혁신적인 기술을 구사하는 것을 필요로 한다. 때때로 부족한 자원을 둘러싼 조직 간의 경쟁이 이러한 조정에 있어 극복하기 힘든 장애로 작용하는 경우가 많다.

넷째, 모든 관련된 행위자들을 광범위하게 포괄하는 것이 연계망의 성공적인 작동에 없어서는 안 된다. 또한 연계망이 특정의 개인이나 조직에 의해 지배되는 것을 피하는 것이 무엇보다 중요하다. 좀 더 구체적으로 지위나 힘에 관계없이 초기 단계에 모든 이해관계 당사자들을 포함시키는 것이 필요하다. 또한 개도국의 행위자들이 재정적 자원과 지식 자원을 획득하여 연계망에 효과적으로 참여하도록 지원하는 것을 목표로 역량구축(capacity-building)이 이루어져야 한다. 더불어 국회의원과 정부기관의 대표를 포함시킴으로써 연계망을 지방과 국가의 정책토의와 기존의 정책결정 기제에 내재화시키는 것이 성공적인 작동에 중요하다.

다섯째, 연계망이 어느 한 행위자에 의해 지배되어서는 안 되는 것과 마찬가지로 재정 면에서도 어느 한 쪽에 일방적으로 의존하지 않고 행위자 모두가 재정의 부담자가 되어야 한다. 성공적인 연계망은 다양한 재원(funding source)에 의존하는데 단일한 재원에 의존하게 되면 충분한 기금이 제공되지 않을 뿐 아니라 연계망의 정당성과 대중 이미지에도 영향을 미치게 된다.

6) 전 지구적 공공정책 연계망에 대한 평가

전 지구적 공공정책 연계망에 따르면 국제적인 이슈를 다룸에 있어 NGO가 위계적이지 않은 연계망 조직에 정부 및 국제기구와 더불어 동등한 자격으로 공공정책 이슈에 대한 의사결정에 참가하게 된다. 여기에서 기존의 논의와 다른 것은 NGO가 현재의 국제기구에 참가하는 것이 아니라 연계망이라는 새로운 조직에 정부 및 국제기구와 더불어 참가한다는 것이다. 또 다른 점은 NGO가 다른 행위자들과 동등한 자격으로 참가한다는 점이다.

전 지구적 공공정책 연계망에 대한 논의에서 구체적인 의사결정방식에 대해 구체적으로 명확하게 언급하지 않고 있으나 합의(consensus)라는 말을 자주 사용하고 있는 것으로 미루어 짐작해 보면 표결 없는 합의를 유일한 의사결정 방식으로 수용하고 있는 것으로 보인다. 그러나 이러한 합의에 의한 의사결정은 유엔의 의사결정 과정에서 보듯이 보건 등과 같은 문제일 경우 어느 정도 가능하나 정치적인 성격이 강한 이슈일 경우 그 한계를 갖는다고 볼 수 있다.

7) 전 지구적 공공정책 연계망의 예

여기에서는 전 지구적 공공정책 연계망의 예로서 세계댐위원회(World Commission on Dam, WCD)와 전 지구적 약정(Global Compact)을 살펴보고자 한다.

(1) 세계댐위원회

1950년대 이후 국가 수준에서 혹은 국제 수준에서 대규모 댐 건설을 둘러싼 갈등이 점차적으로 첨예화되었다. 1980년대까지 지역 NGO와 사회운동 조직들이 외국 및 국제 NGO 등과의 연대를 결성하여 신규 대형 댐의 건설을 효과적으로 막기 시작했다. 1990년대 초에 댐 건설의 문제가 개발 공동체에 있어서 가장 갈등으로 점철된 이슈 중에 하나가 되었다.

댐 건설을 둘러싼 NGO·기업·세계은행(World Bank)과 같은 국제기구 사이의 갈등과 대화의 단절은 모든 당사자들에게 상당히 비용을 치르도록 했다. NGO들은 대규모 댐 건설에 반대하는 캠페인에 상당한 자원을 집중했으며 댐 건설업자와의 댐 건설 계약은 중단되었다. 또한 세계은행은 점증하는 여론의 압력에 직면하여 댐 건설과 관련된 차관을 제공하는 데에 점점 더 어려움을 겪고 있었다.

이러한 상황은 세계적인 환경 NGO인 국제자연보전연맹(IUCN)과 세계은행의 일부 직원들로 하여금 좀 더 포괄적인 협상의 장을 실험하도록 만들었다. 1997년 비공식 워크숍(workshop)을 통해 대규모 댐의 찬성론자와 반대론자 모두가 초기 대화를 위해 한자리에 모였으며 이를 기반으로 하여 1년 뒤에 세계댐위원회(WCD)가 설립되었다. WCD는 2년간의 활동기간을 정하고 이 기간 중에 전 세계적으로 대형 댐에 대한 사례연구를 통해 대형 댐의 개발에 대한 효과를 검토하고 이러한 프로젝트를 위한 새로운 기준과 지침을 만들어 보고하도록 임무를 부여받았다.

WCD는 의장을 포함하여 애초 8명의 위원으로 구성되도록 했고 이러한 WCD의 행정을 위한 장치로서 사무국이 설립되고 사무총장이 임명되도록 했다. 또한 위원회의 일을 감시하기 위해 WCD 포럼(WCD Forum)이 설립되도록 했다. 1997년의 비공식 워크숍에서 위원들을 뽑기 위해 의장과 사무총장이 먼저 선출되었고 뒤를 이어 처음 안과는 달리 12명의 위원이 선출되었다.

12명의 위원은 대형 댐 건설을 격렬하게 반대해 온 NGO 대표로부터 물 문제를 다루는 행정부의 장관 그리고 대형 댐 건설업을 하는 다국적 기업의 대표까지 포함했다. 사무총장을 수장으로 한 사무국은 전 세계에서 온 다양한 학문 분야의 배경과 다양한 전문적인 경력을 가지고 있는 개인들로 구성되었다. WCD 포럼은 60명의 대표로 구성되었는데 구체적으로 수자원이나 동력을 다루는 행정부와 대외 원조기관 혹은 국제원조 기관의 대표로부터 전문적인 기업연합체의 대표와 민간 부문(private sector)의 기업체 그리고 국제 NGO 지도자와 공동체에 기반을 둔 원주민 집단을 두루 포함했다.

WCD는 독립성을 위해 운용예산의 10% 이상이 특정의 한 행위자로부터 오지 않도록 했으며 거의 1,000만 달러에 이르는 자금의 조달에 있어서 어떠한 것도 특정한 조건과 연계되어 제공되지 않도록 했다. 구체적으로 WCD의 재정은 국가 및 국제기구와 같은 공공 부문과 재단 그리고 민간 부문으로부터 조달되었다.

2000년 11월에 「댐과 개발: 의사결정을 위한 새로운 틀(Dams and Development: A New Framework for Decision Making)」이라는 제목하에 권고를 담고 있는 보고서가 발간되었다. 이 보고서는 대형 댐의 효과와 더불어 대형 댐의 재정적·경제적·환경적·사회적 영향을 집중적으로 검토했으며 대안에 대한 평가도 제시했다. 보고서는 미래에 대형 댐을 건설해야 할지 아니면 중단해야 할지에 대해 중립적인 입장을 견지했으나 대형 댐 프로젝트는 물과 에너지 개발을 위한 많은 대안 가운데 하나로 간주되어야 한다는 것을 강력하게 촉구했다.

이러한 보고서의 내용을 둘러싸고 관련된 행위자들 간에 다른 평가가 주어진 것은 사실이나 WCD의 과정과 보고서는 대형 댐을 둘러싼 논란에 있어서 중심적인 초점이 되었으며 서서히 대규모 기반시설 프로젝트와 더불어 좀 더 광범위하게는 지속 가능한 개발에 관한 논의에 영향을 미쳐오고 있다.

총체적으로 WCD 과정은 모든 관련된 행위자들이 보고서를 연구하고 보고서에 대한 그들의 반응과 더불어 관여했다는 점에서 충분한 정당성을 달성했다고 평가되고 있다. WCD는 최종 보고서와 더불어 임무를 마친 후인 2001년 4월에 해산되었다.

그러나 WCD 보고서의 권고를 국가 수준과 제도적 수준으로 확산시켜 다중이해관계자 과정(multi-stakeholder process)을 통해 토론을 진작시켜 나갈 필요가 있다는 합의에 기초하여 「댐과 개발 프로그램(Dams and Development Programme, DDP)」이 2001년에 유엔환경계획(UNEP) 내에 설립되어 2001년부터 2004년 7월까지 DDP의 단계 1(Phase 1)이 진행되었고 2005년 2월부터 2007년 4월까지 단계 2(Phase 2)가 시행되었다.

(2) 전 지구적 약정(Global Compact)

전 지구적 약정은 국제기구인 유엔이 주축이 되어 탄생된 글로벌 거버넌스의 한 형태이다. 이는 코피 아난 유엔 사무총장이 1999년 1월 31일 스위스의 다보스에서 열린 세계경제포럼(World Economic Forum, WEF)에 참석하여 새로운 기업윤리 원칙으로서 제안한 것을 기초로 하여 2000년 7월에 기업, 국제기구로서 국제노동기구(ILO) · 유엔환경계획(UNEP) · 유엔난민최고대표사무소(UNHCR), 국제 앰네스티와 같은 NGO, 노동조직, 국제상공회의소와 더불어 공식적으로 출범했다.

이러한 전 지구적 약정이 등장하게 된 배경에는 점차적으로 경제가 세계화되고 있는 상황에서 세계화된 경제의 과실이 적절하게 공유되지 않고 세계시장이 광범위하게 공유된 사회 가치에 뿌리를 두고 있지 않을 경우 세계화된 경제는 위험에 빠지게 된다는 인식으로부터 출발되었다. 이와 더불어 전 지구적 차원에서 다국적기업들의 권리를 확보해 주고 자유로운 무역과 재정을 가능하게 하는 규칙제정 노력은 이루어져 왔으나 환경 · 노동 · 인권을 보호하고 부패를 타파하기 위한 규칙제정 노력은 제대로 이루어지고 있지 않다는 인식에도 기초를 두고 있다.

전 지구적 약정은 세계인권선언(Universal Declaration of Human Rights) · 국제노동기구(ILO)의 「노동에서의 기본원칙과 권리에 관한 선언(Declaration on the Fundamental Principles and Rights at Work)」 · 유엔환경개발회의(UNCED)의 환경과 개발에 관한 리우선언 · 유엔 부패방지협약에 반영된 인권 · 노동권 · 환경보호 · 반부패와 관련된 10개 조항으로 구성되어 있다.

구체적으로 인권과 관련하여 인권보호 원칙을 존중하고 지지할 것과 단체나 조직 또는 회사 내에서 인권침해를 금할 것을 규정하고 있다. 노동과 관련해서는 조합결성과 단체계약의 자유를 인정하고 모든 형태의 강제노동을 금지하며 아동 노동을 철폐하고 고용과정 및 업무상 발생하는 차별을 철폐할 것을 규정하고 있 다. 환경과 관련해서는 환경적 위험에 대한 예방조치를 취하고 환경적 책임을 솔 선수범하여 이행할 것과 친환경적 기술의 개발과 보급을 도모할 것을 규정하고 있다. 그리고 반부패(anti-corruption)와 관련해서는 기업은 부당 취득 및 뇌물 등 을 포함하는 모든 형태의 부패를 금지한다고 쥬정하고 있다.

이러한 전 지구적 약정은 강제성을 가지고 있는 규칙이 아닌 일종의 행동강령 (code of conduct)으로서 기업들은 특별히 까다로운 절차를 거치지 않고 자발적으 로 서명을 통해 계약을 준수하겠다는 의사를 공개적으로 밝히면 된다. 이와 더불 어 전 지구적 약정의 웹사이트에 위에서 언급한 원칙을 실행하는 데 있어서 이루 어진 진전이나 교훈을 매년 최소한 1회 이상 게재하면 된다. 그러나 기업 중에서 담배회사와 군수품회사는 여기에서 제외된다.

전 지구적 약정의 사무소는 유엔 사무총장 사무실 내에 설치되어 있으며 유엔 회원국과 자선재단으로부터의 자발적인 기부금에 의해 운영된다. 발생할지도 모르 는 이해관계의 상충을 피하기 위해 기업으로부터의 재정적인 지원은 받지 않는다.

전 지구적 약정 사무소는 4개의 중요한 노력을 전개하고 있다. ⅰ) 연례 정책 대화(Annual Policy Dialogue)를 가져오고 있는데 이는 기업 · NGO · 공공정책기 관의 대표들이 함께 모여 세계화가 초래하고 있는 구체적인 도전에 대해 협력적 인 해결책을 모색하기 위한 것이다. ⅱ) 학습포럼(Learning Forum)을 가져오고 있 는데 이는 기업들로 하여금 앞서 언급한 10개의 원칙을 지키는 데 있어서 그들이 실제적으로 행해오고 있는 관행을 바꾸도록 촉구하는 견인차의 역할을 한다. 인터 넷 등을 통해 최적사례(best practice)를 공유하고 학자나 NGO 등으로부터 비판 의 대상이 되는 사례에 대해 심층 연구가 검토된다. ⅲ) 프로젝트 이니셔티브 (Project Initiatives)라는 활동도 있는데 이는 기업들로 하여금 유엔이 아동노동 · 보건 · 문맹 · 차별 등과 같은 분야에서 개도국을 위해 전개하고 있는 프로젝트에 협력 파트너가 될 것을 촉구한다. ⅳ) 전 세계적으로 기업들로 하여금 전 지구적 약정에 참여하도록 유도하는 프로그램으로서 국가확대프로그램(Country Outreach

Program) 역시 운영하고 있다.

　전 지구적 약정이 사회에 깊이 뿌리를 두기 위해서는 계획과 실행에 있어 NGO의 활발한 참여가 대단히 중요하다. 위에서 살펴본 바대로 정책대화·학습포럼·협력 프로젝트에 NGO의 전문성이 크게 기여할 수 있다. NGO들은 기업들이 10개의 원칙들을 효과적으로 실행할 수 있도록 돕기 위해 이들과 협력하도록 요청받고 있으나 이러한 원칙들을 위반하는 기업관행에 대한 본질적인 우려를 제기할 장(forum)을 가지고 있지 않는 등 전 지구적 약정에 있어서 NGO의 역할은 그다지 뚜렷하지 않다. 이제까지 전 지구적 약정에서 시민사회는 선진국에 기반을 두고 있는 규모가 큰 국제 NGO에 의해 대변되어 왔는데 NGO들은 기본적인 필요가 충족되지 못하고 있는 그룹을 대표할 수 있도록 전 지구적 약정의 구성원이 확대되어야 한다는 주장을 제기해 오고 있다.

제 **10** 부
NGO들의 상호관계

제**22**장
NGO들의 경쟁적 상호관계

NGO의 기구 간 관계(interorganizational relations, IORs) 가운데 NGO와 국제기구의 관계가 다양한 방식으로 활발하게 전개되면서 많은 학자들의 관심을 받아 연구의 중요한 주제의 일부가 되고 있다. 이와는 대조적으로 국제사회에 NGO의 수가 증가하면서 NGO들 간의 상호관계 역시 중요한 문제가 되고 있음에도 불구하고 이에 상응하는 주목을 받아오지 못했다.

일부 주목을 받은 부문이 있다면 국제연대와 같은 부분인데 이는 NGO들 사이의 협력적인 관계에 중점을 두고 있다는 한계를 지닌다. 즉 NGO들 간의 갈등관계를 적절하게 다루지 못한다는 면에서 우리의 논의의 지평을 갈등관계까지 포함하는 것으로 넓혀야 할 필요가 있다.

따라서 여기에서 NGO들의 상호관계를 협력적 관계뿐 갈등적 관계를 모두 포함하여 중요한 탐구대상으로 삼고자 한다. 우선 NGO들 사이에 있어서의 차이점을 살펴본 뒤 이들 간의 경쟁적인 관계를 살펴보고 더불어 협력관계로서 NGO들 간의 연대를 살펴보고자 한다. NGO들 간의 연대는 별도의 장인 제22장에서 살펴보고자 한다.

1. NGO들 간의 차이

1) 일국 내에서의 NGO들 사이의 차이

일국 내에서도 NGO 사이에 인식의 차이가 존재한다. 예컨대 한국의 NGO들 가운데는 세계화와 신자유주의를 무조건 반대하는 NGO들이 있는가 하면 세계화는 피할 수 없는 국제적인 흐름으로서 한국의 국익을 생각할 때 세계화 자체의 흐름을 막아서는 안 되고 이로 인한 폐해를 최소화시키는 데 논의를 집중해야 한다고 생각하는 NGO들이 존재한다. 즉 인간의 얼굴을 한 세계화(globalization with a human face)를 옹호하는 NGO들이 존재한다.

한국의 탈 원전 정책과 더불어 논란이 되고 있는 원자력 에너지와 관련하여 다수의 환경 NGO들은 이를 배척하여야 할 에너지원으로 간주한다. 그러나 다른 한편 일부 환경 NGO들은 원자력 발전의 안정성을 높여나간다면 가장 친환경적임과 동시에 저렴한 비용으로 풍부한 에너지를 제공할 수 있는 효율적인 에너지원이라고 간주하고 원전의 폐쇄를 막는 데 중점을 두고 운동을 전개하고 있다. 2008년 타임지에 의해 환경의 영웅(Hero of the environment)으로 선정된 바 있는 미국의 환경 운동가인 쉘렌버거(Michael Shellenberger)가 설립하여 이끌고 있는 환경 NGO인 환경진보(Environmental Progress)가 이러한 NGO에 속한다.

2) 선진국 NGO와 개도국 NGO간의 차이

일국 내에서의 NGO들 사이의 견해 차이는 국경을 넘게 되면 더욱 크게 될 가능성이 높다. 여기에서는 선진국 NGO와 개도국 NGO간의 참여에 있어서의 차이와 견해에 있어서의 차이를 살펴보고자 한다.

(1) 참여에 있어서의 차이

대규모 정부간회의와 이러한 회의와 병행하여 개최되는 NGO 포럼에 참여하는 NGO들의 면모를 자세히 살펴보면 선진국 NGO들이 수적인 면에서 주를 이룬다. 또한 이러한 정부간회의나 NGO 포럼에서 주도적인 역할을 하는 NGO들을 살펴보면 이들은 주로 이러한 회의들이 개최되는 제네바라든가 뉴욕에 사무실을 두고 있는 선진국의 국제 NGO들이다. 이들 선진국의 국제 NGO들은 통상적으로 개도국 NGO들의 필요를 그다지 예민하게 고려하지 않는다.

NGO들과 활발한 관계를 가져오고 있는 유엔의 경우 NGO들의 투입(input)이 선진국 위주가 아닌 전 지구적이기 위해서는 유엔 사무국과 회원국들이 개도국 NGO에게 유엔 행사나 회의와 관련하여 여비와 기타 경비를 제공하는 신탁기금 (trust fund)을 활성화해야 한다는 주장이 많이 제기되고 있다. 유엔인구기금 (United Nations Population Fund, UNFPA)이 이러한 점에서 가장 모범적인 국제기구로 인정받고 있는데 UNFPA 회원국들은 신탁기금의 운영을 통해 비용문제로 관련 행사나 회의 등에 참가가 곤란한 국가들과 NGO 대표들을 돕고 있다.[1]

이처럼 비용의 문제로 인해 참여에 있어서의 불평등이 발생하기도 하지만 선진국들이 자국의 NGO를 공식적인 정부대표단의 일원으로 참여시킴으로써 참여에 있어서의 불평등이 야기되기도 한다. 예컨대 1992년에 브라질의 리우데자네이루에서 개최된 유엔환경개발회의(United Nations Conference on Environment and Development, UNCED)에 약 14개 국가가 NGO 대표를 국가 대표단의 일원으로 실질적인 정부간회의에 참가시켰다. 그러나 이러한 국가들은 주로 미국을 위시한 선진국이었으며 그 결과 실질적인 회의에 있어서 영향력을 발휘할 수 있었던 NGO는 소수의 선진국 NGO에 국한되었다.

(2) 인식과 견해에 있어서의 차이

선진국 NGO와 개도국 NGO들은 다음과 같은 다양한 분야에서 인식의 차이를 보이는 경우가 있다. 그러나 이들이 이러한 차이를 일률적으로 보이는 것은 아니다. 즉 개도국의 NGO라고 해도 선진국의 NGO와 동일한 견해를 보이는 경우도 존재한다. 그러나 또 다른 한편 이들이 국제회의에 동시에 거듭 참여함으로써 사회화(socialization)의 과정이 진행되면서 이러한 인식의 차이가 점차적으로 줄어들기도 한다.

① 인권 분야

여러 분야 가운데 특히 인권 분야에 있어서의 NGO들 간의 견해 차이가 크다. 선진국의 NGO들은 인권의 보편성(universality)을 강조하고 나아가 일국의 국제적인 인권규범의 위반은 국제적인 관할에 복속된다는 견해를 가지고 있다.

개도국의 NGO들은 대체적으로 인권의 보편성을 강조함과 동시에 또 다른 한편 이들 개도국에 있어서의 문화의 특성을 강조하고 문화적인 다원주의를 옹호함으로써 선진국의 NGO들과의 견해 차이를 일정 부분 노정시키곤 한다.

② 환경 분야

환경 분야에 있어서도 개도국 NGO와 선진국 NGO들이 견해 차이를 보이기도 하는데 이들은 환경보존이란 목표에는 견해를 같이 하나 이에 이르는 방법에

---

1) 유엔인구기금은 1987년까지 기구 영문명이 「United Nations Fund for Population Activities (UNFPA)」이었다. 이후에 「United Nations Population Fund」로 영문명을 바꾸었으나 그럼에도 불구하고 영문 약자명은 UNFPA을 그대로 사용하고 있다.

있어서 차이점을 드러내 상호 긴장상태를 유발하기도 한다. 1992년에 개최된 유엔환경개발회의(UNCED)에 참가한 NGO들의 포럼인 「지구포럼(Global Forum)」의 예를 들어보면 다음과 같다.

지구포럼에서 선진국 NGO 대표들은 특정 오염원(sources of pollution)과 보존을 필요로 하는 자원을 강조했는데 반해 개도국 NGO들은 선진국 NGO 대표들과는 달리 외채 문제·다국적기업 문제·군비확산 문제 등을 거론하면서 이러한 문제들이 개도국에 있어서의 환경문제에 적절하게 대응하지 못하도록 하는 본질적인 원인으로 작용한다는 점을 부각시켰다.

이러한 차이에 앞서 보다 본질적인 차이로서 개도국의 NGO들은 의사결정과 자원에 대한 국가의 주권을 존중하고자 하는 데 반해 선진국 NGO들은 전 지구적 의사결정 기구를 지지하고 인류의 공동유산(Common Heritage of Mankind)으로서의 자원을 강조하는 차이를 보였다.2) 이러한 기본적인 인식의 차이는 구체적인 환경 이슈를 둘러싼 NGO들 사이의 견해 차이를 가져오고 있다.

앞서 NGO의 단점 편에서 언급한 바 있듯이 야생 동식물 보존과 관련하여 일단의 NGO들은 절대적인 보호를 주장하나 또 다른 일단의 NGO들은 지속 가능한 관리(sustainable management)를 주장하는 등의 견해 차이를 보인다. 또한 산림보호 문제와 관련하여 일단의 NGO들은 벌목의 금지를 주장하나 또 다른 NGO들은 목재라는 것을 화석연료를 대체할 수 있는 지속 가능한 자원이라는 측면에서 접근하고자 한다.3)

③ 국제무역 분야

국제무역 분야의 경우 북반구의 선진국 NGO의 경우는 시장접근(market access) 상에 있어서의 개혁을 주장하는 반면 남반구의 개도국 NGO들은 수출 지향적인 개발 모델(export-led development model)의 폐기를 요구한다는 점에서 큰 차이를 가진다.

무역 분야에서의 또 다른 차이는 다른 부문에서도 발견이 된다. 1999년 미국

---

2) Ann Marie Clark, Elisabeth J. Friedman, and Kathryn Hochstetler, "The Sovereign Limits of Global Civil Society: A Comparison of NGO Participation in UN World Conference on the Environment, Human Rights, and Women," *World Politics*, Vol. 51, No. 1 (October 1998), 26.

3) Michael Bond, "The Backlash Against NGOs," *Prospect Magazine* (April 2000), http://www.globalpolicy.org/ngos/backlash.htm (접속일: 2017년 8월 18일).

의 시애틀에서 개최된 세계무역기구(WTO) 각료회의가 출범시키려고 했던 뉴라운드가 세계화를 반대하는 NGO들에 의해 무산된 바 있다. 이를 두고 자유무역주의에 대한 NGO의 승리라고 평가하는 사람들이 많으나 실은 그렇지 않다. 즉 전 지구적 시민사회를 대표하는 NGO들이 선진국과 개도국을 불문하고 일체가 되어 선진국 주도의 뉴라운드를 막아냈다고 생각하는 사람들이 많은데 이는 착각인 것이다. 이러한 견해는 국제경제학 분야의 세계적 권위자인 바그와티(Jagdish N. Bhagwati)도 표명한 바 있다.[4]

무역자유화와 세계화를 반대하는 데에 있어 선진국과 개도국의 NGO들이 노동단체들과 더불어 표면상 동일한 목소리를 냈지만 동일한 그 목소리의 이면에는 상이한 동기들이 내재해 있었다는 것이다. 구체적으로 개도국의 NGO에게 있어서의 세계화의 반대는 선진국에게 일방적으로 혜택이 돌아가는 선진국 주도의 무역자유화와 세계화를 반대하기 위한 것이었음에 반해 선진국 특히 미국의 NGO들과 노동단체들에게 있어서의 세계화의 반대는 자신들의 노동 집약적인 산업이 무역 자유화로 인한 개도국과의 경쟁에 의해 발붙일 곳이 없어지는 것을 막기 위한 노력의 일환인 측면이 강했다는 것이다. 다시 말해 시애틀에서 선진국의 NGO와 노동단체들이 겉으로는 개도국의 편에 서있는 듯 보였으나 기실 자신들의 기득권을 지키려는 의도를 가지고 있었다는 것이다.[5]

개도국들은 무역자유화와 세계화를 반대하는 투쟁을 통해 WTO가 앞으로 선진국뿐 아니라 선진국의 NGO나 노동조합 등에 의해 좌지우지될 수도 있다는 것을 알게 되었고 이제 개도국들은 선진국뿐만 아니라 선진국 NGO와 노동단체들의 눈치까지도 살펴야 하는 어려운 상황에 빠지게 되었다.

④ 외채 분야

과다채무빈국의 과다한 외채상환의 부담으로 인해 건전한 경제발전과 빈곤퇴치

---

4) 한국경제(인터넷), 2000년 1월 7일.

5) 시애틀에 집결한 5만여 명의 시위대는 처음 알려진 것과는 달리 각국으로부터 온 NGO 대표들이 주를 이룬 것이 아니고 대다수가 WTO가 추구하는 자유무역질서가 미국 근로자의 일자리를 빼앗아 간다는 주장을 전개한 미국노동총연맹산업별회의(AFL-CIO) 소속의 노동자들이었다. 이들은 또한 제한 없는 수입을 허용하는 자유무역(free trade)에 반대하고 그 대신 미국이 외국의 상품을 사주는 것만큼 그 국가도 미국의 상품을 사주어야 한다는 공정무역(fair trade)을 옹호함으로써 이들의 시위가 미국에 유리한 협상결과를 가져다주기 위한 것이었다는 지적들이 많이 제기되었다.

가 저해되고 있다는 인식과 더불어 출발한 NGO인 「대희년 2000(Jubilee 2000)」
이 중심이 되어 외채탕감 운동을 적극적으로 전개했다. 그 결과 국제통화기금
(IMF)과 세계은행(World Bank)이 이들 과다채무빈국들에 있어서 지속적인 경제
발전이 가능한 수준의 외채탕감을 목적으로 1996년에 과다채무빈국 이니셔티브
(HIPC Initiative)를 주창했고 독일의 쾰른에서 개최된 주요 8국(G-8) 정상회의에
서 이러한 이니셔티브가 채택되었다.

그러나 민영화와 시장개방 등 외채탕감을 위한 전제로 말미암아 실질적으로
부분적인 외채탕감의 혜택을 받는 국가는 2000년 말까지 우간다와 2002년까지
모리타니 등 3개국에 그치고 말아 2000년 대희년이 지나가기 전에 전 세계 빈국
들의 조건 없는 외채탕감을 주장해 온 「대희년 2000(Jubilee 2000)」은 중대한 국
면을 맞게 되었다.

이에 아프리카를 비롯한 개도국의 NGO들은 북반구 주요 채권국들과 채권기
구들이 전 세계 빈국들의 외채를 탕감해야 한다는 대희년 2000의 문제의식에 동
의하지만 문제의 당사자인 개도국의 목소리와 주장들이 좀 더 적극적으로 제기되
어야 한다는 필요에 따라 독자적인 목소리를 내기 시작했다. 그 결과 대희년
2000으로부터 분리된 「대희년 사우스(Jubilee South)」를 만들어 외채탕감에서 외
채거부로까지 나아갔다. 이들은 여기에서 더 나아가 선진국에게 부채의 탕감이 아
닌 수세기에 걸친 식민화와 신식민화를 통해 개도국에게 가해진 심대한 정치·경
제·사회·문화·생태적 손상에 대한 배상과 회복을 요구하고 나섰다.6)

⑤ 노동 분야

선진국 정부들은 국제사회에서 개도국의 노동기준에 대해 많은 문제를 제기하
여 왔다. 구체적으로 이들은 개도국 정부가 최소한의 노동기준을 준수하지 않고
낮은 노동기준을 적용하고 있어 노동자의 인권이 보호되지 않는다는 등 노동자의
인권 차원에서 이러한 문제에 접근하는 모습을 보여 왔고 선진국 NGO들도 이들
선진국 정부와 견해를 크게 달리 하지 않는다.

그러나 실은 선진국 정부와 이에 영향을 받은 선진국 NGO들의 일부는 낮은
노동조건으로 인해 값싸게 만들어진 개도국의 물건이 선진국 시장에 유입됨에 따
라 선진국에서의 실업문제가 발생하기 때문에 궁극적으로 이러한 현상을 막기 위

---

6) 한겨레(인터넷), 2000년 6월 5일; 한겨레(인터넷), 2000년 12월 18일.

한 의도가 근저에 깔려 있다고 볼 수 있다. 이러한 점에서 순수하게 노동기준에 관심을 두고 활동하는 개도국의 NGO와 궤를 달리한다.

⑥ 여성 분야

여성문제를 다루는 데 있어서의 NGO들 사이의 차이를 1975년에 개최된 멕시코 여성회의의 경우를 하나의 예로 살펴보면 다음과 같다. 개도국으로부터 온 NGO들은 이 회의에서 개발과 제국주의에 좀 더 많은 관심을 보였음에 반해 선진국으로부터 온 NGO들은 다른 정치적인 요소들을 배격한 가운데 성차별(sexism) 문제에 초점을 두었다.[7]

일반적으로 선진국의 NGO들은 여성의 개별적인 권리에 좀 더 많은 초점을 둔다. 이와는 대조적으로 많은 개도국의 NGO들은 이러한 개별적인 권리의 중요성을 인정하는 동시에 사회적·구조적·전 지구적인 요인 때문에 여성들 전체가 직면하고 있는 문제를 강조한다.

⑦ 세계화

NGO들 가운데 일부는 세계화 자체를 반대하고 일부는 세계화 자체를 부정하지 않는 가운데 「인간의 얼굴을 한 세계화(globalization with a human face)」를 주장하는 등의 차이를 보이기도 한다.

반세계화를 추구하는 과격한 NGO들의 연대는 시애틀과 수도 워싱턴에서 폭력적인 가두데모 등을 통해 세계화 반대와 더불어 세계화를 추동하는 국제기구인 국제통화기금(IMF)과 세계은행(World Bank)의 문을 닫을 것을 주장한 바 있다. 이 때문에 협의나 협상 등을 통해 이러한 국제기구들의 정책이나 융자 방식의 변경을 요구해 오던 옥스팜(Oxfam)과 같은 NGO들은 이러한 반세계화 대열로부터 이탈을 하기도 했다.

2. NGO들의 경쟁적 상호관계

미국 듀크슨대의 밥(Clifford Bob) 교수는 「도덕성의 상인들(Merchants of

---

7) Ann Marie Clark, Elisabeth J. Friedman, and Kathryn Hochstetler, "The Sovereign Limits of Global Civil Society: A Comparison of NGO Participation in UN World Conference on the Environment, Human Rights, and Women," *World Politics*, Vol. 51, No. 1 (October 1998), 27.

Morality)」이라는 제목의 글에서 NGO를 포함해 세계 각국의 운동조직체들이 국
제적 주목을 받는 과정에는 냉엄한 적자생존의 논리가 적용되며 이들은 치열한
경쟁 속에서 선택받기 위해 각종 마케팅 전략을 구사하고 있다는 주장과 더불어
각국 운동조직체들이 국제적 주목을 얻는 방법 그리고 이러한 것들이 치러야 하
는 대가에 대해 분석한 바 있다.8)

여기에서는 이러한 논의를 중심으로 NGO들의 경쟁적 상호관계가 NGO로 하
여금 어떠한 행태를 취하도록 하고 이러한 행태가 어떠한 결과를 초래하는가를
조직사회학(그 중에서도 조직간 관례론)의 관점에서 자세히 살펴보고자 한다. 여기
에서 밥은 지역 운동조직체들의 마케팅 전략을 언급하고 있지만 이는 지역적으로
활동하고 있는 NGO에도 그대로 적용될 수 있는 것이다.

1) 주요 마케팅 전략

중국 내 520만 티베트족의 독립운동은 수십 년간 세계 언론과 NGO 그리고
미국의 배우인 리처드 기어(Richard Gear)를 위시한 유명 인사들의 도덕적·물질
적·재정적 지원을 받았다. 미국의 수도인 워싱턴에는 「티베트를 위한 국제 캠페
인(International Campaign for Tibet)」이라는 비영리기구(Non-profit Organization,
NPO)가 설립되어 있어 티베트 내에 머물고 있거나 망명 중인 티베트인을 보호하
고 이들의 정체성을 보전하는 것을 돕고 있다.

그러나 이와는 대조적으로 몽골족과 위구르족 등 중국 내 다른 소수 민족의
독립운동은 국제 사회에 거의 알려지지 않았다. 특히 인구 700만 명 이상을 가지
고 있으면서 티베트의 북서쪽에 위치하고 있는 위구르족은 티베트 못지않게 국내
외적인 항의를 통해 중국의 지배에 강력하게 저항해 왔지만 티베트를 지원해 왔
던 것과 같은 광범위한 국제연대를 구축하는 데 성공하지 못했다.

환경 분야에 있어서 브라질의 삼림을 보호하려는 브라질 고무채취 원주민들의
투쟁·중국 싼샤 댐 건설 반대운동·차드와 카메룬의 송유관을 둘러싼 갈등은 국
제적 관심을 끌었다. 그러나 이들과는 대조적으로 유사한 환경문제이지만 인도의
테리 댐(Tehri Dam) 반대운동·가이아나(Guyana)의 열대우림 파괴 반대운동·태
국과 말레이시아를 관통하는 가스관의 건설반대 운동은 거의 주목을 받지 못했다.

---

8) 여기에서의 논의는 주로 다음 글을 참조하였으며 필요한 경우 다른 자료들을 보완했다: Clifford
Bob, "Merchants of Morality" *Foreign Policy*, No. 129 (March/April 2002), 36-45.

무엇 때문일까?

강력한 힘을 보유하고 있는 적에 도전하는 그룹들에 있어서 전 지구적 시민사회는 이타주의(altruism)를 특징으로 하는 열린 대화의 장이 아니라 제한적인 국제적 관심·동정심·자금을 둘러싸고 그룹들이 필사적으로 경합하는 적자생존의 논리가 지배하는 가혹한 시장이기 때문이다. 즉 언론이나 국제 NGO들이 반드시 문제의 심각성 여부와 정도에 상응하여 관심을 가지거나 지원을 하는 것이 아니기 때문이다.

2003년부터 2006년까지 유엔 인도지원담당 사무차장과 유엔 긴급구호대책본부장을 겸하고 있던 얀 에겔란트(Jan Egeland)는 2004년 여름에 여타의 분쟁 지역이 많음에도 불구하고 수단의 다르푸르(Darfur)에서 발생한 대량학살 사건이 전 세계의 주목을 받는 것과 관련하여 「왜 어떤 지역은 주목을 받고 다른 지역은 주목을 받지 못하는가」라는 질문을 스스로 던지고 지역의 대부분은 이목을 끌기 위해 적지 않은 노력을 하는데 이는 마치 로또(lotto)를 사고 당첨을 기다리는 것과 다르지 않다는 견해를 밝힌 바 있다. 즉 대부분의 경우 당첨되지 않아 세계의 주목을 받는다는 것은 마치 로또에 당첨된 것과 같다는 것이다.[9]

세계적으로 만연하고 있는 분쟁과 갈등은 모두를 충족시켜 주기에 턱없이 부족한 한정적인 국제적 지원을 끌어내기 위한 치열한 경쟁을 벌인다. 이렇게 치열한 경쟁을 벌이는 이유는 이러한 국제적 관심과 지원이 분쟁과 갈등의 결말에 중요한 영향을 미칠 수 있기 때문이다. 국제 NGO에게 있어 지원의 여부와 정도를 결정하는 주된 기준은 분쟁과 갈등이 필요로 하는 지원의 정도라기보다 조직의 유지와 확장에 얼마나 도움이 될 수 있는가이다. 여기에는 물론 회원들이나 기부자들의 선호(preference)가 크게 작용한다.

이러한 상황에서 국제적 지원을 얻기 위해 지역 운동조직체는 크게 다음과 같은 두 가지 전략을 일반적으로 채택하게 된다. 하나의 전략은 운동조직체들이 그들의 갈등과 그들의 적 그리고 때때로 그들의 존재 자체에 대한 인식을 제고하기 위해 그들의 대의(cause)를 국제적으로 선전하는 전략이다. 또 다른 전략은 운동조직체들이 전 지구적 시민에게의 호소를 배가시키기 위해 그들의 협소한 요구와 특정의 정체성을 보편화하고자 하는 전략이다. 이런 전략이 구체적으로 어떻게 발

---

9) 중앙일보(인터넷), 2006년 6월 20일.

현되는가를 살펴보면 다음과 같다.

(1) 주요 국제 NGO의 관심 획득

지역 운동이 적자생존 시장에서 살아남는 데 가장 중요한 마케팅 전략은 주요 선진국 NGO의 관심을 얻는 것이다. 지역 차원의 운동을 하는 NGO의 경우는 국경을 넘어 활동하는 국제 NGO의 관심을 얻는 것이다.

영향력과 명성에 있어서 엄연한 서열이 존재하는 국제 NGO 세계의 현실에서 휴먼라이츠워치(Human Rights Watch, HRW)·국제 앰네스티(Amnesty International, AI)·그린피스(Greenpeace)·지구의 벗(Friends of the Earth, FoE)들과 같은 크고 힘 있는 국제 NGO의 인정과 지원을 받는 것은 가장 손쉬운 마케팅 전략이다.

그러나 이러한 NGO의 관심을 끌기 위해서는 대중매체의 역할이 없어서는 안된다. 국제적으로 관심의 대상이 되지 못하는 국가의 많은 그룹들은 선진국 대중매체로부터 무시를 당하며 그 결과 NGO들로부터 주목을 받는 것이 어렵기 때문이다. 이 때문에 재정적으로 여유가 있는 지역 운동조직체는 대중매체에 접근하고 나아가 전 세계적인 주목을 받기 위해 대중매체 이벤트에 돈을 들이기도 한다. 대중매체가 미치는 큰 영향을 일컬어 「씨엔엔 효과(CNN Effect)」라고 한다.

(2) 국제적인 상의 수상

예컨대 바른생활상(Right Livelihood Award)10)·골드만 환경상(Goldman Environmental Prize)11)·로버트 케네디 인권상(Robert F. Kennedy Human Rights Award)·노벨 평화상(Nobel Peace Prize)과 같은 국제적인 상은 지역 차원의 운동의 국제화(internationalization)의 중요한 견인차 역할을 한다. 한국에서 북한인권문제를 다루는 가장 대표적인 NGO인 북한인권시민연합(Citizens' Alliance for North Korean Human Rights)은 2011년에 제1회 존 디펜베이커 인권 및 자유 수호자상(John Diefenbaker Defender of Human Rights and Freedom Award)을 수상한 바 있다.

---

10) 이 상은 오늘날 우리가 직면하고 있는 가장 시급한 도전에 대해 실질적이고 모범적인 해결책을 제시한 사람들에게 주어지는 상이다.

11) 골드만 환경상은 미국의 자선가 리처드 골드만(Richard N. Goldman)이 지난 1989년 환경보호 운동에 헌신한 보통 사람들을 기리기 위해 제정한 상으로서 각국 수상자나 단체에 각각 12만5천 달러의 상금이 지급된다.

이러한 상의 수상은 지역 운동조직체의 자원을 증가시키는 외에 단체가 추구하는 대의의 가시성을 높이고 주요 국제 NGO와 대중매체와의 값진 접촉을 촉진시켜 결과적으로 좀 더 광범위한 지지를 이끌어 낼 수 있다.

(3) 절제된 저항운동

외부 NGO와의 연계가 없고 자원이 별로 없는 지역 운동조직체의 경우는 그들에 대한 국제적 인식을 제고하기 위한 선택이란 매우 제한적이기 마련이며 이 때문에 항의(protest)에 호소하기 십상이다.

그러나 국내적인 시위는 외국에 알려지지 않는 것이 다반사다. 특히 폭력은 강력한 국제 NGO에게 혐오의 대상이 되기 때문에 주목을 끌기 위한 전략의 하나로서 힘을 사용하고자 하는 지역 운동조직체는 조심스럽게 힘의 사용을 제한하고 정당화해야 한다.

멕시코 무장혁명 단체인 자빠띠스따민족해방군(Zapatista National Liberation Army)의 빈곤과 압제에 대한 저항은 수십 년 동안 국내외적으로 거의 주목을 받지 못했다.[12] 이러한 무관심 속에서 이들은 절제된 저항운동으로 국제적인 주목을 받게 되었다. 구체적으로 멕시코 정부에 의해 테러리스트로 지목되고 나서 즉시 이들은 계산된 행동으로 유혈충돌 없이 산크리스토발(San Cristóbal)시를 잠깐 점령한 뒤 물러났다. 이를 통해 이 단체는 수십 년 동안 무명의 설움에서 벗어나 일약 원주민 운동의 스타로 떠올랐다.

(4) 카리스마적인 지도자 배출

마케팅이 지역 운동조직체의 국제적 지지를 획득하는 데 중심적인 역할을 한다면 타고난 재능을 가진 세일즈맨으로서의 국제적 카리스마를 갖춘 지도자를 배출하는 것이 대단히 중요하다.

예컨대 미얀마의 아웅 산 수지(Aung San Suu Kyi)·과테말라 좌익 게릴라의 리고베르타 멘추 툼(Rigoberta Menchú Tum)·남아프리카공화국의 넬슨 만델라(Nelson Mandela)·멕시코 자빠띠스따 운동의 마르코스(Marcos)·티베트의 달라이 라마(Dalai Lama) 등은 운동의 성공에 결정적 역할을 했다.

---

12) 자빠띠스따민족해방군(Zapatista National Liberation Army)은 치아빠스(Chiapas)의 자치를 위해 멕시코 정부와 싸우고 있는 단체이다.

기존 정부에 반대하는 이러한 인물들을 국제적인 거물로 만드는 데는 이들의 달변(eloquence) · 활력(energy) · 용기 · 한 가지 목표에 몰두하는 집중력(single-mindedness)이 중요한 역할을 했다. 외국어 특히 영어를 유창하게 할 수 있는 능력 · 서구의 항의 전통(protest tradition)에 대한 이해 · 대중매체와 NGO관계에 관한 전문성 · 국제정치 흐름에의 익숙함 역시 중요한 요소였다.

(5) 정체성의 재구성

각국 운동조직체들은 운동의 성공을 위해 국제사회에 자신들의 이념이나 대의(cause)를 팔아 국제 NGO의 지원을 받아야 한다. 이를 위해 지역 운동조직체는 그들의 주장을 단순화하고 보편화시켜야 할 뿐 아니라 국제 NGO의 필요와 기대에 일치시켜야 한다. 이러한 과정에서 운동이 가지고 있던 본연의 정체성(identity)이 재구성된다. 지역 운동체가 원래의 목적과 정체성을 변경해야만 하는 것은 국제 NGO들이 가지고 있는 다음과 같은 속성 때문이다.

국제 NGO가 의사결정을 할 때 이타주의(altruism)가 일정한 정도의 역할을 하는 것은 사실이지만 국제 NGO 역시 전략적인 행위자로서 그들 자신의 조직의 생존을 가장 우선적으로 추구하게 된다. 이러한 특징으로 인해 국제 NGO들은 도움을 필요로 하는 여러 단체 중에서 실질적인 도움을 줄 단체를 선정할 때 자신들의 명성에 해가 되거나 과도하게 자원을 제공해야 하는 것에는 개입을 회피하게 된다. 그 결과 필연적으로 도움을 받을 가치가 있는 대의를 지닌 운동이 지원을 받지 못하게 되는 경우들이 존재하게 된다. 나이지리아의 오고니족(Ogoni)이라는 인종그룹의 운동을 예로 들어 설명하고자 한다.

오고니족은 30-50만의 인구를 가진 나이지리아의 소수민족으로서 오래 전부터 정치적 대표권을 둘러싸고 영국 지배하의 식민 당국뿐 아니라 독립 후의 연방정부와 갈등을 빚어왔다. 1950년대 말에 오고니족이 거주하는 지역에서 원유가 발견되자 로열 더치 셸(Royal Dutch Shell)을 비롯한 다국적기업이 원유를 생산하기 시작했다. 그러자 오고니족들은 나이지리아 연방정부가 원유로 인한 수입을 원유 생산을 위한 굴착 등으로 영향을 받는 이들 소수인종에게 거의 돌려주고 있지 않다는 주장과 더불어 채굴의 중단을 요구하는 시위를 하는 등 소수민족에 대한 차별에 정체성을 두고 운동을 전개했다. 이에 대해 나이지리아 군부 독재정권은 원주민인 오고니족에 대해 강력한 탄압을 가했다.

1990년대 초에 이들은 그린피스(Greenpeace)와 국제 앰네스티(Amnesty International, AI) 그리고 다른 주요 국제 NGO의 지원을 얻고자 했으나 이들의 요청은 구체적이지 못하고 지나치게 복잡하며 과도하게 정치적이라는 이유로 거절되었다.

이렇게 국제적인 관심과 지원을 받지 못하자 오고니족의 지도자들은 가난하고 다인종적인 개도국에 있어서의 소수민의 권리에 대한 이제까지의 주장을 약화시키고 그 대신 원유 생산으로 인한 토양과 수질 오염 등 원주민으로서의 오고니족에 가해지는 생태전쟁(ecological warfare)으로 인한 환경적 불만을 강조하게 되었다. 구체적으로 무분별한 원유 개발로 인해 환경이 급속히 황폐화되었으며 1993년에는 40일 동안 원유가 누출되는 사고가 발생하기도 했다.

이러한 전략의 변화는 곧 그린피스(Greenpeace)·지구의 벗(Friends of the Earth)·시에라클럽(Sierra Club)과 같은 국제환경 NGO의 지지로 이어졌다. 이러한 일련의 과정은 소수의 원주민의 권리를 찾기 위한 운동으로부터 출발했으나 국제 NGO들의 지원이 뒤따르지 않자 운동의 정체성(identity)을 환경운동으로 바꿈으로써 국제 NGO들의 주목과 지원을 받게 되었다는 것을 보여준다.[13]

또 다른 예로서 멕시코의 자빠띠스따운동 단체를 들 수 있다. 1994년 반란 초기에 이들은 사회주의를 요구했다. 그러나 이러한 요구가 국내외의 청중으로부터 지지를 이끌어내는 것이 용이하지 않았다. 그러자 이들은 운동의 정체성을 이러한 사회주의로부터 자신들이 인디언이라는 원주민임을 강조하고 북미자유무역협정

---

13) 이러한 오고니족의 운동의 중심에는 켄 사로위와(Ken Saro-Wiwa)라는 지도자가 있었다. 그는 오고니족 생존권운동(Movement for the Survival of Ogoni People, MOSOP)의 멤버와 나이지리아 소수민족 인권연대기구인 대표되지 않는 민족과 사람들의 기구(Unrepresented Nations and Peoples Organizations, UNPO)의 부의장으로 다양한 평화 집회와 시위를 이끌었다. 1994년에 그는 친정부적이고 친개발 진영에 속해 있는 오고니족 인사에 대한 살해를 사주했다는 혐의를 받고 MOSOP 지도부 8명과 함께 연행됐다. 그는 변호사도 없이 진행된 특별군사재판에서 증인들의 거짓 증언으로 사형을 선고 받았다. 국제 앰네스티(Amnesty International, AI) 등 인권단체는 그의 투옥과 재판의 부당성을 알리며 나이지리아 정부를 비난했고 수감 중인 그에게 인권 노벨상으로 불리는 바른생활상(Right Livelihood Award)과 골드만 환경상(Goldman Environmental Prize)을 수여했다. 그럼에도 불구하고 1995년에 그와 MOSOP 지도부 8명에게 교수형이 집행되었다. 국제 비영리 공익 법률그룹인 헌법권리센터(Center for Constitutional Rights, CCR)등은 1996년 유족의 위임을 받아 로열 더치 셸이 나이지리아에서 행한 반인권행위에 대한 소송을 뉴욕 연방지방법원에 제기했다. 오랜 기간에 걸친 재판에서 로열 더치 셸은 2009년 판결 직전 1,550만 달러의 위로금으로 유족들과 합의를 하면서 재판이 종결되었다: 한국일보(인터넷), 2015년 11월 10일.

(North American Free Trade Agreement, NAFTA)과 세계화에 대한 공격을 가하는 것으로 바꾸면서 국제적인 주목을 받기 시작했다. 다시 말해 NAFTA나 세계화와 같이 국제적으로 잘 알려져 있으면서 커다란 비판의 대상이 되고 있는 것에 초점을 둠으로써 국제적인 지지를 효율적으로 얻을 수 있었던 것이다.

과테말라의 마르크스주의자들의 내란(1960 - 1996)에 대한 국제적인 지지를 확대하기 위해 행동가 리고베르타 멘추 툼(Rigoberta Menchú Tum)은 원주민의 정체성을 이 운동에 투사하여 그 결과 서유럽과 북미의 좌파적인 청중들에게 강하게 어필했다. 그뿐만이 아니라 과테말라 내전의 참상을 국제사회에 알리고 소수 원주민 부족의 인권을 보호하고 인종 간의 화합을 위해 헌신한 공로로 1990년 유네스코(UNESCO)로부터 평화교육상·1991년에 프랑스 자유인권옹호위원회상·1992년에 노벨 평화상·1998년에 스페인의 노벨상이라고도 불리는 아스투리아스 왕자상(The Prince of Asturias Award)을 수상했다. 유엔은 그녀가 노벨상을 받은 다음 해인 1993년을 세계 원주민의 해(International Year of the Indigenous Peoples)로 지정했다.14)

2) 마케팅 전략의 부정적 결과15)

위에서 언급한 적자생존의 논리에 기초한 마케팅 전략은 부정적 결과를 낳기도 한다. 이 때문에 다음과 같은 커다란 대가를 지불해야 한다.

(1) 원래 목적의 훼손

나이지리아의 오고니족이 소수민의 권리를 운동의 정체성으로 하다가 국제적인 관심과 지지가 저조하자 환경문제로 정체성을 바꾼 것과 멕시코의 자빠띠스따 운동 단체가 정체성을 사회주의로부터 북미자유무역협정(North American Free Trade Agreement, NAFTA)과 세계화에 대한 반대로 바꾼 것에서 보았듯이 운동조직체들은 운동의 성공을 위해 국제사회에 자신들의 이념이나 대의(cause)를 팔아

---

14) 리고베르타 멘추 툼(Rigoberta Menchú Tum)이 과테말라 내전 당시 정부군에 대항하여 마르크스주의자들의 게릴라 혁명 활동을 했다는 이력과 그녀 자신이 썼다는 자서전이 실제로는 프랑스의 좌파 마르크스주의자에 의해 작성되었다는 사실 등을 근거로 모든 것이 마르크스주의자의 사기였다는 평가도 존재한다.

15) 마케팅 전략의 부정적 결과 부분 중 마지막의 「인권의 훼손」이라고 부분은 밥(Clifford Bob) 교수의 「도덕성의 상인들(Merchants of Morality)」이라는 글 내용 이외에 추가된 부분이다.

야 하며 이러한 과정에서 운동이 지향했던 원래의 목적이 훼손되기도 한다.

(2) 국내 책임에의 둔감

각국 운동단체들은 국제사회에 자신들의 이념이나 대의를 팔기 위해 원래의 목적을 훼손시킬 뿐 아니라 그들이 표면적으로 대표한다고 하는 국내 지지자들을 소외시키기도 한다. 즉 국제 NGO와 같은 국제적인 후원자를 만족시키기 위한 노력에 전념함으로써 국내의 대중들로부터의 지지로부터 멀어지게 하며 국내 책임(national accountability)에 둔감하도록 한다.

이러한 현상은 동티모르(East Timor)가 국제적인 압력의 결과로서 인도네시아로부터 독립이 가까워진 시점에 동티모르 지도자가 한 말에서도 드러난다. 그에 따르면 동티모르 독립운동이 그들의 대의에 대한 외부 세계의 인식을 제고하는데 초점을 둠으로써 앞으로 건설될 정부의 구조에 대해 심각하게 생각해본 적이 없다는 것이다.

(3) 내부 민주주의의 희생

선진국의 국제 NGO들이 내적인 갈등을 보이는 그룹을 지지하려 하지 않고 강력한 카리스마를 지니고 있는 지도자에 의해 이끌리고 있는 그룹을 좀 더 지원하고자 함으로써 가장 민주적이고 참여적인 지역운동은 지원을 얻기가 쉽지 않아 그 결과 내부의 민주주의를 희생하기도 한다.

구체적으로 운동조직체 내에 존재하는 내적인 이견이 외부에 알려질 경우에 종종 국제적인 관심이 감소하게 된다. 이는 선진국의 국제 NGO들이 그들의 제한적인 자원이 효과적으로 쓰이기를 원하기 때문이다. 즉 선진국의 국제 NGO들이 단합이 아닌 불화를 발견하게 되면 내적인 분란에 그들의 지원하는 자원이 낭비되는 모험을 감행하기보다 다른 곳으로 이러한 자원을 옮기기 때문이다.

카리스마적 지도력이 필연적으로 민주적인 것은 아니다. 외부의 지원은 종종 특정 지역 지도자의 위상을 강화시켜 주며 운동조직체의 내적인 역학(dynamics)과 더불어 운동조직체와 운동의 대상인 적과의 관계를 재규정한다. 예컨대 티베트의 몇몇 공동체 내에서 달라이 라마의 종교적으로 정당화된 지도력에 대해 불만의 소리가 존재하지만 그의 지위는 국제적인 지지에 의해 강화되어 왔고 그 결과 그와 의견을 달리하는 사람들은 무기력할 수밖에 없었다.

(4) 국내적인 위험에의 노출

국제적인 지지의 추구는 지역 운동조직체를 국내적으로 위험에 직면하도록 할 수 있다. 즉 국제적인 주목을 끌기 위해서는 주로 이들 운동의 대상이 되는 정부와의 모험적인 대결을 필요로 하며 이 경우 이러한 지역 운동조직체의 안전까지 보장할 수 있는 국제 NGO란 거의 없자. 즉 지역 운동조직체는 격노한 정부 당국의 공격에 취약하게 된다. 만약 정부 당국이 운동조직체의 구두의 압력을 수용하는 경우 이러한 운동조직체는 살아남을 수 있지만 그렇지 않을 경우 정부 당국과의 대립만이 남게 된다.

(5) 불필요한 갈등의 조장

지역 운동조직체에 대한 국제적 지원이 불필요한 갈등을 조장하기도 한다. 과테말라의 마르크스주의자들의 내란에 대한 국제적인 지지를 확대하기 위해 행동가 리고베르타 멘추 툼(Rigoberta Menchú Tum)은 원주민의 정체성을 이 운동에 투사하였으며 그 결과 서유럽과 북미의 좌파적인 청중들에게 강하게 어필했다.

멘추의 자서전은 그녀 자신을 원주민에 대한 억압의 국제적 상징으로 만들었으며 폭력적인 좌파의 반란운동과의 연관에도 불구하고 1992년에 노벨 평화상을 수상하도록 했다. 그러나 멘추의 노벨평화상 수상은 과테말라 내전의 연장을 가져왔다.16)

(6) 인권의 훼손

유사한 활동을 하는 NGO들 사이에 있어서의 경쟁적인 관계는 때때로 이들이 궁극적으로 보호하고자 하는 인권을 훼손하는 결과를 빚기도 한다. 이러한 예를 국제적십자위원회(ICRC)와 다른 NGO와의 경쟁적인 관계를 통해 살펴보고자 한다.17)

---

16) 동아일보(인터넷), 2002년 3월 14일.

17) William E. DeMars, "Rejected Mediator: The International Committee of the Red Cross in the Ethiopian Conflict," paper prepared for presentation at the 1992 International Studies Association Meeting, East Lansing, Michigan, November 20-21, 1992; William E. DeMars, "Helping People in a People's War: Humanitarian Organizations and the Ethiopian Conflict, 1980-1988," PhD dissertation, University of Notre Dame, 1993.

과거 ICRC는 내전과 같은 무력충돌이 발생한 지역에서 인도주의적 활동을 하는 유일한 기관이었다. 점차적으로 이러한 무력갈등으로 고통을 받는 민간인의 수가 증가하면서 이러한 상황에서 활동하는 기구(국제기구와 국제 NGO)의 수도 증대되었다. 이러한 기구들은 크게 다음과 같은 세 종류로 분류된다.

첫째, 구호와 개발 활동을 하는 인도주의 NGO들이 있는데 이들은 내전 상황에서 정부군과 반란군의 두 영역 내에서 식량을 제공하고 의료구호 활동을 한다.

둘째, 인권과 관련된 활동을 하는 NGO들 역시 이러한 상황하에서 활동을 하는데 휴먼라이츠워치(Human Rights Watch, HRW)가 1980년대 말에 아시아와 아프리카 및 중동에 인권감시 그룹을 추가로 설치하면서 NGO에 의한 내전의 감시가 제도화되었다. 국제 앰네스티(Amnesty International)는 1991년 정부가 아닌 반란단체와 같은 비정부적 조직에 의한 인권침해도 이들이 다루어야 할 과업에 포함시키기에 이르렀다.

셋째, 세계식량계획(WFP)·유엔난민최고대표사무소(UNHCR)·유엔아동기금(UNICEF)과 같은 유엔체제(UN system)에 속하는 국제기구들이 이러한 상황에서 활동하는 또 하나의 기구들인데 일반적으로 이러한 국제기구들에게는 내전상황에서 활동하는 많은 수의 기구들을 조정하는 업무가 주어진다.

이렇듯 많은 수의 각종 국제적 활동을 하는 기구들이 내전 상황에 관여하면서 이러한 기구들 간의 관계와 경쟁적 관계로 변화했고 이들 간의 경쟁적 관계는 이들 기구들과 내전의 당사자들 간의 관계를 크게 변화시켰다.

큰 변화란 다름 아니라 경합적인 기구들의 존재로 인해 내전의 당사자들은 자신의 정책에 가장 부합하는 활동을 하는 기구를 선택하고 다른 기구를 배제할 수 있는 협상력(bargaining power)을 지니게 되었다는 점이다. 그 결과 전통적으로 구호활동과 교전자들이 기꺼이 수용하기를 꺼려하는 억류된 사람과 민간인의 보호를 연계시켜 온 국제적십자위원회(ICRC)가 내전 당사자들로부터 배제되게 되었다.

과거 ICRC가 거의 유일하게 전시 상황에서 구호활동을 할 때 ICRC는 이러한 구호활동을 통해 식량이나 의약품 등을 제공하면서 이를 지렛대로 하여 내전 당사자들로부터 포로의 교환이나 상병자의 보호를 이끌어낼 수 있었다. 그런데 아무런 조건을 제시하지 않고 인도주의라는 이름하에 구호활동만을 하는 대안적인 NGO들이 대폭적으로 늘어나면서 내전 당사자들은 보호활동과 연계된 구호활동을 일괄적으로 거절하고 구호활동만을 하는 기구들의 활동을 수용함으로써 ICRC

의 서비스는 설 자리를 잃게 되었던 것이다.

이와 같은 보호기능이 없는 구호활동은 억류된 사람과 민간인의 보호에 악영향을 미쳤으며 이로 인해 구호기능만의 제공이 내전하에서의 인도주의 활동의 문제점으로 부각되었다. 이와 더불어 구호활동을 전개하고 있는 NGO들 간의 경쟁으로서 같은 서비스의 중복도 커다란 문제의 하나로 제기되었다.

제23장
NGO들의 협력적 상호관계

NGO들이 수가 증가하면서 이들 NGO들의 관심이 좀 더 세분화되었고 이로 인해 이들의 활동이 단편화되기도 하고 이들의 활동이 중첩되면서 이들 간의 관계가 경쟁적으로 변모하기도 한다. 그러나 또 다른 한편 NGO들은 상호 공식적이거나 비공식적인 관계를 맺어 공동의 목적을 달성하고자 하기도 하다. 이러한 관계는 통신기술의 발달과 더불어 더욱 촉진되고 있다.

이러한 관계는 단기간에 걸쳐 일회성으로 존재하기도 하고 장기간에 걸쳐 존재하기 한다. 1995년 북경에서 제4차 세계여성회의가 개최되었을 때 NGO들은 「EQUIP」라는 공식 로비단체를 조직하여 정부간회의에서 채택할 행동강령(action plan)의 작성에 NGO의 목소리를 최대한 반영하고자 한 것이 전자의 예에 속한다.[1]

비교적 장기간에 걸쳐 지속되는 국제연대에는 제3세계의 부채문제 해결을 위한 대희년 2000(Jubilee 2000) 캠페인·다국간투자협정(Multilateral Agreement on Investment, MAI)을 반대하는 국제 캠페인·대인지뢰금지 캠페인(International Campaign to Ban Landmines) 등을 대표적인 예로 들 수 있다.

이러한 초국가적 연대에 대한 긍정적인 평가의 정도는 평가자에 따라 다르지만 일단의 학자들은 이러한 초국가적 연대의 활성화를 전 지구적 시민사회(global civil society)의 전조로서 간주하기도 한다. 여기에서는 NGO들 사이의 협력관계의 한 유형으로서 NGO들 사이의 국제연대를 살펴보고자 한다.

1. 국제연대의 등장을 가져오는 요인들

NGO들 사이에 연대가 어떠한 조건하에서 등장하는가는 중요한 이론적인 질

---

1) 「EQUIP」는 라틴어로 「모임」이라는 뜻이다.

문 가운데 하나이다. NGO의 힘을 정부나 기업의 힘과 비교해 볼 때 NGO의 힘은 미약하다. 이처럼 개별적인 NGO의 힘은 미약하지만 연대한 NGO의 힘은 강하기 때문에 기본적으로 연대가 등장한다고 볼 수 있다. 즉 규모가 작고 재정적으로 제한적이며 지역에 기반을 둔 존재로서 NGO는 일상적인 범주를 벗어나 어떤 대상에게 영향을 미치려면 연대의 형성이 본질적으로 필요한 것이다.

이와 관련하여 이러한 연대의 등장에 영향을 미치는 요인들을 살펴보는 것이 필요하다. 켁과 식킹크(Margaret E. Keck and Kathryn Sikkink)의 경우는 국내적 수단의 부재·NGO 임무의 증진·국제적 접촉의 확대를 연대 등장의 주요한 요인으로 들고 있다.2) 그런데 이러한 요인들은 연대 등장에 보다 직접적으로 영향을 미친 요인과 이러한 요인이 작동할 수 있는 여건을 마련해 준 환경적인 요인이 뒤섞여 있다. 따라서 여기에서는 이러한 요인들을 구분하여 살펴보고자 한다.

1) 직접적인 요인들

직접적인 요인들을 집단적 정당성의 제고·국내적 수단의 부재 혹은 수단의 취약·NGO 위상의 제고·활동의 중첩 등의 조정·규제에 대한 공동의 방어로 나누어 설명하면 다음과 같다.

(1) 집단적 정당성의 제고

국제연대는 집단적 정당성(collective legitimacy)을 제고하기 위한 동기로 등장한다. 일본에서 독도의 영유권을 주장하는 등 왜곡된 과거사를 담고 있는 국사 교과서가 국가 검정을 통과하고 총리가 야스쿠니 신사를 참배하자 한국의 NGO들이 국내에서 반일 규탄집회를 벌이는 한편 동아시아 국가의 NGO들과의 연대 구축에 적극적으로 나선 바 있다.

일본의 군국주의 부활 기도는 한일 간의 문제에 그치는 것이 아니라 전체 동아시아의 평화를 위협하는 현상이기 때문에 주변 국가들과의 공동 대응이 필요하다는 판단에서다. 구체적으로 한국의 NGO들은 집단적인 정당성을 제고하기 위해 중국·필리핀·대만의 NGO들뿐만 아니라 당사국인 일본의 NGO까지 포함한 연대를 구축하여 왜곡 교과서의 검정 철회를 위한 운동을 지속적으로 전개해 오고

---

2) Margaret E. Keck and Kathryn Sikkink, *Activists beyond Borders: Advocacy Networks in International Politics* (Ithaca and London: Cornell University Press, 1998), 10-16.

있다.

일본군 위안부 문제에 있어서도 한국의 NGO인 정신대문제대책협의회(정대협)가 주도적으로 국제연대를 구축하여 문제 해결을 위한 활동을 적극적으로 전개해오고 있다. 구체적으로 정대협은 일본군 위안부 문제가 역사 왜곡 문제와 마찬가지로 한일 양국만의 문제가 아니라 같은 시련을 겪은 대만・중국・ 홍콩・필리핀・동티모르・인도네시아・네덜란드 등의 문제로 인식하고 이들과 「일본군 위안부 문제 해결을 위한 아시아 연대회의」라는 국제연대를 구축하여 적극적으로 활동해 오고 있다.

(2) 국내적 수단의 부재 혹은 수단의 취약

일국의 정부가 특정 부분에서의 인권 자체를 부정하거나 인권을 위반할 경우 개인이나 국내집단은 종종 국내적으로 이러한 문제를 해결할 수단을 보유하고 있지 않는 경우가 많다. 또한 수단이 전혀 없는 것은 아니지만 국내 NGO만으로는 정부의 입장을 바꾸기 어려운 경우가 존재한다.

이때 NGO들은 자신의 국가에 대해 외부로부터 압력이 가해지도록 국제연대를 추구하게 된다. 이러한 연대는 인권 분야에 종종 등장하는데 이러한 연대전략을 「부메랑 전략(boomerang strategy)」이라고 부른다.3) 이러한 부메랑 패턴의 구체적인 과정을 살펴보면 다음과 같다.

우선 국가 A의 NGO인 a가 국가 B의 NGO인 b와 연대할 경우 연대를 한 b가 직접 국가 A에 압력을 행사할 수 있다. 이와는 달리 연대를 하고 있는 b가 자신의 국가 B에 압력을 가하고 압력을 받은 국가 B가 국가 A에 압력을 가하는 경우도 있다. 연대를 하고 있는 b가 국제기구에 압력을 가하고 압력을 받은 국제기구가 국가 A에 압력을 가하는 경우도 있다. 또한 연대를 하고 있는 b가 자국 정부에 압력을 가하고 압력을 받은 정부는 국제기구에 압력을 가하며 압력을 받은 국제기구가 국가 A에 압력을 최종적으로 가하는 경우도 있다.

이렇게 다양한 부메랑 패턴(boomerang pattern)을 생각해 볼 수 있는데 실제

3) Margaret E. Keck and Kathryn Sikkink, *Activists beyond Borders: Advocacy Networks in International Politics* (Ithaca and London: Cornell University Press, 1998); Thomas Risse and Kathryn Sikkink, "The Socialization of Human Rights Norms into Domestic Practices: Introduction," in Thomas Risse et al., eds., *The Power of Human Rights: International Norms and Domestic Change* (Cambridge: Cambridge University Press, 1999), 19.

에 있어서는 이보다 더 복잡한 부메랑 패턴이 존재한다. 좀 더 복잡한 경우로서 A국의 NGO인 a가 다른 국가들 소속의 여러 NGO들과 연대하여 이들과 더불어 타국 정부대표와 국제기구에 압력을 행사하고 이들이 직간접적으로 국가 A에 압력을 행사하는 경우를 살펴보고자 한다.

인권 분야에서 한국의 NGO로서 가장 먼저 유엔 경제사회이사회(ECOSOC)로부터 특별 협의지위(special consultative status)를 획득한 「민주사회를 위한 변호사모임(민변)」은 2002년에 개최된 제58차 유엔 인권위원회(Commission on Human Rights, CHR)에서 인권평화연대 등과 더불어 NGO 대표단을 구성하고 양심적 병역거부에 대한 지지를 모색하기 위해 많은 노력을 경주한 바 있다.

이들은 현재 인권이사회(Human Rights Council, HRC)로 바뀌었지만 그 당시 존재했던 인권위원회에 참여하고 있는 각국의 NGO 관계자는 물론 언론인들과도 연대하여 양심적 병역거부를 한국정부가 수용하도록 노력한 바 있다.

구체적으로 한국의 NGO 대표단은 유엔이 양심적 병역거부권을 보편적 인권의 하나로 인정하고 있음에도 불구하고 한국에서 이 사안으로 1,600여 명이 최장 3년까지 수감생활을 하고 있다는 등의 양심적 병역거부로 인한 구속자 현황과 인권침해 사례 등을 소개하는 영문 홍보물을 배포하고 전 세계적으로 병역거부권 인정 운동을 주도하고 있는 국제 NGO들과 간담회를 통해 공동연대 방안을 협의한 바 있다.

이들은 여기에 그치지 않고 양심적 병역거부에 관한 결의안의 제안국(main sponsor)인 크로아티아 측과 결의안 초안을 협의하는 등 양심적 병역거부를 지지하는 정부대표들과도 접촉을 가졌으며 양심적 병역거부에 관한 서면진술서를 작성하여 제출하기까지 했다.4) 이들은 또한 유엔인권최고대표사무소(United Nations High Commissioner for Human Rights, UNHCHR) 측과 면담을 통해 이들로 하여금 한국 내 상황에 대해 관심을 갖도록 하는 등의 과정을 통해 국제사회의 관심이 병역거부권을 인정하지 않는 한국 정부에 쏠리도록 했다.

이러한 일련의 노력의 결과로 UNHCHR의 대체복무제 담당 연구관이 서울에서 사흘간 열린 양심에 따른 병역거부권과 대체복무제를 다루는 정부간회의에 참석하여 양심적 병역거부권과 대체복무제도에 대한 UNHCHR의 견해를 발표하고

---

4) 한겨레신문(인터넷), 2002년 4월 9일.

양심에 따른 병역 거부를 한 사람들에게 실형을 선고·수감하는 한국 내 상황에 대한 실태조사를 한 후 한국 정부는 양심적 병역거부권 보장을 위해 현행 법령 등을 재검토하도록 한 유엔 인권위원회 결의안을 이행해야 한다는 UNHCHR의 입장을 기자간담회 등을 통해 밝혔다.

UNHCHR은 1989년에 채택된 결의문을 통해 양심적 병역거부권을 사상의 자유·양심의 자유·종교의 자유에 대한 정당한 권리로 인정한 이후 회원국들에 대해 이를 보장토록 장려하고 있고 유엔 인권위원회는 2002년 결의문 등을 통해 유엔 회원국들에 대해 양심적 병역거부와 관련된 현 법령과 관행의 재검토를 요청하고 있다면서 한국 정부도 회원국으로서 이러한 결의안을 자동 인준한 것으로 봐야 하며 따라서 결의안 권고사항을 이행해야 한다고 지적한 바 있다.[5]

지속적인 국내외적 압력에 의해 국가인권위원회는 2017년 6월에 국방부장관에게 양심적 병역거부권을 보장하는 대체복무제의 도입 계획을 수립하고 이행할 것을 권고하기로 결정했다. 근래 들어 양심적 병역거부와 관련한 하급심의 무죄 판결이 꾸준히 증가하고 있으며 헌법재판소의 3번째 위헌 법률심판을 앞두고 있어 귀추가 주목되고 있다.

(3) NGO 위상의 제고

NGO 활동가들은 자신의 조직의 위상을 제고하기 위한 수단의 하나로서 연대를 구성하기도 한다. 구체적으로 말해 NGO가 정보를 공유하고 좀 더 많은 대중들에게 다가가며 제도에 접근할 수 있는 채널을 배가하고 자신의 단체를 좀 더 눈에 띄게 함으로써 조직이 하는 일을 증진하고자 할 때 연대를 구성하기도 한다.[6]

전 지구적 회의(global conference)가 국제기구 밖에서 개최되었을 때 선진국 NGO들은 이러한 정부간회의에 참여하여 정부대표들의 논의에 영향을 미치기 위한 노력에 좀 더 집중하는 경향을 보인다. 이와는 대조적으로 개도국 NGO들은 일반적으로 NGO들의 모임인 NGO 포럼에 참가하여 다른 NGO들과의 국제연대를 구축하는 데 중점을 두는 경우가 많은데 이러한 개도국 NGO의 국제연대 구

---

5) 연합뉴스(인터넷), 2003년 3월 12일.

6) Margaret E. Keck and Kathryn Sikkink, *Activists beyond Borders: Advocacy Networks in International Politics* (Ithaca and London: Cornell University Press, 1998).

축은 NGO 위상의 제고가 중요한 동인이 된다고 볼 수 있다.

(4) 활동의 중첩 등의 조정

NGO의 수가 증가하면서 동일한 지역을 대상으로 동일하거나 유사한 활동을 하는 NGO들의 수가 부쩍 늘어나고 있다. 그 결과 이들 사이의 경쟁과 활동의 중복이 NGO들 사이에 해결을 요하는 중요한 현안이 되고 있다. 따라서 이러한 경쟁을 자제하고 활동의 중복을 피해 NGO 활동의 전반적인 효율성을 제고하기 위한 조정의 수단으로서 연대가 구성되기도 한다.

(5) 규제에 대한 공동의 방어

냉전이 종식되고 많은 NGO 활동이 중앙아시아를 대상으로 전개되고 있다. 이들 국가 정부들은 개발 NGO의 유입과 더불어 동반될 수 있는 서구의 가치 등에 상당한 경계를 하고 있는 것이 사실이다. 특히 서구의 기독교에 뿌리를 둔 단체들이 NGO의 이름으로 활동을 전개하면서 궁극적으로 기독교 선교를 목적으로 하는 경우가 적지 않아 이슬람 국가인 이들 국가들이 더욱 더 규제를 가하는 경향을 보이고 있다.

이러한 경향에 공동으로 대응하기 위해 NGO들이 연대를 구성하거나 구성을 계획하고 있다. 이 경우처럼 정부의 규제로부터의 효과적인 방어를 위한 수단의 구비가 국제연대 형성의 한 요인이 되기도 한다. NGO들 사이의 연대 형성이 어떤 경우에는 합의를 구축하고 정부당국에 대항하여 공동전선을 펴기 위해 전국적인 연대를 선택하기도 하고 어떤 경우에는 통제를 가하려는 정부당국의 가시적 목표가 되는 것을 피하기 위해 이러한 중앙집중식 연대와 거리를 두는 경우도 있다.

2) 국제연대 등장의 환경적 요인

위에서 국제연대의 등자의 직접적인 요인들을 살펴보았는데 여기에서는 국제연대의 등장에 기여하는 환경적인 요인들을 국제적인 접촉의 확대와 문제의 국제적 다면성이라는 2가지로 분류하여 살펴보고자 한다.

(1) 국제적인 접촉의 확대

교통과 통신 기술의 발달은 정보의 유통을 촉진하고 NGO 활동가들의 접촉을 용이하게 만들었으며 국제기구의 수의 증대와 정부간회의의 잦은 개최는 NGO들 사이의 연대를 위한 중심(focal point)을 제공했다.

이와 같은 요인들로 인해 국제적인 접촉을 위한 기회가 현저하게 늘어나면서 문화의 전환(cultural shift)을 가져왔고 이러한 문화의 전환을 통해 일종의 전 지구적인 시민사회(global civil society)가 형성되고 있어 국제연대가 가능하게 되었다.[7]

(2) 문제의 국제적 다면성

국제연대 등장의 환경적 요인 가운데 빠뜨릴 수 없는 것이 다루어야 할 문제들이 정치·경제·사회·문화 등 어떠한 성격의 것이든 대부분 어느 한 국가에 국한된 문제가 아닌 최소한 양국 간이거나 지역적 혹은 전 지구적인 측면을 가지고 있다는 점이다. 예컨대 중국의 황사가 이웃하고 있는 한국과 일본에 영향을 미치고 있어 한국과 일본의 황사문제가 중국과의 협력 없이 해결될 수가 없다. 따라서 이러한 문제의 해결을 위해 관련 국가들의 정부대표들 사이에 협력이 긴요하듯이 시민사회 차원에서도 NGO들 사이의 연대가 문제해결에 긴요하다.

또한 세계화의 급속한 진행과 더불어 빈국과 부국 간의 격차가 점점 더 벌어지고 있어 개도국 NGO들은 이러한 세계화가 가져오는 폐해를 막기 위한 노력을 전개하고 있다. 그러나 개도국의 저발전과 빈곤의 문제는 선진국들의 참여에 의한 공동의 노력 없이는 해결되기 어려우며 이러한 선진국의 노력은 선진국 NGO의 자국 정부에 대한 압박이 없이는 쉽지 않다. 이러한 면에서 NGO들 간의 국경을 넘는 연대에 의한 공동 노력이 세계화의 문제를 완화하는 데 긴요하게 되고 있다.

2. 국제연대의 형태

국제연대는 특정한 이슈에 있어서 혹은 특정한 지역 내에서 앞서 살펴본 여러

---

7) Margaret E. Keck and Kathryn Sikkink, *Activists beyond Borders: Advocacy Networks in International Politics* (Ithaca and London: Cornell University Press, 1998), 14-16.

요인들에 의해 발생할 수 있다. 이러한 국제연대는 공식적일 수도 비공식적일 수
도 있으며 지속 기간이 일시적일 수도 지속적일 수도 있다. 국제사회에서 NGO
간의 국제연대는 다음과 같이 연맹·연합·이슈 연계망·이슈 협의체·관리 연
계망 등 여러 형태를 띤다.8)

1) 연맹의 형태

NGO들 사이의 국제연대는 초국가적인 연맹(federation or confederation)의 형태
를 띠기도 한다. 구체적으로 국제 어린이구호회(Save the Children International)9)·
국제 플랜(Plan International)10)·국제 옥스팜(Oxfam International)11)·국제 선명
회(World Vision International)12)·국제 앰네스티(Amnesty International, AI)·국제

---

8) 국제연대의 형태 중 이슈 연계망·이슈 협의체·거버넌스 연계망은 윌레츠(Peter Willets)에 의
한 구분이다: Peter Willets, "Civil Society Networks in Global Governance: Remedying the
World Trade Organization's Deviance from Global Norms," paper presented for the
Colloquium on International Governance, Palais des Nations, Geneva, September 20, 2002.

9) 한국에 Save the Children Korea가 설립되어 있으며 2017년 8월 현재 전 세계적으로 한국을
비롯해 28개 국가에 연맹을 구성하는 회원조직을 두고 있으며 125개 국가에서 활동을 하고 있
다. 인종·종교·정치적 이념을 초월하여 아동의 생존·보호·발달·참여의 권리를 실현하기
위해 활동하는 것을 목표로 한다. Save the Children UK·Save the Children USA·Save the
Children Sweden·Save the Children Canada가 한국전쟁 후에 아동을 중심으로 한 구호활동
을 펼친 바 있으며 이것이 모태가 되어 오늘날의 Save the Children Korea의 설립에 이르게
되었다.

10) 국제 플랜(Plan International)은 2017년 8월 현재 전 세계 51개 개도국에서 아동 중심의 지역
개발을 추구하는 세계 최대의 국제 아동개발원조 NGO로서 한국을 위시한 전 세계 18개 국가
에 국제 플랜의 지부가 존재한다. 과거 「양친회」라는 이름으로 한국전쟁 이후 1970년대 후반까
지 한국을 도왔다. 한국은 이제 이 단체의 후원국으로 그 지위가 바뀌었다. 구체적으로 한국에
한국 플랜(Plan Korea)이 설립되어 활동하고 있다.

11) 국제 옥스팜(Oxfam International)은 2017년 8월 현재 Oxfam Germany를 비롯해 20개 국가의
NGO로 구성되어 있으며 전 세계 90여 개 국가에서 활동하고 있다. 전 지구적 빈곤을 완화하는
것을 주된 목표로 한다. 한국의 경우와 스웨덴의 경우는 국제 옥스팜을 구성하고 있는 20개 국
가의 NGO들과는 달리 「대중관여사무소(Public Engagement Offices)」라는 지위를 갖고 활동하
고 있다. 이러한 조직의 주된 목표는 기금을 조성하고 대중들을 옥스팜의 활동에 관여시키는 것
이다.

12) 국제선명회(World Vision International)는 한국전쟁 발발과 더불어 생긴 전쟁고아와 미망인을
돕기 위해 기독교 정신에 입각하여 1954년에 한국에 사무소를 개설한 것이 모태가 되어 설립된
NGO들의 연맹체이다. 이 조직은 빈곤과 불의(injustice)를 극복하기 위해 기독교적인 구호·개
발·비판과 제언활동을 하는 조직이다. 현재 전 세계 105개 국가에서 국가·인종·종교를 초월
하여 약 4,500만 명의 수혜자를 돕고 있다. 「World Vision」을 한국에서는 「선명회」라고 부른
다. 한국 선명회(World Vision Korea)는 국제 선명회(World Vision International)의 구성원
(member)으로서 1953년 설립되어 1991년까지 해외 후원자의 도움으로 활동하다가 그 이후 완

투명성기구(Transparency International)·국제적십자사연맹(International Federation of Red Cross, IFRC)13)·국제 케어(CARE International)14)·국제 지구의 벗(Friends of the Earth International, FoEI)15)·국제 테르 드 옴므 연맹(International Federation of Terre des Hommes, IFTDH)16)·국제 까리따스(Caritas Internationalis)17)·국제 액션에이드(ActionAid International)18)·국제 그린피스(Greenpeace International,

---

전 자립해 국내 후원자의 도움으로 국내사업과 국외사업을 실시하고 있다. WVI를 구성하고 있는 각국의 조직들은 WVI에 소유되거나 통제를 받는 조직(consolidated affiliate)과 그렇지 않은 조직으로 구분이 되는데 World Vision Korea는 후자에 속한다.

13) 국제적십자사연맹(IFRC)은 재난과 보건위협이 발생하기 전이나 발행한 기간 동안 혹은 발생 후에 취약한 사람들이 필요로 하는 것을 충족시켜주고 삶을 개선하는 것을 주된 역할로 한다. 이 조직은 제네바에 사무국을 두고 있으며 2017년 8월 현재 대한적십자사(Republic of Korea National Red Cross)를 위시하여 190개 국가의 적십자사를 회원으로 두고 있다. 이와 더불어 국가의 단체에게는 옵서버(observer) 지위를 부여하고 있다.

14) 「CARE」는 「Cooperation for American Relief Everything」의 약어이다. 국제 케어(CARE International)의 경우 2017년 8월 현재 CARE Australia·CARE Canada·CARE Denmark·CARE Germany(CARE Deutschland-Luxemburg)·CARE France·CARE India·CARE Japan·CARE Netherlands·CARE Norway(CARE Norge)·CARE Austria(CARE Österreich)·CARE Peru·CARE Thailand·CARE UK·CARE USA라는 개개 국가에 설치된 14개의 회원조직(member organizations)으로 구성되어 있다. 이들은 94개 국가에서 빈곤퇴치에 중점을 두고 활동하고 있다. CARE Korea는 아직 설립되어 있지 않다.

15) 국제 지구의 벗(Friends of the Earth International, FoEI)은 환경운동을 하는 68개 국가의 회원조직으로 구성된 연맹체이다. 이 조직은 그린피스(Greenpeace) 및 세계자연기금(World Wide Fund for Nature, WWF)과 더불어 세계에서 영향력이 큰 3대 환경 NGO 중 하나이다. 기존의 토착 환경 NGO인 한국의 환경운동연합이 FoEI의 회원조직으로서 Friends of the Earth Korea를 설립하여 「지구의 벗 환경운동연합」이라고 부르고 있다.

16) 테르 드 옴므(Terre des Hommes, TDH)는 아동의 권리를 보호하기 위한 목적으로 1959년 스위스에서 창설된 NGO이다. 2017년 8월 현재 Terre des Hommes Canada를 위시하여 10개 국가의 NGO들이 International Federation of Terre des Hommes(IFTDH)이라는 연맹조직을 구성하고 있다. 한국은 이 조직의 회원조직을 가지고 있지 않다.

17) 국제 까리따스(Caritas Internationalis)는 1897년에 독일에서 처음 조직된 가톨릭 조직으로서 특히 빈자와 억압받고 있는 사람들을 위한 좀 더 좋은 세계를 만들기 위해 구호·개발·사회서비스를 제공하는 160개가 넘는 국가의 가톨릭 조직들로 구성되어 있는 연맹체이다. Caritas Korea는 1974년에 설립되었으며 1979년에 Caritas Internationalis의 정식 회원조직이 되었다.

18) 선진국 국제 NGO임에도 불구하고 특이하게 본부를 남아프리카공화국의 요하네스버그에 두고 있음으로써 본부가 개도국에 소재한 유일한 국제개발 NGO이다. 2017년 8월 현재 45개 국가에서 빈곤과 불의(injustice)가 없는 세계를 만들기 위한 활동을 전개하고 있다. 국제 액션에이드는 두 종류의 회원조직을 가지고 있다. 그 중 하나는 국제 액션에이드에 합류하여 국제 액션에이드가 추구하는 비전·임무·가치·전략·기준 등을 이행할 것을 동의한 제휴회원(affiliate members)이고 다른 하나는 이러한 제휴회원이 되는 과정에 있는 준회원(associate member)이다. 국제 액션에이드는 2015년 12월 현재 ActionAid UK를 비롯하여 21개 제휴회원과 ActionAid Nepal을 위시한 6개의 준회원으로 구성되어 있으며 47개 국가에서 활동을 하고 있

GI)[19] · 국제 인권연맹(International Federation for Human Rights, FIDH[20]) 등이 이러한 예에 속한다.

이들 연맹을 구성하고 있는 각국의 NGO를 일반적으로 「제휴회원(affiliate member)」이라고 부른다. 이러한 연맹이 다음에 살펴볼 NGO 연합(coalition)과 다른 점은 연맹을 구성하는 개개의 NGO들이 연맹의 총체적인 이미지와 이념을 공유한다는 것이다. 또한 구성 NGO들은 세계의 여러 지역에 분포하고 있으며 공동으로 동일한 이름을 사용할 수 있다는 점이다. 다른 한편 이들은 개개 국가에서 자율적인 조직으로서 활동한다. 즉 이들은 자신의 기금조성과 사업에 책임을 지는 등 자율성을 갖는다.

국제 인터액션의 경우를 예로 들자면 이 국제 NGO는 중앙 집권적인 하향식 조직 구조(top-down organizational structure)를 가지고 있지 않다. 구체적으로 개개 국가에 소재하고 있는 회원조직들은 그들 자신들에 의해 운영되며 어느 국가 소속의 회원조직인가에 관계없이 동일한 표결권을 보유하고 동일한 발언권을 행사한다.

2) 연합의 형태

NGO들의 연대는 공식적인 연합(coalition)의 형태를 띠기도 한다. 이러한 연합은 연맹과 마찬가지로 상위의 우산조직(umbrella organization) 즉 제휴조직들을 공식적으로 연결하는 조직(formal bridging organization)의 창설을 통한 이루어진다. 이러한 공식적인 연합의 주요한 기능은 이슈에 있어서 공동의 입장을 발전시키거나 조율하기 위한 논의와 협력의 장소가 되는 것이다.

연합을 구성하는 NGO들은 제각기 다른 이유로 그리고 각기 다른 지역적 문제의 해결을 위해 형성된 NGO들로서 연맹과는 달리 공동의 정체성을 형성하지

다. 한국에는 회원조직이 존재하지 않는다.

19) 세계 3대 환경단체의 하나인 국제 그린피스(Greenpeace International)는 2017년 8월 현재 Greenpeace Korea를 포함하여 29개 국가의 그린피스로 구성되어 있다.

20) 이 연맹은 프랑스 파리에 소재하고 있는 프랑스 NGO로서 프랑스어 명칭은 「La Fédération internationale des ligues des droits de l'Homme」이며 약어인 「FIDH」는 여기에서 온 것이다. 이 조직은 국제사회에서 가장 오래 된 인권단체인 영국의 국제 반노예연대(Anti-Slavery International)에 이어 두 번째로 오랜 된 인권운동 조직이다. 2017년 8월 현재 120개가 넘는 국가의 178개 국내 인권 NGO로 구성되어 있다.

는 않는다는 특징을 지닌다. 이 때문에 느슨한 연방(loose confederation)의 형태라고 볼 수 있다.

이러한 연합은 예컨대 특정 지역이나 특정 국가 내에서 각기 상이한 부문에서 활동하는 NGO들이 그들의 활동을 조율하기 위해 이용될 수 있다. 그러나 이러한 연합을 구성하는 NGO들은 공식적인 연합의 결정에 구속되지 않으며 나름의 입장을 자유롭게 취할 수 있다.

이러한 예로는 1979년에 설립된 이후 현재까지 존재하는 농업개혁과 농촌개발을 위한 아시아 NGO들의 연합체인 「농업개혁과 농촌개발을 위한 아시아 NGO 연합(Asian NGO Coalition for Agrarian Reform and Rural Development, ANGOC)」을 들 수 있다. 이 연합은 식량안보·농업개혁·지속 가능한 농업·참여적 지배구조(participatory governance)·농촌개발에 적극적으로 관여하는 아시아 내에 소재하는 다양한 NGO들의 국내 연계망과 지역적인 연계망으로 구성되어 있다. 현재 이러한 일국 혹은 지역을 단위로 하는 연계망은 아시아 14개 국가에 분포해 있는데 이러한 연계망들에 속해 있는 개개 NGO들의 수는 2017년 8월 현재 총 3,000여개에 이른다.

2017년 현재 미국에 기반을 두고 있는 180개가 넘는 구호·개발·난민 문제를 다루는 다양한 NGO들로 구성된 「인터액션(InterAction)」과 원칙적이고 효과적인 인도적 활동을 옹호하는 80여개의 국내 NGO와 국제 NGO들의 전 지구적 연계망이라고 할 수 있는 「국제자발적기구이사회(International Council of Voluntary Agencies, ICVA)」 그리고 2016년 현재 176개 국가에 소재한 3,500개 이상의 회원(개인·NGO·기업)으로 구성되어 전 세계에 걸쳐(특히 참여 민주주의와 시민의 결사의 자유가 위협 받고 있는 지역에서) 시민의 행동과 시민사회의 강화를 추구하는 「세계시민사회연합회(CIVICUS-World Alliance for Citizen Participation)」 역시 이러한 부류의 국제연대에 속한다. 또 다른 예로서 40개국에 걸쳐 240여개의 환경단체들로서 구성되어 있는 연합조직인 「남극 및 남대양연합(Antarctic and Southern Ocean Coalition, ASOC)」이라는 환경보호 국제연대를 들 수 있다.[21] 한국의 경우

---

21) 이 연합체는 남극대륙과 이를 둘러싸고 있는 주변 도서들 그리고 남대양을 보호하는 것을 주된 목적으로 한다. 구체적으로 평소 당사국들의 일상적인 남극활동에 대해 감시하고 남극조약이 남극 환경보호의 보다 더 강력한 방패막이 역할을 할 수 있도록 꾸준히 조약을 강화하기 위한 활동을 해왔다. 이 연합체에는 활동경력 10년 이상의 국제변호사와 남극생물 연구전문가 등 베테랑 활동가들이 활발하게 활동하고 있다. 이 단체는 남극조약 당사국회의에 유엔환경계획(UNEP)

전국에 걸쳐 500여개의 진보적인 NGO들의 연합체인 「시민사회단체연대회의 (Civil Society Organizations Network in Korea)」라는 조직이 이러한 예에 속한다.

3) 이슈 연계망

이슈 연계망(issue network)은 위에서 언급한 연맹의 형태나 연합의 형태와는 달리 공식적인 상위조직을 두고 있지 않으며 특정한 이슈에 있어서 함께 협력하고자 하는 바람 이외에는 어떠한 공통점도 가지고 있지 않는 NGO들 사이의 협력의 한 형태이다.

전형적인 예로서 1979년에 형성된 바 있는 「국제유아식행동연계망(International-al Baby Food Action Network, IBFAN)」를 들 수 있다. 이 이슈 연계망은 의료인 · 여성단체 · 소비자 단체 · 개발 행동가(development activists) · 교회 · 지역공동체 등을 구성요소로 하며 유아와 아동 그리고 그들의 어머니와 가족들의 건강과 참살이(well-being)를 개선하는 것을 목표로 한다. 현재 이러한 형태의 연대가 많이 존재한다.

4) 이슈 협의체

이슈 협의체(issue caucus)는 위에서 언급한 이슈 연계망의 한 변종으로서 특정한 논의의 장소에서의 로비에 초점을 두고 형성된 NGO들 사이의 연대를 의미한다. 이러한 형태의 연대는 구성요소들이 관련된 회의(특히 국제기구의 회의)가 지속되는 기간 동안에만 한정하여 협력하는 것을 특징으로 한다. 이러한 이슈 협의체는 NGO들이 국제기구의 회의에 효율적으로 영향을 미치기 위해 필요로 하는 정보의 공유와 입장의 조정을 위해 필요하다.

5) 거버넌스 연계망

거버넌스 연계망(governance network)은 NGO들 사이에 존재하는 연대의 특수한 형태로서 특정의 정책결정을 위한 논의의 장에 다양한 범주의 NGO들의 참여를 촉진하기 위한 목적으로 형성되는 연대이다.

과 같은 국제기구와 더불어 옵서버 기구로 참가하고 있으며 남극에서의 자원개발을 원천적으로 봉쇄하는 내용을 담은 남극환경보호의정서 제정의 견인차 역할을 해왔다: 한겨레21(인터넷), 2002년 11월 28일.

대표적인 거버넌스 연계망의 하나로서 유엔 경제사회이사회(ECOSOC)와 협의지위를 가지고 있는 NGO들로서 구성된 「NGO회의(Conference of Non-Governmental Organizations in Consultative Relationship with the United Nations, CONGO)」를 들 수 있다. 이 조직은 NGO와 유엔 간의 관계를 향상시키는 것을 궁극적인 목적으로 하여 설립된 조직이다.

구체적으로 CONGO는 구성 NGO들이 협의적 기능을 수행하는 데 있어 최대한의 기회와 적절한 시설을 활용할 수 있도록 하고 협의과정에 있어서 토론장(forum)을 제공하며 공동의 이익을 가져다 줄 수 있는 일에 대한 견해를 교환하는 것을 주된 목적으로 한다. 중요한 것은 CONGO는 NGO들로 하여금 국제적인 문제에 대한 논의할 수 있는 장을 제공할 뿐이지 CONGO 자체가 이러한 국제적인 문제들에 대해 공동의 입장을 택하는 등의 활동은 하지 않는다는 사실이다.

CONGO 이외에 「지속가능개발위원회 NGO 운영위원회(Commission on Sustainable Development NGO Steering Committee)」도 거버넌스 연계망의 하나이다. 이 조직의 가장 큰 목적은 지속가능개발위원회에의 NGO의 관여를 촉진하는 것이다. 이를 위해 구체적으로 다음과 같은 활동을 한다.

ⅰ) NGO들에게 지속가능개발위원회의 운영 과정에 대한 정보의 소통을 향상시킨다. ⅱ) 운영위원회는 NGO들의 참여를 돕는 중심이 된다. ⅲ) NGO들의 입장을 조정하는 것을 돕는다. ⅳ) NGO들의 능력구축과 이들 간의 협의를 위한 회의의 개최를 돕는다. ⅴ) 관련 정부간회의의 보고서 등 문건의 전파를 돕는다. ⅵ) 운영위원회의 활동은 NGO들이 취할 공동의 입장을 정하는 것이 아니라 이것은 전적으로 NGO들의 영역에 속한다. ⅶ) 개개 NGO들은 그들 자신의 입장 등을 결정하며 그들의 운영위원회에서의 활동에 관계없이 참여가 배제되지 않는다.[22] 「전 지구적 환경기금 NGO 연계망(Global Environment Facility NGO Network)」 역시 이러한 부류의 연대에 속한다.

3. 연대를 통한 영향력 행사 전략

NGO들이 결성한 연대가 영향력을 행사하기 위해 NGO들은 어떠한 전략을

---

22) Peter Willetts, "Primary Sources for The Voice of Which People?" http://www.staff.city.ac.uk/p.willetts/NGOS/CSD/TERMSREF.HTM (접속일: 2017년 8월 20일).

사용하는가를 살펴보는 것은 흥미로운 일이다. 이에 대해 켁과 식킹크(Margaret E. Keck and Kathryn Sikkink)의 논의를 중심으로 살펴보면 다음과 같다.23)

다음에 살펴볼 전략들은 주로 비판과 제안 기능을 하는 NGO들에 의해 사용하는 전략들로서 이러한 전략들은 연대에 의해 개별적으로 사용될 수도 있고 때로는 동시에 사용될 수도 있다. 또한 이러한 전략들은 반드시 NGO들의 연대에 의해서만 사용될 수 있는 전략들이 아니고 개개의 NGO들이 영향력을 행사하기 위해 개별적으로도 사용될 수도 있는 전략들이다.

1) 정보정치(information politics) 전략

NGO들은 특정 이슈에 있어서 인과관계를 포함한 사실을 내포하고 있는 기술적 정보(technical information)·여론과 의사 결정자의 선호에 관한 정치적 정보(political information)·이러한 이슈들이 국내적 혹은 국제적 규범이나 의사결정자의 개인적인 철학과 일치하는가의 여부에 대한 규범적 정보(normative information)를 제공함으로써 영향력을 행사할 수 있다.24)

이러한 정보와 관련하여 NGO는 국가와 비교하여 상대적인 우위를 가지고 있으며 이러한 비교우위는 여러 가지 요인에 기인한다. ⅰ) NGO들이 단일한 이슈에 집중할 수 있는 능력으로부터 유래된다. 구체적으로 NGO들은 단일한 이슈에 관심과 자원을 집중함으로써 복잡한 이슈의 경우에 있어서도 자세하고 정확한 정보를 수집할 수 있는 가능성을 지닌다. ⅱ) 비교우위는 또한 NGO들이 국내나 국경을 넘어 연계망(network)을 형성할 수 있고 이를 통해 비교적 적은 비용으로 정보를 수집하고 확산시키는 것이 가능하다는 사실로부터 유래된다. ⅲ) 풀뿌리 주민들과의 긴밀하게 연계되어 있다는 점이 또한 NGO들이 정보와 관련하여 갖는 비교우위이다.25)

정보라는 것은 연대를 구성하는 조직들을 결집시키며 연대의 효율성에 본질적으로 중요한 역할을 한다. 왜냐 하면 쉽게 접근할 수 없는 정보의 출처(information

23) Margaret E. Keck and Kathryn Sikkink, *Activists beyond Borders: Advocacy Networks in International Politics* (Ithaca and London: Cornell University Press, 1998), 16-25.

24) Elizabeth Bloodgood, "Influential Information: NGO's Role in Foreign Policy-Making," paper presented for the 2001 Annual Meeting of the American Political Science Association, San Francisco, CA, August 29-September 2, 2001.

25) ibid.

sources)로부터 얻기 힘든 정보를 지리적으로 멀리 떨어져 위치하고 있는 NGO 활동가와 일반 대중들에게 제공할 수 있기 때문이다.

연대에 있어서의 정보의 유통은 사실(fact)과 증언(testimony) 두 가지를 포함하게 되고 이러한 사실과 증언 등을 통해 사람들을 설득하고 이들로 하여금 행동을 취하도록 자극하게 된다. 이러한 사실과 증언을 통해 연대의 목표를 달성하기 위해 이러한 사실과 증언은 신뢰할 수 있는 것이어야 하며 충실하게 문건으로 작성되어야 한다.

또한 이러한 것들이 시의적절하게 제공되어야 하며 극적인 성격을 띠어야만 일반 대중과 정책 결정자로 하여금 마음을 바꾸도록 설득할 수 있다. 이들 기술적이고 통계적인 정보로서의 사실과 증언에 의거한 극적인 정보는 상호 연결되어 사용되는 것이 중요하며 이 두 가지의 정보는 일반인들에게 행동의 필요성을 더욱 느끼도록 한다.

이러한 정보정치 전략의 위력은 통신의 발달로 인해 NGO들이 적은 비용과 빠른 속도로 지리적인 경계를 넘어 정보를 얻을 수 있게 되었기에 가능하며 이를 통해 국가의 정보 독점력이 무너졌기 때문이다.

연대의 이러한 정보정치 전략은 대중매체와 협력관계를 가질 때 중요한 의미를 가진다. 따라서 좀 더 많은 대중들에게 다가가기 위해 연대는 대중매체의 주의를 끌기 위한 노력을 해야 한다. 동조하는 저널리스트가 연대의 구성원이 될수 있으며 연대 구성원들은 대중매체와의 협력관계를 위해 평소에 신뢰에 대한 명성을 쌓아 놓아야 한다. 그리고 대중매체의 관심을 끌기 위해 시의적절하고 극적인 방식으로 정보를 포장해야 한다. 이러한 정보의 유통은 대중매체에의 정보의 제공·기자회견·유료공고(paid announcements) 등을 통해 이루어지기도 한다.

2) 상징정치(symbolic politics) 전략

상징정치 전략이란 상징적인 이벤트(symbolic events)를 통한 설득으로서 이를 통해 일반인들을 각성시키고 뜻을 같이 하는 사람들을 늘리려는 전략이다. 상징적인 이벤트를 가질 경우 이러한 이벤트가 없었다면 정치적으로 냉담할 대중의 관심·대중매체의 취재·선출직 공무원들의 주목을 촉발하게 된다.

상징적인 이벤트에는 여러 가지가 있을 수 있는데 주장하는 구호를 담고 있는 플래카드를 걸기 위해 미국 뉴욕의 자유의 여신상에 오르는 등의 시위가 대표적인 것이다.

또 다른 전형적인 상징전략의 하나는 노벨상과 같은 상의 수여를 들 수 있다. 예컨대 미얀마의 권위주의적 정치에 저항하는 아웅 산 수지 여사에게 노벨평화상을 제공함으로써 미얀마의 압제적인 정권에 대한 관심을 전 세계적으로 불러일으키는 것이 이러한 종류의 전략에 속한다.

예산감시 연계망 운동을 벌이고 있는 한국의 NGO인 「함께하는 시민행동」은 국가예산의 낭비를 막기 위한 수단의 하나로서 예산낭비가 심한 자치단체에게 「밑 빠진 독 상」을 제정하여 이를 수여해 오고 있는데 이것도 대표적인 상징정치의 하나로 볼 수 있다.

3) 지렛대정치(leverage politics) 전략

지렛대정치 전략이란 다른 국가의 정부나 국제기구와 같은 행위자에게 압력을 가해 이들로 하여금 캠페인 대상의 정책이나 행태의 변경을 가져오도록 하는 전략을 의미한다.

보다 구체적으로 지렛대정치 전략이란 NGO들이 정부 및 세계은행(World Bank)과 같은 국제금융기구와 다국적기업(MNC)과 같은 대상의 정책 변경을 가져오기 위해 이들보다 좀 더 강한 행위자에게 압박을 가하거나 설득하는 전략을 의미한다. 이를 통해 NGO들은 자신들이 보유하고 있는 영향력을 뛰어 넘는 영향력을 행사할 수 있다. 이러한 지렛대 전략에는 물질적인 지렛대 전략과 도덕적인 지렛대 전략 두 가지가 있다.

우선 물질적인 지렛대 전략이란 문제가 되고 있는 이슈를 돈이나 재화 혹은 국제기구에 있어서의 표나 권위 있는 직책 등과 연계시키는 전략을 의미한다. 예컨대 인권훼손이 심각한 수준에 있는 국가가 있을 경우 NGO들이 다른 국가 정부나 국제금융기구로 하여금 군사원조·경제원조·쌍무적인 외교관계의 단절과 같은 수단을 동원하여 인권훼손 국가의 정책을 변경시키도록 하는 전략을 말한다.

미국의 인권관련 NGO들은 자국 정부의 정책 결정자에게 인권훼손 국가에 대한 경제원조나 군사원조를 중지하여만 하는 필요를 확신시키는 정보를 제공함으로써 지렛대를 구축하곤 한다. 환경 관련 NGO들은 다자개발은행(multilateral development bank, MDB)으로 하여금 환경훼손 국가에게 차관제공을 중지해야만 하는 필요를 확신시키는 정보를 제공함으로써 환경훼손 국가의 환경정책에 대한 지렛대를 가질 수가 있다.

　도덕적 지렛대 전략은 도적적인 「수치심의 동원(mobilization of shame)」을 통해 국제적인 관심의 대상이 되도록 함으로써 도덕적인 이미지를 중요시하는 국가의 정책변경 등을 유도하는 전략을 의미한다.26) 연대가 특정 국가가 국제 의무를 위반하거나 자신들이 대외적으로 밝힌 주장에 따르지 않는 것을 입증하는 경우에 국가는 자신의 대외적 신용을 위태롭지 않지 하려고 정책에 있어서의 변경이나 행동에 있어서의 변화를 도모하게 된다.

　도덕적 지렛대는 눈에 보이는 손실을 가져오는 물질적인 지렛대에 비해 그 실효성이 장소와 시간에 따라 크게 다를 수 있다.27) 일반적으로 적지 않은 국가의 정부는 자신들이 문명화되어 있고 자신들이 체결하는 데 일조를 한 국제조약과 같은 것을 잘 지키고 있다는 평가를 원하지만 국가에 따라서는 이러한 평가에 둔감한 국가가 존재하기 때문이다.

　지렛대 전략이 제대로 작동하기 위해서는 NGO들은 여전히 자신들의 회원을 동원하고 대중매체를 통해 여론에 영향을 미칠 수 있는 능력을 보유하는 등의 신뢰성(credibility)을 지니고 있어야 함은 물론이다.

4) 책임정치(accountability politics) 전략

　국가와 같은 공공 부문의 행위자나 민간 부문의 행위자들은 공공연하게 추구하는 원칙이나 규칙을 가지게 마련이다. 그러나 이러한 행위자들의 실제 행동이 이러한 원칙이나 규칙과 괴리를 보이는 경우 NGO들이 이들로 하여금 이러한 공약에 대한 책임을 지도록 압박을 가해 이들의 변화를 유도하는 전략이다.

　지렛대정치라는 것이 NGO들이 자신들보다 더욱 강력한 압력을 행사할 수 있는 행위자의 힘을 빌리는 것인데 반해 책임정치는 NGO가 직접적인 압박의 주체가 되는 경우를 말한다. 힘을 가진 행위자가 기존에 공공연하게 천명한 원칙이나 정책을 시행하지 않거나 상충하는 정책을 전개하는 경우 NGO 연대는 이러한 위반 사항에 대한 주도면밀한 정보를 가지고 행위자에게 압력을 가하게 된다. 그러

---

26) 수치심의 동원(mobilization of shame)은 「지명하고 망신주기(naming and shaming)」 혹은 「인류 양심의 동원(Mobilization of the Conscience of Mankind)」이라고도 불린다.

27) 인권 분야에 있어서 수치심의 동원에 관한 자세한 내용은 다음 책을 참고하시오: Robert F. Drinan, *The Mobilization Of Shame: A World View of Human Rights* (New Haven, Conn.: Yale University Press, 2001).

나 국가의 국내구조(domestic structure)가 어떠한가에 따라 이러한 압력의 실효성에 있어서 큰 차이를 보인다.

4. 연대의 효율적 작동에 영향을 미치는 요인들

연대가 효율적으로 작동하기 위해서는 여러 요인들이 존재하야 한다. 여기에서 이러한 요인들을 이슈의 특징·행위자의 특징·경험을 통해 뿌리 깊게 문제의식이 공유된 이슈·대표성 있는 연대의 구조·이슈의 적절한 성격 규정·연대의 구성요소 간의 보완적 관계·구성요소 간의 자원의 배분으로 구분하여 살펴보고자 한다.28)

1) 이슈의 특징

이슈의 특징에 따라 연대의 효율적 작동이 영향을 받는다. 우선 사회적 약자나 무고한 개인에게 육체적인 위해가 가해진 이슈의 경우에 연대가 작동하기 쉽다. 이때 특히 책임이 어디에 귀속하는 지에 관한 간단명료한 인과관계가 밝혀질 경우 연대의 작동이 효율적으로 이루어진다.

따라서 여성할례(female circumcision)·고문·강제 실종과 같은 이슈들이 연대의 작동을 용이하게 한다.29) 또한 환경보호 캠페인을 하는 경우에 있어서도 환경보호와 그 환경 속에서 살고 있는 약자들의 보호를 연계시켜 강조할 경우 연대가 보다 용이하게 작동될 수 있다.

이때 이러한 문제들에 있어서 누가 책임이 있거나 죄가 있다고 하는 인과관계가 간단명료하게 성립하는 것이 연대의 작동에 중요한 영향을 미친다. 예컨대 캠페인 활동가들이 세계은행(World Bank)이 직접적으로 기금을 제공하고 있는 프로

---

28) 이 가운데 이슈의 특징과 행위자의 특징은 켁과 식킹크(Margaret E. Keck and Kathryn Sikkink)가 언급한 요인이고 나머지는 요인들은 가벤타와 마요(John Gaventa and Marjorie Mayo)가 언급한 것이다: Margaret E. Keck and Kathryn Sikkink, *Activists beyond Borders: Advocacy Networks in International Politics* (Ithaca and London: Cornell University Press, 1998), 26-28; John Gaventa and Marjorie Mayo, "Spanning Citizenship Spaces Through Transnational Coalitions: The Case of the Global Campaign for Education," Institute of Development Studies Working Paper 327 (June 2009), 25-35.

29) 일반인에 대한 고문보다도 정치범에 대한 고문의 경우 연대형성이 좀 더 효율적으로 일어날 수 있다.

젝트가 인간과 환경에 미치는 나쁜 영향에 대해 세계은행이 책임이 있다는 것을 확신시켜 연대를 작동시키는 것은 용이하나 국제통화기금(IMF)이 개도국에서 일어나고 있는 기아나 식량폭동(food riots)에 책임이 있다고 확신시키는 것은 그다지 쉽지 않고 그 결과 연대의 효율적 작동이 어렵다. 왜냐하면 전자의 경우에 비해 후자의 경우 인과관계가 좀 더 복잡하고 훨씬 가시적이지 않기 때문이며 이는 또한 IMF나 해당 정부 모두 이들 사이의 정확한 협상의 내용을 밝히지 않기 때문이다.

이러한 이슈와 더불어 법적인 기회균등의 문제를 포함하고 있는 이슈의 경우에 보다 효율적으로 연대가 작동될 수 있다. 이러한 이슈의 대표적인 것으로서 노예 문제·여성 참정권 문제·인종차별 문제를 들 수 있으며 이들 모두 기회균등의 가장 기본적인 측면을 부정하고 있는 것이어서 이의 개선을 위한 연대의 형성과 작동이 상대적으로 용이하다.

2) 행위자의 특징

위에서 언급한 이슈의 특성과 더불어 연대의 주체와 연대의 대상이라는 두 행위자의 특성이 연대의 효율적인 작동에 영향을 미친다. 간단하게 말해 이슈와 관련된 정보를 잘 전파할 수 있는 연대의 주체가 되는 행위자와 설득이나 영향력에 취약한 대상 행위자(target actors)가 존재할 경우 연대가 효율적으로 작동할 수 있다. 우선 연대구성의 주체가 되는 행위자의 특성부터 좀 더 구체적으로 살펴보면 다음과 같다.

연대는 다수의 행위자·연대 내 그룹 간의 강한 결속·신뢰할만한 정보유통으로 인한 높은 연대의 밀도(density)가 존재할 경우 가장 잘 작동한다. 효율적인 연대는 상호적으로 정보의 교환이 있어야 하고 연대의 대상이 되고 있는 국가의 활동가와 제도적인 지렛대를 가질 수 있는 행위자를 포함하고 있어야 한다. 이 밖에 정보에의 접근·정보를 전파할 수 있는 능력·신뢰성·다른 사회적 연대에게 그리고 다른 사회적 연대를 대신하여 의견을 표명할 수 있는 능력 역시 중요하다.

이와 더불어 캠페인의 대상이 되고 있는 행위자의 특성 역시 효율적인 연대의 작동에 중요한 영향을 미친다. 구체적으로 이러한 대상 행위자가 물질적인 유인 (material incentives)이나 외부 행위자로부터의 제재(sanction)에 취약해야 한다. 또는 대외적으로 한 공약과 실제 사이에 있어서의 차이로 인해 가해지는 압력에 민

감해야 한다.30)

캠페인 활동가의 지렛대 사용을 통한 영향력이 존재하고 대상 행위자가 이러한 영향력에 민감할 때 대상 행위자의 취약성이 드러나게 되며 둘 중 어느 하나가 부재할 경우 캠페인은 실패하게 된다. 연대를 통한 압력에 가장 민감한 국가는 규범적인 국가 공동체에 속하기를 갈망하는 국가들이다. 즉 국제사회에서 그들의 지위를 향상시키는 데 열성적인 국가에게 있어서 도덕적인 지렛대는 중요한 역할을 하게 된다.

3) 경험을 통해 뿌리 깊게 문제의식이 공유된 이슈

무역에 있어서의 정의(justice) 문제나 외채 문제처럼 추상적이지 않고 광범위하게 공유된 가치라든가 대부분 사람들이 경험을 통해 문제로 인식하고 있는 이슈의 경우 국제연대를 용이하게 생성하게 하고 효율적으로 작동하게 한다.

이러한 이슈의 경우 이미 국내적으로도 문제를 해결하기 위한 캠페인이 진행되어 오고 있거나 진행될 것이기 때문에 국제적인 연대가 용이하지 않을 수가 없다. 즉 지방이나 국가차원에서의 경험 속에 뿌리가 깊이 박혀 있는 이슈가 국제연대에 중요하다.

여기에 무역문제나 외채문제와 달리 강력한 국제적인 경제 행위자(economic actor)의 이해관계에 직접적인 도전을 가하지 않는 이슈가 국제연대를 용이하게 한다. 보편적인 초등교육(universal primary education)과 같은 이슈가 이러한 이슈에 해당한다고 볼 수 있다.

4) 대표성 있는 연대의 구조

연대의 구조가 대표성(representativeness)을 지녀야 한다. 특히 남반구의 NGO와 북반구의 NGO가 연대에 참여할 경우 남반구의 목소리가 효율적으로 대표될 수 있어야 한다. 남반구 NGO는 북반구 NGO들이 단지 캠페인의 정당성을 가져오기 수단으로 자신들을 연대의 대상으로 포함시키고자 한다는 우려를 갖게 마련이므로 이러한 인식을 불식시켜야 하며 실제에 있어서도 이를 실천해야 한다. 다

---

30) 대외적으로 한 공약과 실제 사이에 있어서의 차이로 인해 압력에 민감해지기 위해서는 연대의 대상 행위자가 국가의 책임을 강조하는 국제조약 등에 참여하고 있는 것이 전제되어 있어야 한다.

시 말해 포괄적인 거버넌스 구조(inclusive governance structure)를 지녀야 한다.

5) 이슈의 적절한 성격 규정

이슈의 성격규정(issue framing)은 사회운동에 있어서 캠페인의 정당성을 결정하고 힘의 원천이 되는 중요한 요인이다. 문제의 성격을 규정함에 있어서 중요한 것은 문제의 전 지구적인 관련성을 찾아내는 것이다. 그러나 이때 물론 일국 내의 지방과 국가 수준에서의 관련성이 전제되어야 한다. 이슈의 성격 규정을 둘러싸고 갈등이 존재하기 십상이다. 따라서 이를 피하기 위해 연대 구성요소들 사이에 토론과 협상을 통한 합의적인 이슈의 상격규정이 중요하다.

교육이라는 이슈의 경우를 예로 들자면 이슈의 성격으로서 교육의 낮은 질을 규정할 수 있다. 경우에 따라 개도국에서 아동노동(child labour)으로 인해 아동이 교육의 기회를 놓친다는 점을 고려하여 아동노동을 교육문제의 중요한 성격으로 규정할 수도 있다. 그러나 교육의 이슈를 교육의 질이나 아동노동이라는 성격으로 규정할 경우 이를 둘러싸고 개도국 내에서 논쟁이 유발되기 쉽다. 이러한 점을 고려하여 교육의 이슈를 「모든 사람을 위한 교육(Education for All)」으로 성격을 규정하는 것이 연대의 등장과 효율적 작동에 중요한 역할을 했다.

6) 연대의 구성요소 간의 보완적 관계

국제연대가 잘 작동하려면 일국 내의 지방·국가·지역·세계 수준을 모두 포괄할 뿐 아니라 각 수준에 존재하는 연대 구성요소들 간에 상호 경쟁적·적대적 관계가 아닌 보완적·협력적 관계가 존재해야 한다.

이러한 위해서는 각기 다른 연대의 구성요소들 간에 존재하는 힘·관점·지식·기술 등에 있어서의 차이가 존중되어야 한다. 특히 관심을 두어야 하는 것은 이들 사이에 존재하는 힘에 있어서의 차이이며 이로 인해 구성요소들 사이의 관계가 위계적이 되어서는 안 된다. 이러한 요소들에 있어서의 차이로 인한 갈등의 가능성을 최소화하기 위한 노력이 필요하다.

7) 구성요소 간의 자원의 배분

국제연대를 통한 캠페인을 위한 자원의 배분이 이루어져야 한다. 연대의 구성요소들 간에 물질적인 기반에 있어서 굉장히 큰 차이가 존재하면 이러한 차이가 연대의 지속 가능성을 위협한다. 예컨대 물질적 기반이 빈약한 NGO의 경우는 캠페인 활동에 필요한 물자의 구입 자체가 어렵고 나아가 국제회의 등에 대표단을 파견하는 것이 쉽지 않을 뿐 아니라 문제해결을 위한 연구 등이 어렵기 때문이다. 따라서 지속 가능한 연대가 이루어지려면 자원의 확보와 배분을 위한 기제가 필요하다.

5. 연대의 문제점

일반적으로 연대는 다음과 같은 몇 가지 도전에 직면하곤 한다. 우선 연대를 구성하는 개개 NGO 대표들의 관심사와 참여에 있어서의 차이 · 구성 NGO들이 참여에 전념하는 정도에 있어서의 차이 · 참여 NGO들 사이의 영향력에 있어서의 차이 등의 문제를 안고 있다.

예컨대 영향력에 있어서의 차이는 영향력이 강한 NGO로 하여금 연대의 구성에 미온적인 태도를 보이게 할 수 있다. 환경 분야에서 그린피스(Greenpeace)와 같은 NGO가 전형적으로 이러한 경향을 보여준다. 연대의 여러 형태 중 앞서 언급한 연합(coalition)에 초점을 맞추어 문제점을 좀 더 살펴보도록 하자. 이러한 문제점은 연대의 효율적 작동에 영향을 미치는 요인들 가운데 특히 연대의 구성요소 간의 보완적 관계와 구성요소 간의 자원의 배분이라는 요인과 밀접하게 관련되어 있다.

연합에 있어서 문제는 종종 구성 NGO들 간의 평등성의 결여로부터 야기된다. 예컨대 연대에 속하는 여러 NGO 중에서 한두 NGO만이 연대의 결과와 관련하여 대중매체의 주목을 받고 모든 성과의 공을 차지하는 경우가 종종 발생하며 이로 인해 연대의 결속력이 약화된다.

연대에 속하는 NGO들 가운데는 회원이나 재정적인 자원 등을 둘러싸고 경합적인 관계에 있는 NGO들이 있을 수 있는데 이들 간에 문제가 존재한다면 이러한 문제를 공론화하여 참여하는 NGO 모두가 연대로부터 무엇인가를 얻을 수 있도록 해야 한다. 연대의 폭이 넓으면 넓을수록 결과는 좀 더 성공적일 수 있기 때문에 결과의 공적을 공유하고 서로 존중하는 자세가 적극적으로 필요하다.

연합이 성공적이기 위해서는 규모가 큰 NGO든 작은 NGO든 그리고 온건한

노선을 걷는 NGO든 급진적인 노선을 쫓는 NGO든 서로의 차이를 존중하고 상
대방들의 장점을 서로 이용하고 존중하는 자세가 긴요하다. 작은 NGO의 경우는
종종 제한적인 영향만을 가지나 좀 더 유연성을 가질 수 있고 큰 NGO는 좀 더
큰 영향력을 발휘할 수 있으나 관료적인 구조 때문에 융통성이 떨어져 새롭게 전
개되는 상황에 쉽게 적응하는 것이 어려울 수 있기 때문이다.

제 11 부
NGO의 법적 지위

제24장
NGO의 국제법상 지위

1. 국제법 주체성

국제법의 주체가 무엇을 의미하는가에 대해서 일반적으로 합의된 정의가 존재하지 않는다. 때로는 법을 만드는데 참가하는 행위자라는 의미로도 사용하나 일반적으로 이러한 의미보다는 국제법상의 권리를 향유하고 의무를 부담하는 자라는 의미로 많이 쓰인다. 좀 더 엄격한 정의에 따르면 여기에서 더 나아가 국제법이 부여한 권리를 실질적으로 행사하고 의무를 실질적으로 부담할 수 있는 행위능력을 보유하고 있어야 된다.

이러한 행위능력을 구체적으로 구성하고 있는 것이 무엇인가를 둘러싸고 이견이 존재하나 일반적으로 이러한 행위능력에는 조약을 체결할 수 있는 능력·타국의 관할권으로부터 특권과 면제를 누릴 수 있는 능력·타 행위자의 국제법 위반에 대해 책임을 묻고 자신의 국제법 위반에 대해 책임을 질 수 있는 능력·국제재판에서 소송을 제기할 수 있는 능력 등이 포함된다고 간주된다. 단 이러한 행위능력을 모두 갖추어야만 주체가 되는 것은 아니며 일부의 능력을 보유한 경우도 제한적 의미의 주체성을 부여한다. 여기서는 이러한 기준을 참고로 하여 NGO의 국제법 주체성을 검토해 보고자 한다.

일반적으로 국제적 활동을 하는 조직인 국제 NGO들은 국제법상 지위를 인정받고 있지 않다. 이런 연유로 NGO를 「국제적인 법익의 피박탈자(international outlaw)」라고 부르기도 한다.[1] 이는 정부 간 조약체결에 의해 설립된 국제기구가 국가처럼 완벽한 국제법 주체로서의 지위는 아니지만 제한된 범위 내에서 국제법

---

[1] 「international outlaw」는 「국제적 무법자」라고도 번역이 되나 이 경우 법을 지키지 않는다는 부정적인 의미를 가지게 되어 부적절한 번역이 된다.

적 주체로서의 지위를 누리는 것과 대조되는 점이다. 다시 말해 정부 간에 조약의 체결 없이 민간 차원의 합의에 의해 설립된 NGO들은 국제기구와 같은 지위를 향유하지 못하고 있다.[2]

NGO는 국제법의 형성과 집행(implement) 그리고 강제(enforcement)에 활발하게 참여하고 있음에도 불구하고 국제법의 주체로서의 NGO는 사실상 존재하지 않는다. 즉 NGO의 국제적인 활동과 국제법인 책임과 의무라는 점에서의 이들의 법률적인 지위 사이의 갭이 점점 커지고 있다.[3]

이러한 국제 NGO의 국제법상 지위의 부재는 다음 제25장에서 살펴볼 국내법상의 특별한 지위의 부재를 가져오고 있다. 즉 국제법적 지위가 부재함으로써 개개 국가 정부는 자국에 소재하는 국제 NGO의 편의를 도모하기 위한 국내 입법화에 별다른 자극을 받지 않고 국가에 따라서는 오히려 이러한 NGO들을 의혹과 우려의 시선으로 바라보기까지 한다.

NGO가 국제문제의 해결과 완화에 있어서 중요한 국제적인 행위자로서 역할을 하고 있다. 이러한 역할의 결과로 국제적십자위원회(ICRC)는 1917년과 1944년 그리고 1963년 모두 세 차례에 걸쳐 노벨평화상을 수상한 바 있다. 그 밖에 1977년에 국제 앰네스티(Amnesty International, AI)가 1997년에는 국제지뢰금지운동(ICBL)이 1999년에는 국경없는 의사회가 노벨평화상을 수상한 바 있다. 이러한 현실을 반영하여 이러한 활동과 관련하여 제한적이나마 국제법상의 주체로서의 지위가 부과되어야 한다는 주장이 제기되고 있다.[4] 이러한 주장에도 불구하고 극히 일부의 NGO에게만 제한적인 국제법상의 주체로서의 지위가 주어지는 것은 NGO들에게 국제법상 지위가 부여될 경우 국가들이 NGO들에 대한 통제를 상실하게 되는 것을 우려하기 때문이라고 볼 수 있다.

---

2) 앞서 살펴보았듯이 국제기구는 정도의 차이는 있으나 국가들과는 달리 이러한 NGO들의 존재를 인정하고 이들과 다양한 형태의 협력관계를 유지하고 있다.

3) Math Noortmann, "Non-State Actors in International Law," in Bas Arts, Math Noortmann, and Bob Reinalda, eds., *Non-State Actors in International Relations* (Adelshot, UK: Ashgate Publishing Ltd., 2001), 71.

4) 이병조·이중범, 『국제법 신강』 (서울: 일조각, 1993), 389.

2. 제한적으로 국제법 주체성이 인정된 예

위에서 언급했듯이 통상적으로 국내 NGO와 국제 NGO 모두 국제적인 법인 격을 누리지 못한다. 즉 이들 NGO들은 국제적인 법질서 속에서 행동할 수 있는 법적 능력(legal capacity)을 지니지 않으며 어떠한 특권과 면책도 주어지지 않은 채 소속되어 있는 국가와 활동하고 있는 국가들의 국내법에 복속되어 있다.

그러나 예외가 없는 것이 아니다. 여기에서는 이례적인 경우로서 제한적인 국 제법적 법인격(international legal personality)을 인정받고 있는 사례를 살펴보고자 한다. 여기에서 국제법적 법인격에 있어서의 제한의 정도는 사례에 따라서 크게 다르다.

1) 제네바협약과 추가 의정서

전쟁으로 인한 희생자 보호를 위하여 1864년부터 시작하여 1949년에 이르기 까지 85년이라는 긴 기간에 걸쳐 제네바에서 체결된 일련의 국제조약인 제네바협 약(Geneva Conventions)과 추후에 체결된 추가 의정서(Additional Protocols)는 국 제적십자위원회(International Committee of the Red Cross, ICRC)의 국제적 지위를 인정했다.[5] 이처럼 ICRC는 개인의 주도적인 역할에 의해 탄생되었음에도 불구하 고 국제조약을 통해 각국 정부로부터 국제적인 지위를 획득했던 것이다.

---

5) 제네바협약은 스위스 제네바에서 조인되어 인도주의에 대한 국제법의 기초가 된 4회에 걸쳐 체 결된 4개의 조약을 지칭한다. 우연히 솔페리노(Solferino) 전투의 참혹함을 목격하고 부상자 치 료에 적극적으로 참여한 스위스 제네바 출신의 사업가인 앙리 뒤낭(Jean Henry Dunant)이 1862년에 제네바에서 출간한 「솔페리노의 회상(Un Souvenir de Solferino)」이라는 저서에서 전시에 상병자를 헌신적으로 돌보기 위해 국제적인 구호단체의 설립과 더불어 이러한 구호단체 의 존재 자체와 이들의 인도적 활동의 안전을 보장하는 원칙들을 국가들 간의 조약으로 체결할 것을 제안했다. 이러한 그의 제안은 국제적십자위원회(International Committee of the Red Cross, ICRC)의 설립과 제네바협약의 체결로 이어졌다. 제네바 협약을 구성하고 있는 4개의 협 약은 다음과 같다: 육전에 있어서의 군대의 부상자 및 병자의 상태 개선에 관한 협약(1864 년)·해상에 있어서의 군대의 부상자와 병자 및 조난자의 상태개선에 관한 협약(1906년)·포로 의 대우에 관한 협약(1929년)·전시에 있어서의 민간인의 보호에 관한 협약(1949년). 이러한 제네바협약은 1906년·1929년,·1949년 3회에 걸쳐 개정되고 보완되었으며 다음 3개의 추가의 정서가 제네바협약에 더해졌다: 국제적 무력 충돌의 희생자 보호에 대한 제네바협약의 추가의정 서(1977년)·비국제적 무력충돌의 희생자 보호에 대한 제네바협약의 추가의정서(1977년)·적십 자 표장 추가 등 제네바 협정의 추가의정서(2005년).

제네바협약은 무력충돌 피해자를 보호하고 원조하는 임무를 ICRC에 부여했다. 구체적으로 협약은 ICRC에게 무력갈등 시기에 수감자를 방문하고 구호활동을 조직하며 이산가족을 재결합시키는 등의 인도적 활동의 임무를 부과했던 것이다.

전쟁 희생자의 보호를 주된 임무로 하는 ICRC는 1863년에 스위스의 민법(Swiss Civil Code) 상의 단체로 설립되었지만 제네바협약을 통해 국제법적인 지위가 인정됨에 따라 이에 근거하여 스위스 정부와 국제 법인격을 인정하는 본부협정(Headquarters Agreements)을 체결하였으며 이를 통해 스위스 당국으로부터의 독립을 확인받고 있다. ICRC는 스위스 이외의 국가들에서도 활동하고 있으며 이러한 국가 대부분과도 쌍무적인 지위협정(bilateral status agreement)을 체결하여 법적 지위와 더불어 특권과 면책을 부여받고 있다. 2016년 현재 약 95개 국가들과 이러한 협정을 체결하였으며 13개 이상의 국가와 협정의 체결을 위한 협상을 하는 등 ICRC는 인도주의적 활동을 전개하고 있는 국가의 영역 내에서의 법적인 지위를 구체화하고 있다. 또한 이러한 지위는 쌍무적인 지위협정에 의하지 않고 국가의 입법적 혹은 행정적인 행위에 의해서도 주어진다.[6)]

이러한 쌍무적인 협정과 국가의 입법적 혹은 행정적인 행위는 ICRC를 국제적인 법 주체(international legal entity)로 인정하고 있고 통상적으로 국제기구가 누리는 특권과 면제(privileges and immunities)를 ICRC에 부여하고 있다.[7)] 구체적으로 이러한 특권과 면제는 행정적 절차와 사법적인 절차(administrative and judicial proceedings)로부터의 면제를 포함하며 이들이 소재하고 있는 지역과 문서 등에 대한 불가침권을 포함한다.

ICRC 대표단은 국제기구의 직원들과 비슷한 지위를 누린다. 참고로 국제기구의 직원은 공적인 자격으로 한 행동에 관한 소송절차의 면제 · 국제기구가 지불하는 급여 및 수당에 대한 과세의 면제 · 국민적 복종의무의 면제 등이 포함된다.[8)]

---

6) Els Debuf, "Tools to Do the Job: The ICRC's Legal Status, Privileges and Immunities," *International Review of the Red Cross*, Vol. 97, No. 897/898 (2016), 324.

7) 국제기구가 누리는 특권과 면책의 내용은 국제기구에 따라 다를 수 있다. 그러나 일반적으로 국제기구 자체는 본부 구내 및 공문서의 불가침 그리고 재판권과 과세권으로부터의 면제 등을 누린다.

8) 국제기구와 관련하여 특권과 면제를 살펴볼 때 기구 자체의 특권과 면책 · 기구의 사무국 직원의 특권과 면책 · 기구에 참여하는 회원국 정부대표의 특권과 면제를 살펴보아야 한다. 일반적으로 회원국 정부대표는 임무 수행과 관련된 신체의 불가침 · 경찰권의 면제 · 모든 문서의 불가침 등의 특권과 면책을 누린다.

ICRC 대표단의 수장은 소재해 있는 국가(host country)에서 외교사절의 장에 해당하는 방식으로 대우를 받으며 ICRC의 총재(president)는 국가나 정부의 수뇌 혹은 유엔 사무총장과 같은 국제기구의 수장에 해당하는 대우를 받는다.

이러한 특권과 면제는 ICRC에 있어서 없어서는 안 된다. 왜냐하면 이러한 특권과 면제가 ICRC의 활동에 있어서 반드시 필요한 중립과 자율성을 확보해 줄 수 있기 때문이다.

ICRC는 유엔헌장 제71조에 근거를 둔 NGO의 지위인 유엔 경제사회이사회의 협의지위(consultative status)를 취득하여 있었다. 그러나 이러한 지위가 ICRC에게 주어진 과업을 수행하는 데 적절하지 않다는 인식이 생기면서 1990년 제45차 유엔총회에서 138개 국가가 공동제안국이 되어 결의안을 상정한 후 합의(consensus)로 통과되어 ICRC는 총회의 옵서버 지위(observer status)를 획득한 바 있다.

2) 국제 NGO의 법인 인정에 관한 유럽의정서

NGO들이 국경을 넘어 초국가적인 활동을 활발하게 전개하고 있지만 국제법적인 지위를 보유하고 있지 않은 관계로 적지 않은 도전에 직면해오고 있다. 국제적인 수준에서 이러한 도전에 대응하는 노력이 오래 전부터 있어왔으나 별 다른 결과를 가져오지 못한 것이 사실이다.

이러한 도전에 대한 대응이 유럽의 인권기구인 유럽평의회(Council of Europe)가 중심이 되어 이루어졌는데 구체적으로 유럽평의회는 국제 수준에서의 NGO의 활동을 촉진할 목적으로 1986년에 「국제 NGO의 법인 인정에 관한 유럽의정서 (European Convention on the Recognition of the Legal Personality of International Non-Governmental Organizations)」를 체결하여 1991년에 정식으로 발효시켰다. 본 의정서의 주요 내용을 소개하면 다음과 같은데 가장 핵심적인 규정은 체약국 일방에서 창설된 NGO의 법인격을 다른 체약국에서도 인정하도록 하는 것이다.

우선 체약국 일방에서 창설된 NGO의 법인격이 다른 체약국에서 인정되기 위해서는 몇 가지 조건이 충족되어야 한다. ⅰ) NGO가 협회(association)나 재단 (foundation) 혹은 다른 종류의 민간 조직이어야 한다. ⅱ) NGO는 공적 조직이 아닌 민간 조직이어야 함과 아울러 비영리 조직이어야 한다. ⅲ) NGO는 국제적인 용도(international utility)를 지니고 있어야 한다. 국제적인 용도를 가지고 있어야 한다는 조건을 충족시키기 위해서 NGO는 최소한 두 국가에서 실질적인 활동

을 수행해야 한다. 이때 또 다른 한 국가는 유럽평의회의 회원국이 아니어도 된
다. ⅳ) NGO는 조약과 같은 국제적인 수단에 의해 설립되지 않고 의정서 채약국
의 국내법에 의해 지배되는 기관에 의해 설립이 되어야 한다. ⅴ) NGO는 의정서
채약국 중 한 국가의 영토 내에 법정 사무실(statutory office)을 두어야 하며 관리
와 통제가 이러한 법정 사무실이 있는 국가나 혹은 다른 체약국에서 이루어져야
한다.

어느 한 체약국이 NGO에게 법인의 지위와 법적 능력(legal capacity)을 부여
하는 경우 이 체약국에 NGO의 법정 사무소가 소재하게 되며 모든 다른 체약국
에서 별도의 절차 없이 이러한 법인의 지위와 법적 능력이 인정된다. 그러나 모
든 다른 체약국에서의 법인의 지위와 법적 능력의 부여가 제한 없이 주어지는 절
대적인 것은 아니다. 해당 국가에 있어서 본질적인 공공의 이익에 의한 필요에
따라 국내법이 외국 NGO와 유사한 국내조직에 부과하는 제약과 한계가 적용될
수 있다.

이 의정서는 체약국 사이에 있어서 NGO의 국내적인 법 지위(intrastate legal
status of NGO)만을 다루고 있어 국제법상으로 NGO의 주체성을 인정하고 있다고
보기 어려운 측면이 있다.

3) 유엔헌장 제71조

국가 간에 체결된 국제조약인 유엔헌장은 제71조에서 유엔 경제사회이사회
(ECOSOC)가 그 권한 내에 있는 사항과 관련이 있는 NGO와의 협의를 위해 적절
한 약정을 체결할 수 있다고 규정함으로써 NGO의 존재와 기능을 인정하고
ECOSOC으로 하여금 특별협정의 체결을 통해 일정한 자격요건을 갖춘 NGO에게
협의지위를 부여할 수 있는 권한을 부여하고 있다.

이러한 근거 규정에 따라 일정한 자격을 가진 NGO들이 유엔 경제사회이사회
와 협정을 체결하고 이를 통해 NGO들은 의제 제안권·구두진술권·서면진술권
등의 일부 혹은 전부를 보유한다. NGO들은 이러한 권리와 더불어 일정한 기간
내에 보고서를 제출할 의무 등을 진다.

3. 국제법상의 NGO 권리와 의무의 근거

국제법상의 NGO의 권이와 의무는 국제기구와의 협정체결을 통해 부여되기도
하고 국제조약에 의해 일방적으로 부여되기도 하며 때로는 정부와의 협정 체결을
통해 부여되기도 한다. 이들을 구분하여 살펴보면 다음과 같다.

1) 국제기구와의 협정체결을 통해 부여되는 권리와 의무

이러한 경우에 속하는 경우가 앞서 살펴본 바 있는 NGO에게 제한적으로 국
제법 주체성이 인정된 예의 하나인 유엔헌장 제71조이다. 이것을 근거 규정으로
해서 유엔 ECOSOC은 일정한 자격요건을 갖춘 NGO들과 협정을 체결하고 이를
통해 의제 제안권·구두진술권·서면진술권과 같은 권리를 전부 혹은 일부를 부
여하고 일정한 기간 내에 보고서를 제출할 의무 등을 부과한다.

2) 국제조약에 의해 일방적으로 부여되는 권리와 의무

위에서 살펴본 경우는 NGO가 체결 당사자가 아닌 국제조약에 근거를 두고
NGO와 국제기구가 특별한 협정을 체결하여 이를 통해 권리와 의무가 발생하는
경우이다. 이들과는 달리 NGO가 체결 당사자가 아닌 국제조약이 NGO에게 일방
적으로 특별한 지위를 부여하는 경우도 있다.

구체적으로 경제적·사회적·문화적 권리에 관한 국제규약(일명 국제인권규약
A규약)에 의해 설치된 경제적·사회적·문화적 권리에 관한 위원회(Committee on
Economic, Social and Cultural Rights)의 의사규칙과 유네스코의 세계문화와 자연
유산의 보호에 관한 의정서(Convention Concerning the Protection of the World
Culture and Natural Heritage) 등은 NGO의 회의 참여권을 인정하고 있다.

멸종위기에 처한 야생 동식물 종의 국제거래에 관한 협약(Convention on Inter-
national Trade in Endangered Species of Wild Fauna and Flora, CITES)과 오존층 보
호를 위한 비엔나 의정서(Vienna Convention for the Protection of the Ozone
Layer) 등 많은 국제환경협약은 NGO에게 옵서버(observer)의 지위를 부여하고
있다.

여성차별철폐협약의 선택의정서, 고문방지협약, 시민적·정치적 권리에 관한

국제규약(일명 국제인권규약 B규약), 인종차별철폐협약 등은 NGO에게 청원할 수 있는 권한(청원권)을 부여하고 있다. 이와 더불어 지역 인권협약인 유럽인권협약·미주인권협약·아프리카인권헌장 등도 NGO의 청원권을 인정하고 있다.

3) 정부와의 협정 체결을 통해 부여되는 권리와 의무

극히 제한된 경우이기는 하나 NGO는 국가와의 협정 체결을 통해 권리와 의무를 부여받기도 한다. 앞서 언급한 국제적십자위원회(ICRC)가 그랬던 것처럼 「중동부 유럽 지역 환경센터(Regional Environmental Center for Central and Eastern Europe, REC)」라는 NGO는 진출국으로부터 외교적 면책권을 획득한 바 있다.

REC는 1990년에 미국·헝가리·유럽연합의 집행위원회에 의해 헝가리에 설립된 조직으로서 정부·NGO·기업이라는 다중의 이해관계 요소로 구성되어 있다. 헝가리 정부와 REC 사이에 체결된 중동부 유럽 지역 환경센터의 법적 지위에 관한 협정을 통해 헝가리 정부는 REC의 법인격을 인정했다. 이에 따라 REC는 주어진 기능을 수행하고 목적을 달성하는 데 필요한 법적 능력(legal capacity)을 보유하며 여기에는 계약의 체결능력·동산과 부동산을 획득하고 처분할 수 있는 능력·법적 절차에 참여할 능력 등이 포함된다.

또 다른 예는 프랑스 정부가 NGO인 그린피스(Greenpeace)와의 협정을 통해 그린피스에게 법인격을 부여한 경우이다. 1985년 7월 10일에 남태평양상의 프랑스령 폴리네시아의 모루로아(Moruroa) 환초 일대에서 있을 프랑스의 핵실험을 막기 위한 준비 작업 차 뉴질랜드의 오크랜드(Auckland)에 정박 중이었던 그린피스의 선박인 무지개 전사(Rainbow Warrior)호가 프랑스 비밀 정보원이 설치한 폭발물에 의해 침몰되고 승선 인원 중 사진작가 한 사람이 사망한 사건이 발생했다. 그린피스는 이 사건으로 인해 발생한 피해에 관한 분쟁을 유엔 사무총장이 주재하는 중재재판에 회부하기 위해 프랑스 정부와 협정을 체결하여 법인격을 부여받은 바 있다.

4. 결 어

결론적으로 NGO들의 국경을 넘는 활동이 증가할 뿐 아니라 국제사회에서 국가들 간의 협상에 관여하는 등 그 역할이 확대되고 심화되고 있는데도 불구하고

이들의 국제법적 지위에는 별다른 변화를 보이고 있지 않다. 이러한 사실은 NGO
가 국제법적인 보호의 대상이 되어야 한다는 측면에서 문제의식을 가져야 하지만
또 다른 한편 이들의 활동과 관련하여 책임을 물을 필요라는 측면에서도 문제의
식을 가져야 할 것이다.

제*25*장
NGO의 국내법상 지위

앞서 언급한 바와 같이 국제 NGO의 국제법상 지위의 부재는 국내법상의 특별한 지위의 부재를 가져오고 있다. NGO의 국내법상 지위를 소속 국가 내의 국내법상 지위와 진출국의 국내법상 지위로 나누어 살펴보면 다음과 같다.

1. 소속국가의 국내법상 지위

일반적으로 개도국의 경우 NGO들을 규제하고 있는 경우가 많다. 따라서 많은 개도국에서 NGO를 관장하는 법이나 규제를 만들거나 이의 시행을 둘러싸고 정부와 NGO 사이에 많은 논란이 일어나고 있다. 이와는 대조적으로 선진국의 경우 NGO에 관한 특별법을 제정하여 NGO를 보호하고 나아가 활성화시키기 위한 노력을 경주하는 경우가 많다. 이러한 경우들을 대표적인 예를 들어 살펴보기로 하자.

1) 일반적인 개도국 국내법상 지위

일반적으로 개도국 정부는 NGO(특히 인권문제를 다루는 NGO)를 통제하기 위해 NGO의 활동을 막거나 방해하는 여러 수단을 동원하여 왔다. 구체적으로 정부는 NGO의 신뢰성이나 정통성에 도전하기도 하고 NGO의 국내활동을 금지하거나 NGO 활동가를 위협 혹은 체포하는 등의 합법적 혹은 때때로 불법적인 수단을 사용함으로써 NGO의 활동에 도전을 가한다. 특히 인권을 무시하거나 위반하는 정부일수록 NGO에 압박을 가하고 존재를 부인함으로써 NGO를 통제하고자 하는 성향을 보인다.[1] 가장 최근의 예로서 이집트의 예를 한번 들어보기로 하자.

---

1) Peter van Tuiji, "NGOs and Human Rights : Sources of Justice and Democracy," *Journal of International Affairs*, Vol. 52, No. 2 (Spring 1999), 503.

이집트 대통령은 2016년에 의회를 통과한 바 있는 NGO의 활동을 엄격하게 규제하는 법의 시행을 위해 2017년 5월에 서명을 했다. 이로써 이집트에는 활동하고 있는 것으로 추산되는 47,000개가 넘는 NGO가 큰 제약을 받게 되었다.

이 법은 특히 인권 부문에서 활동하는 NGO를 중요 대상으로 하지만 사회 부문과 개발 부문 등 다른 부문에서 활동하는 NGO들도 대상에서 예외가 아니다. 이 법은 구체적으로 국내외 NGO들이 국가안보·공공질서·공공윤리·공공보건을 해친다고 간주되는 인권을 비롯한 모든 일에 관여하는 것을 금하며 위반할 경우 55,000달러 이상의 벌금이 부과되거나 5년까지의 수감에 처해지게 된다.

외국 NGO의 경우 이집트에서 활동을 시작하려면 16,500달러를 지불해야 하며 정규적으로 정부로부터 활동에 대한 승인을 갱신해야 한다. 모든 종류의 센터(center)는 제공하는 서비스에 관계없이 NGO로서 재등록이 되어야 한다. 또한 이 법은 NGO들에게 국가의 계획과 개발의 필요에 따라 활동을 할 의무를 지우고 있다.

이 법은 나아가 해외기금을 받는 모든 NGO의 감시를 주어진 임무로 하는 「해외 NGO 규제 국가기관(National Authority for the Regulation of Non-Governmental Foreign Organizations)」이라고 불리는 국가 규제위원회를 도입하였다. 이 기관은 외무부·국방부·내무부·정보기관·정부자금세탁감시기구를 포함한 10개 조직의 대표들로 구성되어 있다.[2]

2) 미국·한국·일본의 국내법상 지위

일반적으로 선진국의 국내법들은 여러 측면에서 NGO 활동의 활성화를 위해 NGO에 대한 지원을 규정하고 있다. NGO 활동의 활성화를 위한 핵심 사안은 기부금이나 후원금에 대한 면세혜택인데 이를 중심으로 설명하면 다음과 같다.

미국의 경우 특정 정파를 지지하는 정치활동을 하지 않는다는 전제하에 기부금에 대한 면세혜택을 부여하고 있다. 미국의 시민단체들은 주로 회비와 기부금을 통해 운영이 되고 있는데 이들 중 상당수는 기부금에 대한 면세혜택을 누리는 대

---

[2] Al Jazeera, "Why is Egypt's New NGO Law Controversial?" http://www.aljazeera.com/indepth/features/2017/05/egypt-ngo-law-controversial-170530142008179.html (접속일: 2017년 8월 23일)

신 이러한 특권과 맞바꾸어 특정 정파나 정당을 지지하는 정치활동을 제약받고 있다. 반면 또 다른 일련의 시민단체들은 면세혜택을 포기하는 대신 각종 언론매체나 의회청문회 등을 통해 단체의 입장을 피력하는 등 제약 없는 정치활동을 전개하고 있다.

한국의 경우 2000년 1월에 제정된 「비영리민간단체지원법」이 존재한다. 이 법률에 따라 지원을 받고자 하는 NGO들은 등록을 필해야 하며 이렇게 등록된 NGO들은 구체적으로 국가로부터 조세의 감면과 우편요금의 25% 감면의 혜택을 받게 되며 정부 기능 중 공익적 기능의 일부를 NGO가 맡는 세계적 추세에 따라 공익사업선정위원회에 의해 채택된 공익사업 등에 대한 보조금을 지원받게 된다. 이러한 법률제정을 통해 한국은 OECD 국가 중 유일하게 NGO에 대한 지원법이 없는 국가로부터 탈출하게 되었다.[3]

그러나 이러한 비영리민간단체지원법은 등록된 NGO에게 법인의 지위를 부여하고 있지 않아 자연인이 아닌 NGO가 국내법상 권리와 의무의 주체가 되기 위해서는 별도의 관계법령에 의거하여 법인으로 설립이 되어야만 한다. 이러한 별도의 절차를 거쳐 법인으로 설립되는 경우 NGO는 민법과 공익법인 설립 운영에 관한 법률에 의거하여 일반 법인과 동일한 국내법적 지위를 가질 수 있을 뿐이다.[4]

NGO가 국내 법인이 되면 일반 법인과 마찬가지로 재산이전 보고·설립등기 보고·정관변경 인가·예산과 사업계획 보고 등의 의무를 지며 주무관청의 사무 검사 및 감독을 받고 세법 규정에 따라 세금을 납부하는 등의 법적 권리와 의무를 떠맡게 된다. 특히 본부 또는 사무국의 직원으로 외국인을 고용하는 경우 출입국관리법 등 관계법령이 적용되어 많은 제약이 뒤따르게 된다.[5]

이러한 제약은 순수하게 국내적인 활동만 하는 NGO·한국에만 기반을 두고

---

3) 「비영리민간단체지원법」은 NGO에 대한 정부지원을 공식화한 법으로서 NGO에 정부 예산을 지원해줄 수 있는 근거를 명시함으로써 NGO에 대한 지원을 둘러싼 정치적 시비를 없애기 위한 측면도 존재한다.
4) NGO의 역할과 사회적 영향력이 점점 증대함에 따라 민법에 의해 설립된 비영리 법인에 대한 각종 서류와 장부의 비치 의무가 폐지되고 수익사업 사전 승인제도가 없어지는 등 비영리법인에 대한 규제가 1999년 9월부터 줄어들었다: 중앙일보(인터넷), 1999년 7월 20일.
5) 한국의 일부 NGO들은 법인의 설립을 위한 요건(특히 재정적인 요건)을 충족시키기 어렵고 법인으로 등록해 정부로부터 감독과 감사를 받는 것은 정부를 감시하는 시민단체의 자율성을 침해할 수도 있다는 우려 때문에 법인의 설립을 꺼리기도 한다.

있으면서 국제적인 활동을 하는 NGO·한국에 본부나 사무국을 두고 국제적으로 연계되어 국제적인 활동을 하는 국제 NGO·다른 국가에 본부를 두고 있는 국제 NGO와 연계되어 국제적인 활동을 하는 한국 내의 NGO 모두에 적용된다.

이 가운데 국제적인 성격이 가장 강한 것은 물론 한국에 본부나 사무국을 두고 한국이 주도적으로 국제적인 활동을 하는 국제 NGO이다. 예컨대 한국에 본부를 두고 있으며 유엔 경제사회이사회(ECOSOC)로부터 일반 협의지위를 누리고 있는 굿네이버스 국제본부(Good Neighbors International)가 이러한 경우에 속하는 NGO이다.

굿네이버스 국제본부는 처음 사단법인으로 출발했으나 사회복지 법인으로 변경하여 현재 국내 여타의 사회복지 법인들에 준하는 대우와 약간의 보조금을 받고 있으며 외교부 보조기관인 한국국제협력단(KOICA)으로부터 해외사업에 대한 약간의 보조금을 받고 있는 것이 국내에서 누리는 혜택의 전부이다.

한국의 국력이 신장되어 국제적인 위상이 높아지면서 국제백신연구소(International Vaccine Institute, IVI)와 같은 국제기구의 본부가 한국에 설립되었다. 정부는 이를 계기로 앞으로 기회가 주어지면 더 많은 국제기구의 본부를 한국에 유치할 계획을 가지고 있다. 한국의 국력신장은 또한 국제 NGO에 있어서도 마찬가지이다.

굿네이버스 국제본부나 밝은사회클럽 국제본부(GCS International)처럼 한국에 본부나 사무국을 두고 있는 한국의 국제 NGO들이 등장하고 있으며 앞으로 더 많은 국제 NGO들이 한국의 주도로 설립되고 운영될 것으로 보인다. 따라서 이들의 활동을 지원하기 위한 새로운 논의의 필요성이 제기되고 있다.

일본의 경우는 1995년 고베 대지진 복구에 나선 시민·자원봉사단체에 대한 지원 필요성이 여론화한 것을 계기로 3년 동안의 숙의 끝에 1998년에 중의원 본회의에서 「특정비영리활동촉진법」을 만장일치로 통과시켰다.6) 이 법이 규정하고 있는 조건을 충족시킨 NGO가 등록을 하게 되면 한국의 비영리민간단체지원법과는 달리 별도의 절차 없이 특별한 법인의 지위를 부여받는다. 이 법이 제정되기 전에 각종 시민단체들은 법인격을 부여받지 못해 개인 명의로 사무실을 설치해야 하는 등의 문제로 사무실을 내기도 어려웠고 단체의 대표가 바뀔 경우 상속세를

---

6) 간단히 줄여서 「비영리단체(NPO)법」이라고 통칭한다. 2016년 6월에 법의 일부가 개정되어 공포되었으며 2017년 4월부터 시행되었다.

지불해야 하는 등의 어려운 점이 많았다.[7]

이 법은 등록할 수 있는 시민단체의 활동 분야를 보건 · 의료 · 사회복지 · 어린이 육성 · 사회교육 · 지역공동체 개발 · 문화 · 예술 · 스포츠 · 재난구호 · 국제협력 등 12개로 구분하여 제한하고 있다. 이 법에 의해 법인자격을 부여받는 시민단체는 정치 활동과 종교 활동이 금지되는데 이는 옴진리교 사건 등의 영향으로 인한 것이다. 미국과는 달리 개인 기부금에 대한 세금공제가 되지 않고 바자회 등을 통한 수익금에도 법인세가 부과되는 등 NGO 입장에서의 불만요인들이 존재하고 있는 것은 사실이나 이 법에 의해 NGO들이 법인격을 부여받을 수 있게 되었다는 점에서 그 의의를 찾는다.

이처럼 법은 활동영역을 12개로 한정하고 있고 정치 활동과 종교 활동을 하고자 하는 단체는 등록에서 제외하고 있는 것 이외에 까다로운 등록절차를 규정하고 있어 대다수의 단체들이 이를 외면하고 있다. 한국의 경우 시민단체로 등록하기 위해서는 구성원이 1백인 이상이어야 하고 1년 이상의 공익활동 실적을 지니고 있어야 하나 일본의 경우는 시민단체가 등록을 필하기 위해서는 구성원이 최소 10인이면 된다.

2. 진출국의 국내법상 지위

국제적인 활동을 하는 NGO가 소속국가의 영역 밖에서 활동할 경우 이들을 받아들이고 있는 국가들은 일반적으로 이들의 특별한 성격을 인정하지 않는 가운데 이들에게 자국의 국내법상 특별한 지위를 부여하는 것에 대해 부정적인 입장을 취하고 있다.

앞서 살펴보았듯이 자국 내에서만 활동만을 하는 NGO로부터 자국에 본부를 두고 있으면서 국경을 넘어 국제적인 활동을 하는 국제 NGO에 이르기까지 자국의 NGO의 경우 일반적으로 자국 내의 다른 국내 조직과 크게 달리 취급되지 않는다.

국경을 넘어 들어와 특정 국가에서 활동하고 있는 외국 NGO의 경우 진출국에서의 이들의 지위는 진출국의 국내 NGO와 유사하다. 일반적으로 진출국의 국내 조직과 동일하게 취급되는 등 국제적 성격이 제대로 고려되고 있지 않는다.

---

7) 한겨레신문(인터넷), 1998년 3월 20일.

경우에 따라서는 오히려 진출국의 국내 조직보다 철저한 감독을 받는다. 즉 외국의 NGO를 받아들인 국가는 국내 입법을 통해 NGO 활동을 규제하며 행정 절차를 통해 국제적인 NGO의 활동 역시 통제한다. 개도국들은 자국 내에 들어와 활동하는 외국 NGO들의 행태에 규제를 가할 목적으로 관련 입법을 도입하는 경우가 많은데 주요한 내용을 중심으로 살펴보면 다음과 같다.

우선 NGO들이 해외에서 구호활동을 할 경우 작은 규모의 구호활동이나 긴급한 상황에서의 긴급구호 활동 등은 예외적으로 현지 정부에 NGO로서 등록하지 않고도 가능하나 일반적으로 현지 정부에 공인을 위해 등록을 필하도록 요구된다. 즉 일국 내에서 이들 국제 NGO의 설립이 허용될 경우 활동하고 있는 국가의 국내조직이나 외국기관(foreign associations) 등으로 등록을 해야 한다. 이는 현지 정부가 순수한 인도적인 활동 이외에 정치적인 활동을 하는 NGO를 통제하고 등록만 필하고 구체적인 활동을 하지 않는 NGO들을 사전에 방지하기 위한 것이기도 하다.

르완다(Rwanda)와 같은 국가의 경우는 여기에서 더 나아가 NGO로 하여금 등록을 필하기 전에 르완다에 필요로 하는 것이 무엇인가를 정의하고 프로젝트를 계획하는 데에 수혜 공동체가 참여하고 있다는 것을 입증해야 할 의무를 부과하고 있다. 또한 등록을 연장하기 위해서는 프로젝트의 영향이 책임 행정 부서로부터 평가되고 승인되어야만 한다고 규정하고 있다.[8]

이러한 NGO의 등록 의무와 더불어 개도국의 법은 NGO의 직원에 대한 규정을 두기도 한다. 그 중 하나가 외국 NGO로 하여금 현지인을 고용할 것을 촉구하는 내용의 것이다. 케냐(Kenya)의 경우 등록된 외국 NGO가 현지인이 아닌 외국인을 고용하고자 하면 외국인에 필적할만한 기술을 가지고 있는 현지인이 존재하지 않는다거나 고용될 외국인이 현지인들의 훈련에 공헌할 것이라는 것을 입증해야만 입국허가를 받을 수 있다. 르완다의 경우는 고용되는 외국인의 수를 엄격하게 제한하고 언제까지 외국인 직원들이 적절한 현지인들에 의해 대체될 것인가의 일정표를 제시할 것을 의무화하기도 한다.[9]

---

8) Eddie Adiin Yaansah and Barbara Harrell-Bond, "Regulating the Non-Governmental Sector: The Dilemma," http://www.globalpolicy.org/ngos/role/state/2000/1121.htm (접속일: 2017년 5월 15일).

9) ibid.

일부 개도국들은 현지에 들어와 활동하고 있는 외국 NGO의 외국인 직원들의 반사회적 행태(antisocial behavior)에도 관심을 두고 이를 입법에 반영하고 있다. 예컨대 우간다(Uganda)의 경우는 외국 직원들로 하여금 범죄를 저지른 적이 없다는 것을 입증하는 서류를 소속 국가로부터 발급받아 제출할 것을 의무화하고 있다. 르완다의 경우는 외국 NGO의 직원이 반국가적이거나 반사회적 활동에 연루되었거나 르완다의 복지와 안보에 적대적인 행위를 한 것이 밝혀질 경우 형사범으로 기소될 것을 규정하고 있다. 일부 개도국들은 또한 외국 NGO들이 명시적으로 밝히고 있는 활동 목적 이외에 외부와의 정치적인 연계하에서 자국에 부정적인 정치적 결과를 가져올 수 있는 은밀한 목표를 추구하는 것을 우려하고 이를 법에 반영하고 있다.10)

NGO의 직원들과 관련하여 일부 국가는 NGO에 고용되는 현지인들의 봉급 수준에도 관심을 가지고 이를 법에 반영하기도 한다. 외국 NGO들은 일반적으로 현지인들에게 현지의 기준보다 높은 수준의 봉급을 제공하는데 이 때문에 정부의 좋은 인적 자원마저 빠져나가고 있다고 판단하고 현지의 기준에 적합한 봉급을 제공할 것을 규정하기도 한다.

현지 정부에 등록을 필해 NGO로서 공인이 되면 국가에 따라서는 조세 등에 있어서의 특혜를 제공하기도 하나 이 역시 보편적인 현상은 아니다. 선진국 이외의 영역에 국제 NGO의 본부나 사무국이 많이 설치되지 못하고 있는 것도 이러한 이유 때문이기도 하다. 국제 NGO들이 진출국에서 등록을 하는 것에 머무르지 않고 보다 적극적으로 현지 국가의 법인의 지위를 취득하는 경우 현지 국가의 법인 이상의 취급을 받지 못한다.

유엔 경제사회이사회(ECOSOC)와 협의지위를 지니거나 유엔 사무국의 공보국(DPI)과 관계를 맺은 해외 NGO도 활동하고 있는 국가에서 달리 취급되지 않는다. 즉 이들이 유엔과 특별한 관계를 맺었다고 해서 이러한 NGO가 유엔체제(UN system)의 일부가 되는 것도 아니고 이들 NGO 자체나 NGO의 직원들이 유엔체제에 속하는 기관들이 누리는 특권과 면제와 같은 특별한 지위를 누리게 되는 것도 아니다. 이러한 NGO들은 진출국에서도 다른 NGO들과 구별되지 않고 동일한

---

10) Eddie Adiin Yaansah and Barbara Harrell-Bond, "Regulating the Non-Governmental Sector: The Dilemma," http://www.globalpolicy.org/ngos/role/state/2000/1121.htm (접속일: 2017년 5월 15일).

취급을 받는다.

현재 많은 국가들은 국제 NGO의 발전을 촉진할 목적으로 자국에 본부나 사무국을 두고 있는 국제 NGO들에게 국제기구나 법인과는 상이한 국내법적 지위를 부여하는 것의 타당성을 검토하고 있다. 한국도 이에 대한 검토의 필요성을 인식하고 특별한 지위를 인정했을 때의 문제점 등을 정부차원에서 비공식적으로 연구한 적이 있다. 그러나 위에서 언급한 여러 NGO들 간의 형평성 문제 등 고려해야할 사항이 많아 쉽게 새로운 지위를 부여하는 것이 그리 쉬울 것 같지는 않다.

이처럼 국가들은 자국에서 활동하는 외국의 NGO(즉 국제 NGO)를 특별한 보호와 지원의 대상으로 간주하지 않고 일반적으로 자국의 국내 NGO를 포함한 국내조직과 차이를 두지 않으며 특히 적지 않은 권위주의적 국가들의 경우는 이들을 엄격한 규제의 대상으로 간주하고 있다.

모든 국가들이 자국에서 활동하는 외국의 NGO을 동일한 국내법이나 국내 정책을 가지고 대한다면 그나마 다행인데 개개 국가들이 다른 국내법과 다른 국내 정책을 가지고 있기 때문에 여러 국가에서 국경을 넘어 활동하는 국제 NGO들은 어디에서 활동하는가에 따라 달리 취급됨으로써 적지 않은 어려움에 처하게 된다. 이러한 문제와 관련하여 예외적인 경우로서 벨기에의 경우를 살펴보고자 한다.[11]

일찍이 벨기에는 과학적 목적(scientific objective)을 가지고 있는 국제협회(international association)에 관한 1919년 10월 25일자 벨기에 법에 근거하여 국제 NGO에게 특별한 법적 지위를 부여했다. 이 법은 처음에 과학적 목적의 국제 NGO에게만 법적 지위를 부여했으나 1954년 12월 6일자 법에 의해 수정되어 과학적 목적 이외에 자선·종교·예술·교육 목적으로까지 확대되었다.

여기에서 이들에게 주어지는 특별한 법적 지위를 부여한다는 것은 이들이 소속되어 있는 국가에서의 지위를 인정한다는 의미이다. 즉 만약에 한국의 굿네이버스가 벨기에에서 활동을 한다고 가정을 할 경우 굿네이버스는 벨기에라는 외국이지만 한국의 관련 국내법에서 규정한 지위를 벨기에에서 가지게 된다는 의미이다. 따라서 한국의 국내법이 규정한 권리를 행사하고 의무를 지게 된다.

이처럼 벨기에의 국내법은 국제적으로 활동하는 NGO(즉 국제 NGO)에게 특별한 지위를 부여하는데 이 지위는 이들의 본부가 벨기에에 밖에 소재하는 경우에도

---

11) Kerstin Martens, "Examing the (Non-)Status of NGOs in International Law," *Indiana Journal of Global Legal Studies*, Vol. 10, No. 2 (Summer 2005) 참조.

주어지며 이러한 국제 NGO에 벨기에 사람이 한 사람이라도 포함되어 있지 않아도 문제가 되지 않는다.

이렇듯 벨기에의 경우 자국에서 활동하는 다른 국가 소속의 국제 NGO에게 특별의 지위를 인정해주지만 해당 국제 NGO가 속해 있는 특정 국가의 국내법에 의한 지위를 인정해주기 때문에 이러한 국제 NGO는 벨기에가 아닌 다른 국가에서는 이러한 혜택을 누리지 못하는 한계를 가진다.

이러한 문제를 부분적으로 해결한 것이 앞서 살펴본 바 있는 「국제 NGO의 법인 인정에 관한 유럽의정서(European Convention on the Recognition of the Legal Personality of International Non-Governmental Organizations)」이다. 이 의정서의 핵심적인 내용은 의정서 당사국 일방에서 창설된 NGO의 법인격을 다른 당사국들 모두에서도 인정한다는 것이다. 따라서 국제 NGO의 소속 국가의 국내법을 인정한다는 의미에서 벨기에의 법에서 좀 더 나아가 의정서 당사국 모두에서 별도의 조치 없이 광범위하게 인정된다는 점에서 차이를 갖는다고 볼 수 있다. 그럼에도 불구하고 이 의정서 역시 NGO에게 국제법적 법인격을 부여한 것이 아니라는 점에서 벨기에 법과 동일하다.

제26장
NGO의 재정

NGO들은 여러 면에서 상이하지만 다수의 NGO들이 재정적인 어려움을 겪고 있다는 점에서 크게 다르지 않다. 설상가상으로 다음과 같은 외부적 상황과 내부적 상황이 전개되면서 이러한 어려움이 배가되고 있다.

우선 외부적 상황으로서 냉전의 종식으로 인한 원조의 정당성(rationale)의 결여[1]·서유럽 국가들의 대부분에 있어서 2007년과 2008년에 있어서의 금융시장의 위기 등으로 야기된 경제적인 불안정·원조의 효과성에 대한 부정적인 인식의 증가와 원조 피로증의 확산[2]·NGO의 수의 증가로 인한 재정적 자원을 둘러싼 경쟁의 심화 등이 NGO들의 재정적인 기반을 약화시켰다.

다른 한편 이러한 외부적인 여건의 변화와 더불어 NGO들이 내부의 취약함을 제대로 다루지 못해 왔다는 점 역시 기금의 감소에 일조를 했다. 대표적으로 NGO의 투명성과 책임성의 결여가 대중들의 신뢰를 잃도록 했다. 구체적으로 적지 않은 NGO들로 하여금 재정적 자원의 제공자를 비롯한 이해관계자들의 신뢰를 얻도록 하는 재정의 관리·프로그램의 모니터링과 평가·총체적인 프로그램 성과의 관리 등을 위한 건전한 시스템의 부족으로 재정적 자원을 확보하는 것이 어려워졌다.

비록 재정적 자원이 확보된다고 해도 이러한 재정적 자원이 회비가 아닌 외부 행위자로부터 올 경우 자원에 대한 의존으로 인해 NGO들은 자율성의 약화를 우려해야 한다.[3] 또한 현재 재정적 자원이 확보되고 있다고 해도 이러한 자원이 향

---

1) 냉전의 종식으로 이념 간 경쟁이 종식되면서 냉전시대 미국과 소련이 각각의 진영(bloc)을 관리하는 차원에서 경쟁적으로 제공하던 원조가 중단되거나 줄어들었다.

2) 선진국들 사이에서 개도국의 저발전(underdevelopment)을 해결하기 위한 이제까지의 국제사회의 노력이 적절한 것이었는가를 둘러싸고 논란이 전개되고 있다. 일부 선진국은 대외원조를 가장 많이 받은 아프리카가 별로 달라진 것이 없다는 점과 중국과 인도 등은 대외원조를 별로 받지 않고도 경제성장을 이룩했다는 점을 들어 대외원조가 발전을 가져오기보다는 오히려 발전을 저해하는 요인으로 작용했다는 주장을 제기하기까지에 이르렀다.

후에도 지속적으로 확보될 수 있을 것인가의 미래에 대한 불확실성을 우려해야
한다. 왜냐하면 기금 제공자는 기금을 좀 더 절실하게 필요로 하는 곳으로 혹은
좀 더 대중들에게 어필하는 대의(cause)가 있는 곳으로 옮겨갈 수 있기 때문이다.

이런저런 이유로 NGO들이 면하고 있는 가장 중요한 과제 중의 하나는 이들
NGO들이 자신들의 일을 희생시키지 않는 가운데 재정적 안보(financial security)
를 증대시키는 길을 찾는 일이다. 따라서 여기에서는 다양한 재원에 대해 살펴보
고 이어 재정적인 안정을 확보하기 위한 방책에 대해 살펴보고자 한다.

1. 중요한 재원

NGO의 중요한 재원으로서 회원의 정기적 후원과 비정기적 후원·정부의 지
원·국제기구의 지원·타국 NGO의 지원·기업의 지원·재단의 지원·수익사업
으로 나누어 살펴보고자 한다.

1) 회원의 정기적 후원과 비정기적 후원

NGO의 재정은 다양한 방식으로 조달되나 건전한 재정 자립을 위해서 가장
바람직한 것은 회원의 정기적 후원인 정기적 회비(membership fee)가 전체 수입
의 50% 이상을 차지하는 것이다. 그러나 이러한 NGO는 소수에 불과하다. 따라
서 NGO가 대중들의 회비가 아닌 다른 공적이거나 사적인 기금에 의존해야만 한
다. 이 때문에 NGO의 독립성과 자율성에 대한 우려가 증대하고 있는 것이 사실
이지만 NGO들은 재정적 자원을 확보하는 데 있어서 개인들뿐만 아니라 여러 다
른 재원(financial sources)에 의존해야만 한다. 다른 재원 가운데 하나는 개인의
비정기적 후원금이다. 즉 NGO들은 부유한 개인으로부터도 기금을 확보한다.

자료의 부족으로 모든 NGO들을 비교할 수 없지만 자료가 가용한 다음 몇
NGO를 통해 정기적이거나 비정기적인 개인의 후원금이 차지하는 비중을 일별해

---

3) 외부 행위자 중에서도 외국의 행위자에 의한 NGO의 재정적 자원의 조달에 대해 개도국 정부
가 민감하게 반응하고 있다. 예컨대, 요르단의 국내법은 정부가 승인한 구체적인 경우를 제외하
고 연구기관이 외국으로부터 기금을 제공받는 것을 금하고 있다. 요르단의 이슬람 세력들은 외
국으로부터의 NGO 지원을 개도국의 지배를 위한 선진국들의 새로운 시도로 간주하고 있다:
Hassan Mekki, "Foreign Funding of NGOs Fuels Anger in Jordan," http://www.globalpolicy.
org/ngos/role/globdem/funding/2001 (접속일: 2017년 11월 25일).

보면 다음과 같다. 우선 국제 앰네스티의 경우 2016년 총수입이 2억 7900만 유로
인데 이 가운데 75%가 정기적이거나 비정기적인 개인 후원・10%가 유산과 유
증・5%가 신탁과 재단・10%가 기타이다.[4]

세계자연기금(WWF)의 경우 2017년도 총수입이 3억 1,600만 달러인데 이 가운
데 개인 제공 현금(32%)・현물과 기타(25%)・정부의 무상증여(18%)・재단(9%)・
기업(6%)・연계망 사무소(5%)・기타 기여금(5%)이다.[5]

어린이구호회(Save the Children International)의 경우는 총 21억 달러의 총수
입이 있었는데 이 가운데 정부를 포함한 기관으로부터 58%・개인으로부터 25%・
기업과 재단으로부터 13%・현물 기부가 2%・기타가 2%이었다.[6]

이들 자료에서 보듯이 국제 앰네스티의 경우 정기적이거나 비정기적인 개인
후원이 차지하는 비중이 75%로 상당히 높은 편이다. 세계자연기금의 경우는 32%
이고 어린이구호회의 경우는 25%를 차지하고 있다. 이렇듯 국제적으로 잘 알려진
NGO들 사이에도 개인의 정기적 회비와 비정기적 후원금이 차지하는 비율의 편
차가 크다.

2) 정부의 지원

NGO들 가운데에는 전 지구적 정책 포럼(Global Policy Forum, GPF)처럼 독립
성을 철저하게 유지하기 위해 기업은 물론 정부로부터의 재정적 지원을 거부하는
NGO들이 존재하는 것은 사실이나 어려운 재정 현실로 인해 재정적 지원을 받더
라도 정부와는 독립하여 올바르게 사고하고 행동하면 된다는 전제하에 정부(자국
정부 혹은 타국 정부)로부터의 지원을 수용하고자 하는 NGO가 적지 않다.

NGO에 대한 정부의 지원을 세밀하게 살펴보려면 우선 정부의 지원을 NGO
가 소속되어 있는 국가 정부로부터의 지원과 타국 정부로부터의 지원으로 구분해
야 한다. 그 다음에 자국 정부로부터의 지원이라고 해도 정부로부터 프로그램이나
프로젝트를 집행하는 NGO로 직접 지원을 하는 것인지 아니면 중간에 큰 규모의

---

4) Amnesty International, *Global Finance Report 2016* (London, UK: Amnesty International
　　Ltd., 2017), 6.

5) World Wildlife Fund, *WWF-US 2017 ANNUAL REPORT* (Washington, DC: World Wildlife
　　Fund, 2017), 30.

6) Save the Children International, *Annual Report 2016* (London, UK: Save the Children
　　International, 2017), 28.

NGO에게 지원을 하고 이러한 NGO가 중간자가 되어 규모가 작은 다른 NGO에게 프로그램이나 프로젝트를 대리 집행하도록 하는지를 구분하여야 한다.

NGO에 대한 타국 정부로부터의 지원의 경우는 이보다 좀 더 복잡하다. 왜냐하면 타국 정부는 수혜국 소속의 NGO에게 직접적으로 지원을 할 수도 있고 수혜국에서 프로그램이나 프로젝트를 직접적으로 집행할 수 있는 자국의 NGO를 통해 지원을 할 수 있을 뿐 아니라 수혜국에서 프로그램이나 프로젝트를 직접 집행하지 않고 수혜국 NGO에게 대리 집행을 맡길 자국의 NGO를 통해 지원을 할 수도 있기 때문이다. 그러나 복잡한 것이 여기에서 끝나지 않는다. 왜냐하면 선진국 정부는 수혜국의 NGO도 자국의 NGO도 아닌 제3의 국제 NGO를 통해서도 지원을 제공하기 때문이다.

이러한 단순하지 않은 NGO에 대한 정부의 지원을 통계로서 포착하기가 쉽지 않기 때문에 실제에 있어서도 이러한 경우의 수 모두에 충실한 통계자료는 존재하지 않는다. 다만 경제협력개발기구 개발원조위원회(OECD/DAC)가 이에 가까운 통계를 제시하고 있어 이를 살펴보고 정부의 NGO에 대한 지원의 윤곽을 살펴보고자 한다.

OECD/DAC은 회원국 정부가 NGO에 제공하는 공적개발원조(Official Development Assistance, ODA)에 대한 통계를 제공해 오고 있다. 2017년 12월 현재 가장 최근의 통계는 2015년에 발간된 자료가 제공하고 있는데 이 통계는 2013년도의 원조를 기초로 작성되었다.[7]

이 통계는 NGO에 대한 원조를 두 가지로 구분하고 있다. 하나는 프로그램이나 프로젝트를 직접 계획하는 「NGO에 대한 원조(Aid to NGOs)」이고 또 다른 종류의 원조는 「NGO를 통한 원조(Aid channelled through NGOs)」인데 후자는 재정적 자원이 OECD/DAC 회원국들에 의해 NGO에게 제공되지만 재정을 제공받은 NGO가 아닌 다른 조직(여기에는 물론 다른 NGO도 포함되어 있다)이 원조 제공자가 계획한 프로그램이나 프로젝트를 대리 집행하는 경우를 의미한다.

이 통계는 또한 원조를 제공받는 NGO를 「원조 공여국 기반의 NGO(Donor country-based NGOs)」・「국제 NGO(International NGO)」・「개도국 기반의 NGO(Developing country-based NGOs)」・「정의되지 않은 NGO(undefined NGOs)」라

---

7) OECD/DAC, *Aid for CSOs: Statistics Based on DAC Members' Reporting to the Creditor Reporting System Database* (Paris, France: OECD/DAC, 2015).

는 4가지로 구분하고 있다. 이러한 통계와 관련하여 주의할 사항은 OECD/DAC 회원의 하나로서 국가가 아닌 유럽연합(EU)이라는 국제기구가 통계에 포함되어 있다는 사실이다. 짧은 기간에 걸친 통계이기 때문에 경향을 파악하는 것은 어렵지만 이 통계를 통해 OECD/DAC 회원국 정부들이 NGO에 제공하는 원조의 특징의 일면을 살펴보면 다음과 같다.

첫째, OECD/DAC 회원국 정부들은 총 190억 6천만 달러에 달하는 공적개발원조를 NGO에게 혹은 NGO를 통해 제공했는데 이는 OECD/DAC 회원국 정부들이 제공한 공적개발원조 전체의 11.6%에 해당하고 OECD/DAC 회원국 정부들이 공적개발원조로서 제공한 쌍무원조의 15.4%를 차지한다. 190억 6천만 달러 가운데 약 84%인 160억 8천만 달러가 NGO를 통해서 제공되었고 약 16%인 20억 8천만 달러가 NGO에게 제공되었다.

이러한 통계는 원조 제공국들의 총 공적개발원조에서 모든 종류의 NGO(자국 NGO/개도국 NGO/국제 NGO)에게 제공하는 원조의 비율은 10%를 조금 넘는다는 것을 알 수 있다. 이러한 비율은 2009년(12%), 2010년(12%), 2011년(11.8%), 2012년(12%)로 큰 변화가 없었다,

둘째, OECD/DAC 회원국에 따라 NGO에게 혹은 NGO를 통해 제공한 공적개발원조가 전체 공적개발원조에서 차지하는 비율에는 커다란 차이가 존재한다. 가장 높은 비율을 보인 국가인 아일랜드의 경우는 40%이고 가장 낮은 비율을 보인 국가는 프랑스인데 단지 1%에 그치고 있다.

또한 NGO에게 제공한 공적개발원조와 NGO를 통해 제공한 공적개발원조의 비율 역시 큰 차이를 보이는데 NGO에게 제공한 비율이 NGO를 통해 제공한 비율보다 높은 비율을 보이는 국가에는 일본·이탈리아·벨기에·아일랜드가 있다. 이러한 통계는 NGO를 원조 제공의 채널로 사용하는 비율에 있어서 국가들 사이의 격차가 크다는 것을 보여준다.

셋째, OECD/DAC 회원국들이 NGO에게 혹은 NGO를 통해 제공한 공적개발원조를 비율이 아닌 양으로 비교할 경우 미국이 63억 달러로 가장 많은 양을 제공했고 뒤이어 영국이 21억 달러·유럽연합이 20억 달러·네덜란드가 13억 달러를 제공했다. 그 뒤를 스웨덴·독일·노르웨이가 이었는데 이들은 모두 10억 달러에서 11억 5천만 달러 사이를 제공했다.

넷째, OECD/DAC 회원국들은 NGO들 가운데 자국에 기반을 둔 NGO에게

가장 높은 비율(64%)의 공적개발원조를 제공했고 그 다음으로 국제 NGO(22%)와 개도국 NGO(9%)의 순으로 공적개발원조를 제공했다. 나머지 5%는 정의되지 않은 NGO를 통해 제공되었다.

2011년의 경우 2013년과 비율의 순서 면에서 차이가 없이 자국에 기반을 둔 NGO를 통한 원조가 69%로 제일 높았고 국제 NGO를 통한 원조가 19%로 중간을 차지했으며 개도국 기반의 NGO를 통한 원조가 7%로 가장 낮았다. 2011년과 2013년을 비료해 볼 때 자국에 기반을 둔 NGO를 통한 원조의 제공은 5%가 감소했고 그 대신 국제 NGO를 통한 원조와 개도국 기반의 NGO를 통한 원조는 각각 3%와 2%가 증가했다.

NGO에게 혹은 NGO를 통해 제공한 공적개발원조 가운데 자국의 NGO를 통해 제공한 비율이 80%를 넘는 국가에는 미국 · 독일 · 스페인 · 핀란드 · 벨기에 · 이탈리아 · 룩셈부르크 · 체코 · 한국 · 슬로베니아가 있다.

이러한 통계는 원조 공여국의 경우 NGO 지원 통로로서 여전히 자국의 NGO를 선호하고 있다는 것을 보여주며 개도국 NGO에 대한 지원은 10% 이하를 기록함으로써 자국 NGO에 대한 지원과는 큰 차이를 보인다. 그러나 주목해야 하는 것은 자국 NGO를 통한 원조는 조금씩 줄고 있고 국제 NGO를 통하거나 개도국의 NGO를 통한 원조는 조금씩이지만 증가하고 있다는 점이다.

이러한 정부로부터의 지원이 때때로 NGO의 사업비가 아닌 조직 자체의 운영비에 제공되기도 하나 일반적으로 NGO가 추구하는 특정의 공익 프로그램이나 프로젝트를 실현하는 사업비로 제공되는 것이 일반적이다. 정부는 자국의 NGO에게 이러한 재정적 지원과 더불어 수익사업이나 서비스의 제공 등과 같은 상업적 성격의 행위에 세금이나 수수료를 부과하고 있는 세법처럼 NGO의 행위에 제약을 가하는 법이나 규제를 완화하거나 제거하는 방식의 지원도 제공한다.

정부는 자신들이 지원하고자 하나 NGO만큼 효율적으로 제공할 수 없는 서비스와 같은 것을 높은 수준의 전문성과 융통성을 가지고 있어 신속하고 효율적인 대응이 가능하다고 일반적으로 평가되는 NGO들로 하여금 떠맡도록 무상의 지원금을 제공한다. 앞서 제3장의 「NGO의 역사」 부분에서 살펴보았듯이 NGO에 대한 지원의 증가는 1980년대에 신자유주의의 확산으로 인해 시작되었으며 1990년대에 냉전의 종식과 더불어 본격화되었다.

그러나 재정적 자원을 확보하기 위한 정부에의 의존은 NGO의 독립성에 장애

요인으로 작용한다. 구체적으로 자국 정부로부터의 재정적 자원의 수용은 NGO의
비정부적 성격을 약화시키고 정부로부터의 완전한 자율성을 확보하는 것을 어렵
게 한다.

　타국 정부에 대한 의존 역시 자국 정부에 대한 재정적 의존과 마찬가지로
NGO의 자율성과 관련하여 많은 우려를 자아내고 있다. 특히 개도국의 NGO가
타국 정부의 지원에 크게 의존할 경우 NGO가 활동하고 있는 국가의 개발 목표
에 부합하는 사업보다는 선진국들이 원하는 사업이나 선진국이 지향하는 규범과
가치를 일방적으로 확산시키는 사업의 단순한 집행기관으로 전락하기 쉽다. 유엔
난민최고대표사무소(UNHCR)는 많은 국가의 정부들이 인도적인 원조를 위한 재정
적 자원을 다자적인 국제기구보다는 자국의 NGO에게 제공함으로써 이전의 다자
적 국제기구를 통해 가능했던 대규모 긴급한 상황에서의 조정(coordination)과 협
력(cooperation)을 위태롭게 하고 있다고 지적하고 있다.

3) 국제기구의 지원

　NGO들은 세계은행(World Bank)이나 유럽개발은행(European Investment Bank,
EIB)과 같은 다자개발은행(Multilateral Development Banks, MDBs)으로부터 재정적
자원을 제공받아 그들을 대신하여 프로젝트를 집행하기도 한다. 이러한 다자개발
은행의 주된 업무는 물론 국가들에게 차관을 제공하는 일이지만 이러한 업무와
더불어 NGO들에게 무상증여(grants)를 제공하기도 한다.

　유엔체제(United Nations System)에 속하는 기구들도 점차적으로 NGO들에게
무상의 재정적 자원을 제공하고 있으나 아직 공여국 정부의 무상원조의 수준으로
까지는 이르지 못하고 있다. 지역기구 역시 NGO에게 재정적 자원을 제공하는데
이러한 대표적인 지역기구로서 유럽연합(EU)을 들 수 있다.

　유럽연합은 집행위원회의 산하에 시민 보호와 인도주의적 지원 활동을 주된
목적으로 하는 기관인 「ECHO(European Civil Protection and Humanitarian Aid
Operations)」를 설치하고 인도적 지원을 제공해 오고 있다. ECHO는 매년 약 10
억 유로를 인도적 지원에 제공하고 있는데 이 가운데 46%의 원조를 다른 NGO
에게 재정적 자원을 재분배하는 유럽의 NGO들에게 제공하고 있다. 나머지 54%
는 국제기구나 유럽연합의 회원국 정부의 기관을 통해 제공하고 있다.[8] 이처럼
NGO들이 국제기구의 지원을 받을 경우 NGO들이 이들 국제기구의 문제점을 제

대로 지적하고 비판할 수 있을 것인가의 우려 역시 제기되곤 한다.

4) 타국 NGO의 지원

개도국 NGO 가운데에는 선진국 NGO로부터 재정적 지원을 받는 NGO들이 많다. 이는 앞서 OECD/DAC 회원국들이 NGO에게 원조를 제공함에 있어서 약 16%를 NGO에게 제공하고 약 84%를 NGO를 통해서 제공한다는 사실과 유관하다. 즉 OECD/DAC 회원국으로부터 재정적인 지원을 받은 NGO가 다른 NGO에게 프로그램이나 프로젝트의 집행을 하청하는 경우가 약 84%를 차지한다는 것이다. 이처럼 선진국 정부의 지원을 받은 NGO가 또 다른 NGO를 지원하기도 하지만 자체적으로 재정적 자원을 확보한 NGO가 다른 NGO를 지원하기도 한다.

외국 NGO나 국제 NGO가 재정적으로 개도국 NGO를 지배하고 있을 경우 외국 NGO나 국제 NGO들이 개도국 정부와는 완전히 독립하여 프로그램을 진행함으로써 국가를 여러 개의 작은 왕국(mini-kingdoms)으로 분할하게 된다는 지적이 많이 제기되고 있다. 또한 타국 정부에 의한 개도국 NGO의 지원이 선진국이 지향하는 규범과 가치의 확산을 위한 통로가 될지 모른다는 우려를 불러일으켜 적지 않은 개도국 정부들은 물론 중국과 러시아와 같은 국가들이 자국의 NGO(특히 인권 관련 NGO)이 타국의 NGO와 연계되어 재정적 자원을 제공받는 것에 상당히 주목하고 통제를 가하고 있다.

5) 기업의 지원

기업시민정신(corporate citizenship)과 기업의 사회적 책임(corporate social responsibility)과 같은 개념들이 기업들 사이에 중요한 가치로 간주되면서 기업들은 NGO를 지원하여 사회 현안의 해결을 도움으로써 긍정적인 기업 이미지를 부각시키기 위해 NGO에게 재정적 자원(기부와 장기적인 재정적인 무상 증여)을 제공하기도 하고 필요한 장비나 물품과 같은 현물을 제공하고 기업의 전문성의 공유와 같은 서비스를 제공하기도 한다. 기업의 이러한 기여는 기업이 세운 재단인 기업재단(corporate foundation)을 통해 이루어지기도 한다. 이러한 기업의 활동을

---

8) NGO Monitor, "EU Funding for NGOs-Value for Money?" https://www.ngo-monitor.org/reports/eu-funding-for-ngos-value-for-money/ (접속일: 2017년 12월 20일)

보여주는 대표적인 예를 살펴보면 다음과 같다.

　네트워킹 장비와 보안 서비스 등을 제공하고 판매하는 미국의 다국적 기업인 시스코 시스템즈(Cisco Systems, Inc.)는 NGO를 대상으로 한 여러 종류의 무상증여 프로그램(grant programs)을 운영하고 있다. 그 가운데 하나는 「사회투자 프로그램(Social Investment Program)」인데 이 프로그램은 전 세계의 공동체의 사회경제적 성과(socioeconomic gain)를 촉진하기 위해 공동체의 NGO와의 협력관계 속에서 실행되는데 NGO와의 협력관계에는 NGO에 대한 재정적 자원의 기부와 기업이 보유하고 있는 전문성의 공유가 포함되어 있다.

　시스코 시스템즈는 「상품 무상증여 프로그램(Product Grant Program)」도 운용하고 있다. 이 프로그램은 생산성·확장성·비용의 효율성에 있어서 큰 성과를 거두기 위해 인터넷 및 네트워킹 기술과 관련이 있는 상품을 NGO에게 기부하는 프로그램이다. 시스코 시스템즈는 또한 고용인들로 하여금 매년 최소한 하루 NGO를 위해 봉사하도록 고무한다.

　시스코 시스템즈는 중요한 인간의 필요를 다루고 교육에의 접근을 확보하며 경제적 세력화를 구축하기 위해 전 세계의 NGO와 협력관계를 추구하는 시스코 재단(Cisco Foundation)을 설립했다. 기술에 주도되는 회사로서 시스코 시스템즈는 지속 가능한 개발을 위해 공동체에 기반을 둔 관여(interventions)는 인터넷과 통신기술의 힘과 통합되어야만 한다고 이해하고 있다. 이러한 이해 속에서 시스코 시스템즈는 「전 지구적 영향 현금 무상증여 프로그램(Cisco Global Impact Cash Grants program)」을 운영하고 있다. 이 프로그램을 통해 시스코 시스템즈는 교육에의 접근·경제적 세력화·중요한 인간의 필요(critical human needs) 부문에서 중요한 사회적 문제를 다루는 NGO에게 재정적 지원을 제공하고 있다.[9]

　옥스팜(Oxfam)이나 국제 앰네스티(Amnesty International)를 비롯한 다수의 NGO들은 은행이나 신용카드 회사로 하여금 자선사업이나 공적인 활동(환경보호 등)에 대한 협찬으로 신용카드(affinity card)를 발행하도록 하고 있다. 이러한 신용카드는 여타의 신용카드와 동일하게 사용되나 은행이나 신용카드 회사가 매상금의 일정 부분을 NGO에게 기부하도록 되어 있다는 점에서 차이가 존재한다.

---

9) FundsforNGOs: Grants and Resources for Sustainability, "Ten Corporate Donors for NGOs," https://www.fundsforngos.org/corporate-donors/ten-corporate-donors-ngos/ (접속일: 2017년 11월 27일).

6) 재단의 지원

NGO들의 경우 재정적 자원의 일부를 재단에 의존하는 경우가 많다. 이러한 재단에는 정부가 설립한 정부재단(government-sponsored foundations)과 공공 부문이 설립한 준정부재단(quasi-governmental foundations) 그리고 이들을 제외한 개인·가족·기업에 의해 설립된 민간재단(private foundation)이 있다.

민간재단은 대개 개인이나 가족 혹은 기업과 같은 단일한 재원으로부터 기금이 마련되는 비정부적이고 비영리적 조직을 지칭하며 기금의 출처에 따라 개인재단·가족재단·기업재단(corporate foundation or company-sponsored foundation)으로 구분된다. 일반적으로 민간재단 가운데 개인(혹은 개인들 집단)이라는 단일의 재원(financial source)으로부터 마련된 영구기금(endowment)에 의해 기금이 마련되고 기부자(benefactor)·기부자의 가족·기업에 의해 지배되지 않는 재단을 가족재단이나 기업재단과 구별하여「독립재단(independent foundation)」이라 칭한다.10)

재단은 직접 사업을 계획하고 운영하는가의 여부에 따라 운영재단(operating foundation)과 비운영재단(non-operating foundation)으로 구분된다. 전자는 재단의 목적을 달성하기 위해 자체적으로 사업을 수행하며 후자는 재단의 목표를 달성하기 위해 직접 사업을 수행하지 않고 NGO를 비롯한 다른 조직에게로의 기금의 배분을 통해 사업을 수행하도록 한다. 모든 재단이 운영재단과 비운영재단이라는 2분법적으로 구분되는 것은 물론 아니다. 즉 재단에 따라서는 직접 사업을 수행함과 동시에 기금배분을 통해 NGO와 같은 조직을 통해 사업을 수행하기도 한다.

NGO에 대한 재단으로부터의 지원의 예로서 터너(Ted Turner)가 설립한 터너재단(The Turner Foundation)을 살펴보고자 한다. 터너재단은 터너 자신과 5명의 자녀에 의해 구성된 이사회(Board of Trustees)에 의해 지배되는 가족재단이다. 이 재단은 중소 규모의 무상증여의 형태로 상당한 양의 재정적 자원을 환경 NGO에 제공한다. 구체적으로 이 재단은 매년 약 1,000만 달러를 지속 가능한 삶(Sustainable Living)·건강한 지구와 공동체(Healthy Planet and Communities)·(사회)운동 키우기(Growing the Movement)·공동체 청년 개발(Community Youth Development)·

---

10) 가족재단의 경우는 통상적으로 가족으로부터의 영구기금(endowment)에 의해 재정이 조달되며 기부자의 가족이 재단의 지배체제에 있어서 실질적인 역할을 한다.

서식지 보호하기(Safeguarding Habitat)라는 5가지 프로그램 분야에서 활동하는 환경과 관련한 조직에 제공한다.

이들 재단과는 구별되어 「공공 자선단체(public charity)」라는 조직이 존재한다. 공공 자선단체란 다른 조직이나 사람에게 기금을 배분하는 다양한 자선조직 일반을 일컬으며 주로 무상증여(grant)를 위한 재원을 마련하여 배분하는 자선단체를 「공공재단(public foundation)」이라고 부른다. 이러한 공공재단의 대부분은 대중적으로 지원되는 자선단체인데 이들은 민간재단·개인·정부기관 등과 같은 다양한 행위자를 통해 재정적 자원을 마련한다는 특징을 보유한다.[11]

이러한 공공 자선단체와 민간재단을 구별해보면 다음과 같은 차이가 존재한다. 공공 자선단체의 경우 재정적 자원이나 지원이 주로 일반대중으로부터 온다. 구체적으로 이들은 개인·정부·민간재단으로부터의 무상증여를 받는다. 단체에 다라서는 기금을 조성하여 배분하는 활동만을 하는 경우도 있고 직접적으로 사업을 수행하는 경우도 있다. 이와는 달리 민간재단은 개인이나 가족 혹은 기업과 같은 단일의 재원으로부터 주된 기금을 마련하며 대개 기금을 배분하는 역할을 수행한다. 민간재단은 일반대중으로부터 재정적 자원을 요청하지 않는다.

NGO에 대한 공공 자선단체로부터의 지원의 예로서 「전 지구적 아동기금(The Global Fund for Children, GFC)」을 들 수 있다. 이 조직은 공공 자선단체로서 일반 대중들의 기부를 받는다. 이 조직은 취약아동(vulnerable children)에 아주 중요한 서비스를 제공하고자 하나 자본이 부족한 조직에 투자를 하는 공공 자선단체로서 사회의 주변부에 놓여 있는 아동들(인신매매된 아동들과 아동난민 그리고 아동노동에 동원된 아동들 등)의 삶을 바꾸어주기 위해 전 세계에 걸쳐 풀뿌리 조직을 찾아내어 재정적으로 지원하여 이들이 권리를 되찾고 꿈을 추구하도록 돕는다. 이 조직의 가장 주된 목표는 조기에 투자를 하여 NGO와 같은 협력관계 조직의 능력을 증대시키고 좀 더 크고 강한 조직으로 만들고자 지원을 한다. 또한 관리 지원·능력구축·연계망의 구축 기회·지속적인 변화를 위한 추가적인 강화 서비스를 제공한다.[12]

---

11) 한국인권재단·한국여성기금·아름다운재단 등이 이러한 성격의 공익재단에 해당된다.

12) FundsforNGOs: Grants and Resources for Sustainability, "A list of 20 Foundations Supporting Projects on Children," https://www.fundsforngos.org/foundation-funds-for-ngos/list-20-foundations-supporting-projects-children/ (접속일: 2017년 11월 27일).

국가의 기금이 준정부재단(quasi-governmental foundations)이나 정치재단(political foundations)을 통해 NGO로 전달되기도 한다. 준정부재단의 대표적인 예로서 미국정부에 의해 기금이 조성되며 특정 지역에 초점을 두고 있는 아시아재단(Asia Foundation)·유라시아재단(Eurasia Foundation)·아프리카개발재단(African Development Foundation) 등을 들 수 있다. 이러한 재단들은 그들의 프로그램에 NGO를 관여시키는 방식으로 이들을 적극적으로 지원하고 있다.

이들과 더불어 북미와 유럽에 있는 정치재단(political foundation)은 전 세계적으로 민주주의와 정의를 촉진하는 것을 목표로 하고 있으며 이들 역시 비판과 제언을 하는 NGO와 서비스를 제공하는 NGO들을 지원하고 있다. 이러한 정치재단은 그 원형을 독일에 두고 있다. 2차 세계대전 이후에 독일 내의 민주주의를 고무할 목적으로 설립된 독일의 정치재단들은 1960년대부터는 독일 내에서 벗어나 해외로 활동을 확대해 나갔으며 현재 다양한 해외 NGO들을 지원하고 있다.

이러한 독일의 정치재단을 모델로 하여 1980년대와 1990년대에 다른 국가에서도 이러한 종류의 정치재단들이 설립되었는데 그 대표적인 것이 미국의 전미민주주의기금(National Endowment for Democracy, NED)과 민주당과 공화당 양 정당과 연계되어 있는 두 개의 재단인 전미민주주의연구소(National Democratic Institute)와 국제공화정연구소(International Republic Institute)이다. 이들 모두는 전 세계에 걸쳐 민주주의를 확대하고 강화시킬 목적으로 의회에 의해 설립된 재단들이다.13)

중국에서 잇따르고 있는 탈북자 망명사건과 관련하여 미국 의회자금이 한국의 NGO에게 간접적으로 유입된 것으로 밝혀진 바 있다. 구체적으로 미 의회가 자금을 한국 NGO에게 직접 전달한 것이 아니고 의회로부터 자금지원을 받고 있는 미국의 정치재단인 NED가 탈북자 망명을 돕고 북한인권의 개선을 위해 활동하고 있는 한국 NGO인 북한 동포의 생명과 인권을 지키는 시민연합(북한인권시민연합)과 북한민주화네트워크(Network for North Korean Democracy and Human Rights, NKnet)에 자금을 지원한 바 있다.

---

13) Kim D. Reimann, "International Politics, Norms and the Worldwide Growth of NGOs," prepared for Delivery at the 43rd Annual Convention of the International Studies Association, New Orleans, March 24-27, 2002.

7) 수익사업

NGO들이 재정적 자원의 안정적 공급을 위해 재원을 다원화하는 것이 필요하다는 인식하에 수익사업(income-generating business)을 전개하는 경우가 늘고 있다. 이러한 경향은 선진국 NGO와 개도국 NGO 모두에서 발견된다. 우선 선진국의 NGO들은 재원 조달의 일환으로서 상업적인 활동을 확대시켜 나가는 예를 살펴보고자 한다.

가장 대표적인 예로 옥스팜(Oxfam)은 알뜰 가게로서 옥스팜 상점(Oxfam shops)을 통해 예산의 많은 부분을 충당하고 있다. 굿윌(Goodwill)이라는 NGO 역시 알뜰 가게로서 굿윌 상점(Goodwill Store)을 두고 수집된 의류라든가 가정용품을 팔아 얻은 수익금을 활동자금으로 활용하고 있다. 수익사업을 하는 굿윌의 정식 명칭은 「Goodwill Industries, Inc.」이며 개개의 조직이 세계적으로 연계하여 「Goodwill Industries International, Inc.」를 구성하고 있다. 이 조직은 직장에서 불리한 지위에 있는 사람이거나 장애를 가지고 있는 사람들에게 직업훈련과 고용 서비스를 제공하고 이와 더불어 취업 후의 지원 등을 하는 것을 주된 목적으로 한다.

이 밖에 케어(CARE)·어린이구호회(Save the Children)·세계자연기금(WWF) 등도 T-셔츠나 다른 판촉물건을 상점이나 카탈로그(catalog) 혹은 인터넷 등을 통해 판매하고 있다. 이러한 물건의 판매 이외에 음식점·여행사· 은행·의료시설 등을 경영하는 NGO들도 존재한다. 한국의 아름다운 재단은 산하에 독립적으로 운영되는 비영리 조직으로서 아름다운 가게(Beautiful Store)를 두었다가 행정안전부 소관의 비영리 법인인 재단법인 아름다운 가게로 독립시켰다. 이 가게는 미국의 굿윌이나 영국의 옥스팜처럼 시민들로부터 헌 물건들을 기증 받아 판매해 판매수익을 공익과 자선을 위해 사용하는 알뜰 가게로서의 역할을 할뿐 아니라 개도국의 현지 공예품이나 커피 등을 수입하여 국내에서 판매한 후 그 수익금을 해당 국가 빈민에게 돌려주는 대안무역(alternative trade)으로서 공정무역(fair trade)을 실천하고 있다.[14]

수익사업을 성공적으로 하고 있는 개도국 NGO로서 흔히 방글라데시의 방글

---

14) 싱크탱크형 NGO들은 관련 분야에 관한 풍부한 지식과 정보를 담고 있는 책이나 간행물을 발간함으로써 이를 일정한 정도 수입원으로 삼고 있다.

라데시농촌발전위원회(Bangladesh Rural Advancement Committee, BRAC)와 태국의 주민·지역사회개발 협회(Population and Community Development Association, PDA)를 대표적인 사례로서 들 수 있다.

우선 BRAC은 방글라데시에서 1972년에 독립전쟁 후 귀환하는 난민들을 돕기 위해 설립되었으나 그 후 성장하여 2016년 현재 직원이 97,742명이 넘고 연간 예산도 7억 7,600만 달러에 이르는 세계에서 가장 큰 NGO가 되었다. 이 조직의 가장 핵심적인 활동은 빈민·문맹자·토지를 가지고 있지 못한 사람들을 대상으로 하고 있으며 농촌발전·교육과 훈련·보건과 인구에 관한 프로그램 등을 다양하게 시행하고 있다.15)

BRAC은 수익사업으로서 다음과 같은 다양한 사회적기업(social enterprises)을 운영하는 것으로 잘 알려져 있다. ⅰ)「아롱(Aarong)」이라는 불리는 공예품 상점을 체인점으로 운영하여 농촌의 공예품 생산자에게 수입을 가져다주고 자신들도 상점을 통해 이윤을 획득하고 있다. ⅱ)「BRAC 인공수정 (BRAC Artificial Insemination)」의 운영을 통해 가축을 기르는 사람들에게 인공수정 서비스를 제공함으로써 이들의 수입과 우유생산을 증대시킬 뿐 아니라 고품질의 소 품종을 도입하여 이들의 이익을 최적화하고 있다. ⅲ) BRAC 닭고기(BRAC Chicken)를 설립하여 고품질의 조리가 가능한 상태의 닭과 부가가치가 높은 냉동식품을 일반 고객들과 소매상인들에게 공급하고 있다. ⅳ) BRAC 냉동저장(BRAC Cold Storage)이라는 사회적기업을 운영하여 감자를 재배하는 농부들로 하여금 감자를 가격이 오를 때까지 이곳에 보관하도록 함으로써 이들을 돕고 나아가 이를 통해 자신들도 이익을 창출하고 있다. ⅴ) BRAC 유업회사(BRAC Dairy)를 통해 낙농업자들을 위해 적정가격을 확보하고 아주 다양한 고품질 낙농제품을 도시의 소비자에게 공급한다. ⅵ) BRAC 수산회사(BRAC Fisheries)를 통해 방글라데시의 물고기 양식장의 잠재능력을 키우는 한편 주요한 수산식품의 도매 공급자의 역할을 하고 있다. ⅶ) BRAC 묘목장(BRAC Nursery)은 고품질 묘목을 제공하고 전국에 걸쳐 나무재배를 증진한다. ⅷ) BRAC 인쇄된 포장용 상자(BRAC Printing Pack)는 음식물과 가공 식품 등을 위한 유연한 포장재를 생산한다. ⅸ) BRAC 수제 재생용지(BRAC Recycled Handmade Paper)는 방글라데시에서 수제 재생용지 생산의 선두주자로

---

15) BRAC, "Social Enterprises: Solutions for social challenges and surplus for greater impact," http://www.brac.net/enterprises (접속일: 2017년 12월 27일).

서의 역할을 하면서 다양한 폐기물을 편지봉투·선물상자·사진틀 등으로 탈바꿈을 시키고 있다. ⅹ) BRAC 소금(BRAC Salt)은 시골에 거주하는 많은 사람들이 결핍될 수 있는 요오드 함유 소금을 지속적으로 공급한다. ⅺ) BRAC 종자와 농업(BRAC Seed and Agro)은 방글라데시 전역에 걸쳐 농부와 도매업자와 소매업자의 광범위한 연계망을 통해 고품질의 종자를 처리하고 판매하고 배분한다. ⅻ) BRAC 생리대와 출산 용구 세트(BRAC Sanitary Napkin and Delivery Kit)는 안전하고 위생적이며 손으로 만든 생리대를 생산하여 여성으로 하여금 직장과 학교에 규칙적으로 갈 수 있도록 하고 출산 용구 세트와 의약품 세트를 생산하여 안전한 출산을 돕는다. xiii) BRAC 양잠(BRAC Sericulture)은 방글라데시에서 비단 생산을 선도하여 농촌의 여성들로 하여금 비단 생산의 모든 과정에 종사하도록 한다.

태국의 PDA는 일찍이 가족계획 사업으로 국제적으로 잘 알려진 NGO인데 시간이 지나면서 에이즈 문제에 성공적으로 접근하고 있는 것으로도 잘 알려져 있다. PDA는 국제 무상원조의 지원하에 피임 용구를 농촌지역이 유상으로 판매하는 프로그램을 운영하는 것으로부터 출발했지만 이제는 기초건강 보호·수자원·농산물 판매·소규모 산업에 관한 프로젝트를 통해 농촌의 생활수준을 향상하는 프로그램으로 확대하여 실시하고 있다. 오늘날 PDA는 연간 예산의 70% 정도를 자신이 해결하고 있으며 조만간 100%의 자급자족을 목표로 하고 있다.

PDA는 자매 조직(affiliate organization)으로서 「주민개발회사(Population and Development Company Limited, PDC)」라고 호칭되는 사회적기업을 만들어 의무적으로 모든 이윤을 PDA에 기부하도록 함으로써 PDA 재정의 상당 부분을 충당하고 있다. 구체적으로 PDC는 방콕을 위시한 주요 도시에 유료 의료원을 운영하고 「양배추와 콘돔(Cabbages and Condoms)」이라고 불리는 음식점·식품 잡화점(mini-marts)·공예품 상점을 운영하며 열쇠고리나 T-셔츠 혹은 커피 머그잔과 같은 판촉물을 판매한다. 이 밖에도 개인 고객들과 계약을 통해 연구와 훈련 서비스를 제공하며 사무실 공간과 회의시설을 대여함으로써 수입을 얻고 있다.

이러한 본격적인 상업적 프로그램과는 달리 NGO들은 비용회수 프로그램(cost recovery program)을 가동하기도 한다. 구체적으로 이러한 프로그램은 특정의 서비스 등 가치 있는 것을 시중보다 낮은 가격으로 제공하고 수혜자에게 일정한 정도의 대가를 지불받아 비용의 일부 혹은 전부를 충당하는 프로그램을 의미한다.

예컨대 외국 NGO로부터 슬럼가에 식수공급 시설을 설치할 수 있는 지원을 받은 아이티(Haiti)의 한 NGO가 식수공급 시설을 설치한 후 슬럼가 주민들에게 물 한 양동이 당 일정한 비용을 지불하도록 했다. 이들이 지불받은 돈은 시설의 운영비와 관리비를 충당하고도 남아 이웃 지역의 쓰레기 집하체제를 개선시키는 데 사용되었다.

음식물 보조를 받고 있는 수혜자들로 하여금 그 대가로서 이러한 음식물들을 포장하고 배달하는 노동을 제공하도록 하는 것도 비용회수 프로그램의 하나이다. 소액 융자(micro credit)를 제공하는 NGO들도 있는데 이들은 이자 없이 혹은 상업은행보다 낮은 이자율을 적용하여 빈민들에게 대출을 해줘 이들을 돕는 것도 비용회수 프로그램의 하나이다.

국제적인 원조기구들은 오래 전부터 NGO들로 하여금 자급자족할 수 있도록 고무해 왔으나 대체적으로 NGO들이 상업적인 요소를 포함하는 활동을 재정적으로 지원하는 데에는 상당한 보수성을 보여 왔다. 그러나 이들 기구들의 일부는 비교적 최근에 상업적인 요소를 포함하는 개도국 NGO의 프로젝트에 기금을 제공하기 시작하면서 개도국 NGO의 비용회수 프로그램도 활기를 띠고 있다.

이러한 비용 회수적인 성격의 프로그램은 자칫 최소한의 비용도 지불할 수 없는 사람들에게 혜택이 돌아가지 않을 수 있는 문제점을 안고 있는 것이 사실이다. 따라서 이러한 프로그램은 이러한 프로그램이 목적으로 하고 있는 최대한 많은 사람들에게 혜택이 돌아가야만 한다는 사회적 목적(social goals)과 NGO의 유지를 위한 재정적인 필요 사이에 자칫 균형을 잃을 수 있다는 점을 유의해야 한다.

그러나 NGO가 이러한 프로그램을 통해 재정적으로 안정되어 지속적으로 사회적 약자를 도울 수 있다는 것이 재정적인 어려움 때문에 아무도 도울 수 없는 것보다는 낫다는 데서 나름의 정당성을 찾을 수 있을 것이다. 중요한 것은 가장 빈곤하여 이러한 프로그램의 수혜자가 될 수 없는 사람들을 도울 수 있는 또 다른 대안을 함께 찾는 일일 것이다.[16]

---

16) Mechai Viravaidya and Jonathan Hayssen, *Strategies to Strengthen NGO Capacity in Resource Mobilization Through Business Activities* (PAD and UNAIDS Joint Publication, 2001).

2. 재정적 안정을 위한 접근법

여기에서는 한국 NGO들이 보편적으로 면하고 있는 재정 현실을 간단히 살펴보고 외국의 선례 등을 통해 바람직한 재정안정 방책에는 어떤 것이 있을 수 있는가를 한번 살펴보고자 한다.

1) 한국의 현실

행정안전부의 비영리민간단체 공익활동 지원사업 관리정보시스템(NPO Public Activity Support System, NPAS)이 2015년 10월-11월에 걸쳐 국내 718개 NGO를 대상으로 설문조사한 결과 가운데 NGO들의 재원구성을 보면 재원 가운데 안정적인 기반이라고 볼 수 있는 회원들의 회비로 충당하는 비율이 전체 수입의 43.5%에 그쳤다. 회비 이외에 수입원의 비율은 정부지원 사업 25.2%·기업을 제외한 외부로부터의 후원 15.6%·자체의 수익사업 8.6%·기업으로부터의 후원 3.6%·기타 3.5%이다.[17]

이 통계는 이들 NGO들의 전체 수입 가운데 회비가 차지하는 비율이 50%를 밑도는 43.5%로서 재정적인 자립도가 낮다는 것과 정부 지원이 전체 수입의 $\frac{1}{4}$을 차지함으로써 정부 재원에 대한 의존도가 지나치게 높다는 것을 보여준다. 이러한 설문조사에 재정상황이 아주 열악한 NGO들은 빠지고 비교적 양호한 NGO들 다수가 응할 수 있어 한국의 NGO 전체를 대상을 할 경우 이러한 경향은 더욱 심할 것으로 생각된다.

한국의 NGO 가운데 재정 자립도가 높은 참여연대의 경우 재정의 원칙으로서 회비 우선의 원칙·정부 지원금 거부의 원칙·비의존의 원칙하에 2016년도 기준으로 회비가 전체 수입의 76.7%를 차지하고 있고 정부로부터 어떠한 재정지원도 받지 않으며 공익성과 독립성에 영향을 미치지 않을 경우 후원금을 받되 상한제를 두고 있다.[18]

그러나 참여연대와 같은 경우는 상당히 예외적인 경우이고 대다수의 NGO들

17) 헤럴드경제(인터넷판), 2016년 4월 21일.

18) 참여연대, "재정원칙 & 살림살이," http://www.peoplepower21.org/about_PSPD/1257580 (접속일: 2017년 12월 23일).

은 50% 정도의 재정 자립도에도 미치지 못하고 그러다 보니까 정부의 지원에 대한 의존도가 높아질 수밖에 없는 것이 작금의 구조적인 현실이다.

이렇게 낮은 NGO 재정자립도의 가장 근본적인 요인은 시민들의 참여 저조로 인해 회원 수가 기본적으로 적다는 점이다. 설혹 회원 수가 어느 정도 된다고 해도 실제로 회비를 정기적으로 내는 회원의 수가 적다는 것이다. 회원의 수는 또한 경기에 민감하여 경기가 악화될 경우 회원 수가 감소하고 회비 미납 비율이 증가한다. 또한 기업 후원금이나 개인 후원금이 기본적으로 많지 않은데 이러한 후원금 역시 경기에 민감하여 경기가 악화될 경우 이들로부터의 후원금은 크게 줄어든다. 이러한 요인들과 더불어 NGO들이 자신들이 감당할 수 있는 재정적인 능력 이상으로 사업을 확장하는 것도 취약한 재정을 가져오는 중요한 요인의 하나이다.

이 때문에 NGO들은 재정자립을 위한 대안의 하나로서 정부 등으로부터 외부 프로젝트를 따내기 위한 노력을 경주하고 있다. 이는 위에서 살펴보았듯이 전체 수입에서 정부 보조금이 차지하는 평균 비율이 25.2%인 것에서도 잘 드러난다. NGO들은 정부의 보조금 이외에 회원의 밤과 같은 행사를 개최하여 기존 회원들의 회비납부를 독려하고 후원회의 밤과 같은 것을 개최하여 후원금을 마련하고 동시에 새로운 회원을 확보하기 위해 노력을 해오고 있다.

그러나 외부기관의 프로젝트를 수행하는 것은 자칫 NGO의 독립성을 훼손할 우려가 있고 회원의 밤이나 후원회의 밤과 같은 행사는 재정확보를 위한 근본적인 대책이 아닌 일회성의 행사가 될 가능성이 많은 것이 사실이다.

따라서 지각 있는 NGO의 경우 전체 수입에서 회비가 차지하는 비율을 높이기 위한 방편으로 시민참여의 확대를 통해 회비를 내는 회원 수의 대폭적인 증가를 위해 많은 노력을 경주하고 있다. 이러한 노력은 비단 재정적인 문제를 해결하기 위한 길이기도 하지만 다른 한편 시민이 주축이 되는 진정한 시민운동의 길이기도 하다는 인식에 기초를 두고 있다.

이러한 인식에 기초하여 일부 NGO들은 이러한 노력의 일환으로 모금액과 사용처를 투명하게 공개하는 노력의 부재가 시민들의 불신과 외면을 초래했다고 판단하고 외부감사를 통해 재정수입과 지출내역을 정기적으로(예컨대 월별로) 공개하는 등 재정 투명성을 확보함으로써 시민들의 자발적인 참여와 자발적인 회비 납부 분위기를 조성하고 있다.

이러한 노력과 더불어 NGO들은 재정적인 어려움을 간접적으로 다소 해소하기 위한 방안의 하나로서 자원봉사활동지원법의 제정을 위해 노력했다. 이 법안은 1994년에 여야 합의로 국회에 상정되었다가 자동으로 폐기된 바 있는데 자원봉사자와 자원봉사단체에 대한 정부의 재정적인 지원이 핵심을 이루고 있다. 2003년에도 제출됐다가 2004년도 5월에 제16대 국회의 임기가 끝나면서 자동으로 폐기되었다. 2004년 부터 다시 법안이 만들어져 상정된 결과 10년을 끌어 온 자원봉사활동기본법이 2005년 6월 30일 국회 본회의를 통과하여 마침내 법으로 제정되었고 공포를 거쳐 2006년 2월 5일에 발효되었다.

이 법의 제정은 시민사회가 성숙하면서 자원봉사활동이 크게 확대되고 있음에도 불구하고 국가 차원에서의 체계적인 지원이 부족하다는 인식에서 출발하였으며 동 법의 제정을 통해 국민의 자원봉사활동에의 참여를 증진하여 행복한 공동체를 수립하는 것을 목표로 한다. 동 법은 자원봉사활동의 진흥과 자원봉사자의 보호를 위한 국가와 지방자치단체의 책무·자원봉사활동의 진흥을 위한 계획 등을 심의하기 위한 자원봉사진흥위원회의 설치·자원봉사단체들 간의 협력 등을 위한 한국자원봉사협의회 설립의 인정·국가와 지방자치단체에 의한 자원봉사센터의 설치와 운영 등을 중요 사항으로서 규정하고 있다.

또 다른 한편 NGO들은 불특정 다수를 상대로 한 모금을 금지하고 있는 기부금품모집규제법과 시행령의 개정이나 대체입법을 재정의 어려움을 보다 본질적으로 해결할 수 있는 수단으로서 추구했고 그 결과 2006년 9월에 시행령의 일부가 개정되었다.19) 시행령이 개정된 과정과 내용을 살펴보면 다음과 같다.

첫째, 시행령이 개정되기 전에 NGO들은 구체적으로 기부금품모집규제법의 가장 큰 문제점으로 허가제를 들었다. 즉 기부금품모집규제법은 기부금품의 모집을 허가의 대상으로 규제하고 있었는데 NGO들은 선진국처럼 일정한 요건을 충족시킨 NGO들의 경우 사전허가 없이 자유롭게 모금활동을 하는 것을 허용하는 신고제로의 전환이 필요함을 강조했다. 일부에서는 기부금품모집허가제의 신고제로의 전환은 각종 기부금품 모집단체 난립과 모금행위의 급격한 증가를 초래하여 기업과 국민들의 준조세 부담을 크게 증가시킬 것이라는 우려도 있었지만 모금 내역과 이의 사용처를 철저하게 공개하도록 하고 감시하는 제도적 장치가 마련되면

---

19) 구체적으로 이 법은 기부금품의 무분별한 모집을 규제하고 모집된 기부금품의 적절한 사용을 위해 제정된 기부금품모집규제법과 기부금품모집규제법시행령으로 구성되어 있다.

이러한 우려가 일정한 정도 불식될 것이라고 보았다.[20]

둘째, NGO들은 모집비용을 모금액의 2%로 극도로 제한하고 있는 모집비용의 과도한 제한을 중요한 개정의 대상으로 삼았다. 외국의 경우 모금액의 20-25%에 상당하는 모집비용이 가능하여 시민들에 대한 직접적인 홍보가 가능하고 그 결과 많은 후원금의 확보가 가능하다는 주장을 제기했다.[21] 구체적으로 NGO들은 기부금품 모집비용 한도를 2%에서 20%로 현실화시킬 것을 요구했다.

셋째, NGO들이 제기했던 또 다른 중요한 문제점은 기부금품 모집허가의 대상이 국제적으로 행하여지는 구제사업·천재와 지변 기타 이에 준하는 재난의 구휼사업·불우이웃 돕기 등 자선사업·공익 목적으로 국민의 적극적인 참여가 필요한 경우로서 대통령령이 정하는 바에 의하여 기부금품 모집의 필요성이 인정된 사업으로 제한되어 있다는 점을 지적했다.

2006년 9월 18일에 기부금품 모집 규제법 시행령의 개정안이 국무회의를 통과하여 9월 25일부터 시행되었다. 개정된 시행령은 우선 기부금품 모금을 허가제에서 등록제로 전환했다. 기부금품을 모집할 때 행정자치부 장관과 시·도지사의 허가를 받도록 돼 있던 것을 등록제로 간소화하여 모집 금액이 10억 원을 초과할 경우에만 행자부장관에게 등록하도록 하고 10억 원 이하의 경우 시·도지사에게 등록하도록 했다. 종전에는 모집 금액이 3억 원(서울시 5억 원)을 초과할 경우 행정자치부 장관의 허가를 받도록 돼 있었다.

기부금품 모집에 따른 소요경비도 종전에 모금액의 2%까지만 사용할 수 있었던 것으로부터 모금액의 최대 15%까지 인정했다. 구체적으로 기부금품 충당비율이 10억 원 이하는 15% 이하·10억 원 초과 100억 원 이하는 13% 이하·100억 원 초과 200억 원 이하는 12% 이하·200억 원 초과는 10% 이하의 범위 내에서 각각 허용되었다.

기부금품의 모집 대상의 경우 과거와 마찬가지로 국제적 구제사업, 천재·지변 기타 이에 준하는 재난의 구휼사업, 불우이웃 돕기 등 자선사업이 포함되었고 과거와는 달리 공익 목적으로 국민의 적극적인 참여가 필요한 사업에서 영리 또는 정치·종교 활동이 아닌 사업으로서 교육·문화·예술·과학 등의 진흥사업과 환경보전, 보건·복지의 증진, 국제교류와 협력, 시민참여·자원봉사 사업 등

20) 중앙일보(인터넷), 2001년 1월 4일.
21) 경향신문(인터넷), 2000년 12월 17일; 경향신문(인터넷), 2001년 1월 5일.

으로 구체화했다. 또 국군장병과 전·의경 등을 위한 위문금품 접수에 대한 법률적 근거도 마련됐다.

기부금품 충당비율 확대를 비롯한 시행령의 개정에 따라 기부금품 모금 활동이 활성화되면서 예상되는 부작용을 최소화하기 위한 사후관리도 중요해졌다. 이에 따라 기부자의 알권리 보장을 위한 상시 정보공개체계 구축과 함께 모집자의 기부금품 모집상황과 사용내역에 대한 장부를 비치토록 했다. 기부금품을 모두 사용하면 30일 이내에 회계감사 기관에 감사를 의뢰하고 60일 이내에 등록기관에 회계감사보고서와 모집·사용 내역 보고서 등을 제출하도록 의무화했다. 기부금품 출연을 강요하거나 사후 감사보고서를 제출하지 않을 경우 3년 이하 징역 3천만 원 이하 벌금형에 처할 수 있도록 한 규정도 신설되었다.

이러한 시행령의 개정 취지와는 달리 NGO들 사이에 부익부 빈익빈 현상이 촉진될 가능성이 높아졌으며 소용경비 인정비율의 확대로 기부금품의 상당 부분이 모집활동에 관여하는 인력의 인건비 등 경상비용으로 쓰일 것에 대한 우려도 제기되고 있다. 이와 더불어 기부에 대해 소득공제가 아닌 세액공제 제도를 운영하고 있어 이에 대한 비판도 제기되고 있다.

2) 재정적 안정을 위한 방책

선진국의 NGO들이라고 해서 예외 없이 재정적으로 안정을 누리고 있는 것은 결코 아니지만 오랜 활동의 역사를 통해 재정적인 안정을 위한 경험들을 축적해 온 것이 사실이다. 여기에서는 이러한 경험을 토대로 외국 NGO들이 재정적인 안정을 위한 가장 대표적인 노력들을 살펴보고자 한다.

(1) 재정자원의 다변화

다른 것들에 우선하여 중요한 것은 재정적 자원의 다변화를 추구하는 것인데 NGO의 다양성으로 인해 모든 NGO에게 공통적으로 적용될 수 있는 보편적인 길을 찾는다는 것은 불가능하다. 따라서 가장 중요한 것은 NGO가 추구하는 목적과 이들이 떠맡고 있는 과업에 비추어 적절한 재원을 배합하는 일일 것이다.[22]

1999년 노벨평화상 수상자이자 올림픽의 한국 개최를 기념하기 위해 제정한

---

22) 재정적 자원의 다변화와 관련하여 큰 NGO가 작은 NGO에 비해 일반인들에게 인지도가 높음으로써 재원을 다양화하는 것이 보다 용이하다.

서울평화상의 제3회 수상자이기도 한 국경없는 의사회(MSF International)의 경우
에서 보듯이 NGO 자신들의 노력으로서 재원의 다변화가 이루어지고 있다.

MSF는 2016년의 경우 총 15억 1,630만 유로의 수입을 기록했는데 이러한 수
입이 어디에서 오는가를 세밀하게 살펴보고자 한다. 여기에서 제시되는 수입은
MSF International 산하에 있는 한국을 포함한 21개 국가 소재의 MSF와 MSF 본
부인 MSF International의 수입을 모두 통합한 것이다.23)

수입을 크게 사적 수입(private income)·공적 제도 수입(public institutional
income)·기타 수입(other income)이라는 3가지로 구분하고 있다. 이러한 수입을
2016년도를 기준으로 비율을 함께 소개하면 다음과 같다.

사적 수입의 경우는 다시 개인으로부터의 수입(income from individuals)과 사적
제도로부터의 수입(income from private institutions)으로 구분한다. 개인으로부터의
수입은 기부(donation)·유산과 유증(legacies and bequests)·회비(membership fees)
로 구성되며 총 12억 3,383만 8천 유로로서 전체 수입에서 약 81.4%를 차지한다.

사적 수입 중 사적 제도로부터의 수입은 기업(companies)·신탁재산과 재단
(trusts and foundations)·복권과 특별 행사(lottery and special events)·공동 청구
권(joint appeals)·기타 사적 제도(other private institutions)로 구분되며 총 2억
451만 유로로서 총 수입에서 차지라는 비율은 약 13.5%이다.

공적 제도 수입은 공적 제도로부터의 기부(donation)와 무상증여(grants)를 의
미하며 ECHO와 EU제도(ECHO and EU institutions)·EU 회원국 정부(EU
governments)·비EU 회원국 정부(Non-EU governments)·미주 국가 정부(American
governments)·아시아 정부(Asian governments)·기타 국가 정부(Other govern-
ments)·유엔기구(UN institutions)로 구분되며 총 5,399만 7천 유로로서 총 수입
에서 차지하는 비율은 약 3.6%이다.

다른 수입이라는 부문에는 이자/투자수익(interest/investment income)·매매
(merchandising)·장비와 서비스 판매(equipment and services sold to other
organizations)·기타 수입(other revenues)으로 구분되는데 총 2,395만 5천 유로로
서 총 수입에서 약 1.5%이다.

---

23) MSF International, *International Financial Report 2016* (Geneva: MSF International, 2007), 17.

(2) 수익사업의 활성화

선진국 NGO의 경우 많은 수의 회원을 확보하고 있기도 하지만 이러한 회원
들의 회비 이외에 튼튼한 수익구조를 갖춤으로써 재정적인 독립을 확보하고 있는
경우가 많다. 미국의 대표적인 NGO들의 경우 사업소득이 전체 수입에서 차지하
는 비중이 20%를 넘는 경우가 적지 않다.

정부나 기업으로부터의 지원을 전혀 받지 않는 것을 원칙으로 하는 대표적인
미국 NGO 가운데 하나인 퍼블릭 시티즌(Public Citizen)의 수입 재정구조를 살펴
보면 다음과 같다. 2016년의 경우 수입이 약 1,210만 달러인데 이 가운데 40만
명의 회원과 지지자들이 현금이나 자산의 형태로 기여한 것이 약 621만 달러로
총 수입의 약 51%를 차지했고 공익재단의 지원금이 361만 달러로 약 30%를 차
지했다. 수익사업의 경우 출판·임대수입·투자수입 등을 통해 총 수입의 약
19%에 달하는 226만 달러의 수익을 거두었다. 이렇게 하여 총 수입에서 총 경비
를 제하고 약 199만 달러가 남아 자산으로 돌리고 있다.[24]

(3) 정부의 조치

재정적 자원의 다변화와 수익사업의 활성화와 같은 NGO 자체의 노력과 더불
어 정부의 조치가 NGO의 재정적인 안정에 중요한 기여를 한다. 정부의 조치 중
중요한 것은 기부문화를 진작시키기 위해 상시 기부가 가능한 기부금법의 제정과
기부하는 개인이나 법인에 대한 대폭적인 세금 감면 제도의 수립이 필요하다. 이
러한 기부금에 대한 세금 감면과 아울러 수익사업에 대한 면세 역시 중요하다.
외국의 많은 경우 공익 NGO로 등록을 하면 수익사업을 통한 수익금에 대해 세
금 감면을 해준다.

이러한 세금감면 조치들과 더불어 정부로부터의 공적 기금의 지원도 필요하
다. 그러나 이러한 종류의 지원들이 정부가 할 수 있는 지원의 전부가 아니다. 싱
가포르의 경우 정부가 NGO가 직원들을 충원하는 것을 도울 뿐 아니라 사용되고
있지 않은 정부건물을 명목상의 월세만 받고 배정하는 것을 도우며 주택단지 내
에 사무실을 얻는 것을 돕고 NGO에 의해 운영되고 있는 시설의 운영비의 상당

---

24) Public Citizen Foundation, Inc., *Audited Financial Statements for Public Citizen Foundation* (Washington, D.C.: Public Citizen Foundation, Inc., 2016), 5.

한 부분을 제공한다. 일본의 NPO센터처럼 낮은 수준의 임대료로 건물을 대여해 주는 등의 지원책도 존재한다.

(4) 기부연구 및 모금 전문단체

미국과 같은 국가에서는 모금방법 등을 연구하는 전문적인 연구소가 운영되기도 하고 NGO로서 활동을 하는 것이 아니라 NGO들의 활동기금을 전문적으로 모금해 주는 활동을 하는 단체가 많이 존재한다.

세계적인 예로서 유나이티드 웨이(United Way)를 들 수 있는데 이 단체는 기금을 모아 보건 문제·청소년 문제·가족 문제 등의 분야에서 활동하는 NGO들에게 골고루 배분한다. 이 조직은 「국제 유나이티드 웨이(United Way International, UWI)」라는 국제적인 조직이 있고 이 조직의 회원 조직으로서 호주 유나이티드 웨이(United Way of Australia)와 같은 국별 조직을 두고 있다. 이러한 국별 조직들은 UWI와는 별도의 독립된 조직으로서 해당 국가 내에서 기금을 조성하여 해당 국가 내에서 배분하는 역할을 한다.

UWI는 이러한 국별 조직뿐만 아니라 전 세계의 많은 지역에 걸쳐 지역사회에 기반을 둔 기금조성 기구들을 회원조직으로 하고 있으며 「유나이티드 웨이(United Way)」라는 이름 이외의 이름도 가지고 있다. 예컨대 한국의 경우는 1998년 11월부터 「Community Chest of Korea」라는 영어 이름으로 활동하고 있으며 우리말로는 「사회복지공동모금회」라고 부르고 있다.25)

3. 전문적 경영의 필요성 대두와 부수적인 결과

일부 NGO들의 규모가 커지고 활동 범주가 확대되면서 과거 자원 활동(voluntary work)과 개인적인 면식(personal acquaintance)에 전적으로 의존하던 패턴에서 벗어나 점차적으로 전문적인 경영에 관심을 보이고 그 결과 NGO들의 성격이 점차적으로 변화하고 있다.

---

25) 일본의 경우도 공익신탁제도에 따른 공익기금의 조성이 이루어져 개인이나 법인이 맡긴 돈이나 재산을 NGO의 공익사업을 위해 배분하고 있다. 한국도 이러한 방식이 도입되어 서서히 자리를 잡아가고 있는데 구체적으로 사회복지공동모금회 이외에도 시민운동지원기금·여성기금·아름다운 재단(Beautiful Foundation)·아이들과 미래 등과 같이 기금조성을 하여 건전한 NGO를 재정적으로 뒷받침해 주는 일을 전적으로 하는 조직들이 있다.

이러한 경향은 개발원조를 제공하는 선진국들이 재정적인 어려움을 겪고 이러한 어려움 속에서 각종 문제에 대한 신자유주의적인 자유시장적 접근을 강조하면서 더욱 강화되었다. 즉 이러한 선진국의 사정은 기금을 제공받는 NGO들로 하여금 기업과 유사한 경영을 추구하도록 하고 결과 지향적으로 변하도록 했다.26)

구체적으로 일부 NGO들은 효율적인 조직의 관리를 위해 일반 사기업들의 경영기법과 홍보전략 등을 연구하고 나아가 이를 채택하여 시행하는 등 점차적으로 기금과 고객을 둘러싸고 경쟁적인 환경에 조성되고 있는 외부환경 속에서 최소한 살아남고 나아가 번영하기 위한 노력을 배가하고 있다. 구체적으로 성공적인 NGO들은 직원들의 고용과 훈련·전략적인 기획·예산의 수립과 집행·구매·대민관계 등의 분야에 있어서의 경영과 관리에 탁월한 효율성을 보이고 있다.

이로써 NGO에 있어서 자원 활동적인 성격이 약화되고 대신 NGO를 기업 부문과 분리하는 것이 좀 어렵게 되고 있다.27) 이러한 변화를 일컬어「이윤을 추구하는 조직들은 NGO 지위를 갈망하고 전통적인 NGO들은 이윤추구 기구들의 정향(orientation)을 흡수하고 있다」고 요약하고 있다.

---

26) David L. Brown, Sanjeev Khagram, Mark H. Moore, and Peter Frumkin, "Globalization, NGOs, and Multisectoral Relations," in Joseph S. Nye and John D. Donahue, eds., *Governance in a Globalizing World* (Washing, D.C.: Brookings Institution Press, 2000), 281; Michael Edwards, "International Development NGOs: Agents of Foreign Aid or Vehicles for International Cooperation?" *Nonprofit and Voluntary Sector Quarterly*, Vol. 28 (1999), 25-37; Thomas W. Dichter, "Appeasing the Gods of Sustainability," in David Hulme and Michael Edwards, eds., *NGOs, States and Donors* (London: Macmillan, 1997).

27) Kendall W. Stiles, "International Support for NGOs in Bangladesh: Some Unintended Consequences," *World Development*, Vol. 30, No. 5 (2002), 835-846.

참고문헌

그린피스 서울사무소. 『2014 연차보고서』, 서울: 그린피스 서울사무소, 2015.

김은영. "제52차 유엔 인권위원회 참가 보고서," http://minbyun.jinbo.net/intkor/un/un2. htm (접속일: 2005년 10월 14일).

김혜경. '개발NGO의 현황과 발전방향,' 경제정의실천시민연합 편, 『세계화와 한국 NGO 의 발전방안 (경실련 연구보고서 97-10)』, 서울: 경제정의실천시민연합, 1997.

마영삼. "새로운 주체: NGO의 국제법 주체성 검토," 오윤경 외, 『현대국제법: 외교실무 자들이 본 이론과 실제』, 서울: 박영사, 2000년.

박상필. 『NGO와 정부 그리고 정책』, 서울: 아르케, 2002.

박재영. 『국제환경정치론』, 서울: 법문사, 2016.

박재영. 『국제정치 패러다임』, 서울: 법문사, 2015.

박흥순. "환경, 국제기구 및 국내정치: 새로운 패러다임을 향하여," 한국정치학회 편, 『지 속적 성장과 환경보호 정책(한국정치학회 환경관련 특별회의 발표논문 모음집)』 (1995년 8월).

이면우. '일본 NGO, NPO,' 이면우 편, 『일본의 NGO활동 연구』, 서울: 세종연구소, 1998.

이병조 · 이중범. 『국제법 신강』, 서울: 일조각, 1993.

비외른 롬보르, 김기응 옮김. 『회의적 환경주의자』, 서울: 살림출판사, 2008.

참여연대. "재정원칙 & 살림살이," http://www.peoplepower21.org/about_PSPD/1257580 (접속일: 2017년 12월 23일).

Abrahim, Alnoor. "Accountability in Practice: Mechanisms for NGOs," *World Development*, Vol. 31, Issue 5 (2003).

Al Jazeera. "Why is Egypt's New NGO Law Controversial?" http://www. aljazeera. com/indepth/features/2017/05/egypt-ngo-law-controversial-170530142008179.html (접속일: 2017년 8월 23일).

Alexander, Nancy and Charles Abugre. "NGOs and the International Monetary and Financial System," *International Monetary and Financial Issues for the 1990s*, Vol. 9 (1998).

Amnesty International, *Global Finance Report 2016*, London, UK: Amnesty International Ltd., 2017.

Anderson, Kenneth, "The Ottawa Convention Banning Landmines, The Role of International Non-governmental Organizations and the Idea of International Civil Society," *European Journal of International Law*, Vol. 11, No. 1 (2000).

Andrew, Natsios. "NGOs and the UN System in Complex Humanitarian Emergencies: Conflict or Co-operation," in Thomas G. Weiss and Leon Gordenker, eds., *NGOs, the UN, and Global Governance*, Boulder and London: Lynne Rienner Publishers, 1996.

Appe, Susan and Michael Dennis Layton. "Government and the Nonprofit Sector in Latin America," *Nonprofit Policy Forum*, Vol. 7, No. 2 (2016).

Arts, Bas. "The Impact of Environmental NGO on International Conventions," in Bas Arts, Math Noortmann, and Bob Reinalda, eds., *Non-State Actors in International Relations*, Adelshot, UK: Ashgate Publishing Ltd., 2001.

Arts, Bas. "Non-state Actors in Global Environmental Governance: New Arrangements Beyond the State," in Mathias Koenig-Archibugi and Michael Zurn, eds., *New Modes of Governance in the Global System: Exploring Publicness, Delegation and Inclusiveness*, Basingstoke, UK: Palgrave Macmillan, 2006.

Asian Development Bank. *Civil Society Organization Sourcebook: A Staff Guide to Cooperation with Civil Society Organization*, Manila, Philippines: ADB, 2009.

Baehr, Peter R. "Mobilization of the Conscience of Mankind: Conditions of Effectiveness of Human Rights NGOs," http://archive.enu.edu/unupress/ lecture12-15.html (접속일: 2017년 11월 19일).

Baitenmann, Helga. "NGOs and the Afghan War: The Politicisation of Humanitarian Aid," *Third World Quarterly*, Vol. 12, No. 1 (1990).

Baker, Craig, François Chirumberro, and Lydia Green. "Managing Change at Save the Children," https://www.bcg.com/publications/2013/change-management organization-design-managing-change-at-save-the-children.aspx (접속일: 2017년 11월 25일).

Bebbington, Anthony and Roger Riddle. "The Direct Funding of Southern BGOs by Donors: New Agendas and Old Problems," *Journal of International Development*, Vol. 7, No. 6 (1995).

Beigbeder, Yves. "Another Role for an NGO: Financing a WHO Programme: Rotary International and the Eradication of Poliomyelitis," *Transnational*

Associations, Vol. 49, No. 1 (1977).

Bektaş, M. Halil M. "Analysing Relations between the United Nations Security Council and NGOs," *Turkish Journal of TESAM Academy*, Vol 4, No. 2 (2017).

Benner, Thorsten, Wolfgang H. Reinicke, and Jan Martin Witte. "Shaping Globalization: The Role of Global Public Policy Networks," http://www.gppi. net/cms/public/66332099a66e4e02b78fe3333903cf8cShaping%20Globalization% 2007082002final.pdf (접속일: 2015년 10월 5일).

Betsill, Michele M. and Corell Elisabeth. *NGO Diplomacy: The Influence of Non-governmental Organizations in International Environmental Negotiations.* Cambridge, MA: MIT Press, 2008.

Betsill, Michele M. and Elisabeth Corell. "NGO Influence in International Environmental Negotiations: A Framework for Analysis," *Global Environmental Politics*, Vol. 1, No. 4 (2001).

Binder, Martin. "The Politicization of International Security Institutions: The UN Security Council and NGOs," WZB Discussion Paper, No. SP IV 2008-305 (2008).

Bloodgood, Elizabeth. "Influential Information: NGO's Role in Foreign Policy-Making," paper presented for the 2001 Annual Meeting of the American Political Science Association, San Francisco, CA, August 29-September 2, 2001.

Bob, Clifford. "Merchants of Morality" *Foreign Policy* No. 129 (March/April 2002).

Bohne, Eberhard. *The World Trade Organization: Institutional Development and Reform*, Basingstoke: Palgrave Macmillan, 2010.

Boli, John, Thomas Loya, and Teresa Loftin, "National Participation in World-Polity Organization," in John Boli and George M. Thomas, eds., *Constructing World Culture, International Nongovernmental Organizations since 1875*, Stanford: Stanford University Press, 1999.

Bond, Michael. "The Backlash Against NGOs," *Prospect Magazine* (April 2000), http://www.globalpolicy.org/ngos/backlash.htm (접속일: 2017년 5월 16일).

BRAC. "Social Enterprises: Solutions for social challenges and surplus for greater impact," http://www.brac.net/enterprises (접속일: 2017년 12월 27일).

Branco, Carlos. "Non-Governmental Organizations in the Mediation of Violent Intra-State Conflict: The Confrontation between Theory and Practice in the

Mozambican Peace Process," *OBSERVARE* (e-journal of international relations) Vol. 2, No. 2 (2011).

Bremer, Jennifer. "The Disintermediation of the State: NGO's and the Internet in Emerging Democracies," paper presented at the 2001 Independent Sector Spring Research Forum, Washington, D.C., March 15-16, 2001.

Brown, David L., Sanjeev Khagram, Mark H. Moore, and Peter Frumkin, "Globalization, NGOs, and Multisectoral Relations," in Joseph S. Nye and John D. Donahue, eds., *Governance in a Globalizing World*, Washing, D.C.: Brookings Institution Press, 2000.

Buhrer, Jean-Claude. "NGOs Are Upsetting Things at the UN," http://www.globalpolicy.org/ngos/access/2000/1206.htm (접속일: 2003년 7월 8일).

Bull, Hedley. *The Anarchical Society: A Study of Order in World Politics*, New York: Columbia University Press, 1977.

Burger, Ronelle and Trudy Owens. "Promoting Transparency in the NGO Sector: Examining the Availability and Reliability of Self-Reported Data," *World Development*, Vol. 38, No. 9 (September 2010).

Burton, John. *World Society*, London: Cambridge University Press, 1972.

Campolina, Adriano. "Facilitating more than leading," https://www.dandc.eu/ en/article/whyactionaid-had-move-its-headquarters-britain-south-africa (접속일: 2017년 12월 18일).

Carothers, Thomas. "Civil Society," *Foreign Policy*, No. 117 (Winter 1999/2000).

Centre for Global Studies. "Channels for NGO Participation in International Organizations" paper presented at the Voice of Global Civil Society Conference, Waterloo, Ontario, 2006.

Charlton, Roger. "Sustaining an Impact? Development NGOs in the 1990s," *Third World Quarterly*, Vol. 16, No. 3 (1995).

Charnovitz, Steve. "Two Centuries of Participation: NGOs and International Governance," *Michigan Journal of International Law*, Vol. 18, No. 2 (Winter 1997).

Cheng, Sam. "Donors Shift More Aid to NGOs," http://www.globalpolicy.org/ngos/issues/chege.htm (접속일: 2017년 8월 17일).

Citiscope. "Oxfam moves HQ to Nairobi amid NGO backlash," http://citiscope.org/citisignals/2016/oxfam-moves-hq-nairobi-amid-ngo-backlash (접속일: 2017년 11월 25일).

Civil Society. "Oxfam to cut 125 jobs as part of major restructure," https://www. civilsociety.co.uk/news/oxfam‑to‑cut‑125‑jobsas‑part‑of‑major‑restructure.html (접속일: 2017년 11월 25일).

Clapp, Jennifer. "Transnational Corporation and Global Environmental Govern‑ance," in Peter Dauvergne, ed., *Handbook of Global Environmental Politics, 2nd Edition*, Cheltenham, UK and Northampton, MA, USA, Edward Elgar, 2005.

Clark, Ann Marie. "Non‑Governmental Organizations and Their Influence on International Society," *Journal of International Affairs*, Vol. 48, No. 2 (Winter 1995).

Clark, Ann Marie, Elisabeth J. Friedman, and Kathryn Hochstetler. "The Sovereign Limits of Global Civil Society: A Comparison of NGO Participation in UN World Conference on the Environment, Human Rights, and Women," *World Politics*, Vol. 51, No. 1 (October 1998).

Clark, John. *Democratizing Development: The Role of Voluntary Organizations*, West Hartford, Conn.: Kumarian Press, 1991.

Clark, John. "The State, Popular Participation, and the Voluntary Sector," *World Development*, Vol. 23, No. 4 (April 1995).

Clark, John. "The Relationship between the State and the Voluntary Sector," http://www.gdrc.org/ngo/state‑ngo.html (접속일: 2017년 10월 25일).

Corell, Elisabeth and Michele M. Betsill. "A Comparative Look at NGO Influence in International Environmental Negotiations: Desertification and Climate Change," *Global Environmental Politics*, Vol. 1, No. 4 (2001).

Corner, "Civil Society, the U.N. and the World Bank," http://www.globalpolicy.org/ngos/role/globalact/int‑inst/2000/civicus.htm (접속일: 2017년 11월 30일).

Council of Europe. "Human Rights Activism and the Role of NGOs," http://www.coe.int/en/web/compass/human‑rights‑activism‑and‑the‑role‑of‑ngos (접속일: 2017년 10월 7일).

Dale, Reginald. "A New Debate on Global Governance," http://www.iht.com/IHT/RD/00/rd072500.html (접속일: 2017년 5월 1일).

Debuf, Els. "Tools to Do the Job: The ICRC's Legal Status, Privileges and Im‑munities," *International Review of the Red Cross*, Vol. 97, No. 897/898 (2016).

DeMars, William E. "Rejected Mediator: The International Committee of the Red

Cross in the Ethiopian Conflict," paper prepared for presentation at the 1992 International Studies Association Meeting, East Lansing, Michigan, November 20-21, 1992.

DeMars, William E. "Helping People in a People's War: Humanitarian Organizations and the Ethiopian Conflict, 1980-1988," PhD dissertation, University of Notre Dame, 1993.

DeMars, William E. and Dennis Dijkzeul, eds. *The NGO Challenge for International Relations Theory*, London and New York: Routledge, 2015.

Dichter, Thomas W. "Appeasing the Gods of Sustainability," in David Hulme and Michael Edwards, eds., *NGOs, States and Donors*, London: Macmillan, 1997.

Downie, Christian. "Strategies to Influence Outcome in Long Environmental Negotiations," http://www.e-ir.info/2014/05/02/strategies-to-influence-outcomes-in-long-environmental-negotiations/ (검색일: 2015년 10월 29일).

Drinan, Robert F. *The Mobilization Of Shame: A World View of Human Rights*, New Haven, Conn.: Yale University Press, 2001.

Edwards, Michael. "International Development NGOs: Agents of Foreign Aid or Vehicles for International Cooperation?" *Nonprofit and Voluntary Sector Quarterly*, Vol. 28 (1999).

Edwards, Michael and David Hulme, eds. *Beyond the Magic Bullet: NGO Performance and Accountability in the Post-Cold War World*, West Hartford, Conn.: Kumarian Press, 1996.

Edwards, Michael and David Hulme. "Introduction: NGO Performance and Accountability," in Michael Edwards and David Hulme, eds., *Beyond the Magic Bullet: NGO Performance and Accountability in the Post-Cold War World*, West Hartford, Connecticut: Kumarian Press, 1996.

Falk, Richard and Andrew Strauss. "On the Creation of Global Peoples Assembly: Legitimacy and the Power of Popular Sovereignty," *Stanford Journal of International Law*, Vol. 36, No. 2 (2000).

Feld, Werner I. *Nongovernmental Forces and World Politics: A Study of Business Labor and Political Groups*, New York: Praeger Publication, 1972.

Feld, Werner I. "The Impact of Nongovernmental Organizations on the Formulation of Transnational Policies," *Jerusalem Journal of International Relations*, L2 (1976).

Feld, Werner I. *International Relations: A Transnational Approach*, Sherman Oaks:

Alfred Publishing, 1979.

Florini, Ann M. "Lesson Learned," in Ann M. Florini, ed., *The Third Force: The Rise of Transnational Civil Society*, Washington, D.C.: Carnegie Endowment for International Peace, 2000.

Fomerand, Jacques. "UN Conferences: Media Events or Genuine Diplomacy?" *Global Governance*, Vol. 2, No. 3 (1996).

Fowler, Alan and Kees Bierkart. "Do Private Agencies Really Make a Difference?" in David Sogge, Kee Bierkart, and John Saxby, eds., *Compassion and Calculation: The Business of Private Foreign Aid*, London: Pluto Press, 1996.

Fowler, P. and S. Heap. "Bridging Troubled Water: The Marine Stewardship Council," in J. Bendell, ed., *Terms for Endearment*, Sheffield: Greenleaf Publishing Limited, 2000.

Fox, Joanthan A. and L. D. Brown. The Struggle for Accountability: The World Bank, NGOs, and Grassroots Movements, Cambridge, Mass.: MIT Press, 1998.

FundsforNGOs: Grants and Resources for Sustainability. "Ten Corporate Donors for NGOs," https://www.fundsforngos.org/corporate-donors/ten-corporate-donors-ngos/ (접속일: 2017년 11월 27일).

FundsforNGOs: Grants and Resources for Sustainability. "A list of 20 Foundations Supporting Projects on Children," https://www.fundsforngos.org/foundation-funds-for-ngos/list-20-foundations-supporting-projects-children/ (접속일: 2017년 11월 27일).

Gaventa, John and Marjorie Mayo. "Spanning Citizenship Spaces Through Transnational Coalitions: The Case of the Global Campaign for Education," Institute of Development Studies Working Paper 327 (June 2009).

Gemmill, Barbara and Abimbola Bamidele-Izu. "The Role of NGOs and Civil Society in Global Environmental Governance," in Daniel C. Esty and Maria H. Ivanova, eds., *Global Environmental Governance: Options & Opportunities*, New Haven, CT: Yale School of Forestry & Environmental Studies, 2002.

Gereffi, Gary, Ronie Garcia-Johnson, and Erika Sasser. "The NGO-Industrial Complex," *Foreign Policy.* No. 125 (July/August 2001).

Global Policy Forum. "NGOs and the United Nations: Comments for the Report of the Secretary General," http://www.globalpolicy.org/ngos/docs99/gpfrep.htm (접속일: 2017년 5월 16일).

Global Policy Forum. "Security Council Consultation with Humanitarian NGOs," https://www.globalpolicy.org/component/content/article/185/40099.html (접속 일: 2017년 11월 19일).

Goodman, James. "Transnational Politics: Political Consciousness, Corporate Power and the Internationalizing State," paper presented at the Globalization and Its Discontents, Simon Fraser University and RMIT, Vancouver, July 1998.

Gordenker, Leon and Thomas G. Weiss. "Pluralizing Global Governance : Analytical Approaches and Dimensions," in Thomas G. Weiss and Leon Gordenker, eds., *NGOs, the UN, and Global Governance*, Boulder and London: Lynne Rienner Publishers, 1996.

Graf, Nicco F. G. and Franz Rothlauf. "The Why and How of Firm-NGO Collaborations," Working Paper 04/2011. Mainz, Germany: Johannes Gutenberg-University Mainz, 2011.

Grimes, Kathleen. "Environmental Justice Case Study: The Chad-Cameroon Oil and Pipeline Project," http://umich.edu/~snre492/Jones/pipe.htm (접속일: 2017년 12월 10일).

Hartnell, Caroline. "Michael Edwards challenges governments and NGOs to put their house in order," *Alliance magazine*, Vol. 5, No. 4 (2000), http://www.alliancemagazine.org/analysis/michael-edwards-challenges-governments-and-ngos-to-put-their-house-inorder/ (접속일: 2010년 7월 27일).

Hollis, Martin and Steve Smith. *Explaining and Understanding International Relations*, Oxford: Clarendon, 1990.

Holsti, Ole R. "Models of International Relations: Perspectives on Conflict and Cooperation," in Charles W. Kegley, Jr. and Eugene R. Wittkopf, eds., *The Global Agenda: Issues and Perspectives*, New York: McGraw Hill, 1992.

Hubert, Don. "Inferring Influence: Gauging the Impact of NGOs," in Charlotte Ku and Thomas G. Weiss, eds., *Toward Understanding Global Governance: The International Law and International Relations Toolbox*, New York: ACUNS, 1998.

Hudock, Ann C. *NGOs and Civil Society: Democracy by Proxy?* Cambridge: Polity Press, 1999.

Hudson, Alan. "Organizing NGOs' International Advocacy: Organizational Structures and Organizational Effectiveness," paper presented at the "NGOs in a Global Future" Conference, University of Birmingham, January 11-13, 1999.

Humphries, Vanessa. "Improving Humanitarian Coordination: Common Challenges and Lessons Learned from the Cluster Approach," The Journal of Humanitarian Assistance (April 30, 2013), http://sites.tufts.edu/jha/archives/1976 (접속일: 2017년 8월 15일).

IGI Global. "What is Networked NGO?" https://www.igi-global.com/dictionary/networked-ngo/20221 (접속일: 2017년 10월 17일).

IUCN. "Who Are Our Members," http://www.iucn.org/about/union/members/who_members/ (접속일: 2017년 9월 8일).

Jacobson, Harold K. *Networks of Interdependence: International Organizations and the Global Political System, 2nd ed.*, New York: Alfred A. Knopf, 1984.

James, Estelle, ed. *The Nonprofit Sector in International Perspective: Studies in Comparative Culture and Policy*, New York: Oxford University Press, 1989.

Jennings, Michael. "International NGOs must address their accountability deficit," https://www.theguardian.com/global-development/poverty-matters/2012/feb/09/ngos-accountability-deficit-legal-framework (접속일: 2017년 5월 16일).

Joachim, Jutta. "Comparing the Influence of NGOs in Transnational Institutions: the UN, the EU and the Case of Gender Violence," paper prepared for the 43rd Annual Convention of the International Studies Association, New Orleans, March 24-27, 2002.

Jordan, Lisa. "Civil Society's Role in Global Policy-making," http://www.globalpolicy.org/ngos/intro/general/2003/0520role.htm (접속일: 2017년 5월 1일).

Keck, Margaret E. and Kathryn Sikkink. *Activists beyond Borders: Advocacy Networks in International Politics*, Ithaca and London: Cornell University Press, 1998.

Keet, Dot. "The International Anti-Debt Campaign: A Southern Activists View for Activists in "the North"... and "the South," *Development in Practice*, Vol. 10, Nos. 3 and 4 (1999).

Khagram, Sanjeev. 'Toward Democratic Governance for Sustainable Development: Transnational Civil Society Organizing Around Big Dams', in Ann Florini, ed., *The Third Force: The Rise of Transnational Civil Society*, Tokyo and Washington, D.C.: The Japan Center for International Exchange and the Carnegie Endowment for International Peace, 2000.

Keohane, Robert O. and Joseph S. Nye. "Transnational Relations and World Politics: An Introduction," *International Organization, Special Issue: Transnational Relations and World Politics*, Vol. 25, No. 3 (1971).

Keohane, Robert O. and Joseph S. Nye. "Transnational Relations and World Politics: A Conclusion," *International Organization, Special Issue: Transnational Relations and World Politics*, Vol. 25, No. 3 (1971).

Keohane, Robert O. and Joseph S. Nye, eds. *Transnational Relations and World Politics*, Cambridge, Mass.: Harvard University Press, 1972.

Keohane, Robert O. and Joseph S. Nye. "Transgovernmental Relations and International Organizations," *World Politics*, Vol. 27, No. 1 (December 1974).

Korten, David C. "Third Generation NGO Strategies: A Key to People-centered Development," *World Development*, Vol. 15, No. 1 (Fall, 1987).

Kowalewski, David. "Transnational Organizations and Actors," in M. Hawkesworth and M. Kogan, eds., *Encyclopedia of Government and Politics, Vol. 2*, London: Routledge, 1992.

Krasner, Stephen D. "Structural Causes and Regime Consequences: Regimes as Intervening Variables," *International organization*, Vol. 36, No. 2 (Spring 1982).

Krut, Riva. "Globalization and Civil Society: NGO Influence in International Decision-Making," Discussion Paper No. 83, Geneva: United Nations Research Institute for Social Development, 1997.

Lee, Julian. "NGO Accountability: Rights and Responsibilities," http://www.icomfloripa.org.br/transparencia/wp-content/uploads/2009/06/ngo_accountability_rights_and-responsibilities.pdf (접속일: 2017년 8월 8일).

Lehr-Lehnardt, Rana. "NGO Legitimacy: Reassessing Democracy, Accountability and Transparency," Cornell Law School Inter-University Graduate Student Conference Papers. 6., New York: Cornell Law School, 2005.

Lipschutz, Ronnie D. "Reconstructing World Politics: The Emergence of Global Civil Society," *Millennium: Journal of International Studies*, Vol. 21, No. 2 (1992).

Lomborg, Bjørn. *The Skeptical Environmentalist: Measuring the Real State of the World*, Cambridge: Cambridge University Press, 2001.

Longford, Michael. "NGOs and the Rights of the Child," in Peter Willetts, ed., *The Conscience of the World: The Influence of Non-Governmental Organisations in the UN System*, Washington, D.C.: Brookings Institution, 1996.

Mansbach, Richard and John Vasquez. *In Search of Theory: A New Paradigm for Global Politics*, New York: Columbia University Press, 1981.

Martens, Kerstin. "NGO Participation at International Conferences: Assessing

Theoretical Accounts," *Transnational Associations*, Vol. 3 (2000).

Martens, Kerstin. "Examing the (Non-)Status of NGOs in International Law," *Indiana Journal of Global Legal Studies*, Vol. 10, No. 2 (Summer 2005).

Mathews, Jessica. "Power Shift," *Foreign Affairs*, Vol. 76, No. 1 (January /February 1997).

Mayer, Peter. "Civil Society Participation in International Security Organizations: The Cases of NATO and the OSCE," in Jens Steffek, Claudia Kissling and Patrizia Nanz, eds., *Civil Society Participation in European and Global Governance: A Cure for the Democratic Deficit?* Basingstoke: Palgrave Macmillan, 2008.

Meadows, Donella H. et al. *The Limits to Growth: A Report for the Club of Rome's Project on the Predicament of Mankind*, New York: Universe Books, 1972.

Meier, Oliver and Clare Tenner. "Non-Governmental Monitoring of International Agreements," in Trevor Findlay and Oliver Meier, eds., *Verification Yearbook 2001*, London: VERTIC, 2001.

Mekki, Hassan. "Foreign Funding of NGOs Fuels Anger in Jordan," http://www.globalpolicy.org/ngos/role/globdem/funding/2001 (접속일: 2017년 11월 25일).

Mingst, Karen A. and Margaret P. Karns. *The United Nations in the Post-Cold War Era*, Boulder, Colorado: Westview Press, 1995.

Mondal, Puja. "Role of NGOs in Environmental Protection, http://www.yourarticlelibrary.com/essay/role-of-non-governmental-organizations-ngo-in-environment-protection/32980 (접속일: 2017년 11월 30일).

MSF International. *International Financial Report 2016*, Geneva: MSF International, 2007.

Murphy, David F. "Business and NGOs in the Global Partnership Process," prepared for Partners for Development Summit, United Nations Conference on Trade and Development, Lyon, France, November 9-12, 1988.

Murphy, David F. and John Bendell. *In the Company of Partners*, Bristol: Polity Press, 1997.

Najam, Adil. "Citizen Organizations as Policy Entrepreneurs," in D. Lewis, ed., *International Perspectives on Voluntary Action*, London: Earthscan, 1999.

Najam, Adil. "The Four-C's of Third Sector-Government Relations: Cooperation, Confrontation, Complementarity, and Co-Option." *Nonprofit Management and Leadership*, Vol. 10, No. 4 (2000).

Najam, Adil. "The Four Cs of Government-Third Sector Relations: Cooperation, Confrontation, Complementarity, Co-optation," Research Report Series No. 25, Islamabad, Pakistan: Sustainable Development Policy Institute, 2000 http://sdpi.org/publications/files/R25-The%20Four%20Cs%20of%20Government-Third.pdf (접속일: 2017년 10월 31일).

National Trust. *National Trust Annual Report 2016/17*, Rotherham: National Trust, 2017.

NGO MONITOR. "Amnesty International: Founding, Structure, and Lost Vision," https://www.ngo-monitor.org/reports/23/ (접속일: 2017년 11월 25일).

NGO MONITOR. "EU Funding for NGOs-Value for Money?" https://www.ngo-monitor.org/reports/eu-funding-for-ngos-value-for-money/ (접속일: 2017년 12월 20일)

NGO Performance. "Transparency," https://ngoperformance.org/management/transparency/ (접속일: 2017년 12월 5일).

Noortmann, Math. "Non-State Actors in International Law," in Bas Arts, Math Noortmann, and Bob Reinalda, eds., *Non-State Actors in International Relations*, Adelshot, UK: Ashgate Publishing Ltd., 2001.

Nye, Joseph S. and Robert Keohane. "Transnational Relations and World Politics: An Introduction," in Robert O. Keohane and Joseph S. Nye, eds., *Transnational Relations and World Politics*, Cambridge, MA: Harvard University Press, 1972.

O'Brien, Terence. "UN Politics: Structure and Politics," in Sung-Joo Han ed., *The United Nations: The Next Fifty Years*, Seoul, Korea: Korea University, 1996.

OECD/DAC, *Aid for CSOs: Statistics Based on DAC Members' Reporting to the Creditor Reporting System Database*, Paris, France: OECD/DAC, 2015.

OECD/DAC. "How DAC members Work with CSOs in Development Cooperation," https://www.oecd.org/dac/peer-reviews/48784967.pdf (접속일: 2017년 7월 15일).

Olson, Mancur. *The Logic of Collective Action: Public Goods and the Theory of Groups*, Cambridge, MA: Harvard University Press, 1971.

Paul, James A. "Working with Nongovernmental Organizations," in David Malone, ed., *The UN Security Council: From the Cold War to the 21st Century*, Boulder, CO; London: Lynne Rienner 2004.

Paul, James A. "NGO Access at the UN," https://www.globalpolicy.org/component/content/article/177/31722.html (접속일: 2017년 10월 14일).

Paul, James A. "A Short History of the NGO Working Group," http://www.ngowgsc.org/content/short-history-ngo-working-group (접속일: 2017년 11월 19일).

Perez-Esteve, Maria. "WTO Rules and Practices for Transparency and Engagement with Civil Society Organizations," Staff Working Paper, ERSD-2012-14 (2012).

Phinney, Richard. "A Model NGO?" http://www.globalpolicy.org/ngos/fund/2002/120 5model.htm (접속일: 2017년 8월 14일).

Porter, Gareth and Janet Welsh Brown. *Global Environmental Politics*, Boulder, San Francisco, and Oxford: Westview Press, 1991.

Princen, Thomas. "NGOs: Creating a Niche in Environmental Diplomacy," in Thomas Princen and Matthias Finger, eds., *Environmental NGOs in World Politics: Linking the Local and the Global*, London and New York: Routledge, 1994.

Public Citizen Foundation, Inc. *Audited Financial Statements for Public Citizen Foundation*, Washington, D.C.: Public Citizen Foundation, Inc., 2016.

Raustiala, Kal. "States. NGOs, and International Environmental Institutions," *International Studies Quarterly*, Vol. 41, No. 4 (Dec., 1997).

Raustiala, Kal. "Nonstate Actors in the Global Climate Regime," in Urs Luterbacher and Detlef F. Sprinz, eds., *International Relations and Global Climate Change*, Cambridge, Mass. and London: MIT Press, 2001.

Reimann, Kim D. "International Politics, Norms and the Worldwide Growth of NGOs," paper prepared for delivery at the 43rd Annual Convention of the International Studies Association, New Orleans, March 24-27, 2002.

Reimann, Kim D. "A View from the Top: International Politics, Norms and the Worldwide Growth of NGOs," *International Studies Quarterly*, Vol. 50, No. 1 (2006).

Reimann, Kim D. *The Rise of Japanese NGOs: Activism from Above*, London and New York: Routledge, 2009.

Reinalda, Bob and Bertjan Verbeek. "Theorising Power Relations Between NGOs, Inter-Governmental Organizations and States," in Bas Arts, Math Noortmann, and Bob Reinalda, eds., *Non-State Actors in International Relations*,

Adelshot, UK: Ashgate Publishing Ltd., 2001.

Reinnicke, Wolfgang H. "Global Public Policy," *Foreign Affairs*, Vol. 76, No. 6 (November/December 1997).

Reinnicke, Wolfgang H. "The Other World Wide Web: Global Policy Networks," *Foreign Policy*, No. 117 (Winter 1999-2000).

Relief and Rehabilitation Network. "Code of Conduct for the International Red Cross and Red Crescent Movement and NGOs in Disaster Relief," https://www.ndsu.edu/fileadmin/emgt/1994_Code_of_Conduct.pdf (접속일: 2017년 8월 18일).

Risse, Thomas and Kathryn Sikkink. "The Socialization of Human Rights Norms into Domestic Practices: Introduction," in Thomas Risse et al., eds., *The Power of Human Rights: International Norms and Domestic Change*, Cambridge: Cambridge University Press, 1999.

Risse, Thomas. "The Power of Norms versus the Norms of Power: Transnational Civil Society and Human Rights," in Ann M. Florini, ed., *The Third Force: The Rise of Transnational Civil Society*, Washington, D.C.: Carnegie Endowment for International Peace, 2000.

Risse-Kappen, Thomas. "Bringing Transnational Relations Back In: Introduction," in Thomas Risse-Kappen, ed., *Bringing Transnational Relations Back In: Non-State Actors, Domestic Structures and International Institutions*, Cambridge: Cambridge University Press, 1995.

Risse-Kappen, Thomas. ed. *Bringing Transnational Relations Back In: Non-State Actors, Domestic Structures and International Institutions*, Cambridge: Cambridge University Press, 1995.

Rosenau, James N. *Turbulence in World Politics*, Princeton, NJ: Princeton University Press, 1991.

Rosenau, James N. "The United Nations in a Turbulent World," Occasional Paper Series by International Peace Academy, Boulder and London: Lynne Rienner Publishers, Inc., 1992.

Ruthrauff, John, Tania Palencia, and Rob Everts. "Advocacy and Negotiation: A Process for Changing Institutional and Governmental Policies 1997," http://www.sit.edu/global_capacity/gpdocs/methodology/negotiation (접속일: 2003년 3월 23일).

Salamon, Lester M. "Partners in Public Service: The Scope and Theory of

Government-Nonprofit Relations," in Walter Powell, ed., *The Nonprofit Sector: A Research Handbook*, New Haven, Conn.: Yale University Press, 1987.

Save the Children International. *Annual Report 2016*, London, UK: Save the Children International, 2017.

Scotland's International Development Alliance. "Oxfam International begin move of headquarters from Oxford to Nairobi," https://www.intdevalliance.scot/news/oxfam-international-beginmove-headquarters-oxford-nairobi (접속일: 2017년 11월 25일).

Security Council Report. "UN Security Council Working Methods: Arria-Formula Meetings," http://www.securitycouncilreport.org/un-security-council-working-methods/arria-formula-meetings.php (접속일: 2017년 11월 19일).

Shea, Nathan. "Nongovernment Organisations as Mediators: Making Peace in Aceh, Indonesia," *Global Change, Peace & Security*, Vol. 28, No. 2 (2016).

Simmons, Peter. J. "Learning to Live with NGOs," *Foreign Policy*, No. 112 (Fall 1998).

Sinnar, Shirin. "Mixed Blessing: The Growing Influence of NGOs," Harvard International Review. Vol. 18, No. 1 (Winter 1995/96).

Skjelsbaek, Kjell. "The Growth of International Nongovernmental Organization in the Twentieth Century," in Robert O. Keohane and Joseph S. Nye, eds., *Transnational Relations and World Politics*, Cambridge, MA: Harvard University Press, 1972.

Skocpol, Theda. "How Americans Became Civic," in Theda Skocpol and Morris P. Fiorina, eds., *Civic Engagement in American Democracy*, Washington, D.C. and New York: Brookings Institution Press and Russell Sage Foundation, 1999.

Spiro, Peter J. "New Global Communities: Nongovernmental Organizations in International Decision-Making Institutions," *The Washington Quarterly*, Vol. 18, No. 1 (Winter 1995).

Steffek, Jens. "Awkward Partners: NGOs and Social Movements at the WTO," in Narlikar Amrita, Martin Daunton, and Robert M. Stern, eds., *The Oxford Handbook on the World Trade Organization*, Oxford: Oxford University. Press, 2013.

Stiles, Kendall W. "International Support for NGOs in Bangladesh: Some

Unintended Consequences," *World Development*, Vol. 30, No. 5 (2002).

Suchman, Mark C. "Managing Legitimacy: Strategic and Institutional Approaches," *The Academy of Management Review*, Vol. 20, No. 3 (July, 1995).

Sunga, Lyal S. "Dilemmas Facing NGOs in Coalition-Occupied Iraq," in Daniel Bell and Jean-Marc Coicaud, eds., *Ethics in Action: The Ethical Challenges of International Human Rights Nongovernmental Organizations*, Cambridge: Cambridge University Press, 2006.

Tallberg, Jonas. "Transnational Access to International Institutions: Three Approaches," in Christer Jönsson and Jonas Tallberg, eds., *Transnational Actors in Global Governance*, Basingstoke: Palgrave, 2010.

Tallberg, Jonas. "Explaining Transnational Access to International Institutions," paper presented at International Studies Association 49th Annual Convention, San Francisco, CA, 2008.

Tallberg, Jonas. "Explaining Transnational Access to International Organizations: Theories and Hypotheses," in Jonas Tallberg, Thomas Sommerer, Theresa Squatrito, and Christer Jönsson, eds., *The Opening Up of International Organizations: Transnational Access in Global Governance*, New York, NY: Cambridge University Press, 2013.

Tallberg, Jonas, Thomas Sommerer, Theresa Squatrito, and Christer Jönsson. *The Opening Up of International Organizations: Transnational Access in Global Governance*, New York, NY: Cambridge University Press. 2013.

Tarrow, Sidney. "States and Opportunities: The Political Structuring of Social Movements," in Doug McAdam, John. D. McCarthy, and Mayer N. Zald, eds., *Comparative Perspectives on Social Movements: Political Opportunities, Mobilizing Structures, and Cultural Framings*, Cambridge and New York: Cambridge University Press, 1996.

Tarrow, Sidney. *Power in Movement: Social Movements and Contentious Politics*, New York: Cambridge University Press, 1998.

The Guardian. "Shifting sands: the changing landscape for international NGOs," https://www.theguardian.com/global-development-professionals-network/2014/mar/28/internaitonal-ngos-funding-network (접속일: 2017년 11월 25일).

The Guardian. "Big NGOs prepare to move south, but will it make a difference?" https://www.theguardian.com/global-development-professionals-network/2015/nov/16/big-ngos-africa-amnesty-oxfam-actionaid (접속일: 2017년 12

월 18일).

The Guardian. "Broken promises: why handing over power to local NGOs is empty rhetoric," https://www.theguardian.com/global-development-professionals-network/2014/feb/07/power-international-ngos-southern-partners (접속일: 2017년 12월 14일).

The Permanent Mission of Switzerland to the United Nations. *The PGA Handbook: A Practical Guide to the United Nations General Assembly*, New York, 2011.

The Sphere Project. *Humanitarian Charter and Minimum standards in Disaster Response, 3rd edition*, Geneva: Sphere Project, 2011.

The Stanley Foundation. "The United Nations and Civil Society: The Role of NGOs," Report of the Thirtieth United Nations Issues Conference, Muscatine, Iowa, Stanley Foundation, 1999.

Tilly, Charles. "Social Movements and National Politics," in Charles Bright and Susan Harding, eds., *Statemaking and Social Movements*, Ann Arbor: University of Michigan Press, 1984.

Transparency International Georgia. "Accountability to Beneficiaries: An overview of aid agency commitments," https://www.osgf.ge/files/publications/2009/Accountability_toBeneficiaries May 2009.pdf (접속일: 2017년 8월 10일).

UNDP. *UNDP and Civil Society Organizations: A Toolkit for Strengthening Partnerships*, New York, NY: UNDP, 2006.

UNESCO. "Directives concerning UNESCO's Relations with Non-governmental Organizations," http://erc.unesco.org/ong/en/Direct_ONG.htm (접속일: 2017년 5월 6일).

UNESCO Executive Board. *Relations with Non-Governmental Partners: Study on Mechanisms and Practices for Interaction with NGOs in the United Nations System and Similar Organizations*, 202 EX/37.INF.2 (8 August 2017).

United Nations, General Assembly. *Implementation of the First United Nations Decade for the Eradication of Poverty(1997-2006) and Draft Programme of Action for the International Year of Microcredit*, A/58/179 (2005).

United Nations, General Assembly, *Arrangements and Practices for the Integration of Non-governmental Organizations in All Activities of the United Nations System*, A/53/170 (10 July 1998).

UNHCR. *NGO Partnership in Refugee Protection*, Geneva: UNHCR, 2004.

UN-NGLS. "About UN-NGLS," https://www.un-ngls.org/index.php/about-ngls (접

속일: 2017년 11월 20일).

Useem, Jerry. "Exxon's African Adventure How to Build a $3.5 Billion Pipeline - with the "Help" of NGOs, the World Bank, and Yes, Chicken Sacrifices," *Fortune Magazine*, 15 April, 2002.

van Tuiji, Peter. "NGOs and Human Rights: Sources of Justice and Democracy," *Journal of International Affairs*, Vol. 52, No. 2 (Spring 1999).

Van den Bossche, Peter. "NGO Involvement in the WTO: A Lawyer's Perspective on a Glass Half-full or Half-empty?" Maastricht Faculty of Law Working Paper, 2006/10 (2006).

Vidal, Pau, Imma Guixé, and Maria Sureda. "How Is Legitimacy Generated in NGOs? A Case Study of Catalonia," OTS Research Papers Collection 5, Barcelona: Observatorio del Tercer Sector, 2006.

Viravaidya, Mechai and Jonathan Hayssen. *Strategies to Strengthen NGO Capacity in Resource Mobilization Through Business Activities*, PAD and UNAIDS Joint Publication, 2001.

Wapner, Paul. "The Transnational Politics of Environmental NGOs," paper prepared for the United Nations University Symposium on the United Nations and the Global Environment, November 14-15, 1997, New York City.

Weiss, Edith Brown and Harold Karan Jacobson, eds. *Engaging Countries: Strengthening Compliance with International Environmental Accords*, Cambridge, MA: The MIT Press, 1998.

Weiss, Thomas G. "International NGOs, Global Governance, and Social Policy in the UN System," GASPP Occasional Papers No. 3/1999, Helsinki: Stakes, 1999.

Weiss, Thomas G. and Leon Gordenker, eds. *NGOs, the UN, and Global Govern-ance*, Boulder and London: Lynne Rienner Publishers, 1996.

Weiss, Thomas G., David P. Forsythe, Roger A. Coate and Kelly-Kate Pease. *The United Nations and Changing World Politics*, 2nd. ed., Boulder, Colo.: Westview, 1997.

WHO. "Principles Governing Relations between the World Health Organization and Nongovernmental Organizations," http://www.who.org/programmes/ina/ngo/prince.htm (접속일: 2017년 12월 10일).

Willetts, Peter. "Pressure Groups as Transnational Actors," in Peter Willetts, ed., *Pressure Groups in Global System: The Transnational Relations of Issue-*

Oriented Non-Governmental Organizations, New York: St. Martin's Press, 1982.

Willetts, Peter. "The Impact of Promotional Pressure Group on Global Politics," in Peter Willetts, ed., *Pressure Groups in Global System: The Transnational Relations of Issue-Oriented Non-Governmental Organizations*, New York: St. Martin's Press, 1982.

Willetts, Peter. "The Rules of the Game: The United Nations and Civil Society," in John W. Foster and Anita Anand, eds., *Whose World is it Anyway?: Civil Society, the United Nations and the Multilateral Future*, Ottawa, Canada: The United Nations Association in Canada, 1999.

Willetts, Peter. "From "Consultative Arrangements" to "Partnership": The Changing Status of NGOs in Diplomacy at the UN," *Global Governance*, Vol. 6, No. 2 (2000).

Willetts, Peter. "Consultative Status for NGOs at the UN," http://www. staff.city.ac. uk/p.willetts/NGOS/CONSSTAT.HTM (접속일: 2017년 11월 28일).

Willetts, Peter. "Primary Sources for The Voice of Which People?" http://www.staff. city.ac.uk/p.willetts/NGOS/CSD/TERMSREF.HTM (접속일: 2017년 8월 20일).

Wolch, Jennifer. *The Shadow State: Government and Voluntary Sector in Transition*, New York: The Foundation Center, 1990.

World Bank. *A Global Partnership for Development: Working with NGOs, Mimeo, 50th Anniversary Folder*, Washington, D.C.: The World Bank, 1994.

World Bank. *Handbook on Good Practices Relating to Non-Governmental Organizations*, Washington: World Bank, 1997.

World Bank. "History," http://www.worldbank.org/en/about/partners/brief/history (접속일: 2017년 11월 20일);

World Bank. "Civil Society," http://www.worldbank.org/en/about/partners/civil-society#2 (접속일: 2017년 11월 20일).

World Trade Organization. *Guidelines for Arrangements on Relations with Non-Governmental Organizations: Decision Adopted by the General Council on 18 July 1996*, WT/L/162 (23 July 1996).

World Trade Organization. "NGOs and the WTO," https://www.wto.org/english/ forums_e/ngo_e/ngo_e.htm (접속일: 2017년 12월 10일).

World Wildlife Fund. *WWF-US 2017 ANNUAL REPORT*, Washington, DC: World Wildlife Fund, 2017.

Yaansah, Eddie Adiin and Barbara Harrell-Bond. "Regulating the Non-Governmental Sector: The Dilemma," http://www.globalpolicy.org/ngos/role/state/2000/1121.htm (접속일: 2017년 5월 15일).

Young, Dennis R. "Complementary, Supplementary, or Adversarial? A Theoretical and Historical Examination of Nonprofit-Government Relations in the United States," in E. T. Boris and C. E. Steuerle, eds., *Nonprofits and Government: Collaboration and Conflict*, Washington, DC: Urban Institute Press, 1999.

Young, Dennis R. "Alternative Models of Government-Nonprofit Sector Relations: Theoretical and International Perspectives," *Nonprofit and Voluntary Sector Quarterly*, Vol. 29, No. 1 (2000).

Zürn, Michael, Martin Binder, Matthias Ecker-Ehrhardt and Katrin Radtke. "Politische Ordnungsbildung wider Willen," *Zeitschrift fur Internationale Beziehungen*, 14. Jahrg., H. 1. (Juni 2007).

인명색인

[약 력]

한국외국어대학교 정치외교학과(학사)
Northern Illinois University(국제기구 전공: 석사, 박사)

[경 력]

외무고시 출제위원 및 채점위원
국립외교원 외교관 후보자시험 출제위원
외교부장관 국제기구 분과 자문위원
외교부 초급전문가(JPO) 선발 면접위원
외교부 유엔논문경연대회 심사위원
한국국제정치학회 부회장
한국국제정치학회 국제기구평화분과위원회 위원장
행정안전부 중앙인사위원회 공무원 국제기구 파견 심사위원

[현 재]

국립 경상대학교 정치외교학과 교수
한국유엔협회 부회장
유엔학생협회한국연맹(KFUNSA) 지도교수
전국대학생모의유엔회의 자문교수

[저 서]

국제정치패러다임(법문사)
국제관계와 NGO(법문사)
국제환경정치론(법문사)
국제기구정치론(법문사)
유엔과 국제기구(법문사)
유엔과 사무총장(도서출판 예웅)
유엔회의의 이해(법문사)
유엔회의 가이드북(법문사)
모의유엔회의 지침서(유엔한국협회)
모의유엔회의 핸드북(법문사)
국제기구 진출 어떻게 하나요(법문사)
대학생 해외탐방 학습 가이드(문우사)

NGO와 글로벌 거버넌스

2017년 12월 26일 초판 인쇄
2017년 12월 31일 초판 1쇄 발행

<table>
<tr><td>저 자</td><td>박</td><td>재</td><td>영</td></tr>
<tr><td>발행인</td><td>배</td><td>효</td><td>선</td></tr>
</table>

발행처 도서
출판 **法文社**

주 소 10881 경기도 파주시 회동길 37-29
등 록 1957년 12월 12일/제2-76호(윤)
전 화 (031)955-6500~6 FAX (031)955-6525
E-mail (영업) bms@bobmunsa.co.kr
　　　　(편집) edit66@bobmunsa.co.kr
홈페이지 http://www.bobmunsa.co.kr
조 판 법 문 사 전 산 실

정가 30,000원   ISBN 978-89-18-03255-9